Dirk Kruse-Etzbach

# USA-Große Seen | Chicago

IWANOWSKI'S REISEBUCHVERLAG

Im Internet:

**www.iwanowski.de**

Hier finden Sie aktuelle Infos zu allen Titeln, interessante Links – und vieles mehr!

**Einfach anklicken!**

Schreiben Sie uns, wenn sich etwas verändert hat. Wir sind bei der Aktualisierung unserer Bücher auf Ihre Mithilfe angewiesen: **info@iwanowski.de**

**USA-Große Seen | Chicago**

**8., vollständig aktualisierte Auflage 2023**



Salm-Reifferscheidt-Allee 37 • 41540 Dormagen
Telefon 0 21 33/26 03 11 • Fax 0 21 33/26 03 34
info@iwanowski.de
www.iwanowski.de

Titelfoto: huber-images.de / Tom Mackie
Alle anderen Farbabbildungen: s. Abbildungsverzeichnis S. 556
Layout: Ulrike Jans, Krummhörn
Innenkarten: Hans Palsa, Lohmar
Reisekarte: Astrid Fischer-Leitl, München
Kartenüberarbeitung: Klaus-Peter Lawall, Unterensingen
Titelgestaltung: Point of Media, www.pom-online.de
Redaktionelles Copyright, Konzeption und deren ständige Überarbeitung: Michael Iwanowski



Gesamtherstellung: Himmer GmbH, Augsburg
Printed in Germany

**ISBN: 978-3-86197-249-5**

**Alle Karten zum Gratis-Download – so funktioniert's**
In diesem Reisehandbuch sind alle Detailpläne mit sogenannten QR-Codes versehen, die vor der Reise per Smartphone oder Tablet-PC gescannt und bei einer bestehenden Internet-Verbindung auf das eigene Gerät geladen werden können. Alle Karten sind im PDF-Format angelegt, das nahezu jedes Gerät darstellen kann. Für den Stadtbummel oder die Besichtigung unterwegs hat man so die Karte mit besuchenswerten Zielen und Restaurants auf dem Telefon, Tablet-PC, Reader oder als praktischen DIN-A-4-Ausdruck dabei.
Mit anderen Worten – der Reiseführer kann im Auto oder im Hotel bleiben und die Basis-Infos sind immer und überall ohne Roaming-Gebühren abrufbar. Sollten wider Erwarten Probleme beim Karten-Download auftreten, wenden Sie sich bitte direkt an den Verlag. Unter info@iwanowski.de erhalten Sie die entsprechende Linkliste zum Herunterladen der Karten.

EINLEITUNG 12

I. USA GROSSE SEEN: LAND UND LEUTE 22

Geschichtlicher Überblick 23
**Die ersten Bewohner Amerikas: die Indianer** 23
Kulturen im Mittleren Westen und um die Großen Seen 23
**Kolonisierung** 25
Die Spanier als Herren der ersten Stunde 26 · Französische Aktivitäten in Nord und Süd 27 · Englischer Machtgewinn 27
**Unabhängigkeit und Errichtung des Staatssystems** 28
„The Winning of the West" 30 · Indianerkriege 32
**Der amerikanische Bürgerkrieg** 33
**Wirtschaftlicher Aufschwung und Industrialisierung** 38
**Das 20. Jahrhundert** 40
Erster Weltkrieg 40 · „The Roaring Twenties" 41 · Der „Schwarze Freitag" und seine Folgen 42 · Zweiter Weltkrieg 43 · Neuordnung der Welt 44 · Nach dem Ende des Kalten Krieges 46
**21. Jahrhundert** 47
**Kurzer Abriss der Geschichte Kanadas** 49

Geografischer und wirtschaftlicher Überblick 53
**Geografie** 53
Die Großen Seen 54 · Vegetation 56 · Tierwelt 59 · Klima 62 · Die beste Reisezeit 62
**Wirtschaftlicher Überblick** 65
Die Wirtschaft um die Großen Seen 67

Gesellschaftlicher Überblick 68
**Bevölkerung** 68
Afroamerikaner (African Americans) 68 · Lateinamerikaner (Latinos/Hispanics) 70 · Indianer (Native Americans/American Indians) 71 · Asiaten 72
**Soziale Verhältnisse** 75
Bildungswesen 77

Reiserouten


## 2. REISETIPPS 80

**Allgemeine Reisetipps A–Z** 81

**Das kostet eine Reise an die Großen Seen/USA** 122

## 3. REISEN UM DIE GROSSEN SEEN 126

**Rundreisevorschläge, Zeitpläne und Routenskizzen** 127

- **Rundreise um die Großen Seen** 127
- **Alternativen für 2- bis 3-wöchige Aufenthalte** 128

  Naturschönheiten am Lake Michigan und Lake Superior 128 · Metropolen im Gebiet der Großen Seen (13 Tage) 128 · Metropolen und Natur (14/15 Tage) 129

## 4. CHICAGO – THE WINDY CITY 130

**Überblick** 131

Redaktionstipps 135

**Geschichte und Wirtschaft** 134

**Sehenswertes im Innenstadtbereich** 143

- **North of The Loop (Near North)** 144
- **South Michigan Avenue und Grant Park** 148
- **The Loop und West Loop** 150
- **River North** 154

**Nördlich der Innenstadt** 155

- **Lincoln Park** 155

  Nördlich von Lincoln Park 157

**Südlich der Innenstadt** 160

- **Hyde Park District (Museumscampus)** 163
- **Sehenswertes entlang dem South Lake Shore Drive** 165

**Sehenswertes in den nordwestlichen und westlichen Stadtteilen** 166

- **Belmont – das polnische Viertel** 166
- **Oak Park** 167

**Von Chicago nach Milwaukee** 169

- **Entlang der Sheridan Road** 169
- **Entlang dem Interstate** 170

## 5. MILWAUKEE 186

**Überblick und Geschichte** 187
Redaktionstipps 188

**Sehenswertes** 189
**Südlich der Innenstadt** 192
**Sehenswürdigkeiten im weiteren Umfeld der Innenstadt** 193

## 6. VON MILWAUKEE ÜBER MICHIGANS UPPER PENINSULA NACH DULUTH 200

**Überblick** 201

**Sehenswertes** 203
**Entlang der Uferlinie des Lake Michigan in Wisconsin** 203
Redaktionstipps 204 · Sheboygan 204 · Manitowoc 205
**Abstecher zum Door County** 207
Sturgeon Bay 209 · Green Bay 211
**Upper Peninsula (UP) von Michigan** 214
Oconto, Marinette, Menominee und Escanaba 216 · Abstecher nach Iron Mountain 217 · Von Escanaba über Manistique, den Pictured Rocks National Lakeshore nach Marquette 219 · Marquette 223 · Marquette – Keweenaw Peninsula 225
**Keweenaw Peninsula** 226
Hancock/Houghton 227 · Calumet und Laurium 228 · Copper Harbor 229
**Isle Royale National Park** 231
Redaktionstipps 231 · Tier- und Pflanzenwelt 233
**Der Westen der Upper Peninsula** 235
**Der Norden von Wisconsin** 239
Apostle Islands National Lakeshore 240

## 7. DULUTH, DER NORDOSTEN VON MINNESOTA UND ENTLANG DEM LAKE SUPERIOR AUF KANADISCHER SEITE NACH SAULT STE. MARIE 242

**Überblick und Streckenalternativen** 243
Redaktionstipps 244

**Duluth und Superior** 246
**Superior** 247
**Duluth** 248

**Der Nordosten von Minnesota – Iron Range, 12.000 Seen, Voyageursland und Boundary Waters Canoe Area** 253
**Die Iron Range** 254
Hibbing, Chisholm und Virginia 254
**Die 12.000 Seen von Minnesota** 258
Grand Rapids 258 · Itasca State Park 260 · Bemidji 260
**Voyageursland und Voyageurs National Park** 263
Redaktionstipps 263 · International Falls 263 · Voyageurs National Park 263
**Boundary Waters Canoe Area Wilderness** 272
Ely 272 · Kanutouren in die BWCA 273

**Von Duluth um den Lake Superior nach Sault Ste. Marie** 276
**Die Strecke auf amerikanischer Seite** 276
Grand Portage National Monument 278
**Die Strecke auf kanadischer Seite** 280
Thunder Bay und Umgebung 281 · Von Thunder Bay bis Dorion 285 · Von Dorion bis Marathon 286 · Pukaskwa National Park 288 · Von Marathon nach Sault Ste. Marie 290
**Sault Ste. Marie** 292
Redaktionstipps 293 · Kanadische Seite 293 · Amerikanische Seite 295

**8. VON SAULT STE. MARIE NACH TORONTO, DETROIT BZW. CHICAGO** 298

**Überblick** 299

**Von Sault Ste. Marie nach Toronto** 300
**Von Sault Ste. Marie nach Sudbury** 300
Sudbury 300 · Redaktionstipps 302
**Von Sudbury nach Toronto** 305
Westliche Strecke: von Sudbury über Manitoulin Island nach Kitchener und Toronto 306 · Östliche Strecke: von Sudbury an der Ostseite der Georgian Bay entlang nach Kitchener und Toronto 317

**Kitchener/Waterloo und der Südwesten Ontarios bis Detroit** 328
**Kitchener/Waterloo** 328
**Von Kitchener durch den Südwesten Ontarios** 332
Stratford 332 · London 334 · Windsor 336 · Amherstburg 338 · Pelee Island 339

**Von Sault Ste. Marie nach Chicago** 342
Redaktionstipps 344
**Von Sault Ste. Marie nach Mackinaw City und Mackinac Island** 344
Tahquamenon Falls State Park 344 · Whitefish Point 344 · St. Ignace/Mackinaw City 344 · Mackinac Island 347

**Von Mackinaw City nach Traverse City und Leelanau Peninsula** 350
Traverse City und die Leelanau Peninsula 352
**Von Traverse City nach Muskegon** 356
Sleeping Bear Dunes National Lakeshore 356 · Arcadia und Manistee 359 · Ludington 360 · Muskegon und Grand Haven 361

**9. TORONTO UND UMGEBUNG** 364

**Überblick** 365
Redaktionstipps 366

**Sehenswertes** 367
**Rund um den CN-Tower** 367
**Im Zentrum der Stadt** 372
**Universitätsviertel** 375
**Yorkville und The Annex** 376
**Kensington Market, Chinatown und Little Italy** 378
**Old Town, St. Lawrence, Cabbagetown und Greektown** 379
**Toronto Islands** 381
**Sehenswertes im Großraum Toronto** 381

**10. ALTERNATIVROUTE: VON TORONTO UM DEN LAKE ONTARIO NACH BUFFALO** 394

**Überblick** 395

**Sehenswertes** 397
Redaktionstipps 397
**Von Toronto nach Kingston** 397
Der „Loyalist Parkway" 399
**Kingston** 401
Geschichtlicher Überblick 401 · Sehenswertes 401 · Umgebung von Kingston 404
**Von Kingston nach Rochester** 409
Thousand Islands 410 · Am Lake Ontario entlang 414
**Rochester** 418
**Von Rochester nach Niagara Falls** 423
Old Fort Niagara 423

## II. VON TORONTO AM SÜDUFER DES LAKE ERIE ENTLANG NACH DETROIT 424


**Überblick** 425
Redaktionstipps 426

**Die Strecke bis Niagara Falls** 428
**Hamilton** 428
**St. Catharines** 428
**Niagara-Weinroute** 429
**Niagara-on-the-Lake** 429

**Niagara Falls** 432
**Geschichte** 433
**Auf der kanadischen Seite der Niagarafälle** 435
Zwischen Horseshoe Falls und Rainbow Bridge 435 · Niagara Falls von oben und in 3D 437 · Clifton Hill 437 · Nördlich der Rainbow Bridge 438 · Niagara River Recreation Trail 439
**Auf der amerikanischen Seite der Niagarafälle** 443
Niagara Falls State Park und die American Falls 443 · Weitere Sehenswürdigkeiten in Niagara Falls, NY 444

**Buffalo** 446
**Innenstadt** 448
**Außerhalb des Zentrums** 449

**Am Südufer des Lake Erie entlang nach Cleveland** 457
**Erie** 458

**Abstecher nach Pittsburgh** 460
**Überblick** 460
Geschichte 462
**Sehenswertes** 463
In der Innenstadt 463 · Sehenswertes östlich der Innenstadt (Oakland) 467 · North Side 469 · South Side 471 · Außerhalb der Stadt 472

**Cleveland** 477
**Überblick und Geschichte** 477
**Sehenswertes** 479
Innenstadt 479 · Am Northcoast Harbor und entlang der Hafenlinie 482 · Warehouse District, The Flats und Ohio City 485
**East Side und University Circle** 486
Sehenswertes im und um den University Circle 486
**Südlich von Cleveland** 494

**Von Cleveland nach Detroit** 494
**Toledo** 496

## 12. DETROIT UND DIE STRECKE NACH CHICAGO 500

### Detroit – Motown und Umgebung 501

**Überblick** 501

Redaktionstipps 502

**Geschichte** 504

**Sehenswertes im Innenstadtbereich** 506

Downtown 506 · Östlich von Downtown 511 · Nördlich von Downtown 512 · Detroit „Motown" 515

**Sehenswertes im Großraum von Detroit** 517

Im Norden 517 · Im Osten und Nordosten 519 · Im Westen 520 · Ausflüge von Detroit 524

### Zwischen Detroit und Chicago 530

Redaktionstipps 530

**Sehenswertes am I-94** 531

Ann Arbor 531 · Jackson, Battle Creek und Kalamazoo 532 · Abstecher Studebaker National Museum und andere Fahrzeugmuseen 533

**Sehenswertes in Flint, Frankenmuth und am I-96/I-196** 534

Flint 534 · Frankenmuth 535 · Lansing 535 · Grand Rapids 538 · Holland 539 · Saugatuck 541

**Weiter auf dem I-94** 543

Indiana Dunes National Park 544

## 13. ANHANG 546

### Literaturverzeichnis 546
### Sprachhilfe 547
### Stichwortverzeichnis 550

## Weiterführende Informationen:


Die frühe Geschichte der einzelnen Bundesstaaten 34
Indian Summer 58
Moose oder Elk? 61
Geschichte von Jazz und Blues 72
The „American Way of Life" 78
Wer war Al Capone? 139
Stadtarchitektur von Chicago 142
Pabst Theater 191
Fishboil 209
Bob Dylan 255
Was ist ein Lakeshore Lunch? 268
Wer waren die Voyageurs? 279
Indianer auf Manitoulin Island 307
Big Chute Marine Railway 322
Die Mennoniten 330
Der Welland Canal 341
Die Maler der „Group of Seven" 382
Trent-Severn Waterway 398
St. Lawrence River und St. Lawrence Seaway 408
Kurzbiografie von George Eastman 420
Die Niagara Falls und ihre Entstehungsgeschichte 434
Fahrt bis zu den Wasserfällen 438
Der Erie Canal 456
Der Ohio River 461
Pittsburgh und der Jazz 467
Eine amerikanische Geschichte: General Motors 516


## Karten:


Bruce Peninsula 311
Buffalo 450
Chicago: Greater Chicago 133
Chicago: Hoch- und U-Bahn-Netz 185
Chicago: Hyde Park 164
Chicago: Oak Park 167
Chicago: Sehenswürdigkeiten nördlich des „Loop" 156
Chicago: Sehenswürdigkeiten südlich des „Loop" 161
Chicago: The Loop (Skulpturen - Auswahl) 151
Cleveland: Innenstadt 482/483
Cleveland: University Circle 487
Dearborn „The Henry Ford" 521
Detroit: Belle Isle State Park 511
Detroit – Chicago 530
Detroit: Großraum 518
Detroit: Innenstadt 508/509
Door County 208
Duluth und Superior 247
Duluth: Waterfront und Innenstadt 249
Grand Portage – Sault Ste. Marie 282
Isle Royale National Park 232/233
Kingston 403
Landformen um die Großen Seen 55
Manitoulin Island 308/309
Michigans Upper Peninsula (West) 216
Milwaukee – Duluth 203
Milwaukee: Innenstadt und Großraum 190
Minnesota: der Norden 245
Niagara Falls: Hotels/Restaurants/ Sehenswürdigkeiten 436/437
Ontario: Übersicht 281
Pittsburgh: Hotels, Restaurants/ Sehenswürdigkeiten 464/465
Route der Voyageurs 279
Sault Ste. Marie 294
Sault Ste. Marie – Chicago 345
Sault Ste. Marie – Toronto bzw. Detroit 301
St. Lawrence Seaway 409
Sudbury 303
Toronto: Innenstadt inkl. Hotels/ Restaurants 368–370
Toronto – Lake Ontario – Buffalo 397
Toronto – Südufer Lake Erie – Detroit 426/427
Toronto: Übersicht inkl. Hotels/Restaurants 382/383
USA um 1850 31
Voyageurs National Park 265

**Karten in den Umschlagklappen:**

vorne: USA Große Seen Überblick
hinten: Chicago Innenstadt

# Legende

| | |
|---|---|
| 4-spuriger US-Nat. Highway | Information |
| US-Interstate | Busbahnhof |
| Überlandstraße (asphaltiert) | Bahnhof |
| Nebenstraße | Museum |
| beschr. Route /Autobahn | Theater |
| beschr. Route/Hauptstraße | wichtige Gebäude |
| Kanadische Autobahn | Flughafen |
| Mine | Weinanbaugebiet |
| Ranger-Station | Aussichtspunkt |
| Fähre/Bootsfahrten | Zeltplatz |
| Markt | Strand |
| Einkaufen | Turm |
| Sehenswürdigkeiten | Kanu-/Kajakfahrten |
| Berg | Leuchtturm |
| Kirche | Schiffsroute |
| Höhle | Wanderweg |

# EINLEITUNG

Eine Reise durch die Region der Großen Seen auf US-amerikanischer und kanadischer Seite bietet in vieler Hinsicht etwas anderes als z. B. die oft bereisten Gebiete im Westen, im Südwesten oder entlang der Ostküste. Nicht allein die landschaftlichen Höhepunkte stehen hier im Vordergrund, sondern auch die Großstadtatmosphäre von Chicago, Toronto und Detroit sowie nicht zuletzt das eigenwillige Klima mit den so unterschiedlichen Jahreszeiten. Nahezu jede Zeit hat ihren Reiz: Die angenehmen Sommermonate, der Herbst mit den bunten Blättern, die Winterabenteuer mit Langlauf, Snowmobiling, in Einzelfällen sogar Abfahrtslauf, sowie in den frühen Herbstwochen und im Frühling die glasklare Luft versprechen fast das ganze Jahr über schöne Urlaubstage. Nur die „Mud Season" („Matschsaison") zwischen Mitte März und Ende April sollten Sie definitiv meiden.

## Highlights

**Chicago** als Millionenstadt mit ihren Sonnen- und Schattenseiten. Eine eindrucksvolle Hochhausarchitektur, Bluesklänge, interessante Museen, ein buntes Völkergemisch und zahlreiche Anekdoten aus der Zeit der Bandenkriege geben dieser Stadt einen besonderen Anstrich.

**Toronto** dagegen ist kosmopolitischer und zeigt in Architektur und Lebensweise dem Betrachter die gesamte wirtschaftliche Kraft Kanadas auf.

Besonders hervorzuheben ist das **Naturerlebnis**. Wanderungen durch die **Nationalparks** oder die **Erkundung der Wälder** gehören zu den Leckerbissen. Unvergessliche Erinnerungen versprechen zudem **Hausboottouren** im Voyageurs National Park, **Kanutrips** in der Boundary Waters Canoe Area Wilderness bzw. auf den zahlreichen Flüssen und Seen, oder aber man verbringt einfach erholsame Tage in einem der kleinen **Resorts an einem Seeufer**.

Ein **Tipp** vorweg für diejenigen, die nicht so gerne die meiste Zeit im Auto verbringen wollen: **Chicago**, die **Upper Peninsula von Michigan** sowie der **Norden von Minnesota** bieten Großstadt und Natur „vom Feinsten". Bereisen Sie nur diese Ziele, werden Sie bereits mehr als zufrieden sein.

Die atemberaubenden **Niagarafälle**, wenn auch nicht die größten der Welt, sind allemal einen Besuch wert. Und das oft geschmähte **Detroit** bietet nicht nur ein interessantes Museumsprogramm, sondern eine ganz andere Seite von Amerika. Die einst bedeutenden Industriemetropolen **Buffalo**, **Pittsburgh** und **Cleveland** haben mittlerweile einen eigenen Charme entwickelt und profitieren nach wie vor von den Museen, die in besseren Zeiten von Industriemagnaten finanziert wurden. Mittlerweile haben sich diese Städte übrigens wieder aufgerichtet und neu aufgestellt, was besonders für Pittsburgh gilt.

Schließlich verstecken sich noch **viele kleine Höhepunkte** am Rande der Strecken, so z. B. die Weinanbaugebiete des Staates New York, bezaubernde Uferlandschaften an der Ostseite des Lake Michigan, alte Schleusenanlagen und Leuchttürme, historische Bergbaustädte, die Thousand Islands am St. Lawrence River, Eisenbahngeschichte und vieles mehr.

Ziel dieses Reisehandbuchs ist es, Ideen und Tipps zu vermitteln, was einen um die Großen Seen der USA erwartet und wie man eine Reise durchführen könnte. Alle Angaben beruhen auf persönlichen Erfahrungen. Sie sind somit nicht als „Enzyklopädie der Großen Seen" zu verstehen, sondern bringen oft eine subjektive Meinung zum Ausdruck. Ich hoffe, dass die Mischung aus nützlichen Empfehlungen und Erläuterungen sowie dem einen oder anderen Geheimtipp eine gute Hilfe für Sie darstellt, sowohl bei der Planung als auch unterwegs.

Natürlich wissen wir alle, dass die Corona-Pandemie besonders die USA hart getroffen hat. Einzelheiten, die sich ohnehin schnell ändern können, ersparen wir uns an dieser Stelle und auch im weiteren Verlauf des Buches. Dazu haben wir bereits genug in den Medien gehört. Trotzdem heißt es, sich vor einer Reise, besonders auch kurz vor der Abreise, nochmals aktuell über die Lage und die eventuell erforderlichen Test- und Präventivmaßnahmen zu informieren. Allgemeine Hinweise dazu finden Sie im A–Z unter „Einreise" und „Gesundheit".

Abschließend möchte ich mich bei allen bedanken, die mich bei der Arbeit an diesem Buch unterstützt haben. Bei Cornelia Jung und Stefanie Drengenberg möchte ich mich besonders für die Fahrtüchtigkeit und die freundliche Begleitung bedanken. Ferner bin ich den Angestellten der einzelnen Touristikbüros dankbar, die mir bei der Recherche vor Ort Hilfe und gute Tipps zukommen ließen.

Dirk Kruse-Etzbach

| Die USA auf einen Blick | |
|---|---|
| Fläche | 9.809.155 km², inkl. Alaska, Hawaii sowie der Wasserflächen (Weltrang: 3) |
| Einwohner | ca. 332 Mio. (2021), 82 % städtische Bevölkerung, 32 Städte mit mehr als 500.000 Einwohnern; Einwohnerdichte: ca. 34 Einw./km². Sehr ungleichmäßig verteilt |
| Bevölkerung | Knapp 60 % Weiße (Caucasians), 18 % Hispanics, 13 % Schwarze (African Americans), 6 % Asiaten, 1 % Indianer (Native Americans), Eskimo-Völker, Hawaiianer, knapp 2 % Angehörige mehrerer ethnischer Gruppen |
| Staatssprache | Englisch, wobei ca. 28 Mio. Amerikaner kaum Englisch sprechen können (vorn. zugewanderte Hispanics) |
| Hauptstadt | Washington D.C. (689.000 Einw.) |
| Religionen | Protestanten 47 %, Katholiken 20 % Juden 1,9 %, Orthodoxe Kirchen 0,5 %, Mormonen 1,8 %, Muslime 1,5 %, Buddhisten 0,6 %, andere 2 % (zahlreiche Splittergruppen und Sekten), keine Religionszugehörigkeit 24 %. Zahlen variieren sehr, je nach Quelle! |
| Flagge | 13 waagerechte abwechselnd rote und weiße Streifen für die 13 Gründerstaaten, im blauen oberen Eck 50 weiße Sterne, welche die Bundesstaaten repräsentieren 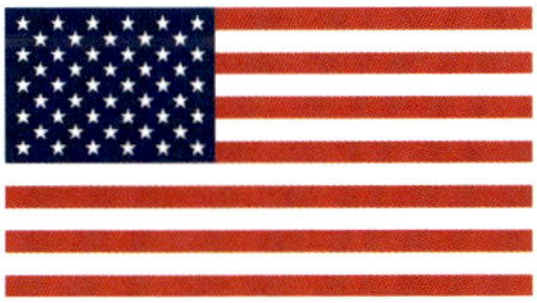 |
| Nationalfeiertag | 4. Juli (Tag der Unterzeichnung der Unabhängigkeitserklärung) |
| Regierungsform | Präsidialrepublik mit einer bundesstaatlichen Verfassung, wobei der Präsident Kabinettsmitglieder ernennen und entlassen kann. Zwei-Kammer-Parlament: Senat und Repräsentantenhaus. |
| Staats- und Regierungschef | Präsident Joe Biden (Demokrat) |
| Städte-Auswahl | (Einwohnerzahlen innerhalb der offiziellen Stadtgrenzen; in Klammern Einwohner im Großraum/Metropolitan Area), New York: 8,8 Mio. (20,1 Mio.), Los Angeles: 4 Mio. (13,2 Mio.), Chicago: 2,74 Mio. (9,6 Mio.), Houston: 2,34 Mio. (6,7 Mio.), Philadelphia: 1,58 Mio. (6,1 Mio.), Dallas 1,35 Mio. (Dallas-Fort Worth: 7,3 Mio.), Detroit 640.000 (4,3 Mio.), Milwaukee 577.000 (1,57 Mio.), Cleveland 373.000 (2,08 Mio.), Pittsburgh 303.000 (2,37 Mio.), Buffalo 278.000 (1,12 Mio.) |
| Wirtschaft | Import größer als Export. Das jährl. Handelsbilanzdefizit liegt bei über 800 Mrd. US$. Regional sehr unterschiedliche Wirtschaftsstruktur – hoher Anteil des Dienstleistungssektors (78 %), Industrie (21 %), Landwirtschaft (<1 %). Bruttoinlandsprodukt (BIP): US$ 25,35 Billionen, US$ 76.027 pro Kopf. 15 % der Bevölkerung leben unterhalb der Armutsgrenze. |
| Wichtigste Exportgüter | Maschinen, Elektronik, Waffen, Flugzeuge, Stahl, Nahrungsmittel, Chemikalien und Arzneimittel |
| Wichtigste Handelspartner | Kanada, Mexiko, China, Japan, Südkorea, Deutschland, Großbritannien |
| Problematiken | Extrem hohes Handelsbilanzdefizit und Staatsverschuldung, Immobilienkrise in einigen Regionen, niedriger allgemeiner Bildungsstandard, weit auseinanderklaffende Sozialschichten, illegale Einwanderung, hohe Jugendarbeitslosigkeit, hoher Energieverbrauch, hohe Umweltbelastung in Ballungsräumen, Corona-Pandemie, Inflation |

| Kanada auf einen Blick | |
|---|---|
| Fläche | 9.984.670 km² |
| Einwohner | 38,5 Mio., 3,92 Einw./km², Bevölkerung konzentriert sich entlang der Grenze zu den USA, 70 % der Kanadier leben in den Ballungsräumen von Toronto, Montréal, Vancouver und Ottawa |
| Bevölkerung | 33,5 % Anglokanadier, 23,5 % Frankokanadier, 18 % anderer europäischer Abstammung, 15 % asiatischer, 1,5% lateinamerikanischer und 3 % afrikanischer Abstammung, ca. 4,3 % Indianer, Inuits und Metis |
| Sprachen | Amtssprachen sind Englisch und Französisch. 57 % geben Englisch, 21 % Französisch als Muttersprache an, 21 % weder Englisch noch Französisch |
| Hauptstadt | Ottawa 942.000 Einw. (Metropolitan Area: 1,33 Mio.) |
| Andere Städte | (Einwohnerzahlen innerhalb der Stadtgrenzen; in Klammern Einwohner im Großraum/Metropolitan Area): Toronto: 2,8 Mio. (6,7 Mio.), Montréal: 1,72 Mio. (4,15 Mio.), Vancouver: 635.000 (2,5 Mio.), Calgary: 1,25 Mio. (1,41 Mio.), Edmonton: 940.000 (1,34 Mio.), Québec: 535.000 (802.000), Winnipeg: 707.000 (782.000), Hamilton: 570.000 (785.000) |
| Regierungschef | Premierminister Justin Trudeau (Liberal Party) |
| Staats- und Regierungsform | Parlamentarische Monarchie mit der/m englischen König/in als Staatsoberhaupt; Parlamentarische Demokratie (Westminster-System) mit Premierminister, 2 Kammer Regierung: House of Commons und Senat; Bundesstaat bestehend aus zehn Provinzen und zwei Territorien (Northwest und Yukon) |
| Flagge | rot und weiß, mit rotem Ahornblatt auf weißem Grund |
| Nationalfeiertag | Canada Day am 1. Juli |
| Religion | 68 % Christen (39% Katholiken, 29 % Protestantisch: Anglikaner, United Church of Canada, Lutheraner, Presbyterianer, Baptisten), 3 % Muslime, 1 % Juden, 1,5 % Hindus, 1 % Sikhs, 24 % ohne Bekenntnis |
| Wirtschaft | Import: 35 % des BIP, Export: 34 % des BIP; Bruttoinlandsprodukt (BIP), nominal: 1,75 Billionen US$; davon Dienstleistungssektor 66 %, Industrie 32 %, Landwirtschaft 2 %, Wirtschaftszweige: Landwirtschaft (Weizen, Mais, Obst, Kartoffeln, Viehzucht und -wirtschaft), Automobil- und Flugzeugindustrie, Metallindustrie, holzverarbeitende und Papierindustrie, Gas- und Ölförderung; wichtigster Handelspartner: USA; daneben China, Japan, Großbritannien, Deutschland, Frankreich und Mexiko |
| Bodenschätze | Reiche und ergiebige Roh- und Brennstoffvorkommen, besonders Nickel, Erdöl, Holz, sowie Schwefel, Asbest, Aluminium, Gold, Blei, Kohle, Kupfer, Eisenerz, Uran, Zink, Erdgas |
| Klima | Kanada liegt in den gemäßigten bis arktischen Breiten; im größten Teil des Landes herrscht typisches Kontinentalklima mit kurzen, trockenen, heißen Sommern und langen, sehr kalten und schneereichen Wintern |

| US-Staaten des Reisegebiets | |
|---|---|
| **Illinois** | |
| Abkürzung | IL |
| Beiname | „Land of Lincoln" (auch der Prärie-Staat) |
| Namens-herleitung | Die ersten Europäer, französische Siedler, trafen hier auf den Indianerstamm der Illiniwek (auch: Illini) |
| Staat seit | 3. Dezember 1818 (21. Staat) |
| Staatsbaum | Weiße Eiche |
| Fläche | 150.007 km$^2$ |
| Einwohner | 12,81 Mio. Einw. |
| Einwohner-dichte | 91 Einw.//km$^2$ |
| Hauptstadt | Springfield (114.400 Einw.) |
| Weitere Städte | Chicago (2,74 Mio. Einw., Metropolitan Area: 9,6 Mio.), Rockford (146.000 Einw.), Joliet (148.000 Einw.) |
| Wichtigste Wirtschafts-zweige | Industrie: Aufgrund der günstigen Verkehrslage ist Illinois nach Michigan der am stärksten industrialisierte Staat des Reisegebiets: Eisen- und Stahlerzeugung, Maschinenbau, Fleischverarbeitung und Konservenindustrie, Bodenschätze: Erdöl, Kohle, Flussspat, Landwirtschaft: über 80 % der Staatsfläche landwirtschaftlich genutzt: Mais, Sojabohnen, Getreide, Kartoffeln, bedeutende Viehwirtschaft. |
| Bedeu-tendstes touristi-sches Potenzial | Chicago als Metropole des Mittleren Westens mit interessanter Stadtarchitektur, Museen, Bluesmusikszene; Springfield und Umland als die „Lincoln-Stadt". Informationen: www.enjoyillinois.com |
| Informa-tionen | www.enjoyillinois.com |
| **Michigan** | |
| Abkürzung | MI |
| Beiname | „Wolverine State" („Vielfraßstaat") |
| Staat seit | 26. Januar 1837 (26. Staat) |
| Motto | „If you seek a pleasant peninsula, look around you" |
| Staatsblume | Apfelblüte |
| Fläche | 150.500 km$^2$ (Landfläche) davon ein Drittel Upper Peninsula, Wasserfläche: 103.300 km$^2$ |
| Einwohner | 9,88 Mio. Einw., davon leben 350.000 auf der Upper Peninsula |
| Einwohner-dichte (Land-fläche) | 67 Einw./km$^2$ |

| | |
|---|---|
| Hauptstadt | Lansing (inkl. East-Lansing, 167.000 Einw.) |
| Weitere Städte | Detroit (640.000 Einw., Metropolitan Area: 4,3 Mio.), Grand Rapids (200.000 Einw.), Warren (135.000 Einw.), Ann Arbor (124.000 Einw.) |
| Wichtigste Wirtschaftszweige | Industrie: Auto- und Maschinenbau, Holzindustrie; Bergbau: Kupfer und Eisenerz; Landwirtschaft: Mais, Weizen, Zuckerrüben, Sojabohnen, Heu, dazu diversifizierte Viehwirtschaft |
| Touristisches Potenzial | Die Uferlandschaften der Großen Seen, besonders entlang dem Lake Superior in der Upper Peninsula; Waldlandschaften in der Upper Peninsula; Strände entlang dem Lake Michigan; Sleeping Bear Dunes National Lakeshore; Isle Royale National Park; Mackinac Island; Stadterlebnis Detroit; das urige Städtchen Saugatuck; die „deutsche" Siedlung Frankenmuth; zahlreiche Outdooraktivitäten; Wintersport |
| Informationen | www.michigan.org |

| **Minnesota** | |
|---|---|
| Abkürzung | MN |
| Beiname | „Gopher State" bzw. „Star of the North" |
| Namensherleitung | Der Name geht auf „minisota" zurück, was „himmelfarbener Fluss" bedeutet, so nämlich bezeichneten die Dakotas den heutigen Minnesota River. |
| Staat seit | 11. Mai 1858 (32. Staat) |
| Staatsbaum | Norwegische Kiefer |
| Staatsvogel | Seetaucher |
| Fläche | 225.182 $km^2$ |
| Einwohner | 5,64 Mio. Einw. |
| Einwohnerdichte | 26,6 Einw./$km^2$ |
| Hauptstadt | St. Paul (308.000 Einw.) |
| Weitere Städte | Minneapolis (426.000 Einw., Metropolitan Area „Twin Cities": 3,63 Mio.), Duluth (86.000 Einw., Metro Area 279.000), Rochester (121.000 Einw.), Bloomington (86.000 Einw.) |
| Wichtigste Wirtschaftszweige | Landwirtschaft (Viehhaltung, Milch, Getreideanbau); Abbau von Eisenerz (großenteils erschöpft); Nahrungsmittelindustrie; Papierherstellung; Tourismus. |
| Touristisches Potenzial | 12.000 große und kleine Seen; Outdooraktivitäten – besonders zw. Grand Rapids und Bemidji sowie im Norden um den Voyageurs National Park und in der Boundary Waters Canoe Area; die „Twin-City" Minneapolis/St. Paul; der Voyageurs National Park; deutsche Traditionen in New Ulm; Pipestone National Monument, Lake Superior Lakeshore (inklusive Duluth) |
| Informationen | www.exploreminnesota.com |

## New York

| | |
|---|---|
| Abkürzung | NY |
| Beiname | Empire State |
| Namensherleitung | Die Stadt New York wurde 1664 (vorher: New Amsterdam) nach dem englischen Duke of York benannt. Von der Stadt erhielt der Staat den Namen. |
| Staat seit | 26. Juli 1788 (13. Staat) |
| Höchster Berg | Mt. Marcy (1.630 m) |
| Staatsblume | Rose |
| Motto | „Immer aufwärts" |
| Fläche | 127.100 km² Landfläche |
| Einwohner | 20,21 Mio. Einw. Die geringe Einwohnerzahl in Verbindung mit der Einwohnerzahl von New York City (s. u.) ergibt sich, da zur N.Y. Metropol. Area auch Teile der Staaten Connecticut und New Jersey gezählt werden. |
| Einwohnerdichte | 159 Einw./km² |
| Hauptstadt | Albany (98.000 Einw., Metropolitan Area: 1,17 Mio.) |
| Weitere Städte | New York (8,6 Mio. Einw., Metropolitan Area: 20 Mio.), Buffalo (278.000 Einw., Metropolitan Area: 1,12 Mio.), Rochester (211.000 Einw., Metropolitan Area: 1,08 Mio.) |
| Wichtigste Wirtschaftszweige | Industrie: fast alle Produktionszweige vorhanden. 55 % der bundesstaatlichen Produktionswerte werden in New York City erzielt. Landwirtschaft: Viehhaltung, Getreide, Gemüse, zunehmend Obst und Weinbau. |
| Touristisches Potenzial | Niagara Falls, Stadterlebnis New York City, Berglandschaften mit Wintersportorten, Bootstouren auf dem Erie Canal, Seenlandschaft der Finger Lakes, Outdooraktivitäten |
| Internet | www.iloveny.com |

## Pennsylvania

| | |
|---|---|
| Abkürzung | PA |
| Beiname | Keystone State |
| Namensherleitung | Charles II. übertrug die Konzession des heutigen Staatsgebiets 1681 dem Quäker William Penn. Für den zweiten Teil des Wortes stand das lateinische Sylva (= der Wald) Pate. |
| Staat seit | 12. Dezember 1787 (2. Staat) |
| Höchster Berg | Mt. Davis (980 m) |
| Staatsbaum | Östliche Hemlocktanne |
| Motto | Tugend, Freiheit und Unabhängigkeit |
| Fläche | 119.291 km² |
| Einwohner | 13,01 Mio. Einw. |

| | |
|---|---|
| Einwohnerdichte | 112 Einw./km² |
| Hauptstadt | Harrisburg (50.000 Einw., Metropolitan Area: 574.000) |
| Weitere Städte | Philadelphia (1,59 Mio. Einw., Metropolitan Area: 6,1 Mio.), Pittsburgh (303.000 Einw., Metropolitan Area: 2,37 Mio.), Erie (94.000 Einw., Metropolitan Area: 266.000) |
| Wichtigste Wirtschaftszweige | Reste von Eisen- und Stahlwerken, Erdölraffinerien, Nahrungsmittel- und Genussmittelindustrie, Textilfabriken, Papierherstellung. Bodenschätze: Steinkohle, Erdöl, Erdgas, Eisenerze, Kalksteine, Anthrazit. Vielseitige Landwirtschaft: Obst- und Gemüseanbau, Milchwirtschaft, Geflügel, Viehzucht. |
| Touristisches Potenzial | Die Städte Philadelphia und Pittsburgh und das Pennsylvania Dutch Country um Lancaster |
| Internet | www.visitpa.com |

**Ohio**

| | |
|---|---|
| Abkürzung | OH |
| Beiname | Buckeye State (Buckeye = Rosskastanie) |
| Namensherleitung | Bedeutung in der Irokesensprache: „Etwas Großes“ |
| Staat seit | 1. März 1803 (17. Staat) |
| Höchster Berg | Campbell Hill (470 m) |
| Staatsbaum | Ohio Rosskastanie |
| Motto | „Mit Gottes Hilfe ist alles machbar“ |
| Fläche | 116.103 km² |
| Einwohner | 11,7 Mio. Einw. |
| Einwohnerdichte | 109 Einw./km² |
| Hauptstadt | Columbus (894.000 Einw., Metropol. Area: 2,08 Mio.) |
| Weitere Städte | Cleveland (373.000 Einw., Metropolitan Area: 2,08 Mio.), Cincinnati (303.000 Einw., Metropolitan Area: 2,14 Mio.), Toledo (270.000 Einw.) Akron (198.000 Einw.) |
| Wichtigste Wirtschaftszweige | Industrie: Eisen- und Stahlerzeugung, Maschinen- und Fahrzeugbau; Bodenschätze: Anthrazitkohle, Erdöl und Erdgas; Landwirtschaft: hochentwickelt. Besonders im Westen Mais-, Weizen-, Soja- und Gemüseanbau. Ansonsten Viehwirtschaft aller Art. |
| Touristisches Potenzial | Stadtkultur in Cleveland, die Küstenlandschaft am Lake Erie, das Amish Country, Landschaft entlang dem Ohio River – hier vor allem auch das Städtchen Marietta, die Stadt Cincinnati. |
| Internet | www.discoverohiotogo.com |

| Wisconsin | |
|---|---|
| Abkürzung | WI |
| Beiname | „Badger State“ (= Dachs-Staat): Während der Erschließung der Bleiminen im Jahr 1827 („Lead Rush“) haben sich die Minenarbeiter „wie die Dachse in die Erde geschaufelt“. |
| Namensherleitung | „Ouisconsin“ bedeutet bei den Indianern: „Wo die Wasser zusammenfließen“ |
| Staat seit | 29. Mai 1848 (30. Staat) |
| Staatsbaum | Zuckerahorn |
| Staatsvogel | Rotkehlchen |
| Fläche | 145.439 km$^2$, inkl. Binnengewässer: 169.643 km$^2$ |
| Einwohner | 5,89 Mio. Einw. |
| Einwohnerdichte | 42 Einw./km$^2$ |
| Hauptstadt | Madison (259.000 Einw., Metropolitan Area: 655.000) |
| Weitere Städte | Milwaukee (577.000 Einw., Metropolitan Area: 1,57 Mio.), Green Bay (107.000 Einw.), Kenosha (100.000 Einw.), Racine (78.000 Einw.) |
| Wichtigste Wirtschaftszweige | Landwirtschaft (Gemüse, Milch, 30 % der amerikanischen Käseproduktion – übrigens werden hier im Winter einige Straßen mit in Salzlake getränkten Käseresten gestreut), Lebensmittelkonserven, Papierindustrie, Bierbrauereien, Metallindustrie, Tourismus |
| Touristisches Potenzial | Outdooraktivitäten (Kanufahren, Reiten, Fahrradfahren, Wandern, Angeln, Skilanglauf, Snowmobiling, Golfspielen etc.), große Waldflächen, zahlreiche Seen aller Größen (mehr Seen als in Minnesota), Milwaukee – „Hauptstadt der Bierbrauer“, „Door County“ |
| Internet | www.travelwisconsin.com |

# I. USA GROSSE SEEN: LAND UND LEUTE

# Geschichtlicher Überblick

## Die ersten Bewohner Amerikas: die Indianer

Das Wort „Indianer" ist heute ein Sammelbegriff für Menschen unterschiedlichsten Aussehens, unterschiedlichster Kultur und unterschiedlicher Sprachen. Gemeinsam haben die Indianer ihren **asiatischen Ursprung**. Vor mehr als 10.000 Jahren begann in Asien eine Wanderbewegung, die über die damals bestehende Kontinentalverbindung zwischen Asien und Amerika (im Bereich der Behringstraße) führte. Von Alaska aus setzte sich diese Völkerwanderung entlang der Rocky Mountains in Nordamerika über Mittel- und Südamerika fort und zog sich über viele Jahrtausende hin, manchmal mit jahrhundertelangen Pausen.

*Gemeinsame asiatische Vorfahren*

Man schätzt, dass es zur Zeit von Christoph Kolumbus etwa 15–20 Mio. Indianer auf dem amerikanischen Kontinent gab. Davon bewohnte allerdings nur ein geringer Anteil die Gebiete der heutigen USA. Schätzungen gehen von ungefähr 850.000–1.000.000 Indianern aus. Heute beträgt der Anteil aller Indianer (*American Indians* oder *Native Americans* genannt) an der Gesamtbevölkerung der USA gerade einmal 1,5 %. Archäologische Funde lassen darauf schließen, dass die ersten Indianer – allgemein als Paleo-Indianer bezeichnet – Jäger waren, denn es wurden Speer- und Pfeilspitzen aus Steinen sowie Steinmesser zum Häuten und Zerlegen der erlegten Tiere entdeckt. Anfänge des Ackerbaus sind um ca. 5000 v. Chr. zu datieren.

Neben den archäologisch gut erschlossenen Kulturen des Südwestens (Hohokam, Mogollon, Korbmacher) sind vor allem die Pueblo-Indianer und die Stämme der Apachen und Navajo bekannt. Aber auch im Südosten der USA und in den kargen Wüstengegenden und den Rocky Mountains gab es verbreitete Kulturen.

## Kulturen im Mittleren Westen und um die Großen Seen

Im Mittleren Westen und um die Großen Seen herum sind besonders zwei Indianerkulturen anzusiedeln, wobei in beiden Kulturen einzelne Stämme den generellen Charakteristika nicht voll entsprachen. Unterschieden wird zwischen den nomadischen, ausschließlich jagenden Stämmen im Westen und den östlichen Stämmen, die sich sowohl von der Jagd als auch von der Landwirtschaft ernährten.

*Nomadische und sesshafte Stämme*

### Die Plains-Kultur

Die Plains-Indianer (Iowa, Minnesota, Missouri, Montana, North Dakota, South Dakota, Wyoming) sind zwar zahlenmäßig nie bedeutsam gewesen, repräsentieren aber gewissermaßen das „typische" Indianer-Bild der Europäer. Als Nomaden lebten sie vorwiegend von der **Büffeljagd**, zogen mit ihren mit Büffelhäuten bespannten Zelten umher und trugen Lederkleidung. Die Pferde, mit denen sie ihre Büffeljagd effizienter machten, stammten nicht vom amerikanischen Kontinent, sondern wurden von den Spaniern importiert. Zu den Plains-Indianern zählen die Stämme der Schwarzfuß-Indianer, Piegans und Hidatsas im oberen Missouri-Raum. Die Sioux sprechenden River Crows und die Mountain Crows waren im Gebiet des

Steinbruch der frühen Indianer

Wind River und Bighorn River (Wyoming) zu finden. Ein bedeutender Sioux-Stamm waren die Dakotas, die ihre Jagdgebiete von den Dakotas bis nach Montana und Wyoming ausweiteten. Im Südosten Wyomings lebten hauptsächlich Algonquian sprechende Cheyennes.

Die Stämme der Plains-Indianer lebten relativ autonom. Innerhalb des Stammes waren die Mitglieder einem strengen Regelsystem unterworfen, das auf festen Vorstellungen von Ehre und Schande beruhte und bei schwereren Vergehen den Ausschluss aus dem Stamm vorschrieb. Zwischen den einzelnen Stämmen kam es häufig zu kriegerischen Auseinandersetzungen um Jagdrechte, weshalb die Krieger gut bewaffnet waren. Das Kommunikationssystem der Plains-Indianer kennen manche sicherlich noch von Karl May: die Weitergabe von Botschaften durch Rauchzeichen. Für die Plains-Kulturen typisch und essentiell sind die verschiedenen Tänze, mit denen die Indianer versuchten, in einem Trance-Zustand mit dem Übersinnlichen in Kontakt zu treten und über Visionen etwas über ihr Schicksal zu erfahren.

Von den Stämmen der Plains-Kultur, die sich nicht hauptsächlich von der Jagd ernährten, sind in Bezug auf das Reisegebiet nur die Sioux sprechenden Iowas, Mandans und Hidatsas zu erwähnen. Diese Stämme lebten in Dörfern, und die unterschiedlichen Klans waren eng miteinander verbunden. In ihrer Lebensweise und ihren Handelsbeziehungen bildeten sie ein Bindeglied zwischen der Plains- und der Eastern-Woodland-Kultur.

## Die Eastern-Woodland-Kultur

*Landwirtschaft und Handel*

Das Gebiet der Eastern-Woodland-Indianer, von denen es Jäger (Clovis-Typ) und Sammler (Chochise-Typ) gab, erstreckte sich vom St. Lawrence River bis zu den Carolinas und vom Atlantischen Ozean bis zum Mississippi (Michigan, Illinois, Indiana, Minnesota, Ohio, Pennsylvania, Wisconsin). Vor über 2.000 Jahren begannen die Indianer mit der landwirtschaftlichen Nutzung des Bodens. Neben der Landwirtschaft bauten sie auch ein Handelsnetz auf, das sich vom Atlantik bis zu den Rocky Mountains erstreckte. Typisch für diese Kultur, die nach den Hügeln im Ohio-Tal als Hopewell-Kultur bezeichnet wird, sind die Grabhügel, von denen noch Überreste zu finden sind. Als die ersten Europäer den amerikanischen Kontinent erreichten, war die Hopewell-Kultur bereits untergegangen. Eine große Anzahl unterschiedlicher Indianerstämme, die in Dorfgemeinschaften lebten und ein relativ gut organisiertes Sozialgefüge hatten, lebten zwischen Mississippi und Atlantik. Sie ernährten sich hauptsächlich von der Landwirtschaft und gingen nur selten auf Büffeljagd.

Im Jahrhundert vor der Entdeckung Amerikas durch die Europäer entwickelten die Eastern-Woodland-Indianer ein Zahlungssystem, als „Währung" wurden Muschelstücke verwendet. Aus dieser Indianerkultur stammen auch das Rauchen der Friedenspfeife, das häufig zur Besieglung eines Handelsvertrags getätigt wurde, und die Frisur, die in den 1980er-Jahren als Irokesenschnitt eine Renaissance erlebte.

Die Stämme der Eastern Woodlands, die sich um die Großen Seen herum niedergelassen hatten, lebten zu einem großen Teil vom Fischfang und dem Anbau von wildem Reis. Bis auf die Sioux sprechenden Winnebagos des Green-Bay-Gebiets sprachen diese Stämme Algonquian. Bekannte Stämme sind die Ottawas, Sauks, Foxes und Ojibwas (Chippewa), Letztere zählten zu den größten Stämmen nördlich von Mexiko. Illinois und Indiana war die Heimat der Miamis, während die Delaware und Shawnees östlich und südlich der Großen Seen ansässig waren. Östlich des gleichnamigen Sees lebten die Hurons (Huronen) und in Zentralpennsylvania die Sasquehannas.

*Stammesverband „Five Nations"*

Die Irokesen zählten zu den größten Stammesgruppen, waren ursprünglich im südlichen Kanada und im Nordosten der USA beheimatet und hatten ein hoch organisiertes Stammeswesen, in dem Frauen eine sehr wichtige Rolle spielten. Fünf ihrer Stämme verbündeten sich zu den **Five Nations**, einer Konföderation mit hoch entwickelter Struktur und Kultur. Um 1700 hatten sich die Irokesen zu einem der einflussreichsten Stammesverbände entwickelt, nachdem sie Mitte des Jahrhunderts die Hurons in der Nähe des heutigen Toronto und eine Konföderation mehrerer Stämme nördlich des Lake Erie vernichtend geschlagen hatten. Auch die Ottawas, Sauks, Foxes und Illinois zogen nach Westen, weil sie sich nicht gegen die expandierenden Irokesen durchsetzen konnten.

## Kolonisierung

Fast 500 Jahre vor Christoph Kolumbus waren bereits die Wikinger unter der Führung von **Leif Eriksson** an die Ostküste des amerikanischen Kontinents gesegelt. Etwa um 1000 n. Chr. erreichten sie das Mündungsgebiet des St. Lawrence River und erkundeten die Ostküste. Aus ungeklärten Gründen nannten sie diesen Landstrich „Vinland". Der gebürtige Italiener **Christoph Kolumbus** (1451–1506), der eigentlich die Küste Indiens erreichen wollte, landete mit der „Santa Maria" am 12. Oktober 1492 auf einer Insel der Bahamas und nannte die Einwohner dort irrtümlich „Indianer". Dieser Name ist auch heute noch fälschlicherweise die Sammelbezeichnung für die Ureinwohner Amerikas. Benannt wurde Amerika allerdings nach dem Seefahrer **Amerigo Vespucci** (1451–1512), der auf seiner

*Christoph Kolumbus*

ersten Reise (1497) im Auftrag der spanischen Krone den Golf von Mexiko besegelte. Weitere europäische „Entdecker" des nordamerikanischen Kontinents waren Giovanni Caboto (1450–1498) und Ponce de León (1460–1521).

Fast drei Jahrhunderte rangen mehrere europäische Mächte um die Vormachtstellung in den eroberten Gebieten der Neuen Welt, unter ihnen Spanier, Franzosen, Engländer und Portugiesen. Zunächst dominierten die Spanier und Portugiesen, doch gegen Ende des 16. Jh. verloren sie langsam ihre Vormachtstellung, und sowohl Engländer als auch Franzosen siedelten sich in der Nähe der reichen spanischen Siedlungen an.

Die Franzosen gründeten ihre ersten profitablen Kolonien auf den Karibischen Inseln. Die Engländer etablierten größere Siedlungen in der Nähe des heutigen New York, das als ursprünglich niederländische Siedlung bis 1664 noch Nieuw Amsterdam hieß. Die Niederländer spielten bei der Kolonisierung Amerikas eine eher untergeordnete Rolle, die sich weitgehend auf das 17. Jh. und die Gegend des heutigen New York und New Jersey beschränkte.

*Sklaven für die Plantagen*

Eine Folge der Kolonisation war der Sklavenhandel. Da immer mehr billige Arbeitskräfte in den Kolonien benötigt wurden und die Indianer den unmenschlichen Arbeitsbedingungen in großer Zahl erlagen, verschifften die Portugiesen, Spanier und Engländer von ihren Besitzungen an der westafrikanischen Küste schwarze Sklaven in Richtung Amerika. 1850 arbeiteten rund 2.800.000 Sklaven in der Landwirtschaft, die Mehrzahl auf Baumwollplantagen. Ein gesetzliches Verbot des Sklavenimports setzte sich erst zu Beginn des 19. Jh. durch, wurde in der Praxis aber noch lange unterlaufen.

## Die Spanier als Herren der ersten Stunde

Während des 16. Jh. trieben die Spanier und Portugiesen die Kolonisation der Neuen Welt durch eine expansive Siedlungspolitik voran. Um 1575 gab es bereits etwa 200 Siedlungen in Amerika. Die Eroberer (Konquistadoren) machten sich bei der Ausbeutung der Bodenschätze die Arbeitskraft der einheimischen Indianer zunutze und versuchten, durch Erforschung immer neuer Gebiete ihren Einflussbereich zu erweitern. Ihr Hauptinteresse galt Bodenschätzen wie Gold und Silber sowie tropischen Agrarprodukten. Zunächst wurden hauptsächlich die Inseln der Karibischen See und des Golfs von Mexiko besegelt, von 1513–1519 erfolgte die Erforschung des Festlands. 1513 hatte Vasco Núñez nach einer Durchwanderung der Landenge des heutigen Panama den Pazifischen Ozean entdeckt. Im gleichen Jahr erreichte Ponce de León Florida. Einer der bekanntesten Konquistadoren ist Hernán Cortés (1485–1547), der Mexiko eroberte und dort im gleichen Zuge das Aztekenreich vernichtete. Hernando de Soto (1500–1542) erschloss das südöstliche Nordamerika.

*Die Rolle der Kirche*

Die Legende vom heute noch sprichwörtlichen Goldland El Dorado trieb die ersten Konquistadoren in die Gebiete nördlich von Mexiko. Francisco Vásquez de Coronado (1510–1544) startete 1540 eine Reise in den heutigen Südwesten der USA und erforschte dort das „Neue Mexiko". Die Indianer dort wurden gezwungenermaßen christianisiert und zur Arbeit herangezogen. Da die Kirche bei der Kolonisation eine große Rolle spielte, richtete sich die Feindseligkeit bei Aufständen hauptsächlich gegen klerikale Einrichtungen wie Klöster und Kirchen.

## Französische Aktivitäten in Nord und Süd

Obwohl der Italiener **Giovanni da Verrazzano** (1480–1527) bereits 1524 mit einer französischen Besatzung die Hudson-Mündung erforschte und an der nordamerikanischen Küste bis Maine entlangsegelte, interessierte sich Frankreich erst nach 1530 ernsthaft für Eroberungen in der Neuen Welt.
1534 erforschte **Jacques Cartier** (1491–1557) zusammen mit einer Crew bretonischer Fischer die Fischgründe vor Neufundland und ein Jahr später den St. Lawrence River bis zum heutigen Montréal. Doch erst unter der Regierung Heinrichs IV. wurde begonnen, wirtschaftlichen Nutzen aus der Neuen Welt zu ziehen. Zunächst wurden nur hugenottische Handelskompanien aktiv und gründeten die ersten französischen Niederlassungen. Unter der Führung von Samuel de Champlain entstanden Siedlungen in Kanada (z. B. Québec 1608), auch trieb er die Handelsverbindungen bis nach Wisconsin voran. Wichtige Wirtschaftsfaktoren für die Franzosen waren die Fischerei und der Pelzhandel.

*Jacques Cartier*

Die zweite Kolonisationsperiode begann 1664, als **Jean-Baptiste Colbert** (1619–1683) die Französische Westindien-Kompanie gründete, die das Monopol für den französischen Amerikahandel erhielt. Von 1673 an beanspruchten die Franzosen die gesamten Gebiete entlang dem Mississippi, des St. Lawrence River und das Land um die Großen Seen. Entscheidend beteiligt waren an diesen Gebietsansprüchen Jacques Marquette (1637–1675) und Louis Joliet (1645–1700). Das Flussbecken der Mississippi-Mündung erreichte 1682 Robert Cavelier de La Salle (1643–1687), der es nach dem französischen König Ludwig XIV. „La Louisiane" nannte. Hier gründete Jean-Baptiste Le Moyne de Bienville (1680–1767) im Jahr 1718 das heutige New Orleans.

## Englischer Machtgewinn

Die Engländer setzten sich schon relativ früh im Nordosten Amerikas fest. Sie beanspruchten weite Teile des heutigen Kanadas und machten auch Gebiete der heutigen Bundesstaaten Washington, Oregon, Idaho, Montana und Wyoming zu ihrem Herrschaftsbereich. Aufgrund der Nähe zu den französischen Niederlassungen kam es zu Streitigkeiten. Diese Auseinandersetzungen kulminierten im **Siebenjährigen Krieg** (1756–1763), in dem die Engländer ihren Einflussbereich bis zum Mississippi ausdehnen konnten. Indianer kämpften bei diesem Konflikt hauptsächlich auf Seiten der Franzosen, weil sie hofften, die Siedlungsbewegung der Engländer aufzuhalten und eigene Gebietsansprüche zu festigen.

*Krieg zwischen Engländern und Franzosen*

Die Engländer hatten sich ebenso wie die Franzosen im späten 15. und im 16. Jh. kaum engagiert. Erst **Königin Elizabeth I.** (1533–1603) drängte auf eine Kolonisierung der Neuen Welt. Unter dem Kommando von Sir Francis Drake (1540–1596) und Sir John Hawkins (1532–1595) griffen die Engländer spanische Niederlassungen und Schiffe an. In diesem Zusammenhang gelang es auch, das spanisch-portugiesische Monopol im Sklavenhandel zu brechen. Bedeutende Wirtschaftsfaktoren waren damals Fischerei, Holzverarbeitung, Pelzhandel und Bergbau im Nordosten sowie der Anbau von Baumwolle, Zuckerrohr, Tabak und Reis im Süden.

*Siedler aus Übersee*

Als erste feste Siedlung gilt Jamestown in Virginia, das 1607 im Auftrag der Londoner Virginia-Kompanie gegründet wurde. Neben ökonomischen Motiven trieben vor allem religiöse und politische Gründe die Menschen damals nach Amerika. Die **Pilgrim Fathers** landeten 1620 an der amerikanischen Küste und bauten dort ein Gemeinwesen nach ihren Vorstellungen auf. Dem Einbringen ihrer ersten Ernte verdanken die Amerikaner den Thanksgiving Day, der am vierten Donnerstag im November gefeiert wird und zu den wichtigsten Feiertagen zählt. Darüber hinaus war man an der Erschließung neuer Rohstoffquellen interessiert. Die Glaubensgemeinschaft der **Quäker** gründete 1681 Pennsylvania, dessen Name auf ihren Gründer William Penn zurückgeht. Zwei Jahre später siedelten sich hier auch viele Deutsche an, anfangs vorwiegend Mennoniten aus dem Rheinland und der Pfalz. Weitere Siedlungsgebiete deutschsprachiger Einwanderer waren Philadelphia, New York, Maine und Georgia.

## Unabhängigkeit und Errichtung des Staatssystems

In ihrem Unabhängigkeitskrieg gegen das englische Mutterland (1775–1783) erstritten sich die 13 Ostkolonien die staatliche Autonomie, die sie in ihrer **Unabhängigkeitserklärung des Kongresses am 4. Juli 1776**, heute Nationalfeiertag, offiziell beschlossen. Die 13 Querstreifen der amerikanischen Flagge, die die 13 Gründerstaaten symbolisieren, erinnern an diesen Tag.

Die Ursachen für die Freiheitsbestrebungen der Siedler lagen allerdings schon Jahrzehnte zurück. Beschränkungen, die das Königreich England zum Schutz der eigenen Wirtschaft erlassen hatte, beschnitten die Rechte der Kolonien empfindlich: Siedlungsverbote westlich der Appalachen, Handelsbeschränkungen sowie die Erhebung von direkten Steuern ließen bei den Siedlern den Drang nach Unabhängigkeit immer größer werden. Abgesehen von dem Einfuhrverbot amerikanischer Textilwaren in das Königreich durften ab 1750 auch keine Erzeugnisse der Eisenverarbeitung mehr nach England exportiert werden (**Iron Act**). 1764 wurde die Gesetzgebung dahingehend verschärft, dass die Kolonien kein eigenes Geld herausgeben durften (**Currency Act**). Ein Jahr später verfügte das Stempelgesetz (**Stamp Act**), dass alle Druckerzeugnisse mit einer Gebührenmarke beklebt werden mussten. Im gleichen Jahr wurde angeordnet, dass ein Drittel der Kosten für das englische Militär von den Kolonien selbst zu tragen sei (**Quartering Act**). Die gesetzgebende Macht über die Kolonien hatte sich das Mutterland bereits 1707 gesichert. Als dann 1767 Einfuhrzölle für viele Waren, wie Glas, Tee oder Papier, erhoben wurden (**Townshend Act**), führte das zu großem Unmut gegenüber London.

*Unmut gegenüber England*

Einige Jahre später führten diese Zölle zur ersten weitreichenden Aktion der Amerikaner. Sie versenkten 1773 drei Schiffsladungen Tee im Bostoner Hafen. Diese Demonstration gegen die Ausbeutung der Kolonien durch das Mutterland ist als **Bos-**

**ton Tea Party** in die Geschichte eingegangen. Die englische Krone reagierte auf diesen Protest mit der Sperrung des Hafens und der Verhängung des Ausnahmezustands. Ein Jahr später trat der **erste Kontinentalkongress** mit Delegierten aus allen 13 Neuenglandstaaten zusammen, der die Wiederherstellung der Rechtslage von vor 1763 beschloss. Die 13 Staaten waren Massachusetts, New Jersey, New York, Rhode Island, Connecticut, New Hampshire, Pennsylvania, Delaware, Virginia, Maryland, North Carolina, South Carolina und Georgia.

*Boston Tea Party*

Die bewaffneten Auseinandersetzungen begannen ein Jahr später am 18. April 1775. Der **zweite Kontinentalkongress** im gleichen Jahr ernannte **George Washington** zum Oberbefehlshaber der amerikanischen Truppen, die den britischen Kolonialtruppen und einigen mit den Engländern verbündeten Indianerstämmen gegenüberstanden. North Carolina stellte sich als einziger Bundesstaat auf die Seite der Engländer. Organisiert wurde die amerikanische Armee von dem preußischen General **Baron von Steuben** (1730–1794). Auch andere Europäer, wie der Franzose Marquis de La Fayette (1757–1834) und der Pole Tadeusz Kościuszko (1746–1817), kämpften auf amerikanischer Seite. Niederlagen erlitten die Engländer in Schlachten bei Trenton, Princeton und besonders Saratoga (1777), aber erst nachdem Frankreich, die Niederlande und Spanien ihnen den Krieg erklärten, mussten die Engländer nach der Niederlage bei Yorktown (1781) kapitulieren. Im **Frieden von Paris** (1783) erkannte England die Unabhängigkeit der Vereinigten Staaten an.

Auf die **Unabhängigkeitserklärung** (*Declaration of Independence*) folgte die Verabschiedung einer **Verfassung** am 17. September 1787 in Philadelphia durch die *Constitutional Convention*. Sie ist im Kern bis heute gültig und wurde lediglich durch Verfassungsänderungen und -zusätze ergänzt. Die Verfassung trat am 4. März 1789 nach der Ratifizierung aller 13 Gründungsstaaten in Kraft und beruht auf dem Prinzip eines präsidialen Bundesstaates mit großer Zentralgewalt sowie der strengen Trennung von Exekutive (Regierung und Präsident), Legislative (Kongress, bestehend aus den beiden Kammern Senat und Repräsentantenhaus) und Jurisdiktion (Oberster Gerichtshof/ Supreme Court). Kontrolliert wird der Präsident verfassungsrechtlich über den Obersten Gerichtshof und auf parlamentarischer Ebene über den Kongress. **George Washington** wurde einstimmig zum **ersten Präsidenten** gewählt.

Mit der Einführung der Trennung von ausführender, gesetzgebender und rechtsprechender Macht ist die amerikanische Verfassung

*Erster Präsident – George Washington*

Grundlage der modernen Demokratie. Darüber hinaus führt sie die Trennung von Kirche und Staat und die Volkssouveränität ein, die durch die demokratischen Grundrechte (**Bill of Rights**) gewährleistet ist. Federführend in der Formulierung der Bill of Rights und Autor der Unabhängigkeitserklärung war **Thomas Jefferson** (1743–1826), der später zum 3. Präsidenten der USA gewählt wurde.

*Sitz der Regierung* Das 1793 gegründete Washington D.C. (District of Columbia) wurde 1800 Sitz der Regierung und des Parlaments. Der Präsident residiert seitdem im Weißen Haus und der Kongress hat seinen Sitz im Kapitol. Präsident George Washingtons (1789–1797) Nachfolger **John Adams** (1797–1801) ist nicht so bekannt wie der dritte, **Thomas Jefferson** (1801–1809), unter dessen Regierung die Vereinigten Staaten ihr Staatsgebiet durch Ankauf von Land verdoppelten. Das damalige Louisiane wurde 1803 Napoleon abgekauft: ein Gebiet, das die heutigen Bundesstaaten Arkansas, Nebraska, Missouri, Iowa, South Dakota sowie Teile von Oklahoma, Kansas, North Dakota, Montana, Wyoming, Colorado, Minnesota und Louisiana umfasste. Dieser Landerwerb ermöglichte die freie Schifffahrt auf dem Mississippi und seinen Nebenflüssen und förderte so eine weitere Besiedlung des Kontinents.

In den Nordwest- und Mississippi-Territorien wurden nach Kentucky (1792) und Tennessee (1796) die folgenden Bundesstaaten gegründet: Ohio 1803, Louisiana 1812, Indiana 1816, Mississippi 1817, Illinois 1818 und Alabama 1819.

## „The Winning of the West"

Um die Besiedlung westlich des ursprünglichen Staatsgebiets voranzutreiben, schuf die Regierung damals die Möglichkeit, für einen gesetzlich festgelegten Mindestpreis von etwa einem Dollar pro Morgen neues Land in Besitz zu nehmen. Das lockte natürlich auch viele Menschen aus Europa an, die auf dem amerikanischen Kontinent ihr Glück versuchen wollten. Allein zwischen 1790 und 1810 stieg die Bevölkerungszahl der Vereinigten Staaten von 3,9 Mio. auf 7,2 Mio.

Mit den ersten Siedlertrecks, die Ende des 18. Jh. die Appalachen in Richtung Westen überquerten, begann eine Ära der amerikanischen Geschichte, die die Besiedlung des gesamten nordamerikanischen Kontinents nach sich zog. Die Menschen, die sich bis an die Grenze der Zivilisation wagten und diese durch Neubesiedlung immer weiter nach Westen verschoben, wurden „**frontiers**" genannt. Sie waren

*Die „frontiers" führten ein hartes Leben*

*Siedlertrecks gen Westen*

vom Pioniergeist getrieben und führten ein hartes Leben, um der wilden Natur ihren Lebensunterhalt abzuringen. Der „Wilde Westen" trägt nicht umsonst seinen Namen.

Bevor jedoch Farmer das Land urbar machten und dieses durch den Bau von Befestigungsanlagen (Forts) gesichert war, hatten sich Jäger und Fallensteller, sogenannte *trappers*, in die entsprechende Region vorgewagt und das Territorium erkundet. Ihnen folgten Händler, Holzfäller, Landvermesser und Bergleute. Siedler kamen nicht nur aus den nordöstlichen Staaten, sondern häufig auch aus Europa. Dort hatte die wirtschaftliche Lage zu Arbeitslosigkeit geführt und viele Menschen erhofften sich eine bessere Zukunft in den USA. Die Siedlungsbewegung in Richtung Westen verdrängte allerdings die Indianer aus ihren Gebieten. Im Jahr 1830 wurden alle Indianer westlich des Mississippi zwangsenteignet und mussten den Siedlern weichen, was zu kriegerischen Auseinandersetzungen führte. Auch östlich des Mississippi kam es zunehmend zu Konflikten, da die Siedler immer weiter vorrückten.

Die zunehmende Erschließung des Westens führte zur Bildung neuer *Territories*, die nach und nach zu Bundesstaaten wurden. Ein großer Teil der Gebiete fiel nach dem **Frieden von Guadalupe-Hidalgo**, der den Mexikanisch-Amerikanischen Krieg beendete, an die Vereinigten Staaten. Bereits 1846 war im Norden im Oregon-Vertrag der 49. Breitengrad als Nordgrenze zu Kanada festgelegt worden. Nachdem

Die USA um 1850

1848/49 in Kalifornien Gold gefunden wurde, zogen viele auf sogenannten *trails* gen Westen, um dort ihr Glück zu suchen. Die Verabschiedung des Heimstättengesetzes 1862 ermöglichte die freie Landnahme, woraufhin viele mittellose Leute versuchten, in der Landwirtschaft ein Auskommen zu finden. Schneller und bequemer reiste man ab 1869 in den Westen, nachdem die erste Eisenbahnstrecke, die *Pacific Railroad*, fertiggestellt war. Die Eisenbahn eröffnete auch bessere Voraussetzungen für den Handel und damit für die gesamte Wirtschaft der anliegenden Gebiete, denn zusätzlich zum Gold fand man andere Mineralien und große Kohlevorkommen.

## Indianerkriege

Bedingt durch die immer weiter nach Westen fortschreitende Besiedlung durch Weiße und die Vergrößerung des Territoriums der Vereinigten Staaten nach dem **Mexikanisch-Amerikanischen Krieg (1846–1848)** kam es immer wieder zu Konflikten mit den Indianern, die nie völlig beigelegt werden konnten. In Texas kam es wiederholt zu erbitterten Kämpfen zwischen Kiowa, Komantschen und Apachen auf der einen und texanischen sowie U.S.-Truppen auf der anderen Seite. Die kriegerischen Konflikte konnten erst 1867 beendet werden, nachdem die Kiowa und Komantschen gedrängt wurden, nach Oklahoma überzusiedeln, das damals als Indianerterritorium galt. Aber auch dort wurden sie von den Weißen nicht in Ruhe gelassen, sodass es unter dem berühmten Komantschen-Häuptling **Quanah Parker** erneut zu kriegerischen Auseinandersetzungen kam.

*Konflikte mit Indianern*

Im Gebiet zwischen dem Rio Grande und Kalifornien setzten sich hauptsächlich die Navajos und Apachen gegen die weißen Siedler zur Wehr. **Colonel Kit Carson** besiegte in einem Krieg (1863–1864) die Navajos, verwüstete Felder und Behausungen und vertrieb sie nach New Mexico. Vier Jahre später wurden die Navajos in ein Reservat im Norden Arizonas umgesiedelt. Die Apachen leisteten am längsten Widerstand gegen die Siedler, zu denen sie anfangs gute Beziehungen gepflegt hatten, da diese ebenfalls Gegner der Spanier und Mexikaner waren. 1862 übernahm **General George Crook** das Kommando über die Truppen in Arizona und in kriegerischen Auseinandersetzungen, die bis 1871 andauerten, verdrängte er die Apachen in ein Reservat. Die Umsiedlung anderer Indianerstämme in verschiedene Reservate begann im gleichen Jahr. Der Widerstand der Apachen unter der Führung des **Häuptlings Geronimo** wurde allerdings erst 1886 mit der Gefangennahme und Deportation des Häuptlings nach Florida gebrochen.

Geronimo

Die bekanntesten Schlachten der Indianerkriege des 19. Jh. fanden jedoch weiter nördlich statt. Anfang des Jahrhunderts scheiterte der Versuch des Shawnee-Häuptlings **Tecumseh**, mit Unterstützung der Engländer alle Indianer zu einer Konföderation zu vereinigen und das Land für die Nation zu verteidigen. Mit einem 1830 erlassenen Gesetz, das die Umsiedlung aller Indianer westlich des Mississippi nach Oklahoma vorsah, begann die Vertreibung vieler Stämme aus ihren Gebieten. Die Zwangsvertreibung der Cherokees ging als **Trail of Tears** (1838–1839) in die Geschichte ein, denn auf dem Weg von Georgia nach Oklahoma starben 4.000–8.000 der 18.000 Indianer. Zu trauriger Berühmtheit gelangte über 30 Jahre später die **Schlacht am Little Big Horn** (1876), dem Ort, an dem Sioux, Cheyennes und Hunkpapas unter **Crazy Horse** die Truppen des Generals **George A. Custer** schlugen.

Diese Schlacht, von Weißen als Massaker bezeichnet, führte zu verstärkten militärischen Aktionen gegen die Indianer. Der Hunkpapa-Häuptling **Sitting Bull** ging daraufhin eine Zeit lang aus Sicherheitsgründen nach Kanada. Was Weiße den Indianern angetan hatten, wurde dabei völlig außer Acht gelassen. Die letzte kriegerische Auseinandersetzung fand 1890 am **Wounded Knee Creek** (South Dakota) statt, wo die Sioux, unter der Führung von Häuptling Big Foot, vernichtend geschlagen wurden. Dabei kann man nur von einem Massaker sprechen, denn es wurden etwa 300 Indianer, unter ihnen viele Frauen und Kinder, getötet.

## Der amerikanische Bürgerkrieg

Der amerikanische Bürgerkrieg *(Civil War)*, auch als Sezessionskrieg bezeichnet, dauerte von 1861 bis 1865. Er wurde zwischen den Nordstaaten *(American Union)* und den elf Südstaaten, die sich zu den Konföderierten Staaten *(Confederate States of America)* zusammenschlossen, ausgetragen. Das Ziel der Nordstaatler (*Yankees*) war nicht nur die offiziell im Vordergrund stehende Abschaffung der Sklaverei, sondern auch die Erhaltung der Union aller nordamerikanischen Bundesstaaten sowie die Festigung der wirtschaftlichen Vormachtstellung des Nordens auf politischer Ebene. Der Machtkampf zwischen den z. T. hochindustrialisierten nördlichen Staaten und dem agrarisch strukturierten Süden konnte schon zwei Jahrzehnte vor Beginn des Bürgerkriegs nur durch Kompromisslösungen auf einer friedlichen politischen Ebene gehalten werden. Aus der Sicht der Südstaatler, deren ökonomische Macht auf dem Baumwollmonopol beruhte und von Plantagenwirtschaft und unentgeltlicher Sklavenarbeit abhängig war, handelte es sich auch nicht um einen Bürgerkrieg, sondern um einen Unabhängigkeitskrieg.

*Abraham Lincoln*

1860, nach dem Wahlsieg der Republikanischen Partei, die erst 1854 gegründet worden war und die Abschaffung der Sklaverei (*Abolition*) zum Ziel hatte, erklärte South Carolina seinen Austritt aus der Union. Der republikanische Präsidentschaftskandidat **Abraham Lincoln** (1809–1865) war für den sklavenhaltenden Süden als Staatsoberhaupt nicht hinnehmbar. Im Winter 1860/61 folgten die Bundesstaaten Mississippi, Florida, Alabama, Georgia, Louisiana und Texas dem Beispiel South Carolinas. Diese Staaten gründeten am 4. Februar 1861 die *Confederate States of America* und setzten Jefferson Davis (1808–1889) als Präsidenten ein.

Im April 1860 griffen die Südstaatler das offiziell im Besitz der Unionstruppen stehende Fort Sumter bei Charleston an. Daraufhin befahl Präsident Lincoln die Mobilmachung der Truppen aller in der Union verbliebenen Nordstaaten und die Blockade der südlichen Küstenlinie. Vier der acht zu diesem Zeitpunkt noch sklavenhaltenden Nordstaaten verweigerten den Gehorsam und traten den Konföderierten Staaten bei. Außer Virginia, dessen Hauptstadt Richmond im Mai 1861 auch Hauptstadt der Südstaaten wurde, waren noch Arkansas, Tennessee und North Carolina unter den Abtrünnigen. Blutige und verlustreiche Schlachten folgten, eine der bekanntesten und entscheidenden war die bei **Gettysburg** in Pennsylvania, in der vom 1. bis 3. Juli 1863 insgesamt 6.000 Männer getötet und über 20.000 verletzt wurden. Im gleichen Jahr hielt Abraham Lincoln zur Einweihung des Friedhofs in Gettysburg seine berühmte Rede, die *Gettysburg Address*.

*Abschaffung der Sklaverei*

Die Überlegenheit der nördlichen Staaten (Union) und die Verhinderung von Nachschublieferungen an die Südstaaten aus Europa führten 1865 endlich zur bedingungslosen Kapitulation der Konföderierten. Präsident Lincoln wurde wenig später von einem fanatischen Südstaaten-Sympathisanten erschossen. Nach dem Sieg des Nordens waren die Südstaaten gezwungen, die Sklaverei abzuschaffen. Da mehr als ein Drittel der gesamten Südstaatenbevölkerung (ca. 9 Mio. Menschen) afrikanischer Herkunft war, hatte das katastrophale Folgen für den wirtschaftlich durch den Krieg ohnehin ruinierten Süden. Das Land war z. T. völlig verwüstet und die Plantagenbesitzer hatten kein Geld, um die benötigten Arbeitskräfte zu bezahlen.

info

## Die frühe Geschichte der einzelnen Bundesstaaten

Die Entwicklung der Staaten um die Großen Seen verlief vor, während und nach dem Bürgerkrieg in z. T. individueller Weise. Im Folgenden ein kurzer Überblick über die einzelnen Staaten (in alphabetischer Reihenfolge).

**Illinois**

Illinois war bis zum Ende des Kriegs der Engländer gegen die Amerikaner (1812–1814) bis auf nomadische Indianerstämme und einige französische Siedler und Händler weitgehend unbesiedelt. Auf der Seite der Engländer hatten die Indianer erfolglos versucht, den amerikanischen Einfluss auf das Illinois Territory, das damals auch das Gebiet des heutigen Bundesstaats Wisconsin umfasste, zurückzudrängen. Der Sieg der amerikanischen Truppen führte vier Jahre nach Kriegsende zur Bildung des Bundesstaats Illinois. Als 21. Staat trat Illinois dem Verbund der Vereinigten Staaten bei, die heutige Landeshauptstadt *(state capital)* Springfield erhielt jedoch erst 1839 ihren Status.

Die Besiedlung der fruchtbaren Prärieböden erfolgte erst nach dem Ende des *Black Hawk War* 1832, in dem die Indianer vernichtend geschlagen wurden. Ein großer Teil der Siedler kam aus Kentucky und viele arme Leute versuchten, mit einer kleinen Farm ihr Glück zu machen, was die Bevölkerungszahl stetig steigen ließ. Der Mitte des 19. Jh. von hohen Schulden gezeichnete Bundesstaat erlebte erst nach dem Bürgerkrieg einen entscheidenden wirtschaftlichen Aufschwung mit der wachsenden Bedeutung Chicagos für den Mittleren Westen. Im Rahmen der Industrialisierung in der zweiten Hälfte des 19. Jh. avancierte Illinois zu einem Zentrum der gewerkschaftlichen Arbeiterbewegung.

Im Bürgerkrieg unterstützte das damals republikanisch regierte Illinois die Unionstruppen mit Pferden und Nahrungsmitteln, und etwa die Hälfte der jüngeren männlichen Bevölkerung nahm am Krieg teil. Bereits 1824 war gegen die Legalisierung der Sklaverei gestimmt worden und im jahrzehntelangen politischen Wirkungsfeld Abraham Lincolns war keine Mehrheit für die Sklavenhaltung und eine Unterstützung des Südens zu gewinnen.

**Indiana**
Indiana erhielt noch mit dem Status des *Territory*, nach der Abspaltung von Michigan (1805) und Illinois (1809), die heutigen Grenzen. Zu einem Bundesstaat wurde es jedoch erst 1816 (19. Bundesstaat), nachdem es die für diesen Akt erforderliche Einwohnerzahl von 60.000 erreicht hatte. Das Land wurde hauptsächlich vom Süden her nach Beendigung des Britisch-Amerikanischen Kriegs besiedelt. Der Norden und Teile Zentralindianas wurden erst durch eine Kauf- und Vertreibungspolitik für die Siedler zugänglich, die die Potawatomi 1838 und die Miami-Indianer 1846 aus ihrem Land verdrängten.

Der Ohio River war damals der entscheidende Faktor für den wirtschaftlichen Aufschwung des Landes, in dem mit Mais, Whiskey und Nutzholz Geld verdient wurde. Während viele deutsche Einwanderer sich mit Holz- und Landwirtschaft hocharbeiteten, war ein großer Anteil der irischen Einwanderer beim Bau von Eisenbahnen und Kanälen beschäftigt. Die Hauptstadt Indianapolis wurde nach der Gründung Indianas erbaut und liegt fast direkt in der Mitte des Staates.

Auf dem Boden Indianas fanden keine Schlachten des Bürgerkriegs statt. Trotz einer großen Anzahl an Sympathisanten für den Süden stellte der Bundesstaat etwa 200.000 Soldaten für die Unionstruppen.

**Michigan**
Schon vor dem Britisch-Amerikanischen Krieg war Michigan hart umkämpft, und die Einnahme Detroits durch die Engländer 1812 gilt als eine der größten Niederlagen der amerikanischen Truppen in dieser Auseinandersetzung. Zwar konnten die Amerikaner Detroit ein Jahr später wieder zurückerobern, aber die Engländer kontrollierten durch die weitere Besetzung des Forts auf Mackinac Island bis 1815 Michigan weitgehend. Die erste Besiedlungswelle verschlug erst in den 1920er-Jahren eine größere Anzahl an Farmern in das Michigan Territory, in dessen Gebiet sich ursprünglich wegen des Pelzhandels mit den Indianern um 1700 Franzosen angesiedelt hatten. Ausschlaggebend für die Ansiedlung in den 1920er-Jahren war die Eröffnung des Erie-Kanals, der eine Verbindung von den Großen Seen nach New York ermöglichte. Da es mit den Staaten Ohio und Illinois zu Grenzstreitigkeiten kam, wurde Michigan erst 1837 Bundesstaat. Im „Toledo-Krieg" musste Michigan den Anspruch auf die Stadt Toledo aufgeben, da Ohio als Bundesstaat mehr Einfluss im Kongress hatte. Als Ausgleich für den Verlust wurde Michigan von der amerikanischen Regierung die Upper Peninsula als Staatsgebiet zugesprochen.

Im Bürgerkrieg kämpften etwa 100.000 Soldaten aus Michigan auf der Seite der Union. Der größte Teil der Bevölkerung lebte zu dieser Zeit von der Landwirtschaft, in der zweiten Hälfte des 19. Jh. war Michigan führend in der Bauholzproduktion. Außerdem schuf die Entdeckung von Bodenschätzen wie Kupfer und Eisenerz die Voraussetzung für eine schnelle Industrialisierung.

**Minnesota**
Als Minnesota 1849 den Status eines *Territory* erhielt, entsprachen seine Grenzen ungefähr seinen heutigen Staatsgrenzen. Die Bevölkerungszahl von nur ca. 6.000 Siedlern wuchs bis 1858, dem Gründungsjahr des Bundesstaats Minnesota, auf 150.000 Einwohner an. Der westliche Teil des Gebiets war durch den Kauf des Louisiane Territory in den Besitz der Vereinigten Staaten gelangt, der östliche Teil gehörte schon seit Ende des 18. Jh. zum Northwest Territory.

Minnesota war für den Pelzhandel, dessen Kontrolle nach dem Krieg 1812–1814 von den Engländern auf die Amerikaner überging, ein bedeutendes Gebiet, und zwischen den Händlern und Indianern herrschte lange eine relativ friedliche Koexistenz. Landnahmen wurden bis in die 1840er-Jahre mit Verträgen besiegelt. Nach einer aggressiveren Politik gegenüber den Indianern und einer stärkeren Besiedlung durch Weiße kam es dann 1862 zum Dakota-Krieg, der auf beiden Seiten viele Opfer forderte und zu einer Umsiedlung der Dakota-Indianer nach Nebraska führte.

Im amerikanischen Bürgerkrieg war Minnesota der erste Staat, der Präsident Lincolns Aufforderung nach Truppenentsendung nachkam. Aufgrund der relativ geringen Einwohnerzahl waren jedoch nur verhältnismäßig wenige Soldaten aus Minnesota am Krieg beteiligt. Ökonomisch waren Holz- und Landwirtschaft die führenden Zweige des Landes. St. Paul war seit 1851 administratives Zentrum und später Hauptstadt von Minnesota.

**Ohio**

Ohio gehörte ursprünglich zum Northwest Territory und wurde bereits 1803 ein Bundesstaat. Während des Britisch-Amerikanischen Kriegs kam es 1811 zu kriegerischen Auseinandersetzungen zwischen den Indianern und den Weißen. Unter der Führung des Shawnee-Indianerhäuptlings Tecumseh wollten die Indianer, von den Engländern unterstützt, einen zu großen amerikanischen Einfluss in diesem Gebiet verhindern.

Nach der Niederlage der Indianer und der Engländer kamen viele Immigranten, hauptsächlich Deutsche, Iren und Engländer, nach Ohio, denn Land war billig zu kaufen. Damit wandelte sich das Gesicht Ohios entscheidend: aus Wäldern wurden Felder. Mit dem Bau neuer Verkehrswege, wie dem Kanal zwischen dem Erie-See und dem Ohio River, waren gute Bedingungen für ein wirtschaftliches Wachstum des Staats gegeben. 1850 lag Ohio bei der Bevölkerungszahl an dritter Stelle der amerikanischen Bundesstaaten. In den 1950er und 60er-Jahren wurde die Flussschifffahrt durch die Eisenbahn in vielen Bereichen in den Hintergrund gedrängt und Agrarprodukte wie Mais, Weizen, Schweinefleisch, Wolle und Leder wurden per Schiene zu den Verbrauchern transportiert.

Obwohl in Ohio eine starke Fraktion für den Süden existierte, wurde eine große Zahl an Soldaten auf der Seite der Unionstruppen in den Krieg entsandt. Auch einige der bekanntesten Generale des Bürgerkriegs, wie Ulysses S. Grant, William Tecumseh Sherman und Philip H. Sheridan, stammten aus Ohio.

**New York**

Als die ersten Europäer Anfang des 17. Jh. nach New York kamen, lebten in dem Gebiet vor allem zwei Gruppen von Indianern: die Algonquians im südlichen Gebiet und die Irokesen im zentralen und westlichen Teil. Letztere hatten sich aus zahlreichen Indianerstämmen zur *Iroquois Confederacy* zusammengeschlossen, und beide Indianerstämme hatten einen relativ hohen Einfluss auf die Kolonisten aus Frankreich, England und Holland. Nachdem der Engländer Henry Hudson im Auftrag der *Dutch East India Company* die Delaware Bay 1609 erreichte, errichteten Engländer und Niederländer Siedlungen an der Ostküste. Die Holländer, die später „Nieuw

*Henry Hudson*

Amsterdam" am südlichen Ende Manhattans gründeten, verließen das Gebiet relativ schnell, weil die Konflikte mit Indianern immer häufiger wurden und die niederländischen Interessen sich auf andere Teile der Welt konzentrierten. 1664 wurde das Gebiet durch die englische Krone annektiert und in New York und New Jersey geteilt.

Der Unabhängigkeitskrieg (*revolutionary war*), der von 1776 bis 1780 vorwiegend in New York, Pennsylvania und New Jersey ausgefochten wurde, bedeutete auch das Ende des Einflusses der *Iroquois Confederacy*. Trotz relativ großen Widerstands gegen die föderale Verfassung trat New York 1788 als 11. Staat der amerikanischen Union bei. Gute Verkehrsverbindungen, verfügbare Arbeitskräfte und Kapital führten dazu, dass der Staat schon ab Beginn des 19. Jh. einen großen wirtschaftlichen Aufschwung erfuhr und zum Zentrum für Handel, Finanzen und Manufaktur wurde. Der Bau des Erie-Kanals, der den Norden und Nordwesten erschloss, erhöhte den Wirtschaftsaufschwung weiter. Sein Einfluss verringerte sich erst, als Ende des 19. Jh. das Eisenbahnnetz ausgebaut wurde. Auch für den Sieg des Nordens im Bürgerkrieg waren die Übermacht an industriellen Mitteln und über 500.000 Soldaten aus New York mitentscheidend.

**Pennsylvania**

Pennsylvania gehört zu den Gründungsmitgliedern der Vereinigten Staaten und nahm von Anfang an eine einflussreiche Position ein. Delegierte unterschrieben 1776 die Unabhängigkeitserklärung und damit trat Pennsylvania der Union bei. Neben der blühenden Landwirtschaft gewann der Staat durch die Eisenproduktion und die zunehmende Kohleförderung an Bedeutung, ab 1800 avancierte er mit den Städten Pittsburgh und Philadelphia zum Industriezentrum der Vereinigten Staaten. Für die notwendige Infrastruktur sorgte der Bau von Kanälen und später von Eisenbahnstrecken.

Die Indianer, Irokesen und Susquehanna, waren bereits im 17. Jh. zum größten Teil aus Pennsylvania verdrängt worden und ein Friedensvertrag von 1683 durch Tamanend, den Häuptling der Delaware, und William Penn besiegelte die friedliche Koexistenz von Weißen und Indianern für eine lange Zeit. Doch 1751 wurden die Delaware und die Mohikaner, die vom Hudson River nach Pennsylvania gekommen waren, in Richtung Westen nach Ohio verdrängt.

Im Bürgerkrieg spielte Pennsylvania auf der Seite der Union eine einflussreiche Rolle. Nach New York stellte Pennsylvania die meisten Soldaten, und eine der entscheidendsten Schlachten dieses Kriegs fand bei Gettysburg auf dem Boden Pennsylvanias statt. Dort schlug General George Gordon Meade mit seinen Unionstruppen die Südstaatler unter General Robert E. Lee so entscheidend, dass diese Schlacht später als Wendepunkt des Kriegs betrachtet wurde.

**Wisconsin**

Bevor Wisconsin 1836 den Status eines eigenen *Territory* erreichte, war es Teil des Northwestern, Indiana, Illinois und Michigan Territory. Die Besiedlung des Gebietes durch Weiße führte dazu, dass den Indianerstämmen der Ojibwa, Sauk und Fox, die bis Ende des 18. Jh. hier gut vom Pelzhandel leben konnten, die wirtschaftliche Lebensgrundlage entzogen wurde. Nach dem Black-Hawk-Krieg 1832 wurden die überlebenden Indianer in Reservate umgesiedelt.

Zu dieser Zeit gewann ein anderer Wirtschaftszweig, die Bleiminen, an Bedeutung, was viele Siedler anzog, und schon 1846 wurde Wisconsin ein Bundesstaat. Während des Bürgerkrieges fanden auf dem Gebiet von Wisconsin keine Schlachten statt, aber die Vertreter des Bundesstaates beteiligten sich engagiert an der Diskussion um die Abschaffung der Sklaverei. Nach dem Bürgerkrieg war ein wirtschaftlicher Aufschwung mit Milwaukee als Zentrum sichtbar. Nahrungsmittelproduktion, Holz- und Milchwirtschaft spielten dabei eine große Rolle.

## Wirtschaftlicher Aufschwung und Industrialisierung

Nach dem Ende des Bürgerkriegs waren nicht nur etwa 620.000–750.000 gefallene Soldaten und ca. 50.000 tote Zivilisten zu betrauern, sondern es musste auch eine desolate Wirtschaft wieder aufgebaut werden. Diese Phase wird allgemein als *Reconstruction* (Wiederaufbauphase) bezeichnet, die sich in den Südstaaten besonders schwierig gestaltete. Die Abschaffung der Sklaverei (im Süden 1866) und die Einführung des Wahlrechts 1870 für die schwarze Bevölkerung, die zwei Jahre zuvor offiziell das Bürgerrecht erhalten hatte, erschütterte die Südstaatengesellschaft in ihren Grundfesten. Der Wirtschaft wurden auf einen Schlag die nicht zu entlohnenden Arbeitskräfte entzogen, was zu erheblichen finanziellen Schwierigkeiten führte.

*Aufbrechen der alten Strukturen*

Bedingt durch diese Veränderungen, wandelte sich die Agrarstruktur über die nächste Dekade radikal. Die Großgrundbesitzer waren gezwungen, ihre Plantagenwirtschaft in anderer Form weiterzuführen oder sie völlig aufzugeben. Viele ehemalige Sklaven und auch weniger betuchte Weiße kauften Land, das die Großgrundbesitzer nicht mehr halten konnten, und bauten sich ihre eigene Existenz mit kleinen landwirtschaftlichen Betrieben auf. Arbeitskräfte wurden oft mit Anteilen an der Ernte, Kost und Unterkunft entlohnt, da häufig keine ausreichenden finanziellen Mittel zur Verfügung standen. Zwischen 1861 und 1875 schrumpfte die Durchschnittsgröße der landwirtschaftlichen Betriebe von über 1.000 Morgen auf 153 Morgen.

Die Veränderungen führten aber auch zu politischen Konflikten zwischen der „befreiten“ schwarzen Bevölkerung und den Weißen. Nicht nur waren Korruption und Missbrauch an der Tagesordnung, auch Anschläge und die Ermordung schwarzer Bürger durch den berüchtigten **Ku-Klux-Klan** versetzen die Leute in Angst und Schrecken. Auch die Einführung von Eignungsprüfungen und „Intelligenztests“, die offiziell verhindern sollte, dass Ungebildete und Analphabeten ausgenutzt wurden, führte eher zur Diskriminierung der schwarzen Bevölkerung. Diese Entwicklung setzte sich in der Einführung und Handhabung der Rassentrennung weiter fort.

Auf den Wiederaufbau folgte eine Blütezeit der Wirtschaft, die beson-

*Edison, Burroughs, Ford und Firestone*

ders im industriellen Bereich sichtbar wurde. Eine Intensivierung des Tabakanbaus und ein Aufschwung in der Textilindustrie, der eine stetig größer werdende Nachfrage nach Baumwolle zur Folge hatte, brachte den Süden ökonomisch wieder auf die Beine und verringerte die durch den Bürgerkrieg entstandene Diskrepanz zwischen Norden und Süden im wirtschaftlichen Bereich. Entscheidend für den Aufschwung waren auch bahnbrechende technische Erfindungen, die die Industrialisierung vorantrieben, so z. B. der Telegraph und der Telefonapparat, die völlig neue Formen der Kommunikation über weite Distanzen eröffneten. Auch das Auto, dessen erster Prototyp 1886 durch Carl Benz vorgestellt wurde, veränderte die Welt. Namen wie Samuel Morse, Alexander Graham Bell, Thomas Edison und Henry Ford stehen für diese revolutionären technischen Innovationen.

*Theodore („Teddy") Roosevelt*

Eine gute infrastrukturelle Erschließung des Westens machte es in der zweiten Hälfte des 19. Jh. möglich, die dortigen Rohstoffvorkommen zu nutzen. An Arbeitskräften bestand kein Mangel. Viele Einwanderer flohen vor Armut und Arbeitslosigkeit aus Europa und erhofften sich bessere Lebensbedingungen. Zwischen 1860 und 1914 wuchs die Bevölkerung der USA von 31,3 Mio. auf 91,9 Mio. Einwohner. Da es in der freien Marktwirtschaft der USA keine Begrenzungen gab, entstanden mächtige Trusts. Zwar hoben die Massengüter, die man nun produzieren konnte, den allgemeinen Wohlstand, aber der Umstand, dass kurz vor dem Ersten Weltkrieg 2 % der Amerikaner 60 % des Einkommens verdienten, führte zu gesellschaftlichen Spannungen.

Dieser Entwicklung sollten die **Anti-Trust-Gesetze** entgegenwirken. Ab 1913 wurden progressive Steuern eingeführt und die Schutzzölle gesenkt. Federführend war dabei Präsident Woodrow Wilson (1856–1924). Die Zahl der Arbeiter stieg von 1860 bis zum Beginn des Ersten Weltkriegs um 700 % und 1886 wurde ein Dachverband für alle Gewerkschaften, die **Federation of Labor**, gegründet, die sich für kürzere Arbeitszeiten und ein Verbot der Kinderarbeit einsetzte.

*Übergreifende Machtansprüche*

Die wirtschaftliche Dominanz ließ die USA auch auf internationaler Ebene aktiver werden. Während im 19. Jh. die **Monroe-Doktrin**, benannt nach einer Rede des amerikanischen Präsidenten im Jahre 1823, die Außenpolitik maßgebend bestimmte, begann die aufstrebende Wirtschaftsmacht gegen Ende des 19. Jh. damit, ihre Machtansprüche auf andere Länder auszudehnen und ihre ökonomischen Interessen in zunehmendem Maße auch militärisch durchzusetzen. Laut der Monroe-Doktrin verzichteten die USA auf die Einmischung in europäische Angelegenheiten. Gebrochen wurde dieser Grundsatz mit der Kriegserklärung an Spanien 1898 nach der Versenkung eines amerikanischen Schiffs im Hafen von Havanna. Spanien verzichtete im gleichen Jahr auf Kuba, Puerto Rico und Guam (Frieden von Paris). Puerto Rico wurde ebenso wie die Hawaii-Inseln im gleichen Jahr annektiert und Guam sowie die Philippinen als Stützpunkte angegliedert. Auch spielten die USA ihre wirtschaftlichen Machtansprüche bei der Gründung Panamas aus, um Einfluss auf den Bau des Panamakanals geltend machen zu können.

Wirtschaftliche Interessen in den lateinamerikanischen Ländern bewegten Präsident Theodore Roosevelt 1904 auch zu der Erklärung, dass die USA sich in die Angelegenheiten dieser Staaten einmischen würden, um Übergriffe von europäischen Staaten zu unterbinden. Infolge dieses Bekenntnisses zu einer aggressiveren Außenpolitik kam es zur Besetzung der Dominikanischen Republik (1914–1924) und zu Interventionen in Mexiko (1914/17), Guatemala (1921), Honduras (1911, 1913, 1924/25) und Nicaragua (1912/1925). Auch im asiatischen Bereich engagierten sich die USA bei der Niederwerfung des chinesischen Boxeraufstands (1900).

*Soziale Spannungen*

In den Vereinigten Staaten verschlechterten sich die Zustände in diesem Zeitraum, ein ungenügendes Sozialsystem und die uneingeschränkten Wettbewerbsbedingungen innerhalb des Wirtschaftssystems führten zu erheblichen sozialen Spannungen. Die Landwirtschaft hatte ihre Expansionsmöglichkeiten ausgeschöpft und war dem anhaltenden Einwandererdruck nicht mehr gewachsen. Menschen drängten in die Städte, die aus allen Nähten zu platzen drohten, und Arbeitslosigkeit, Wohnungsnot und Armut nahmen ungeahnte Dimensionen an.

# Das 20. Jahrhundert

## Erster Weltkrieg

*Auf Seiten der Alliierten*

Nach dem Ausbruch des Ersten Weltkriegs 1914 sympathisierten die USA mit den Alliierten, blieben jedoch lange offiziell neutral und versuchten unter Präsident Woodrow Wilson, zwischen den kriegsführenden Parteien zu vermitteln. Dies änderte sich nach der Versenkung mehrerer amerikanischer Schiffe durch deutsche U-Boote. Im Februar 1917 brachen die USA die diplomatischen Beziehungen zu Deutschland ab und traten am 6. April 1917 in den Krieg ein. Unter dem Befehl von General John Joseph Pershing (1860–1948) kämpften etwa 2 Mio. amerikanische Soldaten auf der Seite der Alliierten, von denen 120.000 auf den Schlachtfeldern Europas fielen. Für die Zivilbevölkerung hatte der Erste Weltkrieg die Rationierung von Lebensmitteln und Kraftstoff zur Folge.

Präsident Wilson entwickelte 1918 ein 14-Punkte-Programm für die Umgestaltung der politischen und wirtschaftlichen Verhältnisse in dem durch den Krieg zerrütteten Europa. In seinem Programm forderte er u. a. die Abschaffung der Geheimdiplomatie, die Freiheit der Meere, freie Marktwirtschaft im Welthandel, multilaterale Rüstungsbeschränkungen, neue Festlegung von Grenzen und Zugang zum Meer in einigen europäischen Staaten sowie die Gründung eines Völkerbundes. Diesem traten die Vereinigten Staaten nicht bei, da der Senat seine Zustimmung dafür verweigerte und der Versailler Vertrag vom Kongress nicht ratifiziert wurde. 1921 schlossen die USA einen Separatfrieden mit dem Deutschen Reich, in dem weder die Völkerbundsatzung noch der Kriegsschuldartikel aufgenommen waren.

## „The Roaring Twenties"

Die sogenannten *Roaring, Fabulous* oder *Golden Twenties* waren geprägt von außenpolitischer und wirtschaftlicher Isolation, sozialen Spannungen und uneingeschränkter Konkurrenz im wirtschaftlichen Bereich. Für den Multimillionär Andrew W. Mellon, 1921–1932 Finanzminister der USA, stand das *Big Business* im Vordergrund. Seine Wirtschaftspolitik spiegelte diese Auffassung: Senkung der Steuern für Großverdiener sowie eine teilweise Aufhebung der Antimonopol-Gesetze. Dadurch wurde die Bildung großer Gesellschaften wieder möglich und das Kapital konzentrierte sich in wenigen Händen.

*Wirtschaftspolitik: „Big Business"*

Die Verschärfung der Zollgesetze (hohe Schutzzölle auf ausländische Waren) schirmte die amerikanische Industrie vor ausländischer Konkurrenz ab. Durch enorme Produktionssteigerung, die nicht zuletzt auf die Einführung des Fließbands zurückzuführen war, prosperierte die Industrie. Zwischen 1921 und 1929 verdoppelte sich die Industrieproduktion, vor allen Dingen in der Baubranche und in den Bereichen Konsumgüter und Automobilherstellung.

*Verdoppelung der Industrieproduktion*

Eine Verarmung der Farmer, bedingt durch ein Überangebot an landwirtschaftlichen Erzeugnissen auf dem Markt und Erosionsschäden wegen zu intensiver Nutzung des Bodens, führte zu einem starken Rückgang der Agrarproduktion. Ein Konflikt zwischen Stadt- und Landbevölkerung entstand und die krassen Gegensätze zwischen

*Die Autoproduktion stieg um ein Vielfaches*

Armen und Reichen im Allgemeinen waren nicht mehr zu übersehen. 36.000 der reichsten Familien verdienten den gleichen Anteil am Volkseinkommen wie 12 Mio. Familien, deren Einkommen unter dem Existenzminimum lagen, nämlich jeweils 42 %.

*National Origins Act*

Die Einwanderungsmöglichkeiten wurden durch entsprechende Gesetze 1921 und 1924 beschränkt, wodurch das Land der unbegrenzten Möglichkeiten nicht mehr für jeden zugänglich war. Der *National Origins Act* (1924) verfügte, dass jeweils pro Jahr nur 2 % der Einwohner einer Nationalität, die 1890 Bürger der Vereinigten Staaten waren, eine Einwanderungsgenehmigung bekamen. Diese Bestimmung traf vor allen Dingen die Einwanderer aus Süd- und Osteuropa. Chinesen und Japaner wurden von der Einwanderung ausgeschlossen. Interessanterweise erhielten die Indianer im gleichen Jahr (1924) die amerikanische Staatsbürgerschaft.

*Alkoholverbot und -schmuggel*

Minderheiten im eigenen Land wurden in den Jahren 1924–1926 im Süden und Mittelwesten durch den 1915 neu gegründeten Ku-Klux-Klan (KKK) verstärkt terrorisiert. 1924 hatte diese Organisation ungefähr 5 Mio. Mitglieder. Ihre Aktionen richteten sich nicht nur gegen Schwarze, sondern auch gegen Juden, Katholiken und Intellektuelle, die ein Leben wider die engen Moralvorstellungen der Anhänger des KKK führten. Während der Prohibition waren auch die „Nassen" („Wet"), die trotz des Verbots Alkohol tranken, Ziel des Klans. Die **Prohibition** (1920–1933) hatte das Gegenteil der angestrebten Richtung zur Folge: Schmuggel im großen Stil, weitverbreitete Schwarzbrennerei und organisierte Gangsterbanden. Die steigende Kriminalität führte die Prohibitionsgesetze ad absurdum. Zwischen 1924 und 1925 wurden 20 Mio. Gallonen Alkohol beschlagnahmt und 77.000 Personen wegen Verstößen gegen das Prohibitionsgesetz verhaftet.

## Der „Schwarze Freitag" und seine Folgen

*Verheerender Börsenkrach*

Bedingt durch Unverhältnismäßigkeiten auf dem Kreditmarkt und eine Übersättigung des amerikanischen Binnenmarkts fielen 1929 die Aktienkurse. Am 24. Oktober 1929 brach die New Yorker Börse zusammen. Dieser Tag ging als „Schwarzer Freitag" in die Geschichte ein und leitete eine schwere **Wirtschaftskrise** (*depression*) ein, die sich auch auf die europäischen Staaten ausweitete. Die industrielle Produktion, Motor der amerikanischen Wirtschaft, fiel in den drei Jahren nach dem Börsencrash um mehr als die Hälfte und es gab bis zu 15 Mio. Arbeitslose, von denen der größte Teil finanziell nicht abgesichert war. Dieser Umstand führte dazu, dass Bürger des modernsten Industrielandes trotz wachsender Vorräte an Getreide und Baumwolle verhungerten oder erfroren.

Den Weg aus der Krise fand erst der Demokrat **Franklin D. Roosevelt** (1882–1945), der sich 1932 bei den Präsidentschaftswahlen gegen Amtsinhaber Herbert Hoover durchsetzen konnte. Mit seinem **New Deal Program** entschloss er sich als erster Präsident der Vereinigten Staaten dazu, die Wirtschaft durch weitreichende staatliche Eingriffe zu beeinflussen. In zwei Phasen (1933–1935 und 1935–1939) verfügte dieses Programm u. a. über Schuldentlastungen, Umstrukturierung des Bankenwesens, Abwertung des Dollars, Reformen für Landwirtschaft und Bauwesen, Produktionsbeschränkungen, Maximalarbeitszeiten und Mindestlöhne sowie verbesserte Sozialgesetzgebungen. Trotz starker Anfeindungen durch politische

Gegner setzte Roosevelt sich durch und wurde dreimal wiedergewählt, er regierte länger als jeder andere Präsident. Sein *New Deal Program* brachte die amerikanische Wirtschaft schließlich wieder auf die Beine.

## Zweiter Weltkrieg

Die Vereinigten Staaten erklärten zwar 1939 ihre Neutralität bzgl. des europäischen Kriegsschauplatzes, gaben diese jedoch 1941 auf, nachdem die deutschen Truppen auch in Dänemark, Norwegen, den Niederlanden und Frankreich eingefallen waren und mit Japan und Italien den Drei-Mächte-Pakt geschlossen hatten. 1941 erklärte Präsident Roosevelt in seiner Neujahrsansprache, dass die Vereinigten Staaten als Garant der „Vier Freiheiten" (der Rede- und Meinungsäußerung, der Religionsausübung, der Freiheit von Not und Furcht) ihre Neutralität aufgeben müssen. Der *Lend-Lease Act* (Leih- und Pachtgesetz) ermöglichte eine Versorgung der Alliierten mit kriegswichtigem Material ohne Bezahlung.

*Angriff auf Pearl Harbor*

Am 7. Dezember 1941 griffen die Japaner überraschend den Navy-Stützpunkt in Pearl Harbor auf Hawaii an und zerstörten den Großteil der dort stationierten Schiffe der amerikanischen Marine. Einen Tag später erklärten die Amerikaner den Japanern den Krieg und einige Tage später erfolgte die Kriegserklärung an Deutschland und Italien.

Zwischen 1941 und 1943 stimmten die Vereinigten Staaten ihre Kriegshandlungen auf verschiedenen Konferenzen mit den anderen Alliierten ab. Auf der **1. Washington-Konferenz** (1941–1942) beschlossen Churchill und Roosevelt eine defensive Vorgehensweise gegenüber Japan und die Landung alliierter Truppen in Nordafrika. Der Pakt beinhaltete auch eine Erklärung von 26 Ländern, die gegen die Achsenmächte Krieg führten, keinen Separatfrieden zu schließen, und legte den Grundstein für die Vereinten Nationen. In der **2. Washington-Konferenz** Mitte 1942 wurden die Errichtung einer zweiten Front in Europa und der Ausbau der Atomforschung beschlossen. Zudem begann man, mit Russland eine gemeinsame Vorgehensweise gegen Deutschland zu planen. 1943 wurde dann in der **Casablanca-Konferenz** die Landung auf Sizilien beschlossen und die Forderung nach der bedingungslosen Kapitulation Deutschlands gestellt. Auf der **Kairo-Konferenz** beriet man sich über die Vorgehensweise

*Die Produktion militärischer Güter stand im Vordergrund*

bezüglich Japans und Südostasiens. Im gleichen Jahr wurde die Landung in Nordfrankreich auf der **Teheran-Konferenz** beschlossen.

Seit 1943 operierten die alliierten Streitkräfte unter dem Oberbefehl von General Eisenhower. Am 6. Juni 1944 landeten die Alliierten in der Normandie. Bereits auf der **Jalta-Konferenz** im Februar 1945 stellten Roosevelt, Churchill und Stalin konkrete Überlegungen an, wie mit Deutschland nach der Kapitulation zu verfahren sei. Dabei beschlossen sie die Aufteilung Deutschlands in Besatzungszonen, die Festlegung der zukünftigen Grenzen, Demontage- und Reparationsregelungen sowie die Bildung eines Kontrollrats zur Wahrnehmung der Regierungsgeschäfte des besetzten Gebietes. Im April 1945 starb Roosevelt und sein Vizepräsident Harry S. Truman wurde als Präsident vereidigt. Am 7. Mai 1945 kapitulierte das Deutsche Reich bedingungslos. Die definitive Aufteilung Deutschlands erfolgte auf der **Potsdamer Konferenz** im Juli/August 1945. Der Zweite Weltkrieg endete am 2. September 1945 mit der Kapitulation Japans fast einen Monat nach dem Abwurf amerikanischer Atombomben auf Hiroshima und Nagasaki.

## Neuordnung der Welt

Bestimmend für die amerikanische Außenpolitik in der Nachkriegszeit wurde die **Truman-Doktrin** (1947), die allen Ländern zur Bewahrung ihrer nationalen Unabhängigkeit militärische und wirtschaftliche Hilfe vonseiten der USA zusagte. Die Vereinigten Staaten ließen mit dieser Doktrin von ihrem Isolationismus ab und schufen die Grundlage für ein Eingreifen in die Angelegenheiten anderer Staaten im Sinne einer Ordnungsmacht. In Europa schwebte den USA der Aufbau eines kapitalistischen Wirtschaftssystems unter der Führung Amerikas vor, was bei der kommunistisch ausgerichteten Sowjetunion auf wenig Gegenliebe stieß. Der politische Gegensatz zwischen den Vereinigten Staaten und der den Osten Europas beherrschenden Sowjetunion führte zum **Kalten Krieg** und der Aufrüstung auf beiden Seiten. *Gründung der NATO* 1949 gründeten die USA zusammen mit zehn europäischen Staaten die NATO *(North Atlantic Treaty Organization)*, der 1954 auch die Bundesrepublik Deutschland beitrat. Die NATO diente dazu, die westlichen Staaten im Kriegsfall gemeinsam verteidigen zu können. Im Rahmen des **Marshallplans** wurden westeuropäische Staaten bis 1951 mit $ 13 Mrd. unterstützt. Durch diese Wirtschaftshilfen sicherten sich die Vereinigten Staaten einen großen Einfluss auf dem europäischen Markt und ermöglichten gleichzeitig einen schnellen Wiederaufbau. Das deutsche „Wirtschaftswunder" wäre ohne die wirtschaftliche Hilfe der Amerikaner sicher nicht möglich gewesen.

In Osteuropa hatte die Umformung der von der Sowjetunion besetzten Staaten in Satellitenstaaten mit Volksdemokratien begonnen, die jeweils durch bilaterale Verträge abgesichert wurden. Zum Schutz des dadurch entstandenen Ostblocks entstand der „Eiserne Vorhang", *„Eiserner Vorhang"* der Osteuropa vor kapitalistischer Einflussnahme schützen sollte. Die Spannungen zwischen der UdSSR und den Alliierten hatten schon 1946 wegen Unstimmigkeiten in der Polen- und Ungarnfrage begonnen und verschärften sich durch Meinungsverschiedenheiten in der Deutschlandpolitik sowie Uneinigkeiten über die Reparationsregelungen. 1947 gab die Marshallplan-Konferenz in Paris den Ausschlag für die Aufgabe der Kooperationsbereitschaft seitens der Sowjetunion. Die Berlinkrise 1948/49 sowie das Engagement der UdSSR in Südostasien verschärften den Konflikt. Während der Blockade Berlins wurde unter dem amerikanischen Militärgouverneur Lucius D. Clay (1898–1978) eine Luftbrücke organisiert, um die Versorgung der Berliner Bevölkerung aufrechtzuerhalten.

Im Wettstreit zwischen den Führungsmächten der beiden Blöcke ging es nicht nur um ein Wettrüsten in großem Stil, auch auf dem technologischen Sektor (besonders in der Raumfahrt) setzte er sich fort.

## Der Koreakrieg

Die Unstimmigkeiten zwischen den USA und der UdSSR über die politische Gestaltung des von ihnen nach 1945 besetzten Korea führten 1950 zum Koreakrieg. Nachdem die USA 1947 durch die Vereinten Nationen kontrollierte Wahlen forderten, verweigerte die UdSSR der entsprechenden UN-Kommission die Einreise nach Nordkorea. Es entstanden eine nördliche und eine südliche Republik, die beide Gesamtkorea als Staatsgebiet forderten. Nach einem Angriff nordkoreanischer Truppen 1950 wurden die USA von der Regierung Südkoreas zu Hilfe gerufen. Der UN-Sicherheitsrat erklärte Nordkorea zum Aggressor und entsandte eine UN-Armee unter Oberbefehl von US-General Douglas MacArthur (1880–1964). Im Laufe der Kampfhandlungen mischte auch China sich ein. Nach dem Waffenstillstand von Panmunjom wurde Korea 1953 offiziell in zwei Länder geteilt.

## Kubakrise

1961 versuchten Exilkubaner mit der Unterstützung der amerikanischen Regierung, durch eine Invasion in der kubanischen *Bay of Pigs* (Schweinebucht) die Regierung Fidel Castros zu stürzen. Obwohl Präsident Kennedy diese Aktion nur halbherzig unterstützte, wurden die diplomatischen Beziehungen zu Kuba abgebrochen und 1962 verhängten die USA ein Handelsembargo gegen den Inselstaat. Durch den Invasionsversuch stieg das Interesse der UdSSR an Kuba. Um die Errichtung von sowjetischen Militärbasen und ganz besonders die Stationierung von Nuklearwaffen zu verhindern, verhängten die USA eine Teilblockade über Kuba und kündigten an, alle Schiffe, die kubanische Häfen anliefen, von Marineeinheiten kontrollieren zu lassen. Die Welt stand am Rande eines dritten Weltkriegs. In letzter Minute einigten sich John F. Kennedy und Nikita Chruschtschow darauf, die Raketenbasen abzubauen und die sowjetischen Bomber abzuziehen. Kurz darauf, am 22. November 1963, wurde Präsident Kennedy in Dallas ermordet.

*John F. Kennedy*

## Der Vietnamkrieg

Der Vietnamkrieg gehört zu den einschneidenden Ereignissen der amerikanischen Außenpolitik im

20. Jh. Nordvietnam wurde seit seiner Gründung 1945 von der Sowjetunion und China unterstützt. In den Indochinakriegen versuchten die Franzosen, eine Okkupation Südvietnams durch den Norden zu verhindern. 1964 griffen die Vereinigten Staaten militärisch in diesen Konflikt ein, hautsächlich, um eine Ausbreitung des Kommunismus in Indochina zu verhindern.

Innenpolitisch führte der Verlauf des Kriegs zu weitreichenden **Protestaktionen**, weil amerikanische Soldaten ihr Leben lassen mussten in einem Konflikt, der die Vereinigten Staaten nicht direkt betraf und in dem es mehr um Weltmachtprestige ging. Darüber hinaus konnten die amerikanischen Streitkräfte gegen die Guerillataktik der nordvietnamesischen Truppen wenig ausrichten. 1968 wurden die Luftangriffe vonseiten der USA eingestellt. Ein Jahr später kündigte Präsident Nixon den Abzug der amerikanischen Truppen an und nach dem Waffenstillstandsabkommen von 1973 wurden die restlichen amerikanischen Truppen abgezogen. Zwei Jahre später kapitulierte Südvietnam bedingungslos, was die Wiedervereinigung von Nord- und Südvietnam 1976 zur Folge hatte. Insgesamt verloren im Vietnamkrieg 56.000 amerikanische Soldaten ihr Leben.

*Trauma für Amerika*

Die Befugnisse des amerikanischen Präsidenten, einen Einsatzbefehl für amerikanische Truppen zu geben, wurden aufgrund der Erfahrungen im Vietnamkrieg mit dem **War Powers Act** (1973) erheblich eingeschränkt und sind seither in größerem Maße von der Zustimmung des Kongresses abhängig. Für das Selbstbewusstsein der westlichen Führungsmacht waren die Misserfolge im Vietnamkrieg ein harter Schlag.

## Nach dem Ende des Kalten Krieges

Im Zuge der **Entschärfung des Ost-West-Konflikts** kam es zu einer Abrüstungspolitik, die auch durch die wirtschaftlichen Probleme der beiden Weltmächte USA und UdSSR forciert wurde. Gespräche über gegenseitige Rüstungsbeschränkungen führten zwischen 1972 und 1985 zu Abkommen und Vereinbarungen u. a. über Rüstungsbeschränkung und Rüstungsabbau, die Verhinderung eines Atomkriegs und unterirdische Kernwaffenversuche. Seit dem Ende des Kalten Krieges und der demokratischen Entwicklung in Osteuropa suchten die USA nach neuen Formen der Außenpolitik und kooperierten mit UN-Truppen in Auseinandersetzungen, wie z. B. dem Jugoslawienkonflikt und dem ersten Golfkrieg.

*Rassenunruhen*

Bereits 1954 hatte das Oberste Bundesgericht entschieden, dass Rassentrennung (z. B. in Schulen oder öffentlichen Verkehrsmitteln) gegen den Gleichheitsgrundsatz verstoße. Dieses Urteil wurde allerdings von den Weißen besonders im Süden des Landes ignoriert, was im Laufe der Jahre zu heftigen Konflikten führte. Zu ersten folgenschweren Rassenkrawallen kam es 1957 in Little Rock (Arkansas), dem gleichen Jahr, in dem das Gesetz zum Schutz des Wahlrechts der Schwarzen verabschiedet wurde. Die offensichtlichen Missstände bzgl. der Gleichbehandlung von schwarzen und weißen Bürgern führten bis Ende der 1960er-Jahre immer wieder zu Unruhen und eskalierten in blutigen Auseinandersetzungen. Im Sommer 1967 ließen bei Straßenschlachten in Newark (New Jersey) und Detroit (Michigan) 66 Menschen ihr Leben. **Martin Luther King, Jr.**, der wohl bekannteste Bürgerrechtler, gehörte zu den schwarzen Bürgern, die auf friedliche Art und Weise versuchten, eine Gleichbehandlung von Schwarz und Weiß zu erreichen. Er organisierte unzählige Protestmärsche und sprach in seinen Reden sehr überzeugend von

„seinem Traum" der Gleichberechtigung. 1968 wurde er in Memphis (Tennessee) von einem Rassisten ermordet.

Die Rassenunruhen und Protestaktionen der 1960er- und frühen 1970er-Jahre erschütterten die Vereinigten Staaten. Nachdem im Jahrzehnt zuvor bereits viele schwarze Mitbürger das Vertrauen zur Regierung verloren hatten, ließ die **Watergate-Affäre** alle Amerikaner an ihrer politischen Führung zweifeln. Die Affäre, bei der 1972 Mitarbeiter von Präsident Nixons Wahlkomitee in das Wahlkampfhauptquartier der Demokraten einbrachen und Abhörgeräte installierten, zwang Nixon 1974 zum Rücktritt.

*Präsidentenrücktritt*

Nachdem in den 1980er-Jahren die wirtschaftliche Vormachtstellung der USA in der Welt in Gefahr war und speziell in der Reagan-Ära ein Anstieg der Kriminalitätsrate zu verzeichnen war, wurde mit Mexiko und Kanada die zweitgrößte Freihandelszone der Welt, die **NAFTA** (heute **USMCA** mit nur noch USA, Kanada und Mexiko), geschaffen, der sich später auch andere Pazifikanrainerstaaten anschlossen. In den 1990er-Jahren kam es zu einem Wirtschaftsboom, der insbesondere der florierenden Hightechbranche zu verdanken war.

## 21. Jahrhundert

Rückschläge erlitten die USA ab 2000. Erst fielen die Aktienkurse und dezimierten die privaten Rentenrücklagen vieler Anleger, dann kam der **11. September 2001**, der als *Nine Eleven* in die Geschichte eingegangen ist. An diesem Tag wurde Amerika das Opfer des größten Terroranschlages seit Bestehen der Nation und wurde so mit seiner eigenen Verwundbarkeit konfrontiert. Zwei Flugzeuge, von islamistischen Terroristen entführt und gesteuert, flogen in die beiden Türme des World Trade Center in New York City und brachten sie zum Einsturz. Ein weiterer Jet stürzte Minuten später in einen Flügel des Pentagon in Washington. Ein viertes Flugzeug stürzte nahezu zeitgleich bei Pittsburgh ab, nachdem es einen Kampf zwischen Entführern und Passagieren gegeben hatte. Bei diesen Anschlägen kamen etwa 3.000 Menschen ums Leben. Die Grausamkeit, die Zahl der Opfer und die Tatsache, dass die Selbstmordattentäter das „Herz der westlichen Welt" getroffen haben, erschütterte die gesamte Welt und hatte weitreichende Folgen.

*Nine Eleven*

Präsident George W. Bush reagierte nach einer Trauerphase mit dem Aufruf zum Krieg gegen den Terrorismus und begann Aktionen gegen das Taliban-Regime in Afghanistan. Mit der offiziellen Begründung, Massenvernichtungswaffen eliminieren zu müssen, griffen die USA trotz der Kritik der Weltöffentlichkeit und vieler Amerikaner mithilfe der Briten im März 2003 den Irak an. Kurze Zeit später war Iraks Präsident Saddam Hussein entmachtet und der offizielle Krieg gewonnen. Die Bemühungen um Frieden und Demokratisierung im Irak und in Afghanistan erwiesen sich jedoch als sehr schwierig. Kritik an der fortlaufenden Stationierung von Truppen in den Gebieten und Stimmen für den Abzug aller Truppen wurden immer lauter.

*„Krieg gegen den Terror"*

Die verlustreichen Kriege, der Eingriff in uramerikanische Bürgerrechte und schließlich eine der schwersten Finanzkrisen seit Jahrzehnten brachten die Amerikaner in Rage. Die Konflikte im Mittleren Osten und die immensen Treibstoff- und Rohstoffpreise stürzten die USA und die ganze Welt Ende 2008 in eine schwere **Banken-**

*Weltweite Banken- und Finanzkrise*

**und Finanzkrise**, die sogar den sonst so zurückhaltend agierenden Staat zum Eingreifen und zur Bereitstellung von Milliarden Dollar für Industrie und Bankwesen zwang. Im Januar 2009 verließ Bush das Weiße Haus nach zwei Amtszeiten als Präsident mit den schlechtesten Umfragewerten aller Zeiten.

Die Hoffnungen und die Begeisterung für den ersten afroamerikanischen Präsidenten **Barack Obama** waren hingegen ebenso riesig wie die zu bewältigenden Probleme des Landes. 2012 wurde Obama wiedergewählt. Leicht hatte es Obama allerdings nicht. Das Land war politisch gespalten wie nie zuvor. Im März 2010 konnte er zwar gegen den geballten Widerstand der Republikaner ein Programm für die gesetzliche Krankenversicherung für alle Amerikaner im Kongress durchsetzen, der Umsetzung des Programmes wurden aber immer wieder Hürden in den Weg gestellt. Der Abzug der Truppen aus dem Irak verzögerte sich mehrmals, der Syrien-Konflikt wurde heftiger und der Verteidigungsetat stieg in bisher nie dagewesene Dimensionen. Das gigantische Konjunkturpaket, das der Wirtschaft auf die Beine helfen sollte, sorgte erst allmählich für eine Erholung aus der Krise. Auch die Abhörskandale (NSA), die immer weitere Kreise zogen, haben Obama und dem Land nicht gutgetan und der Euphorie folgte Ernüchterung. Ein Effekt davon war und ist, dass die konservativen Republikaner mit immer radikaleren, der „Nation dienlicheren" Programmen auftreten.

Obamas Nachfolger wurde Anfang 2017 der Republikaner Donald Trump. Dieser regierte auf sehr eigenwillige Weise, verkündet gerne Statements über Twitter, hat die USA außenpolitisch zunehmend isoliert (Aufkündigung zahlreicher Handelsabkommen, Nichtanerkennung der Klimavereinbarungen und des Atomwaffen-Vertrages mit dem Iran, Hofierung autokratischer Machthaber etc.). Auch innenpolitisch hat er für viel Wirbel gesorgt mit der Ankündigung des Baus einer Mauer an der mexikanischen Grenze, dem Versuch, die gesetzliche Krankenversicherung wieder abzuschaffen, verschärfter Ausländerprogramme, der Freigabe für Ölgewinnung durch Fracking, seinen wirren Manövern durch die Corona-Krise, den Unruhen nach dem gewaltsamen Tod von George Floyd durch einen weißen Polizisten u. v. m. Trump wusste aber immer wieder, seine Vorgehensweisen zumindest in seinem Lager ins positive Licht zu rücken, so sehr auch die Demokraten und Staatsmänner und -frauen anderer Länder sich bemühten, ihn zu bremsen. Ein Amtsenthebungsverfahren im Jahr 2020 wurde durch die ihm weitgehend ergebene Republikanische Partei gestoppt.

Trotz einer bedingungslosen Unterstützung seiner Anhängerschaft verlor Trump Ende 2020 die Wahl und der Demokrat Joe Biden wurde im Januar 2021 der 46. Präsident der USA. Der Machtwechsel wurde überschattet durch die **gewaltsame Erstürmung des Kapitols** durch von ihrem Idol angestachelten Trump-Fans, die mit harten Mitteln letztendlich niedergeschlagen werden konnte. Seither hat Biden besonders gegen die Corona-Pandemie zu kämpfen und damit, das Vertrauen vieler Partnerländer wiederherzustellen. Das gelang ihm bisher jedoch nur partiell. Besonders der abrupte Abzug aus Afghanistan im Sommer 2021 ist unglücklich verlaufen; quasi über Nacht hatten die bis dato bekämpften Taliban erneut die Macht übernommen. Auch innenpolitisch ist die Bevölkerung der USA weiterhin gespalten: aufgrund der hohen Inflation – und „dank" der Politik des immer noch umtriebigen Donald Trump, der nach wie vor seine eindeutige Wahlniederlage nicht anerkennt.

*Gespaltene Nation*

# Kurzer Abriss der Geschichte Kanadas

*Erste Bewohner*

Die ersten Bewohner Kanadas kamen vor mehr als 12.000 Jahren über die Behringstraße auf den nordamerikanischen Kontinent und zogen über die nächsten Jahrtausende weiter in Richtung Süden. In einem langen Prozess entwickelten sich aus diesen ersten und weiteren asiatischen Einwanderern sehr stark voneinander abweichende Kulturen. Die Vorfahren der heutigen Indianer, die in Kanada *First Nation* und auch *Aboriginals* genannt werden, zogen entlang der Westküste gen Süden und ins Landesinnere. Die **Inuit**, die vor rund 5.000 Jahren nach Kanada kamen, passten sich relativ schnell den arktischen Bedingungen an. So entstanden Wildbeuter und halbnomadische, aber auch bäuerliche Kulturen, die im Laufe der Jahrtausende eigene Sprachen und Kulturen entwickelten.

Die ersten europäischen „Entdecker" kamen um 1000 n. Chr. nach Labrador und Neufundland. Bekannt ist der Isländer Leif Eriksson, der mit seinem Schiff auf Vinland, das wahrscheinlich Neufundland entspricht, landete. Die Skandinavier konnten sich jedoch nicht lange in diesem Gebiet halten und zogen sich bereits um 1021 nach Auseinandersetzungen mit den Ureinwohnern zurück. 1497 segelte der Italiener Giovanni Caboto (John Cabot) im Auftrag englischer Kaufleute nach Neufundland und begründete somit den Anspruch der englischen Krone auf dieses Land. 1498 befuhr der Portugiese João Lavrador die Küste, nach ihm ist wahrscheinlich die Halbinsel Labrador benannt. Weitere Seefahrer erkundeten die Küste, doch waren es die Franzosen, die als erste ins Landesinnere vorstießen. Das Gebiet des St. Lawrence River wurde 1534 von Jacques Cartier erkundet, der bis zum heutigen Montréal segelte, zusammen mit Pelztierjägern das Landesinnere erforschte und das Gebiet für Frankreich in Besitz nahm. Cartier benutzte als erster das Wort „Canada", das wahrscheinlich vom indianischen Ausdruck „kanata" für „Siedlung" oder „Dorfgemeinschaft" abgeleitet ist. Die reichen **Fischgründe** vor der Küste Neufund-

*Ontario gehörte zur „Dominion of Canada"*

lands lockten Fischer aus dem Baskenland, Portugal, Frankreich und den britischen Inseln an, die kleine Siedlungen gründeten, um den Transport ihres Fangs vorzubereiten. Die Gewässer zwischen Grönland und Nordamerika wurden nach einer Reise Martin Frobishers im Jahr 1576 wiederum von der englischen Krone beansprucht.

*Kronkolonie Neufrankreich*

Während Henry Hudson auf der Suche nach der Nordwestpassage 1610 die nach ihm benannte Hudson Bay entdeckte, drang Samuel de Champlain, der 1608 die französische Siedlung Québec gegründet hatte, 1615 zu den Großen Seen vor. Der Ottawa River wurde zur wichtigsten Pelzhandelsstraße. **Montréal** wurde dann 1642 von Franzosen gegründet, und 1663 wurde Neufrankreich von Ludwig XIV. zur französischen Kronkolonie erklärt. Die Engländer siedelten sich vor allem in Neufundland und den 13 weiter südlich gelegenen Kolonien an. Nach der Gründung der Handelsgesellschaft *Hudson Bay Company*, der vom englischen König Charles II. das Pelzhandelsmonopol für alle Ländereien, deren Flüsse in die Hudson Bay fließen, übertragen wurde, kam es zu erbitterten Auseinandersetzungen zwischen den Engländern und Franzosen. Beide kämpften um ihren Anteil am damals sehr profitablen Pelzhandel.

Die Kriege von 1690–1713 auf europäischem Boden zwischen diesen beiden Kontrahenten dehnten sich auch auf den nordamerikanischen Kontinent aus. Im Frieden von Utrecht wurde den Engländern dann der größte Teil von Nova Scotia zugesprochen. Cape Breton Island, New Brunswick und Prince Edward Island blieben vorerst in französischem Besitz. Bis Mitte des Jahrhunderts prosperierte das Land, dessen Hauptwirtschaftszweige der Pelzhandel und der Schiffbau waren. Der Ausgang der beiden Kriege von 1745–1748 und von 1756–1763 (Siebenjähriger Krieg) festigte dann die Vormachtstellung von England. Mit dem Pariser Frieden musste Frankreich 1763 fast alle seine Besitzungen in Nordamerika abtreten; nur die St.-Pierre-Inseln und Miquelon vor Neufundland wurden den Franzosen zugesprochen.

*Sonderrechte für die französische Bevölkerung*

Da zu dieser Zeit 60.000 Franzosen, aber nur 3.000 englische Siedler in Kanada lebten, erhielt die französische Bevölkerung im *Quebec Act* 1774 Sonderrechte in Bezug auf die Gesetzgebung, Religionsausübung und den Sprachgebrauch, um zukünftige Konflikte abzuwenden. Auch wurde das Gebiet Québec zu den Großen Seen ausgedehnt. Der Anteil der englischen Bevölkerung überflügelte den der Franzosen erst nach Beendigung des Unabhängigkeitskriegs der Amerikaner, in dem Kanada neutral blieb. 50.000 englandtreue Siedler ließen sich zwischen 1775 und 1783, dem Jahr der Festlegung der Grenze zwischen Kanada und den USA, in Nova Scotia, New Brunswick und Südontario nieder. Um den nach Québec geflohenen Loyalisten entgegenzukommen, verabschiedete das britische Parlament das Verfassungsgesetz von 1791, das die Provinz in das französischsprachige Niederkanada (Lower Canada) und das englischsprachige Oberkanada (Upper Canada) teilte und beiden Kolonien ein Parlament gewährte.

Die Spannungen zwischen den Vereinigten Staaten und Großbritannien endeten im Britisch-Amerikanischen Krieg (1812–1814), der zwar letztendlich ergebnislos blieb, aber in Kanada als erfolgreiche Abwehr amerikanischer Expansions- und Invasionsversuche betrachtet wird. Die französisch- und britischstämmigen Bevölkerungsgruppen entwickelten im Kampf gegen einen gemeinsamen Feind ein vereintes kanadisches Nationalgefühl. Im Frieden von Gent, der den Britisch-Amerikanischen Krieg beendete, wurde 1815 der **49. Breitengrad** im Gebiet der Rocky Mountains und der Großen Seen als Grenze zwischen den beiden Staaten festgelegt.

Nachdem Ober- und Unterkanada 1841 zur britischen Kolonie Kanada vereinigt worden waren, wurde 1846 der 49. Breitengrad bis zur Pazifikküste als Grenze zu den USA erklärt. British Columbia wurde 1858 Kronkolonie. Unter dem Namen „**Dominion of Canada**" vereinigten sich 1867 die Gebiete Nova Scotia, New Brunswick, Ontario und Québec zu einem autonomen Staat unter britischer Krone, die durch den Generalgouverneur in Kanada vertreten war. Zwei Jahre später vergrößerte sich das Staatsgebiet Kanadas um das Dreifache, als die Ländereien der *Hudson Bay Company* an Kanada abgetreten wurden. 1870 kam dann noch die Provinz Manitoba und ein Jahr später British Columbia hinzu.

*Autonom unter britischer Krone*

In Manitoba wurden nach Unruhen der französisch-indianischen Metis unter der Führung von Louis Riel die Rechte dieser Mischlingskultur besonders berücksichtigt. Die Fertigstellung der *Canadian Pacific Railway* und der nachfolgende Siedlerstrom führten allerdings zu erneuten Auseinandersetzungen um die Ländereien der Metis. Als siebte Provinz kam 1873 Prince Edward Island zum „Dominion of Canada" hinzu, Yukon erhielt zur Zeit des Goldrauschs 1896 den Status einer Provinz, Alberta und Saskatchewan folgten 1905 als Nachzügler. Als letztes wurde Neufundland erst 1949, nach lange andauernden politischen und wirtschaftlichen Krisen, zur kanadischen Provinz. Mit den Indianern schloss Kanada zwischen 1871 und 1912 elf Verträge ab, die ihnen gegen geringe Kompensation Reservate zuteilten, ihnen aber ihre gewohnten Lebensweisen garantierten. Die Versuche, die Indianer in die kanadische Gesellschaft zu integrieren, dauerten bis in die 1960er-Jahre, bis dahin durften die Ureinwohner des Landes nicht an Parlamentswahlen auf nationaler Ebene teilnehmen.

An der Seite Großbritanniens nahm Kanada am Ersten Weltkrieg teil und entsandte Freiwillige an die Front. Bei den Verhandlungen zum Versailler Vertrag agierte Kanada als eigenständiges Land und trat 1919 unabhängig von Großbritannien dem

*Kanadische Idylle*

Völkerbund bei. Dank der Entdeckung neuer Rohstofflager, der Steigerung der landwirtschaftlichen Produktion und der zunehmenden Industrialisierung erlebte Kanada in dieser Zeit einen ökonomischen Aufschwung, der bis zur Weltwirtschaftskrise 1929 anhielt. Die Nachkriegszeit bis 1925 war jedoch auch von erbitterten Arbeitskämpfen für mehr soziale Gerechtigkeit gekennzeichnet. Als Folge entstand in den nächsten Jahrzehnten ein gut ausgebauter Sozialstaat.

Am Zweiten Weltkrieg nahm Kanada mit über 1 Mio. Soldaten auf der Seite der Alliierten teil. In diese Zeit fiel auch ein zweiter wirtschaftlicher Aufschwung durch die Kriegsindustrie und die Fertigstellung des *Trans-Canada Highway* (1942).

*Unabhängigkeit von England*

Offiziell erhielt Kanada im „Statut von Westminster" 1931 die staatliche Unabhängigkeit von England. Das Land verblieb aber im Commonwealth. Das Recht, die Verfassung ohne Zustimmung des britischen Parlaments ändern zu dürfen, erhielten die Kanadier erst 1982 im *Canada Act*. Eine neue kanadische Verfassung wurde daraufhin ausgearbeitet, der Québec erst 1987 zustimmte. Die eigene Fahne mit dem Ahornblatt auf weißem Grund weht seit 1965 an kanadischen Masten.

Die Zeit der fortschreitenden Unabhängigkeit von England wurde jedoch von der Autonomiebestrebung der französisch orientierten Provinz Québec überschattet. Trotz der Anerkennung des Französischen als zweite Landessprache kam es 1970 zu gewaltsamen Auseinandersetzungen, die in der Ermordung des Arbeitsministers von Québec durch die extremistische *Front de Libération du Québec* kulminierten. Bei einer Abstimmung entschieden sich 1980 noch 60 % für einen Verbleib Québecs bei Kanada. 1995 waren es nur noch 51 %.

Einer kleineren **Minderheit** in Kanada, den Metis, Inuit und Indianern, wurden 1988 Landrechte in den Northwest Territories zugestanden und eine Abfindung gezahlt. 1999 wurde mit Nunavut das erste kanadische Territorium mit mehrheitlich indigener Bevölkerung geschaffen. Trotz einiger politischer Zugeständnisse bleibt die Unzufriedenheit indigener Bewohner immer noch hoch.

Kanada ist formal als Mitglied des *British Commonwealth of Nations* eine konstitutionelle Monarchie mit der englischen Königin als Staatsoberhaupt. Die englische Krone nimmt über den Generalgouverneur ihre Interessen in Kanada wahr, dieser hat jedoch weitgehend zeremonielle Funktionen. Das parlamentarische System ist wie das englische durch ein Ober- und ein Unterhaus repräsentiert. Der Premierminister ist der Anführer der Mehrheitspartei im Unterhaus. Kanada besteht heute aus zehn Provinzen und drei Territorien (Yukon, Northwest Territories, Nunavut). Die Provinzen verfügen über einen hohen Grad an Autonomie, für die Territorien jedoch übernimmt die Bundesregierung zahlreiche Verwaltungsaufgaben. Alle Provinzen und Territorien besitzen ein Einkammerparlament und einen Premierminister als Regierungschef.

*Europäisch geprägtes Sozialsystem*

Das soziale Versorgungssystem Kanadas hat einen europäischen Charakter, und in den letzten zwei Jahrzehnten sind diesbezüglich auch die gleichen Probleme der Finanzierbarkeit entstanden. Auf politischer und sozialstaatlicher Ebene ist Kanada also sehr europäisch geprägt. Auf wirtschaftlicher Ebene bestehen hingegen sehr enge Beziehungen zu den Vereinigten Staaten, u. a. durch das Freihandelsabkommen USMCA (ehem. NAFTA), dem auch Mexiko angehört.

# Geografischer und wirtschaftlicher Überblick

## Geografie

Begrenzt werden die USA im Norden durch Kanada, im Süden durch Mexiko, im Osten und Südosten durch den Atlantischen Ozean und im Westen durch den Pazifischen Ozean (Alaska und Hawaii ausgenommen). Die größte Ost-West-Ausdehnung beträgt 4.500 km, was etwa der Entfernung vom Nordkap bis Kairo entspricht. Von Norden nach Süden erstreckt sich das Land auf bis zu 2.600 km. Die USA sind mit 9.809.000 km² das drittgrößte Land der Erde. Mit ca. 332 Mio. Bürgern bedeutet das eine Einwohnerdichte von 34 Einwohnern pro Quadratkilometer. Die Einwohnerdichte verteilt sich aber sehr ungleichmäßig über das Land. In den Küstenstaaten des Ostens liegt sie zwischen 100 und 300 Einwohnern/km², während sie in den Präriestaaten 1-10 Einwohner/km² beträgt.

*Ungleiche Einwohnerdichte*

Man kann die USA in acht **markante geografische Regionen** gliedern:
① die **Atlantische Küstenebene**, die sich vom Cape Cod im Norden bis Florida im Südosten zieht. Sie erreicht kaum Höhen über 100 m. Der Norden weist ein Moränenrelief auf, während sich weiter im Süden Lagunen und Ästuare finden. Dieser geschützte Bereich wird als *Intracoastal Waterway* genutzt. Die Sümpfe auf der Halbinsel Floridas haben sich hauptsächlich aufgrund mangelnder Entwässerung gebildet.
② das **Appalachengebirge**, das sich parallel zur Atlantischen Küstenebene erstreckt. Es ist untergliedert in mehrere verschieden hohe Gebirgszüge, die im Norden nur Höhen von 750 m erreichen. Das eigentliche Appalachengebirge liegt südwestlich dieser Linie und ist hier bis zu 2.000 m hoch.

*Hier entspringt der Mississippi*

③ das **Zentrale Tiefland**, das sich um die Großen Seen herum erstreckt und im Süden und Westen unmerklich in die Tiefebene des Mississippi-Tals übergeht, an das sich wiederum die Golfküstenlandschaft anschließt. Im Osten wird das zentrale Tiefland durch die Appalachen begrenzt. Dieses auf der Karte auffällige Gebiet ist durch die verschiedenen Eiszeiten geformt worden. Die Gletscher sind die „Former" der Großen Seen und haben den Landschaftscharakter bestimmt: Es gibt hier fast keine Berge. Geblieben sind nur abgeschliffene Hügel und eine Vielzahl an Seen.
④ die **Golfküstenebene** ist ein relativ kleines Gebiet, das dem Mississippi-Tal folgt und im Norden am Zusammenfluss von Missouri und Mississippi beginnt. Das Mississippi-Tal ist etwa 800 km lang und zwischen 40 und 200 km breit. Hier hat sich der Untergrund gesenkt und die großen Flüsse haben das Becken mit Sedimenten bedeckt. Die weiteste Stelle der Golfküstenebene befindet sich am Golf von Mexiko, wo sie sich von der mexikanischen Küste bis hin nach Florida erstreckt.
⑤ die **Prärien und die Great Plains** erstrecken sich westlich des Mississippi und sind durch eine nur leicht hügelige Landschaft gekennzeichnet. Das Gebiet steigt vom Osten her langsam von 400 m auf 1.500 m unterhalb der westlich angrenzenden Rocky Mountains an. Im nördlichen Schichtstufenland haben während der letzten Jahrtausende heftige Regenfälle und eine vegetationsarme Landoberfläche zu einer starken Erosionstätigkeit geführt. Monokulturanbau auf riesigen Feldern hat seit Anfang des 19. Jh. für das Übrige gesorgt und die Formung eines z. T. kargen Landschaftsbildes mit sich gebracht. Die Amerikaner bezeichnen große Teile dieser Gegenden als *Badlands*, wobei der Ursprung dieses Wortes auf die Indianer und die ersten Franzosen (*Mauvaises Terres*) zurückgeht, die dieses Gebiet bereits vor der eigentlichen Besiedlung als minderwertig angesehen haben.
⑥ die **Rocky Mountains** nehmen den Ostteil der nordamerikanischen Kordilleren ein, weisen Höhen von bis zu 4.400 m (Mt. Elbert) auf und ziehen auf amerikanischer Seite ca. 2.250 km von NNW nach SSO. Wie die Alpen sind die Rockies verhältnismäßig jungen Ursprungs. Man nimmt an, dass sie vor etwa 100 Mio. Jahren entstanden sind. Tertiäre Hebungen und Aufwölbungen sowie Brüche und Aufschiebungen haben sie geformt. Flüsse wie der Colorado haben sich in das Gestein geschnitten und Canyons gebildet.
⑦ die „**intermontanen Becken**" (**Great Basins**) liegen zwischen den Rocky Mountains und dem pazifischen Gebirgssystem. Diese Beckenlandschaft ist nahezu abflusslos, und Flüsse, die sie durchqueren, trocknen fast ganz aus („Fremdlingsflüsse": z. B. der Colorado). In diesem Becken zeugt auch eine Reihe von Salztonebenen davon, dass es hier früher Seen gegeben hat, die mittlerweile gänzlich ausgetrocknet sind. Dieses Schicksal droht auch dem Great Salt Lake.
⑧ das **Pazifische Gebirgssystem** gliedert sich in zwei Hauptketten, die inländischen Gebirgszüge Cascade Range und Sierra Nevada (höchste Erhebung: Mt. Whitney mit 4.418 m) und den Küstengebirgszug Coastal Range (höchste Erhebung: Thompson Peak mit 2.744 m). Zwischen diesen Gebirgen zieht sich das Kalifornische Längstal, das sich im Norden im Williamette-Tal und Puget Sound fortsetzt.

## Die Großen Seen

*Mit Eiswasser gefüllte Löcher*

Vier Eiszeiten haben den Eismassen ihre Kraft verliehen, um große Löcher in die Erdoberfläche zu graben. Die letzte große dieser Eiszeiten war die Wisconsin-Vereisung, die vor 72.000 Jahren begann und deren letzte Ausläufer vor ca. 10.000 Jahren zu spüren waren. In diesen Löchern haben sich in wärmeren Zeiten dann die Wassermassen des geschmolzenen Eises abgelagert und die heutigen Großen Seen entstehen lassen. Da die verschiedenen Eiszeiten an den riesigen Seen gearbeitet haben, werden die Seen geologisch auch als **Eisstauseen** bezeichnet. Die Gletscher reichten bis an den heutigen Ohio River und sorgten auch dafür, dass der Mississippi im Oberlauf seinen Knick nach Westen machen musste. Vorher verlief er zur Hudson Bay.

Die nördlich und nordöstlich angrenzende geologische Landschaft wird als **Kanadischer Schild** (auch Laurentischer Schild) bezeichnet. Die Gletschermassen haben hier eine flache, nur z. T. leicht hügelige Ebene geschaffen, wobei kleine Wasserfälle, unzählige Seen (Minnesota: 12.000 Seen, Wisconsin: 13.000 Seen) und viele in sich verzweigte Flussläufe das Hauptcharakteristikum darstellen. Der Landschaftsraum im zentralen Bereich des Reisegebiets wurde durch die Gletscherzungen der letzten Eiszeiten geformt, die sich bis an den Ohio River im Süden vorschoben. Ein Blick auf die geologische Karte lässt gut erkennen, wo und wie die Gletscher für die morphologische Gestaltung gesorgt haben. Glaziale Aufschüttungen und Gletscherschliff haben eine Landform geprägt, die von sanften Hügelketten und z. T. steinigen Oberflächen bestimmt ist. Geologisch wird dieser Bereich südlich und westlich um die Großen Seen herum auch als **Superior Upland** bezeichnet und gehört zum südlichen Ausläufer des Kanadischen Schildes. Lößböden südlich der Seen haben dort für eine zufriedenstellende Agrarstruktur gesorgt.

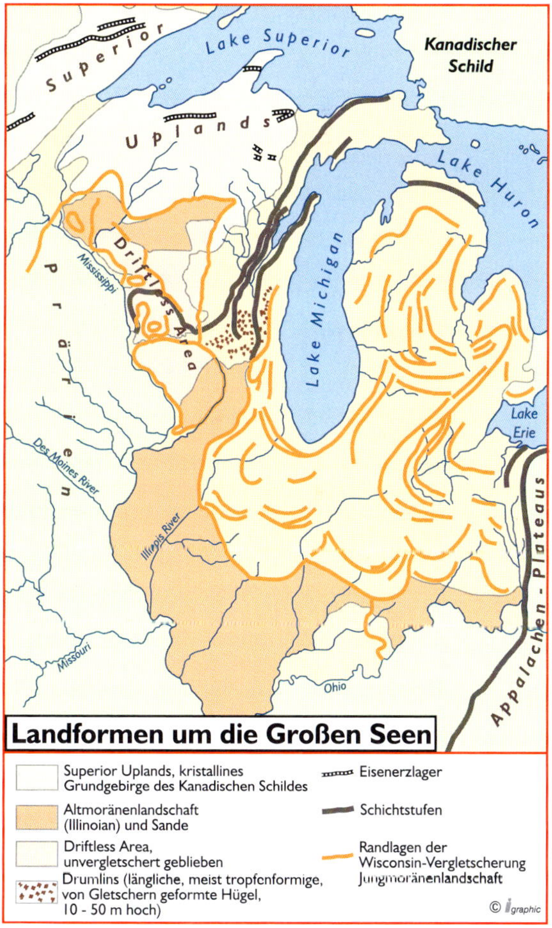

Landformen um die Großen Seen

Diese Landschaftsform ist in Mitteleuropa mit dem Gebiet zwischen Südschweden und den deutschen Mittelgebirgen zu vergleichen: Schweden = Südkanada, Ostsee = Große Seen, Schleswig-Holstein/Mecklenburg = Wisconsin/Michigan, Lüneburger Heide = Gebiet südlich der Seen und die Börden (Lößböden) = Gebiet um den Mississippi und den Ohio. Die tonhaltigen Lößböden entstehen übrigens durch Einwehungen des feinen Bodenmaterials aus den „rauen“ Moränenlandschaften, die sich an und unter den ehemaligen Gletscherzungen gebildet haben.

Eine auffällige Morphogenese hat sich noch in **Südontario** abgespielt: Sehr widerstandsfähige Kalkablagerungen des Silur (erdgeschichtliches System des Paläozoikums vor 438–408 Mio. Jahren) wurden zu Stufen herausgebildet, die heute deutlich in Erscheinung treten. Ein Beispiel dafür ist das *Niagara Escarpment*, das vom Bundesstaat New York bis zur Spitze von Manitoulin Island reicht.

**Die Großen Seen in Zahlen**

| | Größe (km²) | größte Tiefe (m) |
|---|---|---|
| Lake Superior | 82.100 | 406 |
| Lake Huron | 60.000 | 229 |
| Lake Michigan | 57.800 | 282 |
| Lake Erie | 25.667 | 62 |
| Lake Ontario | 19.529 | 243 |

Mit zusammen mehr als 245.000 km² Wasserfläche (nur die fünf Großen Seen) weist dieser Landschaftsraum die größte zusammenhängende Süßwasserfläche der Welt auf. Der Lake Superior fasst übrigens, bedingt durch seine Tiefe, mehr Wasser als die vier anderen zusammen!

## Vegetation

*Abholzung in großem Ausmaß*

An der **Ostküste** hat es zur Zeit der ersten Siedler noch große Waldbestände gegeben, die sich bis zu den Prärien zogen. Im Laufe der folgenden Jahrhunderte wurden diese Baumregionen, im Norden boreale Nadelwälder, weiter südlich Misch- und Laubwälder, immer weiter ausgeschlagen. Der Landhunger, besonders im zuerst entdeckten Osten, kannte keine Gnade. Nur in den unzugänglicheren Appalachen konnten sich noch weite Gebiete sommergrüner Laubwälder halten. Auch die weiten Grasflächen der **Prärien** mussten den Menschen weichen, die nun auf Feldern von bis zu mehreren Hundert Hektar Größe Getreide anbauten. In trockeneren Gebieten wurde Vieh gehalten. Dies geschah in einem so großen Ausmaß, dass die Farmer hier heute über starke Bodenerosion klagen. Die **Great Plains** erhalten nur geringe und unregelmäßige Niederschläge, die in der Regel lediglich den Bewuchs durch Gräser erlauben. Daher werden große Gebiete hier auch als „*Grasslands*“ bezeichnet.

Im **südwestlichen Texas** und im „**intermontanen Becken**“, wo die Niederschläge nur noch sehr gering sind, herrscht eine Halbwüstenvegetation mit Dornsträuchern und vereinzelten Zwergsträuchern vor. Ein großer Anpassungskünstler ist das *tumble weed*: Der oberirdische Teil der Pflanze bricht im Herbst ab, wird vom Wind über der Boden gerollt und verteilt so die Samen über große Flächen. Die **Rocky Mountains** sind vorwiegend mit Laubmischwäldern besetzt, die durch die späte und auch sehr spärliche Besiedelung dieser Region überwiegend erhalten blieben. Auch haben die USA durch die rechtzeitige Schaffung vieler Nationalparks und

Schutzgebiete dafür gesorgt, dass weite Teile dieses Gebiets auch in Zukunft geschont werden.

In den **pazifischen Gebirgszügen** reicht das Spektrum von borealem Nadelwald (Sitkafichte und Douglasie) im Norden bis zu Mischwäldern im Süden, wobei besonders im Küstenraum Koniferenarten gehäuft auftreten. Charakteristisch für die Sierra Nevada ist der Mammutbaum, wie einige andere Arten der kalifornischen Bäume ein widerstandsfähiges Hartholzgewächs. Das kalifornische Längstal wird heute maßgeblich landwirtschaftlich genutzt, weshalb hier kaum noch etwas von den ursprünglichen Baumbeständen zeugt. **Florida und die Südküste bis Louisiana** sind aufgrund hoher Niederschläge mit subtropischen Pflanzen bestanden. Hier finden sich Farne, Lianengewächse, Zypressen und Mangroven.

Das **Zentrale Tiefland um die Großen Seen** unterscheidet sich vornehmlich durch die klimatischen Bedingungen (vornehmlich Temperaturen). Während im Süden heute auf ehemaligen und fast gänzlich gerodeten Misch- bzw. Laubwaldarealen Ackerbau betrieben wird, werden die Wälder nach Norden hin dichter. Birken, Espen, Ahorn und Buchen kennzeichnen den Übergang in Wisconsin und Michigan zu den Nadelbaumregionen (Hemlocktanne, Schwarz- und Weißtanne, Kiefer und Fichte) der nördlichsten Gebiete der USA und des Südens von Kanada.

*Naturschauspiel Indian Summer*

Je weiter nördlich man reist, desto ausgeprägter ist der Nadelbaumbestand. Reine Nadelwälder befinden sich aber nur vereinzelt in diesem Reisegebiet, vornehmlich weiter nördlich in Kanada. Beeindruckend ist der *Indian Summer*, der im Frühherbst einkehrt und das Laub der Bäume in ein einmaliges Farbenspiel verwandelt. Den Reisenden erwarten große Waldflächen in den nördlichen Abschnitten des Gebiets, Zigtausende von großen und kleinen Seen sowie unzählige Flüsse und bezaubernde Uferpartien entlang der Großen Seen. Ein besonderes Geschenk der Natur ist dabei vor allem die teilweise unendlich erscheinende, unbeschreibliche und abenteuerliche Wildnis.

*Große Waldflächen erwarten den Reisenden*

info

## Indian Summer

Jedes Jahr überwältigt der *Indian Summer* mit seiner Farbenpracht die Menschen. Es ist die Zeit der Laubfärbung, die Anfang September nach den ersten Kälteeinbrüchen beginnt und sich von Norden nach Süden fortsetzt. Dabei bewirkt gerade der Gegensatz von sonnigen Tagen und kühlen Nächten eine besonders lebhafte Färbung.

Während in Europa aufgrund der ungünstigeren topografischen Verhältnisse im Verlauf der Eiszeit viele Baumarten ausgestorben sind, konnten in Nordamerika die meisten Baumarten ihre frühere Heimat nach dem Rückgang des Eises wieder besiedeln. Hier überlebten zahlreiche Baumarten, die in ihren Blättern den Farbstoff Anthocyan bilden, der wesentlich an der Bildung der intensiven Rottöne des *Indian Summer* beteiligt ist. Die eindrucksvolle und fast überwältigende Laubfärbung entsteht nicht nur durch die Leuchtkraft der einzelnen Färbung; die Wirkung wird noch verstärkt durch die Weite der riesigen Waldbestände und häufig auch den Kontrast zum strahlend blauen Himmel in dieser Jahreszeit.

**Wann und wo ist Indian Summer?**
**Mitte Oktober bis Anfang November:**
zwischen 37. und 42. Breitengrad/südl. der Linie Chicago – Erie – Boston
**Mitte Oktober:**
zwischen 42. und 45. Breitengrad/südl. der Linie Minneapolis – Traverse City – Georgian Bay National Park
**Ende September bis Anfang Oktober:**
zwischen 45. und 48. Breitengrad/südl. der Linie Duluth – Sault Ste. Marie – Québec

*Die herbstliche Laubfärbung ist beeindruckend*

info

**Anfang bis Ende September:**
zwischen 48. und 52. Breitengrad/um die Linie Winnipeg – Mündung des St. Lawrence River
(diese Eckdaten können aufgrund klimatischer Schwankungen variieren)

Besonders empfehlenswerte Regionen für den *Indian Summer* sind:
- die Seenplatte von Nord-Minnesota
- die Upper Peninsula von Michigan
- der Norden der Lower Peninsula von Michigan
- zwischen Wawa und Sault Ste. Marie in Ontario
- in Ohio um den Ohio River

## Tierwelt

Die Tierwelt um die Großen Seen fiel wie fast überall in Amerika dem Menschen zum Opfer. Die Verbreitung von Land- und Herdenwirtschaft, die zur Abholzung großer Waldflächen und damit zur Einschränkung des Lebensraums führten, sowie die z. T. systematische Verfolgung von Tieren führten dazu, dass einige Arten bereits ausgestorben und andere vom Aussterben bedroht sind. Obwohl z. B. die Zahl der Wölfe in einigen Gebieten Kanadas und Alaskas inzwischen stabil ist, gilt der **Timberwolf**, der im Reisegebiet vorkommt, immer noch als gefährdet.

### Bären

Bekannt sind in Nordamerika der *Grizzly* (Grizzlybär), eine Unterart der Braunbären, und der *Black Bear* (Schwarzbär). Im Gebiet um die Großen Seen gibt es beide Arten. Der **Grizzly Bear** weist eine Körperlänge von ca. 2,30 m und eine Schulterhöhe von 1 m auf. Er kann ein Gewicht von fast 400 kg erreichen. Der **Schwarzbär** erreicht bei einer Schulterhöhe von ebenfalls 1 m eine Körperlänge von bis zu 1,80 m und Männchen bringen bis zu 200 kg auf die Waage. Der Kopf ist schmaler und die Schnauze spitzer als beim Grizzly, der Pelz ist dunkelbraun bis schwarz. Schwarzbären sind auch außerhalb der Schutzgebiete anzutreffen, wobei sie den Menschen in der Regel nicht gefährlich werden, solange man ihnen nicht zu nahekommt oder sie bedroht.

Im Frühjahr halten die Bären sich meist an Flüssen und Seen auf, im Sommer leben sie in den Wäldern und im Winter ziehen sie sich zum Winterschlaf in ihr Lager zurück. Bären ernähren sich vorwiegend von Pflanzen, Blättern und Beeren und sind ständig auf Nahrungssuche. Sie lassen sich dabei vor allem von ihrem starken Geruchssinn leiten. Wenn Nahrungsmittel nicht richtig aufbewahrt oder Abfälle nicht ordnungsgemäß entsorgt werden, werden Bären angelockt, die nur allzu schnell lernen, dass in der Nähe von Menschen leicht Nahrung zu finden ist.

*In der Natur sollte man ihm nicht zu nahe kommen*

Zeichen für sauberes Wasser: der Loon

**Hinweis**
*Wanderer und Camper sollten unbedingt folgende Verhaltensregeln beachten:*
*1. Bären niemals füttern!*
*2. Alle Nahrungsmittel und Toilettenartikel (geruchs-)sicher und außer Reichweite aufbewahren!*
*3. Campingplätze peinlich sauber halten! In den meisten Parks gibt es bärensichere Abfalleimer.*

## Seetaucher

*Lieblingstier der Amerikaner*

Der Loon gehört zur Familie der Seetaucher und ist eines der Lieblingstiere der Amerikaner. Er ist auf vielen Gewässern Amerikas heimisch und durch sein schwarzes Federkleid mit der unverwechselbaren weißen Zeichnung sehr auffällig. Am Ende des Winters kehren die Haubentaucher von der Atlantik- oder Pazifikküste zu den Nistplätzen an die Seen zurück und bauen im Frühjahr ihre Nester in Bodenvertiefungen dicht am Uferrand. Nach 28-tägiger Brutzeit schlüpfen meist zwei Junge aus, die schon wenige Stunden später hinter ihren Eltern herschwimmen, aber erst nach elf Wochen fliegen können. Der Loon ist ein hervorragender Schwimmer und Taucher, wie er bei der schnellen Unterwasserjagd nach Fischen und anderen Wassertieren beweist. Für die Aufzucht seiner Jungen braucht der Loon fischreiche, saubere Gewässer, deshalb ist seine Anwesenheit für die Amerikaner ein Zeichen für die Sauberkeit des Wassers.

## Elche

*Elche haben ein weites Gebiet*

Elche sind die größten und wohl auffälligsten der heute noch lebenden Hirsche. Der Elch ist in Nordamerika als *moose* bekannt, während mit dem englischen Wort *elk* der Wapitihirsch bezeichnet wird. Elche werden etwa pferdegroß, wiegen bis zu 800 kg und tragen ein meist zur Schaufel verbreitertes Geweih, das mehr als 20 kg wiegen kann. Elche ernähren sich vorwiegend von Ästen, Sumpf- und Wasserpflanzen, Gräsern, Moor- und Heidekräutern. Das Lebensalter der Elche beträgt 20 bis 25 Jahre. Sie sind sehr gute Schwimmer. In ihrem weiten Einstandsgebiet ziehen sie unregelmäßig umher und unternehmen, vor allem in der Brunftzeit, häufig Wanderungen von mehreren Hundert Kilometern.

Die beste Jahreszeit, um Elche zu sehen, ist Mai bis Anfang Juni. Dann halten sie sich manchmal sogar ganz in der Nähe von Straßen auf, wo sie das leicht salzige Wasser in den Gräben entdecken, das sich in den Wintermonaten am Straßenrand gebildet hat. Etwa bis Ende Juni kann man Elche auf Lichtungen, an seichten Plätzen oder kleinen Weihern beobachten, im Hochsommer halten sie sich in den Wäldern auf. Ende September/Anfang Oktober beginnt die Brunftzeit der Elche, dann legen sie weite Strecken auf der Suche nach einer Elchkuh zurück und sind häufiger zu beobachten.

Elche können aggressiv werden, besonders wenn Jungtiere in der Nähe sind. Daher sollte man sich fernhalten.

info

## *Moose* oder *Elk*?

*Moose* und *elk* gehören beide zur Elchfamilie, wobei zoologische Unterschiede im Sprachgebrauch in den USA kaum gemacht werden. Grundsätzlich ist der *elk* das europäische Pendant zum amerikanischen *moose* – im Wörterbuch heißt es dann aber bei beiden: „amer. Elch“. Kaum glaubt man, alles begriffen zu haben, beginnt ein Ranger plötzlich wieder, von einem *elk* zu sprechen ...

Zoologische Auflösung des Rätselspiels: Ein *moose* ist die größte Gattung der amerikanischen Hirschfamilie (Alces americanus), bei der das Männchen das große Geweih besitzt. Ein in Amerika als *elk* bezeichnetes Tier gehört zur kleineren Gattung und wird auch „Wapitihirsch“ (Cervus canadensis) genannt. Er ähnelt eher einem Hirsch als unserem Bild eines Elchs. *Elk* ist aber auch das amerikanische Wort für den europäischen Elch (Alces machlis, bzw. Alces alces), der etwas kleiner als der amerikanische Elch (*moose*) ist. Ein *moose* in Amerika ist also das, was wir unter einem Elch verstehen.

*„moose“ or „elk“? „Hirsch“ oder „Elch“?*

## Biber

Biber *(beaver)* zählen zu den größten Nagetieren. An Land wirken sie unbeholfen, im Wasser dagegen sind sie ausgezeichnete Schwimmer und Taucher. Sie leben an dicht bewachsenen Ufern von Bächen, Flüssen und Seen, wo sie ihre Burgen bauen. Diese verfügen über mindestens zwei, oft sogar vier oder fünf unter Wasser liegende Eingänge, die für Feinde nicht zugänglich sind. Biber sind ausschließlich Pflanzenfresser, im Sommer ernähren sie sich von Schilf, Uferstauden, jungen Trieben von Pappeln und Weiden und im Winter von den Rinden selbst gefällter Bäume. Zum Schutz ihrer Bauten errichten die Biber Dämme; dazu stecken sie abgeschnittene Zweige und Stämme senkrecht in den Grund des Wassers und beschweren sie mit Steinen, Schlamm und Schilf.

Wann immer das gestaute Wasser steigt, müssen die Biber den Damm erhöhen, damit die Eingänge zu ihren Wohnburgen nicht freigelegt werden. Für den Bau eines 10 m langen Damms braucht eine Biberfamilie etwa eine Woche; große Dammbauten werden von mehreren Bibergenerationen instand gehalten. Erst wenn in der Umgebung ihrer Burg nicht mehr ausreichend Nahrung vorhanden ist, verlassen die Biber diese Gegend.

Im Sommer sind Biber am ehesten in den Abendstunden zu beobachten, während sie im Herbst auch tagsüber zu sehen sind, wenn sie ihre Dämme bauen und reparieren.

## Vögel und Insekten

Schätzungen nach gibt es in diesem Reisegebiet 500 unterschiedliche Vogelarten, Vogelliebhaber werden fast überall auf ihre Kosten kommen. Besonders im kanadischen Point Pelee National Park befindet sich ein wahres Paradies, der Park liegt an einer Stelle, wo sich zwei Zugvogellinien kreuzen. Im Frühjahr und Herbst bietet sich hier die Gelegenheit, bis zu 100 verschiedene Vogelarten zu sehen.

*Paradies für Vogelkundler*

Moskitos und Stechmücken sind die Plage der Sommermonate. Sie treten in Massen auf und finden an Wassertümpeln und feuchten Stellen geeignete Lebensbedingungen vor.

# Klima

Klimatisch sind die USA wesentlich von den von Norden nach Süden ausgerichteten Gebirgszügen bestimmt und können generell in 6 Klimazonen eingeteilt werden:
① Der Nordosten ist im Sommer warm und niederschlagsreich, im Winter kalt. An den Großen Seen muss man dann mit Schnee und Frost rechnen.
② Südlich schließt sich eine subtropische, feuchte Zone an, die bis an die westliche Grenze von Oklahoma und im Süden bis an den Golf von Mexiko reicht. Im Sommer ist es hier sehr warm und regnerisch, die jahreszeitlichen Unterschiede sind jedoch nicht so groß und die Winter sind nicht so kalt.
③ Im Nordwesten, entlang der Binnen- und Hochebenen westlich der Rocky Mountains ist es wesentlich niederschlagsärmer. Die Sommer sind warm, die Winter kühl und trocken.
④ In der Hochlage der Rocky Mountains und den Gebirgszügen an der Pazifikküste sind die Temperaturen grundsätzlich niedriger als in Gebieten auf dem gleichen Breitengrad in Tallage.
⑤ In der weiten Tiefebene zwischen den Rocky Mountains und den Erhebungen an der Ostküste, die sich südlich bis an die mexikanische Grenze erstreckt, herrscht Wüstenklima. Die Sommer sind recht warm, die Winter kühl, Niederschläge fallen kaum.
⑥ Am Küstenstreifen des Pazifiks mit dem kalifornischen Längstal des Sacramento River herrscht sehr gemäßigtes Klima. Die Sommer sind warm, im Süden heiß und die Winter sind im Norden kühl und im Süden mild. Die meisten Niederschläge fallen im Winter.

# Die beste Reisezeit

Das **Reisegebiet Große Seen** ist geprägt durch die starken Temperaturunterschiede zwischen Sommer und Winter, wenn klirrende Kälte herrschen kann. Weniger die Niederschläge als vielmehr die kalten Temperaturen schränken die Reisefreuden zwischen Oktober und April deutlich ein. Wenn man kein ausgesprochener Winterliebhaber ist, sollte man diese Zeiten meiden. Die Zeit von Anfang März bis Mitte April gilt besonders um die Großen Seen als *Mud Season* – d. h. jetzt kann es feucht, kalt, matschig und ungemütlich werden.

*Klirrende Kälte – für Winterfans*

Am besten lässt sich das Gebiet während der **Sommermonate** bereisen. In diesen Monaten fallen die **Niederschläge** im Tiefland häufig als kräftige Gewitterregen und schränken die Bewegungsfreiheit nur für relativ kurze Zeit ein. Wer den

| Klimatabelle | | | | |
|---|---|---|---|---|
| | Temperatur in °C | | Niederschlag in mm | |
| Monat | mittleres tägl. Maximum | mittleres tägl. Minimum | mittlere Monatsmenge | mittlere Anzahl der Niederschlagstage |
| **Chicago (Illinois)** | | | | |
| Januar | 16,2 | 3,5 | 65 | 10 |
| Februar | 16,9 | 4,9 | 84 | 9 |
| März | 20,0 | 7,4 | 100 | 11 |
| April | 24,9 | 11,5 | 73 | 8 |
| Mai | 28,8 | 16,6 | 92 | 9 |
| Juni | 31,8 | 20,6 | 126 | 11 |
| Juli | 31,8 | 22,2 | 196 | 15 |
| August | 31,6 | 21,3 | 168 | 13 |
| September | 29,4 | 19,0 | 148 | 9 |
| Oktober | 25,1 | 12,8 | 72 | 6 |
| November | 19,9 | 6,6 | 53 | 6 |
| Dezember | 16,3 | 3,7 | 72 | 8 |
| **Duluth (Minnesota)** | | | | |
| Januar | -7,9 | -18,1 | 29 | 12 |
| Februar | -5,9 | -17,7 | 24 | 10 |
| März | -0,5 | -11,5 | 41 | 11 |
| April | 8,4 | -2,9 | 60 | 11 |
| Mai | 15,9 | 3,1 | 84 | 13 |
| Juni | 21,3 | 8,5 | 108 | 13 |
| Juli | 25,1 | 12,1 | 90 | 11 |
| August | 23,7 | 11,6 | 97 | 11 |
| September | 18,1 | 6,5 | 73 | 11 |
| Oktober | 12,5 | 1,5 | 55 | 9 |
| November | 1,8 | -7,0 | 45 | 11 |
| Dezember | -5,4 | -14,6 | 29 | 13 |
| **Pittsburgh (Pennsylvania)** | | | | |
| Januar | 2,5 | -6,0 | 75 | 16 |
| Februar | 3,1 | -6,3 | 56 | 14 |
| März | 7,9 | -2,6 | 84 | 16 |
| April | 15,6 | 3,2 | 78 | 13 |
| Mai | 21,9 | 9,0 | 99 | 12 |
| Juni | 26,6 | 13,8 | 96 | 11 |
| Juli | 28,5 | 16,0 | 99 | 12 |
| August | 27,7 | 15,4 | 84 | 9 |
| September | 24,2 | 11,6 | 65 | 8 |
| Oktober | 17,6 | 5,8 | 64 | 10 |
| November | 9,7 | 0,0 | 57 | 13 |
| Dezember | 3,4 | -4,9 | 61 | 16 |

*Neben den Großstädten beeindrucken die Landschaften rund um die Großen Seen, z. B. an der Georgian Bay, Ontario*

*Weniger Niederschlag in den Sommermonaten*

höchsten Niederschlagsmengen auch während der wärmeren Monate aus dem Wege gehen möchte, sollte August und September als Reisemonate wählen. Da die jährlichen Schwankungen der Niederschlagsmengen unvorhersehbar und die Wetterbedingungen unbestimmt sind, sollte das Reisegepäck vom Sonnenhut und T-Shirt bis hin zum Pullover und einer Regenjacke (Tipp: herausnehmbares Futter) alles beinhalten.

Reisen im Mai bzw. Oktober haben aber auch ihren Reiz: Man erlebt die Farbenpracht im Frühjahr und während des *Indian Summer*, es ist nicht so heiß und man umgeht die volle und teure Ferienzeit der Amerikaner. Während der **Wintermonate** ist in fast allen hier beschriebenen Landesteilen mit Schnee zu rechnen. Autofahrer müssen sich auf Schneewehen und unpassierbare Straßen einstellen und sollten sich lieber gleich ein wintertaugliches Auto mieten. Auch sollten Winterreisende gegen die Kälte gerüstet sein und sich auf jeden Fall vorher erkundigen, ob Hotels, Parks, Sehenswürdigkeiten und Ähnliches von Ende Oktober bis April geöffnet sind. Entsprechend vorbereitet kann man so den ganz eigenen Reiz der Winterlandschaft erleben und Winterfreuden wie Skilaufen und *Snowmobiling* locken in vielen Gebieten.

Somit steht außer Frage: Das Gebiet um die Großen Seen ist kein Reiseziel für Sonnenhungrige, sondern vor allem für Naturliebhaber, die von der teilweise atemberaubenden Landschaft mit ihren Wäldern und Seen fasziniert sein werden. Und auch die Stadterlebnisse versprechen unvergessliche Reisemomente.

# Wirtschaftlicher Überblick

Das Wirtschaftssystem der USA basiert auf dem Prinzip der freien Marktwirtschaft und bis ins 20. Jh. hinein herrschte das Motto „*Laissez faire*" in allen Bereichen der Wirtschaft. Entscheidungen über Produktion und Preisgestaltung wurden von Herstellern und Verbrauchern bestimmt, was auch auf den Idealen der Amerikaner von persönlicher Freiheit und Ablehnung übermäßiger Machtkonzentration basiert. Erst seit der Weltwirtschaftskrise Anfang der 1930er-Jahre mischte sich auch in den USA der Staat, wie bereits in Europa, mehr in die Geschehnisse der Wirtschaft ein.

*Computerindustrien und Finanzdienstleistungen*

Seit Ende des 19. Jh. bildete die Schwerindustrie in den Bereichen Maschinen- und Fahrzeugbau, Brückenbau, Eisen- und Stahlindustrie die Triebfeder. Mit dem Ersten Weltkrieg kam die Rüstungsindustrie hinzu. Obwohl Auto- und Elektroindustrien immer noch bedeutend sind, sind es heute eher die Computerindustrien sowie die Dienstleister in den Bereichen Finanzen, Software, Transport und Versandhandel, die der amerikanischen Wirtschaft zu ihrer Stärke verhelfen.

Lange galten die USA als die wirtschaftliche Großmacht und bestimmten Tendenzen in der übrigen Welt. Nicht nur große Industrieunternehmen zeichnen dafür mit ihren Ideen der **Produktivitätsmaximierung** (Fließband etc.) verantwortlich, sondern auch eine Reihe von **Erfindern**, die der Welt immer neue Dinge vorführten, z. B. die Glühbirne oder den Motorflug. Auch in neueren Zeiten sind die USA eine führende Nation in vielen Bereichen der Forschung, der Technologieentwicklung und vor allem im digitalen und Internet-Bereich oder auf dem Feld „Künstliche Intelligenz" (KI). Man beachte zudem die jüngsten Fortschritte in der Raumfahrt (teilweise privat) und der E-Mobilität (Tesla etc.).

Mit der Entwicklung Amerikas von einer Agrargesellschaft zu einem **modernen Industriestaat** wandelte sich die Struktur des Arbeitsmarktes grundlegend. Der produzierende Bereich, der sich im Zuge der Industrialisierung zu Beginn des 20. Jh. bildete, hat heute seinen Einfluss weitgehend verloren. Dafür hat der Dienstleistungssektor zunehmend an Bedeutung gewonnen. In der Gründerzeit konzentrierten sich Staat und Wirtschaft hauptsächlich auf die Entwicklung der Binnenwirtschaft, unabhängig davon, was im Ausland geschah. Seit der Weltwirtschaftskrise und dem Zweiten Weltkrieg setzten sich die USA für den Abbau von Handelsschranken und Koordinierung des Weltwirtschaftswachstums ein. Sie unterstützten die Handelsliberalisierung und waren maßgeblich am Abschluss des Allgemeinen Zoll- und Handelsabkommens (GATT), einem internationalen Kodex für Zoll und Handelsregeln, beteiligt.

Auch traten die soziale Stabilität und die Demokratie in einzelnen Ländern sowie Wohlstand, Rechtsstaatlichkeit und Frieden im Rahmen der internationalen Beziehungen mehr in den Vordergrund. Ölkrisen, Sicherung der Transportwege nach Amerika und Wirtschaftsembargos wurden zu Schlüsselthemen der amerikanischen Außenpolitik, besonders um den eigenen Rohstoffbedarf zu decken bzw. zu sichern. Als Folge musste sich das Land immer mehr für die Weltwirtschaft öffnen, die von nun an nicht nur mehr Rohstoffe, sondern auch Fertigwaren in die USA transportieren konnte. Auf diese Weise entstand bereits in den 1970er-Jahren ein Handelsdefizit, das sich seitdem immer weiter vergrößerte. Bedingt durch die Außenpolitik sowie die militärischen Aktionen von Präsident George W. Bush nach

*Landwirtschaft spielt heute eine untergeordnete Rolle*

*Riesiges Handelsdefizit*

dem 11. September 2001 wurde das Handelsdefizit, das unter Präsident Bill Clinton fast abgebaut worden war, in fast astronomische Höhe getrieben. Daran hat auch die Politik der Präsidenten Obama und Trump nichts geändert. Das Außenhandelsdefizit liegt bei ca. 860 Milliarden Dollar im Jahr. Stillschweigend scheint man sich im Land mit diesen Zahlen arrangiert zu haben. Gleichzeitig erhöht sich die Staatsverschuldung kontinuierlich. 2020 lag sie bei fast 28 Billionen Dollar.

Wenn auch das immense **Konjunkturpaket** von Präsident Obama seit 2012 sowie die rigide „America first"-Politik seines Nachfolgers Trump eine Erholung der Wirtschaft bewirkte, sind Themen wie Arbeitslosigkeit, Immobilienkrise usw. an der Tagesordnung. Seither stand das Land mehrmals kurz vor der Staatspleite, wurden Beamte in den Zwangsurlaub geschickt und Nationalparks geschlossen, bis sich Republikaner und Demokraten auf eine Erhöhung der Schuldenobergrenze einigen konnten: ein demokratischer Prozess, der das Land auch in Zukunft immer wieder plagen, aber auch vor einer noch höheren Überschuldung bewahren wird. Was in Amerika als Überschuldung bezeichnet wird, geht in vielen Ländern Europas noch locker durch. Besonders aber die **Corona-Krise**, die in den USA besonders heftig zuschlug, hat durch die finanziellen Stützungsprogramme durch die Regierung ein noch größeres Loch in die Staatskasse gefressen. Zudem hat Präsident Biden ein massives, 1,9 Billionen Dollar teures Konjunkturprogramm (Infrastruktur, Klima, Soziales) in Gang gebracht.

Eine zukunftsweisende Industrie ist der **Hightech-Bereich**, der noch immer die große Hoffnung der amerikanischen Wirtschaft ist. Kein Land der Welt hat die Computer- und Softwarebranche mehr beeinflusst. Microsoft, Apple, Google, Facebook und viele andere Unternehmen konnten sich nur in einem wirtschaftlich liberalen Umfeld entwickeln, wie es die USA bieten. Ebenso hatten es Handelshäuser wie Walmart und Amazon und Fastfood-Konzerne wie McDonalds und Burger King hier leichter, zu ihrer heutigen Größe aufzusteigen. Weitere Beispiele sind AirBnB, die Fahrdienste Uber und Lyft, der erste reine Großserien-Hersteller von E-Fahrzeugen Tesla oder App-gesteuerte Hol- und Bringdienste.

## Die Wirtschaft um die Großen Seen

Während die Ballungsräume Chicago, Detroit und Cleveland sowie die Regionen um Minneapolis, Milwaukee und Pittsburgh durch **Schwerindustrie**, Agrarindustrie, **Maschinen- und Fahrzeugbau** sowie **High-Tech-Industrie** geprägt sind und auf diesem Sektor einen relativ hohen Stellenwert in den USA einnehmen, steht in den anderen Regionen des Reisegebiets die Landwirtschaft im Vordergrund. Teilweise schlechte Böden, Mangel an Fachkräften und die Marktferne lassen die Aussichten auf eine prosperierende Landwirtschaft in vielen Regionen aber gering erscheinen.

*Finanzielle und soziale Probleme im Rust Belt*

Die **Industrien um die Großen Seen** hatten lange Zeit zu kämpfen, denn ihre Schwerindustrie war nicht mehr gefragt und der für Michigan so wichtige Fahrzeugbau produzierte am Markt vorbei. Außerdem nahm die Rohstoffförderung deutlich ab. Die Folge waren Massenarbeitslosigkeit, massive Abwanderungen und eine schleichende Verelendung der unteren Mittelschicht, vor allem in den Großstädten. Erst in den 1990er-Jahren erfreute sich die Region – **Rust Belt** genannt – wieder eines wirtschaftlichen Aufschwungs, der jedoch mit der Wirtschaftskrise 2008/9 einen weiteren Dämpfer erhielt, besonders auf dem Immobilienmarkt und erneut im Fahrzeugbau. Detroit musste als Folge Ende 2013 gar den Bankrott erklären und kämpft seither immer noch mit den Folgen und einem Schuldenberg von 18 Milliarden Dollar. Die Arbeitslosigkeit ist hier fast doppelt so hoch wie im Rest des Landes. Alles in allem berappelt sich die Region jedoch in den letzten Jahren. Neben High-Tech-Industrien haben u. a. der Gesundheitssektor mit modernsten Spezialkliniken, der Tourismus, hochwertige Agrarsektoren (z. B. Weinanbau) sowie eine innovativere Automobilindustrie zu einem allmählichen Aufschwung geführt.

Im Abseits stehen immer noch die **Farmer**, vor allem jene im Gürtel südlich der Großen Seen. Starke Bodenerosion, zu hohe Produktionskosten und ein Überangebot an Produkten werden zu weiteren Farmaufgaben führen. Freihandelsabkommen, allen voran die Mitgliedschaft in der NAFTA (seit 2018 abgewandelt und auch als *United States-Mexico-Canada Agreement* (USMCA) bezeichnet), sind ein Reizthema unter den Farmern, denn besonders Fleisch aus Mexiko überschwemmt den amerikanischen Markt. Wichtigste **landwirtschaftliche Produkte** in der Region um die Großen Seen sind Mais, Weizen und Sojabohnen. Weiter im Norden bzw. Westen überwiegen die Rinder- und Schweinehaltung sowie die Milchwirtschaft.

**Bodenschätze** (Kohle, Eisenerz, Erdöl, Kupfer) spielen im Gebiet um die Großen Seen mittlerweile eine untergeordnete Rolle, da die hiesigen Vorkommen kaum von Bedeutung oder bereits ausgebeutet sind.

*Hoffnungsträger Tourismus*

Zulegen konnte in den letzten drei Jahrzehnten allerdings der **Tourismus**. Nicht nur der Stadttourismus (Chicago), sondern vor allem der Natur- und Agrartourismus (Strände, Outdooraktivitäten, Niagara Falls, Wein- und Obstfarmen etc.) sowie der „ethnische" Tourismus (z. B. Frankenmuth = Deutschland, Minnesota/Wisconsin = Skandinavien, Chicago = Polen/Asien) sorgen heute, wenn auch seit 2020 belastet durch das Corona-Virus, für wachsende Besucherzahlen.

# Gesellschaftlicher Überblick

## Bevölkerung

*Schmelztiegel Amerika*

Heute leben ca. 332 Mio. Menschen in den USA, von denen die **Weißen** (ohne Hispanics/Latinos) mit knapp 60 % die größte Bevölkerungsgruppe stellen. Ihre Vorfahren kamen größtenteils aus Europa, hauptsächlich aus England, Deutschland und Irland, aber auch aus Skandinavien, Osteuropa und Italien. Die zweitgrößte Bevölkerungsgruppe mit gut 18 % bilden die **Hispanics** spanischer oder lateinamerikanischer Herkunft. Diese Einwanderer, die oft illegal aus Mexiko und anderen mittelamerikanischen Ländern in die USA gekommen sind, haben sich besonders im Westen und Südwesten des Landes angesiedelt. **Afroamerikaner** (*African Americans*) machen ca. 13 % der Bevölkerung aus. Neben diesen drei Gruppen gehören noch ca. 9 % der Bevölkerung anderen Gruppen an, z. B. Asiaten, Bewohner der Pazifikinseln und der Aleuten, Indianer (Native Americans) und Inuit.

Die **Bevölkerungsverteilung** in den Vereinigten Staaten ist sehr unterschiedlich. Während in den Nordoststaaten, die ca. 20 % der Gesamtfläche ausmachen, ungefähr 50 % der Bevölkerung wohnen, ist der Südwesten als relativ menschenleer zu bezeichnen. Auch Staaten wie Alaska, Montana und Wyoming sind nur sehr dünn besiedelt. Bevölkerungsreichster Bundesstaat ist Kalifornien mit 39,5 Mio. Einwohnern. Wie in anderen Industriestaaten setzte seit der Wende zum 20. Jh. eine rapide Verstädterung ein, heute leben ca. 80 % aller Amerikaner in Städten oder städtischen Metropolen.

## Afroamerikaner (African Americans)

*Ungleiche Chancen*

In den USA wird die schwarze Bevölkerung mit dem politisch korrekten Ausdruck African Americans bezeichnet. Sie sind mit ihren 13 % am Bevölkerungsanteil immer noch eine große Minderheit in den USA, doch trotz gleicher Rechte vor dem Gesetz haben sie durchschnittlich nicht die gleichen Chancen wie hellhäutige Bürger. Zwar wurde als Folge der ab 1955 aktiven Bürgerrechtsbewegung mit den Civil Rights Acts von 1964, 1965 und 1968 eine Gleichheit vor dem Gesetz festgelegt bzw. Ungleichheiten beseitigt, aber der Traum („I have a dream") des bekanntesten Vertreters dieser Bürgerrechtsbewegung, Dr. Martin Luther King, Jr., ist noch längst nicht Wirklichkeit geworden. Auch wenn es eine afroamerikanische Mittelschicht gibt, haben Quotenregelungen und Bildungsförderungsprogramme nicht viel am Leben des durchschnittlichen African American geändert. Der überwiegende Anteil dieser Bevölkerungsgruppe lebt in separaten Gegenden und unterhalb der offiziellen Armutsgrenze.

Nach Abschaffung der Sklaverei 1863 in den Unionsstaaten unter Präsident Lincoln, die von den Südstaaten infolge des Ausgangs des amerikanischen Bürgerkriegs 1865 übernommen wurde, erhielten die Afroamerikaner 1867 die Bürgerrechte. Diese wurden durch Sondergesetze der einzelnen Bundesstaaten insbesondere im Süden und durch die Handhabung in der Praxis unterlaufen. Darüber hinaus wurden Afroamerikaner durch Schikanen von Geheimorganisationen wie dem **Ku-Klux-Klan** terrorisiert. In den 1870er-Jahren war dann die erste Abwanderungswelle von Afroamerikanern vom Süden in den industrialisierten Norden zu beobachten. Die Be-

*Der Bus-Boykott von 1956 – nachgestellte Szene im Rosa Parks Museum*

troffenen tauschten jedoch ihr Schicksal als Landarbeiter gegen eine Existenz als schlecht bezahlte Industriearbeiter ein, wenn auch die Lebensbedingungen für sie im Norden nicht so hart waren.

1883 hob der Supreme Court das Bürgerrechtsgesetz von 1875 auf, woraufhin eine Politik des **separate but equal** („getrennt, aber gleich") verfolgt werden konnte. Afroamerikaner hatten somit zwar theoretisch die gleichen Rechte wie die Weißen, konnten sie aber nur innerhalb ihrer „Gesellschaft" ausüben. Regierungs- und Verwaltungsämter blieben mit Ausnahmen den Weißen vorbehalten. Im Süden der USA wurden zu Beginn des 20. Jh. sogar Gesetze verabschiedet, die den Afroamerikanern das Wahlrecht absprachen.

Mit dem von **Dr. Martin Luther King, Jr.** initiierten **Bus-Boykott** in Montgomery (Alabama) 1956 wurde im Kampf um Gleichberechtigung eine neue Ära eingeläutet. Martin Luther King, Jr. und seine Anhänger glaubten, dass mit passivem Widerstand in geballter Form eine Verbesserung der Lebensbedingungen der Afroamerikaner in den USA zu erreichen sei, und initiierten eine Bewegung, die mit dem Boykott von Geschäften und öffentlichen Einrichtungen durch Afroamerikaner öffentliches Aufsehen erregte. Die landesweite „*Freedom Rider*-Bewegung" versuchte, gleiche Rechte in der Beförderung in öffentlichen Verkehrsmitteln durchzusetzen, und in weiteren Aktionen des **friedlichen Widerstandes** wurden ab 1962 große Aufmärsche organisiert. Die erste dieser Versammlungen, die in die Geschichte einging, fand 1962 in Albany (Georgia) statt, weitere folgten in Birmingham (Alabama) und Washington D.C.

*Friedliches Aufbegehren*

Zu diesem Zeitpunkt formierten sich auch die **Black Muslims**, die der Auffassung waren, ihre Rechte nur mit Gewalt durchsetzen zu können. Der Anführer einer

Splittergruppe dieser Bewegung wurde unter dem Namen **Malcolm X** international bekannt. Obwohl die amerikanische Regierung den Afroamerikanern 1964 zusätzliche Bürgerrechtsgesetze einräumte, waren die realen Veränderungen zu wenig spürbar, und der gewaltsame Flügel der Bürgerrechtsbewegung, die **Black Panther Party**, rückte immer mehr in den Vordergrund des Geschehens. Im Sommer 1965 kam es in Los Angeles zum sogenannten Watts-Aufstand, der 34 Todesopfer und über 1.000 Verletzte forderte. 1967 gab es in Newark und Detroit gewaltsame Auseinandersetzungen, ebenfalls mit vielen Opfern. Ein Jahr später löste das Attentat auf Dr. Martin Luther King, Jr. Protestaktionen im ganzen Land aus.

*Gewaltsamer Widerstand*

Auch wenn es inzwischen Berichte und Statistiken gibt, die auf Fortschritte bei der Gleichberechtigung am Arbeitsplatz und im gesellschaftlichen Leben hinweisen, sehen die realen Verhältnisse immer noch anders aus. Afroamerikaner sind in Bereichen des Sports und der Filmbranche durchaus erfolgreich, doch ihre Arbeitslosenrate und ihr Anteil in Gefängnissen liegt drastisch über dem anderer Bevölkerungsgruppen.

Als Hoffnungszeichen für eine Verbesserung der Verhältnisse galt die Wahl des ersten afroamerikanischen Präsidenten, Barack Obama. Doch gerade während seiner Amtszeit und danach gab es vermehrt Berichte über übertrieben hartes Vorgehen der Polizei Schwarzen gegenüber. Für einen Aufschrei im ganzen Land und auch weltweit sorgten im März 2020 die nachts von der Polizei in ihrer Wohnung erschossene 26-jährige Notfallsanitäterin Breonna Taylor sowie im Mai 2020 der gewaltsame Tod von George Floyd, der von einem weißen Polizisten 8 Minuten und 46 Sekunden lang mit dem Knie zu Boden gedrückt wurde, bis er letztendlich verstarb.

## Lateinamerikaner (Latinos/Hispanics)

Die Hälfte der etwa 60 Mio. Menschen lateinamerikanischen Ursprungs (Hispanics oder Latinos genannt) die in den USA leben, ist mexikanischer Herkunft. Diese leben hauptsächlich im Westen und Südwesten der USA, während sich die übrigen Lateinamerikaner, unter ihnen viele Puerto-Ricaner, eher im Osten angesiedelt haben. Latinos und Hispanics kommen aus dem gesamten mittel- und südamerikanischen Raum, von El Salvador bis Chile, von Kuba bis Kolumbien. Aufgrund der schlechten wirtschaftlichen Verhältnisse in Mexiko sehen viele Mexikaner in einem illegalen Grenzübertritt über die relativ lange Grenze (über 3.000 km) eine Chance, ihre Lebensqualität zu verbessern. Jährlich werden über ½ Mio. illegale Grenzgänger von der Grenzpolizei erwischt und wieder zurückgeschickt, die Erweiterung des Grenzzaunes und der intensivierten Kontrolle haben den Strom nicht verringert. Drogen, Waffen- und Menschenhandel tragen ihr Übriges zum Dilemma bei. Die illegalen Grenzgänger, die es geschafft haben, finden in Los Angeles, San Diego, Tucson, Santa Fe, Phoenix und in weiten Teilen von Texas Unterschlupf. Da sie keine Arbeitserlaubnis haben und in der Regel wenig Englisch sprechen, sind sie gezwungen, für verhältnismäßig wenig Geld zu arbeiten, aber sie verdienen immer noch mehr als in ihrem Heimatland.

*Illegaler Grenzübertritt*

Da der Strom der Wirtschaftsflüchtlinge aus Mexiko und Lateinamerika trotz der zwischenzeitlich härteren Vorgehensweisen der Trump-Administration in absehbarer Zeit nicht abreißen wird und die Geburtenrate dieser Familien über dem amerikanischen Durchschnitt liegt, wird die spanisch sprechende Minderheit in den

USA weiter wachsen. Sicher ist auch, dass die Landwirtschaft, vor allen Dingen in den Pazifikstaaten und während der Erntezeit, auf die Arbeit der Latinos angewiesen ist.

## Indianer (Native Americans/American Indians)

Die Angaben darüber, wie viele Indianer/Native Americans es in den USA heute gibt, variieren stark. Die jeweils angegebene Zahl ist davon abhängig, wer zu dieser ethnischen Gruppe gezählt wird. Eng gefasste Definitionen berücksichtigen nur diejenigen als Indianer, die in Reservaten (heute als „Nations" bezeichnet) und indianischen Lebensgemeinschaften leben. Fasst man die Bürger zusammen, die sich selbst als Indianer/Native Americans bezeichnen und entsprechende Angaben bei den Behörden gemacht haben, so sind über 1 % der Gesamtbevölkerung der Vereinigten Staaten Indianer. Diese Zahl schließt die Ureinwohner Alaskas, die Eskimo-Völker, mit ein.

Die Frage, wie viele Native Americans es vor den Vernichtungsaktionen durch die Weißen auf dem nordamerikanischen Kontinent gegeben hat, gab zu vielen Spekulationen Anlass. Schätzungen zwischen 1 und 2 Mio. sind in der Literatur am häufigsten zu finden. Heute sind **574 Völker** von der amerikanischen Regierung offiziell als Nationen anerkannt. Ungefähr die Hälfte der Native Americans lebt in als *Indian reservations* bezeichneten Stammesgebieten, die z. T. autonom verwaltet werden und dem *Bureau of Indian Affairs* unterstehen.

*Die Hälfte der Indianer lebt in Reservaten*

Die größten Stammesgebiete sind das **Navajo Nation (Reservation)**, das sich über Areale der Bundesstaaten Arizona, New Mexico und Utah erstreckt, sowie das *Papago*- und das *Hopi*-Reservat, die beide in Arizona liegen. Da diese Reservate

*Native Americans halten an ihren Traditionen fest*

in der Regel weder landwirtschaftlich noch industriell in großem Stil genutzt werden können (ungeeigneter Boden, schlechte Infrastruktur, unzureichende Bodenschätze), müssen die Bewohner auf andere Wirtschaftszweige wie den Tourismus ausweichen, um ihren Lebensunterhalt zu sichern. Darüber hinaus werden die Reservate mit staatlichen Mitteln gefördert. Nachdem 1988 die Eröffnung von Spielcasinos auf dem Gebiet von Indianerreservaten legalisiert wurde, versuchen viele indianische Gemeinschaften, diese Geldquelle zu nutzen. Bereits 1994 hatten mehr als die Hälfte der Reservate ein Casino eröffnet. Ob diese Geldquelle jedoch die Situation der Indianer im Allgemeinen verbessern wird, lässt sich nicht für alle betroffenen Reservate prognostizieren. Immer noch weisen Arbeitslosigkeit, Alkoholismus sowie eine hohe Selbstmordrate und Säuglingssterblichkeit auf die prekäre wirtschaftliche, soziale und gesundheitliche Lage vieler Indianer hin.

Auch in dem hier beschriebenen Reisegebiet gibt es zahlreiche Indianerreservate. Diese sind aber deutlich kleiner, oft erstrecken sie sich sogar nur über einige Häuserblocks in Städten.

## Asiaten

Amerikaner asiatischer Herkunft stellen einen Bevölkerungsanteil von ca. 6 %, sie leben hauptsächlich an der Westküste der USA und auf Hawaii. Aber auch in großen Städten des Ostens wie New York gibt es Enklaven der asiatischen Bevölkerung. Die größte Gruppe unter den Asiaten bilden die **Chinesen**, die auch die älteste Einwanderungsgruppe sind. Bereits im 19. Jh. kamen die ersten Chinesen auf Goldsuche oder zum Eisenbahnbau in die USA, eine weitere Einwanderungswelle gab es nach dem Zweiten Weltkrieg, nachdem die Einwanderungsbeschränkungen für Asiaten aufgehoben worden waren. Ebenfalls nach dem Zweiten Weltkrieg wanderten viele **Japaner** in die USA ein bzw. blieben als ehemalige Kriegsgefangene im Land. Die zweitgrößte Gruppe asiatischer Einwanderer in die USA bilden jedoch die **Filipinos** mit einer Anzahl von ca. 2 Mio. Als Folge der Kriege, an denen die USA im Fernen Osten beteiligt waren, kamen außerdem viele **Koreaner** und **Vietnamesen** nach Amerika.

*Starke kulturelle Eigenständigkeit*

Typisch für die meisten asiatischen Einwanderer ist der enge Zusammenschluss mit Landsleuten, auch heute noch gibt es in amerikanischen Großstädten ganze Wohnviertel, in denen fast ausschließlich Asiaten leben und arbeiten. Die Bezeichnung „Chinatown" und in neuerer Zeit „Korea-Town" für solche Viertel ist zu einem festen Begriff geworden. Hier bekommt man als Tourist das Gefühl, in einer anderen Welt zu sein, da die asiatischen Lebensgewohnheiten nach Amerika „importiert" wurden. Dies zeugt von einer starken kulturellen Eigenständigkeit der Asiaten in den USA.

info

### Geschichte von Jazz und Blues

Die Wurzeln des **Jazz** reichen bis zu den Ursprüngen der afroamerikanischen Kultur in Westafrika zurück. Lange Zeit war den Sklaven das Spielen ihres wichtigsten Instruments, der Trommel, auf den Plantagen in Nordamerika untersagt, da die damit verbundene Musik häufig einen religiösen Charakter hatte, den die christlichen Weißen nicht duldeten. Dennoch konnten sich in der Vokalmusik ursprüngliche Formen der afrikanischen Musik halten. **Gesänge** während der **Arbeit auf den großen**

**Plantagen** und sogenannte **Field Hollers**, gesungene Begrüßungen und Zurufe der Sklaven untereinander, ließen das afrikanische Element ihrer Kultur überleben. Der Charakter dieser Musik orientierte sich an ihrer Funktion und wurde meist durch den Arbeitsrhythmus bestimmt.

Diese Formen der **Vokalmusik** gelten als Vorläufer des Blues, der als eine Mischung aus afrikanischer und europäischer Musik gilt. Der europäische Einfluss macht sich in der Übernahme des Systems von sieben Tönen, der Harmonik und der Instrumentierung geltend. In der Phrasierung spiegelt sich afrikanisches Musikverständnis wider. Der Rhythmus zeigt sowohl europäische als auch afrikanische Einflüsse.

Auf geistlicher Ebene hatten sich die **Spirituals** entwickelt, die, an protestantischen Kirchenliedern orientiert, den Gottesdienst mit ihrem Wechselgesang zwischen Prediger und Gemeinde bestimmten. Die Texte waren christlichen Ursprungs, während im **Blues** die kritische Betrachtung weltlicher Elemente wie Sexualität und Arbeitsbedingungen Hauptthemen wurden. Das Leiden der afroamerikanischen Bevölkerung fand in ihm seinen Ausdruck. Wegen der stark sexuellen Färbung galten die Texte des Blues häufig als anstößig. Der sogenannte Urblues stammt aus dem Landstrich südlich von Memphis, dem Mississippi-Delta.

**W.C. Handy**, der „Vater des Blues", hat den Blues zuerst in Memphis salonfähig gemacht, und zwar in Form einer „Werbemusik" für die Bürgermeisterwahl von 1912. Nach dieser Wahl blieb sein Werbelied so populär, dass es den Namen „Memphis Blues" erhielt. Der Blues entwickelte sich in New Orleans weiter, das als tolerante Stadt mit internationalen Verbindungen neue Einflüsse bot. Hier spielte auch der französische Einfluss auf den Jazz eine große Rolle. Daneben gab es sogenannte **Brass Bands**, die Straßenmusik machten und auf Festlichkeiten, aber auch auf Beerdigungen spielten. Ihre Musik war deutlich von Marschmusik und französischer Tanzmusik wie der Quadrille beeinflusst und hatte ihrerseits einen entscheidenden Einfluss auf den Ragtime. Der Kornettist **Buddy Bolden** war um die Wende zum 20. Jh. der bekannteste Musiker der Brass Bands und gilt als einer der Ahnherren des Jazz.

*In Chicago wird dem Blues gehuldigt*

info

Über den Süden hinaus fand als erste Jazzrichtung der **Ragtime** seine Verbreitung. Er spielte von 1890 bis zum Ersten Weltkrieg eine entscheidende Rolle. In dieser Zeit wurde der Begriff Ragtime auch als Synonym für Jazz gebraucht. Doch der Einfluss der Marschmusik, die nach einem festen Schema komponiert wurde, bot letztendlich wenig Raum für Improvisationen. Als weiteres Zentrum des Ragtime galt St. Louis, wo **Tom Turpin** sowie **Louis Chauvin** als Pianisten dieser Richtung für Furore sorgten und **Scott Joplin** als einflussreichster Komponist galt.

Dokumentiert ist der Ragtime nur auf Klavierrollen, die zur damaligen Zeit für die weite Verbreitung dieser Musik wichtig waren. Das Paradies für Jazzpianisten war damals Storyville, das Rotlichtviertel von New Orleans, in dem sich die Jazzmusik bis zur „Schließung“ dieses Viertels 1917 ungehindert weiterentwickeln konnte.

Nach dem Ende Storyvilles gingen viele gute Musiker, die sozusagen über Nacht arbeitslos geworden waren, auf Tourneen, was als wichtiger Faktor für die Verbreitung des Jazz in den Vereinigten Staaten angesehen wird. Feste Engagements bekamen sie besonders im Norden. Die South Side von Chicago wurde Zentrum für die **Chicago-Style-Jazzmusik**, die dort auch von weißen Musikern beeinflusst wurde. Entsprechend entwickelte sich eine Musik mit immer größer werdenden Orchestern, die komponierte Arrangements mit einzelnen Soli spielten.

Diese Big Bands führten den Jazz in seine nächste Phase, den **Swing**. Die erste Schallplatte wurde 1917 von der **Original Dixieland Jazz Band** aufgenommen und erregte sogar in New York Aufsehen. Entscheidend prägten den neuen Stil Musiker aus der alten New-Orleans-Garde wie **Jelly Roll Morton** und **Louis Armstrong**. Unter vielen anderen sind hier auch noch **King Oliver**, **Jimmie Noone**, **Baby Dodds**, **Kid Ory** und der Saxophonist **Sidney Bechet**, der besonders den kreolischen Einfluss geltend machte, zu erwähnen. Die Musik der großen Orchester nahm das „Frage- und Antwort-Prinzip“ der Spirituals in Form von Orchester-Arrangement und Solo wieder auf. Ein New Yorker Ableger entwickelte sich mit dem sogenannten **Harlem Stride**, dessen bekanntester Vertreter **Fats Waller** ist. Außer Chicago und New York galt damals Kansas City als Metropole des Jazz. Bevor sich diese Musik jedoch zu ihrem Höhepunkt entwickeln sollte, spielte der **Blues** in seiner Form des **Boogie-Woogie-Pianoblues** in den 1920er-Jahren die große Rolle.

Die erste gepresste Bluesaufnahme stammt von **Mamie Smith**, verkaufte sich im ersten Monat in einer Auflage von 75.000 Platten und verhalf dem Blues zum Durchbruch. Weitere Produktionen wurden anfangs wegen der „anstößigen“ Texte erschwert. Doch das vom Süden in den Norden der USA abgewanderte afroamerikanische Publikum konnte sich mit den Texten identifizieren. Diese handelten natürlich nicht nur von Sex, sondern auch von persönlichen Schwierigkeiten in Ghettos lebender Industriearbeiter. Bei ihnen lag der Markt für den Blues, der sich aufgrund der Plattenproduktionsbedingungen zu einer standardisierten Form entwickelte. Dieser **Vaudeville Blues**, für den selbst Schlagerelemente Pate standen, wurde nach den Vaudeville-Theatern benannt, in denen er sich als Blues und Theatersong entwickelt hatte. Neben **Bessie Smith** zählten **Ma Rainey**, **Ida Cox** und **Clara Smith** zu den erfolgreichen Sängerinnen dieser Ära.

Der ursprüngliche Blues der Südstaaten ließ sich als Massenware nicht so gut vermarkten, entwickelte sich jedoch in seiner Region weiter. Als bekannteste Richtung gilt der **Mississippi (Delta) Blues**, der seine Heimat als **Country Blues** südlich von Memphis hat. Er erlebte u. a. mit dem **Roll and Tumble Blues** eines **Muddy Waters** nach 1950 eine Renaissance in Chicago und stand später Pate für den Rock 'n' Roll und die Rockmusik der 1960er- und -70er-Jahre. Der Roll and Tumble Blues wurde z. B. von der Rockgruppe **Cream** sowie den Sängern **Eric Clapton, Johnny Winter** und **Bob Dylan** wieder aufgenommen.

info

Der **Swing**, dessen Wurzeln im **Chicago-Stil** um 1920 liegen, entwickelte sich in den 1930er-Jahren in seiner typischen Form und wurde damals hauptsächlich gespielt. Die Bands waren wesentlich größer, die Arrangements entsprechend festgelegt, und die Soli bekamen eine herausragende Position. Swing wurde als Tanzmusik komponiert und bot außer den Soli für Improvisationen keinen Raum. Entsprechend hing der Erfolg einer Swing-Band auch von der Qualität der Solisten ab.

Eine der bekanntesten Stilrichtungen innerhalb des Swing war der **Fletcher-Henderson-Stil**, benannt nach dem gleichnamigen Orchesterleiter. **Benny Goodman** kam erst Mitte der 1930er-Jahre ins Spiel. **Count Basie** begann seine Karriere in Kansas City und entwickelte eine eigene Note in dieser Musikrichtung. Während die Anfänge des Swing auf afroamerikanische Musiker der South Side in Chicago sowie **Louis Armstrong** zurückgingen, wurde der weiße Einfluss in den 1930er-Jahren zunehmend größer. **Glenn Miller**, der erst Ende der 1930er-Jahre groß herauskam, beherrschte den Swing bis Mitte der 1940er-Jahre. Vergessen werden dürfen natürlich nicht die großen Sängerinnen, die mit dem Swing Erfolge feierten, nämlich **Ella Fitzgerald** oder **Billie Holiday**, sowie der Komponist und Pianist **Duke Ellington**. Der Swing hatte einen Vorteil gegenüber den vorherigen Stilrichtungen: Er ließ sich zu seiner Zeit durch Radioshows und das Kino gut verbreiten.

Auf den Swing folgte Ende der 1940er-Jahre der **Bop** oder **Bebop**, der jedoch nie dessen Popularität erlangte. Ihm fehlte zum einen der Tanzmusikcharakter, zum anderen war das wichtigste Element des Bebop die Improvisation. Sie bewegte sich zwar noch innerhalb der gewohnten Tonleitern und der entsprechenden Harmonien. Für ein ungeschultes Ohr jedoch klang sie fremd. Herausragende Vertreter dieses Stils sind **Charlie Parker**, **Dizzy Gillespie** und **Miles Davis**, der innovative Veränderungen des Bebop mittrug. Eine Richtung des Bop ist der **Modern Bop**, der sich durch die hervorgehobene Stellung des Tenorsaxophons auszeichnet. In diesem Zusammenhang ist als wichtiger Vertreter sicher **John Coltrane** zu nennen, der in seiner Musik Anfang der 1960er-Jahre zum Free Jazz überging.

Der **Free Jazz** als Weiterentwicklung des Bop ist gekennzeichnet durch die Hinwendung zu Musikelementen der Dritten Welt, das Einsetzen amelodischen Spiels, das Fehlen eines festen Themas sowie die Durchbrechung des Solo-Begleitungsschemas. Die Musiker reagieren spontan auf das Spiel der anderen Musizierenden. Musik wird so zum freien kommunikativen Element. Nicht jedes Stück des Free Jazz weist aber alle hier angeführten Elemente auf. Entscheidend ist der Bruch mit den formalen Traditionen der „klassischen" Jazzmusik. Wichtige Musiker dieser Jazzrichtung sind der Pianist **Cecil Taylor** und der Altsaxophonist **Ornette Coleman**.

## Soziale Verhältnisse

*Wohlfahrtsorganisationen*

Die Einstellung der Amerikaner zu ihrem sozialen System ist auch heute noch geprägt von den Lebensbedingungen der Pioniere, die den nordamerikanischen Kontinent erschlossen haben. Für Generationen von Siedlern waren **Eigeninitiative**, Beharrlichkeit und Selbstverantwortung die Eigenschaften, die nötig waren, um den harten Lebensbedingungen standzuhalten. Vielen Amerikanern ist der Gedanke immer noch fremd, auf Hilfe vom Staat zu bauen, eher verlässt man sich auf persönlichen Einsatz und erwartet dasselbe von seinen Mitmenschen. Wesentlich größer ist der Anteil der **Kirchen und gemeinnützigen Organisationen** mit unzähligen Freiwilligen an der Sozialarbeit und Unterstützung in Notlagen.

### Krankenversicherung

Da in den USA bis in die jüngste Zeit keine Versicherungspflicht bestand und viele Arbeitnehmer und Arbeitgeber die hohen Kosten für eine betriebliche Versicherung nicht aufbringen konnten, blieb ein großer Teil der amerikanischen Bevölkerung im Krankheitsfall auf sich gestellt und konnte zur Not soziale Programme in Anspruch nehmen – **Medicaid** für Mittellose, **Medicare** für Senioren und Menschen mit Behinderung. Viele Berufstätige sind über Beiträge in eine betriebliche Krankenversicherung versorgt, bei der es sich meistens um Gruppenverträge mit Versicherungsgesellschaften handelt, für die entweder Arbeitgeber und Arbeitnehmer oder nur der Arbeitnehmer Beiträge bezahlt. Diese Absicherung ist jedoch in vielen Fällen nur in größeren Firmen oder für Staats- oder Stadtbedienstete gewährleistet.

*„Obamacare“*

Um eine Reform des Gesundheitswesens hatte sich bereits die Regierung Bill Clintons bemüht, jedoch mit nur geringem Erfolg. Im März 2010 schließlich verabschiedete der Kongress nach heftigen Diskussionen einen von Präsident Obama vorgelegten Gesetzentwurf über eine allgemeine Versicherungspflicht, um jeden Amerikaner im Krankheitsfall abzusichern (*Obamacare*). Nach einer Reihe von Klagen stellte der Oberste Gerichtshof die Verfassungsmäßigkeit der wesentlichen Bestandteile des Gesetzes fest. Dennoch blieb die Versicherungspflicht politisch umstritten, hat sich im Großen und Ganzen jedoch positiv entwickelt. Versuche der Republikaner, diese wieder abzuschaffen, sind (bisher) weitestgehend gescheitert.

### Rentenversicherung

Unter Franklin D. Roosevelt wurde 1935 mit dem **Social Security Act** eine staatliche Rentenversicherung eingeführt. Die Renten werden durch die Social-Security-Steuer zu gleichen Teilen von den Arbeitnehmern und Arbeitgebern finanziert. Selbstständige haben die Möglichkeit, durch Zahlung der Social-Security-Steuer im Alter ebenfalls in den Genuss einer adäquaten Rente zu gelangen. Bei entsprechender Zahlungsdauer wird etwas weniger als die Hälfte des letzten Nettoeinkommens als Rente (*social security*) ausgezahlt. Generell ist das Rentenalter auf 65 Jahre angesetzt.

### Arbeitslosenversicherung

Die Höhe der Arbeitslosenversicherung unterscheidet sich stark von Bundesstaat zu Bundesstaat. Je nach Wohnort betragen die Zahlungen zwischen 30 und 50 % des letzten Arbeitslohns und werden bis zu 39 Wochen nach der Kündigung geleistet. Die Arbeitslosenunterstützung ist also geringer als in Deutschland, dafür wird sie in den USA durch eine allein von den Arbeitgebern zu entrichtende Steuer finanziert.

### Sozialhilfe

*Kluft zwischen Arm und Reich wird größer*

Sozialhilfe (*welfare*) wird Bürgern der USA gewährt, deren Einkommen unter der offiziell festgelegten Armutsgrenze liegt, aber die Leistungen werden nicht für unbegrenzte Zeit ausgeschüttet und es gibt Auflagen, besonders für arbeitsfähige Erwachsene. Nach zwei Jahren müssen die Empfänger von Sozialhilfe zumindest eine Teilzeitarbeit annehmen, was Betroffene oft in schlecht bezahlte Jobs zwingt. Inzwischen sind fast ein Drittel der Afroamerikaner und ein Viertel der Lateinamerikaner auf Sozialhilfe angewiesen. Aber auch durch zusätzliche Leistungen wie die Ausgabe von Lebensmittelmarken können die sozial bedingten Missstände nicht behoben werden: Schlechte Schulbildung, Arbeitslosigkeit oder gering bezahlte Jobs vererben sich oft und die Kluft zwischen Arm und Reich wird immer größer.

## Bildungswesen

Schulpflicht besteht ab dem sechsten Lebensjahr, aber Kinder können schon ab fünf Jahren in den Kindergarten, was in Deutschland einem Vorschuljahr entspricht. Von der 1. bis zur 8. Klasse besuchen Schüler eine Primary oder **Elementary School**, an die meist ab der 6. oder 7. Klasse eine **Middle School** oder eine **Junior High School** angegliedert ist. In großen Städten sind die Junior High Schools auch oft separate Schulen. In der Regel besuchen amerikanische Schüler von der 9. bis zur 12. Klasse die **High School**.

*Das Bildungsangebot ist breit gefächert*

Die Zuständigkeit für das Schulwesen liegt bei den Bundesstaaten und ihren Schuldistrikten. Die **öffentlichen Schulen** werden in erster Linie über die Grundstückssteuer finanziert, was zur Folge hat, dass Schulen in „reichen" Orten und Vierteln wesentlich besser ausgestattet sind als die in anderen Gemeinden oder Stadtteilen. Die Bemühungen der Regierungen verschiedener Präsidenten, durch Bildungsgesetze das Leistungsniveau zu erhöhen, haben bisher zu keinem befriedigenden Ergebnis geführt. Privat- und alternative Schulen (z. B. *Charter Schools*) werden deshalb immer gefragter. Aber nicht nur die Unterschiede in Ausstattung und Qualität der Ausbildungsstätten haben zur amerikanischen Bildungsmisere geführt. Amerikanische Schüler gehen ca. 40 Tage im Jahr weniger zur Schule als in Europa. Ein nicht abnehmender Zustrom von Einwandererkindern mit verschiedenen Muttersprachen und zunehmende Probleme mit Gewalt und Drogen im Schulbereich haben ebenfalls ihren Anteil daran.

Nach dem High-School-Abschluss folgt für viele Schüler das **College**, das meist einer Universität angeschlossen ist. Das College gleicht eher einem Grundstudium, höhere Abschlüsse sind hier nicht möglich. Nach dem Abschluss des College mit einem *Bachelor's* oder *Baccalaureate Degree* haben die Studenten die Wahl, an eine Universität zu gehen um ihre akademische Ausbildung mit einem *Master's Degree* abzuschließen. Der College-Abschluss vergrößert die Chancen auf eine Arbeitsstelle und ist für viele Berufe sogar Voraussetzung. Eine Lehre im deutschen Sinne existiert in den USA nicht. Man lernt einen Beruf durch Mitarbeit in der jeweiligen Branche, eventuell besucht man berufsbegleitende Kurse.

*Abhängig vom finanziellen Status*

Da es in den USA neben den öffentlichen Schulen und Universitäten auch viele **private Einrichtungen** gibt, die durch Schulgeld oder Studiengebühren (und Spenden „Ehemaliger") finanziert werden, ist die Spanne des Bildungsniveaus in Amerika sehr breit gefächert.

info

## The „American Way of Life“

Der europäische Blick auf die amerikanische Lebensweise schwankt nach wie vor zwischen Bewunderung und Irritation: Doch sollte es den „typischen“ Amerikaner – ebenso geschäftstüchtig wie hilfsbereit, so Fastfood-verrückt wie sportbegeistert, so offen im Gespräch wie desinteressiert an allen Geschehnissen jenseits von Nordamerika – je gegeben haben, ist er heute nur eine Klischeefigur. Im Gegenteil ist es vor allem die enorme Vielfalt des Landes und seiner Bürger, die den Reisenden beeindruckt.

Der Grundgedanke des *American Way of Life* ist das Recht des Einzelnen, und soweit es ums Geschäft geht, spielt der **Individualismus** eine herausragende Rolle in der Gesellschaft. Seine Wurzeln liegen in der Zeit der ersten Siedler, die bei der Urbarmachung des Landes ganz auf sich allein gestellt waren. Zugleich aber erfuhren die Menschen damals, wie sehr sie in Notsituationen aufeinander angewiesen waren. Damit war der Grundpfeiler für das ausgeprägte Konkurrenzdenken wie auch für die große Hilfsbereitschaft – selbst gegenüber völlig Fremden – gesetzt, der bis heute große Teile der Gesellschaft prägt. Erst jüngst hat der Streit um die allgemeine Krankenversicherungspflicht deutlich daran erinnert, dass sich viele Amerikaner nicht vom Staat vorschreiben lassen wollen, wen sie unterstützen. Dafür sind auf der anderen Seite **Basisdemokratie** und Gemeinsinn stark ausgeprägt: Viele Gruppen und Einzelpersonen setzen sich für die Schwächeren ein, Bürgerinitiativen und Spendenaktionen sind ein alltägliches Bild in den Straßen.

Bei aller Verschiedenartigkeit gibt es aber natürlich für den Reisenden einige Hinweise, die Missverständnissen im persönlichen Umgang mit Amerikanern vorbeugen können:

Wer zum ersten Mal in Amerika reist, wird zunächst über die stets präsente **Freundlichkeit** erstaunt sein. Die Bedienung, der Busfahrer, die Angestellten an der Hotelrezeption – immer wird man auffallend entgegenkommend behandelt. Was mancher Reisende als „Oberflächlichkeit“ missversteht, ist tatsächlich Ausdruck eines gerade für Deutsche mitunter ungewohnten Verständnisses des **Dienstleistungssektors**: Dieser wird in den USA ganz großgeschrieben und überall ist jemand gerne bereit, einen umfassend zu beraten.

Nur **selten schüttelt man die Hand bei der Begrüßung** und wenn, dann nur bei der ersten Begegnung. Das europäische „Sie“ existiert in der englischen Sprache nicht und oft spricht man sich mit Vornamen an. Dies hat jedoch wenig mit wirklicher Vertraulichkeit zu tun, vielmehr soll der **Small Talk** für ein entspanntes Miteinander sorgen. Entsprechend hat es auch nicht viel zu bedeuten, wenn bereits beim ersten Gespräch über persönliche Dinge, z. B. Beruf und Familie, geredet wird. Und wird nach einer kürzeren Unterhaltung eine Besuchseinladung ausgesprochen, sollte man sich lieber vergewissern, wie ernst es damit gemeint ist. Im Zweifel lehnt man lieber dankend ab oder entschuldigt sich mit zeitlichen Problemen. Das wird einem nicht übel genommen.

Die **Einstellung zu deutschen Besuchern** ist in den USA durchgängig positiv, nicht zuletzt weil jeder sechste Amerikaner deutsche Vorfahren hat. Dennoch ist das Wissen über die Deutschen – wie auch über die Österreicher und die Schweizer – nicht sehr ausgeprägt und eher von Klischees geprägt, zumal das Ausland sowohl in der Schule als auch in den Medien generell nur eine untergeordnete Rolle spielt.

Im **Restaurant** setzt man sich nicht einfach hin, sondern wartet, bis man vom Personal an einen Tisch geführt wird. Der Amerikaner schneidet das Essen zunächst klein, dann legt er das Messer weg und isst nur mit der Gabel. Die Preise umfassen lediglich Speisen und Getränke, nicht aber den Service. Deshalb ist ein **Trinkgeld** von mindestens 15 % „Pflicht“ (besser: 20 %), zumal es in das niedrige Grundgehalt der Bedienungen bereits „eingerechnet“ ist.

Auch wenn in Amerika Übergewicht beileibe kein seltenes Phänomen ist, haben die meisten Amerikaner einen **Hang zur sportlichen Betätigung**. Jede Mannschaft einer Stadt, Region und Universität wird von Anhängern in entsprechender Kleidung unterstützt und die großen Sportarten Baseball, Basketball, American Football und Eishockey werden während des ganzen Jahres auf lokaler und nationaler Ebene verfolgt. Nicht ohne Grund stammen viele Outdoorsportarten und fast jede Fitnesswelle von hier.

Sah man gestern noch die halbe Nation früh morgens durch den Stadtpark joggen, liegt es nun im Trend, sportliche Aktivitäten *indoor* zu betreiben. Überall bieten Fitnessstudios (*gyms*) Gerätetraining, Yoga und Pilates, Tai Chi, Crossfit, Body Building u. v. m. an. Während der Schulzeit treiben die meisten amerikanischen Kinder und Jugendlichen Sport und im Urlaub gehört für die ganze Familie ein Bewegungsprogramm dazu, z. B. eine längere Wandertour, Kajakfahren oder Reiten.

*Sport wird großgeschrieben*

# 2. REISETIPPS

# Allgemeine Reisetipps A–Z

## Hinweis

Die **Allgemeinen Reisetipps** geben – alphabetisch geordnet – reisepraktische Hinweise für die Vorbereitung einer Reise und für den Aufenthalt im Reisegebiet. **Regionale Reisetipps** – Infostellen, Sehenswürdigkeiten, Adressen und Öffnungszeiten, Unterkünfte, Restaurants, Verkehrsmittel, Einkaufs- und Sportmöglichkeiten etc. – finden sich in den Kapiteln 4–12 bei den jeweiligen Orten und Routenbeschreibungen. Alle Angaben über Preise, Telefonnummern, Websites, Öffnungszeiten etc. waren zum Zeitpunkt der Drucklegung gültig, sind aber konstant Änderungen unterworfen. Sollten sich Details geändert haben, freuen wir uns über Anregungen und Hinweise: info@iwanowski.de.

Abkürzungen 82
Alkohol 82
Anreise 83
Auto fahren und besondere Verkehrsregeln 84
Autokauf in den USA 86
Automobilclub 87
Autoverleih 88
Banken 90
Barrierefreies Reisen 91
Botschaften und Konsulate 91
Busse 92
Camper 93
Camping 94
Einkaufen 95
Einreise 95
Eisenbahn 97
Essen gehen/Restaurants/ Fastfood-Ketten 98
Fahrrad fahren 99
Feiertage 100
Fotografieren 100
Geld/Zahlungsmittel 101
Gesundheit 102
Information 103
Internet 103
Kanu-, Kajak-, Floßfahrten 104
Kartenmaterial 104
Kleidung 105
Kriminalität 105
Küche und Getränke 106
Maßeinheiten 107
Medien 108
National Parks, State Parks 109
Notfall/Unfall/Notruf 111
Outdooraktivitäten und Wintersport 111
Post 111
Rauchen 112
Sport ansehen 112
Sprache 113
Strände 113
Strom 113
Taxi, Uber und Lyft 113
Telefonieren 114
Trinkgeld 116
Unterkünfte 116
Versicherungen 119
Visum 120
Zeit und Zeitzonen 120
Zoll 121

## Abkürzungen

Im Folgenden sind die wichtigsten Abkürzungen aufgeführt, auf die man bei einer Reise durch die USA immer wieder treffen wird (z. B. in Karten, auf Straßenschildern) und die in diesem Buch bzw. in den Karten teilweise verwendet werden.

| | |
|---|---|
| **Ave./Av.** | Avenue |
| **B.** | Beach (Strand) |
| **Bldg.** | Building (Gebäude) |
| **Blvd.** | Boulevard |
| **Cr.** | Creek (Bach) |
| **CVB** | Convention & Visitors Bureau (Fremdenverkehrsamt) |
| **Dept.** | Department (Behörde oder Abteilung) |
| **Dr.** | Drive |
| **Fwy.** | Freeway |
| **Ft.** | Fort |
| **H.M.** | Historical Monument (Historisches Denkmal) |
| **H.P.** | Historical Park (Historischer Park) |
| **Hts.** | Heights (Höhen) |
| **Hwy.** | Highway |
| **I** | Interstate (Autobahn) |
| **Ind. Res./I.R.** | Indian Reservation (Indianerreservat) |
| **Int.** | International |
| **L.** | Lake (See) |
| **Ln.** | Lane |
| **mph** | miles per hour (1 mi = 1,6 km) |
| **M.R.** | Military Reservation (Militärgebiet) |
| **Mt., Mtn., Mts.** | Mount, Mountain(s) (Berg(e)) |
| **Mun.** | Municipal (städtisch) |
| **Nat.** | National |
| **N.B.** | National Battlefield (Nationales Schlachtfeld) |
| **N.F.** | National Forest (Wald) |
| **N.H.S.** | National Historic Site (Nationale Geschichtsstätte) |
| **N.M.** | National Monument (Nationaldenkmal) |
| **N.P.** | National Park (Nationalpark) |
| **N.R.A.** | National Recreational Area (Erholungsgebiet) |
| **N.S.** | National Seashore (Nationales Küstenschutzgebiet) |
| **N.W.R.** | National Wildlife Refuge (Naturschutzgebiet) |
| **Pk.** | Peak (Gipfel) |
| **Pkwy.** | Parkway |
| **Pl.** | Place |
| **P.P.** | Provincial Park (Provinzpark) |
| **QEW** | Queen Elizabeth Way |
| **R.** | River (Fluss) |
| **Rd.** | Road |
| **Res.** | Reservation bzw. Reservoir (Reservat bzw. Stausee) |
| **RV** | Recreational Vehicle (Campingmobil) |
| **S.H.S./S.H.P** | State Historical Site/State Historical Park |
| **S.P.** | State Park |
| **Spr., Sprs.** | Spring, Springs (Quelle, Quellen) |
| **Sq.** | Square |
| **St.** | Street bzw. State (Straße bzw. Staat) |
| **VC** | Visitors Center (Besucherinformation) |

**Abkürzungen der US-Staaten um die Großen Seen:**

| | |
|---|---|
| **IL** | Illinois |
| **MI** | Michigan |
| **NY** | New York |
| **PA** | Pennsylvania |
| **IN** | Indiana |
| **MN** | Minnesota |
| **OH** | Ohio |
| **WI** | Wisconsin |

## Alkohol

Bier und leichte alkoholische Getränke, manchmal auch Wein, kann man in den meisten Staaten in Supermärkten und kleineren Geschäften kaufen. Eine größere Auswahl an Wein und Spirituosen erhält man dagegen nur in speziellen *Liquor Stores*. In Cafés und Rasthäusern entlang der Highways gibt es selten Alkohol, und auch nicht alle Restaurants haben eine volle Alkohollizenz, die auch für hochprozentige Alkoholika gilt. Wer auch Hochprozentiges anbieten darf, wird als *Fully Licensed* bezeichnet. Das Trinken von Alkohol in der Öffentlichkeit ist in den USA und in Kanada nicht erlaubt.

*Mikrobrauereien gibt es fast überall*

In einigen Bundesstaaten gelten besondere **Alkoholgesetze** und es gibt sogenannte *Dry Counties*. Zudem ist es in vielen Regionen üblich, an Sonn- und Feiertagen keinen Alkohol vor 12 Uhr mittags zu verkaufen oder auszuschenken. In den Indian (Native American) Tribal Nations/Indianerreservaten darf überhaupt **kein Alkohol** ausgegeben werden.

Für den **Erwerb von Alkohol** ist das Mindestalter von 21 Jahren angesetzt. Dieses wird streng kontrolliert („*Picture I.D., please!*"). Deshalb sollte jeder, vor allem wenn er jünger als 40 ist, ständig ein offizielles Ausweispapier mit Geburtsdatum und Foto mit sich führen (Reisepass oder Führerschein).

## Anreise *siehe auch „Einreise"*

### Mit dem Flugzeug

Das Angebot an Flügen in die USA ist groß und nimmt seit dem Abflachen der Corona-Pandemie wieder stetig zu. Auf eine Auflistung aller infrage kommenden Airlines soll hier daher verzichtet werden. Am besten informiert man sich im Internet (z. B. www.momondo.de, www.checkfelix.com, www.followme.de, www.opodo.de, www.billigfluege.de) bzw. im Reisebüro nach den aktuellen Tarifen. Lohnend ist ein Preisvergleich z. B. mit einem der Billigfluganbieter. Die **Internetanbieter** sind oft günstiger als die Reisebüros, jedoch nicht zwangsläufig. Häufig sind die preisgünstigeren Internetflüge auch nicht mehr umbuchbar, und das ist nach den Erfahrungen der letzten Jahre ein ganz entscheidender Punkt. Bei Schnäppchen auf den Internetseiten der Airlines gilt es darauf zu achten, ob im Preis das Gepäck enthalten ist!

Wer Anschlussflüge, Mietwagen und Hotels schon in Europa buchen möchte, sollte lieber auf ein **renommiertes Reisebüro** zurückgreifen. Dort bekommt man mehr Informationen und wird, was das Angebot an Zusatzleistungen (z. B. inneramerikanische Anschlussflüge, günstigere Mietwagen etc.) betrifft, grundsätzlich besser und umfänglicher beraten. Allemal hat man einen Ansprechpartner, falls Probleme auftreten. Wichtig ist auch, möglichst früh zu buchen, besonders für Flüge in den Sommermonaten (Hochsaison).

Nicht unterschätzen sollte man die **Entfernungen in den USA**. Für die Reise an die Großen Seen lohnt es sich z. B. kaum, einen günstigeren Flug nach New York zu buchen. Für die An- und Abreise von New York an die Großen Seen gehen einige Tage des Urlaubs (plus hohe Mietwagenkosten) verloren. Daher sollte man bei der Planung stets die Mietwagenpreise sowie die Entfernungen und Flugkosten nicht nur in den großen Metropolen, sondern auch in den kleineren Städten im Hinterkopf behalten.

Größter Flughafen um die Großen Seen ist **Chicago**. Es folgen Detroit, Minneapolis und Pittsburgh. Auf kanadischer Seite liegt der Flughafen von **Toronto**. Weitere größere Flughäfen, die mit einem Zwischenstopp an das internationale Netz angeschlossen sind, sind Milwaukee, Cleveland und Buffalo, zu den kleineren gehören z. B. Duluth, Lansing oder Rochester.

Grundsätzlich gilt: Bei einer Zwischenlandung in Chicago, Detroit oder New York kann man von dort ohne Probleme zu jedem Flugplatz um die Großen Seen weiterreisen. Bei der Flugbuchung darf man sich also nicht von den Namen der großen Metropolen blenden lassen. Ein gezielter Anflug auf eine kleinere Stadt spart u. U. so manchen unnötigen Kilometer ein. Wer nämlich in Chicago oder Detroit startet, kann sich gleich zu Beginn auf eine Fahrt über volle Highways in die wuseligen Innenstädte „freuen".

### Tipp: Klimabewusst reisen

Wer seine bei den Flügen entstehenden $CO_2$-Emissionen über eine Spende für Klimaschutzprojekte kompensieren möchte, kann dies beispielsweise über www.atmosfair.de, https://klima-kollekte.de oder https://de.myclimate.org/de tun.

### Mit dem Schiff

Schiffsreisen (Frachtschiffreisen) sind viel teurer als das Fliegen, bieten aber auch ein besonderes Reiseerlebnis. Von Hamburg aus gibt es immer noch einen Kreuzfahrtdienst nach New York (u. a. mit der „Queen Mary" bzw. der „Queen Elizabeth II"), der aber nicht regelmäßig bedient wird. Nähere Informationen hierzu erhält man im Reisebüro, auch zu den **Kreuzfahrten**, die speziell auf die Großen Seen zugeschnitten sind. Diese beginnen zumeist in Chicago, Montréal oder Toronto.

Eine Alternative ist die Anreise mit einem **Frachtschiff**. Dabei stehen Touristen ein paar Kabinen auf einem Frachter zur Verfügung, und man lebt und isst zusammen mit dem Personal. Die Kabinen sind in der Regel sehr komfortabel. Frachtschiffe laufen aber nicht immer die großen Städte an oder einen Hafen nahe dem Reisegebiet, sodass man sich rechtzeitig um einen Weitertransport kümmern sollte. Nähere Auskünfte über Frachtschiffreisen erteilt:
**Frachtschiff-Touristik** Kapitän Zylmann GmbH, ☎ (04642) 96550, www.zylmann.de

## Auto fahren und besondere Verkehrsregeln

*siehe auch „Autoverleih", „Camper"*

Das Fahrverhalten der Amerikaner ist von eher langsamem Fahren geprägt und bei Weitem weniger hektisch als das der Europäer. Man bewegt sich gemächlich vorwärts, in der Regel wird der Tempomat eingeschaltet und dann ruhig über das Asphaltband dahingeglitten.

Das **Tanken** in den USA ist billiger als in Europa. Gemessen wird das Benzin in Gallonen (3,785 l), das Motorenöl in Quarts (ca. 1 l). Die unterschiedlichen Sorten von Benzin, die man in verschiedenen Staaten und Tankstellen findet, unterscheiden sich nur in der Oktanzahl. Meist ist von „Regular" (Normal), „Premium" (Super) und „Ultra" die Rede, und alle Sorten sind bleifrei. Diesel hat sich nie durchgesetzt bei Pkws und wird nicht an allen Tankstellen geführt. Die Bezahlung kann in bar oder mit Kreditkarte erfolgen, kaum noch mit Reiseschecks. Große Tankstellen bieten sowohl Selbstbedienung als auch Service („Full Service"), wobei dieser meist extra kostet. An der Selbstbedienungssäule („Self Service") muss man häufig vor dem Tanken die gewünschte Zahlungsart wählen und zahlt dann direkt an der Säule mit der Kreditkarte. Dabei wird nach dem Zip Code gefragt, einzutragen ist die heimische Postleitzahl. Abends wird an vielen Tankstellen aus Sicherheitsgründen nur die Kreditkarte akzeptiert bzw. es muss vor dem Einfüllen bezahlt/Geld hinterlegt werden. Ein Preisvergleich lohnt sich wegen großer Schwankungen immer.

Die E-Mobilität nimmt auch in den USA zu, doch hat sie sich zurzeit noch nicht durchgesetzt im Mietwagenbereich. Bei den langen Fahrstrecken ist die begrenzte Reichweite ein entscheidendes Problem. Obwohl es an vielen Punkten Ladestationen gibt, ist das Angebot für eine unbeschwerte Reise noch nicht befriedigend genug. Die Flotten vieler Mietwagenfirmen verfügen über Hybrid-Fahrzeuge, nur sind diese meist nicht speziell buchbar. Bei Ankunft am Schalter also explizit nach solch einem Fahrzeug fragen.

In der Regel genügt in den USA und Kanada der **EU-Führerschein**, obwohl die eine oder andere kleine Mietwagenfirma auch den internationalen Führerschein (das graue Heftchen, nur in Verbindung mit EU-Führerschein gültig!) verlangt. Zur Sicherheit sollte man diesen beantragen und mitnehmen.

### Hinweis

Häufig kommen Verkehrszeichen in Schrift- statt Symbolform vor, z. B.:
**Yield** – Vorfahrt achten
**Speed Limit/Maximum Speed** – Höchstgeschwindigkeit
**Merge** – Einfädeln, die Spuren laufen zusammen
**No Passing** oder **Do Not Pass** – Überholverbot
**Road Construction** oder **Men at Work** – Baustelle
**Railroad X-ing** (crossing) – Bahnübergang
**Dead End** – Sackgasse
**Cul-de-Sac** – Sackgasse mit einer Wendemöglichkeit am Ende
**No U-Turn** – Wenden verboten
**Detour** – Umleitung
**Alt Route** (alternate) – Umleitungsstrecke
**Ped X-ing** (pedestrian crossing) – Fußgängerüberweg

In den USA gelten auf den Highways der meisten Bundesstaaten unterschiedliche **Geschwindigkeitsbegrenzungen**, die zwischen 60 mph (96 km/h) und 75 mph (120 km/h) liegen, die zulässigen Höchstgeschwindigkeiten sind generell gut ausgeschildert. Das Tempo wird streng kontrolliert, und die Strafen sind bei Übertretungen hoch. Oft zahlbar an Ort und Stelle, in bar, oder aber mit deutlichen Aufschlägen über die Mietwagenfirma.

Für **Kanada** gilt das metrische System. Die Höchstgeschwindigkeit in Ortschaften beträgt 50 km/h, auf Landstraßen meist 80 km/h, auf Autobahnen in der Regel 100 km/h. Beschränkungen bzw. Abweichungen von diesen Regeln sind deutlich ausgeschildert. Besonders streng wird in Kanada das zu schnelle Fahren geahndet.

**Wichtige Verkehrsregeln**

- Es gilt **rechts vor links**. Eine Besonderheit ist der **4-Way-Stop**, wo an einer Kreuzung an jeder Straße ein Stoppschild steht, und derjenige zuerst fahren darf, der an der Haltelinie seiner Straße zuerst zum Stehen gekommen ist.
- Das **Rechtsabbiegen an roten Ampeln ist in den meisten Staaten erlaubt**. Nur an wenigen Ampeln gilt diese Regel nicht, dies wird dann angezeigt („right turn only on green arrow" oder „no right turn on red"). Beim Abbiegen muss dennoch auf die Vorfahrt der anderen und auf Fußgänger geachtet werden.
- In der **Nähe von Schulen** sind die Höchstgeschwindigkeiten herabgesetzt. Dies wird durch ein Schild angezeigt und streng kontrolliert. Meistens gelten diese deutlich herabgesetzten Geschwindigkeiten aber nur, wenn gleichzeitig ein gelbes Blinklicht aufleuchtet.
- **Schulbusse** (gelb) dürfen nicht überholt werden, solange sie den Blinker gesetzt haben. Auch hier geht es sehr streng zu, weil Kinder involviert sind. Wenn am Schulbus ein Stoppschild ausgefahren ist und die rote Beleuchtung blinkt, muss auch der Gegenverkehr anhalten.
- Das Anlegen von **Sicherheitsgurten ist Pflicht**.
- **Falsch geparkte Fahrzeuge** werden rigoros abgeschleppt! Insbesondere sollte man darauf achten, nicht neben einem roten bzw. blauen Kantstein zu parken, nicht direkt vor einem Hydranten für die Feuerwehr und nicht unter einem „No Stopping or Standing"-Schild.
- Falls im Rückspiegel ein **Polizeifahrzeug mit eingeschaltetem Blinklicht** auftaucht, hält man sofort am Straßenrand an und bleibt im Fahrzeug ruhig sitzen.
- Nachts muss mit **Wildwechsel** gerechnet werden.

## Autokauf in den USA

Wer einen Aufenthalt von mehr als 8 Wochen in den USA plant, kann in Betracht ziehen, ein Fahrzeug zu kaufen, da Autos (auch Gebrauchtwagen) in den USA billiger sind als in Europa. Für die Abwicklung von Kauf und Verkauf sollte man jeweils eine Woche einplanen.

**Kfz-Steuern** sind **günstiger** als in Deutschland, aber es ist mittlerweile ausgesprochen schwierig, eine Versicherung in den USA abzuschließen, wenn man keinen amerikanischen Führerschein besitzt (und das spricht schon fast gegen diese Idee!). Unabhängige Versicherungsmakler können behilflich sein, aufwendig bleibt es aber trotzdem. Konditionen und Versicherungsschutz sind sehr unterschiedlich. Man sollte auf jeden Fall eine umfassende Versicherung abschließen, die über die Mindestanforderungen hinausgeht. Alternativ kann man versuchen, sich eine Blankoversicherung in Deutschland ausstellen zu lassen. In die Versicherungspolice sollten alle Fahrer aufgenommen werden. Nach dem Kauf eines Fahrzeugs trägt man dann alle zusätzlich notwendigen Daten ein. Folgende Unternehmen bieten Autoversicherungen für die USA an:

- **Tour Insure GmbH**, Herrengraben 5, 20459 Hamburg, ☎ (040) 251-72150, www.tourinsure.de. Versichert i. d. R. aber nur Fahrzeuge, die in die USA verschifft werden.
- **Seabridge Tours**, Wilhelm-Heinrich-Weg 13, 40231 Düsseldorf, ☎ (0211) 210-8083 www.seabridge-tours.de. Verschifft und versichert das eingeführte Fahrzeug.

Die letztgenannte Firma hat sich darauf spezialisiert, **Wohnmobile** (dazu gehört alles, was eine fest eingebaute Kochstelle und Schlafstätte aufweist) und manchmal auch Motorräder zu versichern – auch eingeführte. Erstere können einfacher als „Wohnsitz" deklariert werden.

**Kauf vor Ort:** Der Autokauf bei einem **Händler** ist zu empfehlen. Hier ist die Chance auf ein besseres Auto größer und in der Regel gilt ein Rückgaberecht während der ersten Tage. Ein Händler nimmt seinen Kunden auch einigen Papierkram ab, z. B. die Anmeldung und die Beschaffung der Nummernschilder. Die wohl beste **Kaufvariante** ist, die gesamte Abwicklung über eine Firma laufen zu lassen. So hat sich **Transatlantic RV** auf den Kauf und Rückkauf sowie das Leasing verschiedener Fahrzeuge spezialisiert (An- und Abgabestationen gibt es aber nur in Peekskill, NY; Los Angeles und San Francisco, CA sowie Vancouver Canada).
**Transatlantic RV**, 1245 Park St., Peekskill, NY 10566, USA, ☎ (914) 739-8314, www.transatlantic-rv.com

**Für den Autokauf und Wiederverkauf sind erforderlich:**

- Die **Title Card**, die den Fahrzeughalter ausweist; wird beim staatlichen *Department of Motor Vehicles* (DMV) unter Vorlage des Kaufvertrags ausgestellt. Da dies dauern kann, muss man sich die *Title Card* an eine zuverlässige Adresse in den USA nachschicken lassen (z. B. ein Hotel).
- Abschluss einer Versicherung (siehe oben).
- Die Fahrzeugsteuern (*registration fee*) sind in oben genannter Behörde (DMV) zu entrichten.
- Die Nummernschilder *(license plates)* bekommt man nach Vorlage der Versicherungspolice.
- Beim Besitzerwechsel eines Autos muss häufig ein Abgas- und Fahrtüchtigkeitstest vorgenommen werden. Diese Verordnung variiert von Staat zu Staat.

## Automobilclub

Der größte amerikanische Automobilclub ist die *American Automobile Association* (abgekürzt **AAA**, gesprochen *Triple A*). Im Falle einer Panne hilft sie ausländischen Touristen kostenlos, wenn sie Mitglied in einem assoziierten heimischen Automobilclub (z. B. ADAC, ÖAMTC, TCS) sind. Über die gebührenfreie Telefonnummer 1-800-222-4357 wird man rund um die Uhr zur nächsten **Pannenhilfe** durch Vertragswerkstätten weitergeleitet. Im Falle einer Panne oder eines Unfalls mit einem Mietwagen ist allerdings zuerst die Mietwagenfirma zu informieren! Im Falle eines Unfalls verständigt man besser auch den Notruf unter 911.

Informationen über die nächstgelegenen Niederlassungen der *Triple A* gibt es über die Auskunft unter 411 oder unter www.aaa.com. Auf dieser Website findet man unter Angabe der Postleitzahl *(zip code)* den Standort des nächstgelegenen Büros. Hier erhält man Informationsmaterial (Campingführer, Tourbooks, Motelverzeichnisse, Karten etc.). Informationsmaterial wird aber nicht nach Europa verschickt. Schneller und inzwischen auch üblich ist es, sich die TourBooks wie auch Karten **digital herunterzuladen** unter **https://tourbook.aaa.com** bzw. **www.aaa.com/mapgallery**. Bei allen größeren **ADAC-Stellen** in Deutschland (Touristikabteilung) ist allgemeines Informationsmaterial für Autoreisen in den USA erhältlich. Mitglieder erhalten auch in vielen Hotels und bei der Bahn ermäßigte Raten, dies ist allerdings nicht an allen Schaltern und Rezeptionen bekannt. In diesem Fall sollte man auf das blau-weiße Emblem (ARC Europe) auf der Mitgliedskarte verweisen.

**Autoverleih** *siehe auch „Auto fahren und besondere Verkehrsregeln", „Camper"*

Das Reisen mit einem Mietwagen in den USA ist unbedingt den öffentlichen Verkehrsmitteln vorzuziehen. Amerika ist ein Autofahrerland, und es ist kaum möglich, von Überlandbusstationen einen Weitertransport in die Nationalparks bzw. zu den einzelnen Sehenswürdigkeiten zu finden. Auch ist das städtische Nahverkehrssystem sehr rudimentär und man hat kaum eine Chance, mit öffentlichen Verkehrsmitteln zu einem touristischen Ziel zu gelangen. Sparen lohnt sich hier also kaum, denn am Ende ist es ohne Auto ebenso teuer und/oder man muss eine Reihe interessanter Punkte auslassen.

Ein Mietwagen sollte bereits in Europa, evtl. in Verbindung mit dem Flugticket, gebucht werden. Zum einen erhält man dabei in der Regel günstigere Tarife, da in Europa die Versicherungspauschale im Preis schon inbegriffen ist, zum anderen hat man keine lästige Lauferei bei der Ankunft. Abgesehen von den überregionalen großen Anbietern wie Hertz, Avis, Budget, Alamo, Dollar und National gibt es Mietwagen-Broker, die oft günstige Konditionen anbieten. Informationen erhält man im Internet (z. B. https://autovermietung.adac.de/mietwagen, www.holidayautos.de, www.sunnycars.de, www.drive.de) oder im Reisebüro. Die Preise für Mietwagen variieren je nach Reisezeit, Ort der Anmietung und eventuellen Extraleistungen (z. B. ein anderer Abgabeort). Generell ist zu beobachten, dass die Preise seit der Corona-Pandemie extrem angezogen haben. Zu hoffen ist, dass sich mit der Normalisierung des Tourismus auch die Kostensituation wieder entspannt.

E-Fahrzeuge gibt es zurzeit fast gar nicht zu mieten, Hybrid-Fahrzeuge bedingt. S. S. 85.

## Die wichtigsten Autovermietungen

(zentrale Reservierungen – gebührenfreie Telefonnummern innerhalb der USA):
**Alamo**: ☎ 844-354-6962, www.alamo.com
**Avis**: ☎ 800-633-3469 www.avis.com
**Budget**: ☎ 800-218-7992, www.budget.com
**Dollar**: ☎ 800-800-4000, www.dollar.com
**Hertz**: ☎ 800-654-3131, www.hertz.com
**National**: ☎ 877-222-9058, www.nationalcar.com
**Thrifty**: ☎ 800-847-4389, www.thrifty.com
**Rent-A-Wreck**: ☎ 877-877-0700, www.rentawreck.com

Die großen Mietwagenfirmen sind den lokalen Anbietern vorzuziehen, da man im Falle einer Panne überall einen Ersatzwagen gestellt bekommt. Wer Geld sparen möchte, kann sich über **Rent-A-Wreck** (www.rentawreck.com) ein sogenanntes „Wrack" leihen. Bei diesen Autos handelt es sich um weniger attraktive Modelle, die meist schon einige Kilometer gefahren, aber durchaus in Ordnung sind.

Die Klassifizierungen der Fahrzeuge sind bei jedem Anbieter unterschiedlich. Bei den unteren Klassen (**Economy, Compact**) sollte man darauf achten, dass das Auto über vier Türen und einen leicht zugänglichen, verdeckten Kofferraum verfügt. Kaum teurer, aber etwas geräumiger und luxuriöser sind die Autos der mittleren Klassen (**Full-Size, Intermediate**), zu denen oft auch die **Mini-SUVs** (Sport Utility Vehicles) gehören. Am teuersten sind die größeren SUVs, Limousinen, Kleinbusse (Mini Vans) und Pick-Up Trucks (**Luxury, Vans, Trucks**). Empfehlenswert sind die Mini-SUVs, denn man sitzt höher und hat genügend Platz.

Ein **Campmobil** zu mieten hat zwar den Vorteil der Unabhängigkeit, ist aber letztendlich um einiges teurer als ein Mittelklassewagen, inkl. günstiger Hotelübernachtungen. Nicht nur ist ein Camper teurer in der Miete, er verbraucht mit Sicherheit das Doppelte an Kraftstoff. Außerdem darf man nicht „wild" campen, und die Campingplätze mit den nötigen Anschlüssen für ein solches Fahrzeug sind auch nicht immer ganz billig.

Mietwagen in den USA haben fast alle **Automatikgetriebe** mit folgenden Gängen:

**P** = Park: Parken (das Getriebe ist geblockt; nur in diesem Gang startet der Wagen und lässt sich der Zündschlüssel abziehen)
**N** = Neutral: Leerlauf
**R** = Reverse: Rückwärtsgang
**D** = Drive: Fahren (beim Beschleunigen das Gaspedal ganz heruntertreten, dann schaltet das Getriebe automatisch in den nächstunteren Gang)
**2** = 2. Gang (bei mittleren Steigungen und bei abschüssigen Strecken, um die Bremsen zu schonen)
**1** = 1. Gang (für steile Streckenabschnitte)

## Hinweise

- Nach einem Navigationsgerät (im Englischen: GPS) fragen; ab der oberen Mittelklasse inzwischen inbegriffen, darunter oft eingebaut, aber nicht aktiviert (!) und als Extragerät zu bezahlen (ab US$ 5/Tag). Alternativ kann man ein Navi vor Ort kaufen, was bei einem Aufenthalt von mehr als 3 Wochen meist preiswerter ist.
- Bei der Anmiete muss unbedingt angegeben werden, in **welche Staaten** man reisen und ob man nach Kanada fahren wird. Häufig bekommt man dafür eine entsprechende Versicherungsklassifikation und muss eine Zusatzversicherung abschließen.
- In vielen Staaten ist das **Mindestalter** 25, um ein Auto zu mieten, und alle Fahrer müssen mindestens 21 sein, häufig sogar 25 Jahre (oder es wird ein Zuschlag berechnet). Beim Buchen unbedingt das Alter des Mieters und die Anzahl der Fahrer angeben.
- Eine Faustregel: Was man nicht bereits im Vorfeld gebucht und preislich vereinbart hat, wird bei Buchung und Abholung am Schalter mit Sicherheit deutlich teurer.

Am Abholschalter herrscht oft Verwirrung über zusätzliche Gebühren und Versicherungen für Mietwagen, die erst vor Ort angeboten werden.

Die **gängigen Versicherungen/Steuern** und Abkürzungen:

**CDW** *(Collision Damage Waiver)* und **LDW** *(Loss Damage Waiver)* – Vollkasko mit Haftungsbefreiung für Schäden am Mietwagen und Diebstahl. Abschluss dringend empfohlen und meist auch Pflicht.
**ALI** *(Additional Liability Insurance)* – Die pauschale Erhöhung der Haftpflichtdeckungssumme auf einen siebenstelligen Betrag ist ebenfalls sinnvoll.
**LIS** *(Liability Insurance Supplement)* – Analog zu ALI mit zusätzlichem Schutz für Personenschäden bei unversicherten Unfallgegnern.
**UMP** *(Uninsured Motorist Protection)* – Zusatzversicherung bei Unfall, Verletzung oder Tod von unversicherten/flüchtigen Unfallgegnern.
**PAI** *(Personal Accident Insurance)* – Insassenversicherung bei Verletzung oder Tod.
**PEP** *(Personal Effects Protection)*, **PEC** *(Personal Effects Coverage)* – Gepäckversicherung. Die Höchstsumme ist für das gesamte Fahrzeug begrenzt, also nachfragen. Nur im Zusammenhang mit PAI buchbar. Alle Schäden unterliegen in der Regel einer Selbstbeteiligung.

**PERSPRO/CPP** *(Carefree Personal Protection)* – Personen- und Gepäckversicherung, nur USA, Schutz für Mieter und Mitfahrende sowie beim Ein- und Aussteigen, zudem Deckung für einige Notfalldienste. Lohnt meist nicht, da o. g. Versicherungen oder zu Hause abgeschlossene Auslandskranken- und Gepäckversicherungen diese Fälle abdecken.

**VLF** *(Vehicle License Fee)* – Obligatorische Zusatzversicherung für Mietwagen, die in Kalifornien übernommen werden. Deutsche Veranstalter versprechen aber, diese Gebühr im Mietpreis bereits mit einzuschließen.

Wichtig ist, dass man sich schon bei der Anmietung im Heimatland danach erkundigt, welche Versicherungen bereits im Mietpreis enthalten sind und ob eine Zusatzversicherung überhaupt nötig ist – das ist zumeist nämlich gar nicht erforderlich, da fast alle Anbieter heute eine volle Versicherungsdeckung gewährleisten! Grundsätzlich sollten folgende Versicherungen abgeschlossen werden: **CDW/LDW**, **ALI** (bzw. **LIS**) und **PAI**. Viele Kreditkarten beinhalten auch einige Versicherungen für Mietwagen, in der Regel muss man den Wagen dann jedoch mit dieser Kreditkarte bezahlen.

Bei der Abholung:

- An den Flughäfen haben die Mietwagenfirmen oft die Fahrzeuge nicht direkt am Flughafengebäude. Mit einem Shuttle Bus gelangt man kostenlos vom Ankunftsgebäude zum Depot und wird am Ende der Reise von dort zur Abflughalle zurückgefahren. Zeit für die Fahrt einplanen.
- Ohne gängige **Kreditkarte** (Mastercard, Visa, American Express, Diners) für die Kaution erhält man kein Fahrzeug.
- Bei der Abholung sind die Ausweise und die **Führerscheine** aller möglichen Fahrer bereitzuhalten.
- Auch wenn man üblicherweise keinen zweiten Schlüsselsatz erhält, sollte man dennoch danach fragen, damit mehrere Insassen unabhängiger voneinander sind.
- Das Auto sollte **mit vollem Tank** wieder abgegeben werden, sonst wird ein deutlich höherer Benzinpreis berechnet. Ausnahme: Die Tankfüllung ist vertraglich bereits im Mietpreis enthalten.
- Wenn man erst vor Ort mietet: auf **Sondertarife** und Wochenendrabatte achten.

## Banken *siehe auch „Geld/Zahlungsmittel“*

In der Regel sind die Banken in den USA und Kanada von 9 bis 14 (15) Uhr geöffnet, selten bis 16 Uhr. In den Großstädten gelten häufig längere Öffnungszeiten. Zu beachten ist, dass nahezu keine Bank, besonders in ländlichen Regionen, **Bargeld wechselt**. In größeren Städten gibt es vereinzelt noch unabhängige Wechselstuben. In jeder Bank kann man sich mit einer gängigen Kreditkarte Geld auszahlen lassen, sollte aber vorher nach den Gebühren fragen und den Reisepass dabeihaben.

Die einfachste und gängigste Methode, Geld abzuholen, ist mit der **Kreditkarte** am **Geldautomaten** (ATM = *Automated Teller Machine*). Nur noch selten wird die mit dem blau-roten Maestro-Zeichen versehene Bankcard akzeptiert, was mit dem europäischen Chip zu tun hat. Auch am Geldautomaten entstehen Gebühren. Wichtig ist, darauf zu achten, dass die Kreditkarte für eine ausreichende Geldmenge freigeschaltet ist und den PIN-Code zu kennen, den man angeben muss.

## Barrierefreies Reisen

In den gesamten USA und Kanada gibt es besondere Einrichtungen für *persons with a disability*: Rollstühle an den Flughäfen, extra ausgewiesene Parkplätze, Toiletten, Auffahrrampen zu Gebäuden, Telefonzellen etc. Weil es umfangreiche Gesetze für den Schutz und die Eingliederung von Menschen mit Behinderungen gibt, kann man wirklich sagen, dass hier bereits mehr unternommen worden ist als in Europa. Überall tritt man Menschen mit Behinderungen hilfsbereit gegenüber. Infos hält **SATH** (Society for Accessible Travel & Hospitality), https://sath.org bereit.

## Botschaften und Konsulate

### Amerikanische Botschaften und Konsulate/Konsularabteilungen

Informationen unter www.usembassy.gov

**Deutschland**

**Amerikanische Botschaft**, Konsularabteilung: Clayallee 170, 14195 Berlin, ☎ (030) 83050, https://de.usembassy.gov

**Generalkonsulat Düsseldorf**: Willi-Becker-Allee 10, 40227 Düsseldorf, ☎ (0211) 788-8927, https://de.usembassy.gov

**Generalkonsulat Frankfurt/Main**: Gießener Str. 30, 60435 Frankfurt a. M., ☎ (069) 7535-0, https://de.usembassy.gov

**Generalkonsulat Hamburg**: Alsterufer 27/28, 20354 Hamburg, ☎ (040) 411 71-100, https://de.usembassy.gov

**Generalkonsulat Leipzig**: Wilhelm-Seyfferth-Str. 4, 04107 Leipzig, ☎ (030) 83050, https://de.usembassy.gov

**Generalkonsulat München**: Königinstr. 5, 80539 München, ☎ (089) 2888-0, https://de.usembassy.gov

**Österreich**

**Amerikanische Botschaft**: Boltzmanngasse 16, 1090 Wien, ☎ (+43-1) 31339-0, https://at.usembassy.gov, Konsularabteilung: Parkring 12A, 1010 Wien, ☎ (+43-72) 011-6000

**Schweiz**

**Amerikanische Botschaft**: Sulgeneckstr. 19, 3007 Bern, ☎ (+41-31) 357-7011, https://ch.usembassy.gov; Konsularagentur: Rue François Versonnex 7, 1207 Genf, ☎ (+41-22) 840-5160; Konsularagentur: Dufourstraße 101, 8008 Zürich, ☎ (+41-43) 499-2960

### Kanadische Botschaften

Informationen zu den kanadischen Botschaften unter www.canadainternational.gc.ca

**Deutschland**: Leipziger Platz 17, 10117 Berlin, ☎ (030) 20312-0, http://www.canadainternational.gc.ca/germany-allemagne

**Österreich**: Laurenzer Berg 2, 3. Stock, 1010 Wien, ☎ (01) 531 383 000, www.canadainternational.gc.ca/austria-autriche

**Schweiz**: Kirchenfeldstr. 88, 3005 Bern, ☎ (031) 357 3200, www.canadainternational.gc.ca/switzerland-suisse

### Ausländische Botschaften in den USA

Informationen zu deutschen, österreichischen und Schweizer Botschaften und Konsulaten im Ausland unter www.auswaertiges-amt.de, www.bmeia.gv.at und www.eda.admin.ch.

**Deutsche Botschaft**: 1 Waverley St., Ottawa, Ontario K2P OT8; Postanschrift: P.O. Box 379, Postal Station A, Ottawa, Ontario K1N 8V4, ☎ (613) 232-1101, https://canada.diplo.de

**Österreichische Botschaft**: 445 Wilbrod St., Ottawa, Ontario, K1N 6M7, ☎ (613) 789 1444, www.bmeia.gv.at/en/austrian-embassy-ottawa

**Schweizer Botschaft**: 5 Marlborough Ave., Ottawa, Ontario, K1N 8E6, ☎ (613) 235-1837, www.eda.admin.ch/canada

### Ausländische Botschaften in Kanada

**Deutsche Botschaft**: 1 Waverley St., Ottawa, Ontario K2P OT8; Postanschrift: P.O. Box 379, Postal Station A, Ottawa, Ontario K1N 8V4, ☎ (613) 232-1101, https://canada.diplo.de

**Österreichische Botschaft**: 445 Wilbrod St., Ottawa, Ontario, K1N 6M7, ☎ (613) 789 1444, www.bmeia.gv.at/en/austrian-embassy-ottawa

**Schweizer Botschaft**: 5 Marlborough Ave., Ottawa, Ontario, K1N 8E6, ☎ (613) 235-1837, www.eda.admin.ch/canada

### Konsularische Vertretungen um die Großen Seen und in Ontario

**Deutschland**

**Chicago** (Generalkonsulat): 676 N. Michigan Ave., Suite 3200, Chicago, IL 60611, ☎ (312) 202-0480, www.germany.info/us-en/embassy-consulates/generalkonsulat3

**Detroit** (Honorarkonsulat): Detroit Clark Hill PLC, 500 Woodward Avenue, Suite 3500 Detroit, MI 48226, ☎ (313) 965-3434, detroit@hk-diplo.de

**Cleveland** (Honorarkonsulat): Roetzel & Andress, 1375 E. Ninth St., One Cleveland Center, 10. Stock, Cleveland, OH 44114, ☎ (216) 623-0150, cleveland@hk-diplo.de

**Toronto** (Generalkonsulat): 2 Bloor St. East, 25th floor, Toronto, Ontario, M4W 1A8, ☎ (416) 925-2813, www.canada.diplo.de

**Weitere Vertretungen** unter: www.germany.info/us-de/vertretungen/-/692578

**Österreich**

**Chicago** (Honorarkonsulat): 203 N. LaSalle St., 2500, Chicago, IL 60611, ☎ (312) 752 3000, krammer@austrianconsulchicago.com

**Detroit** (Honorarkonsulat): 100 W. Long Lake Rd., Suite 118, Bloomfield Hills, MI 48304, ☎ (+1 / 248) 645 14 44, aschwarzpc@aol.com

**Toronto** (Honorargeneralkonsulat): 30 St. Clair Ave. W. Suite 1402, Toronto, Ontario, M4V 3A1, ☎ (416) 967 48 67, consulate.toronto@advantageaustria.org

**Schweiz**

**Chicago** (Generalkonsulat): Hancock Tower, 875 North Michigan Ave., chicago@eda.admin.ch

**Detroit/Ann Arbor**(Konsulat): 2504 Oxford Circle, Ann Arbor, MI 48103, ☎ (313) 407-3503, detroit@honrep.ch

**Toronto** (Konsulat): 175 Bloor St. East, North Tower, Suite 901, Toronto, Ontario M4W 3R8, ☎ (514) 932-7181, toronto@honrep.ch

## Busse

Während in vielen Städten das innerstädtische Bussystem zu wünschen übrig lässt, ist das überregionale Busnetz gut ausgebaut. Es berührt alle Städte und die meisten größeren

Orte der USA und Kanadas. Es bietet eine günstige Alternative zum Fliegen und ist gut dazu geeignet, eine Strecke von einer Großstadt zur nächsten zurückzulegen, aber nicht, um touristische Sehenswürdigkeiten anzusteuern. Steigt man einmal irgendwo in einem kleinen Nest aus, wo es vielleicht etwas für ein paar Stunden anzusehen gibt, kommt der nächste Bus häufig erst am nächsten Tag. In den großen Städten wiederum liegen die Busterminals nicht unbedingt in der Nähe der gewünschten Unterkunft, und man muss dann versuchen, z. B. per Taxi dorthin zu kommen.

Die Busse sind alle klimatisiert, Verpflegung gibt es aber nur an den Haltestellen. Je nach Distanz werden mehrere, auch längere Pausen eingelegt, an den Punkten stehen meist nur Fast-Food-Restaurants zur Auswahl. Das Fotografieren aus dem Busfenster ist kaum möglich, da die Scheiben als Sonnenschutz stark gefärbt sind.

Größter Anbieter von Busreisen ist **Greyhound**. Das Unternehmen bietet u. a. auch Reisepakete an. Unter www.greyhound.com bzw. für Kanada www.greyhound.ca (Stationen nur in Toronto, Montreal und Vancouver!) sind Informationen über Strecken, Preise und aktuelle Angebote erhältlich; Tickets können online gebucht werden. 2021 hat das deutsche Unternehmen **Flixbus** (www.flixbus.com) die Operationen von Greyhound übernommen, verfügt aber (noch) über ein eigenständiges Busnetz. Weitere überregionale Buslinien sind u. a.: **Megabus** (www.megabus.com) und **Trailways** (https://trailways.com).

## Camper *siehe auch „Autoverleih“*

Das Reisen mit einem Campmobil ist in Amerika sehr populär, eine rechtzeitige Buchung ist also essenziell. Informationen dazu im Reisebüro oder im Internet, z. B. unter www.cruiseamerica.com (größter Anbieter in den USA und Kanada) oder www.roadbearrv.com. Letztere haben aber nur eine dem Reisegebiet am nächsten gelegene Abholstation in New York zu bieten.

Die Vor- und Nachteile einer Reise im Camper sollten abgewogen werden, die Entscheidung ist letztendlich eine persönlicher Präferenzen.

**Vorteile**

- Größere Unabhängigkeit bezüglich Zeiteinteilung, Verpflegung und Pausen.
- Mehr Stauraum für Gepäck.
- Die Koffer müssen nicht jeden Tag gepackt und geschleppt werden.

**Nachteile**

- Das Reisen ist teurer als mit einem Mietwagen inklusive Hotelübernachtungen, da höhere Kosten für Benzin und Anmietung entstehen. Hinzu kommen Kosten für eine Grundausstattung für den Abwasch und das Saubermachen und für nicht immer ganz billige Campingplätze.
- Man reist langsamer und hat öfter Parkplatzprobleme. Auch ist das Fahren mit einem großen, voll beladenen Camper nicht immer einfach.
- Höherer Zeitaufwand für die Pflege (reinigen, Wassertank füllen, Abwasser ablassen etc.).

Folgende **Camper/Motorhometypen** werden angeboten, die Bezeichnungen unterscheiden sich je nach Anbieter:

- **Van Conversion**: größer als ein VW Camper und stärker motorisiert.
- **Pick-up-Camper**: Das Wohnteil ist auf die Ladefläche eines Kleinlastwagens aufgebaut.

- **Mini-Motorhome**: ca. 6 m lang, Stehhöhe 1,80–1,90 m, Durchgang zur Fahrerkabine.
- **Motorhome**: 7–8 m lang, komfortabel ausgestattet (Dusche/Toilette/Waschraum). Starker Motor, aber höherer Benzinverbrauch.
- **Full-Size Motorhome**: 8–9 m lang, riesiges Gefährt und mit allem Komfort ausgestattet (Toilette/Waschraum/Dusche/Backofen etc.). Sehr hoher Benzinverbrauch.

Die Preisgestaltung der verschiedenen Anbieter variiert stark, es lohnt sich zu vergleichen. Auch ist es hilfreich, Informationen über die Route (inkl. zu fahrende Kilometer) und eventuelle Abweichungen einzuplanen. Nicht unterschätzen sollte man dabei die Entfernungen sowie die oft vergessenen Zusatzkilometer für Umwege, Stadtrundfahrten etc. Eventuell ist ein Komplettpaket (Miete + freie Kilometer + Teilkasko) um einiges billiger als die einzeln abgerechneten Posten.

**Weiterhin zu beachten:**
- Nicht alle Vermieter sorgen für den Transfer vom Flughafen zum Standort des Fahrzeugs. Zudem haben viele Campmobilvermietungen nur zu den normalen Geschäftszeiten geöffnet (Mo–Sa 9–17 Uhr, So geschl.). Eventuell muss man sich für die erste Nacht ein Hotelzimmer nehmen.
- Die Fahrzeuge werden oft erst ab 13 Uhr ausgehändigt, da sie vom Vormieter bis 11 Uhr abgegeben und dann noch gesäubert werden müssen. Erkundigen sollte man sich nach Abhol- und Abgabezeit, spätere Abgaben schlagen ordentlich zu Buche und werden oft pro Stunde abgerechnet.
- Bei der Übernahme muss man ein Ausrüstungspaket *(convenience kit)* mit Geschirr und Kochutensilien und außerdem für die Grundreinigung und Kochgasfüllung bezahlen. Zusätzlich muss man eine relativ hohe Kaution hinterlegen, fast ausschließlich per Kreditkarte.
- Unbedingt das gesamte Fahrzeug kontrollieren und auf alle Schäden, so klein oder versteckt sie auch sein mögen, aufmerksam machen. Das gilt auch für verschmutzte Partien.
- Lassen Sie sich alles am Fahrzeug genau erklären, besonders, wie die Tanks gereinigt und entleert werden.
- Nützlich ist ein Campingführer, der auf Versorgungsanlagen für Campmobile hinweist (zur Wasserentsorgung, Strom etc.).

## Camping

Campen ist amerikanischer Volkssport. Dementsprechend gibt es unzählige Campingplätze, die aber in den Sommermonaten teilweise recht voll sein können. Dafür sind die meisten Plätze sehr großzügig angelegt, sodass das „Sardinengefühl" europäischer Anlagen nicht aufkommt. Neben einer Reihe kommunaler und staatlicher (in den Nationalparks) Campingplätze gibt es vor allem viele private Plätze, die zu einem großen Teil Franchiseketten angeschlossen sind. Der größte Anbieter ist **KOA** (*Kampgrounds of America, https://koa.com*). Den kostenlosen Campingführer kann man im Internet einsehen oder als Datei herunterladen. Weitere hilfreiche Campingführer sind die *AAACampBooks* für die verschiedenen Regionen, der *RandMcNally Campground and Trailer Guide* und die *Campground Directory* unter https://camping-usa.com.

Für Kanada erhält man über www.camping-canada.com Informationen zu Campingplätzen, Fahrzeugen und Ausrüstungen.

**Tipp**

*Reservierungen in den National Parks, State Parks und den National Forests sind ratsam, da sich die Plätze großer Beliebtheit erfreuen. Reservierungen kann man telefonisch unter ☎ 877-444-6777 oder unter www.recreation.gov bzw. www.nps.gov vornehmen. In Kanada unter www.pc.gc.ca, ☎ (877) 737 3783. Die Campingausrüstung kann man gut in den USA kaufen, da man auf diese Weise Fluggepäck einspart und da Camping Equipment dort billiger ist.*

## Einkaufen *siehe auch „Zoll"*

Verlockend sind die z. T. niedrigen Preise bei **Elektrogeräten, Computern, elektronischen Geräten, Fotoapparaten** und Zubehör. Einige Geräte und Akku-Ladegeräte sind jedoch immer noch ausschließlich auf **110 Volt** eingestellt und benötigen einen 220 Volt Adapter, zudem natürlich einen für die Steckdose. Computer haben eine englische Tastatur. Auch sollte man bedenken, dass man in Europa oft keine Garantie auf in den USA gekaufte Geräte hat oder dass es sehr umständlich und zeitaufwendig ist, diese Geräte im Falle einer Funktionsstörung reparieren zu lassen.

Textilien lohnen fast immer und Schnäppchen lassen sich in den sogenannten **Factory Outlet Malls** erzielen. Sie liegen meist zwischen zwei großen Städten bzw. außerhalb einer Stadt. Die größten Betreiber dieser Malls sind *Premium Outlets* (*www.premiumoutlets.com*), *The Mills* (*www.simon.com/mills*) oder *Tanger* (*www.tangeroutlet.com*). Hier gibt es jeweils zwischen 50 und 100 Geschäfte aller Art. Ein Tipp ist der Bass-Shop (*www.basspro.com*), der sich von einem Anglerausrüster zu einem Eldorado für Outdoorfreunde (Kleidung, Zelte und Campingausrüstung, Kanus) entwickelt hat.

Unter www.outletbound.com kann man die auf der Reiseroute gelegenen Malls erkunden.

## Einreise

Als Teil des Programms für visumfreies Reisen *(Visa Waiver Program)* gilt für die Einreise in die USA das **Electronic System for Travel Authorization** (**ESTA**). Deutsche, Schweizer und österreichische Staatsangehörige, deren Aufenthalt im Rahmen eines Besuchs erfolgt und 90 Tage nicht überschreitet, benötigen eine Genehmigung für die Einreise in die USA über das elektronische Reisegenehmigungssystem. Die Genehmigung für jeden Reisenden, auch allein- oder mitreisende Kinder, muss spätestens 72 Stunden vor der Abreise beantragt werden. Dafür müssen sich Reisende über das webbasierte ESTA einloggen und online einen Antrag mit ihren persönlichen Daten ausfüllen. Mit dem Antrag wird ein Betrag von $ 14 fällig, der nur über Kreditkarte entrichtet werden kann. Eine erteilte Genehmigung gilt für zwei Jahre. Deutschsprachige Informationen über die elektronische Registrierung zur Einreise in die USA sowie den direkten Link zum ESTA-Formular bietet die Website des amerikanischen Ministeriums für Innere Sicherheit (Homeland Security) **https://esta.cbp.dhs.gov/esta**.

Jeder Reisende muss ein gültiges Rückflugticket besitzen, der maschinenlesbare Reisepass noch eine Gültigkeit von 6 Monaten haben und der eventuell erforderliche Coronatest/Impfstatus in englischer Sprache vorliegen. Neu ausgestellte Reisepässe müssen den aktuellen Bestimmungen der elektronischen Lesbarkeit entsprechen. **Achtung**: Auch Kinder unter 12 Jahren benötigen einen maschinenlesbaren Reisepass; ein Kinderpass oder ein Eintrag bei den Eltern wird unter keinen Umständen akzeptiert.

Jeder Passagier muss der Fluggesellschaft vor dem Abflug eine Adresse in Amerika angeben, oft wird danach schon bei der Buchung des Tickets gefragt. Daher sollte man sich die Adresse der ersten Unterkunft (inklusive Postleitzahl) notieren.

Über die Einreise und Aufenthaltsdauer wird endgültig erst bei Ankunft am Flughafen entschieden (Immigration/Einreisekontrolle). Bei Ablehnung muss der Rückflug umgehend auf eigene Kosten erfolgen. Es gibt eine Reihe von Ablehnungsgründen, wie z. B. politisch unerwünschte Personen, gesundheitliche Gründe oder aber auch nur „unzureichende finanzielle Mittel". In einer oft langen Schlange muss sich jeder Reisende bei einem *Immigration Officer* anstellen, Familien können das auch gemeinsam machen. Jeder Reisepass wird eingescannt, ein digitaler Abdruck aller 10 Finger (erst Daumen, dann die 4 Finger jeder Hand) genommen und ein digitales Porträtfoto erstellt. Außerdem müssen ein paar Fragen, meist zum Zweck und zur Länge des Aufenthalts, beantwortet werden. An immer mehr US-Flughäfen gibt es mittlerweile *Automated Passport Control* (APC). Besucher mit ESTA-Registrierung, die schon einmal mit ESTA und dem zugehörigen Reisepass eingereist sind, können diese Geräte benutzen und beschleunigen damit die Einreiseprozedur.

## Hinweis

**Reise- und Sicherheitshinweise in Corona-Zeiten**

Derzeit (Stand Spätsommer 2022) muss bei Reisen in den USA und Kanada eine vollständige Coronaschutzimpfung gegeben sein, der Impfnachweis in englischer Sprache vorliegen. Vor Abreise sollte man sich unbedingt über aktuelle Einreisebestimmungen sowie über die Beförderungsbedingungen der Fluggesellschaften informieren. Auf der Internetseite des Auswärtigen Amtes wird explizit und tagesaktuell beschrieben, welche gesundheitlichen Richtlinien (Impfstatus, Coronatest etc.) bestehen.

Jeweilige Einreisebestimmungen für die **USA** und **Kanada** finden sich hier:
- www.auswaertiges-amt.de/de/ReiseUndSicherheit/usavereinigtestaatensicherheit/201382
- www.auswaertiges-amt.de/de/aussenpolitik/laender/kanada-node/kanadasicherheit/204874

Weitere Informationen unter: https://travel.state.gov/content/travel/en/traveladvisories/covid-19-travel-information.html
- www.cdc.gov/quarantine/order-safe-travel.html
- www.cdc.gov/coronavirus/2019-ncov/vaccines/fully-vaccinated-guidance.html

Derzeit (Stand Spätsommer 2022) muss bei Reisen in den USA und Kanada der Corona-Impfnachweis in englischer Sprache vorliegen. Das gilt dann auch bei Richtlinien, die vor Ort gelten (z. B. Betreten eines Lokals/Geschäftes).

Bei Aktivitäten vor Ort kann es weitere Sicherheitsauflagen geben wie das Vorzeigen des Impfausweises, beschränkte Gruppengrößen, Masken- oder Testpflicht.

### Kanada

Deutsche, Österreicher und Schweizer (ab 16 Jahre) benötigen für die Einreise einen noch 6 Monate gültigen, maschinenlesbaren **Reisepass** sowie für eine Einreise per Flugzeug die **Elektronische Einreisegenehmigung eTA** (s. u.). Wer über den Land- oder Seeweg ankommt, benötigt keine eTA. Ein Visum ist für touristische oder geschäftliche Aufenthalte bis zu sechs Monate oder zum Transit nicht erforderlich. Ein Kinderausweis wird akzeptiert, aber nur mit Lichtbild.

Die **elektronische Einreisegenehmigung eTA** ist möglichst früh vor Antritt der Flugreise (Kosten: 7 CAD, ca. 5 €) auf der Website der kanadischen Regierung (s. u.) zu beantragen. Der Besitz der eTA berechtigt nicht automatisch zur Einreise nach Kanada, die endgültige Entscheidung obliegt der kanadischen Einwanderungsbehörde CBSA. Bei der Einreisekontrolle durch die Grenzbeamten vor Ort muss nachgewiesen werden können, dass man ausreichend Geldmittel für den Aufenthalt besitzt, keine Arbeitsaufnahme beabsichtigt und die Rückreise gesichert ist (z. B. mit dem gültigen Rückflugticket). Bei gewährter Einreise wird die zulässige Aufenthaltsdauer festgelegt und im Einreisestempel vermerkt.

Die elektronische Einreisegenehmigung gilt ab dem Ausstellungsdatum fünf Jahre lang, sofern das bei der Beantragung angegebene Reisedokument während dieser Zeitspanne nicht ungültig oder die Einreisegenehmigung widerrufen bzw. eine neue Genehmigung ausgestellt wird. Die eTA ist an den Reisepass gekoppelt. Näheres zu den kanadischen Einreisebestimmungen unter www.canada.ca/en/immigration-refugees-citizenship/services/visit-canada/eta/facts-de.html.

**Beantragung der eTA** unter https://www.canada.ca/en/immigration-refugees-citizenship/services/visit-canada/eta/apply-de.html.

## Eisenbahn

Das Eisenbahnnetz in den USA und Kanada ist relativ dünn und Züge brauchen meist länger als Busse. Dafür reist man aber ausgesprochen komfortabel und inzwischen ist diese bequeme Art, lange Strecken zurückzulegen, wiederentdeckt worden.

In den USA gibt es neben den von **AMTRAK** betriebenen Langstreckenverbindungen in fast allen Regionen und Staaten separate lokale Bahnlinien. AMTRAK bietet verschiedene Langstreckenverbindungen an und offeriert auch spezielle und regionale Angebote. Für europäische Touristen ist z. B. der **U.S. Rail Pass** interessant. Derzeit gibt es nur eine Version für 30 Tage (10 Abschnitte; entspricht zehn zurückgelegten Bahnstrecken) und kostet $ 499. Mit dem U.S. Rail Pass kann man, mit bestimmten Einschränkungen, alle AMTRAK-Züge nutzen und benötigt für die gewünschte Route lediglich ein Ticket und eine Reservierung (rechtzeitig!).

Interessante Zugverbindungen im Mittleren Westen und Nordosten sind:
- Capitol Limited: Washington, D.C. – Pittsburgh – Cleveland – Chicago
- Cardinal: New York – Washington – Charlottesville – Cincinnati – Indianapolis – Chicago
- Lakeshore Limited: New York/Boston – Albany – Buffalo – Cleveland – Toledo – Chicago
- Empire Service: New York – Albany – Syracuse – Rochester – Buffalo – Niagara
- Hiawatha: Milwaukee – Chicago
- Maple Leaf: Toronto – Niagara Falls – New York
- Michigan Service: Chicago – Grand Rapids/East Lansing – Port Huron/Detroit – Pontiac

Auch in **Kanada** gibt es bei der **VIA Rail**, dem überregionalen Anbieter für Personenverkehr, interessante Angebote, z. B. den Canada Pass. Damit kann man 6 oder 12 Einzelfahrten innerhalb von 15, 30oder 60 Tagen im gesamten kanadischen Eisenbahnnetz machen.

Informationen und Verkauf des *U.S. Rail Pass* sowie dem *Canada Pass* von VIA Rail unter www.amtrak.com und www.viarail.ca/en, im Reisebüro oder bei

- **CRD International**, Große Elbstr. 68, 22767 Hamburg, ☎ (040) 3006-1670, www.crd.de
- **Alternativ Tours/MESO Reisen GmbH**, Otto-Suhr-Allee 59, 10585 Berlin-Charlottenburg, ☎ (030) 2123-4190, www.meso-berlin.de

## Essen gehen/Restaurants/Fastfood-Ketten

*(siehe auch „Küche und Getränke" und „Kleine kulinarische Sprachhilfe" im Anhang, S. 548)*

Essen, besonders Essengehen, ist in den USA vor allem eine Geldfrage, denn die Preisdifferenzen können gewaltig sein. Während man sich in einem Fast-Food-Imbiss für $ 10 satt essen kann, legt man in einem feinen Restaurant dafür mindestens $ 25 pro Person auf den Tisch (plus Trinkgeld und Getränke). In vielen Gegenden findet man noch die alteingesessenen *Diner*, die einen Besuch auf jeden Fall wert sind.

Neben den Fast-Food-Ketten wie *McDonald's*, *Burger King*, *Wendy's*, aber auch *Pizza Hut, Domino's Pizza, Jack in the Box, Popeye's* (Deep-Fried Südstaatenküche) und *KFC* erfreuen sich auch Restaurantketten wie *Denny's, Applebee's*, *International House of Pancakes* (IHOP), der Drive-Thru *Sonic, Arby's, Subway* und, der Tipp für Subways, *Firehouse Subs* großer Beliebtheit. *Dunkin' Donuts* (wo es mehr als nur Donuts gibt) sowie die jüngeren Burger-Ketten *Five Guys* (günstig), *Hardee's* (bekannt für den „Thickburger") und *Shake Shack* (interessante Burger-Komponenten) heben sich von den üblichen ab. Diese empfehlen sich durchaus für das Mittag- oder Abendessen, man darf jedoch keine Wunder erwarten. Viele bieten inzwischen vermehrt Salatbars an oder es gibt auch Ketten mit mexikanischen Spezialitäten, z. B. *Taco Bell, Del Taco* (nur um Detroit) sowie *Chipotle* (höherwertig) oder *Chick-Fil-A* (ein Tipp für Chicken-Fans), *Panera Bread, Moe's Southwest Grill/Moe's Cantina.* Einige Ketten haben sich sogar das Label „gesund" (clean) aufgesetzt und werben mit einer gesünderen Zubereitung, weniger Kalorien/Kohlehydrate. Nicht zu vergessen ist die Kaffee-Haus-Kette *Starbuck's*, die schon längst auch Backwaren, Sandwiches und diverse Tees anbietet. *Dairy Queen* und *Culver's* sind bekannt für Milkshakes, Joghurts und Eiscreme (auch Burger, Salate und Hot Dogs) und die asiatische Fastfood-Kette *Panda Express* für Bowls und günstige „Family Meals".

Die meisten Hotels servieren kein **Frühstück**, und wenn, dann nur *Continental Breakfast*, das aus Muffins, Kuchen, Marmelade, Saft und Kaffee/Tee besteht. Ausnahmen sind u. a. die *Hampton Inns* (komplettes Frühstück inkl.) sowie die Frühstücksbuffets einiger größerer Hotels. Häufig ist man gut beraten, in einer nahen Cafeteria oder einem Diner zu frühstücken. Hier gibt es das **American Breakfast**, eine Kalorienbombe mit Eiern, Bacon (knusprig gebratener Schinkenspeck), Bratkartoffeln, dazu Kaffee/Tee. Aber auch hier sind süße Sachen Favoriten, z. B. Waffeln oder Pfannkuchen mit Butter und Sirup. In den B&Bs werden noch die einen oder anderen frischen Sachen aufgetischt, es gibt auch Käse und Wurst. An Wochenenden und Feiertagen, meist in der Zeit zwischen 11 und 14 Uhr, servieren viele Hotels, Restaurants und Cafés auch Brunch.

Das **Mittagessen** (Lunch) hat in den USA wenig Bedeutung, die Amerikaner ernähren sich zu dieser Zeit meist von Hamburgern, Sandwiches und frittierten Snacks aus den Fast-Food-Restaurants oder Imbissen, Gesundheitsbewusste vom meist reichhaltigen Salatangebot, von Wraps, Smoothies oder vorgeschnittenem Obst – oft mit Joghurt. Wer trotzdem gerne gut zu Mittag isst, bekommt in den besseren Restaurants zu dieser Zeit oft Mahlzeiten zu günstigeren Preisen geboten („Lunch specials" bzw. „Daily specials").

Das **Dinner**, manchmal auch *Supper* genannt, bildet die große Mahlzeit für die Amerikaner. Es besteht oft aus Vorspeise oder Salat, Hauptgericht und Nachspeise. Die Restaurants öffnen in der Regel um 17/18 Uhr und ab 21 Uhr kann es bereits passieren, dass die Küche kalt ist.

## Wissenswertes zu Restaurantbesuchen

- Anders als in Europa verweilt man **nicht sehr lange** im Restaurant und es entsteht leicht der Eindruck von Hektik. Essen gehen wird nicht als ausgedehntes Vergnügen angesehen, die Pausen zwischen den Gängen sind kurz und die Rechnung liegt unmittelbar nach dem Abräumen auf dem Tisch. Wer nach dem Essen noch in Ruhe etwas trinken will, sollte in eine Bar gehen.
- Beim Betreten des Restaurants muss man meist warten, bis **ein Platz zugewiesen wird** („Please wait to be seated").
- Die Amerikaner essen zwar auch mit Messer und Gabel, wechseln jedoch die Gabel, manchmal nach jedem Schnitt, in die rechte Hand. Das sieht für den Europäer sehr mühselig aus, ist aber eine typische amerikanische Weise.
- Das **Trinkgeld** ist wichtig und wird grundsätzlich erwartet, auch in Pubs. **15 %** sollte man mindestens geben (eher 18 %), da die Bezahlung der Kellner sehr niedrig ist. Zahlt man mit einer Kreditkarte, befindet sich eine Extraspalte für das Trinkgeld auf dem Kreditkartenbeleg, in den man die gewählte Summe einträgt. In Restaurants, in denen man am Ausgang an der Kasse zahlt, lässt man das Trinkgeld für den Kellner gesondert auf dem Tisch liegen. Achtung: In manchen Restaurants wird eine „service charge" gleich mit auf die Rechnung gesetzt.
- Die **Portionen sind häufig sehr groß**. Achten Sie am besten beim Betreten des Restaurants schon darauf und bestellen entsprechend.
- „**Early Bird Dinners**" werden häufig nachmittags zwischen 16 und 18 Uhr, manchmal auch bis 19 Uhr angeboten. Dabei isst man z. T. zum halben Preis.

## Fahrrad fahren

Das Fahrradfahren wird in den USA und Kanada immer populärer, und so manch einer verbringt den gesamten Urlaub auf dem Sattel eines Drahtesels. Doch sollten lange Strecken nur von geübten Radlern zurückgelegt werden, die Steigungen sind nicht zu unterschätzen.

Es gibt in den USA und Kanada mittlerweile eine Reihe von Organisationen, Clubs und Vereinen zum Thema „biking", die jedoch meist als Lobbyisten für Fahrradfahrer und Fußgänger auftreten, Städte und Gemeinden beim Ausbau von Fahrradwegen beraten oder lokale Veranstaltungen organisieren. Wer nur mal für einen Tag herumfahren möchte, bekommt Fahrräder über spezielle Vermieter in fast jedem Ort oder gelegentlich auch in Hotels. In vielen Städten hat sich das **City-Bike-Leihsystem** etabliert, bei dem man das Rad an einem bestimmten Ständer abholt und woanders wieder abstellen kann. E-Bikes gibt es dabei auch. Bezahlt wird das mit Kreditkarte. Gut sortiert und informiert zum Thema „Fahrrad fahren" sind zudem die lokalen sowie staatlichen Touristenämter, über die man eigene Broschüren mit Routenvorschlägen bekommt. Auch in den Nationalparks gibt es zahlreiche Radwanderwege.

## Feiertage

Mit wenigen Ausnahmen (Neujahr, *4th of July*, Weihnachten) sind Feiertage in den USA in ein Wochenende integriert. Anders als hierzulande ist an Feiertagen in Amerika nicht alles geschlossen, Supermärkte und Restaurants sind meist auf. Auch gibt es an vielen Feiertagen in den großen Geschäften und Malls besondere „Sales". Jedoch sollte man sich im Voraus nach Öffnungszeiten von Museen etc. erkundigen.

### Gesetzliche Feiertage *(public holidays)*

in den USA und in Kanada (es gibt dazu noch einige regionale Feiertage):

**USA**

| | |
|---|---|
| 1. Januar | New Year's Day (Neujahr) |
| 3. Montag im Januar | Martin Luther King Jr. Day |
| 3. Montag im Februar | President's Day |
| Letzter Montag im Mai | Memorial Day (Gedenktag an alle Gefallenen) |
| 4. Juli | Independence Day (Unabhängigkeitstag) – Nationalfeiertag |
| 1. Montag im September | Labor Day (Tag der Arbeit) |
| 2. Montag im Oktober | Columbus Day |
| 11. November | Veteran's Day (Gedenktag für alle Veteranen) |
| 4. Donnerstag im November | Thanksgiving Day (Erntedankfest) |
| 25. Dezember | Christmas Day (Weihnachten) |

**Kanada**

| | |
|---|---|
| 1. Januar | New Year's Day (Neujahr) |
| Karfreitag | Good Friday |
| Ostermontag | Easter Monday |
| Letzter Montag vor dem 25. Mai | Victoria Day |
| 1. Juli | Canada Day (Nationalfeiertag) |
| 1. Montag im August | Augustfeiertag |
| 1. Montag im September | Labor Day (Tag der Arbeit) |
| 2. Montag im Oktober | Thanksgiving (Erntedankfest) |
| 11. November | Remembrance Day (Volkstrauertag) |
| 25. Dezember | Christmas Day (1. Weihnachtstag) |
| 26. Dezember | Boxing Day (2. Weihnachtstag) |

## Fotografieren

Nicht vergessen sollte man das Aufladegerät (mit Adapter!), eine zusätzliche Speicherkarte und/oder das Überspielkabel für die Digitalkamera. Viele Copyshops und Fotoläden kopieren auch digitale Bilder auf einen USB-Speicher oder eine Speicherkarte. Neue Speicherkarten oder USB-Speicher kann man in Fotoläden und Elektronikshops, manchmal auch in den Fotoabteilungen von Drugstores und Supermärkten kaufen.

**Hinweis**

*In manchen Museen und Sehenswürdigkeiten sowie im Umkreis militärischer Anlagen ist das Fotografieren nicht gestattet, bzw. nur ohne Blitz erlaubt. Bei Personenaufnahmen ist Respekt oberstes Gebot und man sollte gegebenenfalls um Erlaubnis fragen. Besonders bei der indianischen Bevölkerung sollte man respektvoll sein; einige Stämme bitten darum, nicht fotografiert zu werden.*

## Geld/Zahlungsmittel *siehe auch „Banken"*

Auch wenn man inzwischen fast alle Zahlungen bargeldlos machen kann, ist es wichtig, einen bestimmten Barbetrag mitzuführen. Scheine sollten nicht größer als $ 20 sein, da größere Bargeldscheine ungern angenommen werden – aufgrund der Gefahr gefälschter Scheine und weil oft nicht ausreichend Wechselgeld zur Verfügung steht. Zusätzlich sind kleine Beträge in Münzen und eine Anzahl von Dollarscheinen hilfreich, z. B. für die Zeitung, den Gepäckträger, den Getränkeautomaten oder auch für das Trinkgeld.

**USA:** 1 Dollar ($) = 100 Cent (c)
**Banknoten/Scheine**: $ 1, 2 (sehr selten), 5, 10, 20, 50 und 100; auch $-500- und $-1000-Noten gibt es, sind aber allgemein nicht im Umlauf.
Alte Scheine sind gleich groß und grün („greenbacks") und unterscheiden sich nur im Wertaufdruck und dem abgebildeten Staatsmann. Achten Sie darauf, den richtigen Schein wegzugeben. Neue Banknoten unterscheiden sich etwas mehr und machen mittlerweile den mit Abstand größten Teil des Bargelds aus.
**Münzen**: 1 (Penny), 5 (Nickel), 10 (Dime), 25 Cent (Quarter).
Weniger im Umlauf und oft nur als Wechselgeld aus Automaten gegeben, sind 50 Cent (half Dollar) und Dollarmünzen.

**Kanada**: 1 kanadischer Dollar (CAN $) = 100 Cent (c).
**Banknoten/Scheine**: CAN $ 2, 5, 10, 20, 50, und 100. In vielen Geschäften werden nur Banknoten bis zu CAN $ 50 angenommen.
**Münzen**: 1 (Prägung inzwischen eingestellt), 5, 10, 25 und 50 Cent (selten); alle Münzen haben die gleiche Bezeichnung wie die in den USA; die 1-$-Banknote wurde aus dem Verkehr gezogen und durch die 1-$-Münze, den „Loonie", ersetzt. Die 2-$-Münze wird „Toonie" genannt.

Ohne Kreditkarte geht es in den **USA** nicht mehr! Und auch in **Kanada** ist es üblich, mit **Kreditkarte** zu bezahlen. Die meisten Hotels und Mietwagenfirmen nehmen gar kein Bargeld mehr. Die gängigsten Kreditkarten sind Mastercard, Visa, American Express und Diners, wobei die letzten beiden, besonders American Express aufgrund der hohen Gebühren, nicht immer akzeptiert werden.

Beträge über $ 15 werden fast ausschließlich mit Plastikgeld bezahlt. Die Debit Card, die hiesige BankCard, wird auch für kleine Beträge häufig benutzt – doch funktioniert die europäische BankCard in Amerika in den meisten Fällen nicht. Das gilt besonders für die mit einem Chip ausgestatteten Karten. Das gilt es, bei der eigenen Bank zu erfragen. Obwohl Reiseschecks immer noch angeboten werden, sind Aufwand und Kosten für die Bestellung und Einlösung inzwischen kaum noch rentabel.

Mit einer Kreditkarte kann man sich an den meisten Bankschaltern und an allen **Geldautomaten** (ATM = *Automated Teller Machine*) Geld auszahlen lassen. Mit der BankCard funktioniert das nur bedingt (s. o.). Wichtig ist, die PIN zu kennen, besonders auch bei der Kreditkarte! Voraussetzung für die Nutzung der BankCard ist, dass der Automat das Maestro-Zeichen aufweist. Bei der Frage, ob es sich um einen *checking* oder *savings account* handelt, ist es meist egal, welche Taste man drückt. Zudem sollte man sich vorher bei seiner Bank erkundigen, wie hoch die Gebühren für eine Abhebung sind.

Ratsam für eine Aufteilung der Reisekasse ist es, etwas amerikanisches Bargeld für die ersten Tage (etliche 1-$-Scheine zwecks Trinkgeld), die BankCard und unbedingt eine, besser zwei Kreditkarten mitzunehmen.

### Kreditkartenverlust

Für den Fall, dass es Probleme mit der Kreditkarte geben sollte, ist es ratsam, eine Kopie der Kreditkarte (Vorder- und Rückseite) zu machen und sich die Service- und/oder Notfallnummer des ausstellenden Kreditinstituts zu notieren. Die großen Kreditkartenunternehmen bieten auch für den Notfall einen kostenlosen 24-Stunden-Service per Telefon an, diese Nummern gelten allerdings nur in den USA und können auch nur bedingt helfen.

**American Express**: ☎ 800-528-4800, www.americanexpress.com
**Mastercard**: ☎ 800-627-8372, www.mastercard.com
**Visa**: ☎ 800-847-2911, www.visa.com
**Diners Club**: ☎ 800-234 6377, www.dinersclub.com
**Maestro**: ☎ +49-1805 021 021 (gebührenpflichtig aus dem Ausland, für diesen Anruf benötigt man die Kontonummer/Bankleitzahl bzw. die IBAN-Nummer/BIC), www.maestro card.com)

Bei Kartenverlust oder Diebstahl gibt es für beinahe alle Arten von Karten (einschließlich Kredit- und Bank/EC-Card) in Deutschland eine **einheitliche Sperrnummer**: ☎ **+49 - 116 116** oder **+49 (30) 4050 4050**, im Internet: **www.sperr-notruf.de**. Die Notrufnummern der Karten von nicht angeschlossenen Kreditinstituten und für österreichische und Schweizer Karten sind den für diese Karten gültigen Merkblättern zu entnehmen.

## Gesundheit

Reisende in den USA und in Kanada sind keinen besonderen Gesundheitsrisiken ausgesetzt. Ob oder wie lange eine **Corona-Schutzimpfung** für die Einreise verpflichtend ist, bleibt abzuwarten, in jedem Fall muss man sich im Vorfeld der Reise über die aktuellen Einreisebedingungen erkundigen (s. o.). Andere vorgeschriebene Impfungen gibt es nicht. Ernährungs- und klimabedingte Umstellungsprobleme sind selten. Leitungswasser kann überall bedenkenlos getrunken werden. Trotzdem sollte man folgende Punkte beachten:

- Der **Zeitunterschied** kann einem zu schaffen machen.
- Das Klima ist auch in diesem Reisegebiet im Sommer z. T. schwül-heiß, und die Sonne brennt. Genügend Sonnenschutzcreme, Hut und viel trinken wird angeraten.
- **Mücken** gibt es zahlreich in den Sumpfgebieten und an den Seen. Insektenschutzmittel ist dringend angesagt und problemlos auch vor Ort erhältlich.
- **Arzt- und Krankenhausbesuche** sind in den USA und Kanada nicht ganz billig und müssen vor Ort bezahlt werden. Man sollte unbedingt eine **Reisekrankenversicherung** abschließen, die den gesamten Zeitraum des Aufenthalts abdeckt und eine Rücktransportversicherung einschließt. Zudem sollte sie auch bei Infektionsgeschehen greifen, wie z. B. Corona.

• Die **Rezeptpflicht** wird sehr streng gehandhabt, am besten diese Medikamente bereits von zu Hause mitbringen. Für die Einfuhr benötigt man eine ärztliche Verordnung in englischer Sprache, die aber i. d. R. nicht angefragt wird bei der Einreise. Diese kann jedoch bei eventuellen Arztbesuchen helfen. Rezeptpflichtige Medikamente gibt es in der **Apotheke** (*Pharmacy*), die sich meist in einem Drugstore befindet. In den **Drugstores** erhält man auch problemlos „over the counter" Medikamente ohne Rezept, z. B. Schmerzmittel.

Im Notfall ruft man die Ambulanz (Notruf 911) oder fährt zur Notaufnahme (*emergency room*) eines Krankenhauses.

## Information

Allgemeine reisepraktische Informationen bietet die offizielle Reise- und Tourismus-Internetseite der USA, **www.visittheusa.de** (deutsch). Tipps, Adressen und Links zu anderen Websites findet man auch bei dem Visit USA Committee, einem Zusammenschluss verschiedener Fachleute des Reise- und Fremdenverkehrs, www.vusa.travel. Informationen und Details über das **Reisen um die Großen Seen** hält das Touristenbüro der **Great Lakes of North America** (Minnesota, Wisconsin, Illinois, Michigan, Ohio, Indiana) bereit, c/o TravelMarketing Romberg, Schwarzbachstr. 32, 40822 Mettmann, ☎ (02104) 797 451, www.greatlakes.de. New York State und Pennsylvania unterhalten keine Informationsbüros im deutschsprachigen Raum.

In den einzelnen Bundesstaaten findet man an allen wesentlichen Einfallstraßen (Interstates und US-Highways) – meist kurz hinter der Bundesstaatsgrenze – gesonderte Besucher- oder Informationszentren (**Visitor Center**), die in der Regel bis 17 Uhr geöffnet sind. Hier erhält man Karten, Prospektmaterial, individuelle Anregungen und auch Couponheftchen, mit denen man in einigen Hotels und Motels günstiger übernachten kann. Unter https://de-keepexploring.canada.travel findet man allgemeine Informationen zum Reisen in Kanada, Auskünfte zu **Ontario** erteilt **Ontario Tourism**, c/o Lieb Management und Beteiligungs GmbH, Bavaria Ring 38, 80336 München, ☎ (089) 6890 638-0, www.destination ontario.com.

Hinweise zu den **einzelnen Staaten** geben außerdem die folgenden Websites:
**Indiana**: www.visitindiana.com
**Illinois**: www.enjoyillinois.com
**Michigan**: www.michigan.org
**Minnesota**: www.exploreminnesota.com
**New York**: www.iloveny.com
**Ohio**: www.discoverohiotogo.com
**Pennsylvania**: www.visitpa.com
**Wisconsin**: www.travelwisconsin.com

Weitere hilfreiche Infoadressen und Tipps findet man bei den jeweiligen Ortsbeschreibungen in den einzelnen Reisekapiteln.

## Internet *siehe auch „Telefonieren"*

Am besten plant man bereits vor der Reise, ob und wie viel man das Internet nutzen möchte. Immer noch gibt es in den USA vereinzelt Internetcafés und auch manche Waschsalons bieten Zugang zum Internet. Doch einfacher und weitaus populärer ist es, sich mit seinem Smartphone, Tablet oder Notebook in ein Café mit *free WiFi* zu setzen. Fast alle Hotels bieten ebenfalls kostenlos drahtlose Netzverbindungen an. Man muss nur nach dem Passwort fragen. Beim Einloggen muss man oft noch seinen Namen dazu eingeben und schon kann es losgehen. Hotspots, die den Zugang zum Internet ermöglichen, gibt es an vielen öffentlichen Plätzen (Flughäfen, Bahnhöfe etc.)

Wer mit seinem Smartphone das lokale Mobilfunknetz nutzt, sollte sich bei seinem Mobilfunkanbieter genau nach Zugang, Kosten (!) und Möglichkeiten erkundigen. Alternativ kann man in Amerika eine Prepaid-Karte mit Datentarif für das Smartphone oder einen mobilen Datenstick für den Computer kaufen. Diese gelten i. d. R. 30 Tage. Man kann sie schon vor dem Urlaub im Internet bestellen, doch gibt es oft Probleme mit der Aktivierung: Infos über die ständig wechselnden Möglichkeiten: https://tourisim.de. Über das beste Netz verfügen AT&T sowie T-Mobile.

## Kanu-, Kajak-, Floßfahrten

Die Amerikaner lieben Outdooraktivitäten, es verwundert also kaum, dass an jedem Gewässer Boote, Flöße, Kanus, Autoschläuche etc. bereitliegen, um den Reisenden über Seen und entlang Flüssen zu schippern bzw. fahren zu lassen. Das vielfältige Angebot hält für jedes Alter und jeden Geschmack etwas bereit. Die schönsten und bekanntesten Reviere befinden sich in Nord-Wisconsin, Michigans Upper Peninsula und Nord-Minnesota, aber auch die anderen Staaten und Kanada weisen viele Möglichkeiten auf. Die lokalen Touristenbüros haben für jede Jahreszeit die aktuellen Angebote parat und in den einzelnen Reisekapiteln dieses Buches ist eine Reihe von schönen Strecken aufgeführt.

Folgendes sollte man für einen **eintägigen Bootstrip** mitnehmen:
- Feste Sandalen oder Sportschuhe, die nass werden können;
- Zusatzkleidung, Badezeug, Hut, das Band, um die Brille nicht zu verlieren;
- Sonnenschutzcreme, wasserfest und mit hohem Lichtschutzfaktor;
- Insektenschutzmittel.

Infos zu organisierten Kanuwandertouren gibt es z. B. unter www.crd.de. Auch wenn es ein wenig umständlich ist, sich als Gast anzumelden, können über die *American Canoe Association* (https://americancanoe.org) Routen und Kontakte in den einzelnen Bundesstaaten gefunden werden.

## Kartenmaterial

Neben der diesem Buch beigefügten Karte seien für die gesamten USA die „**Rand McNally**“-Atlanten empfohlen, die in den USA in verschiedenen Versionen (einfacher Straßenatlas, Atlas mit Adressen für Touristen etc.) erscheinen. Karten der einzelnen Staaten werden in den entsprechenden **Visitors Centers** der jeweiligen Staaten ausgegeben, auch in den örtlichen Büros der American Automobil Association (s. „Automobilclub“ S. 87) sind neben Straßenkarten und Stadtplänen auch TourBooks und CampBooks erhältlich – z. T. sogar kostenlos.

Zuverlässige Internetseiten, um Adressen und Straßen zu ermitteln, Pläne auszudrucken oder Streckenbeschreibungen zu erhalten, sind Mapquest (www.mapquest.com), die **Su-**

**perpages**, www.superpages.com und **Yellow Pages**, www.yellowpages.com. Wer ein wenig Lust auf Spielerei hat, sollte die Internetseite www.usgs.gov/core-science-systems/national-geospatial-program/national-map besuchen. Die Seite ist nicht sehr übersichtlich, gibt jedoch die eine oder andere Anregung, und hier findet man auch historische Karten.

## Kleidung

Das Wetter in den **Sommermonaten** kann auch in diesem Reisegebiet **heiß** und **schwül** werden. Diese Aussicht mag das Urlauberherz höherschlagen lassen; man darf die schwüle Hitze aber nicht unterschätzen. Für tagsüber **lockere, luftige Kleidung** mitnehmen, am besten aus Baumwolle oder Leinen. Und besonders wichtig ist der Hut gegen die Sonne. Wer wandern möchte, darf natürlich seine **Wanderschuhe** (auch für kleine Strecken ist gutes Schuhwerk wichtig!) nicht vergessen. Auch an einen **Regenschutz** sollte man denken. **Nachts** kann es sehr kühl werden und an den Seen ist es oft windig. Einen **Pullover** oder besser **eine Allzweckjacke** sollte man in jedem Fall mitnehmen, ideal ist eine regenfeste Jacke mit herausnehmbarem Futter. Das „Zwiebelprinzip" mit mehreren Lagen von Kleidung („multiple layers"), die man immer wieder an- und ausziehen kann, bewährt sich auch in diesen Gebieten.

Die **Herbst-, Winter- und Frühlingsmonate** dagegen sind sehr kühl, teilweise **bitterkalt**. Die Wintermonate sind nur ausgesprochenen Winterfans zu empfehlen, obwohl diese Jahreszeit ihren ganz besonderen Reiz hat. Für alle Fälle heißt es ab September (bis Mai): Ein dicker Pullover, Socken, etc. gehören ins Gepäck!

Grundsätzlich sollte man überlegen, ob man einiges an Kleidung in Amerika kauft, denn bei guter Qualität sind die Preise oft niedriger als bei uns. In den Städten und in den Einkaufszentren (*Shopping Malls*, siehe „Einkaufen") gibt es oft Spezialgeschäfte.

**Geschäftsleuten** oder Reisenden, die auch einmal „repräsentieren" müssen, sei noch ein Tipp mit auf den Weg gegeben: Auch wenn die Amerikaner selbst in besseren Hotels oft hemdsärmelig herumlaufen und sie sogar zum Abendessen schon mal in Shorts erscheinen, gelten für ein offizielles Treffen andere Kriterien. Wenn ein Geschäftsgespräch oder Ähnliches ansteht, sind **Anzug und Krawatte** für den Herren ein absolutes Muss (am besten ein dunkler). Selbst wenn vorher der Dresscode als informell angekündigt wurde, sollten es schon Jackett und Stoffhose sein.

## Kriminalität *siehe auch „Notfall/Unfall/Notruf"*

Wenn auch deutlich niedriger als vor Jahren, ist die Kriminalitätsrate in den USA immer noch relativ hoch. Die Kriminalität verteilt sich jedoch sehr unterschiedlich auf Stadt und Land. Allemal sollte man einige Vorsichtsmaßnahmen beachten:

- **Niemals zu viel Geld bei sich tragen** und dieses auf verschiedene Aufbewahrungsorte verteilen, z. B. das Portemonnaie, Hosen- oder Jackentaschen oder auch einen verdeckt getragenen Geldgürtel. Tagsüber sollte man nur eine Kreditkarte mitnehmen, von der man die entsprechende Telefonnummer der Kreditkartenfirma bei sich hat, sodass man ggf. den Verlust melden kann (s. o.).
- Nur **Kopien** der Papiere bzw. den Personalausweis mitnehmen. Das Original und/oder den Pass mit Einreisestempel verwahrt man an einem sicheren Ort im Hotel (viele haben auch einen Safe).

- Im Auto keine Dinge wie Kameras, Handtaschen etc. offen liegen lassen.
- Es ist schwierig, „**den Urlauber zu verbergen**". Bauchgürteltaschen und Handtaschen mögen bequem sein, doch sehen diese nun wirklich nach einem interessanten Inhalt aus und letztere sind leicht aus der Hand zu reißen. Besonders abends lässt man diese am besten im Hotelzimmer oder packt wenig hinein.
- Man sollte sich besonders in großen Städten im Touristenbüro oder an der Hotelrezeption danach erkundigen, wohin man besser nicht gehen („**No-Go-Areas**") oder ob man dort eher mit einem Taxi hinfahren sollte.
- Teuren Schmuck zu Hause lassen.
- Die **Notrufnummer** der Polizei (gilt auch für Feuerwehr und Krankenwagen) in den USA und in Kanada ist **911**.

## Küche und Getränke

*siehe auch „Essen gehen/Restaurants" und „Kleine kulinarische Sprachhilfe" im Anhang, ab S. 548*

Wenn auch die Fastfood-Ketten (s. S. 98) immer noch das kulinarische Landschaftsbild prägen, hält die Vielfalt der unterschiedlichsten Küchen in Amerika immer wieder eine Überraschung bereit. Neben der regionalen Küche sollte man auch die vielen ethnischen Restaurants ausprobieren. Außer italienischen, chinesischen und mexikanischen Restaurants gibt es in vielen Gegenden Amerikas jüdische, polnische, vietnamesische, brasilianische oder polynesische Restaurants und vieles mehr.

Neben den obligatorischen Hamburgern, dem Barbecue und der Pizza sollte man folgende Dinge probieren:

- Ein gutes **Steak**. Diese, besonders die T-Bone Steaks, sind um einiges größer als bei uns, aber auch nicht ganz billig. Nach den besten Steaks am Ort fragt man am besten einen Einheimischen.
- An den Seen darf natürlich ein **Fischgericht** nicht fehlen. Die grätenreichen Süßwasserfische sind zwar nicht jedermanns Sache, aber da in Amerika Fisch meist als Filet serviert wird, sind auch diese keine große Arbeit. Angeboten werden die Gerichte gegrillt (*grilled*), gebraten (*fried*), frittiert (*deep fried*) oder gedünstet (*broiled*). Neben den gängigsten Fischgerichten wie Forelle *(trout)* oder *catfish* (ein Flussfisch der Gattung Wels) kann man sich vom „catch of the day" (Tagesfang) inspirieren lassen.
- Die im ganzen Land angebotene **Cajun-Küche** (auch kreolische Küche genannt) aus Louisiana besteht aus rustikalen Gerichten, die mit lokal verfügbaren Zutaten gekocht werden. Das Fleisch ist meist Huhn, Schwein oder Wurst, daneben sind Flusskrebse, Garnelen und Fisch wichtiger Bestandteil der Gerichte. Dazu gibt es Maisbrot und Reis. Typisch sind Gumbo (eine Art Eintopf) und Jambalaya (vergleichbar mit der spanischen Paella). Die verwendeten Gewürze und die dazu gebotenen Soßen verleihen dem Essen eine sehr schmackhafte Note und z. T. eine ungeahnte Schärfe. Übrigens stammt der Tabasco aus Louisiana – also Achtung!

Restaurants verfügen meist über eine **Schanklizenz**, die meisten Fastfood-Lokale, Cafés und einfachen Snackbuden aber nicht. Sie bieten nur Softdrinks, Milkshakes, Tee, Säfte und natürlich Kaffee an. (Eis-)Wasser gehört automatisch zum Essen dazu und wird ständig unaufgefordert nachgeschenkt.

- Neben den bekannten amerikanischen Bieren wie Budweiser und Miller erhält man mittlerweile fast überall auch Bier von *Microbreweries*, kleinen lokalen Brauereien, die in fast jeder Stadt anzutreffen sind. Deren Bier, auch als *Craft Beer* bezeichnet, kommt meist aus dem Zapfhahn, ist spannend und geschmacksintensiv, aber man muss erst einmal seine Marke finden. Gerne reicht man eine Probe.

- Der normale **Kaffee** ist eher schwach, wird aber noch in vielen Restaurants kostenlos nachgeschenkt. Nicht zu übersehen sind natürlich die Cafés oder Kaffeehaus-Ketten, in denen es den Kaffee in allen Variationen und Größen gibt.
- **Erfrischungsgetränke** – *soft drink, pop* oder *soda* genannt – werden eiskalt getrunken. Gute Durstlöscher sind *ice tea* oder *lemonade,* probieren sollte man *root beer* oder *smoothies* (Frucht-Milchmischgetränke).
- **Wein**, zumeist in Kalifornien angebaut, ist in der Regel von guter Qualität. Die guten Weine dieser Region kommen meist aus der Gegend um Niagara-on-the-Lake am Südwestufer des Lake Ontario; andere Anbaugebiete befinden sich um die Finger Lakes im Staat New York, am Südostufer des Lake Erie und in Michigan.

## Maßeinheiten

Während sich in Kanada in vielen Bereichen das metrische System durchgesetzt hat, sind Maßeinheiten in den USA ausschließlich vom britischen System übernommen.

| Größentabelle Bekleidung | | | | | | | |
|---|---|---|---|---|---|---|---|
| **Herrenbekleidung** | | | | | | | |
| Deutsche Größe (z. B. 50) minus 10 ergibt amerikanische Größe (40) | | | | | | | |
| **Herrenhemden** | | | | | | | |
| **D** | 36 | 37 | 38 | 39 | 40/41 | 42 | 43 |
| **USA** | 14 | 14,5 | 15 | 15,5 | 16 | 16,5 | 17 |
| **Herrenschuhe** | | | | | | | |
| **D** | 39 | 40 | 41 | 42 | 43 | 44 | 45 |
| **USA** | 6,5 | 7,5 | 8,5 | 9 | 10 | 10,5 | 11 |
| **Damenbekleidung** | | | | | | | |
| **D** | 36 | 38 | 40 | 42 | 44 | 46 | |
| **USA** | 6 | 8 | 10 | 12 | 14 | 16 | |
| **Damenschuhe** | | | | | | | |
| **D** | 36 | 37 | 38 | 39 | 40 | 41 | 42 |
| **USA** | 5,5 | 6 | 7 | 7,5 | 8,5 | 9 | 9,5 |
| **Kinderbekleidung** | | | | | | | |
| **D** | 98 | 104 | 110 | 116 | 122 | | |
| **USA** | 3 | 4 | 5 | 6 | 6x | | |

| Hohlmaße | Flächen |
|---|---|
| 1 fluid ounce ▸ 29,57 ml | 1 square inch (sq.in.) ▸ 6,45 cm² |
| 1 pint ▸ 16 fl. oz. = 0,47 | 1 sq.ft. ▸ 929 cm² |
| 1 quart ▸ 2 pints = 0,95 l | 1 sq.yd. ▸ 0,84 m² |
| 1 gallon ▸ 4 quarts = 3,79 l | 1 acre ▸ 4.840 squ.yd. ▸ 1.016,8 m² o. 0,405 ha |
| 1 barrel ▸ 42 gallons = 158,97 l | 1 sq.mi. ▸ 640 acres ▸ 2,59 km² |

| Längen | | Gewichte | |
|---|---|---|---|
| 1 inch (in.) ▸ 2,54 cm | | 1 ounce ▸ 28,35 g | |
| 1 foot (ft.) ▸ 12 in. ▸ 30,48 cm | | 1 pound (lb.) ▸ 16 oz. ▸ 453,59 g | |
| 1 yard (yd.) ▸ 3 ft. ▸ 0,91 m | | 1 ton ▸ 2.000 lb ▸ 907 kg | |
| 1 mile ▸ 1.760 yd. ▸ 1,61 km | | | |
| **Temperaturen** | | | |
| Umrechnung: (Grad F - 32) x 0,56 = Grad C | | | |
| 23 °F ▸ -5 °C | 32 °F ▸ 0 °C | 41 °F▸ 5 °C | 50 °F ▸ 10 °C |
| 59 °F ▸ 15 °C | 68 °F ▸ 20 °C | 77 °F ▸ 25 °C | 86 °F ▸ 30 °C |
| 95°F ▸ 35 °C | 104 °F ▸ 40 °C | | |

## Medien

- **Internet:** s. S. 103

- **Fernsehen**: Millionen Fernseher flimmern in den Wohnstuben, Bars und selbst in Restaurants. Tausende Fernsehstationen werden fast jedem (amerikanischen) Bedürfnis gerecht. Der Fernseher läuft ständig, dient allerdings eher als Geräuschkulisse.

Es gibt in den USA neben den kommerziellen und den Bildungssendern etliche andere Kanäle, die sich z. B. religiösen oder anderssprachigen Themen widmen oder sich nur auf das Einkaufen oder das Wetter konzentrieren. Meistens handelt es sich aber um Berieselungsprogramme, gespickt mit Unmengen von Werbespots. Die großen, überregionalen Sender sind: **ABC**, **CBS** und **NBC**. Ein weiterer überregionaler Sender ist der „Trump-treue" **FOX**. Daneben bietet **PBS** (Public Broadcasting Service) auch anspruchsvollere Sendungen. Der Nachrichtensender **CNN** informiert zwar rund um die Uhr, meist überwiegen jedoch News zu Stars aus Film und Musik oder die Stories wiederholen sich ständig. Größere Hotels sind oft dem Kabelnetz angeschlossen, für eine Gebühr kann man sich einen Spielfilm (ohne Werbung) anschauen, z. B. über den Sender **HBO**.

**Streamen** ist natürlich auch eine Option, denn nahezu jede Unterkunft bietet freien WLAN-Zugang.

- **Rundfunk**: An die 10.000 Rundfunksender gibt es in den USA, wie beim Fernsehen mit nationalen und regionalen Sendungen. Von Vorteil ist, dass sich wegen der enormen Konkurrenz viele Sender auf eine bestimmte Musikrichtung eingestellt haben. Hat man also einmal Lust auf Oldies oder Country Music, braucht man nur den entsprechenden Sender einzustellen. Reklameplakate an den Highways geben nähere Auskünfte über einzelne Sender.

- **Zeitungen**: Überall erhältlich ist die bunte Tageszeitung „USA Today", die vor allem Landesthemen behandelt und eine gute Wetterseite aufweist, aber im Politischen sehr oberflächlich bleibt. Die renommiertesten Tageszeitungen sind die „New York Times", die „Washington Post" sowie das wirtschaftsorientierte „Wall Street Journal", die nur in größeren Städten erhältlich sind. Als **Wochenzeitschriften** sind vor allem die „Newsweek" und das „Time Magazine" für politische Berichte zu empfehlen sowie „Forbes", „The Economist" und die „Bloomberg Businessweek" für den Wirtschaftsbereich. Ausländische, insbesondere deutschsprachige Zeitungen und Zeitschriften findet man kaum. In den meisten größeren Orten informiert eine Tageszeitung über die wesentlichen lokalen und überregionalen Neuigkeiten sowie zu Veranstaltungen. Die Tendenz ist dahingehend, dass gedruckte Zeitungen nur noch an bestimmten Tagen erscheinen, aber wie die großen Tageszeitungen täglich ein aktuelles Internetportal pflegen.

Die bedeutendsten regionalen **Zeitungen** des Reisegebiets sind:
Chicago: „Chicago Sun-Times" und „Chicago Tribune"; Toronto: „The Toronto Sun", „National Post" und „Toronto Star"; Cleveland: „Cleveland Plain Dealer"; Detroit: „Detroit Free Press" und „Detroit News"; Milwaukee: „Milwaukee Journal Sentinel"; Pittsburgh: „Pittsburgh Post-Gazette"; Duluth: „Duluth News Tribune"; Buffalo: „The Buffalo News".

## National Parks, State Parks

Das amerikanische Nationalparksystem umfasst neben den 63 Nationalparks Hunderte von National Monuments, Battlefields, Recreation Areas (Erholungszonen), Historic Sites und andere geschützte Gebiete. Daneben hat jeder Staat unzählige State Parks, State Wildlife Areas und State Forests. In diesem Reisegebiet gibt es drei Nationalparks (**Voyageurs National Park** in Minnesota, **Isle Royale National Park** in Michigan, **Indiana Dunes National Park** in Indiana), aber auch etliche State Parks, National Historic Sites und National Monuments. In den Nationalparks bieten sich zahlreiche Aktivitäten an: Wandern, Kanufahren, Angeln und Beobachten der reichen Vogel- und Tierwelt. Allerdings sind die Übernachtungsmöglichkeiten in diesen Parks extrem beschränkt: der Isle Royale NP liegt weit abseits inmitten des Lake Superior (Anreise nur mit Boot oder Flugzeug), im Voyageurs NP sind die Unterkünfte einzig mit dem Boot zu erreichen, oder liegen wie auch im Falle des Indiana Dunes NP außerhalb der Parkgrenzen.

Allgemeine Informationen und Unterkunftsverzeichnisse der einzelnen Parks sind erhältlich beim **United States Department of the Interior, National Park Service**

*Erste Anlaufstelle: die Visitor Centers der Nationalparks*

**Headquarters**, 1849 C Street NW., Washington, D.C. 20240, ☎ 202-208-3100, oder im Internet unter **www.nps.gov**. Unter **www.recreation.gov** findet man hilfreiche Beschreibungen und Informationen nicht nur zu Nationalparks, sondern auch zu den Historic Sites, National Monuments und staatlichen Erholungseinrichtungen.

Für den Besuch mehrerer Nationalparks und National Monuments ist die Jahreseintrittskarte (*America The Beautiful – National Parks and Federal Recreation Lands Pass* oder *Interagency Annual Pass*) in Betracht zu ziehen. Erhältlich an den Eingangstoren bzw. in den Besucherzentren der Parks, deckt der Pass ein Fahrzeug mit allen Insassen ab bzw. ist für den Inhaber und maximal drei weitere Personen gültig. Doch: Der Erwerb einzig für dieses Reisegebiet lohnt sich nicht, weil zwei der Nationalparks gar nicht mit dem Fahrzeug zu erkunden sind.

Hinweise für den Besuch der Nationalparks:

- **Parkeingang**: Bezahlung des Eintritts, man erhält Informationsmaterial, inkl. einer detaillierten Karte.
- **Besucherzentrum (Visitor Center)**: Sollte am Anfang des Besuchs stehen. Hier gibt es detaillierte Informationen zum Park und Ranger stehen für Fragen und nützliche Tipps bereit. Oft gibt es ein kleines Museum mit einer Dia- bzw. Filmvorführung. Außerdem: Erfrischungen, Souvenirs, Literatur und Toiletten.
- **Übernachtung**: Zu empfehlen sind die Unterkünfte in den Parks, aber sie sind in diesem Reisegebiet in der Zahl begrenzt, einfach und aufgrund der schwierigen Logistik relativ teuer. Die Parks verfügen über, teils recht einfache Campingplätze, die man in manchen Fällen nicht vorbuchen kann und die deshalb während der Ferienzeiten mittags schon vergeben sind. Alternativ gibt es vor den Toren bzw. im Umkreis von ca. 30 mi des Voyageurs und des Indiana Dunes NP Motels bzw. Rasthäuser und Hotels. Besonders in der **Hauptferienzeit** (Juli/August) ist es nötig, die **Zimmer im Voraus zu buchen**!
- **Wandern**: Es gibt unzählige, gut markierte Wanderwege (Trails). Beim Ranger erkundigt man sich über den Schwierigkeitsgrad der Strecke und registriert sich für längere Wanderungen (Pflicht für lange und/oder schwierige Trails). Broschüren mit wichtigen Informationen liegen meist in Kästen an den Ausgangspunkten der Wege aus. Mehrtägige Touren sollte man nicht alleine unternehmen. Wanderschuhe (oder zumindest festes Schuhwerk), wetterfeste Kleidung, Proviant und vor allen Dingen ausreichend Wasser (3 Liter Minimum pro Person für eine Tagestour) müssen dabei sein.
- **Straßen in den Parks (gilt hier nur für den Indiana Dunes NP):** Die Straßen sind gut und mit allen Fahrzeugen (Ausnahmen gelten z. T. für größere Camper) ohne Probleme zu befahren. Ausgenommen sind die sogenannten Jeep Trails, die man nur mit einem geländegängigen Fahrzeug befahren kann. Für deren Benutzung ist eine Anmeldung beim Ranger notwendig. Im Voyageurs NP gibt es nur wenige Straßen.
- **Angeln**: Eine *fishing license* ist hierfür erforderlich, die man bei der Parkverwaltung erhält.
- **Radfahren/Mountainbiking (gilt hier nur für den Indiana Dunes NP)**: Radsport wird immer populärer und inzwischen haben private Anbieter in vielen umliegenden Gemeinden auch Fahrräder zum Ausleihen.

Auch auf kanadischer Seite dieses Reisegebietes finden sich einige Nationalparks, National Historic Sites und Küstenschutzgebiete. Daneben betreibt jede Provinz ihre Provincial Parks (den State Parks in den USA gleichzusetzen) und Historic Sites. Informationen zu den Parks, den Unterkunftsmöglichkeiten und den Aktivitäten findet man bei Parks Kanada, www.pc.gc.ca und www.national-parks-canada.com.

## Notfall/Unfall/Notruf

Die **allgemeine Notrufnummer** (kostenlos) in den USA und Kanada lautet **911**. Über diese Nummer wird man mit der Polizei, dem Notarzt, dem Krankenhaus oder der Feuerwehr verbunden. Bei Diebstahl oder Verbrechen sollte man bei der Polizeidienststelle Anzeige erstatten, da Versicherungen nur bei Vorlage des Polizeiprotokolls den Verlust ersetzen. Bei schweren Erkrankungen, Unfall oder schwerwiegenden Verbrechen sollte man außer dem Notfallservice ggf. das Konsulat oder die Botschaft informieren. Diese stellen auch Ersatzdokumente aus, falls der Pass verloren gegangen ist. Dann ist es hilfreich, die Identität nachweisen zu können, z. B. durch den Personalausweis.

Bei Verlust oder Diebstahl der Bank- oder Kreditkarte s. S. 102.

## Outdooraktivitäten und Wintersport *siehe auch „Kanu-, Kajak- und Floßfahrten"*

Klassische Aktivitäten in diesem Reisegebiet sind vor allem Wandern, Reiten, Kanu- und Kajakfahren, Angeln, Mountainbiking und Skilanglauf. Aber auch Snowboarding, Golf oder Ausgefallenes wie Fallschirmspringen sind möglich. Wer sich über das aktuelle Angebot informieren möchte, wende sich an die jeweiligen Touristenämter oder schaue auf die Internetseiten der einzelnen Staaten. Unter www.recreation.gov kann man sich über jede Art von Aktivität in allen Staaten informieren, meist sind diese jedoch Teil einer organisierten Tour.

Vor Ort ist es am besten, das entsprechende Visitor Center zu besuchen. In den größeren Orten oder nahe der Parks und Freizeitgebiete findet man auch sogenannte **Outfitter**, die nicht nur Ausrüstung vermieten und alle Notwendigkeiten verkaufen, sondern auch Touren organisieren bzw. leiten.

**Wintersport**: Zum Skilaufen bieten sich in diesem Reisegebiet vor allem Michigan (Upper Peninsula), Nordwest-Wisconsin und Nord-Minnesota an. Aber auch die kanadische Seite (Thunder Bay und Collingwood) verfügt über schöne Skigebiete. In Michigan und Nord-Minnesota sind es vor allem Skilanglauf, Snowmobiling und Schneeschuhwandern, die viele Menschen anziehen. Die Upper Peninsula von Michigan erhält relativ konstante Schneefälle zwischen Mitte Dezember und Anfang März. Unter www.skicentral.com kann man sich über Skigebiete, Resorts und Aktivitäten informieren, auch Links zu Veranstaltern und Ausrüstern findet man auf dieser Seite.

Eine besondere Empfehlung für alle Outdooraktivitäten und Wintersport ist **Michigan's Upper Peninsula**, auch „UP" genannt. Eine erstklassige Adresse für die Organisation von Touren, für Hotelbuchungen (es gibt günstige Pakete), für die Ausrüstung oder Routenplanung ist das Marquette Country Touristenbüro: **Marquette Country Travel and Visitors Bureau**, 117 West Washington St., Marquette, MI 49855, ☎ (800) 544-4321 oder (906) 228-7749, www.travelmarquette.com.

## Post

Postämter sind nicht immer einfach zu finden, vor allem in ländlichen Gegenden; eine Orientierung ist die gehisste US-Flagge am Gebäude. Die Postämter haben in der Regel werktags von 9 bis 17 Uhr geöffnet, Briefkästen (*mailboxes*) sind in den USA blau. Briefmarken erhält man auch in einigen Hotels und Geschäften, aber mit einem Aufpreis muss man rechnen. Auch über das Internet kann man Briefmarken kaufen und Sendungen abwickeln (www.usps.com).

## Rauchen

Rauchen ist in den USA und Kanada in allen geschlossenen öffentlichen Gebäuden, inklusive Flughäfen sowie Restaurants und Bars, nicht gestattet, auch Mietwagen und Hotels sind überwiegend rauchfrei. Ausnahmen gibt es nur in Casinos, Privatclubs und den als solche ausgezeichneten „Cigar Bars" einiger Staaten. Die Gesetze sind von Staat zu Staat, manchmal auch von Ort zu Ort unterschiedlich. Pfeifen- und Zigarrenraucher sollten sich vor dem Anzünden vergewissern, ob ihr Qualm selbst in den Raucherzonen gestattet ist. Oft hängt hier ein Schild: „no pipes – no cigars".

## Sport ansehen

Man sollte unbedingt versuchen, ein sportliches Ereignis live anzusehen. Besonders Baseball, Basketball, Football und Eishockey bieten bei größeren Spielen ein Happening. Jede dieser Sportarten hat ihre Saison und so ist das ganze Jahr über etwas dabei. Falls kein Stadion in der Nähe ist, lohnt auch der Besuch in einer Sportsbar. Hier wird oft schon von außen mit der Liveübertragung von Spielen geworben und in jeder Ecke steht oder hängt ein Fernseher. Stimmung kommt immer auf.

*Baseball live: ein schönes Erlebnis*

## Sprache

Es dürfte eher schwierig sein, in den USA ganz ohne Englisch auszukommen, da die Fremdsprachenkenntnisse der Amerikaner gering sind. Dafür sind Geduld und Freude über selbst geringe Englischkenntnisse stark ausgeprägt.

In der Schreibweise fällt vor allen Dingen auf, dass Substantive, die im Britischen auf -re enden, im Amerikanischen mit -er geschrieben werden, z. B. *theatre – theater, centre – center.* Auch wird das Britische -ou im Amerikanischen zu -o, z. B. *colour – color, harbour – harbor.* Die Amerikaner neigen auch dazu, bestimmte Wörter so zu schreiben, wie sie sie sprechen (*nite* für *night*) oder auf verkürzte Wortschöpfungen zurückzugreifen (*u* für *you*, *r* für *are*, *4sale* für *for sale* etc.).

## Strände

Strände finden sich entlang der Großen Seen, und besonders um Chicago herum bzw. am Ostufer des Lake Michigan werden diese viel besucht. Attraktiv ist auch das Baden in den zahlreichen Binnenseen und natürlich in den Flüssen. Die Temperaturen bieten allerdings nur in den warmen Sommermonaten Badefreuden und der außergewöhnlich tiefe und selbst im Sommer kühle Lake Superior gilt das ganze Jahr über als „Mutprobe".

## Strom

In den USA und Kanada herrschen 110 Volt Wechselspannung (60 Hz), man muss darauf achten, dass mitgebrachte Geräte (auch Ladegeräte) für 110 Volt geeignet sind. Ansonsten benötigt man einen Adapter. Flachstecker sind üblich – ein Adapter muss daher dazwischen gesteckt werden. Adapter sind bei Reiseausstattern, in Elektromärkten, Kaufland (online) in Europa sowie in Elektrogeschäften und Hardware Stores in den USA erhältlich.

## Taxi, Uber und Lyft

Da das öffentliche Nahverkehrsnetz in den USA zu wünschen übrig lässt, ist es üblich, auch kürzere Strecken mit dem Taxi zurückzulegen. Taxis (*cabs*) kann man **telefonisch** (☎ 1-800-USA-TAXI bzw. 800-829-4872) und über eine **App** (zu finden unter www.1800taxiusa.com) bestellen oder man **winkt einem Taxi an der Straße**. Häufig stehen bereits Taxis vor großen Hotels oder werden vom Türsteher (*doorman*) gerufen.

Neben einer **Grundgebühr** berechnet der Taxameter die gefahrene Strecke, wobei für Zeitfaktoren (z. B. Stau, nächtliche Fahrt) oder die Personenzahl ein kleiner Zuschlag berechnet wird. Die Preise sind am/im Taxi angeschlagen. In kleineren Orten sind Taxis meist Privatunternehmen, deshalb nicht einheitlich markiert und oft auch „car service" genannt. Diese Taxis haben meist keine Taxameter, sodass bei der Bestellung oder vor Antritt der Fahrt sollte der Preis erfragt werden sollte. Ein Trinkgeld von 15 % ist üblich.

Hat man das Gefühl, beim Preis oder der Routenwahl übervorteilt worden zu sein, kann man bei der Taxizentrale, beim Unternehmen oder bei der Stadtverwaltung **Beschwerde** einreichen. Dafür muss die Nummer des Taxis und des Unternehmens (im Taxi angeschlagen) vorliegen. Diese Informationen zu notieren, ist auch hilfreich, falls man etwas im Taxi liegen lässt.

Die Hol- und Bringdienste, vor allem **Uber** (www.uber.com), aber auch **Lyft** (www.lyft.com) und andere sind in den Großstädten weit verbreitet, doch sind diese zu stark frequentierten Zeiten nicht unbedingt billiger als Taxis, denn die Unternehmen steuern die Preise. Bestellt wird einzig über eine Smartphone-App – zeitnah, nicht z. B. für den Folgetag oder den späteren Abend. Der Preis wird angezeigt, bevor die Fahrzeuganforderung erfolgt.

## Telefonieren *siehe auch „Internet"*

### Vorwahlnummern von den USA aus

nach Deutschland 011 49 + Vorwahl (ohne 0) + Teilnehmernummer
nach Österreich 011 43 + Vorwahl (ohne 0) + Teilnehmernummer
in die Schweiz 011 41 + Vorwahl (ohne 0) + Teilnehmernummer
Vorwahlnummer **von Europa in die USA** 001 + Vorwahl (*area code*) + Teilnehmernummer

Generell wird zwischen *local calls* (Ortsgespräche), *regional calls* (regionale Gespräche) und *long distance calls* (Ferngespräche) unterschieden. Bei allen **Telefonaten innerhalb der USA** muss erst eine „1" gewählt werden, dann der *area code* und anschließend die Teilnehmernummer. In mittlerweile fast allen Gegenden sind die „1" und der area code auch innerhalb eines Vorwahlbereichs zu wählen. **Gebührenfrei** (*toll free*) innerhalb der USA sind Rufnummern, die z. B. mit 1-800, 1-888, 1-866 oder 1-877 beginnen. Die nach der jeweiligen Vorwahl folgende Rufnummer (i. d. R. 7-stellig) wird zu Werbezwecken oft auch als Buchstabenkombination angegeben, die so zu „dechiffrieren" ist:
2: ABC • 3: DEF • 4: GHI • 5: JKL • 6: MNO • 7: PRS • 8: TUV • 9: WXY

Öffentliche Münztelefone mit gibt es kaum noch. Eingangshallen der größeren Hotels haben mitunter noch Apparate – besonders für Auslandsgespräche braucht man dann eine recht große Menge Münzen, einige funktionieren auch mit Kreditkarte. Dazu muss man einen Code vorwegwählen, der auf das Telefon aufgedruckt ist. Aber Vorsicht! Diese Telefonate sind sehr teuer.

**Telefonieren aus dem Hotelzimmer** (viele Hotels haben keine Telefonanlagen mehr!) ist die bequemste Art, sich mit Europa in Verbindung zu setzen. Auf dem Telefon oder im Informationsblatt stehen alle nötigen Anweisungen, meist muss man eine 8 oder eine 9 vorwählen. Achtung: Das Telefonieren vom Zimmer kann teuer sein und man sollte sich vorher unbedingt nach den Gebühren für Fern- und Ortsgespräche erkundigen. Anrufe von Europa in die USA sind meist günstiger als andersrum.

**Telefonkarten** gibt es in etlichen Varianten mit unterschiedlichen Bedingungen, Vorteilen, und Kosten (Calling Cards und Prepaid oder Phone Cards etc.). Wichtig ist, dass man sich über seine Telefonbedürfnisse im Klaren ist und dann entsprechend entscheidet. Neben den großen Anbietern (ATT, Sprint, MCI) gibt es viele weitere. Die **Calling Card** muss man vor der Reise bei einem Anbieter bestellen. Mit ihr kann man via PIN- und einer Einwählnummer (meist 1-800...) von jedem Apparat aus telefonieren, die Abrechnung erfolgt per Kreditkarte. Informationen zu günstigen Tarifen findet man unter www.us-calling card.info, https://callingcards.com, www.comfi.com.

**Prepaid** bzw. **Phone Cards** sind mit einem festen Guthaben versehen, das jederzeit nachgeladen werden kann. Anbieter solcher Karten findet man z. B. unter https://funtravel.de/mobiles-internet-usa/wlan-hotspot oder https://zaptel.com.

**Tipp**

*Wer viel telefoniert, sollte sich an einem Kiosk, einem Supermarkt oder einer Drogerie eine Telefonkarte kaufen. Diese Karte gibt es meist mit Guthaben von US$ 5, 10 oder mehr. Neben den Gebühren für das Gespräch (am günstigsten ins Festnetz) muss man mit anderen Beträgen rechnen. Das Telefonieren ist auf diesem Wege zwar ein wenig umständlich, lohnt sich aber unbedingt. Achten sollte man darauf, dass die Karte nicht nur in dem Bundesstaat gilt, in dem man sich gerade aufhält. Am besten nennt man dem Verkäufer das Land, in das man hauptsächlich telefonieren möchte.*

Telefonnummern können in den USA über folgenden Weg in Erfahrung gebracht werden: Für gebührenfreie Nummern (z. B. Hotels, Fluggesellschaften) wählt man 1-800-555-1212, nennt den Namen des Hotels – und die Nummer wird per Computer angesagt. Für alle anderen Nummern wählt man die „1", dann die Vorwahl des Orts, in dem man die Nummer sucht, dann 555-1212. Zettel und Stift parat haben!

Die meisten **Mobiltelefone** (in Amerika *cell phones* genannt) funktionieren in den USA in der Tripleband- (Triband), besser der Quadband-Version, mit der die amerikanischen GSM-Frequenzbereiche von 850 bis 1900 MHz abgedeckt sind. Mittlerweile ist das bei fast allen Handys der Fall. Im Ausland Telefonate zu führen und zu empfangen ist aber nicht ganz billig. Rufweiterleitungen aus Europa in die USA gehen immer auf Kosten des Angerufenen. Daher sollte man auf jeden Fall die Rufumleitung auf die Mailbox deaktivieren. Für das Roaming (Nutzung eines fremden Mobilfunknetzes) berechnen alle Mobilfunkanbieter einen stolzen Minutenpreis. Es gibt einzelne europäische Anbieter, die auf Anfrage günstigere USA-Tarife für bestimmte Zeiträume gewähren, bzw. dies in einem Businesstarif offerieren.

Hohe Roamingkosten können mit einer amerikanischen SIM-Karte, die in das eigene Handy eingesetzt wird, vermieden werden. Eine **Prepaid-USA-SIM-Karte** gibt es z. B. für 30 Tage als Rundum-Sorglospaket (kostenlose Telefonate und SMS innerhalb der USA, z. T. auch nach Europa, Datenvolumen, verlängerbar, Freischaltung durch deutschen Provider, AT&T-Netz etc.) bei Simlystore (www.simlystore.com). Man erhält eine amerikanische Rufnummer, die von Deutschland aus für wenige Cent erreichbar ist. Tarife unter www.teltarif.de.

Üblicher Mobilfunkstandard sind 4G und in rasant zunehmendem Maße 5G. Das vereinzelt noch vorkommende 3G wird jedoch in naher Zukunft abgeschaltet werden. Man sollte sich vorher erkundigen, ob ein eigenes 4G-Handy im 5G-Netz überhaupt noch funktioniert. Denn einige Regionen in den USA und Kanada planen, selbst das 4G-Netz einzustellen.

Wer ein Smartphone, Tablet, Notebook o. Ä. dabei hat, kann per WLAN (z. B. im Hotel) das kostenlose **Skype** nutzen (www.skype.com/de/at/ch). Das sollte man dann aber bereits in Europa einrichten, die Gesprächspartner müssen ebenfalls dort angemeldet sein. Skype bietet zudem einen Telefontarif an. Damit kann man vom Smartphone oder Tablet ausgesprochen günstig nach Europa telefonieren.

Falls das Mobiltelefon verloren geht oder gestohlen wird, sollte man die Nutzung der SIM-Karte sofort beim Provider sperren lassen.

## Trinkgeld

Das Trinkgeld (*tip, gratuity*) gehört in den USA zur **Haupteinnahmequelle** der Bedienung und muss sogar in vielen Fällen von der Bedienung pauschal versteuert (!) werden, egal wie viel er/sie wirklich bekommen hat. Daher sollte man unbedingt daran denken, Trinkgeld zu geben (Ausnahme: Fastfood-Restaurants und Selbstbedienungsläden).

In der Regel gibt man 15 bis 20 % des Rechnungsbetrags im Restaurant, am Tresen einer Kneipe wird häufig auch mehr gegeben (Anhaltspunkt: $ 1 für ein bis zwei Softdrinks oder Biere, Mixgetränke jeweils $ 1). Ein Gepäckträger erwartet mindestens $ 1 pro Gepäckstück, je nach Größe der Koffer und der Streckenlänge. Man sollte aber mindestens $ 2–3 für den Weg vom Auto bis zum Zimmer geben. Valet-Parker erwarten mindestens $ 2. Einem Zimmermädchen hinterlässt man ca. $ 2 pro Übernachtungstag, bei längeren Aufenthalten etwas weniger (ab drittem Tag $ 1, max. $ 5). Auch Taxifahrer (15 %) und Tourguides (Bootstouren, geführte Spaziergänge etc. – nach Aufwand: 5–15 %) erwarten Trinkgeld.

In manchen Fällen, z. B. wenn man in größeren Gruppen essen geht, ist das Trinkgeld bereits im Preis inbegriffen. Dieses wird dann deutlich auf der Speisekarte angezeigt und auch auf der Rechnung notiert (*service charge/gratuity included*). Man sollte darauf achten, damit man das Trinkgeld nicht doppelt bezahlt.

## Unterkünfte *siehe auch „Camping" und „Preisnachlässe"*

**Hinweis**
*In Zeiten (und auch nach) der Corona-Pandemie muss man sich von Bundesstaat zu Bundesstaat erkundigen, welche Regeln aktuell für Unterkünfte gelten (Impfstatus, Maskenpflicht etc.). Diese können stark variieren.*

Wer sich unterwegs nicht um Unterkünfte kümmern möchte, reserviert alle Übernachtungen von Europa aus. Wer mit der Reiseroute flexibler sein möchte, bucht Unterkünfte nur für den Ankunfts- und Abflugtag und in den Städten im Voraus. In den USA ist es üblich, Zimmer über das Internet (ohne geht es auf Reisen fast gar nicht mehr) zu buchen. Oft gibt es immense Preisunterschiede zwischen Internet-, Telefon- und Reisebürobuchungen und der an der Rezeption, diese sind meist erheblich teurer.

Für eine Zimmerreservierung per Telefon oder Internet benötigt man in den meisten Fällen eine Kreditkarte. Falls man die Reservierung dann nicht in Anspruch nimmt, kann das Zimmer dennoch berechnet werden. Auf jeden Fall sollte man immer angeben, wenn man nach 16 Uhr ankommt (***late arrival***), ansonsten kann es passieren, dass das Zimmer anderweitig vergeben wird.

Bei der telefonischen Reservierung und bevor man ein Hotel fest bucht, sollte man nach einem **Sondertarif** (*special deal*) fragen, der oft gewährt wird. Besonders an Wochenenden, mit einer AAA-Karte (ausgestellt von einem europäischen Automobilclub) oder in der Nebensaison bekommt man Ermäßigungen, allerdings nur, wenn man nach einem „special" fragt.

Bad/Dusche, Klimaanlage und Fernseher gehören zum **Standard**, selbst bei den preisgünstigeren Hotels bzw. Motels. B&Bs bieten Bad/Dusche jedoch nicht immer im eigenen Zimmer an.
Das Schild *„Vacancy"* bedeutet, dass es noch freie Zimmer gibt, *„Sorry"* oder *„No Vacancy"* signalisiert, dass alles belegt ist.

Die Zimmerpreise sind bei einfacher oder doppelter Belegung fast gleich, und meist wird für ein Kind kein besonderer Aufpreis berechnet. In den meisten Zimmern stehen ein oder zwei Betten (*Double* oder *Queen Size*) zur Verfügung oder alternativ ein größeres *King-Size*-Bett. Wer zu zweit reist und mehr Platz benötigt, sollte auf jeden Fall nach einem Zimmer mit zwei Betten fragen.

## Hotel-Preiskategorien pro Doppelzimmer

| | |
|---|---|
| $ | unter $ 60 |
| $$ | $ 60–130 |
| $$$ | $ 130–200 |
| $$$$ | $ 200–280 |
| $$$$$ | $ 280 und mehr |

Ein richtiges Frühstück ist normalerweise nicht im Preis inbegriffen. Zumeist steht aber Kaffee und z. B. ein Korb mit Obst und Muffins in der Lobby. Manche Hotelketten (z. B. Hampton) bieten aber mittlerweile ein Selbstbedienungs-Frühstück an. In größeren Hotels gibt es ein angeschlossenes Restaurant oder einen Coffeeshop. Nahe der Motels sind meist Fast-Food-Restaurants, Diners oder Coffeeshops.

Beim Einchecken muss man
- ein **Anmeldeformular** ausfüllen
- die **Kreditkarte** vorlegen. Barzahlung ist nahezu ausgeschlossen. Und wenn doch möglich, wird meist eine zusätzliche Garantiesumme gefordert.
- in Stadthotels das **Fahrzeug in eine Garage** stellen lassen (kostet etwa $ 20–30/Tag, in Städten wie Chicago auch mal $ 50/Tag), wofür man ein spezielles Ticket erhält. Die „Valet"-Gebühr, d. h. das Trinkgeld sowie den dafür oft festgesetzten Standardtarif für den Fahrer, spart man, wenn man beim Gepäckausladen darauf besteht, das Auto selbst in die Garage zu bringen oder sich – was sich in der Innenstadt als sehr schwierig erweisen wird – auf Parkplatzsuche begibt.

Beim Auschecken sollte man die Rechnung, die eventuell noch Zusatzgebühren enthält (Telefongespräche, Parken etc.), nochmals prüfen.

### Einige Infos zu den Unterkunftstypen

**Hotels:** Hier reicht die Skala von ganz einfach bis zum absoluten Luxus. Häufig im Stadtbereich gelegen mit zusätzlichem Service (Kofferträger, ein besonderes Restaurant, Businesscenter, Valet-Parken etc.), sind Hotels meist teurer als andere Unterkünfte. Boutique-Hotels haben einen individuelleren Charakter als die Kettenhotels, während die günstigeren Express-Hotels (z. B. Holiday Inn Express) gut ausgestattet sind, aber einen nur rudimentären Service aufweisen.

**Motels:** Sie liegen meist an den Hauptausfallstraßen und sind kaum zu verfehlen. Die an Ketten (z. B. Motel 6, Super 8, Comfort Inn etc.) angeschlossenen Häuser sind etwas teurer als privat betriebene, aber auch etwas besser. Private Motels sind teilweise sehr einfach. Bei den größeren Motels gibt es einen Parkplatz direkt vor dem Eingang.

**Inns:** in der eigentlichen Bedeutung ein „Gasthaus", heute oft ein Quartier der gehobenen Ansprüche.

**Lodges:** liegen meist in der Natur und sind rustikal eingerichtet.

**Resorts:** Hierbei handelt es sich um Ferienanlagen, die ruhig liegen und vor allem Sportprogramme und andere Freizeitaktivitäten (Golf, Tennis, Bootsverleih etc.) bieten. **Golfresorts** verfügen oft über Unterkünfte in neu errichteten „Villas" (teilweise auch für Selbstversorger). Hier ist es natürlich teuer.

**Country Clubs:** Häuser mit hohem Standard, oft mit angeschlossenem Golfplatz/-club.

**Bed & Breakfast:** Anders als in England handelt es sich bei den B&Bs meist um gute bis luxuriöse Unterkünfte, die einen nostalgischen Touch haben und persönliche Betreuung einschließen. B&Bs sind häufig sehr teuer und scheinen sich in Ambiente und Service selbst zu übertrumpfen (www.vrbo.com).

**Jugendherbergen/Hostels:** oft teurer als in Europa, aber gut ausgestattet. Es gibt auch eine Reihe von privaten Jugendherbergen, die etwas günstiger sind. Einen internationalen Jugendherbergsausweis bekommt man über die Jugendherbergsverbände (www.jugendherberge.de, www.youthhostel.ch, www.jugendherberge.at).

**Hinweis**

*Die Preisklassifizierungen (siehe Reisepraktische Informationen zu den einzelnen Orten/Städten) können nur als ganz grober Richtwert angesehen werden, da Faktoren wie Saison und Gebiet und Discounts Einfluss auf die Preise haben.*

**Buchungs- und Infoadressen** (1-800-Nummern sind in den USA kostenlos):

**Hostels: Hostelling International USA**: 8401 Colesville Rd., Suite 1225, Silver Springs, MD 20910, ☎ (240) 650-2100, www.hiusa.org. Unter www.hostelworld.com und www.hihostels.com gibt es Informationen zu Hostels weltweit.

**Camping: Kampgrounds of America**: ☎ 1-888-562-0000, https://koa.com. Die größte Vereinigung von Campingplätzen in Amerika.

**Hotels:** Über das Internet kann man entweder direkt beim Hotel oder über eine Buchungsplattform Übernachtungen reservieren: www.tripadvisor.com, https://de.hotels.com, www.trivago.com, www.expedia.com.

Etwas außergewöhnlichere oder **private Unterkünfte**, die allerdings schon im Voraus gebucht werden sollten, findet man unter **www.airbnb.com** oder **www.wimdu.de**. Hier lässt sich vom einfachen Zimmer in der Wohnung des Gastgebers bis zum Ferienhaus alles mieten.

## Hotel- und Motelketten

(Die kostenlosen Telefonnummern gelten nur vom nordamerikanischen Telefonnetz aus. Das Preissegment wird anhand von drei Kategorien eingegrenzt.)

| | |
|---|---|
| **Americas Best Value Inn**: ☎ 1-888-315-2378, www.redlion.com/americas-best-value-inn | niedrig |
| **Best Western**: ☎ 1-800-780-7234, www.bestwestern.com | mittel |
| **Budget Host**: ☎ 1-800-BUD-HOST (1-800-283-4678), www.budgethost.com | niedrig |
| **Clarion Hotels**: ☎ 1-877-424-6423, www.clarionhotel.com | mittel |
| **Comfort Inns**: ☎ 1-877-424-6423, www.comfortinn.com | mittel |
| **Courtyard by Marriott**: ☎ 1-888-236-2427, https://courtyard.marriott.com | hoch |

| | |
|---|---|
| **Crowne Plaza**: ☎ 1-800-181-3885, www.crowneplaza.com | mittel |
| **Days Inn by Wyndham**: ☎ 1-800-225-3297, www.wyndhamhotels.com | mittel |
| **DoubleTree by Hilton**: ☎ 1–800-610-8733, www.hilton.com | hoch |
| **Econo Lodge**: ☎ 1-877-424-6423, www.choicehotels.com/econo-lodgewww.econolodge.com | niedrig |
| **Embassy Suites by Hilton**: ☎ 1-800-362-2779, www.hilton.com/en/embassy | mittel/hoch |
| **Fairmont Hotels**: ☎ 1-800-0441-1414, www.fairmont.com | mittel |
| **Four Seasons Hotels**: ☎ 1-800-819-5053, www.fourseasons.com | hoch |
| **Hampton by Hilton**: ☎ 1-800-426-7866, www.hilton.com/en/hampton | mittel |
| **Hilton Hotels**: ☎ 1-800-445-8667, www.hilton.com | teuer |
| **Holiday Inn**: ☎ 1-800-181-3885, www.holidayinn.com | mittel/hoch |
| **Howard Johnson by Wyndham**: ☎ 1-800-221-5801, www.wyndhamhotels.com/hojo | niedrig/mittel |
| **Hyatt Hotels & Resorts**: ☎ 1-888-591-1234, www.hyatt.com | hoch |
| **Intercontinental Hotels**: ☎ 1-800-181-3885, www.ihg.com | hoch |
| **La Quinta by Wyndham**: ☎ 1-800-753-3757, www.wyndhamhotels.com/laquinta | niedrig/mittel |
| **Le Méridien**: ☎ 1-800-543-4300, https://le-meridien.marriott.com | mittel/hoch |
| **Marriott Hotels**: ☎ 1-888-236-2427, www.marriott.com | hoch |
| **Motel 6**: ☎ 1-800-899-9841, www.motel6.com | niedrig |
| **Omni Hotels**: ☎ 1-800-843-6664, www.omnihotels.com | hoch |
| **Quality Inn**: ☎ 1-877-424-6423, www.choicehotels.com/quality-inn | mittel |
| **Radisson Hotels**: ☎ 1-800-333-3333, www.radissonhotelsamericas.com | mittel/hoch |
| **Ramada Inn by Wyndham**: ☎ 1-800-854-9517, www.wyndhamhotels.com/ramada | mittel |
| **Red Roof Inns**: ☎ 1-800-733-7663, www.redroof.com | niedrig/mittel |
| **Renaissance**: ☎ 1-800-721-7033, https://renaissance-hotels.marriott.com | hoch |
| **Residence Inn by Marriott**: ☎ 1-888-236-2427, https://residence-inn.marriott.com | hoch |
| **Ritz-Carlton**: ☎ 1-800-542-8680, www.ritzcarlton.com | hoch |
| **Rodeway Inn**: ☎ 1-877-424-6423, www.choicehotels.com/rodeway-inn | niedrig/mittel |
| **Sheraton Hotels & Resorts**: ☎ 1-800-325-3535, https://sheraton.marriott.com | hoch |
| **Sleep Inn by Choice Hotels**: ☎ 1-877-424-6423, www.choicehotels.com/sleep-inn | niedrig |
| **Super 8**: ☎ 1-800-454-3213, www.wyndhamhotels.com/de-de/super-8 | niedrig |
| **Travelodge**: ☎ 1-800-525-4055, www.wyndhamhotels.com/travelodge | niedrig/mittel |
| **Vagabond Inn**: ☎ 1-800-522-1555, www.vagabondinn.com | niedrig |
| **Westin Hotels & Resorts**: ☎ 1-800-937-8461, https://westin.marriott.com | hoch |
| **Wyndham Hotels & Resorts**: ☎ 1-800-724-0615, www.wyndhamhotels.com | hoch |

## Versicherungen *siehe auch „Gesundheit", „Autoverleih"*

Es ist auf jeden Fall sinnvoll, eine Reisekranken- und Unfallversicherung abzuschließen – und die sollte unbedingt die Behandlung bei einer Corona-Infektion abdecken. Dafür stellen die Auslandskrankenversicherungen auf Anfrage ein Schreiben in Englisch auf. Entsprechende Policen kann man bei fast jeder Versicherung bekommen. Da der Versicherungsschutz meist zeitlich begrenzt ist, sollte man bei einem längeren Aufenthalt eine Jahresversicherung abschließen. Zudem sollte man darauf achten, dass die Reisekranken- und Unfallversicherung den Rücktransport enthält. Auch Versicherungspakete, die neben der Reisekrankenversicherung auch andere Leistungen, z. B. Haftpflicht, Reisegepäck, Rücktransport und Rechtsbeistand, enthalten, kann man schon recht günstig erhalten. Eine Reisegepäckversicherung ist manchmal hilfreich, aber in den meisten Fällen an viele Bedingungen geknüpft und deshalb nicht unbedingt erforderlich. Bei Buchung einer Pauschalreise ist der Abschluss einer Reiserücktrittsversicherung ratsam.

**Hinweis**

*Auch wenn man glaubt, dass die Versicherungen, die über die* **Kreditkarten** *laufen, alle Eventualitäten abdecken, sollte man sich vor der Reise noch einmal über die Bedingungen informieren. Oft zahlen die Kreditkartenunternehmen bei einem Unfall nur dann, wenn die Reise bzw. der Mietwagen mit dieser Kreditkarte bezahlt wurde. Zudem sollte man sich vergewissern, dass der gesamte Zeitraum des Urlaubs abgedeckt ist.*

## Visum

Keine Visumpflicht für die USA besteht für deutsche, österreichische und Schweizer Staatsbürger, solange der Aufenthalt rein touristisch ist und nicht länger als 90 Tage dauert. Im Rahmen der visumsfreien Einreise benötigt man sowohl für die USA als auch für Kanada eine Berechtigung über das elektronische Reisegenehmigungssystem.
Wer länger bleiben möchte, muss ein Visum bei den diplomatischen Vertretungen im Heimatland beantragen.

*Zu den Einreisebedingungen s. S. 95.*

## Zeit und Zeitzonen

Im Reisegebiet gibt es eine Zeitverschiebung von sechs bzw. sieben Stunden (s. Zeitzonen) zur mitteleuropäischen Zeit (MEZ). Der Zeitabstand zu Mitteleuropa ist generell der gleiche, da während unserer Sommerzeit in den USA auch die entsprechende *daylight saving time* gilt. Allerdings werden die Uhren in den USA im Frühling und Herbst an anderen Daten umgestellt, nämlich am 2. Sonntag im März und am 1. Sonntag im November.

In den USA werden die Uhrzeitangaben in *ante meridiem* (= vormittags, abgekürzt a.m.) und *post meridiem* (= nachmittags, abgekürzt p.m.) eingeteilt. So entspricht 6 a.m. unserer Morgenzeit 6 Uhr, dagegen 6 p.m. unserer Abendzeit 18 Uhr. 12 p.m. ist 12 Uhr mittags, meist „12 noon“ genannt, um Verwechslungen zu vermeiden. Was bei uns 0 Uhr heißt, wird in den USA als „midnight“ bezeichnet.

Um die Großen Seen gibt es folgende Zeitzonen:

**Central Standard Time**: MEZ minus sieben Stunden. Gilt für Minnesota, Wisconsin, Illinois und einen kleinen Teil vom Nordwesten Michigans sowie den Westen von Ontario. Auch ein winziger Zipfel von Indianas Norden gehört zu dieser Zeitzone.

**Eastern Standard Time**: MEZ minus sechs Stunden. Gilt für den großen Teil Michigans, Ontarios und Indianas, für Ohio, Pennsylvania und New York.

## Zoll

**Einreise in die USA/Kanada**
Zahlungsmittel im Wert von über $ 10.000 respektive 10.000 CAD müssen in den USA und Kanada deklariert werden.
Wer größere Mengen von persönlichen Arzneimitteln mitführt, sollte ein ärztliches Attest (auf Englisch) vorweisen können.
Zollfrei sind alle Gegenstände des persönlichen Bedarfs, außerdem **dürfen zollfrei eingeführt werden**:
- 200 Zigaretten, 250 g Tabak (Kanada: 200 g) oder 50 Zigarren
- 1 l alkoholische Getränke (pro Person ab 21 Jahre); Kanada: ca. 1 l Spirituosen, 1,5 l Wein oder 8,5 l Bier
- Geschenke im Wert von $ 100 (Kanada: CAD 60/Geschenk)

**Lebensmittel**, besonders Frischwaren/Obst, sowie Pflanzen dürfen **nicht** eingeführt werden, weder in die USA noch nach Kanada!

**Wiedereinreise nach Europa**
Zollfrei sind alle Gegenstände des persönlichen Bedarfs, außerdem dürfen bei der **Wiedereinreise in Deutschland** und in Österreich zollfrei eingeführt werden:
- 200 Zigaretten oder 100 Zigarillos oder 50 Zigarren oder 250 g Rauchtabak oder eine anteilige Zusammenstellung dieser Waren (ab 17 Jahren); 1 l Spirituosen über 22 Vol.-% oder 2 l Wein oder 2 l Schaumwein oder 2 l Liköre mit einem Alkoholgehalt von bis zu 22 Vol.-% und 4 l nicht schäumende Weine sowie 16 l Bier (ab 17 Jahre).
- sonstige Waren im Wert von 430 € (Kinder/Jugendliche bis 15 Jahren: 175 €)

Bei der Wiedereinreise in die **Schweiz** dürfen **zollfrei** von Personen ab 17 Jahren eingeführt werden:
1 l Alkohol über 18 Vol.-% und 5 l Alkohol bis 18 Vol.-%; 250 Zigaretten oder 50 Zigarren oder 250 g Schnitttabak; sonstige Privatwaren im Gegenwert von 300 Schweizer Franken.

Einfuhrbeschränkungen bestehen in ganz Europa für Drogen, Arzneimittel, Waffen, Feuerwerkskörper, Lebensmittel und Fleisch.

Weitere und aktuelle **Informationen** unter:
Deutschland: www.zoll.de
Österreich: www.bmf.gv.at
Schweiz: www.ezv.admin.ch
USA: www.usa-reisetipps.net/einreise-usa/zollbestimmungen-usa oder www.cbp.gov
Kanada: www.cbsa-asfc.gc.ca

# Das kostet eine Reise an die Großen Seen/USA

Stand Spätsommer 2022

Auf den Grünen Seiten werden Preisbeispiele für einen Urlaub an den Großen Seen/USA gegeben, damit man sich ein realistisches Bild über die Kosten einer Reise machen kann. Die angegebenen Preise sollen nur als Richtschnur dienen.

Die Preise basieren auf dem Wechselkurs:
1 € = 1,01 $, 1 $ = 0,99 €, 1 SFR = 1,04 $, 1 $ = 0,96 SFR

## Beförderungskosten

**Flüge**: Das Angebot an Transatlantikflügen ist nach den Schwankungen während der Corona-Pandemie wieder stabil und nahezu unüberschaubar. Während der Hauptsaison variieren die Preise nach Chicago bzw. Toronto zwischen 1.000 und 1.300 €, nach Detroit liegen sie ca. 100 € darüber. In der Nebensaison liegen die Preise um 200–300 € niedriger. Empfehlenswert ist eine **kombinierte Buchung von Flug und Mietwagen**. Der Flugpreis kann dabei etwas höher liegen, der Gewinn beim Mietwagen („Paket“) macht dies aber oft mehr als wett. Preisvergleiche in alle Richtungen machen sich jedoch immer bezahlt. Achten Sie besonders auf die Zusatzleistungen. Teilweise gibt es mit einem bestimmten Airlineticket nicht nur vergünstigte Mietwagen, sondern auch Rabatte in Hotelketten. Umbuchungen des Flugtickets kosten immer Geld bzw. sind je nach Tarif ausgeschlossen. Das gilt es, bei der Suche nach dem für sich passenden Angebot zu berücksichtigen.

**Inlandsflüge**: Auch hier gilt es, besondere Tarife zu beachten, die sich schnell ändern können. Nicht immer ist kurzfristig günstiger. Daher gilt die Empfehlung, besser schon im Voraus zu buchen. Damit ist man auf der sicheren Seite und erspart sich für einen nur eventuellen Geldgewinn von vielleicht 100 € Stress und Risiko. Zudem kann eine Kombination mit dem Transatlantikflug z. T. erhebliche Ermäßigungen mit sich bringen.

**Mietwagen**: Die genannten Preise beinhalten in der Regel alle gefahrenen Kilometer – nur bei Campern wird oft ab einer bestimmten Kilometerleistung extra abgerechnet (s. u.). Alle größeren Mietwagenfirmen liegen in etwa auf dem gleichen Preisniveau. Zu beachten ist jedoch, dass die Mietwagenpreise in den Bundesstaaten Illinois (Chicago) und New York höher sind als in anderen Bundesstaaten. Daher bietet sich z. B. ein Reisebeginn in Detroit oder Toronto an. Meist ist es günstiger, **Flug und Mietwagen als Kombination** zu buchen oder vorab von zu Hause aus. Ein kleiner Wagen der Economy-Klasse kostet ab 330 € pro Woche (NS), in der HS ab 350 €. Doch sind diese Fahrzeuge eher zu klein für einen Urlaub mit dem nötigen Gepäck. Empfehlenswert ist eher ein Fahrzeug der Intermediate-Klasse (mit vier Türen), das Platz und ausreichenden Fahrkomfort bietet, was besonders auf langen Strecken sehr angenehm ist. Diese Klasse kostet ab 380 € pro Woche (HS: ab 450 €). Familien mit ein bis zwei Kindern sind mit einem (Mini-) SUV (ab 480 €/Woche) oder einem Mini Van (ab 500 €, HS: ab 550 €/Woche) am besten bedient.

**Tipp**

*Es kann sich bezahlt machen, einen Mietwagen „One way“ zu mieten, d. h. man gibt ihn an einem anderen Ort als dem Ort der Anmietung ab. Dabei spart man ggf. mehr an Zeit, Mietwagen- und Hotelkosten, als die zusätzliche Rückführgebühr ($ 200–500) beträgt.*

**Camper**: Die Preise variieren je nach Saison erheblich. In der Zwischensaison kostet ein Camper der kleinsten Klasse ab 850 € pro Woche (50 Freimeilen pro Tag) bzw. ab 1.000 € (inkl. Freimeilen), während man in der Nebensaison für das gleiche Fahrzeug nicht einmal die Hälfte bezahlt. Hauptsaison: ab 1.300 € bzw. 1.600 €. Die größte Klasse kostet etwa das Doppelte. Ermäßigungen von bis zu zehn Prozent sind bei Langzeitmieten (über drei Wochen) möglich. Zudem sollte man bedenken, dass 50–100 Freimeilen pro Tag bei den großen Entfernungen in den USA schnell verbraucht sind und jeder zusätzliche Kilometer extra berechnet wird (ab 0,40 €/Meile). Hinzu kommt meist eine Bereitstellungsgebühr (vor Ort zahlbar) von 200–300 €, die Endreinigung (50–100 €), eine einmalige Gebühr für die Campingausstattung (ca. 100 €) sowie die Leihgebühr für ein Navi (ab 5 €/Tag)! Eine Kombi-Buchung Flug/Camper über einen Spezialveranstalter in Europa ist auch hier ratsam, denn dann wird man vom Flughafen abgeholt oder das Fahrzeug wird dort bereitgestellt, was ansonsten kaum der Fall ist.

Eine Kostenersparnis im Vergleich zu einem normalen Mietwagen und den Übernachtungen in Motels ergibt sich aufgrund des hohen Mietpreises, des hohen Benzinverbrauchs und den Campingplatzgebühren i. d. R. nicht.

## Aufenthaltskosten

### Preisnachlässe

In den USA trifft man fast überall auf Preisnachlässe und Rabattangebote. Wer sich damit beschäftigt, kann viel Geld sparen. Hier ein paar Anregungen:

- Schüler, Studenten, Rentner und Behinderte sollten einen internationalen Ausweis mitnehmen. Ermäßigungen gibt es fast überall.
- Kinder zahlen fast durchweg weniger.
- Fragen Sie nach Sonderpreisen („special offers"), vor allen Dingen in den Hotels. Sie werden nicht automatisch angeboten, man muss fragen.
- Hotels bucht man fast immer günstiger über das Internet (oft über die hoteleigene Seite) oder kurzfristig (auch am selben Tag).
- In den Visitors Centers liegen unzählige Broschüren und Coupons aus, mit denen man billiger übernachten kann und Rabatte bei Einkäufen oder im Restaurant bekommt.
- Mitglieder des AAA-Automobilclubs erhalten vielerorts Preisnachlässe (siehe unter „Automobilclub" S. 87).

**Hotels/Lodges**: Generell muss man als unterste Grenze mit etwa $ 50–60 pro Nacht für ein Doppelzimmer eines günstigen Franchise-Motels (Nebensaison, z. B. Motel 6, Super 8) rechnen, wobei die Regel ab der Zwischensaison eher bei $ 60–90 liegt. Mittelklassehotels (privater Hoteleigentümer oder Holiday Inns und andere bessere Franchise-Motels) verlangen $ 80 160 für ein Doppelzimmer, wobei besonders in größeren Städten die Wochenendtarife deutlich niedriger sein können ($ 60–90). Luxushotels, vor allem mit historischem Ambiente oder zusätzlichen Einrichtungen (Golfplatz, Tennisplatz etc.), liegen eher bei $ 160–300 pro Tag für ein Doppelzimmer. Frühstück ist im Hotelpreis meist nicht enthalten – eine Ausnahme macht da die Mittelklasse Franchise-Kette Hampton Inn!

Als Tipp gilt, dass besonders in den Großstädten die Übernachtung in einem teureren Franchise-Hotel (z. B. Radisson, Holiday Inn, Hilton, Hyatt) wenig sinnvoll ist. Die Zimmer sind nicht viel besser als z. B. in einem viel günstigeren „Motel 6" oder „Super 8", denn der mindestens doppelte Preis finanziert Einrichtungen, die eher Geschäftsleuten zugute kommen. Oft zahlt man für eine Innenstadtlage (dazu auch noch viel fürs Parken), und die ist bei den großen Entfernungen selbst in den Städten nur von geringem Vorteil. Ohne Auto läuft sowieso kaum

etwas. Nur in Chicago und Toronto sollte man besser in der Innenstadt wohnen – wird dann aber auch zusätzlich mit hohen Parkgebühren konfrontiert.
Lodges kosten ab $ 90 pro Doppelzimmer; bei entsprechendem Luxus oder mangels anderer Alternativen werden jedoch auch weit über $ 100 bzw. 150 verlangt.

**Bed & Breakfast**: Wegen des speziellen Service sind diese Unterkünfte etwas teurer und kosten ab $ 75 pro Person, beinhalten dafür aber auch ein gutes Frühstück. Fragen Sie vorher nach den Preisen, da sich besonders in den größeren Städten häufig sehr vornehme Häuser unter den B&Bs befinden, die schon mal über $ 100 pro Person berechnen.

**Nationalparks**: In diesem Reisegebiet gibt es nur drei Nationalparks auf amerikanischer Seite: Voyageurs, MN (kostenlos, aber hohe Kosten für Erkundung: nur Boot od. Flugzeug), Isle Royale, MI ($ 7/Tag plus hohe Anreisekosten: nur Boot od. Flugzeug) und Indiana Dunes, IN ($ 15/Tag). Ein Nationalpark-Pass lohnt also für dieses Reisegebiet nicht. Informationen unter www.nps.gov.

**Lebensmittelpreise**: Hier kann man das eine oder andere Schnäppchen machen, wenn man den unzähligen Sonderangeboten folgt. In der Regel aber liegen die Preise auf europäischem Niveau. Käse ist meist teurer, Fertiggerichte sind billiger. Die Preise für Grundnahrungsmittel wie Milch, Frischgemüse und Säfte sind etwas höher, für Fleisch- und Fischwaren dagegen niedriger. Früchte kosten, je nach Herkunftsland, etwa das Gleiche wie bei uns. Preiswerter sind Softdrinks und auch Bier (Ausnahme: Craftbiere).

**Taxi**: $ 3–3,50 vor Beginn der Fahrt, $ 2, eher 3 pro gefahrene Meile und bis zu $ 2 pro zusätzlichem Insassen (Stadt). Oft kommt ab 20 Uhr noch ein einmaliger Nachttarif hinzu. Staus und verzögerte Fahrten werden etwas höher berechnet. Besonders in Großstädten ist es ratsam, auf einwandfreies Funktionieren und Einstellen der Taxameter zu achten. Die Preise sind im oder am Taxi angebracht. Fahrten zum/vom Airport sind meist festgelegt. Am besten erkundigt man sich vorher im Internet (Flughafenseite), am Transportation-Schalter bzw. am Taxistand.

**Benzin**: Die Preise für Normalbenzin liegen zwischen $ 3 und 4,50 (Stand Spätsommer 2022) pro Gallone (3,78 l).

**Restaurants**: Fastfood in entsprechenden Ketten ist um einiges billiger als in Europa, und einen (sehr) einfachen Hamburger bekommt man hier bereits für $ 1,50–2,20. Ein guter Burger in einem normalen Restaurant kostet dann auch schon ab $ 10 (meist eher $ 12–14) + Steuer + Trinkgeld, oft werden auch die Beilagen (z. B. Pommes für $ 3–5) separat hinzuaddiert. Richtige Restaurants sind besonders abends teuer, vor allem, da sie auf die ausgezeichneten Preise noch Steuer (5–10 %) erheben. Für ein normales Hauptgericht (i. d. R. inkl. Salat oder Suppe), und einem Bier, Steuer und Trinkgeld sollte man mit etwa $ 32–40 pro Person rechnen. Fleischgerichte (Steaks) sind im Restaurant teurer als bei uns. Ein 250-g-Sirloin-Steak kostet ab $ 30 + Steuer + Trinkgeld, bei einem 220-g-Filet kann man mit mindestens $ 38 + Steuer + Trinkgeld rechnen.
Günstiger sind dagegen Hühnchengerichte sowie Mahlzeiten in asiatischen Restaurants. Mit dem beliebten Sushi oder der Fusion-Cuisine haben sich allerdings auch zahlreiche teurere asiatische Restaurants etabliert, wo auch die schmackhaften Suppen/Bowls (Udom etc.) mindestens $ 12 + Steuer + Trinkgeld kosten. Andere Restaurants reihen sich mittlerweile ebenfalls in die gehobenere Preisklasse ein (Tapas-Bars, Gastropubs etc.).

## Gesamtkostenplanung

Die hier zusammengestellte Kostenkalkulation soll mehr oder weniger alle anfallenden Reisekosten für eine USA-Reise zu den Großen Seen und Chicago zusammenfassen. Eine Kostenplanung für zwei Personen (ohne Souvenirs) könnte also beispielsweise wie in der Tabelle aussehen, wenn man in günstigeren Motels übernachtet (alle Angaben in € und gerundet).

| Art der Kosten | 3 Wochen (€) | 5 Wochen (€) |
|---|---|---|
| An- und Abfahrt zum europ. Flughafen | 100 | 100 |
| 2 Flugtickets | 2.000 | 2.000 |
| Gepäck- und Krankenversicherung | 100 | 130 |
| Mietwagen (Intermediate) | 1.200 | 1.800 |
| Benzin (5.500 bzw. 8.000 km) | 520 | 760 |
| Übernachtung ($ 90 für DZ) | 1.890 | 3.150 |
| amerik. Frühstück ($ 15/Person) | 600 | 1.000 |
| Mittagessen (Fastfood, günst. Restaurant, $ 17/ Person) | 560 | 950 |
| Abendessen ($ 32/Person) | 1.070 | 1.780 |
| Getränke zwischendurch ($ 6/Person/Tag) | 190 | 315 |
| Eintritte | 300 | 450 |
| Telefonate/Handy-SIM etc. | 75 | 110 |
| Sonstiges (Kleidung, Reserve etc.) | 500 | 700 |
| **gesamt** | **9.100** | **13.240** |
| **Zusätzlich ein Kind** im Alter von 15 Jahren (Übernachtung im gleichen Zimmer): | | |
| Flugticket | 1.000 | 1.000 |
| Krankenversicherung | 30 | 50 |
| Übernachtung (zusätzlich $ 10/Tag) | 180 | 300 |
| Mahlzeiten (inkl. Zusatzgetränke) | 1.400 | 2.400 |
| Eintritte | 150 | 225 |
| Sonstiges | 250 | 320 |
| **gesamt** | **12.100** | **17.500** |

Sondertarife für kleinere Kinder sind z. T. bei Flügen und Unterkünften möglich. Sparen kann man vor allem beim Essen, aber nur z. T. bei den Übernachtungen. Unterkünfte unter $ 40 bedeuten in der Regel alte und abgenutzte Motels bzw. Jugendherbergen. Einige Ketten, wie „Motel 6" und „Super 8", bieten saubere und ordentliche Motelzimmer ab $ 50. Isst man fast nur in Fast-Food- bzw. Familienrestaurant-Ketten, betragen die genannten Essenskosten ca. 30 % weniger. Wer dagegen nicht so sehr auf die Reisekasse achten muss, kann mit guten Restaurants die Essensausgaben um bis zu 150 % steigern. Am Mietwagen sollte man nicht zu sehr sparen, da man einen großen Teil der Reise im Auto verbringt und das Gepäck sichtgeschützt verstaut sein sollte.

# 3. REISEN UM DIE GROSSEN SEEN

# Rundreisevorschläge, Zeitpläne und Routenskizzen

Das in diesem Buch beschriebene Gebiet erstreckt sich von Osten nach Westen über fast 1.400 km, und auch die Nord-Süd-Ausdehnung von 900 km ist beträchtlich. Damit ist klar ersichtlich, dass eine Reise zu allen beschriebenen interessanten Punkten in drei Wochen nicht durchführbar ist, man benötigt dafür mindestens zwei Monate. Man sollte sich also vorher überlegen, welchem Gebiet man den Vorzug geben möchte. Im Folgenden einige Vorschläge zur Routen- und Zeitplanung, die man je nach Interesse variieren kann.

**Die Highlights:** die Städte Chicago und Toronto sowie Detroit für „Experimentierfreudige" – die Ufer des Lake Superior – die Seenlandschaft von Nord-Minnesota – das Landschaftserlebnis der Upper Peninsula – Isle Royale National Park – Voyageurs National Park – Niagara Falls.

## Rundreise um die Großen Seen

**Dauer**: 3–4 Wochen
**Länge der gesamten Strecke** (inklusive Rundtour um den Lake Ontario): etwa 4.500–5.000 km. Hinzu können größere Umwege/Abstecher kommen.

Chicago – Milwaukee – Lake Michigan und Lake Superior – [Isle Royale National Park] – Duluth – Voyageurs National Park bzw. Bemidji – Itasca State Park – Thunder Bay – Sault Ste. Marie – [Lake Superior Provincial Park] – Manitoulin Island – Toronto – Kingston, Lake Ontario – Niagara Falls – Cleveland – Detroit – Chicago.

Nach Stadtbesichtigungen in Chicago (Museen, Stadtarchitektur, Blues) und Milwaukee (Brauereien, Harley Davidson Museum), (5 Tage) geht es am Lake Michigan und Lake Superior vorbei nach Duluth (2 Tage). Wer Zeit hat, erlebt im Isle Royale National Park Entspannung pur (2 Tage). Auch Abstecher zum Voyageurs National Park und zur Seenplatte von Nord-Minnesota lohnen. Hier bietet sich eine Kanu/Kajak-Tour auf einem der zahlreichen Seen an (2 Tage). Von Sault Ste. Marie aus kann man den Lake Superior Provincial Park erkunden (3 Tage). Fahrt nach Toronto über die landschaftlich reizvolle Manitoulin Island (2 Tage). Nach ausgiebigem Erkunden von Toronto (CN Tower, Toronto Islands), (2 Tage): Fahrt um den Lake Ontario (2 Tage) zu den Niagara Falls (1 Tag). Weiter (2 Tage) über Cleveland (Rock 'n' Roll Hall of Fame) nach Detroit (Automobilgeschichte, Musikclubs), (2 Tage). Rückfahrt nach Chicago (2 Tage).

# Alternativen für 2- bis 3-wöchige Aufenthalte

## Naturschönheiten am Lake Michigan und Lake Superior

**Dauer:** 14 Tage
**Länge der Strecke**: ca. 2.600 km

Chicago – Milwaukee – Bemidji – Nord-Minnesota – Duluth – Copper Harbor – Isle Royale National Park – St. Ignace/ Mackinow City – Chicago.

Chicago und Stadtbesichtigung in Chicago und Milwaukee (4 Tage). Fahrt über die „Inlandsroute" nach Bemidji und das Seengebiet von Nord-Minnesota (2 Tage). Alternative: Voyageurs National Park. Über Duluth nach Copper Harbor und von dort aus zum Isle Royale National Park, am besten mit dem Wasserflugzeug (3 Tage). Am Südufer des Lake Superior entlang nach St.Ignace/Mackinow City. Besichtigung des Pictured Rocks National Lakeshore (2 Tage), danach Mackinac Island. Entlang dem Ostufer des Lake Michigan (Highlights: Traverse City-Area, Sleeping Bear Dunes National Lakeshore, Saugatuck) geht es zurück nach Chicago (2 Tage).

## Metropolen im Gebiet der Großen Seen (13 Tage)

**Dauer**: 13 Tage
**Länge der Strecke**: ca. 1.950 km

Chicago – Lansing – Detroit – Windsor – Toronto – Niagara Falls – Buffalo – Cleveland – Amish Country – Chicago.

Stadtbesichtigung in Chicago (3 Tage). Fahrt über Lansing nach Detroit (1 Tag). Stadtbesichtigung Detroit (2 Tage). Über Windsor nach Toronto (1 Tag). Stadtbesichtigung Toronto (1 Tag). Fahrt zu den Niagara Falls und Besichtigung (2 Tage). Weiterfahrt nach Buffalo und Cleveland (1 Tag). Fahrt ins südlich gelegene Amish Country (1 Tag). Zurück nach Chicago (1 Tag).

**Alternativen**
Von Detroit aus zum Point Pelee National Park und von dort über London und Kitchener nach Toronto.
Zwei Tage zusätzlich: von Chicago aus nach Milwaukee (zusätzlich: ca. 350–400 km).

## Metropolen und Natur (14/15 Tage)

**Dauer**: 14/15 Tage
**Länge der Strecke (Autofahrt):** ca. 1.700 km

Für diese Strecke bietet es sich an, ein Fahrzeug „One Way" zu mieten (Mehrkosten). Alternativ: 1–2 Extratage für die Rückfahrt nach Detroit einplanen.

Anflug und Stadtbesichtigung Detroit (2 Tage). Fahrt nach Chicago über Lansing und Saugatuck (2 Tage). Stadtbesichtigung Chicago (2 Tage). Fahrt nach Milwaukee, dort Stadtrundgang (1 Tag). Weiterfahrt ins Door County (1 Tag) und nach Grand Marais oder Munising (1 Tag). Pictured Rocks National Lakeshore, Fahrt nach Marquette (1 Tag). Marquette, z. B. Kanufahren auf dem Lake Superior (1 Tag). Fahrt zur Keweenaw Peninsula; dort Calumet, Copper Harbor und die Delaware Mine besichtigen (1 Tag). Rückfahrt nach Marquette, alternativ nach Duluth weiterfahren (1 Tag). Rückflug nach Europa von Duluth, Chicago oder Minneapolis (1–2 Tage).
Diese Tour lässt sich natürlich beliebig ausdehnen, wobei das Hauptaugenmerk auf einen Extratag in Chicago und, je nach Bedarf, auf Extratage in der Upper Peninsula von Michigan (z. B. in den Porcupine Mountains) gelegt werden sollte.

### Alternativen

Den beiden Nationalparks (Voyageurs bzw. Isle Royale) einen Besuch abstatten (zusätzlich: ca. 1.000 km, Rückflug dann von Minneapolis) oder mehr Zeit in Chicago und Milwaukee einplanen (zusätzlich: ca. 300 km).

*Den Indian Summer erlebt man in manchen Regionen des Reisegebietes bereits ab September*

# 4. CHICAGO – THE WINDY CITY

# Überblick

## Entfernungen

*Chicago – Milwaukee: 87 mi/140 km*
*Chicago – Detroit: 275 mi/443 km*
*Chicago – Minneapolis: 410 mi/660 km*

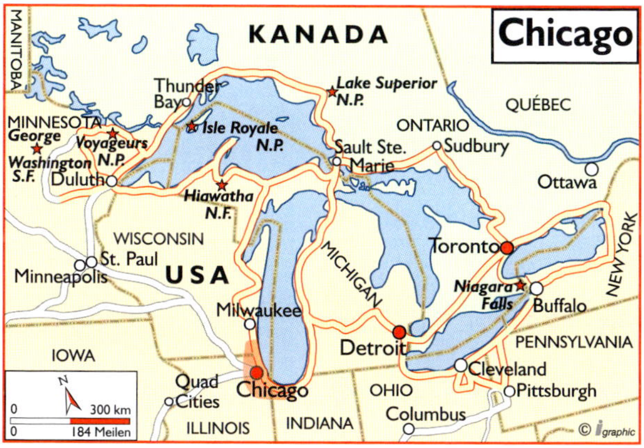


Als im 18. Jh. eine kleine Gruppe französischer Pelzhändler einen bescheidenen Lagerplatz an einem Ausfluss eines stark mäandrierenden, sumpfigen Flusses am Lake Michigan fand, hat wohl keiner von ihnen ahnen können, dass hier 130 Jahre später über eine Million Menschen leben würden, dass hier weitere 50 Jahre später die Stadt „mit den breiten Schultern" ihre bis zu 100 Meilen langen Straßenzüge schnurgerade in die Landschaft ziehen lassen würde, und dass in über 100 Stadtteilen Menschen aus 85 Nationen leben würden, die 54 Sprachen sprechen. Chicago hat alle Höhen und Tiefen amerikanischer Geschichte durchgemacht: Siedlertragödien, Feuersbrünste, Industrialisierung, Kriminalität, Überfluss und Verelendung. Zu Beginn des 20. Jh. glaubte man sogar, es würde New York einmal als größte Stadt Amerikas ablösen. Der Verfall der Schlachthöfe, der Niedergang der Eisenbahnen und die Bandenkriege während der Prohibition haben dies aber verhindert.

Heute ist Chicago nach New York und Los Angeles die drittgrößte Stadt der USA, wird aber immer noch die „Second City" genannt – Los Angeles mit seinem kalifornischen „Sonnendasein" zählt da nicht. Im Großraum Chicago hat sich auf einer riesigen, ebenen Fläche eine Siedlungsgemeinschaft von zehn Millionen Menschen zusammengerauft, die sich trotz all ihrer unterschiedlichen sozialen und kulturellen Hintergründe als sehr bodenständig erweist. Kaum eine amerikanische Großstadt hatte während der letzten Jahrzehnte eine so niedrige Fluktuation zu verzeichnen; wem es hier nicht gefiel, der hat Chicago bereits vor 1950 den Rücken gekehrt.

*Geringe Abwanderung*

Chicago, das 2,74 Millionen Einwohner zählt, befindet sich ständig im Umbruch. Stadtteile, die noch vor drei Jahrzehnten als „No-Go-Areas" berüchtigt waren, sind heute hip und beliebt bei der wohlsituierten Mittelschicht. Allerdings: Die Ende der 1980er-Jahre ins Leben gerufenen „Wiederaufbauprogramme" griffen oft nicht, wie z. B. das im Gebiet südlich der Innenstadt (in anderen Stadtteilen aber umso mehr).

*Chicago Skyline*

*Vielseitige Metropole*

Reisende bleiben von Chicago fasziniert. Voreingenommen durch die Gangstergeschichten von Al Capone, die der Stadt immer noch anhaften, überwältigt von der Größe und dem Pomp, erkennt man schnell, dass in dieser Stadt wahre „Schätze" verborgen liegen:

- eine überaus interessante Stadtarchitektur – gespickt mit zahlreichen Anekdoten,
- erstklassige Museen und ein Kulturprogramm von Weltniveau,
- ein Völkergemisch, das der Stadt seinen Stempel aufprägt (beste ethnische Restaurants eingeschlossen),
- Blues- und Jazzkneipen, in denen die „ganz Großen" der amerikanischen Szene auftreten,
- eine 100 Meilen lange Uferpromenade mit Stränden, Lauf- und Fahrradwegen und, und, und …

*Obamas politische Heimat*

Nicht zu vergessen, dass Amerikas erster schwarzer Präsident, Barack Obama, in Chicago seiner Karriere den Anschub gab. Obama mischte in den Jahren vor seiner Wahl zum Präsidenten 2008 in Chicagos Politik mit, u. a. als Repräsentant eines südlichen Chicagoer Stadtteils im Senat von Illinois. An der Chicagoer Universität lehrte er zwölf Jahre Verfassungsrecht und unterhielt ein Anwaltsbüro. Im Touristenamt erhält man Infos und Broschüren zu Wirkungsstätten des Ex-Präsidenten oder auch zu dessen Lieblingslokalen in der Windy City. Die „Obama Chicago Tour" verbindet auf einer Route diverse Lebensstationen (Obama House/Ken-

Greater Chicago
Legende siehe Karte in der hinteren Umschlagklappe
N
0 2,5 Meilen
0 5 km
Lake Michigan
Northbrook
Winnetka
Glenview
Wilmette
Des Plaines
Park Ridge
Niles
Skokie
Evanston
Northwestern University
Loyola University
Chicago O'Hare Int. Airport
Elmwood Park
Oak Park
Maywood
Cicero
La Grange
Chicago Midway Airport
The Plant
Lincoln Park Conservatory
siehe Karte S. 156
siehe Karte in der hinteren Umschlagklappe
siehe Karte S. 161
siehe Karte S. 164
nach Milwaukee
nach Rockford
nach Elgin
nach Davenport
nach Kankakee
nach Detroit/Cleveland
Dundee Rd.
Willow Rd.
Euclid Ave.
Lake Ave.
Central Ave.
Golf Rd.
Simpson Rd.
Central St.
Dempster St.
Main St.
Oakton St.
Touhy Av.
Devon Ave.
Peterson Ave.
Lawrence Ave.
Montrose Dr.
Irving Park Rd.
Belmont Ave.
Grand Ave.
Fullerton Ave.
Armitage Ave.
North Ave.
Division St.
Chicago Ave.
Lake St.
Washington Blvd.
Randolph St.
Eisenhower Expwy.
Roosevelt Rd.
Cermak Rd.
Ogden Ave.
31st St.
Pershing Rd.
47th St.
Archer Ave.
63rd St.
Stevenson Expwy.
Chicago Sanitary & Ship Canal
Joliet Rd.
Tri-State Tollway
Des Plaines River Rd.
Rand Rd.
Pfingsten Rd.
Sunset Ridge Rd.
Edens Expwy.
Green Bay Rd.
Skokie Lagoons
Chicago River
Des Plaines River
North Shore Channel
Greenwood Ave.
Milwaukee Ave.
Northwest Hwy.
Cumberland Av.
Harlem Ave.
Caldwell Ave.
Cicero Ave.
Crawford Rd.
McCormick Bl.
Lincoln Ave.
Kedzie Ave.
Sheridan Rd.
Narragansett Av.
Central Ave.
Western Av.
John F. Kennedy Expwy.
Halsted St.
Ogden Ave.
Lake Shore Dr.
Dan Ryan Expwy.
Michigan Ave.
Ashland Ave.
Pulaski Rd.
Mannheim Rd.
La Grange Rd.
© igraphic

wood-Viertel, University of Chicago Law School, Chase Tower etc., *www.destination 360.com/north-america/us/illinois/chicago/obamatours*).

Großstadtfan oder nicht, Chicago wird all seine Besucher fesseln. Nahezu jeder, der einmal hier gewesen ist, hegt früher oder später den Wunsch wiederzukommen. Man sollte für einen Besuch mindestens drei Tage einplanen.

### Zeitplanung

**Vorschlag für einen eintägigen Aufenthalt**
**Tipp:** Besichtigungsprogramm auf den Loop und die Straßenzüge nördlich davon beschränken, mit dem John Hancock Center als nördlichstem Punkt:
**Vormittags:** auf das **John Hancock Center** hinauffahren. Danach die **Magnificent Mile** (N. Michigan Ave.) herunterlaufen. An der Chicago-River-Brücke evtl. eine 90-minütige **Architektur-Bootstour** unternehmen. Dann weiter nach Süden. Als Alternative zur Bootsfahrt Besuch des **Art Institute of Chicago**. Lunch: im Museum oder in der Nähe. Bummeln im **Millennium Park** und entlang dem **Riverwalk**.
**Nachmittags: Grant Park** und vorbei an der Stock Exchange zum **Willis Tower** laufen und hinauffahren. Im Gebiet **nördlich des Loop** etwas trinken in einer der Bars. Alternativ: gebuchte **Tour** mit einem „Chicago Greeter" oder thematische Stadtrundfahrt (z. B. „Gangster-Tour").
**Abends:** Abendessen im Gebiet um die Clark St. und Besuch eines Bluesclubs.

**Vorschlag für einen 2-tägigen Aufenthalt**
**Tag 1**: wie oben
**Tag 2**: **Tagsüber**: die angegebene **nördliche Tour** durch Chicago (inkl. polnischer Stadtteil Belmont). **Nachmittags** ein Bad im Michigan Lake. Am frühen Abend auf den **Navy Pier** und den Sonnenuntergang über der Skyline genießen. **Abends** Besuch eines Blues- oder Jazzclubs oder Essen gehen in Chinatown.

**Vorschlag für einen 3- bis 4-tägigen Aufenthalt**
**Tage 1 und 2**: wie oben
**Tag 3**: Eine Tour entlang der beschriebenen **südlichen Route**. Vormittags **Chinatown** (evtl. Lunchsnack besorgen) und das **mexikanische Viertel** besuchen, dann ein Museum. Lunch: in einem Museumsrestaurant oder Picknick am Seeufer (Chinatown-Lunchpaket). Früher Abend: Shopping, danach entweder ein Abendessen („Smorgasbord") im polnischen Viertel; anschließend Blues in Rosa's Lounge; oder das klassische Programm mit Theater, Konzert, Oper.
**Tag 4**: Vorschläge: mit dem Fahrrad oder Inlineskatern am Lakeshore entlangfahren, dort spazieren gehen, ein weiteres Museum ansehen, Tour mit „Chicago Greeter" oder Helikopterflug über der Skyline unternehmen. Bei schlechtem Wetter macht der Besuch eines Roller Skating Ring eine Menge Spaß.

# Geschichte und Wirtschaft

Wohl keine Stadtgeschichte in Amerika ist von so vielen Höhen und Tiefen und unterschiedlichsten Charakteren geprägt wie die von Chicago. In weniger als hundert Jahren hat die Stadt sich zu dem entwickelt, was sie heute ist: eine Metropole „mit breiten Schultern". Zwischen 1833 und 1900 wurde aus einer kleinen Hafenstadt am

Rande eines Sumpfes ein Stadtmoloch, der seinesgleichen sucht. Doch begann alles viel früher: Zuerst kamen um **7000 v. Chr.** nomadisierende Grüppchen von Nordwesten. Um **1000–500 v. Chr.** siedelten sich Indianer der Woodland-Kultur an. Aus ihnen ging später u. a. der Illinois-Stamm hervor, der neben dem Fischfang den Ackerbau zu seinen wesentlichen Lebensgrundlagen zählte. Die Woodland-Völker nannten das Mündungsgebiet des heutigen Chicago River „Checagou", was so viel heißen konnte wie „wilde" oder auch „stinkende Zwiebel", aber auch „Stinktier" und in einem anderen Sinn „groß und stark". Fürwahr symbolträchtige Namen, schaut man sich den weiteren Verlauf der Geschichte an.

Die ersten Europäer, die die Mündung des heutigen Chicago River erkundeten, waren der Geistliche Pater Jacques Marquette sowie der Forscher und Geschäftsmann Louis Jolliet. Das war um **1763** – Detroit war zu dieser Zeit schon mehr als 60 Jahre als Gemeinde registriert. Trotz gegensätzlicher Lebensauffassungen ahnten beide damals, dass dieses stinkende Sumpfgelände einmal von großer Bedeutung sein würde. Ein Schwarzer, Jean Baptiste Point DuSable, Sohn haitianischer Eltern, Trapper und Pelzhändler, setzte **1779** mit der Errichtung einer kleinen Handelsniederlassung – und dem damit ersten festen Gebäude an der Flussmündung – den Grundpfeiler für die spätere Stadt. Und zwar dort, wo heute die teuren Boutiquen an der N. Michigan Ave. zu finden sind. Trotz schwül-heißen Klimas, Cholera und Mückenplagen hatte dieser bis dahin kaum erforschte geografische Winkel einen besonderen Vorteil: Er lag am Verbindungsweg zwischen den Großen Seen und dem Mississippi. Der Auslauf des Chicago River und der in den über den Illinois River in den Mississippi fließende Des Plaines River wurden durch 14 km Sumpfgelände getrennt, durch das Indianer während der Regenzeiten die verschiedensten Waren – zumeist Felle – mit Kanus transportieren konnten.

Im Jahr **1787** – die Franzosen waren bereits 1749 von den Engländern als Kolonialmacht in diesem Landesteil abgelöst worden – wurde Illinois den USA unterstellt. Dies fand in den prosperierenden Atlantikstädten kaum Beachtung. Denn ob die Pelze nun von französischen Voyageurs, nomadisierenden Indianertrappern oder verwegenen Abenteurern

## Redaktionstipps

- Die **moderne Stadtarchitektur** auf einer Bootstour erleben (S. 181). Weitere Höhepunkte: **Skulpturen im Loop** (S. 150), Aussicht vom **Willis Tower** (S. 153) bzw. **John Hancock Center** (875 North Michigan Avenue) (S. 145), **Art Institute of Chicago** (S. 149), **Chicago ArchiCenter** (S. 148), Spiegelbilder in „**The Bean**" (S. 149) im Millennium Park, der **Riverwalk** (S. 147) sowie der bunte **Navy Pier** (S. 147).
- Wer mehr Zeit hat: Besuch der **Frank-Lloyd-Wright-Häuser** in Oak Park (S. 168) und/oder eines der großen **Museen** der Stadt. Tipp: das Museum of Science & Industry (S. 164).
- Grundsätzlich beeindrucken die unterschiedlichsten **ethnischen Stadtteile** sowie die **Kultur- und Livemusikszene**. Auf einer Tour mit einem „**Chicago Greeter**", einem Einheimischen, lernt man Chicago von einer ganz persönlichen Seite kennen (mindestens eine Woche im Voraus anmelden!), S. 180.
- Ein Besuch in einem **Bluesclub** ist Pflicht (z. B. **Buddy Guy's Legends, Blue Chicago, Kingston Mines** oder **Rosa's Lounge**) (S. 178).
- Eine **Fahrradtour** entlang dem Lakeshore (S. 182) oder/und auf dem Bloomingdale Trail/The 606 (S. 155).
- Die Schlangen am Willis Tower und auch einen Teil des Eintritts am John Hancock Center für die Auffahrt zum Observation Deck 360° Chicago kann man vermeiden. Denn wer das **Restaurant im 95. Stock** des John Hancock Center (S. 145) besucht, zahlt weniger.
- Die **Parkplatzsuche** kann – und das gilt auch für abends – eine Menge Zeit in Anspruch nehmen. Zudem sind diese extrem teuer. Es empfiehlt sich, zu Fuß zu gehen, ein Taxi zu benutzen oder S- bzw. U-Bahn zu fahren. Beginnt die Reise in Chicago, ist es eventuell klüger, für die Tage in der Stadt noch keinen Mietwagen zu buchen und das gut ausgebaute Netz der öffentlichen Verkehrsmittel zu nutzen. Doch die großen Entfernungen in dieser Stadt sollte man nicht unterschätzen.
- Die Karten in diesem Buch gelten nur als Richtlinien. Unbedingt einen richtigen **Stadtplan** besorgen.

aufgetrieben wurden, war den Damen der Oberschicht ziemlich egal. Für die Politiker galt das Gebiet, das sich mehr als 1.000 km nordwestlich der bereits als hinterwäldlerisch angesehenen „Hill-Billie Mountains" (Appalachen) erstreckte, als Outback. Das lockte ihnen damals keinen Penny ab.

In Chicago herrschten bis ins beginnende 19. Jh. hinein nur Indianeraufstände, Krankheiten und harte Arbeit vor. Die Einwohnerzahl stieg unmerklich – kein Wunder bei einem Frauenanteil von nur 7 % im Jahr 1789! Den ansässigen Pottawattomie-Indianern, lange Zeit beste Freunde der Händler und Trapper, wurde in den Folgejahren immer mehr Land genommen, und die Regierung erklärte – nach blutigen Auseinandersetzungen – ein quadratisches Gebiet von 100 km² Fläche um den Handelsstützpunkt Chicago zu weißem Siedlungsland. Verträge zwischen den Indianern, denen europäische Rechtsbegriffe (und deren Missbrauch) notwendigerweise fremd waren, und den Abgesandten des Staates besiegelten die langsame Verdrängung der hiesigen Indianer. Unruhen und die Angst vor französischen Ansprüchen veranlassten die Regierung, im Jahr **1803** das Fort Dearborn am Südufer des Chicago River zu erbauen. Eine Provokation, die weitere kriegerische Auseinandersetzungen mit den Indianern zur Folge hatte. Die Pottawattomie sahen sich nun mit Recht ernsthaft bedrängt, doch diese letzten Kämpfe führten schließlich zu ihrer absoluten Vertreibung bzw. Vernichtung.

*Vertreibung der Indianer*

Mit diesem massiven Einschnitt in die Besiedlungsgeschichte begann die Zeit, in der die „Dampfwalze der Siedlertrecks" sich mit zunehmender Energie nach Westen bewegte. Der Mittlere Westen wurde als hervorragendes Farmland mit z. T. hochklassigen Böden entdeckt. Ausschlaggebend für die weiteren Geschicke Chicagos war die Fertigstellung des Erie-Kanals (zwischen Lake Erie und Hudson River/ New York) im Jahr **1825**. Von da an konnten Waren von Chicago direkt nach New York verschifft werden. **1833** erhielt Chicago den Status einer Gemeinde. Damit unterstand es US-Hoheitsrecht und galt als offizielles Staatsgebiet. Zählte man 1829 noch 50 Einwohner, waren es Ende 1833 bereits 800.

Spekulanten und Abenteurer kamen, schauten, kauften Immobilien und verließen die Stadt wieder – entweder mit vollen Taschen oder total ruiniert. Einige aber blieben. Sie alle zogen Schwarzmarkt, Prostitution und Glücksspiel an, boten zugleich aber den einzig richtigen Zündstoff, um eine wirkliche Stadt entstehen zu lassen. Bereits **1837** waren es 4.170 Einwohner, die Grundstückspreise hatten sich in weniger als vier Jahren verzwanzigfacht, kletterten z. T. sogar auf das 200-fache. Ab **1840** wurden Straßen in und zur Stadt neu- bzw. ausgebaut, womit Tausenden von Siedlern mit ihren Planwagentrecks der Weg frei gemacht wurde. **1848** wurden die erste Eisenbahnlinie sowie der Illinois & Michigan Canal fertiggestellt. Letzterer ermöglichte eine ganzjährige Passage vom Lake Michigan zum Des Plaines River. Allerdings wurde der Chicago River zur Müllkippe der Stadt, und der Abfall ergoss sich in den Lake Michigan.

*Wirtschaftlicher Aufschwung*

**Mitte der 1850er-Jahre** wurden jährlich über 100.000 eintreffende Siedler gezählt, die zumeist nach kurzem Aufenthalt weiter nach Westen zogen. In diese Zeit fielen auch die Anhebung des Stadtniveaus durch Aufschüttungen, die Trockenlegung der nahen Sumpfgebiete sowie die Anlage von Straßenbefestigungen und Bürgersteigen. Doch erst die Errichtung der gewaltigen Union-Schlachthöfe im Jahr **1865** vermochte genügend Arbeitsplätze für die Einwanderer aus Irland, Deutsch-

*Zur Trockenlegung der Sümpfe wurden alle Wälder rund um die Stadt abgeholzt*

land und Osteuropa zu schaffen. Aus allen Himmelsrichtungen wurde das Vieh zum Schlachten herbeigeschafft. Auch die Getreidekontore hatten alle Hände voll zu tun. Doch die eigentliche Arbeit war hart und warf kaum Profit ab, denn den ahnungslosen Neuankömmlingen wurden zwar hohe Löhne versprochen, doch wurden diese durch horrende Mietpreise und „versteckte" Steuern auf Alkohol, Tabak, Lebensmittel und andere Güter mehr als aufgezehrt. Zudem konnte die Lebensqualität nicht mit der an der Ostküste mithalten. Die Abwässer der Schlachthöfe und das schlechte Trinkwasser, das noch immer aus dem verschmutzten Lake Michigan entnommen wurde, sorgten obendrein für Epidemien. Zahlreiche Arbeiteraufstände waren die Folge. Der berühmteste war der *Haymarket Riot* im Jahr **1886**, auf den der 1. Mai als Tag der Arbeit zurückzuführen ist.

*Aufstände der Arbeiter*

Wenige aber, und das ist bis heute typisch für Chicago, verdienten sich eine goldene Nase an dem wirtschaftlichen Aufschwung. Große Luxuswarenhäuser wie *Sears* und *Montgomery* fanden hier ihren Ursprung, Festivitäten und rauschende Bälle, wie man sie bis dahin nur aus Königshäusern kannte, waren an der Tagesordnung. Eisen verarbeitende Betriebe und der Güterverkehr (Eisenbahn und Schiff) mit seinen angeschlossenen Industrien (Lokomotivfabriken und Werften) blühten auf und machten viele reich. Die Oberschicht lernte bereits früh, ihre Bedürfnisse zu sichern bzw. zu erkaufen. **Korruption** galt als die normalste Sache der Welt und wurde in dieser Form in andere Städte Amerikas weitergetragen.

Erwiesen sich Aufstände als zu geschäftsschädigend, bot man den Arbeitern „Geschenke" an, wie etwa den Bau besserer Wohnhäuser – deren Mieten dann allerdings nach kurzer Zeit erhöht wurden. Oder man beschwichtigte sie mit der Unterstützung sozialer Einrichtungen, deren Gewinne jedoch wiederum in die gewünschten Taschen flossen. Je mehr der Sumpf des Chicago River trockengelegt wurde, desto tiefer versank die Stadt im Sumpf der Korruption.

Einige gute Seiten hatte dieses System langfristig doch: Die organisierte Arbeiterbewegung fand hier ihren Ursprung, ebenso die freiwillige soziale Verantwortung der Oberschicht, die sich letztendlich eingestehen musste, dass auch Arbeiter Rechte haben. Zudem investierten die Reichen ihre Überschüsse in interessante Bauwerke und Museen. So entstand eine einzigartige Kulturlandschaft. Im Gegensatz zur Alten Welt entwickelte sich hier nicht die Kultur mit der Zeit, sie wurde einfach aufgekauft.

**1871** brachte gleich zwei einschneidende Ereignisse: Man begann mit den Arbeiten, die **Fließrichtung des Chicago River umzukehren** – eine technische Meisterleistung, bis heute ohne Nachahmer. Ziel war es, das durch die Industrien verschmutzte Wasser aus der Stadt abzuleiten. Vorher wurde der ganze Dreck ans Ufer des Lake Michigan geschwemmt. Die Arbeiten an diesem Projekt dauerten bis 1900. Das **Great Chicago Fire** brach aus, verursacht durch die Kuh einer gewissen Mrs. O'Leary, die – so die Legende – eine Kerosinlampe umgestoßen haben soll. Anderen Gerüchten zufolge wurde der Brand bewusst gelegt, damit Spekulanten die Stadt nach ihren Wünschen neu gestalten konnten. Bis auf den steinernen Wasserturm brannten fast alle Häuser ab.

*Neugestaltung der Stadt*

Über 300 Menschen starben, 17.000 Gebäude wurden zerstört und hinterließen 110.000 Obdachlose. Doch dieses Desaster beflügelte die Entwicklung. Namhafte Architekten, betuchte Baulöwen von der Ostküste sowie nimmermüde Spekulanten kamen in Scharen und bauten unter Verwendung von feuerfestem Material die erste moderne Großstadt. Damit brachen die absoluten Boomjahre an: **1885** entstand der erste Wolkenkratzer, das neunstöckige Home Insurance Building, **1890** wurde mithilfe der Rockefeller-Stiftung die Universität gegründet, **1892** folgte die erste Hochbahn, **1893** die World's Columbian Exposition, die größte Ausstellung der Neuen Welt, die 28 Mio. Besucher anzog, und im Jahr **1900** wurden sowohl die Arbeiten an der Umkehrung des Chicago River abgeschlossen als auch der um einiges größere Sanitary & Ship Canal als Ersatz für den zu kleinen Illinois & Michigan Canal eröffnet. Wie bereits erwähnt, förderten diese Boomjahre die Arbeiterunruhen und damit letztendlich das soziale Denken. **Gewerkschaften** wurden gegründet, reiche Industrielle entdeckten ihre „soziale Ader" in Form von Wohltätigkeitsveranstaltungen, während Schriftsteller begannen, sozialkritische Romane zu schreiben.

Und es kam, dass Architekten wie Frank Lloyd Wright um und nach der Wende zum 20. Jh. immer neue Häuser bauen ließen, während auf der anderen Seite Menschen für die letzten grünen Rückzugsgebiete kämpften. Einer von ihnen war Aaron Montgomery, ein Geschäftsmann, dessen politischem Einzelkampf der Erhalt des Grant Parks zu verdanken ist. **1909** trat der Stadtbauplan des Architekten Daniel H. Burnham in Kraft, der die weitere Bebauung des Seeufers für immer unterband. Diese bis dato einzigartige Offensive gegen unwillkürliche Stadtplanung unterstrich er mit den Worten: „Make no little plans. They have no magic to stir men's blood … Make big plans; aim high in hope and work."

Der nun folgende Ausbau der Innenstadt und konjunkturelle Höhenflüge bestärkten die Bewohner in dem Glauben, New York bald als größte Stadt Amerikas zu überrunden. Doch die Prohibitionszeit (**1920–1933**) warf erste Schatten auf das leuchtende Antlitz. Einzig um Alkohol produzieren bzw. auf Schwarzmärkten verkaufen

## Wer war Al Capone?

info

Der 1899 in Indianapolis geborene Alphonse Gabriel (Al) Capone kam 1919 von New York nach Chicago, um dort während der sogenannten „Goldenen Zwanziger" zum berühmtesten Mafiaboss aller Zeiten zu avancieren. Zu Beginn seiner Gangsterkarriere stand Capone, Sohn neapolitanischer Eltern, noch im Schatten Johnny Torrios, der als König des Südens von Chicago alle illegalen Geschäfte von der Prostitution bis hin zum Glücksspiel steuerte.

Entscheidend wurde jedoch während dieser Zeit ein ganz anderer Geschäftszweig: Die Produktion und Veräußerung von Alkohol. Während der Prohibitionszeit (Verbot von alkoholischen Getränken) wurden Millionen von Dollar mit hochprozentigen Drinks verdient. Chicago war die zentrale Stelle für den gesamten Alkoholschmuggel im Mittleren Westen. Capone machte so viel Geld, dass er mit 28 Jahren ins Guinnessbuch der Rekorde aufgenommen wurde: Keiner hatte vor ihm $ 130 Mio. (heute ca. $ 3 Mrd.) in einem Jahr verdient. An diesem Geld waren natürlich nicht nur italienischstämmige Mafiosi, sondern auch die irischen Gangster, die den Norden Chicagos kontrollierten, interessiert. Bei einer der Bandenauseinandersetzungen wurde Torrio so schwer verletzt, dass Al Capone seine Nachfolge antreten konnte. Ihm war die Verantwortung für den darauf folgenden Rachefeldzug, auf dessen Höhepunkt 1929 einige der führenden Köpfe des Iren-Syndikats in ihrem Hauptquartier in der N. Clark St. (Nr. 2122) erschossen wurden („St. Valentine's Day Massacre"), nicht nachzuweisen. „Scarface", wie Al Capone wegen einer Narbe im Gesicht genannt wurde, kam dann zwei Jahre später auch nicht wegen Mordes oder Alkoholschmuggels ins Gefängnis, sondern wurde wegen Steuerhinterziehung zu einer Strafe von elf Jahren verurteilt.

*„Staatsfeind Nr. 1": Al Capone*

Aufgrund seines schlechten Gesundheitszustands wurde er bereits nach acht Jahren entlassen. Al Capone starb 1947 in Florida und wurde auf dem Mount-Carmel-Friedhof in Chicago begraben. Capones Hauptquartier ab 1928, das Lexington Hotel (*Michigan Ave./Ecke 22nd St.*), von wo aus er die Geschicke der Mafia lenkte, wurde 1995 abgerissen.

Al Capone im Internet: www.alcaponemuseum.com.

zu können, wurden Bürgermeister gekauft bzw. durch Königsmacher aus der Unterwelt gestellt. Verbrecherorganisationen lenkten ganze Stadtteile. Allein zwischen 1924 und 1930 starben 700 Gangster im Kampf um die besten Alkoholdeals. Der berüchtigtste Mafiaboss, bis heute eine Legende, war **Al Capone**. Die Arbeiterbevölkerung aber kümmerte es wenig, was die Schießwütigen unter sich austru-

*Konjunkturelle Höhenflüge sorgten bereits in den 1920er-Jahren für ein hohes Verkehrsaufkommen*

gen. Straßenschlachten waren sie gewohnt. Dass das Leben in Chicago seine eigenen Gesetze hatte, wurde ihnen bereits in die Wiege gelegt. Das illegale Alkoholgeschäft und die immensen Summen, die daraus resultierten und wieder investiert wurden, verhalfen ihnen zu vielen Arbeitsplätzen. In dieser Zeit entwickelte sich eine grandiose Jazzszene in der Stadt.

Mit dem Börsenkrach von **1929** und dem darauffolgenden Jahrzehnt der wirtschaftlichen Depression waren die Boomjahre in Chicago vorbei. Die Stadt versank weiter im korrupten Sumpf und viele der reichen Geschäftsleute verloren über Nacht ihr Vermögen. Die Folge waren Schließungen von Fabriken und damit der Verlust der Arbeitsplätze. Erst der **Zweite Weltkrieg** kurbelte die Wirtschaft wieder an. Wissenschaftler an der University of Chicago entwickelten 1941 den ersten Atomreaktor. Doch die nächste Rezession ließ nicht lange auf sich warten: Mittlerweile hatten sich in allen Teilen des Mittleren Westens Schlachthöfe angesiedelt. Als Folge mussten in den **1950er- und 1960er-Jahren** alle Schlachthofanlagen in Chicago schließen.

Schillernder Bürgermeister

In diese Zeit fielen in Chicago aber auch **1953** das Erscheinen der Erstausgabe des „Playboy" durch Hugh Hefner, den ehemaligen Herausgeber eines Kindermagazins, und **1955** die Eröffnung des O'Hare Airports. Vor allem aber die Wahl von **Richard J. Daley („Da Boss")** zum Bürgermeister ist mit wenigen Worten kaum zu beschreiben. Er galt als schillernde, teils heftig kritisierte, teils hochgelobte, kauzige Persönlichkeit. Seine fünf Amtsperioden reichten von **1955 bis 1976**. In den eigenen Reihen sorgte „Da Boss" für den nötigen Respekt: Wer nicht auf seiner politischen Linie lag, flog einfach raus.

Daley war jedoch bei der Bevölkerung beliebt. Keine seiner Wahlen war je gefährdet, denn die Menschen waren an harte Gangarten gewöhnt. Mit seiner Liebe zu Chicago und mit eiserner Faust zugleich hat er die Stadt über die wirtschaftlich schweren Jahre gerettet und sogar in dieser Zeit für einen weiteren Bauboom gesorgt (u. a. Fertigstellung des Sears/Willis Tower 1974). Investitionen – besonders aus dem Ausland – haben der Stadt in dieser Zeit wieder auf die Beine geholfen. Trotzdem lagen noch in den 1990er-Jahren neun der zehn ärmsten Stadtteile Amerikas in Chicago. Heute sind es immer noch sieben.

Die Daley folgenden Bürgermeister hatten eine weniger glückliche Hand. **1983** übernahm dann Harold Washington als erster schwarzer Bürgermeister Amerikas

*„Da Boss jr.“*

das Amt, doch er starb bereits 1987. Ihm folgte Eugen Sawyer, der schließlich **1989** durch Richard M. Daley abgelöst wurde, den ältesten Sohn von „Da Boss“. Er hat sich sehr um die Stadt bemüht und brillierte auf jedem Parkett. Der Staatsanwalt, der sowohl im Smoking als auch hemdsärmelig eine gute Figur machte, galt als hart, aber herzlich. Sein Spitzname war „Hizzoner“ (Slangform von „His Honor“ = „Seine Hochwürden“). Er lenkte die Geschicke der Stadt bis 2011, und nachdem Daley nicht mehr zur Wahl antrat, wurde Rahm Emanuel, ein Wegbegleiter von Bill Clinton und Barack Obama, als erster jüdischer Bürgermeister Chicagos ins Amt gewählt. Die Wahl 2015 konnte er ebenfalls für sich entscheiden, trotz heftiger Kritik, weil er 50 öffentliche Schulen, vornehmlich in schwarzen und Latino-Vierteln, aus Kostengründen schließen ließ. 2019 löste Lori Lightfoot als erste schwarze Bürgermeisterin der Stadt Emanuel ab. Zuvor hatte sich Lightfood als Präsidentin des Chicago Police Board von 2015 bis 2018 gegen polizeiliche Übergriffe und Korruption stark gemacht.

Chicago ist ein „**Schmelztiegel der Nationen**“. Es wird sogar behauptet, dass mehr verschiedene Nationalitäten in Chicago leben als in New York. Viele Einwanderer kamen aus Osteuropa. Polnisch ist heute aufgrund der sehr großen polnischen Gemeinde in Chicago und Umland die dritthäufigste Sprache. Bemerkenswert ist, was eine einzige Stadt in 120 Jahren hervorgebracht hat: den 1. Mai; Gewerkschaftsgründungen in den USA; den einzig umgekehrten Flusslauf; den ersten Wolkenkratzer; die Umsetzung eines Stadtbauplans, der die Erhaltung von Parkanlagen vorsieht; die Akzeptanz sozialkritischer Berichte und Romane in Zeitungswesen und Literatur; Wohltätigkeitsveranstaltungen und Kulturförderung der Oberschicht als ein Pfeiler des amerikanischen Sozialsystems; Architekten und Bauher-

*Die polnische Gemeinde ist ein unübersehbarer Bestandteil Chicagos*

ren, die, jegliche wirtschaftliche Voraussetzungen ignorierend, sowohl bombastische als auch sozial zumutbare und ästhetisch anmutende Gebäude aller Größen hervorgebracht haben; den ersten Kernreaktor u. v. m.

info

## Stadtarchitektur von Chicago

Erläuterungen der Architektur Chicagos füllen unzählige Bücher. Als Vorgeschmack wird hier kurz die Architekturgeschichte der Stadt vorgestellt. Architektonisch Interessierte sollten allemal an einer der Touren des **Chicago Architecture Center** teilnehmen. Auf den speziellen **Architectural River Cruises** (saisonal) wird ein erster Einblick in die Vielfalt der Baukunstwerke Chicagos geboten. Die Sicht vom Wasser auf die Stadt zählt zu den beeindruckendsten Erlebnissen eines Chicago-Aufenthaltes. Hierbei und bereits bei der Anfahrt mit dem Auto lässt sich gut beobachten, dass der **Kontextualismus** das Stadtbild entscheidend prägt. Ziel dieser Architekturrichtung ist es, die Bauweisen ihrer Umgebung anzupassen (anderen Gebäuden, dem Flussverlauf usw.).

*Kathedrale des frühen Wohlstands: das Tribune Building*

Wie bereits erwähnt, ist die herausragende Stellung der Architektur besonders dem Umstand des Great Fire im Jahre 1871 zu verdanken, bei dem Chicago fast völlig niederbrannte. Leichtes Opfer des Feuers wurden die zu dem Zeitpunkt fast ausschließlich aus Holz bestehenden Häuser. Danach musste eine neue Stadt gebaut werden. Die vielen finanzkräftigen Geschäftsleute Chicagos bevorzugten als Architekten junge Männer mit neuen Ideen und ließen Chicago so zur „Architekturhauptstadt" der Welt werden. Namen der ersten Stunde, wie Frank Lloyd Wright, Dankmar Adler, William Le Baron Jenney, Louis Sullivan oder John Wellborn Root, sind heute noch ein Begriff.

**William Le Baron Jenney** erfand den ersten Skyscraper (1883), ein Metallskelett, das die Außenwände trägt (bis dato trugen die Außenwände die Gebäude). **Frank Lloyd Wright** war eher für seine Wohnhäuser bekannt, die sich durch die langen horizontalen Linien ihrer Außenstruktur und die über mehrere Ebenen offenen Innenräume auszeichnen. Wright prägte mit diesem Architekturstil die „Prairie School", eine Architekturrichtung, die die Weite der Prärie in die Architektur umsetzte. Durch die Brandkatastrophe bedingt wurde in Chicago übrigens ein Baumetall entwickelt, das bei extremer Hitze nicht schmilzt.

Hintergrund für die Ideen der **Chicago School of Architecture** ist die philosophische Leitlinie von **Louis Sullivan**: Die Form soll der Funktion untergeordnet werden;

ein Gebäude soll den Bedürfnissen der Menschen entsprechen. Umstritten ist, ob die Architektur dieser Schule die demokratischen Ideen der amerikanischen Gesellschaft Ende des 19. und Anfang des 20. Jh. widerspiegelt, wie es in ihrer Zielsetzung beabsichtigt ist. Sicher ist hingegen, dass Chicagos Politiker architektonischen Experimenten gegenüber auch in jüngerer Zeit und bis heute offen gegenüberstehen. So wurde 1987 das ambitionierte Projekt des Architekten **Bertrand Goldberg**, in der verslumten Innenstadt Chicagos wieder Wohn- und Arbeitsraum für den Mittelstand zu schaffen, mit dem Bau der **River City** verwirklicht. Ebenso beeindruckend ist die Gestaltung des auf ehemaliger Industriebrache konzipierten Millennium Park, dessen Kernstück der von **Frank Gehry** entwickelte **Jay Pritzker Pavilion** ist.

Ein weiterer Meilenstein in der Architektur ist das **Tribune Building**, mit dessen Entwurf Raymond Hood 1922 einen internationalen Wettbewerb gewann. Aus dieser Zeit stammt auch das gegenüberstehende **Wrigley Building**.

Die Architektur nach 1945 wurde entscheidend von dem ehemaligen Bauhausdirektor **Ludwig Mies van der Rohe** beeinflusst, der 1937 aufgrund der politischen Verhältnisse von Deutschland nach Amerika kam. Dessen puristischer Stil entspricht mit seinem Pragmatismus der Philosophie der Chicagoer Schule und wurde vom **Architektenbüro Skidmore, Owings & Merrill** weiterentwickelt. Diese Firma zeichnet auch für zwei der im doppelten Sinne herausragenden Gebäude verantwortlich: das **John Hancock Center**, das 2018 offiziell in 875 North Michigan Avenue umbenannt wurde, und den **Willis (Sears) Tower**.

Aufgrund der Vielzahl an interessanten Gebäuden können im folgenden Stadtrundgang nur besonders interessante Gebäude angerissen werden. Nicht nur die hohen Innenstadtgebäude sind beeindruckend und wegweisend für Bauten in anderen Städten geworden, sondern auch die „einfachen" Villen in Oak Park oder im Norden der Stadt sind sehenswert. Nicht zu vergessen die Einflüsse der unterschiedlichsten kulturellen Gruppen in den normalen Wohnvierteln.

Informationen und Literatur zum Thema gibt es im **Chicago ArchiCenter (13)**, 224 S. Michigan Ave. (s. S. 148).

# Sehenswertes im Innenstadtbereich

Der Innenstadtbereich erstreckt sich vom Norden am Hancock Center bis hin zur Harrison St. im Süden. Die Grenze im Osten bildet der Lake Michigan, die im Westen der I-90/94. Wer gut zu Fuß ist, kann hier alles in ein bis zwei Tagen ablaufen. Für den Navy Pier empfiehlt sich eine Anfahrt mit dem Taxi, einem öffentlichen Verkehrsmittel oder dem eigenen Auto (hohe Parkplatzgebühren). Der Navy Pier eignet sich wegen der Unterhaltungsprogramme, Restaurants und einer tollen Aussicht auf die Skyline bei Sonnenuntergang eher für abends, denn für einen kurzen Spaziergang liegt er zu abseits.

*Rundgang im Uhrzeigersinn*

Der im Folgenden vorgeschlagene Rundgang erfolgt im Uhrzeigersinn. Das bietet die Möglichkeit, am (frühen) Vormittag die Aussicht vom Hancock Center (Sonne im Südosten) und am frühen Abend die vom Willis Tower (Sonne im Südwesten) zu genießen. Auf dieser Route findet man verschiedene Stilelemente amerikanischer Innenstadtarchitektur, Skulpturen bekannter Künstler, wie z. B. von Miró und Picasso, und natürlich Geschäfte aller Art.

## Kleine Orientierungshilfe

Chicago erstreckt sich über ein ehemaliges Sumpfgebiet. Somit gibt es keine Erhebungen und damit kaum Straßenkurven. Straßenzüge ziehen sich über zig Meilen von Norden nach Süden bzw. von Osten nach Westen. Das macht die Orientierung verhältnismäßig leicht. Tipp: Einfach ein paar große Straßen, auf die man immer wieder trifft, merken. Alles nördlich des Loop trägt als Straßenbezeichnung „North" („N."), z. B. North Clark St. Im Loop und im Gebiet südlich davon werden die Straßen mit „South" („S.") bezeichnet (z. B. South Michigan Ave.). Grenze zwischen der Ost-/West-Bezeichnung („E."/„W.") bildet die State St.

Der Name einiger Viertel kann täuschen: So leben heute beispielsweise im Old Czech Quarter „Pilsen" überwiegend mexikanische Einwanderer. Im ehemals jüdischen Viertel entlang der West Devon Avenue sind pakistanische und indische Familien beheimatet und führen hier Geschäfte mit südasiatischen Spezialitäten.

**Sicherheitshinweis**
Chicagos Zeit des Al Capone ist lange vorbei. Dennoch sollte man abends nur über belebte Straßen gehen. Besondere Vorsicht ist geboten in den Lagerhausgebieten ein bis zwei Meilen südlich der Innenstadt, in den südlichen und südwestlichen Neighborhood-Areas und im Westen entlang der Armitage Ave. bzw. westlich des Loop. Hier gilt: keine Wertsachen im Fahrzeug lassen und ganz in der Nähe des Lokals parken oder ein Taxi nehmen.

**Hinweis**
*Die Nummern bei den Sehenswürdigkeiten beziehen sich auf den Stadtplan* **Chicago Innenstadt** *in der hinteren Umschlagklappe.*

# North of The Loop (Near North)

Der 46 m hohe **Water Tower (1)** *(N. Michigan Ave./Ecke Pearson St.)* ist eines der wenigen Gebäude, die das große Feuer von 1871 überstanden haben. Heute beherbergt er die **City Gallery**, in der Werke Chicagoer Künstler zu sehen sind. Gleich gegenüber davon ist die alte Pumpstation, in der sich jetzt ein Theater (*https://lookingglasstheatre.org*) befindet.

Die beiden folgenden Gebäude liegen nördlich vom Water Tower. Von hier geht es wieder zurück zum zum Water Tower Place.

*Abenteuer auf dem Willis Tower*

*Blick vom Hancock Center bei Abendlicht*

Das 66-stöckige, 1989 fertiggestellte **900 North Michigan Building (2)** *(900 N. Michigan Ave.)* besticht durch seine Eleganz, die es nicht nur der mehrfach ausgeführten Abstufung oberhalb des achtstöckigen Grundgebäudes, sondern auch der Wahl der Baumaterialien verdankt. Cremefarbener Kalkstein und grünes Glas setzen in der Farbkomposition die Akzente. Die Lichter der vier Ecktürme verleihen dem Gebäude bei Nacht etwas märchenhaft Schwebendes.

Bei seiner Fertigstellung 1969 war das 100-stöckige **John Hancock Center (3)**, das heute offiziell **875 North Michigan Avenue** heißt, das zweithöchste Gebäude der Welt. Längst wurde es auf die Plätze verwiesen. Von der Aussichtsplattform (360°Chicago, Café und Outdoor-Skywalk) aus hat man den schönsten Ausblick auf Chicago, denn von hier lässt sich die Uferlinie gut verfolgen. Spannend wird es, wenn man die schwankenden, sich zum Abgrund hin neigenden Balkone (TILT!) für zusätzliche $ 9 bucht – nichts für nicht Schwindelfreie! Interessant am Gebäude ist die besondere Stabilisierung mit charakteristischen Querverstrebungen, die als Schutz vor dem starken Küstenwind der „Windy City" gedacht sind. Schwankungen in den oberen Etagen können sie aber nicht völlig verhindern. Der Wolkenkratzer wird noch so multifunktional genutzt, wie es ursprünglich von Skidmore, Owings & Merrill geplant war. Tipp: die Gastronomie. Im 96. Stock kann man in der Bar einen Drink bestellen. Diniert man im Restaurant auf der 95. Etage (s. S. 175), ist die Auffahrt kostenlos.

*Einzigartige Aussicht*

***875 North Michigan Avenue (John Hancock Center)****, 875 N. Michigan Ave., https://360chicago.com, tgl. 9–23 Uhr, $ 30.*

500 m westlich des Hancock Center, am Washington Square, bietet sich die 1887 gegründete **Newberry Library (4)** für einen Abstecher an. Hier kann man Original-

manuskripte einsehen, so z. B. Aufzeichnungen von Jefferson und Shakespeare. Ebenso interessant ist das Ahnenregister, in dem man mal schauen kann, ob und wie einer seiner Vorfahren nach Amerika eingewandert ist (Ausweis erforderlich, ab 16 Jahre).
**Newberry Library**, *60 W. Walton St., Leseräume: Di–Fr 10–16, Galerie/Ausstellung und Bibliotheksführungen Di um 13 u. Sa 10.30 Uhr, Ausstellungstouren auf Anfrage, www.newberry.org.*

Shopping-Paradies

Zurück am Hancock Center geht es entlang der North Michigan Avenue, der **Magnificent Mile („Mag")**, nach Süden. Sie lädt ein zum Schaufensterbummel. Mehrstöckige Malls, ein **Niketown/Nike Chicago** *(669 N. Michigan Ave.)* sowie weiter südlich ein **Apple Store** (*401 Michigan Ave.*) mögen ebenfalls die Herzen höherschlagen lassen. Die **Terra Foundation for American Art (5)** hat ihr Hauptquartier an der Ecke N. Michigan Avenue und E. Erie Street. Sie verfügt über eine eindrucksvolle Kollektion zeitgenössischer Werke amerikanischer Künstler. Das Museum hier wurde leider vor einigen Jahren geschlossen, doch erhalten Interessierte Auskünfte, wo welche Werke der Sammlung – auch in Chicago – ausgestellt sind. *www.terraamericanart.org.*

Das **Museum of Contemporary Art (MCA) (6)** besitzt über 4.500 zeitgenössische Kunstwerke (ab 1940), welche im Rotationsprinzip ausgestellt werden. Das Gebäude wurde von dem Berliner Künstler Josef Paul Kleihues entworfen. Im Café-Restaurant lässt es sich tagsüber, mit Blick auf Skulpturengarten und Lake Michigan, gut speisen.
***Museum of Contemporary Art***, *220 E. Chicago Ave., Mi–So 10–17, Di bis 21 Uhr, https://mcachicago.org, $ 15.*

*Riesenrad auf dem Navy Pier*

Wer Lust verspürt, kann jetzt einen Abstecher zum **Navy Pier (7)** unternehmen *(Ostende der Illinois St., https://navypier.org)*. Der einen Kilometer lange Pier wurde 1916 als Kaianlage für Handelsschiffe erbaut. Zu dieser Zeit befanden sich in den umliegenden Straßen noch die Handelskontore. Auf dem Pier standen Lagerhallen. Nachdem die Hafenanlagen ans Südende von Chicago verlegt wurden, diente der Navy Pier als Veranstaltungsort, geriet aber zwischen den 1960er- und 1980er-Jahren in Vergessenheit und verfiel, bis man sich umbesann und den Pier Mitte der 1990er-Jahre im Zuge von Renovierungsarbeiten wieder herrichtete.

*Flanieren auf dem Pier*

Heute finden sich am Pier große und kleine **Restaurants**, laden Yachten zu „Dinner Cruises" ein, gibt es Karussells, Parks, Springbrunnen und ein **Riesenrad**, ein interaktives **Children's Museum**, einen saisonalen Artistik-Zirkus und einen saisonal geöffneten Biergarten. Am schönsten ist es hier am Abend, wenn die Sonne hinter der Skyline untertaucht und das Motto lautet: „Sehen und gesehen werden". Für Autofahrer: die Parkgebühren sind höher als eine Taxifahrt von einem zentral gelegenen Hotel!

Zurück an der N. Michigan Ave. geht es weiter nach Süden zum **Tribune Tower (8)** *(435 N. Michigan Ave.)*. Das 1923–1925 entstandene Gebäude war bis 2018 Sitz der Tageszeitung „Chicago Tribune". Es zählt zu den Skyscrapern der 1920er-Jahre, die in die Architekturgeschichte eingingen. Eindrucksvoll ist die neogotische Fassade, die der Kathedrale in Rouen nachempfunden ist. In das Mauerwerk sind Teile der unterschiedlichsten Gebäude aus aller Welt eingefügt, wie z. B. aus der chinesischen Mauer oder Westminster Abbey. Entworfen wurde das Gebäude von John Mead Howells, Raymond M. Hood, Associated Architects.

*Erinnerung an die Goldenen Zwanziger*

Auch das gegenüberliegende **Wrigley Building (9)** *(400 N. Michigan Ave.)* ist einer Kathedrale nachempfunden, allerdings der von Sevilla. Bis 2011 Sitz der weltbekannten Kaugummifirma, die als Produzent von Waschmitteln angefangen hatte, gehört der Skycraper zur ersten Generation dieses Gebäudetyps. Zusammen mit dem gegenüberliegenden Tribune Tower vermittelt er einen Eindruck vom Stadtbild Chicagos in den Goldenen Zwanzigern. Entworfen wurde dieses Schmuckstück 1921–1924 von Graham, Anderson, Probst & White.

Die **Michigan Avenue Bridge** überspannt den Chicago River. Gute Fotoperspektiven auf den zugebauten Fluss und die Skyline bieten sich an. Entlang der **South Michigan Avenue** reihen sich Gebäude mit verschiedensten Fresken und Inschriften aneinander. Hier befanden sich ehemals Konzerthallen und Hotels, die zumeist in Bürogebäude umgewandelt wurden. In den 1920er-Jahren war dieser Straßenabschnitt die „Spielwiese" der Reichen und Gangster. Hier, in den zu dieser Zeit teuersten Hotels der Welt, wurde gleichermaßen gefeiert und gedealt.

**Tipp: Riverwalk**

*Direkt am Chicago River zwischen Franklin St. und Lake Shore Drive schlängelt sich der 2,4 Kilometer lange Riverwalk entlang. Nette Sitzgelegenheiten, Brunnen, „The Jetty" (Wassergärten und Floating Wetlands), Bootsanleger, Kajakverleih sowie Konzerte und Restaurants laden zum Verweilen ein. Geplant ist ein Ausbau bis Chinatown. Das kleine* ***Bridgehouse & River Museum*** *(www.bridgehousemuseum.org) an der Brücke Ecke Michigan Ave./Wacker Ave. (Südwestseite der Brücke) erzählt die Geschichte der Chicago-River-Brücken sowie die Umkehr des Flusses.*

# South Michigan Avenue und Grant Park

### Für Leseratten ...

*Das kleine* **American Writers Museum** *beleuchtet den Einfluss von Schriftstellern wie Mark Twain auf das Alltagsleben in den USA. Das Museum ist didaktisch und medial toll aufgemacht, u. a. mit vielen Aktiv-Stationen. Man kennt doch so einige Schriftsteller (Ernest Hemingway, Jack London, Raymond Chandler, Tennessee Williams etc.).*
***American Writers Museum****, 180 N. Michigan Ave./ Ecke Lake St., https://americanwritersmuseum.org, Do–Mo 10–17 Uhr, $ 14.*

Im **Chicago ArchiCenter (10)** erfährt man alles über die Geschichte der Stadtarchitektur, Pläne für die Zukunft und kann ein maßstabgetreues 3D-Modell von Chicagos Innenstadt bestaunen. Im Museumsshop gibt es ausführliche Literatur zu kaufen. Unterschiedliche Führungen durch die Stadt werden ebenfalls angeboten.
***Chicago ArchiCenter (CAC)****, 111 E. Wacker Dr., www.architecture.org, tgl. 10–16 Uhr, $ 14.*

*Marmor, Mosaik und Tiffanyglas*

An Chicagos „Kulturpalast", dem **Chicago Cultural Center (11)**, wurde mit Marmor und Mosaikarbeiten nicht gespart. Im ersten und zweiten Obergeschoss beeindrucken Tiffanyglaskuppeln. Die Stilelemente dieses imposanten Gebäudes beinhalten altgriechische, romanische und venezianische Einflüsse. Um 1900 konnte man sich so etwas noch leisten. In den verschiedenen Räumlichkeiten werden Konzerte abgehalten und Wanderausstellungen gezeigt. Allein die Innenarchitektur lohnt einen kurzen Stopp.
***Chicago Cultural Center****, 78 E. Washington St., www.chicago.gov/city/en/depts/dca/supp_info/chicago_culturalcenter.html, tgl. 10–17 Uhr, Eintritt frei.*

Einen Block westlich vom Cultural Center steht das ehemalige Flaggschiff und 1913 erbaute Stammhaus von **Marshall Field's** *(N. State St./Washington St. im Loop)*. Das

*„The Bean"*

elegante Warenhaus mit Tiffanyglaskuppel und Springbrunnen wurde nach dem Motto „Give the Lady what she wants" geleitet. **Macy's** hat 2005 die Firma übernommen und das Gebäude restaurieren lassen. Im Inneren befindet sich eine der **Touristeninformationen** von Chicago (*111 N. State St., 1st Floor*).

Der **Grant Park (12)**, einschließlich der Abschnitte **Millennium Park** und **Bicentennial Park**, wurde auf Schuttresten aus der großen Feuerkatastrophe, aber vor allem von abgerissenen Kaianlagen und Industriebetrieben angelegt. Heute nutzen die Einheimischen den Park zum Flanieren oder zum Volleyballspiel auf der Wiese. Ein beliebtes Unterfangen ist es, an der Westseite des Millennium Park sein eigenes Spiegelbild mitsamt Skyline in der glänzenden Skulptur **Cloud Gate** zu fotografieren. Der Volksmund nennt die 110 t schwere, 30 m breite und 10 m hohe Skulptur aus blank poliertem Stahl ganz einfach „**The Bean**". Auf der Nordseite des Parks werden im von Frank Gehry entworfenen, eigenwillig modern geformten **Jay Pritzger Pavilion** Konzerte gegeben, nicht selten auch mittags bzw. nachmittags. Zudem begeistert der Millennium Park durch seine Skulpturen und den Biogarten: Heilkräuter und Gewürzpflanzen als Zier- und Nutzgewächse! Infos unter *www.chicago.gov/city/en/depts/dca/supp_info/millennium_park.html (u. a. Veranstaltungsprogramm)*. Nach Osten hin ist der Park durch eine von Frank Gehry entworfene Fußgängerbrücke mit dem Maggie Daley Park verbunden.

*Polierter Edelstahl*

Das riesige **Art Institute of Chicago (13)** zählt zur Elite der Kunstmuseen. Hochkarätige Wanderausstellungen sowie die permanenten Ausstellungen locken Kunstliebhaber von weither an. Letztere beeindrucken mit einer asiatischen Kunstsammlung, den *Thorne Miniature Rooms* („Puppenstuben" mit nachempfundenen Zimmern aus verschiedenen Epochen), der Sammlung impressionistischer Maler und der American-Arts-Ausstellung. Einzigartig ist die Zusammenstellung von Ritterrüstungen und Waffen aus dem Mittelalter. Für dieses Museum sollte man sich einige Stunden Zeit nehmen.
***Art Institute of Chicago**, 111 S. Michigan Ave./Grant Park, www.artic.edu, Do–Mo 11–17, im Sommer Do bis 20 Uhr, $ 25.*

Inmitten des Grant Park sprudelt seit 1927 der einem Brunnen in Versailles nachempfundene **Buckingham Fountain (14)**. Damals war der riesige Springbrunnen der größte „dekorative" Brunnen der Welt. Beeindruckend ist die über 40 m hohe Wasserfontäne, die bei Chicagoer Winden einen Regenschauer über die Spaziergänger niedergehen lässt.

*Versailles nachempfunden*

An der Ecke *55 E. Jackson St./Ecke S. Wabash Ave.* fällt der Blick auf das rostbraun angestrichene **CNA Plaza Building**. Einem Gerücht zufolge war 1965 außer für die Rostschutzfarbe kein Geld mehr für die Fassadengestaltung übrig. Seine ungewöhnliche Farbe verdankt das von den Architekten Naess & Murphy (später C. F. Murphy Associates) entworfene 31-stöckige Gebäude jedoch der Korrosion des Stahls.

Das 1885 erbaute **Fine Arts Building** wurde auf verschiedene Weise genutzt: Bis 1917 diente der Saal als Showroom. Später wurden ein Kino und ein Kunstzentrum eingerichtet. Künstler und Architekten wie Frank Lloyd Wright hatten hier ihre Büros. Auch heute noch sind die Räumlichkeiten den Künsten vorbehalten und werden als Musikstudios, Proberäume oder Künstlerateliers genutzt. Im Innenhof kann man oft Operngesänge übender Tenöre und Soprane verfolgen. Das Jugendstildekor, die

Holzarbeiten, Marmor- und Granitsäulen sowie Fresken sind sehenswert – besonders in der Lobby. Im obersten Stockwerk beeindrucken Wandmalereien. Tipp: Tickets für eine Veranstaltung im renovierten **Studebaker Theater** (*www.fineartsbuilding.com/studebaker*) erwerben.
***Fine Arts Building**, 410 S. Michigan Ave., www.fineartsbuilding.com, Mo–Fr 7–22, Sa 7–21, So 9–21 Uhr, Eintritt frei.*

*Erstes Theater mit Klimaanlage*

Das **Auditorium Building**, ein weiteres Meisterstück von Louis Sullivan und seinem Partner Dankmar Adler, war 1889 Chicagos größtes Gebäude und mit 110.000 t das damals schwerste Bauwerk überhaupt. Und es war das erste Theater mit Klimaanlage. Das Auditorium mit 4.300 Plätzen bietet eine exzellente Akustik. Nach einer Unterbrechung in den Jahren 1942–1967 wird es bis heute als Theater- und Konzertbühne genutzt. Beeindruckend sind die großen Rundbögen und die vielen Ornamente. Einen Block südlich hiervon lohnt für Interessierte der Blick in das kleine **Museum of Contemporary Photography (38)**, in dem Foto-Wanderausstellungen gezeigt werden (s. S. 159).
***Auditorium Building**, 50 E. Ida B. Wells Dr., https://auditoriumtheatre.org.*

Das **Hilton & Towers Hotel (15)** sowie das **Blackstone Hotel** (*720 bzw. 636 S. Michigan Ave.*) zählten in den 1920er- und 1930er-Jahren zu den besten und teuersten der Welt. Und auch heute liegen die Zimmerpreise im oberen Segment. Wer sich das nicht leisten möchte, kann die Atmosphäre bei einer Tasse Tee in der Lobbyhalle des Hilton & Towers Hotels erschnuppern. Man kann versuchen, einen Blick in den schönen Ballsaal zu werfen. Die Außenarchitektur des Hiltongebäudes mit seinen drei „Türmen" findet man bei Hotels in vielen amerikanischen Großstädten wieder. Das hiesige Hotel war natürlich das erste seiner Art.

*The Loop ist bekannt für seine Skulpturen und Kunstobjekte*

## The Loop und West Loop

Im Loop zählt die **Harold Washington Public Library (16)** mit einem Bestand von über zwei Millionen Büchern zu den größten öffentlichen Bibliotheken der Welt. Das Äußere des Gebäudes zeigt Anlehnung an den neoklassizistischen Stil bezüglich der Grundstruktur und in der Gestaltung der riesigen Figuren von Kent Bloomer und Raymond Kaskey, die das Dach zie-

1 Isamu Noguchi 1976: Celebration of the 200th Anniversary of the Founding of the Republic
2 Lorado Taft 1913: The Fountain of the Great Lakes
3 Sol Lewitt 1985: Lines in Four Directions
4 Alexander Calder 1974: Flamingo
5 Frank Stella 1993: The Town-Ho's Story
6 Nita K. Sutherland 1978: Ruins III
7 Raymond Kaskey 1990: Gern of the Lakes
8 Ólafur Elíasson 2020: Atmospheric wave wall
9 Frank Stella: Loomings and Knights and Squires
10 Louise Nevelson 1983: Dawn Shadows
11 Roger Brown 1990: Flight of Daedalus and Ikarus
12 Richard Hunt 1993: Freeform
13 Jean Dubuffet 1984: Monument with Standing Beast
14 Pablo Picasso 1967: ohne Titel „The Picasso"
15 Joan Miró 1981: Chicago
16 Marc Chagall 1974: The Four Seasons
17 Henry Moore 1983: Large Interior Form
18 Anish Kapoor 2004: Cloud Gate/„The Bean"
19 Harry Bertoia 1975: ohne Titel (Klingende Skulptur)

*Vorschlag für einen Rundweg*

*Die Hochbahn umkreist den Loop*

ren. Ihre symbolische Bedeutung ist erst beim zweiten Blick zu erraten. Die Architekten waren Hammond, Beeby & Babka. Grandios ist der von einer 16 m hohen Glaskuppel überdachte **Winter Garden** im Obergeschoss.
***Harold Washington Public Library**, 400 S. State St., www.chipublib.org, Mo–Sa 9–20, Fr bis 17, So 13–17 Uhr.*

Entlang der S. Dearborn St. (400er bis 800er Block) und umliegenden Straßen befindet sich die **Printers Row**, ein Stadtteil, in dem ehemals viele Druckereien ansässig waren. Jetzt finden sich in den alten Bauwerken Restaurants, Coffeshops und Büros. Nicht weit entfernt stößt man an der Polk St. auf die 1885 entworfene **Dearborn Station**, heute eher bekannt als **Polk Station (17)** mit ihren Terrakotta-Ornamenten, Marmorböden und gusseisernen Verzierungen.

1986 wurde der Komplex der **River City (18)** *(800 S. Wells St.)* als erster von fünf ursprünglich geplanten fertiggestellt. Der Architekt Bertrand Goldberg versuchte mit diesem Bauwerk, die Innenstadt Chicagos für den Mittelstand wieder attraktiv zu machen. Goldbergs Leitfaden dazu: „If our cities are to remain a centre of civilisation they cannot serve as a 35 hour a week city inhabited by our poor." River City bietet seinen Bewohnern heute komfortablen Wohnraum in der Innenstadt, Möglichkeiten für die Freizeitgestaltung und Geschäfte zum Einkaufen. Der S-förmige Bau ist an die Biegung des Chicago River angepasst und den Bewegungslinien einer Flussschlange nachempfunden.

*S-förmiger Bau*

Von außen imponiert das moderne Gebäude der **Chicago Stock Exchange (19)** *(440 S. La Salle St.)* bereits durch die Wahl des Baumaterials: roter Granit und Marmor. Eines der drei großen Art-déco-Gebäude in Chicago, erbaut 1930, beherbergt das **Chicago Board of Trade (20)** *(141 W. Jackson Blvd.)*, auf dessen Gebäudespit-

ze eine Statue von Ceres, der römischen Göttin des Ackerbaus und der Früchte, thront. Im nahen **Chicago Fed Center & Money Museum (21)** kann man mehr erfahren über die globale Finanzwirtschaft und was mit ausgemusterten Dollarnoten passiert.
***Fed Center/Money Museum**, 230 S. La Salle St., www.chicagofed.org, Mo–Fr 8.30–17 Uhr, Tour 13 Uhr (Dauer ca. 30 Min.), Ausweis mitbringen. Bei Redaktionsschluss war das Museum vorübergehend geschl.*

Wer jetzt einen kleinen Hunger verspürt, kann noch schnell in die **Revival Food Hall** (*125 S. Clark St., zw. Monroe u. Adams St.*) schauen. Ob Kuchen, Kaviar, Hühnchen, Pizza, Seafood, Asiatisch oder anderes, unter den 15 individuellen Schnellrestaurants findet jeder etwas für sich.

*Einst höchstes Gebäude der Welt*

Bis 1998 war der **Willis Tower (22)** (ehem. Sears Tower) mit seinen 110 Stockwerken und 443 m Höhe (527 m inkl. Masten) das höchste Gebäude der Welt. Die Idee zu der äußeren Form des Gebäudes kam den Architekten übrigens bei der Betrachtung einer Zigarettenschachtel, aus der einige Zigaretten herausgezogen waren.

Eine Vorstellung von der schwindelerregenden Höhe des 225.000 t – davon 76.000 t Stahl – wiegenden Wolkenkratzers erfährt man auf dem **Skydeck** im 103. Stockwerk. Nervenstarke wagen sich dort auf „The Ledge", einen der rundumverglasten Balkone (freie Durchsicht nach unten!). Der superschnelle Fahrstuhl benötigt bis dorthin nur etwas mehr als eine Minute! Insgesamt 104 Fahrstühle – 16 davon zweigeschossig –, versorgen den Willis Tower mit seinen 420.000 m² Raumflächen. Das Äußere des Bauwerks ist von 16.000 bronzegetönten Fensterscheiben und 11 ha schwarzen Aluminiums geprägt. Seit der 1973 von Skidmore, Owings & Merrill ent-

*Blick vom Willis Tower*

worfene Willis Tower eröffnet wurde, kam es zweimal zu konstruktionsbedingten Pannen: Auf den oberen Etagen wurden mehrere Fenster durch den Wind herausgerissen. Das sollte den Besucher jedoch nicht davon abhalten, die wundervolle Aussicht über Chicago zu genießen.
***Willis Tower**, 233 S. Wacker Dr. (Eingang Jackson Blvd.), www.willistower.com, https://theskydeck.com, Skydeck März–Sept. Mo–Fr 9–22, Sa/So 8.30–22, Okt.–Feb. So–Do 9–20, Fr/Sa 9–22 Uhr, Wartezeiten für die Fahrt hinauf zum Skydeck sind oft lang. Am frühen Abend ist meist weniger los, $ 30–44 (Express Line $ 55–64).*

Ein kurzer Abstecher führt zur **Union Station (23)** *(225 S. Canal St.)*, deren mächtiges Erscheinungsbild imponiert. Innen wird dieser Eindruck durch eine 30 m hohe Kuppel, riesige Säulen und verschiedenste Statuen unterstrichen.

*Opern mit Weltniveau*

Das **Civic Opera House (24)**, ein weiteres Art-déco-Gebäude, erbaut 1929, ist mit Marmorhallen, überladenen Kronleuchtern und massiven Säulen ausgestattet und gilt als das zweitgrößte Opernhaus Nordamerikas. Auf der Bühne werden lyrische Opern mit Weltniveau aufgeführt. Tickets sind leider schwer erhältlich, doch mit etwas Glück verkauft jemand vor Beginn der Vorstellung seine Karte.
***(Lyric Opera's) Civic Opera House**, 20 N. Upper Wacker Dr., ☎ (312) 827-5600, www.lyricopera.org.*

Zwei Blocks östlich der vorgeschlagenen Route steht das **State of Illinois Center/James R. Thompson Center (25)**, ein 1985 eröffnetes Büro- und Geschäftsgebäude, welches von Murphy und Jahn als Leitlinie für die Stadtarchitektur im 21. Jh. fungieren sollte. 1993 wurde es nach dem Gouverneur von Illinois James R. Thompson umbenannt. Der Bau an der 100 W. Randolph St. hebt sich durch seine abgerundete Form und die vorwiegend aus Glas bestehende Außenfront deutlich von den Gebäuden der Umgebung ab.

## River North

*Riesige Grundfläche*

Auf der Nordseite des Chicago River steht seit 1930 das massive Gebäude des **Merchandise Mart (26)**. In den unteren Etagen befinden sich heute ausgesuchte Geschäfte, in den oberen, verwirrend angelegt und nicht zugänglich für die Öffentlichkeit, Büros und Handelskontore. Auch einige Modedesigner haben hier ihre Ateliers, und verschiedenste Messen werden hier abgehalten.
***Merchandise Mart**, am Chicago River zwischen Wells und Orleans Sts., www.themart.com. Gelegentlich gibt es Führungen. Infos am Service Deck oder ☎ (312) 527-7600.*

Weiter geht es durch den historischen **Courthouse District** und über die **Clark St.** (Blocks bis 600er Nummern), in deren Umfeld man viele Gelegenheiten für einen Snack findet.

An der Ecke 515 N. State St./Grand Ave. imponiert das 29-stöckige **515 Building** mit seiner eleganten Glas-Aluminium-Verblendung des aus Stahl und Beton bestehenden Kerns. Clou aber ist im oberen Drittel das sich über vier Stockwerke erstreckende „Loch“, eine Thematisierung von „negative space“ (negativem Raum). Anliegen der Kenzo Tange Associates war es dabei, ein Gebäude mit einem unverwechselbaren Merkmal zu entwerfen.

# Nördlich der Innenstadt

Die folgende Tour ist aufgrund der Entfernungen für eine Fahrt mit dem Auto mit mehreren Besichtigungspausen vorgesehen. Auf dieser Route geht es durch belebte Stadtteile und entlang der Küstenlinie auf dem Lake Shore Drive.
***Dauer der Rundfahrt:*** *ca. zwei bis drei Stunden zzgl. Pausen am Strand. Beschreibungsrichtung: im Uhrzeigersinn.*

**Tipp**
*Wer nur zum Baden, Joggen oder Spaziergehen an die Strände nördlich der Innenstadt will, der sei darauf hingewiesen, dass die relativ wenigen Parkplätze dort unverschämt teuer sind. Am besten mit Bussen hinfahren.*

## Lincoln Park

Von der Innenstadt fährt man auf der N. Clark St. nach Norden zum Lincoln Park. Der Stadtteil Lincoln Park erstreckt sich im Osten vom gleichnamigen Park bis zur Lakewood Ave. im Westen und im Süden von der North Ave. bis zur Belmont Ave. im Norden. Um den 1800er North Block der Sedgewick St. stehen zahlreiche ältere Gebäude, zumeist kleine Wohnhäuser. Lincoln Park ist ein museums- und grünflächenreicher Stadtteil, wofür der *district* 2014 eine nationale Auszeichnung erhielt. Hübsche Wohnhäuser, Kneipen, kleine Restaurants, ausgefallene Geschäfte usw. zieren die Gegend. Zentrale Punkte sind die Clark St. am südlichen Ende des Parks sowie die Kreuzung Fullerton Ave./Lincoln Ave.

*Viertel und Grünanlage*

Chicagos größter Park erstreckt sich über 11 km entlang dem Lake Michigan. Hier kann man spazierengehen entlang verschiedener Trails, Ruderboote ausleihen, den **Zoo (30)** besuchen oder sich einen der folgenden Punkte anschauen: Das **Chicago History Museum (27)** ist in einem Gebäude von 1932 untergebracht, in dem Ausstellungen zur Geschichte von Chicago, oft auch Sonderausstellungen, gezeigt werden *(1601 N. Clark St., www.chicagohistory.org, Di–Sa 9.30–16.30 (Di bis 20), So 12–17 Uhr, $ 19 inkl. audio tours)*. Das schmucke, 1908 im Prairie-Stil fertiggestellte **Café Brauer-Building (28)** (ehemals South Pond Refectory) empfiehlt sich mit einem stilvoll eingerichteten Restaurant. Hier kann man draußen sitzen. Weiter nördlich im Park gedeihen im **Lincoln Park Conservatory (29)** unter vier Glaskuppeln Pflanzen aus unterschiedlichen Florenreichen. Im Außenpark, dem French Garden, lässt es sich gut picknicken *(https://lincolnparkconservancy.org, Mi–So 10–15 Uhr)*.

In einer als Umzugsunternehmen getarnten Garage an der 2122 N. Clark Street (nördl. der Dickens St.) fand 1929 das **Massaker vom St. Valentine's Day** statt (s. S. 139). Heute befindet sich hier ein Parkplatz.

*St.-Valentine's-Day-Massaker*

**Outdoor**
*Was für New York der High Line Park ist, ist in Chicago* **„The 606"/ Bloomingdale Trail**. *Der 2,7 mi lange Erholungs-„Pfad" befindet sich auf einer stillgelegten Hochtrasse der Eisenbahn zwischen Logan Square und Humboldt Park (Nordwesten der Innenstadt) und führt durch die hippen Wohngebiete Bucktown und Wicker Park. Schön gestal-*

Sehenswürdigkeiten nördlich des „Loop"
(North Lake Shore)
Sehenswürdigkeiten
27 Chicago History Museum
28 Café Brauer-Building
29 Lincoln Park Conservatory
30 Zoo
31 Wrigley Field Stadium
32 North Avenue Beach
33 Oak Street Beach
34 Ohio Street Beach
35 International Museum of Surgical Science
36 Peggy Notebaert Nature Museum
N
0 1 mi
0 1 km
Hotels
8 Claridge House
18 Hotel Verseys Days Inn
19 City Suites Hotel
Restaurants
25 Red Apple Buffet
27 Old Town Pour House
28 Gibsons Bar & Steakhouse
29 Russell's BBQ
Addison St.
Cornelia Ave.
Newport Ave.
Roscoe St.
Buckingham Pl.
Melrose
Belmont Ave.
Briar Pl.
Barry Ave.
Wellington Ave.
Oakdale Ave.
Diversey Pkwy.
Wrightwood Ave.
Altgeld St.
Deming Pl.
Fullerton Ave.
Belden Ave.
Webster Ave.
Dickens Ave.
Armitage Ave.
Willow St.
Eugenie St.
North Ave.
Blackhawk St.
Burton Pl.
Schiller St.
Evergreen Ave.
Goethe St.
Scott St.
Division St.
Elm St.
Oak St.
Chicago Ave.
Huron St.
Ontario St.
Grand Ave.
Ohio St.
E. Wacker Dr.
Sheffield Ave.
N. Halsted St.
Broadway St.
Pine Grove Ave.
Sherida Rd.
Racine Ave.
Burling St.
Orchard St.
N. Larrabee St.
Hudson Ave.
N. Lincoln Ave.
N. Clark St.
N. Clybourne Ave.
Kingsbury St.
Orleans St.
North Park Ave.
Wells St.
Crosby St.
Ogden Ave.
N. Lasalle St.
Dearborn St.
State St.
N. Wabash Ave.
N. State St.
N. Rush St.
N. Michigan Ave.
Fairbanks Ct.
McClurg Ct.
N. Orleans St.
N. Milwaukee Ave.
John C. Cannon Dr.
Lake Shore Dr.
Belmont Harbor
Diversey Harbor
Lincoln Park
Lincoln Park Zoo
St. Valentine's Day Massacre
Lincoln Statue
North Avenue Beach
Chess Pavilion
Oak Street Beach
Ohio Street Beach
Navy Pier
Chicago River
Lake Michigan
siehe Karte in der hinteren Umschlagklappe
41
90
© graphic

*Unterwegs auf dem „The 606"/Bloomingdale Trail*

*tet mit Pflanzen, dient er als Freizeit- und Sportpark (Fahrradstrecke), zum Teil auch als Flaniermeile mit Picknickplätzen.*
***The 606/ Bloomingdale Trail**: zw. Ashland 1600W und Ridgeway 3750 W.*

Das **Music Box Theatre**, ein im Jahre 1929 eröffnetes Kino in der 3733 N. Southport Ave., ist ein cineastisches Kleinod und nahezu im Originalzustand erhalten. Imponierend ist der Mix aus Art déco und asiatischen Ornamenten. Heute werden hier Filme gezeigt sowie Konzerte und Theaterstücke aufgeführt: *https://musicbox theatre.com.*

## Nördlich von Lincoln Park

### Tipp: Wandgemälde (Murals)

*1934–1944 wurden vom Treasury Department 1.200 Wandgemälde und 300 Skulpturen in Auftrag gegeben. Die meisten wurden in Postämtern zur Schau gestellt und befinden sich im Besitz der „Postal Collection". Ziel war die Darstellung von Kultur und Charakter der amerikanischen Bevölkerung, was häufig an den martialischen Stil kommunistischer Kunstwerke erinnert. Ein gutes Beispiel ist im Irving Park-Postamt, 1343 W. Irving Park Rd., Ecke Southport Ave., zu besichtigen.*

Über die **Clark St.** geht es weiter in nördlicher Richtung, wo verschiedene ethnische, vor allem asiatische Restaurants angesiedelt sind. Die teilweise tristen Wohngegenden bieten Einblicke in die Schattenseiten Amerikas. An der Ecke Clark/Addison Sts. passiert man das **Wrigley Field Stadium (31)**, Heimat der „Chicago

*„Home of Chicago Cubs"*

*Eines der ältesten Baseball-stadien*

Cubs" (*www.mlb.com/cubs*) und zweitältestes Major-League-Baseball-Stadion Amerikas. 2019 wurden aufwendige Renovierungsarbeiten abgeschlossen, die immer wieder ins Stocken gerieten waren wegen Rechtsstreitigkeiten mit den Besitzern der „Balkon-Häuser" drumherum. Denn von diesen hatte man Stadion-Einblick und die Besitzer zahlten dafür in die Vereinskasse ein. Heute ist die freie Sicht nur noch von einigen der Häuser möglich.

An der Kreuzung Irving Park Rd. liegt ein **deutscher Friedhof** (Wunder's Cemetery). Viele Inschriften sind sogar in Deutsch. Weiter nördlich, nahe der **Devon Ave.** auf dem nördlichen Stück der Clark St., gibt es einige urige Ramschläden „aus anderen Zeiten". Nun folgt man der Devon Ave. nach Osten, um kurz vor dem Ufer wieder nach Süden abzubiegen. Wer dagegen nach Norden weiterfahren möchte, liest dazu bitte S. 166.

*Beliebter Stadtstrand*

Zurück geht es über den **Lake Shore Dr.**, an dem Parkanlagen und Ausblicke auf den Lake Michigan mit Sicherheit zu dem einen oder anderen Stopp bzw. einem ausgiebigen Picknick im Uferpark einladen. Vorbei am **Lincoln Park** erreicht man an dessen Südende den **North Avenue Beach (32)**, den beliebtesten Strand im Stadtbereich. Joggingpfade, ein Sandstrand mit unzähligen Beachvolleyballnetzen, ein Chess Pavilion und ein wunderschönes Skyline-Panorama bieten ausreichend Gelegenheit zum nachmittäglichen Freizeitvergnügen.

Als **Gold Coast** wird der Uferabschnitt zwischen Lincoln Park und Navy Pier bezeichnet. Hier haben die „Oberen Zehntausend" ihre Residenzen in unbezahlbaren Apartments mit Blick auf den See. Vom Hancock Center aus kann man auf einige der Gartenterrassen schauen. Der **Oak Street Beach (33)** und am Navy Pier der **Ohio Street Beach (34)** gehören ebenfalls zu den beliebten Stadtstränden.

## Weitere Museen in Chicago

**Nördlich des Loop:**
**International Museum of Surgical Science (35)**, *1524 N. Lake Shore Dr. (zw. Burton Place und North Ave.), https://imss.org, Mo–Fr 9.30–17, Sa/So 10–17 Uhr, $ 18.* Alles zum Thema Geschichte der Chirurgie, wobei die neuesten Entwicklungen nicht vorgestellt werden.
**Peggy Notebaert Nature Museum (36)**, *2430 N. Cannon Dr., im Lincoln Center, https://naturemuseum.org, tgl. 10–17 Uhr, $ 9.* Dauer- sowie Wechselausstellungen zu verschiedenen Themen aus Natur und Wissenschaft. Untersteht der *Chicago Academy of Science.*
**National Veterans Art Museum (37)**, *4041 N. Milwaukee Ave., www.nvam.org, Mi/Fr/Sa 10–17 Uhr.* Kunstwerke ehemaliger Soldaten (teilweise wirklich gut!) sowie eine Ausstellung von „Hundemarken“ gefallener Soldaten.

**Südlich des Loop** *(→ Karte auf S. 161 und auf der Umschlagklappe hinten)*:
**Museum of Contemporary Photography (38)**, *600 S. Michigan Ave./Ecke Harrison St., www.mocp.org, Mo–Sa 10–17 (Do bis 20), So 12–17 Uhr.* Zeitgenössische Fotografien.
**Spertus (Institute) Museum (39)**, *610 S. Michigan Ave., www.spertus.edu, So–Mi 10–17, Do 10–18, Fr 10–15 Uhr.* Wechselnde Ausstellungen zur jüdischen Geschichte. Die öffentliche Bibliothek beherbergt einen international anerkannten Fundus zu selbigem Thema.

**Andernorts in Chicago:**
**Intuit: Center of Intuitive and Outsider Art (40)**, *756 N. Milwaukee Ave./Ecke Ogden Ave., www.art.org, Di/Mi nach Vereinbarung, Do–So 11–18 Uhr, $ 5.* Hier

Peggy Notebaert Nature Museum

stellen unbekannte Künstler aus, die sich autodidaktisch beigebracht haben, Kunst zu verwirklichen.

**Jane Addams Hull-House Museum (41)**, *800 S. Halsted St./Ecke Polk St., University of Illinois, www.hullhousemuseum.org, Di–Fr 9–17 Uhr, $ 5.* Jane Addams und Ellen Gates Starr haben 1889 in dieser Villa eine Organisation gegründet, die sich darum bemühte, dass für Arbeiter zumutbare Wohnungen gebaut wurden.

**Polish Museum of America (42)**, *984 N. Milwaukee Ave./Ecke Augusta Blvd., www.polishmuseumofamerica.org, Di/Do/Sa 11–16 Uhr, $ 10.* Polnisches Kunsthandwerk, Wanderausstellungen und vor allem religiöse Artefakte.

**Illinois Railway Museum**, *7000 Olson Rd., Union, www.irm.org. Union liegt nördlich des I-90 (nahe US 20), Strecke nach Rockford. Anfahrt vom Loop: 1–1,5 Std., Memorial Day–Labor Day Mo–Fr 10–16, Sa/So 10–17 Uhr, Zeiten können nach Jahreszeiten variieren, $ 12 (Sommerwochenenden $ 16).* Amerikas größtes Eisenbahnmuseum. Viele Events, Zugfahrten etc.

## Südlich der Innenstadt

Homemade Lemonade in „Little Italy“

Auch für diese Tour benötigt man ein Fahrzeug; es sei denn, man möchte nur die Museen um das Field Museum und/oder in Hyde Park bzw. einzelne Gebiete wie z. B. Chinatown besuchen. Die Strecke führt durch alte Lagerhaus- und Fabrikdistrikte, danach durch verschiedene ethnische Stadtteile. Anschließend folgt der krasse Gegensatz dazu an der University of Chicago und in den Museen am Lake Shore.

***Dauer der Tour**: zwei Stunden Rundfahrt sowie zwei bis vier Stunden für den Besuch von zumindest zwei Museen. Beschreibungsrichtung: gegen den Uhrzeigersinn. Unbedingt eine genaue Straßenkarte besorgen.*

Das **italienische Viertel – „Little Italy“ (43)** – befindet sich entlang der W. Taylor St. (1100er Block). Vornehmlich Sizilianer siedelten sich hier an. Kleine Restaurants sorgen noch bedingt für ein italienisches Ambiente.

Der **Maxwell Street Market (44)** *(800 S. Desplaines St., nördlich Roosevelt*

**Sehenswürdigkeiten**

15 Hilton & Towers Hotel/Blackstone Hotel
17 Polk Station
18 River City
38 Museum of Contemporary Photography
39 Spertus Institute
43 Italienisches Viertel – „Little Italy"
44 Maxwell Street Market
45 (ehem.) Schoenhofen Brewery
46 Prairie Avenue Historical District
47 Chinatown
48 Mexikanisches (Hispanic-)Viertel
49 Washington Park
50 Heller House
51 Robie House
52 University of Chicago
53 Museum of Science & Industry
54 Smart Museum of Art
55 DuSable Museum of African American History
56 Oriental Institute Museum
57 McCormick Place
58 Field Museum of Natural History
59 Shedd Aquarium
60 Adler Planetarium & Astronomy Museum

*Rd., So 9–15 Uhr)* galt lange Zeit als das „Secondhand-Eldorado" Amerikas. Die Menschen kamen von überall hierher, um günstige Kleidungsstücke oder Küchenutensilien zu erstehen bzw. zu verkaufen. Kaum ein Flohmarkt war aufregender. Doch durch die Umsiedlung (ehemals befand sich der Markt Ecke Roosevelt Rd./Canal St.) und der Überdachung vieler Stände im Rahmen des „Restaurierungsfeldzugs" seit der Jahrtausendwende sind diese Zeiten vorbei. Unweigerlich setzte die Kommerzialisierung ein. Trotzdem sind die Waren, oft aus Versicherungsschäden, hier günstiger, und ein Hauch des alten Flairs ist doch noch übriggeblieben. An Ständen gibt es leckere mexikanische und lateinamerikanische Speisen.

Das Gebäude der einstigen **Schoenhofen Brewery (45)** *(18th St./Canalport Ave., östlich I-90/94)* ist ein Relikt aus alten Tagen, als deutschstämmige Bierbrauer noch eine gewichtige Rolle in Chicago spielten. Das massive Backsteingebäude wurde 1902 erbaut und mittlerweile teilweise restauriert. Nicht weit von hier, im Bereich *16th St./Union St.* (I-90/94) gibt es **alte Wohnhäuser**, die vor allem von polnischen Fabrikarbeitern bewohnt waren. Sie liegen, typisch für alte Arbeiterhäuser in Chicago, zwei Meter unter dem heutigen Straßenniveau. Die Häuser wurden erbaut, bevor auch in diesen ärmeren Distrikten Straßen und Land aufgeschüttet worden sind.

*Einst Stadtteil der Reichen*

Im **Prairie Avenue Historical District (46)** *(Prairie Ave., südlich der E. 18th St.)* finden sich alte Villen aus den Boomjahren vor 1900. Damals galt dieser Stadtteil als die „Gold Coast" und die Häuser dienten als Domizil der Oberschicht. Nicht weit von hier stand auch das 1803 erbaute Fort Dearborn. Zu besichtigen sind das **Clarke House**, das älteste Gebäude Chicagos (1836), und das **Glessner House**

*In Chicagos Chinatown*

(1886) mit einer kostspieligen Inneneinrichtung, dessen Bauweise sogar Architekten wie Frank Lloyd Wright inspirierte.
***Glessner House**, 1800 S. Prairie Ave., www.glessnerhouse.org, Touren Mi/Fr/Sa 11.30, 13 u. 14.30 Uhr, max. 15 Teilnehmer, $ 20.*
***Clarke House Museum**, 1827 S. Indiana Ave., www.chicago.gov/city/en/depts/dca/supp_info/clarke_house_museum.html, Touren Mi u. Sa 13 Uhr, Eintritt frei, maximal 8 Teilnehmer.*

**Chinatown (47)** erstreckt sich entlang der Cermak Rd., zwischen Archer Ave., Clark St. und dem Dan Ryan Expressway. Dieses bunte Viertel steht in absolutem Gegensatz zu den umliegenden Gegenden. Bunte Tafeln, asiatische Schriftzeichen und ein reges Treiben sind kennzeichnend. Mittlerweile haben sich auch viele Vietnamesen angesiedelt. Die asiatische Küche in den kleinen Restaurants ist sehr authentisch.

**Tipp**
**„The Plant"** *ist ein ehemaliges Schlachthaus im einstigen Arbeiterviertel Bridgeport (South Side). Heute befinden sich Geschäfte mit ökologischem Hintergrund in dem Gebäude: kleine Lebensmittelläden, eine Craft Brewery, eine Bäckerei, eine Kräuterfarm, ein Kombucha-Tee-Produzent, eine Bio-Eisdiele sowie u. a. ein kleines Museum. Die Brauerei hat Probierstände, öfters finden Märkte statt und Touren werden ebenfalls, wenn auch unregelmäßig, angeboten. Ein Erlebnis ganz anderer Art.*
***The Plant**: 1400 W. 46th St., www.insidetheplant.com, s. Karte S. 133.*

Über die **Archer Ave.** in südwestlicher Richtung gelangt man von hier im Kreuzungsbereich Pulaski Rd. ins **mexikanische (Hispanic-)Viertel (48)**. Der **Washington Park (49)** weiter im Süden ist gut geeignet für eine Picknickpause. Hier ändert sich das soziale Bild schlagartig. Auf dessen östlicher Seite gelangt man in den **Hyde Park District** mit vornehmen Wohnhäusern und der University of Chicago als Zentrum.

## Hyde Park District (Museumscampus)

*Auf den Spuren Frank Lloyd Wrights*

Der Architekt Frank Lloyd Wright hat in diesem Stadtteil seine Spuren hinterlassen, so mit dem 1897 erbauten **Heller House (50)** *(5132 S. Woodlawn Ave., nicht zu besichtigen)* und dem **Robie House (51)**, das 2019 in die Liste des Weltkulturerbes aufgenommen wurde. Wegen des einst ungewohnten „Prairie Style" wurde das Robie House, im Volksmund als der „Dampfer" bekannt, zuerst von den Nachbarn abgelehnt. Als es 1910 fertiggestellt wurde, lag es am Stadtrand und gewährte freien Blick auf die nach Süden offene Prärie. Frank Lloyd Wright verbrachte übrigens zwei Jahre in Berlin, hatte auch Kontakte nach Schottland und Schweden.
***Robie House**, 5757 S. Woodlawn Ave., ☎ (312) 994-4000, https://flwright.org, Do–Mo 10–14.30 Uhr, $ 20, mit Außenbereich $ 30, Touren-Tickets vorher reservieren!*

Die **University of Chicago (52)** bestimmt das Geschehen in diesem Stadtteil. Die architektonische Anlage – besonders gut zu erkennen von der 59th St. – erinnert an eine englische Ritterburg. Nur wenige Universitäten auf der Welt haben mehr Nobelpreisträger hervorgebracht.

*Haus der Technik*

Das riesige **Museum of Science & Industry (53)** hat alles zu bieten, was mit Technik zu tun hat: z. B. eine echte Boing 727 (mit Erklärungen eines Piloten), ein deutsches U-Boot aus dem Zweiten Weltkrieg (das 1944 vor Westafrika gekapert wurde), eine nachgebaute Kohlemine, eine Modelleisenbahn, eine Abteilung, die sich mit dem Klonen beschäftigt, eine Welt der Roboter und vieles mehr. Interessant sind auch die Abteilungen, die sich der Geschichte des Computers und des Telefons widmen. Viele „Hands-On-Stationen" und ein OMNIMAX-Kino. Das Gebäude wurde 1893 für die *Columbian Exposition* als Palace of Fine Arts erbaut.
***Museum of Science & Industry**, 5700 S. Lake Shore Dr., www.msichicago.org, Kernzeiten tgl. 9.30–16, im Sommer meist bis 17.30 Uhr, $ 22 (nur Museum), bei speziellen Besichtigungen (z. B. U-Boot, Kohlemine, IMAX-Film, FabLab) wird es teurer. Online sind alle Tickets ca. $ 2 günstiger.*

Das **Smart Museum of Art (54)** ist mit den Skulpturen von Henry Moore, Degas und Matisse, den Möbeln von Frank Lloyd Wright, zahlreichen asiatischen Keramiken und vielem mehr eine Schatzkammer. Zudem Wechselausstellungen.
***Smart Museum of Art**, 5550 S. Greenwod Ave., https://smartmuseum.uchicago.edu, Di–So 10–17, Do bis 20 Uhr, Eintritt frei.*

Das **DuSable Museum of African American History (55)** zeigt Kunstwerke afroamerikanischer Künstler und befasst sich mit Lebensläufen bekannter Afroame-

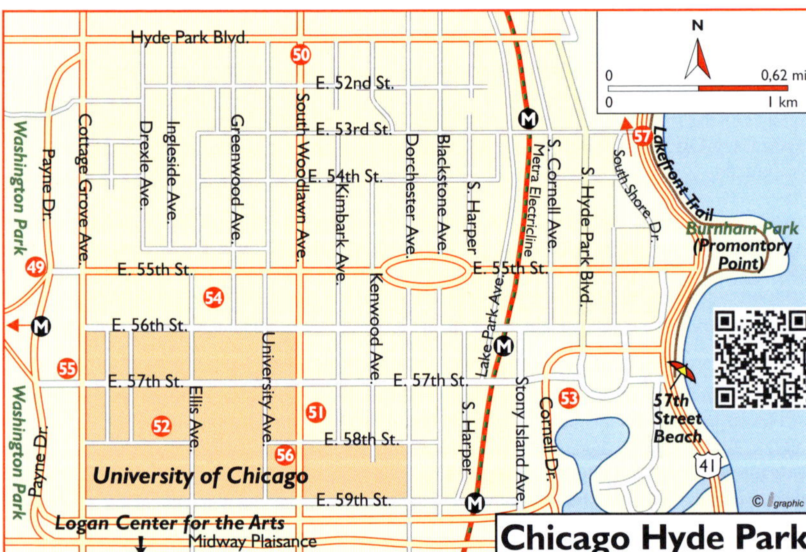


**Sehenswürdigkeiten**
49 Washington Park
50 Heller House
51 Robie House
52 University of Chicago
53 Museum of Science & Industry
54 Smart Museum of Art
55 DuSable Museum of African American History
56 Oriental Institute Museum
57 McCormick Place
Ⓜ zur L-Train-Station Garfield (Red und Green Line)

rikaner wie Harold Washington (erster schwarzer Bürgermeister Chicagos). Jean Baptiste Point DuSable war ein Frankokanadier haitianischer Abstammung und zugleich der erste Siedler Chicagos.
***DuSable Museum of African American History****, 740 E. 56th Place, www.dusablemuseum.org, Mi–So 11–16 Uhr, $ 14,50.*

Das **Oriental Institute Museum (56)** besitzt eine der größten Ausstellungen nahöstlicher Kunst. Highlights sind die „Egyptian Gallery" mit Exponaten aus der Zeit von 5.000 v. Chr. bis 700 n. Chr. und die „Mesopotamian Gallery" mit Fundstücken aus der Zeit der Assyrer.
***Oriental Institute Museum****, 1155 E. 58th St./University Place, https://oi.uchicago.edu, Di–So 10–16 Uhr, Eintritt (Spende) $ 10.*

*Museum of Science & Industry*

Außerdem achten sollte man auf Ankündigungen für die **Renaissance Society** (zeitgenössische Kunst, *5811 South Ellis Ave., https://renaissancesociety.org*) und das **Logan Center for the Arts** (*Kulturveranstaltungen aller Art, 915 E. 60th St., https://arts.uchicago.edu/explore/reva-and-david-logan-center-arts*).

## Sehenswertes entlang dem South Lake Shore Drive

(→ Karte auf S. 161)

Auf dem **Lake Shore Drive** geht es nach Norden zurück Richtung Innenstadt. Kleine Parks am Seeufer laden auch hier zu einem Fotostopp bzw. einer Picknickpause ein. Besonders um das McCormick Center herum sind die Parkplatzgebühren aber horrend. Das mächtige **McCormick Place (57)**, ein moderner Flachdachbau, zählt zu den größten Kongresszentren der Welt.

Das **Field Museum of Natural History (58)** ist ein riesiges naturkundliches Museum mit Ausstellungen zu fast allen Themen und Regionen der Welt: Ägyptische Mumien und chinesisches Spielzeug sind hier ebenso zu bestaunen wie eine reichhaltige Gesteinssammlung und eine Dinosaurierabteilung, inkl. dem bis heute vollständigsten und besterhaltenen Tyrannosaurus-Rex-Skelett namens Sue und einer

*Ein Dino namens Sue*

Vorführung, wie Dinos präpariert werden. Im 3D-Dome laufen naturkundliche Filme.
***Field Museum of Natural History**, 1400 S. Lake Shore Dr., www.fieldmuseum.org, tgl. 9–17 Uhr, $ 26 (Basic), $ 42 (all access).*

*Unterschiedliche Wasserregionen*

Gleich gegenüber dem Field Museum – mit diesem durch einen Fußgängertunnel verbunden – befindet sich eines der größten Indoor-Aquarien der Welt, das **John G. Shedd Aquarium (59)**. Belugawale, Delfine, Schildkröten, Haie und viele andere Wassertiere und Reptilien tummeln sich in verschiedenen Becken unterschiedlichster Wasserregionen der Welt (z. B. das karibische Korallenriff, der Amazonas und die Ozeane).
***John G. Shedd Aquarium**, 1200 S. Lake Shore Dr., www.sheddaquarium.org, Sommer: tgl. 9–21, Mi bis 22, So bis 18, Winter: tgl. 9–18 Uhr, $ 40 (inkl. aller Vorführungen/Shows: ab $ 45).*

*Interessante Filmvorführungen*

Am östlichen Ende der kleinen Halbinsel liegt schließlich das **Adler Planetarium & Astronomy Museum (60)** mit einer ausgezeichneten Ausstellung über die Beobachtung der Sternenwelt. Hier sollte man die Filmvorführungen nicht verpassen. Die Geschichte und die Wunderwelt der großen Teleskope werden ebenfalls im Museum veranschaulicht. Der erste Planetariums-Projektor von 1930 stammte von der deutschen Firma Zeiss. Im Museumscafé lässt es sich gut auf den Lake Michigan schauen.
***Adler Planetarium & Astronomy Museum**, 1300 S. Lake Shore Dr., www.adlerplanetarium.org, im Sommer tgl. 9–16 Uhr, $ 19 (Museumseintritt für alle Ausstellungen), $ 28 (inkl. einer besonderen Show).*

# Sehenswertes in den nordwestlichen und westlichen Stadtteilen

## Belmont – das polnische Viertel

Das nur im Volksmund als Stadtteil bezeichnete Gebiet **Belmont (61)**, nordwestlich der Innenstadt (*Kreuzungsbereich N. Milwaukee/Belmont Aves.*), wurde lange Zeit vornehmlich von Nachfahren polnischer Einwanderer bewohnt. Die Polen bildeten die größte europäische Einwanderungsgruppe, vor den Iren und den Deutschen. Mittlerweile sind viele von ihnen in andere Stadtteile gezogen bzw. sogar zurückgekehrt zu ihren Wurzeln, nach Polen. Einwanderer aus Mittelamerika nehmen zunehmend ihren Platz ein.

*Polnisches Smorgas-Buffet*

Einige der legendären *Smorgas*-Buffet-Restaurants haben aber (noch) überlebt. *Smörgåsbord* ist eigentlich ein schwedischer Ausdruck, der in Amerika für Buffets mit einer Auswahl von kalten und heißen Gerichten verwendet wird. Das polnische *Smorgas*-Buffet enthält neben verschiedenen Teigtaschen vor allem Salzkartoffeln, Frikadellen, Gulasch, Kohlgerichte, saure Heringe, Rote Bete, Sauerkraut, Apfelpfannkuchen usw. Gute Chancen, ein polnisches Geschäft bzw. ein polnisches Restaurant zu finden, bieten sich in der N. Milwaukee Ave. und in jenen fünf Blocks südlich der Belmont Ave. Hier gibt es zudem polnische Bäcker und ein paar Deli-Shops mit polnischen Würstchen und Pierogies (Teigtaschen), wobei auch diese langsam abwandern in die neuen Wohngebiete der polnischen Bevölkerung. Das wohl beste polnische Restaurant ist **Staropolska** (*3030 N. Milwaukee Ave.*), das bekannt ist für seine leckeren Pierogies und das gute Beef Stew. Besonders wegen seines *Smorgas-Buffets* ist das 6 Meilen nördlich von dort ansässige **Red Apple Restaurant** (*6474 N. Milwaukee Ave.*) zu empfehlen. Gut schmecken die polnischen Speisen auch im ebenfalls weiter nördlich gelegenen **SMAK-TAK**! (*5961 N. Elston Ave.*).

Wer sich noch ein Bild von der einstigen Größe der polnischen Gemeinde machen möchte, der sollte in der 3636 George St. die riesige **Basilika Saint Hyacinth** bewundern, die eigens von Papst Johannes Paul II. geweiht wurde. Eine imposante Statue zum Gedenken an den 2005 verstorbenen Papst steht neben der Kirche.

Das kleine **Polish Museum of America (42)** befindet sich ein ganzes Stück weiter südlich an der *984 N. Milwaukee Ave. (Ecke Augusta St., s. S. 160)*.

Die kleine **Greektown** liegt direkt westlich der Innenstadt zw. Van Buren St., Halsted St. und Jackson St. und macht einzig mit ein paar Restaurants auf sich aufmerksam.

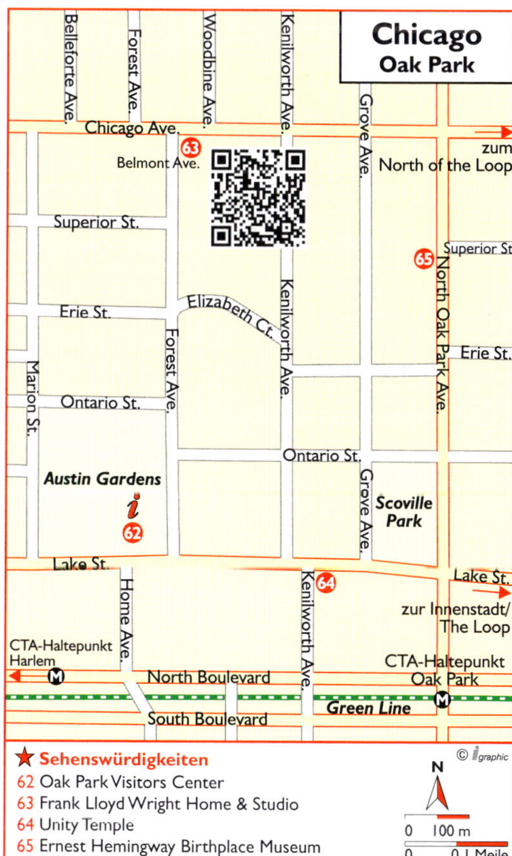


## Oak Park

Oak Park ist über den Eisenhower Expressway (I-290 West), Exit Harlem Ave., zu erreichen. Hier ist nicht nur das Geburtshaus des Schriftstellers Ernest Hemingway anzusehen, sondern man kann diesen Vorort auch als Freilichtmuseum für die Architektur der „Prairie School" bezeichnen, deren Architekten das Ziel verfolgten, die Weite der Prärie baulich umzusetzen. Aus diesem Grund sind bei vielen ihrer Häuser lange horizontale Linien vorherrschend. Neben 30 Häusern des bekanntesten Vertreters dieser Architekturrichtung, Frank Lloyd Wright (1867–1959), bietet die von der Chicago Ave., der Randolph St. sowie von der Linden St. und der Marion St. eingegrenzte Gegend so manch andere architektonische Sehenswürdigkeit. Da die Häu-

*Frank Lloyd Wright Home*

ser bewohnt sind, kann man sich nur im Unity Temple und im Frank Lloyd Wright Home & Studio einen Eindruck von der Innenarchitektur der Häuser verschaffen. *Architektonische Highlights* Eine „Architectural Guide Map" sowie Informationen über die einzelnen Bauwerke erhält man im **Oak Park Visitors Center (62)** *(193 N. Marion St. 208, Mo–Do 10–16, im Sommer bis 17 Uhr, www.visitoakpark.com)*. Ein Spaziergang bzw. eine Fahrt durch Oak Park ist auch architektonisch weniger Interessierten zu empfehlen, da man sich dabei ein Bild von einer der ältesten noch erhaltenen Vorstädte Chicagos mit gepflegten Vorgärten, schönen Häusern und vielen schattigen Bäumen machen kann. Die Frank Lloyd Wright Trust veranstaltet **geführte Touren** durch Oak Park. Unbedingt vorher buchen.

Die Stiftung **Frank Lloyd Wright Home & Studio (63)** hat ihren Sitz im ehemaligen Haus und Studio Wrights, der hier von 1889 bis 1909 lebte. Sie ließ das Gebäude 1974 restaurieren. Führungen durch die Innenräume und auch durch Oak Park können hier gebucht und sollten vorher online reserviert werden.
***Frank Lloyd Wright Home & Studio**, 951 Chicago Ave., www.flwright.org, ☎ (312) 994-4000, Haus-Führungen tgl. 10–16 Uhr, $ 20, inkl. Außenbereich $ 30.*

Der **Unity Temple (64)** wurde 1905 für die Unitarier gebaut und ist heute Welt- *Wrights Debüt* kulturerbe. Es war das erste öffentliche Gebäude, dessen Entwurf bei Wright in Auftrag gegeben wurde. Die ursprüngliche Inneneinrichtung ist noch erhalten *(875 Lake St., www.flwright.org)*.

Für Literaturfreunde ist das **Hemingway Birthplace Museum (65)** eine gute *Erinnerung an „Papa"* Adresse. In 339 N. Oak Park Ave. wurde Ernest Hemingway (1899–1961), der Autor von „Wem die Stunde schlägt" und „Der alte Mann und das Meer", geboren. Ein **Museum**, in dem Briefe, Manuskripte seiner ersten Schreibversuche, alte Fotos und Filme über sein Leben und Werk zu sehen sind, ist eingerichtet. Das Haus, in

dem Hemingway während seiner Jugendzeit lebte (*600 N. Kenilworth*), kann nicht besichtigt werden.
***Ernest Hemingway Birthplace Museum**, 339 N. Oak Park Ave., www.hemingwaybirthplace.com, Fr und So 13–17, Sa 10–17 Uhr (Jan.–Mitte März nur Sa/So), $ 18.*

**Tipp: Bäume und Sträucher**
*Das 700 ha große* **Morton Arboretum (66)** *bietet Wanderwege durch Waldabschnitte und verschiedene Gartenanlagen mit Erläuterungen. In der angeschlossenen Bücherei liegt Fachliteratur aus. Das Restaurant ist nur mittags geöffnet (in Lisle, Kreuzung I-355/I-88, Anfahrt über I-290/I-88, ca. 20 mi südwestl. des Loop, 12 mi südwestl. von Oak Park, www.mortonarb.org, tgl. 7 Uhr bis Sonnenuntergang), $ 16, Dez.–März und immer mittwochs $ 11.*

# Von Chicago nach Milwaukee

### Hinweis zur Route

Wer es eilig hat, wählt den I-94 nach Norden. Wer mehr Zeit hat, fährt über die Sheridan Rd. und erst kurz vor der Grenze zu Wisconsin auf den Interstate.

## Entlang der Sheridan Road

Die Strecke führt durch die vornehmsten Wohnviertel Chicagos und passiert im Stadtteil Wilmette das eindrucksvolle **Baha'i House of Worship (67)** *(100 Linden Ave., www.bahai.us)*. Der 60 m hohe, zwischen 1920 und 1953 errichtete, schneewei-

*Baumblüte in den Botanic Gardens*

ße Kuppelbau, den man eher in Indien vermuten würde, dient den Bahai als Tempel. Diese Religionsgemeinschaft vertritt die These, dass alle Religionen einen gemeinsamen Ursprung haben, und verfolgt das Ziel, diese wieder zu vereinigen. Die magische Zahl Neun (von den neun großen Religionen abgeleitet) ist in der Architektur dieses Bauwerks überall sichtbar: Es hat neun Ecken und neun Eingänge. Schaut man genauer hin, erkennt man zudem Stilelemente aller Religionen dieser Welt.

*Magische Neun*

In Glencoe, 1000 Lake Cook Rd., befinden sich die 154 ha großen **Chicago Botanic Gardens (68)** *(tgl. 10–20 Uhr, im Winter bis Sonnenuntergang, Eintritt: $ 19, Parken: $ 8, www.chicagobotanic.org)*. 25 thematische Gartenanlagen und vier Naturareale gewähren einen Einblick in verschiedene botanische Gebiete dieser Welt (Bonsai-, Wasser(fall)-, Japanischer Garten etc.).

Kurz vor der Grenze zu Wisconsin lockt der Badestrand des **Illinois Beach State Park**, Ecke W. Wadsworth Rd. Im Nature Reserve am Südende des Parks wird deutlich, wie die Uferzone vor der Besiedlung ausgesehen haben mag.

## Entlang dem Interstate

*Spaß für Kinder*

**Six Flags Great America (69)** ist ein überdimensionaler Freizeitpark der Six-Flags-Familie. 110 Fahrgeschäfte, Achterbahnen (eine davon beschleunigt in 2 Sekunden auf 125 km/h!), Rutschen und Karussells, dazu Comicfiguren in Lebensgröße und vieles mehr werden besonders die Kinderherzen höherschlagen lassen. Zudem sorgt ein großer Wasserpark mit Wellenpool für Abkühlung.
***Six Flags Great America**, I-94, Exit Grand Ave./Rte. 132, www.sixflags.com/greatAmerica, Mai, Juni–Anf. Sept. tgl., Randsaison an Wochenenden, ca. $ 80 (in Randsaison günstiger; Angebote im Internet auch oft günstiger), Tickets für den Wasserpark müssen extra erworben werden ($ 30).*

*Outlet Mall*

Wer günstig einkaufen möchte, kann gleich gegenüber vom Freizeitpark in der riesigen **Gurnee Mills Shopping Mall** teilweise zu Fabrikpreisen Marken-Jeans, Hemden, Haushaltsartikel etc. erstehen. *Anfahrt über I-94, Exit Route 132/Grand Ave.*

Auf Wisconsin-Seite wird im **Kenosha Public Museum** die Entstehungsgeschichte Wisconsins über die letzten 425 Millionen Jahre erläutert. Geologische Entwicklungen sowie Urzeit-Tiere stehen dabei im Mittelpunkt. Doch es werden auch die ersten Jäger vorgestellt.
***Kenosha Public Museum**, 5500 First Ave., Kenosha, https://museums.kenosha.org/public, Mo–Sa 10–17, So 12–17 Uhr, Eintritt frei.*

## Reisepraktische Informationen Chicago, IL

### Information

**Chicago Visitor Center @ Macy's**: *111 State St., Lower Level, tgl. geöffnet. www.choosechicago.com*
**Chicago Visitor Center**: *72 E. Randolph St., tgl. geöffnet. www.choosechicago.com*

*In beiden Filialen gibts Infos, Karten (auch Fahrradrouten) und Broschüren. Hier kann man zudem Stadtrundfahrten, Bootstouren, Restaurants, Hotels oder die „Chicagogreeter" (s. u.) buchen. Wer mehrere Sehenswürdigkeiten in wenigen Tagen besuchen möchte, der sollte über eine* **Go Chicago Card** *oder den* **City Pass** *nachdenken. Zu einem vergünstigten Preis können damit zahlreiche Attraktionen besichtigt werden. Erhältlich im Internet unter https://gocity.com/en-us.*

### Wichtige Telefonnummern und Adressen

**Vorwahl**: *312 (Stadtgebiet), 773 (Neighborhoods/Vorstädte)*
**Notruf/Polizei/Krankenwagen**: *☎ 911*
**Traveler's Aid** *(Hilfe für Reisende) am O'Hare Airport: ☎ (773) 894-2427*
**Krankenhäuser:**
*– Northwestern Memorial, 251 E. Huron St., ☎ (312) 926-2000, www.nm.org/locations*
*– Rush University Medical Center, 1620 W. Harrison St./ 1653 W. Congress Pkwy., ☎ (312) 942-5000, www.rush.edu*
**Zahnärztlicher Notdienst**: *Chicago Dental Society, ☎ (312) 836-7300, www.cds.org*
**Apotheke**: *Walgreen's (24 Std. geöffnet): 757 N. Michigan Ave., gegenüber dem Water Tower*
**Telefonauskunft**: *☎ 411 oder „0" für Operator*
**Konsulate**: *s. „Botschaften und Konsulate", s. S. 91*

### Unterkunft *(→ Karten in der hinteren Umschlagklappe, S. 156 und S. 161)*

#### *IN UND UM DIE INNENSTADT*

**Tipp**: *Hotels in Chicago sind nicht billig. Doch gerade die Innenstadthotels (im Loop) bieten günstige Wochenendpreise, während dagegen Hotels nördlich des Loop an Wochenenden stark frequentiert werden und dann teurer sind.*
*Es lohnt sich zudem, zentral zu wohnen. Hier spielt sich das Leben ab, von hier gelangt man gut zu allen Sehenswürdigkeiten (besonders mit den öffentlichen Verkehrsmitteln). Tipps: elegant im* **Palmer House Hilton** *oder* **The Blackstone Autograph Collection Hotels**, *eher günstig dagegen im* **The Meridien Essex**. *Wegen der hohen Parkgebühren in der Innenstadt wäre eine Unterkunft im Norden (nahe öffentl. Verkehrsmittel) eine Alternative, z. B.:* **The Graduate** *(s. S. 173).*

*Sollte die Reise in Chicago beginnen bzw. enden, sollte der Mietwagen hier nur angemietet werden, solange man ihn für die Stadt benötigt.*

**L** = *im Loop; South of Loop, Grant Park*
**NL** = *nördlich des Loop/Near North (besser fürs Abendprogramm)*
*keine Angaben = andere Lagen*

**Four Seasons $$$$$, NL (1)**: *120 E. Delaware Place (900 N. Michigan Ave. Complex), ☎ (312) 280-8800, www.fourseasons.com/chicago. Das „Waldorf Astoria" von Chicago, an der Magnificent Mile (bei Bloomingdale's). In den Zimmern: englische Antiquitäten. Alle Annehmlichkeiten vom Fitnesscenter über Schwimmbad bis hin zum Nachmittagsimbiss. Zugang zur 900 N. Michigan Shopping Mall. Gute Aussicht auf die Skyline von den oberen Stockwerken.*
**The Drake $$$$$, NL (2)**: *140 E. Walton Place (Ecke Michigan Ave./Lake Shore Dr.), ☎ (312) 787-2200, www.thedrakehotel.com. Historisches Hotel am Lake Shore Dr. Ambiente der italienischen Spätrenaissance. Gediegen und luxuriös.*

**Intercontinental Chicago $$$$–$$$$$, NL (3)**: *505 N. Michigan Ave., ☎ (312) 944-4100, www.icchicagohotel.com. Elegantes historisches Hotel zwischen Loop und Magnificent Mile. Das Gebäude wurde 1929 als Athletikclub errichtet. Die zweigeschossige Lobby mit wunderschönen Balustraden und Spiraltreppen ist sehenswert.*
**Palmer House Hilton $$$$$, L (4)**: *17 E. Monroe St. (Ecke State St.), ☎ (312) 726-7500, www.hilton.com. 1.639 Zimmer. Das größte und älteste (1871) Hotel der Stadt. Schöne Säulenlobby. Die Zimmer sind ansprechend und hell. In dieser Preisklasse der Tipp. Der Innenpool ist frisch renoviert.*
**Sofitel Chicago Magnificent Mile $$$$$, NL (5)**: *20 E. Chestnut St., ☎ (312) 324-4000, www.sofitel-chicago.com. Modernes Hotel mit 420 Zimmern, das trotz seiner Größe den Charme eines Boutique-Hotels bewahrt hat. Zimmer in asiatischem Stil eingerichtet.*
**The Blackstone Autograph Collection $$$$$, L (6)**: *636 S. Michigan Ave., ☎ (312) 447-0955, www.theblackstonehotel.com. Historisches, elegantes Hotel mit dem Ambiente des Chicago der 1920er-Jahre.*
**AC Hotel by Marriott $$$–$$$$, NL (7)**: *630 N. Rush St., ☎ (312) 981-6600, www.marriott.com. Zentral gelegen, bietet dieses moderne Hotel alles, was man benötigt, u. a. gibt es zu einem moderaten Extrapreis ein gutes Frühstücksbuffet. Pool und Fitnessraum. Zum Haus gehört ein SafeHouse (s. S. 178), in dem man Spion spielen kann.*
**Claridge House $$$–$$$$$, NL (8)**: *1244 N. Dearborn Pkwy. (ein Block nördl. Division St.), ☎ (312) 787-4980, www.claridgehousechicago.com. Ruhig gelegenes Hotel aus den 1930er-Jahren mit 165 Zimmern. Komplett renoviert. 2 km nördlich des Loop.*

*Tür an Tür: Le Méridien Essex und das Hilton*

**Best Western Grant Park $$$, L (9)**: *1100 S. Michigan Ave., ☎ (312) 922-2900, www.bwgrantparkhotel.com. Sauberes Hotel, Zielgruppe: Geschäftsreisende. Gutes Preis-Leistungs-Verhältnis.*
**Holiday Inn Express Mag Mile $$$–$$$$$, NL (10)**: *640 N. Wabash Ave., ☎ (312) 787-4030, www.ihg.com. Einfach, aber modern ausgestattet. Frühstücksbar. Rechtzeitig reservieren!*
**Inn of Chicago $$$–$$$$, NL (11)**: *162 E. Ohio St., ☎ (312) 787-3100, www.theinnofchicago.com. Zentrale Lage. Rechtzeitig reservieren, da aufgrund des günstigen Preis-Leistungs-Verhältnisses oft ausgebucht! Relativ einfach ausgestattetes Boutique-Hotel, aber mit Preisangeboten. Ein Tipp. Bis Juli 2023 geschl.*
**Hotel Allegro (Royal Sonesta) $$$–$$$$$, L (12)**: *171 W. Randolph St., ☎ (312) 236-0123, www.sonesta.com. Mit 500 Betten zu groß für ein Boutique-Hotel, aber die bunte Aufmachung der Zimmer ist schon etwas Besonderes und damit hebt sich das Allegro von den typischen Franchise-Hotels ab. Historisch-Plüschiges mischt sich hier mit einem jungen Publikum. Oft Special Rates, da das Hotel nicht immer ausgebucht ist. Die Zimmer sind z. T. sehr klein.*
**Le Méridien Essex $$–$$$$$, L (13)**: *800 S. Michigan Ave., ☎ (312) 939-2800, www.marriott.com. Hervorzuheben sind im 2019 umfänglich renovierten und modernisierten Méridien der Blick auf den Lake Michigan (Zimmer ab dem 4. Stock mit Endnummern 01 und 02), das tolle Schwimmbad mit angeschlossenem Fitnessraum sowie die im Sommer teilweise offene Sky Bar im Obergeschoss. Ein Tipp für die Innenstadt außerhalb der Region North of the Loop.*
**ACME Hotel Company Chicago $$$–$$$$, NL (14)**: *15 E. Ohio/Ecke State St., ☎ (312) 894-0800, www.acmehotelcompany.com. Gutes Preis-Leistungs-Verhältnis in zentraler Lage.*
**St. Clair Hotel $$$, NL (15)**: *162 E. Ontario St., ☎ (312) 787-3580, www.chicagostclairhotel.com. Das wohl günstigste Hotel nördlich des Loop. Viele Zimmer sind dunkel, klein und einfach, die Preise dafür unschlagbar.*
**Chicago International (Hi Chicago) Hostel $$–$$$ (22)**: *24 E. Ida B. Wells Dr., ☎ (312) 360-0300, www.hiusa.org/find-hostels/illinois/chicago-24-e-idabwells-drive. Mitten in der Innenstadt! Auch günstige Betten im Schlafsaal ($).*

### *IN ANDEREN STADTGEBIETEN*

**Chicago Marriott at Medical District $$$–$$$$ (16)**: *625 S. Ashland Ave. (am Rush-University Medical Center), ☎ (312) 491-1234, www.marriott.com. 2 mi westlich des Loop. Bahnanschluss zur City. Preislich eine Alternative zu den Innenstadthotels. Obere Mittelklasse.*
**The Graduate Evanston $$$$ (17)**: *1625 Hinman Ave., Evanston (18 mi nördl. des Loop), ☎ (847) 475-3300, www.graduatehotels.com/evanston. Sehr gute Verkehrsanbindung (CTA-Station/Metra-Bahn in der Nähe). Hier wohnt man ruhig und günstig. Gutes Restaurant im Haus, zahlreiche weitere in der nahen Umgebung. Ein Tipp für diejenigen, die abends keine Lust auf Großstadttrubel haben.*
**Hotel Verseys Days Inn $$$ (18)**: *644 W. Diversey Pkwy., ☎ (773) 525-7010, www.hotelversey.com. Einfaches, aber schick zurecht gemachtes „Artsy"-Hotel, 3 mi nördlich des Loop. Gutes Preis-Leistungs-Verhältnis. Geschäfte, Restaurants und Bars im Umfeld. Metrostation 350 m entfernt.*
**City Suites Hotel $$$–$$$$ (19)**: *933 W. Belmont Ave./Ecke Sheffield Ave., ☎ (773) 404-3400, www.chicagocitysuites.com. 45 Zimmer, nicht alle ganz ruhig (Hochbahn), aber Einrichtung, Preis und die Lage inmitten eines quirligen Viertels machen dieses Hotel zu einem Tipp.*

### IN DER UMGEBUNG DES O'HARE AIRPORT

*Alle Hotels bieten Transfer zu den Flughafengebäuden.*

**Hilton Rosemont/ O'Hare $$$$–$$$$$ (20)**: *5550 N. River Rd., Rosemont, ☎ (847) 678-4488, www.hilton.com. 300-Zimmer-Luxushotel, in dem man sich erfolgreich darum bemüht, eine persönliche Atmosphäre zu schaffen – ganz im Gegensatz zu den typischen Airporthotels.*

**Four Points Sheraton O'Hare $$$ (21)**: *10249 W. Irving Park Rd. (Kreuzung US 12/45/IL 19), Schiller Park, ☎ (847) 671-6000, www.marriott.com. Hotel der Mittelklasse.*

## Essen & Trinken (→ Karten in der hinteren Umschlagklappe, S. 156 u. S. 161)

**Tipps:** *Ein Erlebnis besonderer Art bieten die vielen ethnischen Restaurants. Ein besonderer Tipp sind die* **polnischen Smorgasbord** *(S. 166) oder auch die griechischen Restaurants in Greektown (S. 176).*

*Wer tiefer in die Tasche greifen mag, dem sei ein Essen im* **Russian Tea Time** *oder im* **Signature Room at the 95th**, *875 N. Michigan Ave. (John Hancock Center), empfohlen (s. u.).*

### INNENSTADTBEREICH (LOOP), MAGNIFICENT MILE, RIVER NORTH (nicht weiter als 2 mi vom Loop)

**Taureaux Tavern (1)**: *155 W. Van Buren St., ☎ (312) 624-8778. Großes, gepflegtes Barrestaurant mit Außenterrasse und tollem Art-Déco-Tresenbereich. Neben den typischen, amerikanischen Bargerichten gibt es auch einen Hauch von Frankreich auf der Speisekarte, u. a. Schnecken und French Onion Soup. Ein Chicago-Erlebnis. Übrigens auch beliebt fürs Frühstück.*

**Frontera Grill (2)**: *445 N. Clark St. (zw. Illinois und Hubbard Sts.), ☎ (312) 661-1434. Mexikanische bzw. Texmex-Küche. Ausgezeichnete Fajitas. Zudem Burritos, Tortillas und andere, weniger bekannte mexikanische Gerichte. Brunch am Wochenende (10.30–14.30 Uhr). Bei der Reservierung beachten: Es gibt den unkomplizierteren „Frontera Grill" und das Fine-Dining-Restaurant „Topolobampo".*

**Berghoff (3)**: *17 W. Adams St., ☎ (312) 427-3170. Deutsches Traditionsrestaurant in Familienbesitz. Zu empfehlen: der Sauerbraten und das gute Bier vom Fass. Mittlerweile werden auch amerikanische und leicht bekömmliche Speisen angeboten. Das Berghoff hält Chicagos Bierlizenz Nr. 1, d. h., es erhielt als erstes Restaurant nach der Prohibition die Schanklizenz. Neben dem Restaurant liegt die alte Hausbar, ein Lunch-Treff der Banker.*

**Gene & Georgetti (4)**: *500 N. Franklin St., ☎ (312) 527-3718. Traditionelles italienisches Restaurant (seit 1941). Favoriten sind die Pasta-Gerichte, doch ist die Auswahl an Salaten und Steaks ebenfalls hervorragend, und das Tiramisu schließt beileibe den Magen.*

**Russian Tea Time (5)**: *77 E. Adams St. (zw. Michigan und Wabash Aves.), ☎ (312) 360-0000. Klassische russische Küche: Beef Stroganoff, Kulebiaka (Fleischkloß), Kartoffelpfannkuchen etc. Sehr interessant. Wer sich nicht sicher ist, bestellt die „Mixed Appetizer Platter". Altrussisches Ambiente.*

**Heaven on Seven (6)**: *111 N. Wabash Ave., ☎ (312) 263-6443. Leckeres Südstaaten-Essen in historischem Gebäude. Jambalaya, Po'-Boys, Sandwiches etc.*

**The Franklin Room (7)**: *675 N. Franklin St., ☎ (312) 445-4686. Eine Mischung aus Bar und feinerem Restaurant in gediegener Atmosphäre. Hier sucht man Burger und Tacos vergebens, sondern greift zum Steak, zur Hähnchenroulade, Fischgerichten oder zum leckeren Wagyu Steak Tartare. Gute Cocktails und eine lange Whiskey-Liste.*

**Lou Mitchell's (8)**: *565 W. Jackson Blvd., ☎ (312) 939-3111. „Rauer", ausgesprochen beliebter Lunchtreff (kein Dinner!). 16 verschiedene Omeletts, Pfannkuchen, Sandwiches*

*und Salate. Alles frisch zubereitet. Gegessen wird größtenteils an langen „Gemeinschaftstischen"; dabei kann sich eine interessante Unterhaltung entwickeln.*
**Shaw's Crab House & Oyster Bar (9)**: *21 E. Hubbard St. (zw. State St. und Wabash Ave.), ☎ (312) 527-2722. Unkompliziertes, gut besuchtes Seafood-Restaurant. Vieles ist frittiert, doch gibt es auch gebratenen Fisch und Austern. In der Oyster Bar wird So, Di, Do Livemusik (Blues und Jazz) gespielt.*
**Chicago Chop House (10)**: *60 W. Ontario St., ☎ (312) 787-7100. Ausgezeichnete, wenn auch nicht besonders preiswerte Steaks. Wer jedoch gutes Fleisch und wenig Wirbel drumherum bevorzugt, ist hier goldrichtig. Auch Seafood und ein ausgezeichnetes Australian Rack of Lamb!*
**Quartino (11)**: *626 N. State St., ☎ (312) 698-5000. Pizzeria über zwei Etagen. Gute dünne und krosse Pizzen sowie Pastagerichte und Salate. Trotz der Größe sehr gemütlich. Bar mit langem Eichentresen.*
**Portillo's (12)**: *100 W. Ontario St., ☎ (312) 587-8910. Pasta, Ribs, Salate, Burger. Spezialität aber sind die guten Hotdogs. Meist recht voll, aber günstig.*
**Fig & Olive (13)**: *104 E. Oak St., ☎ (312) 445-0060. Restaurant einer kleinen Franchise-Kette gehobenen Stils. Fabelhaftes italienisches Essen. Tipp ist das Seafood Risotto. Auch vegetarische Gerichte.*
**Weber Grill Restaurant (14)**: *539 N. State St., ☎ (312) 467-9696. Klassische amerikanische BBQ-Gerichte. Doch auch die Burger und Steaks sind gut.*
**Signature Room at the 95th, Hancock Center (15)**: *875 N. Michigan Ave., ☎ (312) 787-9596. Vom 95. Stock des Hancock Center genießt man eine tolle Aussicht.*

*Bar und Pizza locken viele nach der Arbeit ins Quartino*

*Die amerikanische Küche (Standard-Menüs) ist zwar okay, aber nicht exquisit. Bar im 96. Stock.*

**Gino's East (16)**: *521 S. Dearborn St., ☎ (312) 939-1819. 1955 von drei italienischen Taxifahrern eröffnet, ist dies der Klassiker unter Chicagos Pizza-Restaurants. Deep-Dish-Pizzas! Filiale North of the Loop: 162 E. Superior St.*

**Lou Malnati's (17)**: *439 N. Wells St./Ecke Hubbard St., ☎ (312) 828-9800. Dünne und dicke Pizzen mit frischen Zutaten.*

**Hard Rock Café (18)**: *63 W. Ontario St., ☎ (312) 943-2252. Texmex, Hühnchen, Hamburger u. a. zwischen Relikten der Rockmusikszene. Laut, voll, aber stimmungsgeladen.*

**Smith & Wollensky (19)**: *318 N. State St., ☎ (312) 670-9900. In New York gegründete Steakhaus-Kette, die Topqualität anbietet. Direkt oberhalb des Chicago River (Fensterplatz reservieren!).*

### NÖRDLICH, NORDWESTLICH UND WESTLICH DER INNENSTADT

*Entlang der* **N. Milwaukee Ave.** *(bes. entlang der* **fünf Blocks südl. der Belmont Ave.***) und auch an der* **W. Division St.** *(„Polish Broadway") finden sich zahlreiche* **polnische Restaurants**, *einige bieten* **Smorgasbord** *an (s. S. 166.). Ein Leser empfiehlt das einfache, authentisch polnische Gerichte servierende Restaurant* **Podhalanka (20)** *(1549 W. Division St., nahe N. Ashland Ave., ☎ (773) 486-6655. Nur bis 20, So bis 19 Uhr.*

**Tanoshii West Loop (21)**: *720 W. Randolph St., ☎ (312) 207-8894. Exquisite und teilweise experimentelle japanische Sushi-Gerichte. Auch mit Makrele, Yellowtail, Tintenfisch oder Aal zubereitet. Tipp hier ist das Omakase-Menü, speziell zusammengestellt vom Chef und dafür verhältnismäßig günstig.*

**Rosebud (22)**: *1500 W. Taylor St./Laflin St., Little Italy, ☎ (312) 942-1117. Italienisches Pasta-Restaurant. Tipp: die dicke Lasagne.*

**Restaurants in Greektown (23)**: *Um den Kreuzungsbereich W. Adams/ S. Halstead Sts., Greektown. Hier gibt es eine Reihe ausgezeichneter griechischer Restaurants, die u. a. bekannt sind für ihre Lammgerichte. Lecker sind auch die kleinen Gerichte und Süßspeisen in der* **Artopolis Bakery & Café (24)** *(306 S. Halsted St.).*

**Red Apple Buffet (25)**: *6474 N. Milwaukee Ave., ☎ (773) 763-3407, https://restaurantredapple.com. Erstklassiges Smorgasbord. Eigentlich der Tipp für polnische Küche. Nur am Wochenende.*

**Restaurant at the Graduate (26)**: *1625 Hinman Ave., Evanston, ☎ (847) 475-3300. Evanston liegt 18 mi nördlich des Loop, d. h. fürs Essen allein lohnt die Anfahrt nicht, aber wenn man hier im Norden nächtigt, ist dieses Restaurant durchaus ein Tipp. Geboten wird bodenständige Küche in moderner Interpretation, besonderer Wert wird auf einfache natürliche Zutaten, klassische Zusammenstellungen und Nachhaltigkeit gelegt. Warme, rustikale Atmosphäre.*

**Old Town Pour House (27)**: *1419 N. Wells St., ☎ (312) 477-2800. Wer mal richtig Lust auf einen urigen, großen Pub hat, ist hier richtig. Zu essen gibt es das Übliche: Burger, Sandwiches, Suppen, Salate und ein paar Taco-Gerichte. Zudem reichhaltige Whiskey-Auswahl, wobei keine seltenen Tropfen dabei sind. Das würde hier auch nicht passen.*

**Gibsons Bar & Steakhouse (28)**: *1028 N. State St., ☎ (312) 266-8999. Neighborhood-Steakhouse und trotzdem eine der Top-Adressen für gute Steaks. Auch der Weinkeller lässt keine Wünsche offen. In keiner Weise kommt in dieser Filiale der Franchise-Ketten-Charakter auf. Außenbereich. Teuer!*

**Russell's BBQ (29)**: *1621 N. Thatcher Ave./North Ave., Elmwood Park, ☎ (708) 453-7065. Großer, gemütlicher „Family Diner", seit 1930 in Familienbesitz. Lohnt einen Stopp nach dem Besuch der Attraktionen in Oak Park.*

### SÜDLICH DER INNENSTADT

**Phoenix (30)**: *2131 S. Archer Ave. (zw. Wentworth Ave. und Cermak Rd.), Chinatown, ☎ (312) 328-0848. Leckeres kantonesisches Essen (oft scharf!). Bekannt für die Dim-Sum-Gerichte. Gepflegtes Ambiente und weiße Tischdecken.*

**Imperial (31)**: *2100 S. Archer Ave., ☎ (312) 326-6888. Authentisches Dim-Sum-Restaurant ohne Schnickschnack.*

**Maple Tree Inn (32)**: *18849 Dixie Hwy., Homewood, ☎ (708) 388-3461. Das beste Cajun-Restaurant südlich von Chicago. Erstklassige Andouille-Würstchen und Shrimps. Ebenfalls ein Genuss sind die Gumbo und die gute bestückte Jambalaya. Wartezeiten überbrückt man an der Bar. Hierher sind es 25 mi vom Loop (in Richtung Süden)!*

**Chicago Oyster House (33)**: *1933 S. Indiana Ave., ☎ (312) 225-8833. Neben verschiedensten Austernvariationen (frische Austern!) dreht sich hier auch alles andere um Meeresfrüchte und Fisch. Sushi, Clams, ausladende Seafood Platter, Cajun Seafood Boil u. a.*

## Pubs/Livemusik/Nightlife

*Überall in Chicago gibt es Kneipen und Bars. Hervorzuheben ist diesbezüglich natürlich das* **Gebiet nördlich des Loop**. *Für ein entspanntes Bier am Abend sollte man in einen der beiden Kneipen-, Restaurant- und Clubdistrikte fahren: um die* **N. Clark St.** *(Blocks 200–600 und umliegende Straßenzüge) oder* **Division St.** *(zw. State und Clark St.). Hier ist für jeden etwas dabei. Einzig die ganz ausgefallenen Jazz- und Bluesgigs findet man hier nur selten.*

### JAZZ

**Andy's Jazz Club**: *11 E. Hubbard St., ☎ (312) 642-6805, https://andysjazzclub.com. Jazzbands spielen live um 18, 20.15 und 22.30 Uhr. Großer alter Saloon mit Kandelabern an der Decke, einem riesigen Tresen und Ventilatoren. Es gibt auch Essen. Eintritt $ 15.*

**Green Mill**: *4802 N. Broadway St., ☎ (773) 878-5552, https://greenmilljazz.com. Ältester Jazzclub Chicagos (1907) und auch heute noch einer der besten. Einer seiner ersten Besitzer war Gun Jack McGurn, ein Handlanger Al Capones und Drahtzieher des St. Valentine's Day Massacre. Täglich Livemusik. Kein Essen.*

**Pops for Champagne**: *601 N. State St., ☎ (312) 266-7677, www.popsforchampagne.com. Der Name verrät es schon. Etwas exklusiver. Neben Champagner werden gute Weine, Whiskeys und Cognacs gereicht. Dazu kann man u. a. Austern, Kaviar (kein russischer) und andere, kleine Leckereien bestellen. Der Jazz ist gut, verliert sich aber etwas hinter den Verköstigungen. Sonntags Jazz-Jam-Session.*

*Livemusik – openair, in Bars und Clubs*

### *BLUES*

**Blue Chicago**: *536 N. Clark St., ☎ (312) 661-0100, www.bluechicago.com. Die besten Bluesmusiker treten hier auf, doch fehlt dem modernen Lokal das „Ambiente des Blues". Dafür ist es von den meisten Hotels aus zu Fuß zu erreichen. Täglich Livemusik.*

**Kingston Mines**: *2548 N. Halsted St., ☎ (773) 477-4646, www.kingstonmines.com. Großes Lokal. Blues auf zwei Bühnen. Richtig gut wird es zu später Stunde, wenn Musiker aus den Innenstadtlokalen hier nochmal auftreten. Do–Sa geöffnet bis in die frühen Morgenstunden. Einfaches Essen.*

**House of Blues**: *329 N. Dearborn, ☎ (312) 923-2000, www.houseofblues.com. Riesiger Musikveranstaltungspalast. Doch wird hier meist modernere Musik gespielt, seltener Blues oder Jazz. Sonntags Gospel-Brunch.*

**Rosa's Lounge**: *3420 W. Armitage Ave./Ecke Kimball St., ☎ (773) 342-0452, https://rosaslounge-com.seatengine.com. Urig: „Chicago's Friendliest Blues Lounge", abseits jeglicher Touristenpfade. Tony Mangiullo, ein Immigrant aus Mailand, benannte das Lokal nach seiner Mutter, die hier auch jahrelang gearbeitet hat. Toller Blues mit Atmosphäre. Di–Sa Livemusik. Und nicht von der Umgebung irritieren lassen. Es ist sicher.*

**Buddy Guy's Legends**: *700 S. Wabash Ave., ☎ (312) 427-1190, https://buddyguy.com. Buddy Guy, der Besitzer des geräumigen Lokals, ist ein bekannter Blues-Gitarrist und spielt manchmal auch noch selbst. Große Tanzfläche. Oft wird auch Bebop gespielt. Eine der Bluesadressen in Chicago! Livemusik, Shows $ 15–25. Südstaaten-Küche.*

**Shaw's Crab House & Oyster Bar**: *21 E. Hubbard St. (zw. State St. und Wabash Aves.), ☎ (312) 527-2722, www.shawscrabhouse.com. In der Oyster Bar: Live Jazz/Blues So, Di, Do. Essen: gutes Seafood.*

### *ANDERES*

**SafeHouse**: *60 E. Ontario St., ☎ (312) 313-1007. Gleich neben dem AC-Hotel, Spion-Kneipe, nachempfunden dem Original in Milwaukee (s. S. 196). Hier geht man vornehmlich hin zum Spielen, weniger zum Trinken.*

**Fadó Irish Pub and Restaurant**: *100 W. Grand Ave. Große, sehr lebhafte irische Kneipe.*

**Goose Island Brewhouse**: *1800 N. Clybourn Ave./Sheffield Ave. Microbrewery, in der über das Jahr an die 100 Biersorten produziert werden. Pubgerichte (Burger, Südstaatenküche). Einen Ableger, den* **Goose Island Taproom**, *gibt es in der 1800 W. Fulton St. Hier werden Touren und Biere angeboten, jedoch kein Essen. Touren sollte man buchen: www.gooseisland.com/fulton-brewery.*

## Was ist los in Chicago und wie bekommt man Tickets?

**Infos über Veranstaltungen**: **Stadtmagazin**: „Key–this week in Chicago" (www.keymagazinechicago.com); **Tageszeitungen oder ihren Internetseiten**: die Freitagsausgaben der konservativen **„Chicago Tribune"** (www.chicagotribune.com/entertainment/things-to-do bzw. www.tribpub.com/gdpr/chicagotribune.com) und der liberaleren **„Chicago Sun-Times"** (https://chicago.suntimes.com);

**Tickets**: **Ticketmaster Arts Line**: www.ticketmaster.com.
Günstige Last-Minute-Tickets gibt es bei **Hot Tix Hotline**: https://hottix.org. Hot Tix hat auch Filialen in der Stadt: www.hottix.org/locations.
Oder man fragt den Concierge im Hotel. Häufig sind die Veranstaltungen ausgebucht und bestellte Karten wurden im letzten Moment zurückgegeben.

**Billy Goat Tavern**: *430 N. Michigan Ave. Unter der Avenue. Hangout-Bar der Zeitungsleute. Menü: „Cheezborger – no fries, cheeps!" Urig, stimmungsvoll. Auch sollte man sich die Goat- (= Ziegen)-Geschichte erzählen lassen. Ableger auf dem Navy Pier, 700 E. Grand Ave., 430 N. Michigan Ave. und 1535 W. Madison St.*
**The Boss**: *420 N. Clark St./Ecke Hubbard St. Alte Kneipe mit historischen Fotos. Etwas schummerig, für den, der's mag.*
**Harry Caray's**: *33 W. Kinzie St., ☎ (312) 828-0966. Bar und gutes italienisches Restaurant für Baseballfans, benannt nach dem ehemaligen Ansager der Chicago Cubs. Dieser hat so einiges gesammelt und in der Bar aufgestellt.*
*Der Stadtteil* **Bucktown-Cooltown**, *Bereich N. 1600 North Ave., W. 2000 Damen St., Milwaukee Ave., bietet viele Szenekneipen, Bars und Lounges.*

### Oper/Symphonie/Theater

*Chicagos Theater-, Kabarett- und Opernangebot ist grenzenlos – und gut. Aufführungen des Chicago Symphony Orchestra, des Chicago Opera House, der Lyric Opera und des Shakespeare Repertory finden landesweite Beachtung.*

*Eine kleine Auswahl lohnender Aufführungsorte/Veranstalter:*
**Chicago Symphony Center**: *220 S. Michigan Ave. (Orchestra Hall), ☎ (312) 294-3000, https://cso.org, Saison: Sept.–Mai. Mitte Juli–Mitte August tritt das Chicago Symphony Orchestra im Ravinia Park (Stadtteil Highland Park) auf; Infos dazu: ☎ (847) 266-5000.*
**Chicago Opera Theater**: *☎ (312) 704-8414 (Tickets). Die Opern-Gesellschaft tritt auf diversen Bühnen auf: https://chicagooperatheater.org.*
**Hubbard Street Dance Company**: *1658 Milwaukee Ave., ☎ (312) 850-9744, www.hubbardstreetdance.com. Moderne Tanzvorführungen, ausgesprochen gut. Oft Auftritte in Chicago.*
**Lyric Opera of Chicago**: *20 N. Wacker Dr., Ecke Madison St., ☎ (312) 827-5600, www.lyricopera.org. Lyrische Opern, Weltklasse! Saison: Sept.–Jan.*
**Auditorium Theatre**: *50 E. Ida B. Wells Dr., www.auditoriumtheatre.org, ☎ (312) 341-2310. Aufführungsort tourender Musicalensembles, u. a. Broadway-Shows.*
**Chicago Shakespeare Theater**: *800 E. Grand Ave., auf dem Navy Pier, ☎ (312) 595-5600, www.chicagoshakes.com. Kleine Shakespeare-Truppe, deren Aufführungen überregionale Resonanz erfahren. Tickets früh buchen!*
*„Off the beaten track"-Theater (auch Dinner-Theater) sind* **Steppenwolf** *(www.steppenwolf.org),* **Second City** *(www.secondcity.com),* **The Playground** *(https://theplayground.com) und das* **Goodman Theatre** *(www.goodmantheatre.org). Ausgesuchte und oft unbekannte Werke werden im* **Harris Theater** *(205 E. Randolph Dr., www.harristheaterchicago.org) aufgeführt. Für Insider.*

### Auswahl jährlich wiederkehrender Veranstaltungen

**Infos zu Festivals**: *www.chicagofestivals.net, https://festivalnet.com und www.choosechicago.com/things-to-do/festivals-and-special-events.*
- *17. März:* **St. Patrick's Day Parade** *– entlang dem Wacker Dr. zwischen Dearborn St. und Van Buren St. Abends* **Feuerwerk** *am North Pier.*
- *Anfang Juni:* **Chicago Blues Festival**, *Millennium/Grant Park.*
- *Ende Mai/Anf. Juni:* **Chicago Gospel Music Festival**, *Millennium Park.*
- *Anfang/Mitte Juli:* **Taste of Chicago**. *Größtes Food-Festival der Welt. Köche bekannter Restaurants bieten an Ständen im Grant Park ihre Köstlichkeiten an. Dazu Musikprogramm.*

• *Anfang Juni–Anfang September: Verschiedene* **Festivals** *an der Lakefront, in den Parks und in Lokalen und auf Straßen in der ganzen Stadt.*
• *Mitte/Ende September:* **Expo Chicago**. *Festival Hall (Navy Pier), www.expochicago.com. Internationale Ausstellung zeitgenössischer und moderner Kunst.*
• *Oktober:* **Chicago International Filmfestival**. *Hochkarätiges Filmfestival in den Innenstadtkinos. www.chicagofilmfestival.com.*

## Einkaufen

*Chicago bietet für jeden etwas. Wer gerne shoppen geht, wird keinesfalls enttäuscht werden. Bestes Areal für den Schaufensterbummel sind die* **N. Michigan Ave. („Magnificent Mile“**, *500er- bis 900er-Blocks) und ihre Nebenstraßen – u. a. die N. Rush Street – mit großen Warenhäusern sowie einer Reihe von Fachgeschäften, z. B. Modedesignern (Chanel, Armani, Louis Vuitton, Polo Ralph Lauren u. v. m.) oder den Juwelieren Tiffany und Cartier. Beliebt sind die* **900 North Michigan Shops** *an selbiger Adresse. Ein Blick in die* **Oak St.**, *eine Seitenstraße der N. Michigan Ave., ist ebenfalls lohnend.*
**Merchandise Mart „THE MART“**: *riesiges Geschäftsgebäude (zwei Blocks lang). Die ersten beiden Stockwerke sind eine Public Mall mit Shops und Restaurants, wobei hier nahezu ausschließlich Designer für Inneneinrichtung ausstellen, Bekleidungsgeschäfte etc. findet man nicht. www.themart.com* *(s. S. 154)*.
**Kaufhäuser**: **Macy's**: *111 N. State St. „Das“ Kaufhaus. Tiffanykuppel, großes Atrium, Ambiente! Weitere Adressen:* **Bloomingdale's** *(900 N. Michigan Ave.),* **Neiman Marcus** *(737 N. Michigan Ave.) und* **Saks Fifth Avenue** *(700 N. Michigan Ave.).*

**Designermode**: **McShane's Exchange**: *815 W. Armitage Ave./nahe Halsted St. Secondhand-Kleidung, aber nur vom Feinsten (Top-Designer-Ware). Im* **800er-Block der W. Armitage Ave.** *gibt es auch andere Modegeschäfte.*
*Das bekannte Warenhaus* **Marshalls**, *in dem günstige Designerwaren zum „Wühlen an endlosen Kleiderstangen“ zu finden sind, hat mehrere Geschäfte in der Stadt, so z. B. in der 600 N. Michigan Ave, www.marshalls.com.*
**Nike Chicago**: *669 N. Michigan Ave. Nicht nur Verkauf der Nike-Sporttextilien. Ein erlebnisreiches Entertainment-Programm rund um den Modeschuh wird Jung und Alt begeistern.*
**Juwelier**: **Tiffany & Co**: *730 N. Michigan Ave. Ableger des berühmten Juweliers in New York.*

*Es gibt zwei riesige* **Fabric Stores/Outlet Malls** *in der Umgebung von Chicago, die* **Gurnee Mills Factory Outlet Mall** *(I-94 zw. Chicago und Milwaukee, gegenüber Six-Flags-Park) und die* **Premium Outlets** *(1650 Premium Outlet Blvd., in Aurora, I-88, 45 Min. westl. Chicagos). Beide sind auf Textilien und Haushaltswaren spezialisiert.*

## Touren/Stadtführungen

*Das Touristenamt von Chicago stellt* **Touren „auf eigene Faust“** *zu verschiedenen Themen (Musik, Neighborhoods, Speisen etc.) im Internet vor: www.choosechicago.com/articles/itineraries.*

**Chicago Greeter**: *https://chicagogreeter.com, chgogreeter@choosechicago.com. Einheimische führen durch ethnische Neighborhoods, zu bekannten Plätzen und erläutern Besuchern „ihre“ Stadt. Die „Greeter“ erwarten dafür kein Geld. Eine tolle und sehr persönliche Sache. Deutschsprachige Führungen werden ebenfalls angeboten. Möglichst eine Woche im Voraus für eine Tour anmelden und sich über mögliche Themen informieren.*

*Besonders gut kann man die Stadt von einem Boot aus bewundern*

**Chicago Architecture Foundation**: *224 S. Michigan Ave., ☎ (312) 922-3432, www.architecture.org. Erläuterte Touren zu den Baudenkmälern und architektonischen Highlights der Stadt. Ein Muss! Am interessantesten sind die Bootstouren entlang dem Chicago River (90 Min.). Abfahrt an der Brücke der Michigan Ave. Es gibt außerdem einen Buchladen mit Büchern zu allen Themen der Architektur. Ebenfalls gut sind die erläuterten Bootstouren mit* **Chicago Line Cruises** *(Ticketoffice: 465 N. McClurg Court, ☎ (312) 527-2002, www.chicagoline.com). Auch die* **Chicago River Boat Architecture Tours** *(https://architecturetourchicago.com) legen hier ab.*
**Big Bus Chicago** *fährt zu vielen Sehenswürdigkeiten. Die Doppeldeckerbusse können jederzeit bestiegen werden, 12 Zwischenstopps sind möglich („Hop-on-Hop-off"). Infos: www.bigbustours.com/de/chicago/stadtrundfahrt-chicago.*
**Untouchable Tours**: *☎ (773) 881-1195, https://gangstertour.com. Touren zu den Relikten der Gangster-und Prohibitionszeit. Viele Gebäude aus der berüchtigten Zeit stehen nicht mehr, aber allein die mit Showcharakter durchgeführten Touren sind klasse und informativ.*
*Selbst die Polizei nutzt heute die* **Segway-PTs** *(= Personal Transporter). Warum also nicht einmal auf einem der scheinbar unkippbaren Doppelräder die Stadt erkunden?* **City Fat Tire Tours Chicago** *(910 S. Michigan Ave., ☎ 1-866-614-6218, www.fattiretours.com/chicago) bietet diese an. Touren mit Fahrrädern stehen ebenfalls auf dem Programm.*

### Strände

*Der beliebteste Stadtstrand ist der* **North Avenue Beach** *mit Volleyballnetzen, Joggingpfad und Schachpavillon in der Nähe. Am stadtnächsten sind* **Oak** *und* **Ohio**

*Joggen zwischen Oak und North Avenue Beach*

**Street Beach**, *die oft sehr voll sind. In Richtung Süden sind die Strände im Stadtgebiet nicht so schön. Erst die Strände in Indiana (Indiana Dunes State Park bzw. NP) lohnen wieder.*

### Fahrrad fahren, Inline und Roller Skating

*Chicago verfügt mittlerweile über 1.000 km Fahrradstrecken. Highlights sind eine Fahrt entlang dem Lake Michigan sowie auf der ehemaligen Bahntrasse 606/Bloomingdale Trail (s. S. 155).*

**Verleih von Fahrrädern und Inlineskatern am Lakeshore** *bei* **Bike & Roll Chicago**: *An drei Stationen (Millennium Park, Navy Pier, 34 S. Michigan Ave., 211 N. Stetson Ave.) können Fahrräder (u. a. Tandems, Quadcycles) und Inlineskater ausgeliehen werden. Diese können an jeder der einzelnen Stationen abgegeben werden, egal, wo sie in Empfang genommen wurden. Organisierte Touren (Fahrrad, Segway) sind ebenfalls möglich. ☎ (312) 729-1000, www.bikechicago.com.*

**United Skates of America Roller Rink**: *Martin Luther King, Jr. Park & Family Ent. Center, 1219 W. 76th St., ☎ (312) 747-2602, www.unitedskates.com. Tolle Roller-Skating-Bahn. Lichtshows, Musik, Snacks. Rollerskates können ausgeliehen werden. Legendär sind Do+So (21–1 Uhr) die „JB-Sessions“ in der* **Rink Fitness Factory** *(1122 E. 87th St., ☎ (773) 221-2600, www.therinkchicago.com).*

### Sportveranstaltungen/Zuschauersport

*In einem amerikanischen Stadion live dabei zu sein, ist ein Erlebnis. Weniger der Sport als vor allem die Atmosphäre sprechen für sich. Leider ist es nicht einfach, ein Ticket zu bekommen. Doch ein Versuch lohnt allemal.*

**Football**: **„Chicago Bears“**: *Soldier Field (1410 Special Olympics Dr.), www.chicagobears.com.*

**Baseball**: **„Chicago White Sox“**: *Guaranteed Rate Field, 333 W. 35th St., I-94-Exit 54. ☎ (312) 674-1000, www.whitesox.mlb.com.*

**„Chicago Cubs“**: *Wrigley Field (Addison St./Ecke Sheffield Ave., nördl. Innenstadt). Eines der ältesten Stadien des Landes. www.mlb.com/cubs.*
**Basketball**: **„Chicago Bulls“**: *United Center, 1901 W. Madison St., ☎ (312) 455-4000, www.nba.com/bulls.*
**Eishockey**: **„Chicago Blackhawks“**: *United Center, 1901 W. Madison St., ☎ (312) 455-7000, www.nhl.com/blackhawks.*

## Flughäfen

*Der* **Chicago O'Hare Airport** *bedient nationale und internationale, der* **Midway Airport** *überwiegend nur nationale und regionale Flüge.*

**An-/Abfahrt**: **O'Hare Airport**
**Flughafenauskunft (O'Hare)**: ☎ *customer service (800) 832-6352, www.flychicago.com*
**Auto**: *Auf dem Highway I-90 nach Nordosten. Fahrtzeit zw. Loop und Airport: mind. 30 Min. Häufige Staus können aber zu Fahrzeiten von über 90 Min. führen.*
**Taxi/Fahrdienste**: *Ab $ 50 kostet eine Taxifahrt in die Innenstadt. Es gibt zudem ein „Share-Ride-Program“, bei dem sich bis zu vier Personen ein Taxi teilen können; Preis: ab $ 30/P.* **Uber** *und* **Lyft** *operieren ebenfalls in Chicago.*
**Shuttleservice**: *Einige Innenstadthotels bieten einen Shuttleservice an. Vor den Terminals stehen weitere Shuttleservices zur Verfügung.*
**Bus**: *Keine Linie in die Innenstadt, dafür mehrere zu CTA-Bahnhöfen.*
**Bahn**: *Die Blue Line der U- und S-Bahn „CTA“ fährt in die Innenstadt. Fahrtdauer ca. 40 Min., Abfahrten ca. alle 10 Min. vom Terminal 2 (Lower Level). Der Weg zu den Zügen ist mit „Trains to City“ ausgeschildert. Der ATS-Airport-Zug („Airport Transit System“) fährt von allen Terminals dorthin.*

**An-/Abfahrt**: **Midway Airport**
**Flughafenauskunft (Midway)**: ☎ *(773) 838-0600, www.flychicago.com*
**Auto**: *Über den I-55 in südöstlicher Richtung. Fahrtzeit zw. Loop und Midway Airport: mind. 25 Min., kann aber verkehrsbedingt auch 45 Min. betragen.*
**Taxi/Fahrdienste**: *Ab $ 40 kostet eine Taxifahrt in die Innenstadt. Auch hier gibt es das oben genannte „Share-Ride-Program“ (ab $ 20/P.).* **Uber** *und* **Lyft** *operieren ebenfalls in Chicago.*
**Shuttleservice**: *Shuttlebusse fahren in den Stadtbereich (alle 20 Min.). Tickets gibt es gegenüber dem Schalter von Southwest Airlines.*
**Bus**: *keine Linie in die Innenstadt. Nur außerhalb der Fahrzeiten der U- und S-Bahn wird ein Bus für die Route in die Innenstadt eingesetzt.*
**Bahn**: *Die Orange Line der U- und S-Bahn „CTA“ fährt in die Innenstadt. Fahrtdauer ca. 30 Min., Abfahrten alle 5–10 Min.*

*Alle* **Mietwagenfirmen** *haben Niederlassungen an beiden Flughäfen.*

## Öffentliche Verkehrsmittel

**Amtrak**: *Amtrak Chicago Union Station: 225 S. Canal St., ☎ 1-800 872-7245, www.amtrak.com, https://chicagounionstation.com.*
**Überlandbusse**:
**GREYHOUND-/Trailways-Busstation**: *630 W. Harrison St., ☎ (312) 408-5821.*
**Flixbus:** *Abfahrt 355 S. Canal St. (1 Block südl. des Union Station), www.flixbus.de/fernbus/chicago-il.*

Der „Metra"-Vorortzug

**Stadtbusse und Stadtbahnen**: *Die „Chicago Transit Authority"* (**CTA**) *bedient das Bus-, U- und Hochbahnsystem der Stadt. Die Linien der Hochbahn („Elevated Train", kurz „L") sind nach Farben benannt. Es gibt 1-, 3-, 7- und 30-Tage-Tickets (unlimited rides). Infos:* ☎ *1-888 968-7282, www.transitchicago.com. Im Bus kann man bar bezahlen, für die Bahn muss man ein* **Ventra-Ticket** *(Karte) kaufen (Automaten, Geschäfte), die man beliebig aufladen kann. Die Ventra-Tickets erhält man an Automaten und unzähligen Geschäften (Drugstores etc., www.ventrachicago.com/retailers/locations) und sie gilt natürlich auch in den Bussen. Zudem kann man sich alternativ die* **Ventra-App auf sein Handy laden** *und damit dann bezahlen: www.ventrachicago.com/app.*

*Die* **Metra** *ist die Vorortbahn. Sie ist nur für wenige touristische Ziele interessant (Morton Arboretum, Baha'i House of Worship, Botanic Gardens, bedingt Shedd Aquarium/Field Museum/Hyde Park Museum Campus – hier ist die S-/U-Bahn wohl die unkompliziertere Alternative). Infos:* ☎ *(312) 322-6777, www.metrarail.com.*

## Taxi/Fahrdienste

**Checker**: ☎ *(312) 243-2537*
**Yellow Cab**: ☎ *(312) 829-4222*
**Uber:** *www.uber.com. Es gibt zusätzlich UberX und UberXL, die günstiger operieren als Sammeltaxis bzw. nach „Random"-System Fahrer kommen lassen. Für die Abholung am Airport sollte man die speziellen Hinweise beachten; www.uber.com/global/de/cities/chicago.*
**Lyft** *bietet ähnliche Angebote (Airport-Pick-Up, LyftXL, Shared). www.lyft.com/rider/cities/chicago-il.*

# Chicago Hoch- und U-Bahnnetz (CTA/L-Train)

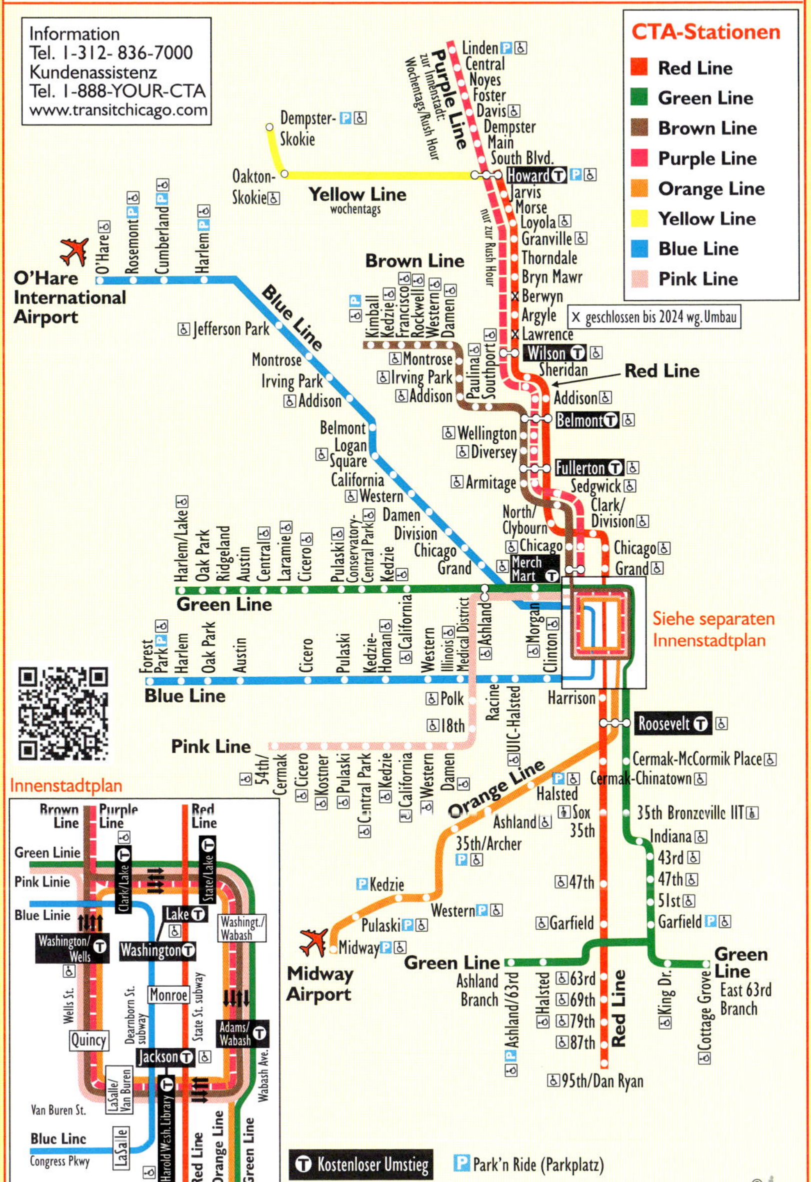

# 5. MILWAUKEE

# Überblick und Geschichte

**Entfernungen**
*Milwaukee – Chicago: 87 mi/140 km*
*Milwaukee – Duluth: 389 mi/626 km*
*Milwaukee – Green Bay: 110 mi/177 km*
*Milwaukee – Minneapolis: 326 mi/525 km*

Milwaukee diente bereits den französischen Trappern und Händlern als Stützpunkt auf dem Weg von Chicago nach Green Bay. Ungeklärt ist die Herkunft des **Namens**. Die zwei häufigsten Theorien sind „millioki", das bei einem Indianerstamm „Versammlungsplatz am Wasser" bedeutet, und „mill-e-wah-que", was so viel wie „Das gute Land" heißt. 1822 wurde es offiziell registriert und lockte danach vor allem englische Siedler an. 1846 erhielt Milwaukee Stadtrechte, und von da an waren es vor allem deutsche und skandinavische Einwanderer, die der Stadt zu ausgeprägtem Wohlstand verhalfen.

Die Bierbrauereien prosperierten über 100 Jahre lang. Um 1900 kamen Maschinenfabriken hinzu, später auch noch Fabrikationsstätten für Röntgengeräte. Diese Entwicklung verhalf zu dem Beinamen „Machine Shop of America". Der Ausbau des St. Lawrence Seaway sorgte letztendlich für die reibungslose Abwicklung des Handelsverkehrs. Der Hafen von Milwaukee zählt heute zu den wichtigsten an den Großen Seen. Von den Brauereien ist nur noch die Miller Brewery (Molson Coors Beverage Company) übriggeblieben, Pabst und Schlitz mussten Ende der 1990er-Jahre schließen, ihre Biere werden heute noch in kleineren Mengen bei Miller produziert, wobei Pabst jetzt einem kalifornischen Finanzkonsortium gehört, und seinen Firmensitz in San Antonio, TX hat. Bekannt ist die Marke heute durch das preisgünstige Lager „Pabst Blue Ribbon" („PBR"). Die Stadt kann mit Recht als die „deutscheste Großstadt" Amerikas angesehen werden. Brauereien, Schlachtereien sowie der Gastronomiebereich beweisen das.

*„Deutscheste" Großstadt Amerikas*

## Zeitplanung

Ein Tag genügt für Milwaukee. Nach der Hektik Chicagos kann man hier die Beschaulichkeit dieser verschlafenen Großstadt genießen.

## Redaktionstipps

- Als (ehemalige) Stadt der Bierbrauereien und der legendären Harleys sollten eine Besichtigung der **Miller Brewery** (**Molson Coors Beverage Company**) (S. 193), der **Pabst Mansion** (S. 193) sowie des **Harley-Davidson Museum** (S. 193) auf dem Programm stehen.
- Das **Milwaukee Art Museum** (S. 189) liegt wunderschön am Ufer des Lake Michigan und bietet interessante Ausstellungen.
- Ein Spaziergang entlang der **Promenade am Lake Michigan** ist etwas zum „Seele baumeln lassen", zur **Festivalzeit** geht es hier dagegen lebhaft zu (S. 193).
- Für speziell Interessierte: Besuch der **American Geographical Society Library** (S. 195) sowie der **Harley-Davidson-Fabrik** (S. 194).
- Hoteltipps: das historisch gediegene **Pfister Hotel** sowie das persönlichere **Brumder Mansion Bed & Breakfast**. Etwas günstiger, aber ebenfalls ein wenig historisch ist das **Astor Hotel** (alle S. 195).
- **Kulinarisches:** Wurstwaren von Usinger's Famous Sausage, leckere Käsesorten im Wisconsin Cheese Mart sowie die Gewürze im Spice House (S. 197).

*Deutsche Biertradition wird auch heute noch hochgehalten*

Obwohl Milwaukee heute noch als Industriestadt fungiert und der Dienstleistungssektor stetig wächst, macht sich dies im Stadtbild kaum bemerkbar. Die Zahl der großen Gebäude hält sich in Grenzen, in der Innenstadt herrscht wenig Hektik. Industrie ist vornehmlich im Süden, um den Hafen und im Westen angesiedelt. Die Metropolregion Milwaukee mit 1,57 Mio. Einwohnern scheint eher eine „Anhäufung verschiedener Kleinstädte" zu sein – in Milwaukee leben rund 577.000 Menschen. Nach einem Besuch von Chicago wird man vielleicht gerade diesen „Kleinstadtcharakter" zu würdigen wissen. Doch wer besondere Highlights und Sehenswürdigkeiten erwartet, wird enttäuscht sein. Alles geht hier einen gemächlicheren Gang, sowohl in der Innenstadt als auch in den Neighborhoods. Dafür aber macht es Spaß, im Zentrum in einem Café am Milwaukee River zu sitzen, durch den Public Market und die Boutiquen im Third Ward District zu schlendern, sich eine Ausstellung im schönen Art Museum anzuschauen oder aber sich die Harley-Davidson-Kultur einzuverleiben – denn die Harleys werden in dieser Stadt gebaut, und das Harley-Museum ist eine Wucht! Fürs leibliche Wohl sorgt die deutsche Gastronomie, für die Fitness die Spazier- und Fahrradwege entlang der Uferzone des Lake Michigan, und während der Sommermonate locken bunte Festivals, vom German Fest über das Milwaukee Irish Fest, viele Besucher an.

*Wenig Hektik*

Von Süden kommend, fällt (nördl. Exit 312/I-94) der **Allen-Bradley Co. Clock Tower** auf. Laut Guinness-Buch der Rekorde trägt er die größte Uhr mit vier Ziffernblättern.

# Sehenswertes

Die **Innenstadt** ist architektonisch wenig beeindruckend, sieht man einmal von der protzigen **City Hall** (*E. Wells St.*), dem **Riverwalk** und dem **Third Ward District** ab. In ein paar Stunden hat man sie erkundet. Start ist am **Visitors Center (1)** *(400 W. Wisconsin Ave.)*, wo man sich mit Infomaterial eindecken kann.

Die **Milwaukee County Historical Society (2)** ist in einem ehemaligen Bankgebäude untergebracht. Das Museum zeigt eine Ausstellung zur Stadtgeschichte, darunter Feuerwehr-Artefakte, Spielzeug, historische Fotos u. v. m. In der **Research Library** im Obergeschoss sind Fakten zur Besiedlungsgeschichte von Wisconsin gesammelt worden. Hier kann man z. B. nach eventuellen Vorfahren fahnden, die sich in der Region angesiedelt haben mögen.

*Suche nach Vorfahren*

***Milwaukee County Historical Society**, 910 N. Dr. M.L. King Jr. Dr., https://milwaukeehistory.net, Mi–Sa 9.30–17 Uhr, $ 7.*

Einen Block nördlich davon befindet sich die Schlachterei **Usinger's Famous Sausage** *(1030 N. Dr. M.L. King Jr. Dr.)*, deren Laden ausgezeichnete Wurst, z. B. für einen Snack zwischendurch, verkauft. Zwei Türen nördlich davon lockt zudem der **Wisconsin Cheese Market**. Sein Käse gilt als der beste Amerikas.

Weiter geht es den **Riverwalk** entlang nach Süden und dann über die **Kilbourn Avenue Bridge**. Im 19. Jh. boten die Brücken über den Milwaukee River immer wieder Anlass zu Streitereien zwischen den westlich bzw. östlich gelegenen Stadtteilen. Jede Seite beanspruchte die Brückenzölle für sich. Heute schippern Freizeitkapitäne entlang dem Fluss und ein paar Café-Restaurants laden zu einer Pause ein. Ein wenig betonlastig ist es hier schon, aber das eine oder andere Kunstwerk am Ufer lenkt davon ab. Auf der Ostseite werden auf den vier Bühnen des modernen **Marcus Center for the Performing Arts** hochklassige Theaterstücke und Konzerte gegeben. Einen Block weiter beeindruckt die 1895 im flämischen Stil errichtete **City Hall (3)** (Eingang *Wells St.*).

Die 1853 fertiggestellte **Cathedral of St. John (4)**, zwischen E. Wells St. und Kilbourn Ave., ist die älteste römisch-katholische Kirche in Wisconsin.

Das **Milwaukee Art Museum (5)** am Lake Michigan zeigt eine Reihe von Werken europäischer (Mirò, Picasso, Degas, Monet)

*Milwaukee Riverwalk*

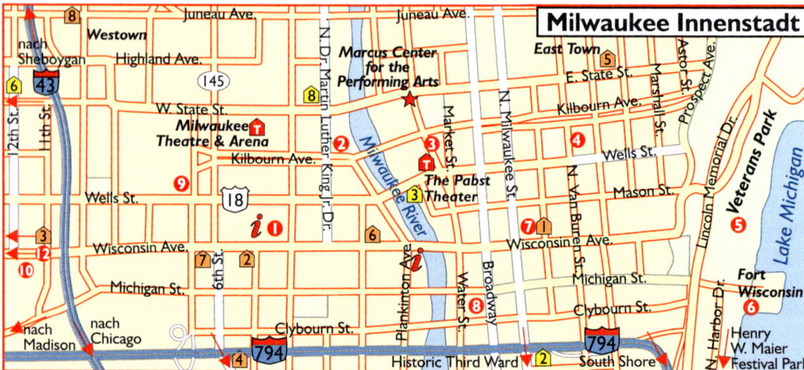


## Sehenswürdigkeiten

1 Visitors Center
2 Milwaukee County Historical Center (Society)
3 City Hall
4 Cathedral of St. John
5 Milwaukee Art Museum/ War Memorial Center
6 Discovery World
7 Pfister Hotel
8 Grain Exchange Room
9 Milwaukee Public Museum
10 Marquette University/ Haggerty Museum of Art
12 Captain Frederick Pabst Mansion

© igraphic

N

0 0,31 mi
0 500 m

## Restaurants

2 Milwaukee Ale House
3 The Safe House
6 Five o'Clock Steakhouse
8 Mader's Restaurant

## Hotels

1 Pfister Hotel
2 Hilton City Center
3 Brumder Mansion B&B
4 Iron Horse Hotel
5 The Plaza Milwaukee Hotel
6 Hampton Inn & Suites - Downtown
7 DoubleTree Milwaukee Downtown
8 Brewhouse (Inn & Suites)

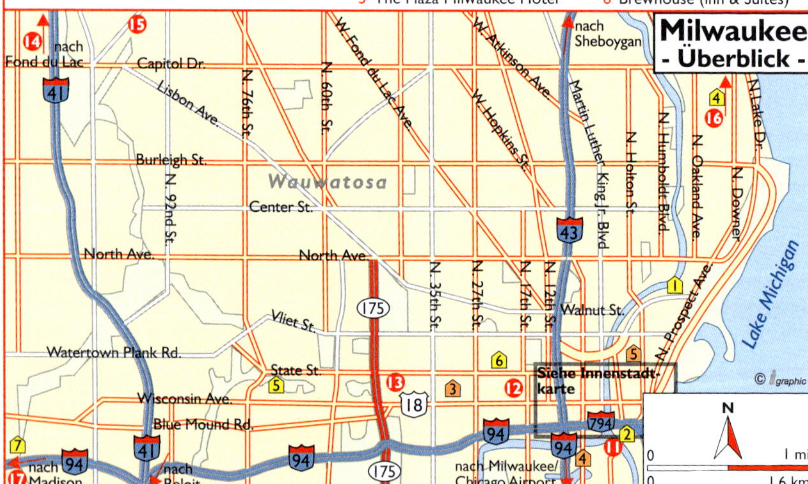


## Sehenswürdigkeiten

11 Harley-Davidson Museum
12 Captain Frederick Pabst Mansion
13 Miller, The Brewery
14 Harley-Davidson Factory
15 Annunciation Greek Orthodox Church
16 American Geographical Society Library
17 Old World Wisconsin

## Restaurants

1 Historic Brady St.
4 Jack Pandl's Whitefish Bay Inn
5 Saz's State House
6 Five o'Clock Steakhouse
7 Kegel's Inn

## Pabst Theater

info

Frederick Pabst, der bekannte Bierbrauer, erwarb 1890 das Nunnemacher Grand Opera House (Wells/Ecke N. Water Sts.) und nannte es nach aufwendigen Renovierungsarbeiten „Das Neue Deutsche Stadt-Theater". Der Bau wurde jedoch durch ein Feuer zerstört. Pabst ließ daraufhin ein neues Gebäude errichten (Fertigstellung 1895) und nannte es dann Pabst Theater. Heute finden hier Aufführungen aller Art statt.

sowie amerikanischer Künstler (Warhol, O'Keeffe, Frank Lloyd Wright u. a.) und oft sehenswerte Wanderausstellungen. Das als **War Memorial Center** bekannte Hauptgebäude wurde vom finnisch-amerikanischen Architekten Eero Saarinen, der flügelartige Bau des **Quadracci Pavilion** von dem spanischen Architekten Santiago Calatrava entworfen. Letzterer hat u. a. auch die als *Oculus* bezeichnete Eingangshalle der PATH-Station am World Trade Center in New York bauen lassen. Die Ähnlichkeit ist nicht zu übersehen. Es gibt ein Restaurant im Museum.
***Milwaukee Art Museum**, 700 N. Art Museum Dr., https://mam.org, Di–So 10–17, Do bis 20 Uhr, im Winter nur Do–So, $ 22.*

Direkt südlich davon lädt das **Discovery World at Pier Wisconsin Museum (6)** ein, die Natur der Süßwasserseen zu erkunden. Zu sehen gibt es Aquarien, Labors, einen Dreimast-Cargo-Schoner, das Modell der Großen Seen, informative Filme und Themenausstellungen. Zielgruppe sind vor allem Kinder, die technische Dinge an „Hands-on"-Stationen ausprobieren können.
***Discovery World at Pier Wisconsin Museum**, 500 N. Harbor Dr., www.discoveryworld.org, Mi–So 9–16, im Sommer auch Mo/Di 9–16 Uhr, $ 20.*

Auf dem Weg zurück in die Stadt lohnt ein Blick in die eindrucksvolle Atriumhalle des **Pfister Hotel (7)** *(424 E. Wisconsin Ave.)*. In der Hotel-Bar bzw. in der **Lounge im 23. Stock** (ab 17 Uhr, Aussicht!) kann man eine Pause einlegen. Das vierstöckige **Iron Block Building** zwei Blocks weiter westlich *(Ecke N. Water St./E. Wisconsin Ave.)* ist eines der letztgebauten Gebäude Amerikas, das noch von Eisenträgern gestützt wird.

Milwaukee war im 19. Jh. der größte Getreideumschlagplatz Amerikas. Von keinem Hafen auf der Welt wurde zu dieser Zeit mehr Getreide exportiert. Im 1879 eröffneten **Grain Exchange Room (8)** wurden die Getreideladungen gehandelt. Der 1.000 m² große Trading Room mit seinen riesigen Säulen, Fresken und Gemälden ist schon beeindruckend.
***Grain Exchange Room**, Mackie Bldg, 225 E. Michigan St., selten zu besichtigen: https://historicmilwaukee.org/doors-open (übrigens eine gute Website, um sich auch über Zugänge zu anderen Gebäuden zu informieren).*

*Milwaukee ist eindeutig Harley-Town Nr. 1*

Das **Milwaukee Public Museum (9)** beherbergt u. a. eine große naturkundliche Ausstellung, zu der ein großes Dinosaurierskelett sowie ein 14.500 Jahre altes Mammutskelett gehört. Es wird der tropische Regenwald erklärt und das „Innere der Erde". Die kulturhistorische Abteilung beinhaltet u. a. Repliken verschiedenster Geschäfte Milwaukees von 1890 und erläutert die Geschichte des deutschen Schützenfestes in Amerika.
***Milwaukee Public Museum**, 800 W. Wells St., www.mpm.edu, Mi–Mo 10–17 Uhr, $ 22, mit Dome Theater Show $ 28.*

Einige Blocks weiter, westlich des I-43, liegt die **Marquette University (10)**, in deren **Haggerty Museum of Art** Werke alter Meister, Gemälde und Skulpturen aus dem 20. und 21. Jh., aber auch moderne Videokunst zu sehen sind.
***Haggerty Museum of Art**, 1234 W. Tory Hill/ nahe N. 11th St., www.marquette.edu/haggerty, tgl. 10–16.30, im Sommer Do bis 20 Uhr.*

## Südlich der Innenstadt

*Frische Waren auf dem Markt*

Im **Historic Third Ward** *(südlich I-794/94, um Milwaukee St.)* hat man die alten Lagerhäuser herausgeputzt und u. a. Restaurants und Boutiquen angesiedelt. Durchaus gelungen. Im **Milwaukee Public Market** *(400 N. Water St., hinter der Brücke des I-794)* gibt es frisches Gemüse, Wisconsin-Käse, amerikanische Weine, biologisch angebaute Produkte und vieles mehr. Sonntags findet hier ein „Outdoor Farmer's Market" statt. Die **National Bobblehead Hall of Fame and Museum** *(170 S. 1st St. 2nd floor, Mo–Fr 10–18, Sa/So 10–17 Uhr, www.bobbleheadhall.com, $ 5)*

*Harley-Davidson Museum*

zeigt eine lustige, und vermeintlich weltgrößte Ausstellung aus Plastik- und Comicfiguren mit Wackelköpfen (erinnert sei an die Wackeldackel, die in den 1970er-Jahren manche Hutablage im Auto zierten). Etwas für Fans dieser Kultur.

Ebenfalls südlich der Innenstadt liegt direkt am Lake Michigan der **Henry W. Maier Festival Park**. Hier finden während der Sommermonate zahlreiche, zumeist ethnische Festivals statt, u. a. das Polish Fest, das German Fest, das Festa Italiana, Milwaukee Pride und das Mexican Fiesta. Infos: *www.milwaukeeworldfestival.com/calendar-of-events*.

Südwestlich der Innenstadt, auf der anderen Seite des Kanals und des Amtrak-Bahnhofs, steht das **Harley-Davidson Museum (11)**. In dem riesigen Komplex wird die über hundertjährige Geschichte der sogenannten „Iron Horses" anschaulich erläutert. Natürlich mit einer ordentlichen Portion Stolz und Eigenlob. Selbst für die Nicht-Motorradfahrer ist ein Besuch hier sicherlich ein Muss, denn nahezu alle Harley-Modelle der Firmengeschichte sind hier ausgestellt. Außerdem gibt es Demo-Rides, Ausprobierstationen u. v. m. zu erleben. Der Museumsshop bietet Harley-Accessoires an.

*Legendäre „Iron Horses"*

***Harley-Davidson Museum**, 400 W. Canal St., www.harley-davidson.com, Do–Mo 10–17, März–Dez. tgl. 9–17/18 Uhr, $ 22.*

# Sehenswürdigkeiten im weiteren Umfeld der Innenstadt

Die Fahrtstrecke geht im Uhrzeigersinn vom Visitor Center nach Westen und anschließend zurück zum Seeufer und an diesem entlang in die Innenstadt.

Frederick Pabst (1836–1904), in Thüringen geboren, kam als zwölfjähriger Junge nach Amerika und wurde Kapitän auf den Großen Seen. Später heiratete er die Tochter des Bierbrauers Phillip Best, übernahm vom Schwiegervater die Geschäftsleitung und machte aus der mittelgroßen Brauerei in nur zehn Jahren die größte Brauerei Amerikas. Der daraus resultierende Reichtum spiegelt sich in allen Teilen seines Wohnhauses, der **Captain Frederick Pabst Mansion (12)**, wider: Holzornamente, Tiffanyglas, Marmorarbeiten, schmiedeeiserne Verzierungen, antike Möbel und erlesene Porzellane, ja sogar Holzpaneele aus einem bayerischen Schloss. Es mangelt fürwahr nicht an Luxus und Protz.

*Erfolg mit Bier*

***Frederick Pabst Mansion**, 2000 W. Wisconsin Ave., www.pabstmansion.com, Mo–Sa 10–16, So 11–16 Uhr (Jan./Feb. nur Mi–So), nur geführte Touren, letzte Tour beginnt um 15 Uhr, $ 15.*

**MillerCoors Brewery** (Molson Coors Beverage Company) **(13)** ist eine der großen Brauereien in den USA neben Budweiser (AB InBev-Konzern) und gehört mittlerweile zum Konzern Molson (u. a. Molson Biere, Foster's, Staropramen, Leinenkugel's). Gebraut wird das Miller-Bier in verschiedenen Brauereien landesweit. Hauptumsatzträger sind die Marken Miller Lite, Miller, Blue Moon, Coors und Coors Light. 2020 wurde der Name des gesamten Konzerns offiziell von MillerCoors Brewery in **Molson Coors Beverage Company** geändert – zurzeit übrigens der größte Braukonzern Nordamerikas. Hier, im alten Stammhaus der Marke

*Das alte Stammhaus der Marke Miller*

Miller, werden einstündige Brauereitouren angeboten, die mit einer Bierprobe beendet werden.

***Miller, The Brewery****, 4251 W. State St., www.millerbrewerytour.com. Touren starten i. d. R. alle halbe Stunde Mo–Sa 10–15.30, im Sommer bis 16.30 und So 10–15 Uhr. Am besten via Internet vorher buchen. Infos:* ☎ *(414) 931-3552, $ 10 (exklusive Gebühren und Steuern) (80 Min. Brauerei), $ 21 (2 ½ Std. Brauerei und Geschichte der Firma). Bei Redaktionsschluss wurden Touren aufgrund der Pandemie noch nicht wieder angeboten.*

*Harley-Davidson verkauft einen Lebensstil*

In der **Harley-Davidson Factory (14)** kann man die Fabrikation des „Powertrain" (Motor und Getriebe) der in aller Welt begehrten „Knatter-Motoren" der Harley-Davidson-Motorräder direkt erleben. Das Unternehmen wurde 1903 in Milwaukee von William S. „Bill" Harley (1880–1943) und Arthur Davidson (1881-1950) sowie später William A. Davidson und Walter Davidson (1877–1942) als *Harley-Davidson Motor Co.* gegründet. Das Gemeinschaftsunternehmen wurde 1907 offiziell ins Leben gerufen. In den 1970er- und 1980er-Jahren drohte der Bankrott. Unterstützt von Krediten und mit einem enormen Stellenabbau gelang jedoch der erneute Aufschwung. Denn anstatt mit den Japanern auf dem Gebiet technologischer Errungenschaften zu konkurrieren, stellte die neue Marketingstrategie den Erlebniswert der Produkte in den Vordergrund: „Wir verkaufen einen Lebensstil – das Motorrad gibt es gratis dazu." Seither kaufen besonders Altersgruppen ab Mitte vierzig die Harleys und bescheren der Firma Gewinne.

***Harley-Davidson Factory****, W156 N9000 Pilgrim Rd., Menomonee Falls, div. Themen-Touren (Mo–Fr 9–15, letzte Tour beginnt um 13.30 Uhr), unbedingt reservieren, am besten online (*☎ *(877) 883-1450 od. (262) 502-8239, www.harley-davidson.com), Mindestalter 12 Jahre, Ausweis mit Bild erforderlich, ab $ 40. Einige Touren beginnen auch am Harley-Davidson Museum in der Stadt (inkl. Transport). Bei Redaktionsschluss war keine Buchung möglich.*

Die **Annunciation Greek Orthodox Church (15)** *(9400 W. Congress St., Wauwatosa. Gottesdienst- und Besichtigungszeiten unter www.annunciationwi.org, ☎ (414) 461-9400)* war das letzte Meisterwerk des berühmten Architekten Frank Lloyd Wright. 1961 eröffnet, zwei Jahre nach Wrights Tod, erinnert ihr Äußeres eher an ein Ufo. Von hier geht es zurück in Richtung Seeufer.

*Karten, Atlanten und Globen*

In der University of Wisconsin befindet sich mit der **American Geographical Society Library (16)** eine der größten Karten- und Atlantensammlungen der Welt. Besucher dürfen mithilfe der Bibliothekare verschiedene, auch alte Karten einsehen. Bemerkenswert ist auch die Sammlung an Globen, die im Bibliotheksraum ausgestellt ist. Ein „Off the beaten Path"-Tipp.
***American Geographical Society Library**, 2311 E. Hartford Ave., UWM, East Wing (3. Stock), https://uwm.edu/libraries/agsl, Mo–Fr 9–16.30 Uhr.*

In der weiteren Umgebung von Milwaukee wurden in der **Old World Wisconsin (17)** auf 240 ha über 60 historische Gebäude aus dem ländlichen Wisconsin wiederaufgebaut. Besucher können alte Farmhäuser besichtigen und handwerklichen Vorführungen zusehen, um zu verstehen, wie damals gearbeitet wurde. Eindrucksvoll ist, dass Farmhäuser verschiedener ethnischer Gruppen zu besichtigen sind (u. a. deutsche, finnische und norwegische). Eine Fotoshow im Visitor Center erläutert die Geschichte.
***Old World Wisconsin**, W372 S9727 Hwy. 67 (über I-94-West, Oconomowoc exit), südl. von Eagle, https://oldworldwisconsin.wisconsinhistory.org, Mai–Mitte Juni und Sept. Sa/So 10–16, Mitte Juni–Aug. Mi–So 10–16 Uhr, HS $ 20, NS $ 16.*

## Reisepraktische Informationen Milwaukee, WI

### Information

***Visit Milwaukee**: 648 N. Plankinton Ave., ☎ (800) 554-1448, www.visitmilwaukee.org, Mo–Fr 8–17 Uhr.*

### Wichtige Telefonnummern

*Vorwahl: 414*
*Notruf/Polizei/Krankenwagen: ☎ 911*
*Flughafeninformation: ☎ 747-5300*

### Unterkunft *(▸ Karte S. 190)*

*Am besten übernachtet man in einem **Innenstadthotel**, um von dort die wesentlichen Sehenswürdigkeiten zu Fuß zu erreichen.*
**The Pfister Hotel $$$$$ (1)**: *424 E. Wisconsin Ave., ☎ (414) 273-8222, www.thepfisterhotel.com. Das Luxushotel der Stadt. Im alten Trakt (1893) wurden Zimmer zu Zwei-Zimmer-Suiten zusammengelegt (am Wochenende günstiger). Antikmöbel, auch im neueren Trakt. Elegante viktorianische Lobby. Im alten Ballsaal „The Rouge" wird ein ausladendes Sunday-Brunch serviert und toll ist der Ausblick von der „Blu" Lounge im 23. Stock.*
**Hilton City Center $$$–$$$$ (2)**: *509 W. Wisconsin Ave., ☎ (414) 271-7250, www.hilton.com/en/hotels/mkemhhf-hilton-milwaukee-city-center. Elegantes Art-Déco-Hotel der 1920er-Jahre. Kristallleuchter, Holzarbeiten und Marmorsäulen schmücken eindrucksvoll die Halle. Die Zimmer sind z. T. etwas klein. Es lohnt, gleich nach größeren Zimmern zu fragen.*

**Brumder Mansion Bed & Breakfast $$$$ (3)**: *3046 W. Wisconsin Ave., ☎ (414) 342-9767, www.milwaukeemansion.com. Schönes B&B in einem Backsteinhaus von 1910. Viele Antiquitäten, gutes Frühstück. Jacuzzi, einige Suiten mit Whirlpool. Nur fünf Zimmer.*
**Iron Horse Hotel $$$$–$$$$$ (4)**: *500 W. Florida St., ☎ (414) 374-4766, https://theironhorsehotel.com. Boutique-Hotel in komplett renoviertem Lagerhausgebäude. Der Name verrät bereits, dass das Hotel auch auf Biker ausgerichtet ist, die das nahe Harley-Davidson Museum besuchen wollen: Motorradgaragen, Motorradwäsche, Rückenmassagen und anderes, was den Biker erfreut. Viele Restaurants und Bars in der Nähe.*
**The Plaza Milwaukee Hotel $$$ (5)**: *1007 N. Cass St., ☎ (414) 276-2101, https://plazahotelmilwaukee.com. Zentral gelegenes Art-déco-Hotel aus den 1920er-Jahren. Geschmackvoll und ohne viel Schnickschnack eingerichtet. Die meisten Zimmer mit Kitchenette (gut fürs Frühstück auf dem Zimmer!). Zudem gibt es ein nettes Café-Restaurant mit Innen- sowie Courtyard-Bereich (7–14 Uhr).*
**Hampton Inn & Suites - Downtown $$$–$$$$ (6)**: *176 W. Michigan Ave., ☎ (414) 271-4656, www.hilton.com. Schnörkelloses Innenstadthotel der Mittelklasse. Dafür bekanntermaßen mit einem recht vernünftigen Frühstück inklusive.*
**Doubletree Milwaukee Downtown $$$–$$$$$ (7)**: *611 W. Wisconsin Ave., ☎ (414) 273-2950, www.hilton.com. Unauffälliges Innenstadthotel für Geschäftsleute im Stil der 1970er-Jahre. Am Wochenende günstige Angebote.*
**The Brewhouse Inn & Suites $$$$$ (8)**: *1215 N. 10th St., ☎ (414) 810-3350, www.brewhousesuites.com. Nettes Boutique-Hotel im ehemaligen Hauptgebäude der Pabst Brewery (die Braukessel sind noch alle da!). Jedes Zimmer mit Küche. Restaurant und Bar im Haus. Nahe der Innenstadt.*

*In* **Cedarburg** *und* **Port Washington** *nördlich von Milwaukee gibt es zahlreiche* **B&B-Unterkünfte**.

### Essen & Trinken *(▸ Karte S. 190)*

*Im* **Historic Third Ward** *(im Norden und Osten vom I-794 eingeschlossen) sowie dem Gebiet westlich davon – dem Stadtteil, der umgeben ist von Menomonee River im Norden, I-94 im Westen, Washington St. im Süden und 1st St. im Osten – gibt es eine Reihe von Restaurants, Bistros und auch Microbreweries (s. u.). Die* **Historic Brady St. (1)** *nördlich der Innenstadt lockt mit Neighborhood-Pubs und Restaurants.*
**Milwaukee Ale House (2)**: *233 N. Water St. (Hist. 3rd Ward), ☎ (414) 276-2337. Microbrewery. Zu essen gibt es neben Burgern und Pubfood eine Reihe von Fleischgerichten (gut sind die Lammschenkel). Vegetarier müssen sich mit einem Hummus Wrap bzw. Salaten begnügen.*
**SafeHouse (3)**: *779 N. Front St., ☎ (414) 271-2007, www.safe-house.com. Überraschung: Ein Name ist nicht angeschlagen; der Eingang muss gefunden werden! Die ganze Kneipe ist eine einzige Überraschung und ein Versteck für Agenten und Spione … Mehr sei an dieser Stelle nicht verraten …! Wer es schafft, eingelassen zu werden, sollte sich drinnen in Ruhe umschauen (weitere Überraschungen!). Serviert werden gute Burger, typische Pub-Gerichte oder einfach auch nur ein Bier.*
**Jack Pandl's Whitefish Bay Inn (4)**: *1319 E. Henry Clay St., Whitefish Bay, 9 mi nördl., ☎ (414) 964-3800, https://jackpandls.com. Exzellentes Restaurant für Süßwasserfischgerichte, außerdem Rouladen, Pfannkuchen und Schnitzel. Beachtenswert ist die Sammlung alter (und neuer) Steinkrüge. Freitags Fish Fry!*
**Saz's State House (5)**: *5539 W. State St., ☎ (414) 453-2410. In einem alten Road House (von 1885). Gute Steaks, besonders beliebt für die BBQ-Gerichte. Zudem angeschlossene Sportsbar. Gut 4 Meilen westl. der Innenstadt.*

**Restaurants im Pfister Hotel**: *s. o.,* ☎ *(414) 273-8222. Im* **Mason Street Grill** *ist Fine Dining angesagt. Gute Steaks und Fischgerichte, erlesene Weinkarte. Dazu gibt es den imposanten* ***„High Tea"*** *(meist nur Sept.–Mai Fr–So).*
**Five o'Clock Steakhouse (6)**: *2416 W. State St.,* ☎ *(414) 342-3553. Umgebung und Äußeres dieses Restaurants lassen kaum Gutes ahnen. Selbst das grundrenovierte Interieur sieht nach 1960er-Jahre-Zweckbau aus. Doch die Steaks sind die besten im gesamten Mittleren Westen! Das wissen auch die Einheimischen. Also unbedingt reservieren.*
**Kegel's Inn (7)**: *5901 W. National Ave.,* ☎ *(414) 257-9999. Deutsches „Neighborhood"-Restaurant. Schnitzel, Sauerbraten und Weißwurst, dazu Kartoffelsalat, Sauerkraut u. a. Authentisch und „down-to-earth". Deutsches Bier – wohltemperiert. Knapp 5 Meilen südwestl. der Innenstadt.*
**Mader's Restaurant (8)**: *1041 N. Dr. M.L. King Jr. Dr.,* ☎ *(414) 271-3377. Alteingesessenes deutsches Restaurant. Deftige Küche. Beliebt ist auch die angeschlossene* **Knights Bar** *mit großer Bierauswahl sowie Kleinigkeiten wie Weißwurst, Currywurst, Pretzeln oder Sauerbraten-Sandwich.*

## Pubs/Livemusik/Nightlife

*Verschiedene Bars und eine Microbrewery liegen an der* **Water St.** *(Bereich Juneau Ave.): tagsüber Treff der Büroangestellten und abends fallen die College-Studenten ein. Eine Alternative dazu ist der* **Historic Third Ward** *(nördl. und östl. vom I-794 eingeschlossen). Hauptachse ist hier die Chicago St.*
*Jüngere Leute zieht es weiter südlich in die* **Gebiete rund um die National Ave.** *(zw. 1st St. South und I-43/94) mit seinen Restaurants, Kneipen und vereinzelten Live-Musik-Läden. Die* **Historic Brady St.** *nördlich der Innenstadt lockt mit Neighborhood-Pubs und Restaurants.*
**The Safe House** *und* **Mader's Restaurant**: *s. unter „Essen & Trinken".*
*Die Cocktailbar* **Blu** *im 23. Stock des* **Pfister Hotel** *beeindruckt durch den schönen Ausblick.*
**Von Trier**: *2235 N. Farewell Ave.,* ☎ *(414) 272-1775. Bier- und Cocktail-Bar im Schwarzwald-Look. Zahlreiche Craft-Biere und hier gibt es auch Kölsch, Andechser Doppelbock sowie Hefeweizen. Speisen: u. a. Currywurst, Schnitzel und Bratwurst. Freitags Fish Fry.*
**Major Goolsby's**: *340 W. Kilbourn Ave.,* ☎ *(414) 271-3414. Der von außen schnöde Pub gilt als eine der besten Sports-Lounges in den USA. Alle möglichen Sportarten werden hier übertragen. Einfache Speisen (Burger, Sandwiches, Hotdogs).*
**WürstBar**: *1239 E. Brady St.,* ☎ *(414) 763-2180. Der Name verrät es bereits. Neben zahlreichen Bieren hat man eine reiche Wurstauswahl: Frank-, Curry-, Weiß-, Knack- und Bratwurst. Ansonsten: Schnitzel, Pretzeln und auch Döner! In diesem Abschnitt der E. Brady Street gibt es noch eine Reihe anderer Bars und Kneipenrestaurants.*
**Wolski's Tavern**: *1836 N. Pulaski St.,* ☎ *(414) 276-8130, www.wolskis.com. Nachbarschafts-Eckkneipe seit 1908. Solche Kneipen, ehemals typisch für die Beer-City, sterben langsam aus. Geheimtipp für Bierfans.*

## Einkaufen

*Milwaukee ist kein Shopping-Eldorado. Zumeist fährt man in die Malls oder gleich nach Chicago.*
*Recht nett ist die* **The Avenue MKE** *(Ecke 3rd St./Wisconsin Ave.), wo sich die* **3rd Street Market Hall**, *eine bunter Food-Court, befindet. Geschäfte gibt es hier aber nicht mehr.*

**N. Dr. M.L. King Jr. Dr.**, *zw. Wisconsin und Highland Aves., liegt im Herzen des alten deutschen Geschäftsviertels. U. a. finden sich hier der ausgesuchte* **Wisconsin Cheese Mart** *(215 W. Highland Ave.) und nur ein kurzes Stück weiter die berühmte Schlachterei* **Usinger's Famous Sausage** *(1030 N. Dr. M.L. King Jr. Dr.) – die Gelegenheit, ein Snackpaket zusammenzustellen. Im 1 km entfernten* **Milwaukee Public Market** *(400 N. Water St.) gibt es weitere Leckereien, und auch das* **Spice House**, *wo man dann noch die Gewürze dazu erstehen kann. Letzteres hat eine weitere Filiale: 1031 N. Dr. M. L. King Jr. Dr.*

*In der* **Historic Brady St.** *nördlich der Innenstadt sind einige Modegeschäfte und in der* **Historic Third Ward** *finden sich Boutiquen und Geschäfte, die Kunsthandwerkliches anbieten.*

## Touren/Stadtführungen

**Historic Milwaukee Tours**: ☎ *(414) 277-7795, https://historicmilwaukee.org. Verschiedene Touren (zu Fuß oder per Bus): Architektur, Geschichte und auch (nach Voranmeldung!) in ethnische Stadtteile (deutsch/skandinavisch/polnisch). Die Internetseite informiert zudem über kurzfristig geöffnete, historische Gebäude und Events.*

**MillerCoors (Molson Coors Beverage Company)**: *4251 W. State St., www.millerbrewerytour.com. Brauereiführung* *s. S. 194.*

**Sprecher Brewing Company**: *701 W. Glendale Ave., Glendale. Anfahrt: I-43 nach Norden, Exit 77a,* ☎ *(414) 964-2739, https://sprecherbrewery.com. Microbrewery. 45-minütige Führungen (unbedingt vorher reservieren) Mi–So, genaue Zeiten telefonisch erfragen oder im Internet erkunden, $ 12.*

**Harley-Davidson Factory**: *s. S. 194.*

*Milwaukee Public Market*

Nördlich von Milwaukees Marina lädt der Strand zu einem Bad ein

### Strände

*Am beliebtesten und immer mit guter Stimmung versehen ist der Strand 2,5 mi nördlich der Innenstadt.*

### Öffentliche Verkehrsmittel

**Eisenbahn**: *Amtrak: Milwaukee Intermodal Station, 433 W. St. Paul Ave., ☎ (414) 271-0840*

**Bus**: *„Milwaukee County Transit System": ☎ (414) 344-6711, www.ridemcts.com. Es gibt auch 1- sowie 7- und 31-Tagespässe, dazu muss man aber erst die M-Card erwerben. Lohnt im Grunde nur für längere Aufenthalte. Ansonsten kann man die Ride MCTS-App runterladen, die aber keine Ersparnis bedeutet.*

**Überlandbusse**: *Greyhound Terminal/Milwaukee Intermodal Station: 433 W. St. Paul Ave., ☎ (414) 272-2156*

### Taxi/Fahrdienste

**Yellow Cab**: *☎ (414) 271-1800 (https://ycmilwaukee.com),* **American United/TaxiMKE**: *☎ (414) 220-5000. Die Fahrdienste* **Uber** *und* **Lyft** *sind ebenfalls vertreten in Milwaukee.*

### Fähre über den Lake Michigan

*Die Schnellfähre des* **Lake Express** *benötigt 2,5 Std. nach Muskegon. Abfahrt südl. der Innenstadt: 2330 S. Lincoln Memorial Dr. 2–3 mal tgl. Mai–Okt., ☎ 1-866-914-1010, www.lake-express.com.*

# 6. VON MILWAUKEE ÜBER MICHIGANS UPPER PENINSULA NACH DULUTH

# Überblick

## Entfernungen

*Milwaukee – Green Bay (direkt): 110 mi/177 km*
*Milwaukee – Rundfahrt durchs Door County – Green Bay: 280 mi/451 km*
*Green Bay – Copper Harbor (direkt): 250 mi/402 km*
*Green Bay – Pictured Rocks National Lakeshore – Copper Harbor: ca. 320–350 mi/515–563 km*
*Copper Harbor – Duluth: 260 mi/419 km*

Bereits eine Stunde nördlich von Milwaukee überwiegt das Farmland, die Städtchen wirken verschlafen und die dunkelrot angestrichenen Bauernhöfe erinnern an den skandinavischen Einfluss. Zahlreiche Käsegeschäfte am Straßenrand verdeutlichen, dass Wisconsin mehr Kühe als Menschen zählt (Wisconsins Käseinfos: *www.wisconsincheese.com*). Erstes Highlight auf der Route ist das Door County, eine Halbinsel mit faszinierenden Uferlandschaften und kleinen, an Sommerwochenenden überfüllten Fischerdörfern.

Green Bay hat außer dem Football-Team „Packers“ und einem Eisenbahnmuseum nur wenig zu bieten, sodass man zügig zur Upper Peninsula („UP“) fahren kann. Bezaubernde Wälder, unberührte Uferzonen des Lake Superior, B&B-Unterkünfte in Leuchttürmen, einsame Kanurouten, halb verlassene Minenstädte – die UP gehört zu den Höhepunkten einer Reise um die Großen Seen. Hierfür sollte man mindestens drei Tage einplanen. Ein Besuch des Isle Royale National Park macht das „Erlebnis Natur“ vollkommen – dafür sollte man jedoch zwei bis drei Extratage einplanen.

## Streckenalternativen und Zeitplanung

Im Folgenden sind die Hauptrouten erwähnt. Abzweige zu den Ufern der Seen und Umwege durch die Wälder sollten jedoch nicht fehlen. Einige Alternativen werden im Kapitel „Sehenswertes“ (ab S. 203) genannt.

Wer auf dem I-43 nach **Green Bay** (eventuell Abstecher zum Door County) fährt, dem bieten sich **zwei Alternativen**: **1.** Von Green Bay zuerst auf dem US 41 entlang dem Lake Michigan bis Trenary. Dann auf MI 67 und 94 bis Munising.
**2.** Nördlich von Escanaba dem US 2 weiter nach Osten folgen und 9 mi nordöstlich von Gulliver nach Norden auf dem MI 77 bis Grand Marais fahren. Von dort

durch den National Lakeshore nach Munising. Von **Munising** auf MI 28 bis Marquette und weiter auf dem US 41 bis Copper Harbor. Danach zurück bis Houghton und auf MI 26, US 45 und MI 64 über Silver City zum Porcupine Mountains State Park. Anschließend über White Pine nach Bergland und auf MI 28 nach Wakefield. Alternative: Durch den Porcupine Mountains State Park bis Wakefield. Jeweils weiter dem US 2 folgen bis Duluth bzw. Rundtour über den WI 13 (Bayfield) einplanen.

*Die „Ranger III" fährt zum Isle Royale National Park*

### Zeitplanung

**Drei Tage**: 1. Tag: Früh los in Milwaukee und direkt bis Escanaba, Grand Marais bzw. Munising fahren zum Übernachten. 2. Tag: Besuch des Pictured Rocks National Lakeshore und Weiterfahrt über Marquette auf die Keweenaw Peninsula. Übernachtung in Copper Harbor, Laurium oder Houghton. 3. Tag: Fahrt nach Duluth, wenn möglich mit Schlenker zu den Porcupine Mountains und/oder über Bayfield.

**Vier Tage**: wie oben. Den Zusatztag nutzen für das Door County, Marquette und/oder die Keweenaw Peninsula. Zudem mehr Zeit nehmen für den Pictured Rocks National Lakeshore.

**Sieben Tage**: 1. Tag: von Milwaukee ins Door County. Dort übernachten. 2. Tag: über Green Bay, Escanaba, Manistique nach Grand Marais. 3. Tag: Pictured Rocks National Lakeshore und weiter nach Marquette. 4. Tag: Umgebung von Marquette erkunden. Übernachtung: Leuchtturm von Big Bay oder Landmark Inn. An beiden Punkten bieten sich Wege für Spaziergänge an. 5. Tag: Fahrt zur Keweenaw Peninsula. Am Nachmittag/Abend über den Scenic Drive nach Copper Harbor fahren. 6. Tag: Nach Silver City und von dort die Naturlandschaft der Porcupine Mountains erkunden. 7. Tag: über Bayfield nach Duluth. Weitere Extratage? Diese unbedingt für den Isle Royale National Park nutzen. Dort wandern bzw. Kanu fahren.

**Alternative für sieben Tage**: wie oben für drei/vier Tage plus drei/vier Tage Isle Royale National Park.

# Sehenswertes

## Entlang der Uferlinie des Lake Michigan in Wisconsin

Wer es ruhig angehen lässt, fährt entlang der Uferstraße (WI 32) aus Milwaukee heraus (ca. 30 Minuten mehr Zeit). Schöne Parks, große Villen und reizvolle Aussichtspunkte auf den Lake Michigan sprechen dafür. Gleich nördlich von Milwaukee liegt das Städtchen **Cedarburg**, dessen historischer Stadtkern einen Abstecher lohnt.

Nordwestlich von Milwaukee erstreckt sich der **Kettle Moraine State Forest** (Northern Unit). Der schön gelegene Park ist ein Erholungsgebiet mit Wanderwegen, Aussichtstürmen, Badeseen und schönen Campingplätzen (an Sommer-

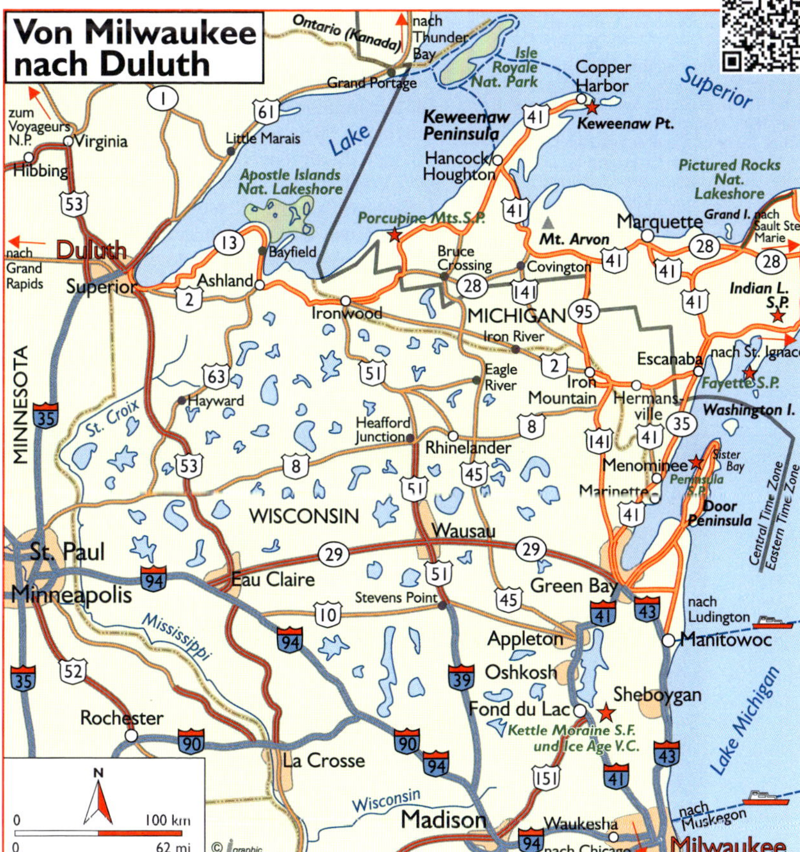

## Redaktionstipps

▶ In erster Linie beeindruckt die **Natur**, besonders in **Michigans Upper Peninsula**. Im Hiawatha National Forest kann man **Kanutouren** unternehmen (S. 219), der **Pictured Rocks National Lakeshore** fasziniert mit seinen Uferstrukturen (S. 221) und die Uferlinie des Lake Superior verspricht neben Stränden gute Wandermöglichkeiten (S. 207, 215). Ein Leckerbissen ist der **Isle Royale National Park** (S. 231, nur per Boot oder Flugzeug zu erreichen). Der Scenic Drive auf der **Keweenaw Peninsula** (S. 226) bietet Ausblicke auf den Lake Superior und historische Anekdoten, während die **Porcupine Mountains** durch ihre Einsamkeit bestechen (S. 235). Ein Besuch auf den **Apostle Islands** garantiert erholsame Tage (S. 240).

▶ Outdoor: **Kajak-/Kanutour** in Michigans UP bzw. im Isle Royale National Park (S. 214/231).

▶ Schöne **Übernachtungsstopps** finden sich im Door County. Charmant und gemütlich, dabei preislich moderat: **Eagle Harbor Inn**. Historisches Ambiente und ein gutes Restaurant sprechen für das gediegene **Inn At Cedar Crossing** (S. 209). Ebenfalls historisch: die **Liberty Lodge** (S. 210). Übernachtungen im Sommer in touristischen Regionen wie dem Door County sollte man **im Voraus** buchen. Essens-Tipps sind der **Fishboil** im **White Gull Inn** (S. 211) und das **Lakeshore Lunch** im Door County.

wochenenden häufig voll!). Im **Ice Age Visitor Center** südlich von Dundee am Hwy. 67 (*N2875 WI-67, Campbellsport*) werden die Auswirkungen der Eiszeiten auf die Naturgegebenheiten von Wisconsin erläutert. In **Greenbush**, nördlich des State Forest, empfiehlt sich das **Wesley W. Jung Carriage Museum** im **Wade House Historic Site** (*Hwy. 23, Juni–Mitte Juli tgl. 10–17, Mitte Juli–Okt. Mi–So 10–17, Nov.–Mai Sa/So 10–17 Uhr, https://wadehouse.wisconsinhistory.org, HS $ 15, NS $ 8*) mit einer Ausstellung von 70 Pferdekutschen.

Zurück auf dem I-43 verdeutlichen die dunkelrot gestrichenen Farmgebäude den Einfluss skandinavischer Einwanderer in Wisconsin.

## Sheboygan

Die kleine Hafenstadt ist vor allem Wochenendziel der Großstädter, die sich in den nahen Resorthotels und teuren B&Bs einmieten. Sheboygan bezeichnet sich gern als „Bratwurst Capital of the World“: Slogan: „We don't grill them, we fry them on the grill.“ Treffender ist wohl „Kohler-City“. Kohler ist *die* Firma in den USA für sanitäre Einrichtungen. Im modernen Anbau der 1882 in der Innenstadt errichteten Villa des Firmengründers, dem **John Michael Kohler Arts Center**, beeindruckt eine ausgesuch-

*Beinahe museumsreif: Kohler Design Center*

te Kunstsammlung. Ihm angeschlossen ist das drei Meilen entfernte **Art Preserve**, in dem innovative und moderne Kunst – u. a. auch von Künstlern entworfene Badezimmer – gezeigt werden. Das **Kohler Design Center** im Stadtteil Kohler nahe den Produktionsstätten zeigt vergangene und moderne Produkte der Kohler Company. Badewannen, Kloschüsseln, Kücheneinrichtungen u. a. – aller Stilrichtungen – erwarten den Besucher. Eindrucksvoll ausgestellt! Fabriktouren möglich.
***Kohler Design Center**, 101 Upper Rd., Kohler, www.us.kohler.com/us/kohler-design-center, Mo–Fr 9–17, Sa/So 10–16 Uhr; 2-3-stündige Fabrik-Touren (Mo–Fr 8 Uhr). Bei Drucklegung wurden diese wegen Corona virtuell durchgeführt, „echte" Besichtigungen sind aber wieder in Planung. Infos: www.us.kohler.com/us/kdc-factory-tours/article/CNT129300014.htm. Um Anmeldung wird gebeten, ☎ (920) 457-3699.*
***John Michael Kohler Arts Center**, 608 New York Ave.;* ***Art Preserve**, 3636 Lower Falls Road, beide in Sheboygan: www.jmkac.org, Di/Mi/Fr 10–17, Do bis 20, Sa/So 10–16 Uhr.*

Einen kurzen Abstecher lohnt **Sheboygan Falls**, westlich des I-43. Hier beeindrucken die historische Main St. mit restaurierten Häusern, ein paar Geschäften, und die Fälle selbst: **Sheboygan Falls View Park**, *614-698 Broadway St., Sheboygan Falls.*

**Oshkosh**, abseits der beschriebenen Route, schön gelegen und ein beliebtes Wochenendziel, ist bekannt durch die gleichnamige Kinder-Bekleidungsfirma. Günstige Produkte der **Oshkosh B'Gosh Company** kann man im Laden in der Outlet Mall *The Shops at Oshkosh* erwerben (*3001 S. Washburn St.*).

## Manitowoc

Manitowoc ist eine Industriestadt, die durch die hübsche Altstadt direkt am Hafen und den maritimen Charakter einen gewissen Charme bewahrt hat. Sie gilt als die Clipper Town, da hier zahlreiche Segelschiffe gebaut wurden. Später war es vor allem die Fertigung von Kriegsschiffen, die der Stadt zu einigem Wohlstand verholfen hat.

Die **S.S. Badger**, ein typischer alter Fährdampfer der Großen Seen – mit senkrechtem Bug – verkehrt täglich von Manitowoc nach Ludington (MI) auf der Ostseite des Lake Michigan. Der Dampfer wurde 1952 gebaut und diente vornehmlich als Eisenbahnfähre. Mit zunehmendem Autoverkehr und der Umstellung der Bahnen auf schweren Güterverkehr mussten die Fährbetreiber, die Chesapeake & Ohio Railways, den Betrieb 1990 einstellen. Geschäftsleute haben jedoch schon kurze Zeit später dafür gesorgt, dass der Betrieb wieder aufgenommen wurde. Seither verkehrt die Fähre regelmäßig.

*Mit Kohle betrieben*

Die S.S. Badger ist die größte noch verkehrende Autofähre auf den Großen Seen (110 m lang, 18 m breit, 180 Fahrzeuge, 620 Passagiere), wird noch mit Kohle angetrieben und erreicht eine Reisegeschwindigkeit von 18 Knoten. Die vierstündige Fahrt quer über den Lake Michigan ist ein Erlebnis. An Bord geht es zu wie in den 1960er-Jahren: einfaches Buffet und Selbstbedienungsrestaurant, alte Bänke, altmodische Sessel etc. Während der Fahrt wird ein Film über die Geschichte der Fähre gezeigt und in einem kleinen Museum erfährt man mehr über den ehemaligen Fährverkehr auf den Großen Seen (*Mai–Okt. ein- bis zweimal tgl. zwischen Manitowoc und*

Die S.S. Badger ist noch ein echter Kohlen-Steamer

*Ludington (MI). Rechtzeitig buchen! ☎ 1-800-841-4243, www.ssbadger.com, ab $ 71/P., $ 78/Pkw einfache Fahrt).*

Das **Wisconsin Maritime Museum** ist mit seinen hervorragenden Erläuterungen zur maritimen Geschichte der westlichen Großen Seen, einer ausführlichen Ausstellung zur Werftenentwicklung in Manitowoc und vielen Schiffsmodellen ein Muss für Schiffsfans. Das im Zweiten Weltkrieg eingesetzte U-Boot USS COBIA kann im Rahmen einer Tour besichtigt werden *(75 Maritime Dr., www.wisconsinmaritime.org, tgl. 9–17, Okt.–März Do–Mo 10–16 Uhr, $ 20).*

## Reisepraktische Informationen Sheboygan und Manitowoc, WI

### SHEBOYGAN, WI

#### Information

**Visitors Bureau**: *Ecke 8th St./Riverfront Dr., ☎ (920) 335-0060, www.visitsheboygan.com*

#### Unterkunft

**The American Club Resort $$$$–$$$$$**: *419 Highland Dr., Kohler (I-43 Exit 126, dann 3 mi nach SW), ☎ (800) 344-2838, www.destinationkohler.com/lodging/the-american-club. Eines der schönsten und luxuriösesten Resorts im Reisegebiet, als „Historical Landmark" eingetragen (fünf Sterne).*

*Deutlich günstiger wohnt man dagegen im* **Harbor Winds Hotel $$–$$$**: *905 South 8th St., Sheboygan, ☎ (920) 452-9000, www.magnusonhotels.com/hotel/harbor-winds-hotel-sheboygan, direkt am Riverwalk südlich der Innenstadt.*

#### Essen & Trinken

**Restaurants im Blue Harbor Resort**: *725 Blue Harbor Dr., ☎ (866) 701-2583. Gute Fischgerichte und anderes werden im* **The Beacon** *serviert, während die* **On the Rocks Bar & Grill** *für ihre Bierauswahl sowie die Burger und andere Snacks beliebt ist.*

*Im* **8th Street Ale Haus** *(1132 N. 8th St., ☎ (920) 208-7540) werden 30 Microbrews gezapft und die Küche serviert typisches Pubfood (Top-Burger!), zudem Salate, Pasta, Schnitzel und oft auch selbst gemachte Wurst und Sauerkraut. Freitagabend Fish Fry.*

### *MANITOWOC, WI*

#### Information

**Information Center**: *3733 Dewey St., ☎ (920) 686-3070, www.manitowoc.info*

#### Unterkunft

**Toll House B&B $$$–$$$$**: *2004 Menasha Ave., ☎ (920) 323-7976, www.tollhousebb.com. Schönes B&B in viktorianischem Stil. Erbaut um 1900. Nur drei Zimmer, also rechtzeitig buchen. Ausgesprochen leckeres Frühstück!*
**Red Forest B&B $$$–$$$$**: *1421 25th St., Two Rivers, ☎ (920) 793-1794, www.redforestbb.com. Vorstadtvilla von 1907 mit vier schönen Zimmern. Gutes Frühstück.*

#### Essen & Trinken

**Courthouse Pub**: *1001 S. 8th St., ☎ (920) 686-1166. Pubrestaurant in historischem Gebäude und mit eigener Microbrewery im Haus. Gehobener Stil. Gute Pasta- und Seafoodgerichte, Salate.*

## Abstecher zum Door County

Von Manitowoc geht es über den WI 42 nach Norden. Man passiert dabei die Hafenstädtchen **Kewaunee** und **Algoma**. Am Weg machen Farmen und Stände mit Käse- sowie Apfel- und Kirschangeboten auf sich aufmerksam. Allein um Sturgeon Bay gibt es 750.000 Kirschbäume. Wein wird hier ebenfalls produziert.

Das Door County befindet sich auf einer in den Lake Michigan hineinragenden Halbinsel. Seinen Namen erhielt es durch die Schiffspassage zwischen der Halbinsel und der nördlich gelegenen Washington Island, welche die ersten Franzosen „Porte des Mortes" („Tor der Toten") genannt haben. Viele Schiffe erlitten bei der Durchfahrt in Stürmen Schiffbruch. Heute fahren die Schiffe nach Green Bay durch den südlicher gelegenen Sturgeon Bay Ship Canal, von dem ein Teil künstlich angelegt wurde.

Das Door County mit seiner reizvollen Uferlandschaft, den kleinen Leuchttürmen, einsamen Stränden und zahlreichen Wanderwegen ist ein beliebtes

*Spezialität des Door County: Fishboil*

Urlaubsziel. Fischerdörfer an der Westseite der Halbinsel wie Fish Creek und Sister Bay wurden liebevoll herausgeputzt. Doch der eigentliche Reiz ist die schöne Landschaft. Man kann die Halbinsel auf der WI 42 und WI 57 umrunden. Grundsätzlich gilt: Die Westküste ist schöner, aber touristischer. An der Ostküste gibt es mit Baileys Harbor und Jacksonport nur zwei verschlafene Ortschaften. Die Hauptstraße führt hier größtenteils durchs Landesinnere; genaue Karten verraten jedoch tolle Schleichwege nahe dem Ufer.

Von einer Aussichtsplattform im **Peninsula State Park** bei Fish Creek bietet sich ein guter Überblick über die Küste. Am südlichen Parkeingang kann man Fahrräder mieten. Auf der Ostseite empfiehlt sich ein Spaziergang im **Whitefish Dunes State Park** und entlang der Strände.

**The Old Anderson House Farm Museum** *(https://sisterbayhistory.org, Juni–Sept. Di–Sa 10–15/16 Uhr)* liegt bei Sister Bay nahe dem WI 57 (*10310 Fieldcrest Rd.*). Auf der historischen Farm mit zahlreichen Gebäuden wird die Geschichte des ländlichen Lebens auf der Halbinsel, vor allem im späten 19. Jahrhundert, erklärt.

Im **Death's Door Maritime Museum** in Gills Rock (*12724 W. Wisconsin Bay Rd., www.dcmm.org, Mai–Okt. tgl. 10–17 Uhr, $ 6*) kann man mehr über Fischerei im Door County und die Seefahrt im Allgemeinen erfahren.

*Cherry Train*

Eine Überfahrt zur **Washington Island**, die sich am besten mit dem Fahrrad (Verleih nahe Fähranlegern) oder dem „Cherry Train" erkunden lässt, lohnt allemal. Während der 90-minütigen Tour mit der „Sightseeing-Bahn" wird die Geschichte der Insel erzählt, die stark durch eine isländische Siedlergemeinschaft geprägt wurde, die sich 1869 hier niedergelassen hat. Die kleine **Rock Island**, nördlich Washington Island, ist zum State Park (15 km Wanderwege) erklärt worden. Der Elektro-Tycoon Chester Thordarson hatte hier seine Sommerresidenz. Zwischen Memorial Day und Columbus Day verkehrt eine kleine Fähre zwischen Washington und Rock Island. Auf der kleinen Insel kann man gut baden, am Strand spazieren gehen und die Natur genießen (*https://wisferry.com/rock-island*).

## Fishboil

info

Eine Tradition im Door County ist das Zubereiten einer Fishboil (*The poor man's lobster*): Über einem offenen Feuer hängt ein Kessel, in dem zuerst Wasser gekocht wird. Anschließend werden Gewürze und rote Kartoffeln hinzugegeben. Sind diese weich gekocht, folgt der – lokal gefangene – Fisch. Ca. zehn Minuten später wird Kerosin auf die Flammen gegossen. Die dadurch bedingte Hitzeentwicklung sorgt für das Überkochen der Suppe, womit der obenauf schwimmende Fischtran und das Fischfett „über Bord gehen". Der Eintopf wird mit Coleslaw und ... Kirschkuchen (die Einheimischen essen ihn dazu!) serviert.

**Zutaten für eine Fishboil**: 8 l Wasser, 16 Zwiebeln, 250 g Salz, 16 Scheiben 5 cm dickes Fischfilet und 16 rote Kartoffeln

**Infos zu Fishboil-Restaurants:** www.doorcounty.com/dine/fish-boils

## Sturgeon Bay

Das Hafenstädtchen an der gleichnamigen Bucht ist der Ausgangspunkt für die Erkundung der Halbinsel. Das Visitor Bureau informiert über aktuelle Festivitäten, bucht Unterkünfte und verkauft gutes Kartenmaterial. Eine Fahrt zum **Sturgeon Bay Ship Canal & Lighthouse** südöstlich der Stadt mit Informationen zur Geschichte des Kanalausbaus im Jahr 1882 sowie das **Door County Maritime Museum** (*an der Innenstadt-Brücke, tgl. 9/10–16/17 Uhr, www.dcmm.org, $ 16*) empfehlen sich. Im **Door County Historical Museum** (*18 N. 4th Ave., tgl. Mai–Okt. 10–16/17 Uhr*) erfährt man einiges zur Geschichte des Door County.

*Geschichte des Kanalausbaus*

## Reisepraktische Informationen Door County, WI

### Information

**Door County Visitor Bureau**: *1015 Green Bay Rd., Sturgeon Bay, ☎ (920) 743-4456, www.doorcounty.com. Hier genaue Karte und Broschüre zu Fishboil-Restaurants besorgen. Kleinere Touristenbüros gibt es in den einzelnen Orten.*

### Unterkunft

**Hinweis**: *Rechtzeitig Unterkunft buchen. Viele Motels sind Mitte Okt.–April geschlossen.*

***STURGEON BAY***

**Inn At Cedar Crossing $$$–$$$$**: *336 Louisiana St., ☎ (920) 743-4200, www.innatcedarcrossing.com. Schöne Zimmer (teilweise mit Jacuzzi) in einem Haus von 1884, viktorianisch eingerichtet (Antiquitäten). Zudem exquisites Restaurant (Süßwasserfisch, Geflügel, leckere Desserts). Günstiger ist das* **White Lace Inn B&B $$–$$$:** *16 N. 5th Ave., ☎: (920) 743-1105, https://whitelaceinn.com. Mit 18 Zimmern befindet es sich ebenfalls in einer schmucken, alten Villa, ist aber einfacher ausgestattet als das o. g. Inn.*

Irgendwie dreht sich alles ums Wasser im Door County

### EGG HARBOR

**Alpine Resort & Cottages $$$$$**: *¾ mi südwestlich von Egg Harbor an der Straße „G", 7715 Alpine Rd., ☎ (920) 868-3000, www.alpineresort.com. Gut geführtes, kürzlich renoviertes Hotel. Direkt am Wasser gelegen. Ein wenig Old-World-Charme. Auch Hütten für Selbstversorger. Restaurant und Pub. 36-Loch-Golfanlage.*

**Landing Resort $$–$$$**: *7741 Egg Harbor Rd., ☎ (920) 868-3282, www.thelanding resort.com. Zimmer und Suiten mit Kitchenettes. In-/Outdoorpool, Whirlpool. Auf Familien eingestellt. Nicht luxuriös, aber praktisch.*

### EPHRAIM

**Eagle Harbor Inn $$$$**: *9914 Water St., ☎ (920) 854-2121, www.eagleharborinn.com. 9 bezaubernde Zimmer (inkl. Frühstück) sowie 1- bis 3-Zimmer-Cottages. Eine viel gelobte Unterkunft.*

**Evergreen Beachside Resort $$–$$$**: *9939 Water St. S., Ecke German Rd., ☎ (920) 854-9527, https://evergreenbeachside.lodgicalcrs.com/home/1634. Direkt an der Eagle Harbor Bay. Tolle Sonnenuntergänge, eigener Strand. Teilweise „nur" Motelzimmer.*

### ANDERE ORTE AUF DER DOOR PENINSULA

**Rowley's Bay Resort $$–$$$$**: *1041 County Rd. ZZ, Ellison Bay, ☎ (920) 854-2385, www.rowleysbayresort.com. Zimmer, Cottages, Ferienwohnungen, direkt an der Ellison Bay. Restaurant (Fishboil Juni–Sept., meist Mo, Mi, Sa) und eine eigene Bäckerei.*

**The Liberty Lodge $$$**: *11034 Hwy. 42, Sister Bay, ☎ (920) 854-2025, www.liberty lodgesb.com. Historische Lodge von 1898. Hier haben die Großstädter vor über 100 Jahren teilweise wochenlang verweilt und von hier aus die Door Peninsula erkundet. Der historische Charme ist geblieben! Tolle Veranda und reichhaltiges Frühstück.*

**Viking Village Motel $$**: *2 mi nördl. des Anlegers in Detroit Harbor (Washington Island), ☎ (920) 847-2551, www.vikingvillagemotel.com. Einfach. Große Zimmer, teilweise mit Kitchenettes.*

**White Gull Inn $$$–$$$$**: *s. u.*

**Camping**

*Schön ist der Campingplatz im Peninsula State Park bei* **Fish Creek**, *☎ (920) 868-3258, https://dnr.wi.gov/topic/parks/name/peninsula. Reservierung: https://wisconsin.goingtocamp.com.*

## Essen & Trinken

*Restaurants im* **Rowley's Bay Resort** *und* **Inn At Cedar Crossing** *(s. o.).*
**White Gull Inn**: *4225 Main St., Fish Creek, ☎ (920) 868-3517, Country Inn von 1896. Fishboil und andere Fischgerichte, aber auch nette Unterkünfte.*
**Blue Bear Ellison Bay**: *12029 WI 42, Zentrum von Ellison Bay, ☎ (920) 854-3284, https://bluebeareb.com. Frühstücksangebot, tolle Omeletts, Burger, Salate, große Getränkeauswahl. Wert wird auf frische und lokale Zutaten gelegt.*

## Reiten

**Kurtz Corral**: *5712 Howard Ln., Sturgeon Bay, ☎ (920) 743-6742, https://kurtzcorral.com. Reitstall. Ausritte aller Art. Einführungskurse sowie Lehrkurse für Westernreiten. Vorher (online) reservieren!*

## Fähren zur Washington Island

*Nach Washington Island (von Northport Pier, ganzjährig) und von dort nach Rock Island (Ende Mai–Mitte Okt.), ☎ (920) 847-2546, https://wisferry.com, ab $ 14 hin und zurück. Von Gills Rock verkehrt zudem eine Personenfähre:* **Island Clipper**, *☎ (920) 854-2972, www.islandclipper.com. Ab $ 15 hin und zurück.*

## Cherry Train auf Washington Island

*2-stündige, erläuterte Fahrt mit einer „Sightseeing-Bahn" (Pickup mit Anhänger). Deckt alle Attraktionen auf der Insel ab.*
*Die Buchung (https://wisferry.com/cherry-train-tours) sollte bereits am Festlandfähranleger erfolgen (Kombitickets Fähre/Cherry Train $ 34).*

# Green Bay

1669 als Missionsstation von dem französischen Pfarrer Claude Allouez gegründet, ist Green Bay die älteste Siedlung in Wisconsin. Lange Zeit bezeichnete sich der Handelsposten als nicht zu den USA gehöriger „Outpost". Erst 1812 wurde die Region offiziell angegliedert. *Älteste Siedlung in Wisconsin*

Heute ist das als „Toilet Paper Capital of the World" bekannte Green Bay mit 107.000 Einwohnern (Metropolregion 320.000 Einw.) eine moderne Hafenstadt mit Käse-, Holz- und Papierindustrien sowie Sitz des riesigen Transportunternehmens Schneider. Gäbe es nicht das berüchtigte Footballteam, die „Green Bay Packers", wüsste kaum jemand um die Existenz der Stadt. Den „Packers" ist eigen, dass sie der mit Abstand kleinsten Stadt angehören, die eine Mannschaft in der ersten Liga der drei großen amerikanischen Sportarten aufweist und als einzige den Fans gehört. Zudem gelten die Spiele in Green Bay (die bis Januar gehen) bei den gegnerischen Mannschaften wegen des kalten Klimas als gefürchtet. Hauptattraktion der Stadt ist daher die **Green Bay Packer Hall of Fame** im hauseigenen, 80.000 Zuschauer fassenden **Lambeau Field Stadium**, in der die Geschichte des Teams erzählt wird *(1265 Lombardi Ave., ☎ (920) 569-7512, www.packershofandtours.com/explore/hall-of-fame, Mo–Sa 9–18, So 10–17 Uhr. Stadion-Touren im Sommer mehrmals täglich, Reservierung empfohlen, Museum: $ 18, Touren ab $ 15).*

Ein Highlight für Eisenbahnfans ist das **National Railroad Museum** *(2285 S. Broadway, https://nationalrrmuseum.org, Mo–Sa 9–17, So 11–17, Jan.–März Di–Sa 9–16, So*

*National Railroad Museum*

*Größte Dampflok der Welt*

*11–16 Uhr, $ 12).* Zur Sammlung alter Dampflokomotiven gehört die „Big Boy", die größte Dampflok der Welt, und die schnittige „Dwight D. Eisenhower", eine der schnellsten Lokomotiven ihrer Zeit. E- und Dieselloks sind neben Miniaturbahnen und einer Modelleisenbahn ebenfalls zu bewundern. Um das Gelände herum fährt ein historischer Zug.

*Museumsdorf*

Im **Heritage Hill State Park** *(2640 S. Webster Ave., ☎ (920) 448-5150, https://heritagehillgb.org, Mai–Okt. Di–Sa 9–16.30, So 12–16, Nov.–April Mo–Sa 9–16.30 Uhr, $ 12)* sind 25 Gebäude aus den verschiedensten Epochen der regionalen Geschichte wiederaufgebaut worden, darunter die Hütte eines Pelzhändlers von 1672, ein Farmgebäude einer belgischen Familie, eine Schmiede und eine alte Kirche. Außerhalb der Saison sind die Häuser geschlossen, doch man kann durch den Park spazieren und die Gebäude von außen anschauen.

Der Oneida Tribe unterhält nahe der Stadt das **Oneida Nation Museum**, in dem die Kultur dieser Indianer erläutert wird und von wo aus Touren ins Reservat organisiert werden (*7 mi westlich von Green Bay, W. 892 Cty Hwy. EE, De Pere (Oneida), Di–Fr 8.30–16/17, im Sommer auch Sa 9–16 Uhr, ☎ (920) 869-2768, https://oneida-nsn.gov/our-ways/museum, $ 4).*

**De Pere**, ein Stück flussaufwärts, ist heute eingemeindet. Schöne Villen aus der Zeit der Jahrhundertwende und eine ansprechende kleine Altstadt mit einer Reihe von Restaurants am Broadway lohnen den kleinen Umweg hierher.

*Fast vergessenes Unglück*

**Peshtigo**, noch auf Wisconsin-Gebiet, wurde am 8. Oktober 1871 durch ein großes Feuer zerstört. Über 2.000 Menschen kamen dabei ums Leben. Der Umstand, dass in derselben Nacht das große Feuer in Chicago ausbrach (300 Tote), brachte es mit sich, dass niemand an Peshtigos Schicksal Anteil nahm. Das **Fire Museum** *(400 Oconto Ave.)* erinnert an das Unglück.

## Reisepraktische Informationen Green Bay, WI

### Information

**Visitors Bureau**: *789 Armed Forces Dr., ☎ (920) 494-9507, www.greenbay.com*

### Unterkunft

**Ennis Inn $$–$$$**: *201 James St., De Pere, ☎ (920) 347-0007, https://ennisinnandpub.com. Eine ehemalige Mühle wurde geschmackvoll restauriert. Die Zimmer sind ausgesprochen gemütlich, die größeren King-Suiten mit Jacuzzis ausgestattet. Gepflegtes irisches* **Pub-Restaurant** *im Haus. Zu empfehlen ist die Irish Root Soup, Fish & Chips und zum Abschluss der Bread Pudding. Auch Außen-Patio.*
**Aloft Green Bay $$–$$$**: *465 Pilgrim Way, ☎ (920) 884-0800, www.marriott.com. Boutique-Motel in Zen-Chic. Pool, Snackbar und Cocktailbar.*
**Best Western Green Bay Inn $$–$$$**: *780 Armed Forces Dr., ☎ (920) 499-3161, https://bestwesterngreenbayinn.com. Typisches, großes Hotel der Mittelklasse. Nahe Lambeau Field, Visitor Information und Restaurants. Hallenschwimmbad, Whirlpool.*

### Essen & Trinken

**Kroll's West**: *1990 S. Ridge Rd., ☎ (920) 497-1111. Neben dem Lambeau-Field-Stadion. Alteingesessenes, riesiges Familienrestaurant, mit traditioneller amerikanischer Küche (Chili, Milkshakes, Sandwiches, Burger). Einfach, aber gut fürs Lunch. Im Umfeld des Stadions gibt es eine Reihe anderer Restaurants, z. B.* **T. Bacon's BBQ** *(2052 Holmgren Way): down-to-earth, aber beste, täglich frisch geräucherte BBQ-Gerichte!*
**Union Hotel**: *200 N. Broadway, De Pere, ☎ (920) 336-6131. Historisches Gebäude. Gepflegte Atmosphäre. Gute Steaks und Fischgerichte. Tolle Art-déco-Bar.*
**Titletown Brewing Co.**: *320 N. Broadway, ☎ (920) 437-2337. Microbrewery in einem alten Bahnhof. Pubfood und gutes Bier. Wer noch mehr Bier probieren mag, geht gegenüber in die* **Copper State Brewing Co.** *(313 Dousman St.), die ebenfalls Pubfood anbietet.*

### Einkaufen

**Alpha Delights European Bakery and Café**: *143 N. Wisconsin St., De Pere. Etwas für Süßmäuler und Liebhaber von knusprigem Brot. Aber auch gut für eine Lunchpause (Panini, Wraps, Salate) und beliebt für Sonntagsbrunch.*

## Hinweis zur Route: Streckenalternativen nach Duluth

Mögliche **Fahrtrouten** bis Duluth:
- Schön: Green Bay – Escanaba – Blaney Park – Grand Marais – Pictured Rocks National Lakeshore – Marquette – Keweenaw Peninsula – Porcupine Mts.– Duluth
- Schnell: Green Bay– Escanaba – Munising/Marquette – Keweenaw Peninsula – Duluth
- Die „Abkürzung“: Green Bay – Iron Mountain – Keweenaw Peninsula – Duluth
- Die „Alternative“: durch die Seengebiete von Nord-Wisconsin (um Rhinelander) nach Ironwood und Duluth

# Upper Peninsula (UP) von Michigan

**Hinweis**
*Die Zeitzonengrenze verläuft südlich von Escanaba und zieht sich im Zickzack bis nördlich von Ironwood. Nördlich dieser Linie gilt die Eastern Standard Time (aus 11 wird 12 Uhr).*

*„Up the Bridge"*

Die Upper Peninsula, im allgemeinen Sprachgebrauch nur **UP** genannt, erstreckt sich von Sault Ste. Marie im Osten bis nach Ironwood im Westen. Der Landstrich macht ein Drittel der Fläche Michigans aus, zählt aber nur 3,5 % der Bevölkerung. Wäre dieses Outback nicht im Streit um Toledo als Ausgleich Michigan zugesprochen worden, würde es heute zu Wisconsin gehören. Die *Yoopers* sind mittlerweile stolz auf ihre Zugehörigkeit zu Michigan, bezeichnen den „Rest" des Staates, die Lower Peninsula („LP"), etwas abfällig als „Below the Bridge" – womit die Brücke über die (Wasser-)Straße von Mackinac gemeint ist.

Bis in die Mitte des 19. Jh. galt die UP als wenig attraktiv. Nur Pelzjäger und -händler sowie versprengte Chippewa-Indianerstämme lebten hier. Dann fand man Eisenerze und Kupfer, vor allem um Iron Mountain und auf der Keweenaw Peninsula. Über Nacht kamen Tausende, z. T. aus Skandinavien und Osteuropa rekrutierte Minenarbeiter. Später gewann auch der Holzeinschlag an Bedeutung. Minen, Erzhäfen und die Holzindustrie waren einzig ausschlaggebend für die Gründung der wenigen Städte. Der Erzabbau hat heute an Bedeutung verloren, doch die Einwohner sind großenteils geblieben.

Die *Yoopers* genießen die Abgeschiedenheit, die faszinierende Natur und ihre Rückständigkeit. Die Einrichtung von Ampeln, und davon gibt es nicht sehr viele – die meisten blinken sowieso nur gelb –, ist ein beliebtes Gesprächsthema und dient als

*Die Upper Peninsula bezaubert auch zum Indian Summer*

Anzeiger des kaum erkennbaren Fortschritts. Fragt man nach Chicago, lautet die Antwort: „Never been there, will never go there!"

*Hier werden Bären gejagt*

Ebenfalls typisch sind die „Bear Registration"-Zeichen, die darauf hinweisen, dass es Lizenzen für die Bärenjagd gibt. Schwarzbären trifft man häufig in den Ortschaften an, da sie sich aus Gärten und Mülltonnen Futter suchen.

Für **Besucher** bietet die UP Natur, Natur, Natur ... Große Waldareale, Seen und eine faszinierende Uferlandschaft sprechen für sich. Man kann stundenlang wandern, ohne einen Menschen zu treffen, es bieten sich bezaubernde Picknickplätze entlang der Straßen und Seen, die Campingplätze in den State Parks sind hervor-

## Tipps und Hinweise für die UP

- Während der Sommermonate sollte man im Voraus reservieren.
- Immer etwas fürs Picknick mitnehmen.
- **Angeln**: Lizenzen/Ausrüstungen gibt es in jedem Ort (oft im Supermarkt). Geangelt werden hauptsächlich Lachs, Hecht, Barsch und Forelle.
- **Kanuausrüstungen** kann man am besten in Germfask, Marquette und Watersmeet ausleihen – hier sind auch die besten Kanustrecken. Ein guter **Kanu-Wanderführer** (60 Kanuwanderstrecken in Michigan) ist „Paddeling Michigan" von Kevin und Laurie Hillstrom.

**Organisation einer Reise**

- Man kann verschiedenste Aktivitäten auf der UP im **Marquette Visitor Bureau** (*117 W. Washington St.*) buchen. Es gibt Reisepakete wie z. B. vier Tage mit B&B-Unterkunft, Touren durch die Herbstwälder, auf den Spuren der Elche u. a.
- Den **bunten Herbstfarben der Wälder** begegnet man von Mitte Sept.–Mitte Okt. Am schönsten: der Norden der Keweenaw Peninsula, die Porcupine Mountains und die Huron Mountains.
- **Wintersport**: Dank des Lake Effect Snow liegt besonders entlang der Uferzone des Lake Superior von Mitte Dezember bis Mitte März regelmäßig Schnee. Mit Schnee muss man ab Oktober rechnen: für den Wintersport also beste Aussichten. Langlauf, Schneeschuhwandern und Snowmobiling sind am beliebtesten. Abfahrtspisten gibt es nur wenige.
- **Kanutouren:** Viele Ausstatter bieten ein Rundum-Paket: Boote, Zelte, Kocher etc. Infos u. a. im Marquette Visitor Bureau. Ein empfehlenswerter Anbieter für solche Touren im Pictured Rocks Park ist **Paddling Michigan** (*www.paddlingmichigan.com*). Inlands empfiehlt sich für Flusstouren **Northland Outfitters** (s. S. 221). Mehr zu Paddeln auf den Seen unter *www.michiganwatertrails.org*.
- **Wandern:** Besonders geeignet ist der Porcupine Mountains State Park mit seinen Hütten, die nur zu Fuß erreicht werden können (bereits von Europa aus buchen!).

**Was bedeutet der Lake Effect Snow?**

Wenn die Temperaturen Ende November sinken, ist das Wasser im Lake Superior noch deutlich wärmer als die Luft. Verdunstungsnebel entstehen. Da zu dieser Zeit regelmäßig kalte Winde aus Norden vorherrschen, werden die Nebelschwaden auf die Uferzone geblasen und kühlen die Luft über dem Land ab. Aus den Nebelwolken werden Schneewolken. Da der Schnee sich nicht in der Luft halten kann, fällt er auf einem ca. 50 mi breiten Küstenstreifen nieder und begräbt diesen unter sich. Das Landesinnere bekommt meist nur noch wenig Schnee ab.

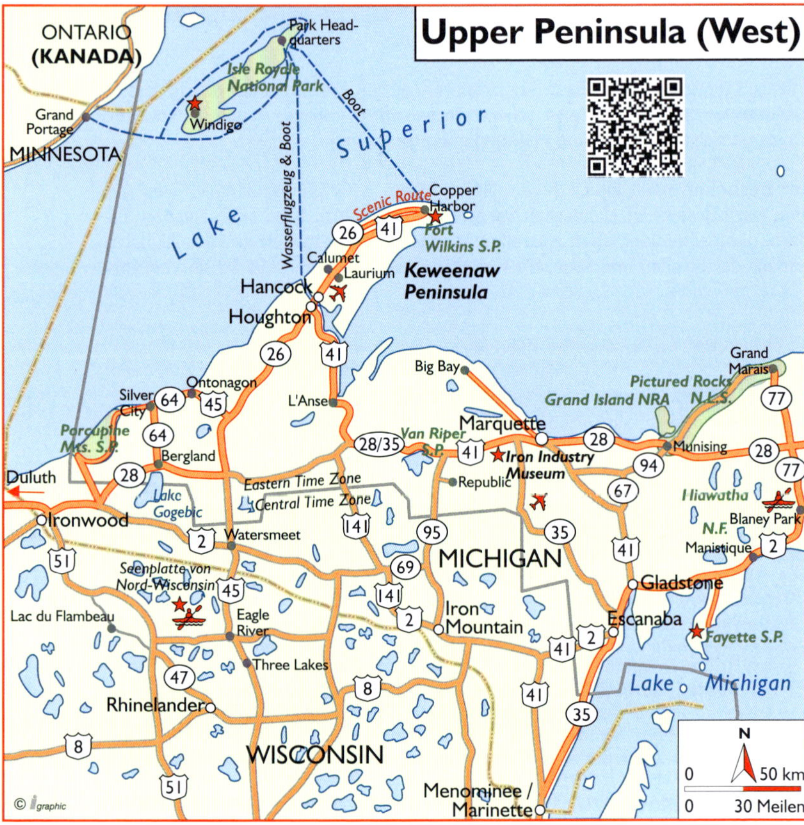


ragend, die Kanuwanderstrecken – ob auf den Flüssen oder entlang dem Seeufer – sind einzigartig und die unterschiedlichen Panoramen auf dem Lake Superior unvergesslich. Die Tierwelt ist geprägt durch Hirsche, Elche, Schwarzbären und Wölfe. Auch die Geschichte des Bergbaus, die vielen Leuchttürme, die sympathischen Bed-&-Breakfast-Unterkünfte und nicht zu vergessen die unerwarteten Einflüsse der Industriebarone (Forstwirtschaft, Bergbau und Autozulieferer) haben ihren ganz besonderen Reiz.

## Oconto, Marinette, Menominee und Escanaba

Im **Copper Culture State Park** bei Oconto kann man einen 6.000 Jahre alten indianischen Beerdigungsplatz besichtigen *(Museum zw. Memorial und Labor Day tgl. 12–16 Uhr geöffnet)*.

**Marinette** und **Menominee** sind Zwillingsstädte an der Grenze zwischen Wisconsin und Michigan mit zusammen etwa 19.000 Einwohnern. Ein kleiner Schlenker durch den historischen **Downtown District** und zur **Waterfront** in Menominee sollte genügen. Die Werft am Fluss hat übrigens einige der berühmten „Staten Island Ferries" (New York) gebaut.

*Holzindustrie*

**Escanaba** erlangte Wohlstand mit der Erz- und Holzverschiffung. Die Hauptstraße (Ludington St.) führt bis zum Wasser. Hier und dort gibt es historische Gebäude. Zum Übernachten und auch um Proviant einzukaufen ist die größte Stadt zwischen Green Bay und Marquette gut geeignet, zu viel mehr aber nicht. Die 7 mi nördlich gelegene Schwesterstadt **Gladstone** kann immerhin von sich behaupten, Sitz der Firma Hoegh Pet Casket Co., des weltweit größten Herstellers von Haustiersärgen zu sein: *317 Delta Ave. Fabriktouren auf Anfrage: ☎ (906) 428-2151, www.hoeghcaskets.com.*

## Abstecher nach Iron Mountain

Auf dem Abstecher nach Iron Mountain passiert man am US 2 das Örtchen Hermansville mit dem **IXL Museum** *(5551 River St. N., Mem. Day–Labor Day Do–So 12.30–16 Uhr)*, in dem die Geschichte der Holzindustrie auf der UP anschaulich erzählt wird. Es befindet sich auf dem ehemaligen Gelände einer großen Holzfirma, die vor allem vom Wiederaufbau Chicagos nach dem großen Feuer von 1871 profitierte und später durch ihre Holzfußböden bekannt wurde.

*Abbau von Eisenerz*

1879 als Minenstadt gegründet, wurde in und um **Iron Mountain** bis in die 1940er-Jahre hinein Eisenerz abgebaut, heute jedoch nur noch in bescheidenem Umfang. Henry Ford kaufte in den 1920er-Jahren große Waldareale auf und ließ ein Sägewerk errichten. Das bearbeitete Holz benötigte er für den Unterbau der T-Modelle.

Die Kleinstadt lockt mit einem **Historical Museum** (*300 E. Ludington St.*), einem **Minenmuseum**, in dem u. a. die größte mit Wasserdampf betriebene Pumpe Amerikas, die **Cornish Pump** *(300 Kent St., https://menomineemuseum.com, Anf. Juni–Labor Day, Mo–Sa 9–17, So 12–16 Uhr, $ 7)*, zu sehen ist, sowie mit der Fahrt ei-

*Im Iron Mountain Mine Museum*

ner Stollenbahn in die **Iron Mountain Iron Mine** *(8 mi östl., am US 2, https://ironmountainironmine.wixsite.com/ironmine, Mem. Day–Mitte Okt. tgl. 9–17 Uhr, ab $ 18)*. Unter Tage ist es feucht und kalt. In Iron Mountain steht zudem die größte auf Gras angelegte **Sprungschanze** – sie ist 54 m hoch und die Abfahrt 117 m lang.

## Reisepraktische Informationen

### *IRON MOUNTAIN, MI*

#### Information

**Iron Mountain/Michigan Welcome Center**: *618 S. Stephenson Ave., ☎ (906) 774-4201, www.ironmountain.org*

#### Unterkunft

**Pine Mountain Resort $$–$$$$**: *N. 3332 Pine Mountain Rd., ☎ (906) 774-2747, www.pinemountainresort.com. Resorthotel mit Zimmern ($$$) und großen Selbstversorger-Condos ($$$$). Restaurant, Bar und großer Indoor-Pool sowie Golfanlage. Gutes Preis-Leistungs-Verhältnis.*

### *MARINETTE, WI, MENOMINEE, MI, UND ESCANABA, MI*

#### Information

**Visitor Bureau**: *1001 N. Lincoln Rd., Escanaba, ☎ (800) 533-4386, www.visitescanaba.com*

#### Unterkunft

**Lauerman House Inn $$$**: *1975 Riverside Ave., Marinette, ☎ (715) 732-7800, www.mmvictorian.com. B&B-Haus (1910), mit Antiquitäten eingerichtet. Vier der sieben Zimmer mit Jacuzzi. Restaurant im Haus. Angeschlossen ist ein zweites B&B, das* **M&M Victorian Inn** *in der 1393 Main St., wo eine Cocktailbar auch auswärtige Gäste anzieht.*

**Terrace Bay Hotel $$–$$$**: *7146 P. Road, Gladstone, ☎ (906) 786-7554, https://terracebayhotel.com. Nett am Little Bay de Noc gelegenes Motel. Die meisten Zimmer mit Balkon/Ausblick aufs Wasser. Restaurant und Pool.*

**Nahma Inn $$**: *13747 Main St., Nahma (6 mi östl. von Rapid River abbiegen vom US 2), ☎ (906) 644-2486, www.nahmainn.com. In der ehemaligen Villa eines Holzbarons sind jetzt 14 Gästezimmer eingerichtet. Das Hotel liegt auf dem ehemaligen Gelände der Holzfirma und das Haus stammt von 1915. Nahma selbst ist eine halbe Ghost Town, was den Aufenthalt noch attraktiver macht. Das hier einst geplante Resort wurde nie gebaut. Restaurant (Di–So) und Bar im Haus.*

**Sleepy Hollow Motel $–$$**: *7156 US 2/41, Gladstone, ☎ (906) 786-7092. Ein Motel, „wie es im Buche steht". Klein, hutzelig. Parken vor der Tür. Sauber, einige Zimmer sogar mit Sessel und kleiner Küche. Für Sparfüchse.*

#### Essen & Trinken

**Hereford & Hops**: *614 Ludington St., Escanaba, ☎ (906) 786-1945, https://herefordandhops.com. Brewpub mit großer Bar; „down-to-earth"-Pubfood und superleckere Steaks vom riesigen Holzgrill. Man kann auch frische Speisen vorher zusammenstellen und sie sich dann nach Wunsch von der Küche zubereiten lassen.*

## Von Escanaba über Manistique, den Pictured Rocks National Lakeshore nach Marquette

Nordöstlich von Escanaba erstreckt sich ein Teil des insg. fast 4.000 km² großen **Hiawatha National Forest**. Der zweite Abschnitt liegt weiter östlich vor Sault Ste. Marie. Das Gebiet ist ein Eldorado für Outdoorfans: Kanu fahren, Reiten, Wandern und im Winter Snowmobiling bieten Anreiz für aktive Tage. Entlang dem H 13, dem MI 94 sowie in Blaney Park und Germfarsk am MI 77 finden sich Ausleihstationen für Boote. Besser ist es, man informiert sich vorab in einem Park-Infocenter (S. 221) oder in einem Visitor Bureau der umliegenden Orte (Escanaba, Manistique, Munising) und wählt danach die Route aus.

*Aktivitäten in der Natur*

Wer sich bereits in Escanaba mit ein paar Lebensmitteln eingedeckt hat, kann entlang dem US 2 nach Manistique auf einem der **Picknickplätze** eine Pause einlegen. Ein kleiner Abstecher nach **Nahma** auf der Halbinsel südlich der Strecke bietet die Gelegenheit, die erste Ghost Town einer ehemaligen Holzfirma zu besuchen. Einzig das Hotel hier ist noch intakt (s. o.). 39 mi östlich von Escanaba führt der MI 183 in südlicher Richtung zur Ghosttown **Fayette**. Von der zwischen 1869 und 1890 blühenden Stadt mit Eisenindustrie und Handelskontoren stehen nur noch Ruinen bzw. ein paar wiederaufgebaute Gebäude (u. a. Opera House, das Hotel und das Eisenwerk). Im Visitor Center gibt es Karten für eine „Self-guided-Tour" und es werden Führungen angeboten. Es gibt hier einen schönen Campingplatz und bezaubernde Spazierwege.

*Geisterstadt*

Der rote Leuchtturm von **Manistique** (Motels, Hotels) bietet aus westlicher Richtung ein gutes Fotomotiv. Der nahe **Indian Lake State Park** hat einen Sandstrand am gleichnamigen See sowie einen Campingplatz (Zelte können gemietet werden) und ist ein Paradies für Angler.

*Fayette war einst eine blühende Stadt*

*Die UP ist ein Outdoor-Paradies*

9 mi östlich von Gulliver biegt man auf den MI 77 nach Norden ab und erreicht bald **Blaney Park**, das bereits beim ersten Anblick den Eindruck vermittelt, aufregendere Zeiten erlebt zu haben. In der Tat endete hier einst die Eisenbahnlinie. Blaney Park war zu Beginn des 20. Jh. der Hauptsitz einer der größten Holzfirmen Amerikas. Große Pläne wurden damals geschmiedet, doch mit der Einrichtung des State Forest und der Ausweisung lukrativerer Einschlaggebiete verlor der Ort über Nacht an Bedeutung und die Bahnlinie wurde stillgelegt. Heute lädt die Umgebung von Blaney Park zum Wandern und Kanufahren ein. Als besonderer Übernachtungstipp sei das **Celibeth House** empfohlen (S. 221). Der Ort wurde nach der Einstellung des Holzeinschlags zeitweilig in ein Resort umgewandelt.

*Wandern und Kanufahren*

Im nördlich anschließenden **Seney National Wildlife Refuge** kann man Kanu fahren, mountainbiken oder wandern. Das Visitor Center nördlich von Gemfarsk hält dazu Infos bereit (*www.fws.gov/refuge/seney*).

## Hinweis zur Route

Dem MI 28 nach Osten folgend, erreicht man nach ca. 2,5 Std. Sault Ste. Marie (s. S. 292).

Das verträumte Fischerdorf **Grand Marais** hat durch seine geografische Lage einen „Hier-ist-die-Welt-zu-Ende-Charme“ bewahrt. Kleine Bretterbuden-Restaurants, Wood-Cabins und einfache Motels zum Übernachten sowie eine Tankstelle mit Supermarkt unterstreichen dies. Doch den Dornröschenschlaf hat der Ort wohl hinter sich: Die Zufahrt zum Pictured Rocks National Lakeshore ist kein Geheimnis mehr und im nahen Visitor Center des Parks gibt es ausreichend Infos. Grand Marais bietet sich fürwahr für einen Ausruhetag am Lake Superior an. Kaum etwas wird vom romantischen Strandspaziergang abhalten, nur vielleicht drei winzige Museen (Leuchtturm, Sommerhaus in großer Tonne und Achat-Stein-Museum).

*Beschauliches Fischerdorf*

## Reisepraktische Informationen Hiawatha National Forest, Blaney Park, Germfask, Grand Marais, MI

### Information

**Hiawatha National Forest**: *820 Rains Dr., Gladstone, ☎ (906) 428-5800, www.fs.usda.gov/main/hiawatha. Weitere VCs verteilen sich über die Region (z. B. US 2 östlich von Rapid River, Manistique, Munising). Camping und einfache Hütten.*

### Unterkunft

**The Inn at Lake and Randolph $$$–$$$$**: *N.14246 Lake Ave., Grand Marais, ☎ (906) 494-2299, www.lakeandrandolph.com. Gästehaus mit 5 Übernachtungsplätzen (die Suiten $$$$ mit eigenem Bad, die Zimmer $$$ teilen sich ein Bad). Zwei nette Pub-Restaurants in Laufentfernung.*

**Celibeth House B&B $$**: *4446 N. Hwy. 77, Blaney Park (Germfask), 1 mi nördlich des US 2 am MI 77 gelegen, ☎ (906) 283-3409, www.celibethhousebnb.com. 1895 als vornehme Residenz für einen Holzbaron gebaut, später Hauptsitz der Land & Lumber Company, dann Teil des Resorts, ist dieses 8-Zimmer-B&B heute ein beliebter Ausflugspunkt für Großstädter. Am Wochenende unbedingt vorbuchen. Falls es ausgebucht sein sollte, kann man es 50 Meter nördlich davon im* **Bear Creek Resort $–$$** *(☎ (906) 246-1157, www.bearcreekatblaneypark.com) versuchen, wo es 3 ansprechende Selbstversorger-Hütten gibt. Die nächsten Restaurants sind rund 10 mi südöstlich in Gould City das* **Bates Corner Bar & Grill** *(W16431 US-2, hier auch einfache Zimmer) und ein Stück weiter das* **Beary Patch Restaurant** *(W14716 US-2).*

### Kanuverleih und -touren

*Wer auf „eigene Faust" ein Kanu ausleihen möchte: Die Flüsse Manistique und Fox zahlen zu den schonsten Kanustrecken auf der UP. Infos und Broschüren zu Kanustrecken im Hiawatha National Forest erhält man in dessen VCs (s. o.).*

**Northland Outfitters**: *8174 MI 77, Germfask, ☎ (906) 586-9801, www.northoutfitters.com. Vermietung von Booten, begleitete Touren (Dauer: 2 Std.–7 Tage), Rundum-Pakete (Übernachten, Ausrüstung, Boote). Übernachtung im Camp: Vier Holzhütten und ein Campingplatz.*

## Pictured Rocks National Lakeshore und Munising

Das Gebiet zieht sich über 40 mi am Lake Superior entlang von Munising bis nach Grand Marais. Bei der Durchquerung des Parks gilt es zu bedenken, dass die bezaubernde, durchgehend asphaltierte Straße H 58 kurvenreich und 55 mi lang ist. Allein die Fahrtzeit durch den gesamten Park nimmt 1,5 Stunden in Anspruch. Hinzu kommen eventuelle Abstecher zur Küste.

*Bizarre Felsen* Der Park trägt seinen Namen aufgrund der einzigartigen Felsenküste im Westabschnitt. Hier haben die Wellen faszinierende Löcher, Höhlen und Skulpturen in die Felswände gespült, die im Spiel des Sonnenlichts zu jeder Tageszeit anders erscheinen. Bemerkenswert sind auch die Küstenwälder und der nordöstliche Parkabschnitt mit den großen Dünen, den „Grand Sable Dunes". Ihr Entstehen verdanken sie den Gletschern aus der Eiszeit. Als sich diese zurückzogen, hinterließen sie vornehmlich Schotterflächen. Aus dem Schotter hat der Wind den Sand ausgeblasen, der heute die Dünen bildet – geologisch vergleichbar mit der Lüneburger Heide und der „Streusandbüchse" Mecklenburg.

Es gibt somit auch schöne Strände, die zum Sonnenbaden einladen. Die Wassertemperatur dagegen überschreitet selten einmal 17 °C und liegt selbst im Sommer meist bei 13–14 °C. Eine gute Möglichkeit, das Farbenspiel der Felsen zu erleben, bieten die Bootstouren, die von Ende Mai bis Anfang Oktober mehrmals täglich von **Munising** ausgehen (s. u.). Das bekannte Bild von der bunten Felsennase, **Miners Castle**, kann man im Westen, am Ende des H 11 (Miners Castle Rd.), selbst erleben.

Von Munising, einem weiteren verträumten Hafenstädtchen (Motels, Seakayaking, Bootstouren zur Parkküste und zu Schiffswracks), führt die Route nun auf dem MI 28 nach Westen. **Christmas**, das seinem Namen mit ganzjähriger Weihnachtsdekoration alle Ehre macht, dient den Einheimischen eher als Spielhölle. Es liegt in einem Indianerreservat, und dort sind Glücksspiele erlaubt.

## Reisepraktische Informationen Pictured Rocks National Lakeshore und Munising, MI

### Information

*In Munising* **das NPS/USFS (Interagency) Info Center/ Ranger Office**, *Ecke MI 28/H-58 (fs.usda.gov), das* **Munising VC**: *501 MI 28, ☎ (906) 387-1717, www.munising.org sowie das beste VC für den Park, das* **Munising Falls VC**: *1505 Sand Point Rd., Munising, ☎ (906) 387-3700, www.nps.gov/piro, tgl. Mitte Mai–Ende Sept., sonst Mi–Sa 9–16.30 Uhr.*
**Grand Sable VC** *(nur im Sommer): westl. von Grand Marais an der Straße in den Park, ☎ (906) 494-2660, www.nps.gov/piro, Mem. Day–Ende Sept.*

### Unterkunft/Camping

**Beach Inn Motel on Munising Bay $$$–$$$$**: *E9360 H58, Munising, ☎ (906) 387-6700, www.beachinnmunisingbay.com. Modernes Motel der Mittelklasse. Alle 24 Zimmer haben einen Balkon mit direktem Blick auf die Bay. Und obendrein verfügt das Motel auch noch über einen eigenen Uferabschnitt. Toll, dort abends zu sitzen!*
**Holiday Inn Express $$$–$$$$**: *E8890 M-28 West, Munising, ☎ (906) 387-4800, www.ihg.com/holidayinnexpress/hotels. Sauberes Motel mit Pool, Whirlpool und Sauna. Einige der 62 Zimmer mit Blick auf den Lake Superior.*
**Sunset Motel on the Bay $$$–$$$$**: *1315 Bay St., Munising, ☎ (906) 387-4574, www.sunsetmotelonthebay.com. Einfaches Hotel mit eigenem Strand (Bänke, Picknicktische). Miniküche in Zimmern.*
*Im Park gibt es mehrere, darunter auch ufernahe* **Campingplätze** *sowie z. B. den gut ausgestatteten* **Munising Tourist Park Campground** *(E8518 M-28, Munising, ☎ (906) 387-3145, https://munisingtouristpark.com), der direkt am Wasser liegt.*

### Essen & Trinken

**Dogpatch Restaurant**: *325 E. Superior St., ☎ (906) 387-9948. Seit 1966 eine Institution im Ort. Burger, Steaks, Fischgerichte und Salatbar. Hier gehen die Locals hin, Touristen stöbern zudem gerne im angebotenen „Kitsch aus der Region". Auch deftiges Frühstück.*

**Foggy's Steakhouse**: *E7876 W., M-28, Christmas, ☎ (906) 387-3357. Hier gibt es neben Steaks und Burgern auch Pizza, Salate, Pasta und in der Saison Fisch.*

*Zwei Brewpubs im Ort bieten selbst gebrautes Bier:* **East Channel Brewing Co.** *(209 Maple St.) sowie* **ByGeorge Brewing Co.** *(231 E. Superior St.).*

### Bootstouren/Kajakverleih

**Pictured Rocks Cruises**: *☎ (906) 387-2379, https://picturedrocks.com. Abfahrt: City Dock in Munising, Mai–Okt. tgl. 2- bis 7-mal, ab $ 42.*

**Glass Bottom Shipwreck Bootstouren**: *1204 Commercial St. #1354, ☎ (906) 387-4477, https://shipwrecktours.com. Im Sommer zwei bis drei Abfahrten zu Schiffswracks, ab $ 36.*

**Pictured Rocks Kayaking:** *1348 Commercial St., Munising, ☎ (906) 387-5500, https://paddlepicturedrocks.com. Kajaktouren Mem. Day–Okt. ab $ 99.*

## Marquette

Marquette, mit rund 21.000 Einwohnern die größte Stadt auf der UP, wurde nach dem französischen Jesuitenmissionar Père Jacques Marquette benannt, der um 1670 mit einem Kanu am Ufer des Lake Superior entlanggefahren ist. Sie wurde aber erst 1849 gegründet, kurz nachdem Erze in der Region entdeckt worden waren. Geschäftsleute aus Massachusetts waren die ersten Investoren. Marquette dient seither als Erzhafen, deutlich erkennbar an den massiven Kaianlagen für die Erzfrachter. *Erzhafen* Der Reiz einer nordischen Stadt ist dabei nicht verloren gegangen. Die Symbiose aus

*Father Marquette wacht über die alten Erzverladeanlagen*

Bucht, historischer Innenstadt und waldreichem Umland gefällt. Zu keiner Zeit erhält man den Eindruck, dass man sich in der „Wirtschaftsmetropole" der UP befindet. Die Studenten der Northern Michigan University sorgen für das intellektuelle Ambiente.

In Marquette kann man Kajaks mieten und am Seeufer entlang paddeln, am **Sugarloaf Mountain** wandern oder im Hinterland den Spuren der Elche folgen.

*Größte Holzkuppelhalle der Welt*

Zu den Sehenswürdigkeiten im Marquette County zählt u. a. die herrliche **Aussicht vom Mount Marquette** auf Stadt und Hafen. Das dunkle Kuppelgebäude, das man erkennt, ist der **Superior Dome**, die größte Holzkuppelhalle der Welt. Einen kleinen Einblick in die Geschichte der Stadt und der Region bietet das kleine **Marquette Regional History Center** *(145 W. Spring St., www.marquettehistory.org, Mo–Fr 10–17, Mi bis 20, Sa bis 15 Uhr, $ 7).*

Das **Marquette Maritime Museum** ist neben dem Shipwreck Museum in Whitefish Point das interessanteste Museum zum Thema Lake Superior und Seefahrt. U. a. erfährt man hier etwas über das geheimnisvolle Wrack der *Edmund Fitzgerald*, die 1975 im Lake Superior gesunken ist. Der **Leuchtturm** von Marquette hinter dem Museum bietet ein schönes Fotomotiv.
***Marquette Maritime Museum**, 300 Lakeshore Blvd., https://mqtmaritimemuseum.com, Mitte Mai–Mitte Okt. Di–So 11–16 Uhr, $ 8, inkl. Leuchtturm $ 15.*

**Presque Isle Park**, ein naturbelassener Erholungspark nördlich der Stadt, bietet eine gute Gelegenheit für ein Picknick mit Ausblick auf die Bucht.

*Auf der Jagd mit Henry Ford*

**Big Bay**, einst ein bedeutender Holzhafen, liegt 30 mi nordwestlich von Marquette. Henry Ford hatte hier 1940 sogar eine Fabrik errichten lassen, in der Holzpaneele und -rahmen für die Ford Company gefertigt wurden. Ford kam gerne nach Big Bay und wurde dabei des Öfteren von den Industriebossen Firestone und Edison sowie dem weniger betuchten, jedoch guten Freund John Burroughs begleitet. Die sog. „Four Vagabonds" gingen dann in den Huron Mountains auf die Jagd. Sehenswert in Big Bay sind das **Thunder Bay Inn**, die ehemalige Residenz der Fords, und der **Leuchtturm**, der auf Anfrage zu besichtigen ist (s. S. 224). Abendliches Highlight hier ist ein Besuch in der ausgesprochen rustikalen **Lumberjack Tavern** (s. u.).

## Reisepraktische Informationen Big Bay und Marquette, MI

### Information

**Visitors Bureau**: *117 W. Washington St., Marquette, ☎ (906) 228-7749, www.travelmarquette.com. Die Anlaufadresse in der UP für Infos aller Art, auch, wo man Mountainbikes, Kanus oder Seakayaks ausleihen kann.*

### Unterkunft

**Big Bay Point Lighthouse Bed & Breakfast $$$$–$$$$$**: *4674 County Rd. KCB, Big Bay, 34 mi nordwestl. von Marquette, ☎ (906) 345-9957, www.bigbaylighthouse.com. Die Unterkünfte sind im Leuchtturmgebäude untergebracht, direkt an der Küste. Fünf der sieben Zimmer mit Blick aufs Wasser. Die Zimmer sind teilweise klein, aber ausgesprochen individuell. Auswärtige Gäste können den Leuchtturm nur auf Anfrage be-*

*sichtigen. Zum Dinner ins u. g. Thunder Bay Inn oder zur* **Lumberjack Tavern** *(202 Bensinger St.) in Big Bay.*
**Landmark Inn $$$–$$$$**: *230 N. Front St., Marquette, ☎ (906) 228-2580, www.thelandmarkinn.com. Historisches Stadthotel auf dem Hügel direkt über der Innenstadt. Gutes Restaurant, Pub, Fitnessraum. Hochherrschaftliche Betten, für die teils ein Holztritt bereitsteht. Das Top-Hotel der Stadt.*
**Thunder Bay Inn $$$–$$$$**: *400 Bensinger St., Big Bay, 32 mi nordwestl. von Marquette, ☎ (906) 343-9220, https://bigbayinn.wordpress.com. 1944 erwarb Henry Ford das ehemalige Lagerhaus und Geschäft und wandelte es in ein Erholungsheim für seine Familie und einige Mitarbeiter um. Auch heute noch kann man in Henry Fords Zimmer nächtigen – mit Blick auf den Lake Independence. Einfache Küche, freitags Fishboil!*
**Ramada by Wyndham $$–$$$**: *412 W. Washington St., Marquette, ☎ (906) 629-6887, www.wyndhamhotels.com/ramada/marquette-michigan. Modernes Mittelklassehotel im Zentrum von Marquette.*
**Birchmont Motel $$**: *2090 US 41 South, Marquette, ☎ (906) 228-7538, https://birchmontmotel.com. Einfaches, sauberes Motel. Blick auf den Lake Superior (allerdings mit Highway dazwischen).*

Nur über einen Holztritt schafft man es in die Betten des Landmark Inn

***ÜBERNACHTEN IN EINER WALDHÜTTE***
*Wer einmal die absolute Abgeschiedenheit in einer sehr schönen Waldhütte genießen möchte, dem bietet sich dazu die Gelegenheit am nördlich von Three Lakes gelegenen Craig Lake. Die abgeschiedene Hütte ist jedoch nicht mit dem Auto zu erreichen, lediglich mit dem Kajak oder bei einer Wanderung! Infos und Reservierung (frühzeitig) beim Marquette CVB (S. 224).*

### Essen & Trinken

**Landmark Inn**: s. o. *Das* **Restaurant** *serviert ein täglich wechselndes und exquisites Dinner. Fine Dining UP-Style. Im obersten Stock empfiehlt sich der Besuch der* **Lounge** *mit wundervollem Blick über den Lake Superior für einen Cocktail oder auch zum Speisen (Burger, Pasta, Nachos u. ä.). Der* **Pub** *im Erdgeschoss ist abends ein beliebter Treff, hier wird gutes amerikanisches Pubfood bis Mitternacht serviert!*
**Vierling Restaurant & Marquette Harbor Brewery**: *119 S. Front St., ☎ (906) 228-3533. Historischer Pub, Innenstadt. Eigene Microbrewery. Gutes Essen, u. a. Steaks, Süßwasserfisch, italienische Gerichte.*

## Marquette – Keweenaw Peninsula

Folgt man von Marquette aus dem US 41, gelangt man 8 mi westlich nach **Negaunee**, wo das **Michigan Iron Industry Museum** einen Stopp wert ist *(73 Forge Rd., www.michigan.gov/mhc, Mai–Sept. Di–So, Okt.–April Mi–Sa 10–16 Uhr, Eintritt frei).* Das Museum beschäftigt sich mit der geologischen Geschichte der Peninsula und bietet einen Überblick über die wirtschaftliche Entwicklung der UP im Zuge des

Erzabbaus. Skihasen sollten sich die Zeit nehmen, im nächsten Ort **Ishpeming** das **US Ski & Snowboard Hall of Fame & Museum** anzusehen *(610 Palms Ave., https://skihall.com, Mo–Sa 12–17 (Sommer ab 10) Uhr, eine Spende wird erwartet).*

Wer 26 mi westlich von Marquette dem MI 95 knapp 8 Meilen nach Süden folgt, kommt nach **Republic**, einem ehemaligen und heute verträumten Minenort mit ein paar Ramsch- und Antikläden. Von einer Aussichtsplattform hat man einen Überblick über das riesige, von Menschenhand geschaffene Loch der früheren Eisenerzmine (Tagebau).

*Wiederansiedlung von Elchen*

Weiter auf dem US 41 erreicht man den **Van Riper State Park**. Zwischen 1985 und 1987 wurden 59 Elche per Hubschrauber aus Kanada eingeflogen; im Austausch dafür erhielt Kanada 59 (wilde) Truthähne. Wo man auf Elche treffen kann, wird im Infocenter erläutert. Im Park gibt es schöne Wanderwege, am See neben dem Infocenter einen netten Picknickplatz und der Campingplatz ist auch toll. Unter ☎ (906) 339-4461 kann man sich über aktuelle Führungen im Park (Tierbeobachtung, Pflanzenerläuterung etc.) informieren.

**Alberta**, 57 Meilen westlich von Marquette, am US 41 gen Norden, wurde 1935 von Henry Ford gegründet. Er ließ hier ein Sägewerk errichten, das bereits nach 18 Jahren wieder geschlossen wurde. Ein Museum in dem unter Denkmalschutz stehenden Ort erzählt die Geschichte.
Anschließend, vorbei an dem Fischerdorf **L'Anse** und dem Spielcasino des Indianerreservats bei **Baraga**, benannt nach dem slowenischen „Snowshoe-Priest" (dem hier eine 10 m hohe Statue gewidmet wurde), führt der US 41 auf die Keweenaw Peninsula.

## Keweenaw Peninsula

*Mining Rush*

Mit der Entdeckung der Kupfervorkommen 1841 auf der Keweenaw Peninsula setzte der erste große „Mining Rush" Amerikas ein. Minenarbeiter kamen zu Tausenden, viele wurden sogar direkt aus England, Finnland und Osteuropa rekrutiert. Erste bedeutende Mine war die Phoenix Mine, in der man 1848 mit der Förderung begann. Der Kupfergehalt der Region war mit 1,5 % hoch. Allein eine der über 100 Minenfirmen setzte mehr um, als der gesamte *Gold Rush* in Kalifornien an Wert hatte. Binnen drei Jahren lebten über 70.000 Menschen auf der Halbinsel. In Städten wie Calumet und Houghton/Hancock zogen Opernhäuser, Kirchen und Kneipen die Menschen an.

Natürlich hatten es die Minenfirmen schwer, Arbeiter für diese Gegend zu finden. Hohe Löhne und ein ausgezeichnetes Sozialsystem – die Firmen trugen alle Krankenhauskosten, legten Rentenfonds an und bauten den verschiedenen ethnischen Gruppen Kirchen – lockten aber viele Menschen an. Das Geld holten sie sich jedoch auf unkonventionelle Weise zurück: Sie belegten Bars und Restaurants mit hohen Alkoholsteuern. Der Boom währte bis etwa 1930, dann war Schluss, denn die Kupferadern in der ältesten Gesteinsformation der Welt waren sehr dünn und viele Adern lagen sehr tief bzw. zu tief (s. auch Geologie im Isle Royale National Park, S. 231). Heute wird kein Kupfer mehr gefördert und die alten Minenstädte fristen größtenteils ein tristes Dasein. Das einst blühende Calumet wirkt verschlafen, Laurium sieht noch düsterer aus und die Ruinen der Fabrikanlagen machen einen bedrückenden Eindruck.

Viele Nachfahren ehemaliger Minenarbeiter sind geblieben. Damit lebt ein einzigartiges Völkergemisch auf der Halbinsel. Auch heute noch stehen sich einzelne Volksgruppen wie Fremde gegenüber. Kleine Ortschaften wie Laurium sind in drei eigenständige Verwaltungseinheiten aufgeteilt („You are from Laurium, which part?"). Die größte verbliebene Volksgruppe sind die Finnen. Straßenschilder und Namen weisen noch heute darauf hin.

Die Halbinsel bietet für Reisende schöne und interessante Seiten. So wird die **Geschichte der Minenstädte** in Calumet, das zusammen mit umliegenden Gemeinden zum National Historical Park erklärt wurde, im Rückblick veranschaulicht. Zu besichtigen ist eine alte Kupfermine, die **Delaware Mine**. **Ghost Towns** sind dort zu finden, wo es einst eine Mine gegeben hat (oft nur zu Fuß zu erreichen). Auf einer wunderschönen Rundfahrt führt der **Scenic Drive** im Norden der Halbinsel entlang dem Westufer und auf einen Bergkamm. Es bietet sich zudem die Gelegenheit, zum **Isle Royale National Park** überzusetzen.

*Geisterstädte und Minen*

## Hancock/Houghton

Beide Städte, nur durch den Portage Lake voneinander getrennt, haben zusammen 13.000 Einwohner und bilden das wirtschaftliche Zentrum der Halbinsel. Eine auffällige große Hebebrücke verbindet sie.

In Houghton ist eine geologische Sammlung zum Thema Kupfer sowie Mineralien aus aller Welt im **A. E. Seaman Mineral Museum** zu bestaunen *(1404 E. Sharon Ave., https://museum.mtu.edu, Mai–Dez. Mo–Sa 9–17 Uhr, $ 8)*. Die Innenstadt von Houghton entlang der Shelden Ave. vermittelt einen Eindruck über das beschauliche Leben in der Region. Beachtenswert in Houghton ist das **Infocenter für den Isle Royale National Park** (s. S. 230) am 800 E. Lakeshore Dr., von wo aus im Sommer mehrmals in der Woche das Schiff zum Nationalpark ablegt. Lokalkolorit zum Thema Keweenaw Peninsula bietet das kleine **Carnegie Museum** (*105 Huron St., Di–Sa 12–16/17 Uhr, Eintritt frei*).

*Brücke zwischen Houghton und Hancock*

In Hancock, oberhalb der Stadt am US 41, lohnt der Besuch der **Quincy Mine & Hoist/Quincy N° 2 Mine Shaft**. Hier kann man auf einer geführten Tour die Mine und das Minenmuseum besichtigen. Hauptattraktion ist der größte dampfgetriebene Minenaufzug der Welt, mit dem ehemals die Arbeiter und die Erze in und aus der Mine heraus befördert worden sind *(Memorial Day–Okt., tgl. 9.30–17 Uhr, Rest des Jahres auf Anfrage: ☎ (906) 482-3101, https://quincymine.com bzw. www.nps.gov/kewe, $ 35 inkl. Underground Tour, $ 15 für Außentour).*

## Calumet und Laurium

*Reichtum durch Kupfer*

Über den US 41 gelangt man nach **Calumet**, das als die „Coppertown USA" galt. Sie war zum Ende des 19. Jh. die bedeutendste Stadt der UP und zählte 30.000 Menschen. Heute zeugen noch die vielen Kirchen und alten Gebäude von dieser Zeit. Von den zehn Zeitungen, die hier in verschiedenen Sprachen veröffentlicht worden sind, gibt es heute nur noch die „The Daily Mining Gazette", welche mittlerweile in Houghton/Hancock gedruckt wird.

Innenstadt, historische Gebäude, Heritage Center und Industrieanlagen sind zum **Keweenaw National Historical Park** zusammengefasst worden. Infos: *www.nps.gov/kewe.*

Das **Coppertown USA Mining Museum** bietet einen Überblick über die Minengeschichte der Halbinsel *(Red Jacket Rd., www.uppermichigan.com/coppertown, Mitte Juni–Mitte Okt. Mo–Sa 11–17 Uhr, $ 4)*. Anschließend kann man auf eigene Faust die Walking Tour unternehmen (Prospekt dazu im Museum) oder an einer der sehr ausführlichen Red Jacket-Trolley-Touren teilnehmen *(Juni–Mitte Okt., 2- bis 6-Std.-Touren, $ 28–70)*. Sehenswert sind vor allem die historischen Gebäude entlang der Red Jacket Rd. sowie der 5th und 6th Sts., wo zahlreiche Kirchen, das alte Opernhaus und die Fire Station begeistern. Übrigens: Eine Minengesellschaft ist auf der Halbinsel geblieben und die betreibt heute ausschließlich Holzwirtschaft.

**Laurium**, auf der östlichen Seite des US 41, war und ist vornehmlich ein Wohnort, doch sprechen die unterschiedlichen Bauformen für sich. Auch für diesen Ort gibt es einen Walking (Driving-)Guide. Wer sich nicht im schönen **Laurium Manor Inn B&B** *(320 Tamarack St., s. S. 230)* einquartieren möchte, kann sich das Haus auch nur anschauen *(Mem. Day–Okt. tgl. 11–17 Uhr, $ 10)*.

Weiter geht es auf dem US 41 nach Norden. Bei **Ahmeek** zweigt man ab auf die Five Point Rd. (Wegweiser). Nach wenigen Meilen pas-

*Prunkvoll: das alte Opernhaus von Calumet*

siert man das **Sand Hills Lighthouse**. Bei **Eagle River** trifft die Strecke auf den MI 26, einen **Scenic Drive**, der entlang dem Seeufer nach Copper Harbor führt und bezaubernde Uferlandschaften verspricht. Das malerische **Eagle Harbor** (Leuchtturm/Museum) diente früher als Erzhafen für die Delaware Mine. Hier oder an der Strecke selbst lohnt eine Picknickpause.

Sand Hills Lighthouse

9 mi nordöstl. von **Phoenix** am US 41 befindet sich die **Delaware Mine** (*Mitte Mai–Mitte Okt. tgl. 10–17 Uhr, ab $ 12*). Man kann hier auf eigene Faust in eine ehemalige Kupfermine absteigen. Es ist kühl dort unten, also eine Jacke mitnehmen. Das Kupfer der Mine war so rein, dass nach der Entnahme der ersten Proben die Richtwerte für Kupfer neu formuliert werden mussten, denn sie zeigten nach alter Messmethode 104 % an. Da das Kupfer sich aber in neun verschiedenen Lagen (Adern) befand und der Abbau entsprechend aufwendig war, wirtschaftete die Mine nur bedingt profitabel.

## Copper Harbor

Die kleine Stadt am Nordende der Halbinsel war zur Minenzeit ebenfalls ein Erzhafen. Heute lebt das idyllische Nest vorwiegend vom Tourismus. Lohnend ist der Besuch des Historic State Park mit dem z. T. wiederhergerichteten **Fort Wilkins** (*Mitte Mai–Mitte Okt. 8 Uhr bis Sonnenuntergang*), das 1844 zum Schutz des Minengürtels angelegt worden war. Auch von Copper Harbor verkehren **Boote zum Isle Royale National Park** (*im Sommer tgl., s. S. 230*). Gleich westlich vom Ort führt der **Brockway Mountain Drive** hinauf zu einem Aussichtspunkt mit Panoramen über Ort, Küste und Binnenland – besonders beliebt zum Sonnenuntergang.

Altes Fort

## Reisepraktische Informationen Keweenaw Peninsula, MI

### Information

**Keweenaw CVB**: *56638 Calumet Ave., Calumet, ☎ (906) 337-4579, www.visitkeweenaw.com bzw. www.nps.gov/kewe/calumet-visitor-center.htm*

### Unterkunft

**Keweenaw Mountain Lodge $$$$**: *1,5 mi südl. von Copper Harbor, ☎ (906) 289-4403, https://keweenawmountainlodge.com. Große, rustikale und historische Lodge von 1934 mit Zimmern und Holzhäusern (1–3 Schlafzimmer für bis zu 6 P.). Mitten im Wald und auf dem Berg. Restaurant und Golfplatz. Einfach toll! Mindestaufenthalt: 2 Nächte.*

**AmericInn by Wyndham $$$–$$$$**: *56925 S. 6th St., Calumet, (906) 934-6115, www.wyndhamhotels.com/americinn. Günstig gelegenes, relativ modernes Motel. Frühstück inkl.*
**Hampton Inn & Suites $$$–$$$$**: *820 Shelden Ave., Houghton, ☎ (906) 487-1700, www.hilton.com. Unspektakuläres, aber zentral in der Stadt gelegenes und modern eingerichtetes Hotel. Restaurant, Bar, Pool, Fitnessraum und Frühstück inklusive.*
**Laurium Manor Inn $$–$$$**: *320 Tamarack St., Laurium, ☎ (906) 337-2549, www.laurium.info. Wunderschönes B&B in alter pompöser Villa eines ehemaligen Kupferbarons, die man eher in den Südstaaten erwarten würde. Und die Zimmer? Einfach prachtvoll. Angeschlossen ist das ebenfalls historische* **Victorian Hall $$$** *(305 Tamarack St., Juni–Okt.).*
*Weitere Hotels finden sich vor allem in Houghton, Hancock und Copper Harbor.*

## Essen & Trinken

**Library Restaurant & Brewpub**: *62 N. Isle Royale St., Houghton, ☎ (906) 481-2665. Pizza, Pasta, Burger und Bier aus eigener Brauerei. Im Umfeld, an der Shelden Ave., gibt es noch ein paar weitere Restaurants und Imbisse.*
**Pilgrim River Steakhouse**: *47409 US 41, in Pilgrim östl. von Houghton, ☎ (906) 482-8595. Gute Steaks und Fischgerichte.*
**Keweenaw Mountain Lodge** *(s. o.): rustikales Restaurant mit landestypischen Gerichten.*
*In Calumet und Laurium findet man eine Reihe kleiner Restaurants, die aber oft früh am Abend schließen. Beliebt fürs Frühstück ist das* **Miner's Café** *(63 1st St., Laurium) und fürs Lunch/Dinner das* **Michigan House Café & Brewpub** *(300 6th St., Calumet).*

## Fähren und Infos zum Isle Royale National Park

*Sowohl von Houghton als auch von Copper Harbor verkehren zwischen Juni und Ende Sept. Fähren zum Nationalpark (Rock Harbor). In Houghton gibt es an der Hauptstraße ein* **Informationsbüro für den Nationalpark**: *800 E. Lakeshore Dr., ☎ (906) 482-0984, www.nps.gov/isro.*
**Von Houghton**: *Infos zum Parkbesuch und Reservierungen für die „Ranger" über das o. g. Informationsbüro. Fahrtdauer: 6,5 Std.; zweimal pro Woche.*
**Von Copper Harbor**: *Reservierungen über „Isle Royale Queen", Copper Harbor, ☎ (906) 289-4437, www.isleroyale.com. Fahrtdauer: 3 ½ Std. Wer am gleichen Tag zurückfahren möchte, hat auf der Insel ca. 3 Std. Zeit. Das Schiff verkehrt während der Sommermonate nahezu tgl., Abfahrt i. d. R. um 8 Uhr, Return-Ticket: ab $ 150.*
**Von Grand Portage (Minnesota)**: *s. S. 278.*

## Mit dem Wasserflugzeug zum Isle Royale National Park

**Isle Royale Seaplanes:** *Hancock Portage Canal Seaplane Base, 21205 Royce Rd., Hancock. Hin- und Rückflug kosten das Zwei- bis Dreifache einer Schiffspassage, lohnt aber (Zeitgewinn und Aussicht). Isle Royale Seaplane Service, ☎ (906) 483-4991, https://isleroyaleseaplanes.com, Roundtrip: ab $ 360. Abflüge übrigens auch von Grand Marais in Minnesota (s. S. 277). Dort ab dem Cooks County Airport.*

## Seakayaking/Mountainbiking

**Keweenaw Adventure Company**: *155 Gratiot St., Copper Harbor, ☎ (906) 289-4303, www.keweenawadventure.com. Auch organisierte, mehrtägige Touren-Pakete, z. B. Kajak-Trekking im Isle Royale N.P. (s. u.)*

# Isle Royale National Park

Der Isle Royale National Park zählt zu den schönsten und wenigsten besuchten Parks der USA. Viele kommen nur als Tagesbesucher, doch im Schnitt bleiben sie drei Tage. Das liegt an der mühsamen Anreise sowie den nur begrenzten touristischen Einrichtungen. Außer der Rock Harbor Lodge, einem Visitor Center in Windigo, Leuchttürmen und historischen Minen bestimmt im Wesentlichen die Natur das Geschehen. Das aber ist das Reizvolle. Die einzigartige Natur entschädigt für alle Mühen und Umstände, erfordert aber auch eine sorgfältige Vorbereitung.

## Redaktionstipps

- Eine Anreise mit dem Flugzeug ist wegen des Zeitgewinns zu empfehlen.
- Man sollte mindestens drei Tage einplanen, um das Wesentliche genießen zu können. Nicht zu empfehlen: die Tagestour (ohne Übernachtung), um dort zwei bis drei Stunden zu verbringen. Das lohnt Zeit und Geld kaum!
- **Verpflegung** besser mitbringen.
- **Längere Wanderungen**: sorgfältig vorbereiten, speziell was Kleidung angeht.
- Übernachten in der **Rock Harbor Lodge** (S. 234), am besten in den Hütten; der schönen Landschaft um Rock Harbor wegen mindestens zwei Nächte bleiben. Andere Unterkünfte gibt es nicht – nur Campingplätze. Schlafplatz unbedingt vor dem Übersetzen buchen, am besten lange im Voraus!
- **Campen**: ein besonders wasserdichtes Zelt mitnehmen.

Interessant ist die geologische Entstehung: Vor gut einer Milliarde Jahren brach im Gebiet des heutigen Lake Superior eine große Spalte auf, durch die in der Folgezeit Lavamassen an die Erdoberfläche gelangten, die sich zu Basalt umwandelten. Dieser überdeckte ein Areal von schätzungsweise 1.500 km Länge (Ost-West) und 100–200 km Breite (Nord-Süd). Diese geologische Erscheinung hatte den Charakter einer Kuppe. Doch durch weiteren Lavaauswurf und das damit stetig anwachsende Eigengewicht begann sich diese Decke zu senken. Die Folge war eine Muldenbildung („Bowl"). Nur die bereits durch chemische Prozesse umgewandelten Ränder blieben als Gesteinsformen erhalten. Ihr Verwitterungsmaterial bedeckte sogar einen Teil der Mulde. Diese Ränder aber, heute als Keweenaw Peninsula und Isle Royale erhalten, hoben sich wieder. Eiszeiten haben

*Tolle Uferlandschaft auf der Isle Royale*

zum geologischen Geschehen nur wenig beigetragen, da das Eis nur oberflächliche Veränderungen und den Abschliff der Steine bewirkt hatte. Sein Gewichtseinfluss auf das Gestein war von geringer Bedeutung.

Die Insel wurde im 19. Jh. von Minenprospektoren aufgesucht, doch der Erzabbau erwies sich als wenig lohnend. Auch die einst angesiedelten Fischer sind mittlerweile alle verschwunden. Die Landschaft der 72 km langen und zwischen acht und 14 km breiten Hauptinsel bietet somit Natur pur. Die Isle Royale ist umgeben von über 200 kleinen und kleinsten Inseln, die z. T. als Schutz gegen die Brandung dienen.

*Unberührte Natur*

Klimageografisch betrachtet bildet die Isle Royale den südlichsten Zipfel auf dem amerikanischen Kontinent mit borealem Nadelwald. Die Tierwelt ist durch die Insellage geprägt: Nur wer fliegend, schwimmend bzw. übers Eis wandernd den Weg hergefunden hat, bevölkert heute die Inseln, vornehmlich Biber, Füchse, Elche, verschiedene Vogelarten und ein paar Wölfe.

Für die Erkundung des 2.184 km² großen Parks stehen zahlreiche Wanderwege und überall verstreute (einfache) Campingplätze zur Verfügung. Eine gute Methode, den Park zu erkunden, bieten Boote. So kann man bestimmte Strecken mit dem Boot zurücklegen und dann zu Fuß weiterwandern. Wer es nicht so sportlich mag, kann anstelle eines Kajaks ein Motorboot mieten.

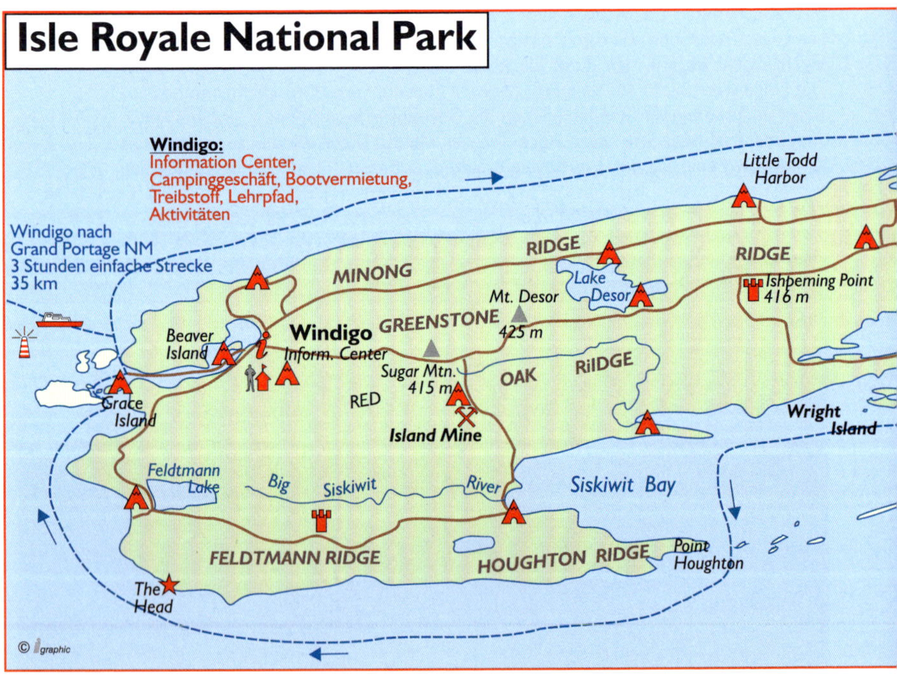

Für die Durchquerung der Insel zu Fuß benötigt man drei bis vier Tage. Auf der westlichen Seite, in Windigo, aber auch an bestimmten Stellen zwischendurch, kann man von dem Parkboot, das in Minnesota abgeht, aufgesammelt und nach Rock Harbor gebracht werden. Autos verkehren auf der Insel nicht!

## Tier- und Pflanzenwelt

*Isolierte Lage*

Die **Tierwelt** war lange Zeit allein von der Insellage bestimmt. Nur Kleintiere und Luchse sowie Kojoten lebten hier. Zu Beginn des 20. Jh. kamen Elche über den zugefrorenen See gewandert bzw. geschwommen. Sie hatten keine natürlichen Feinde, und nach wenigen Jahrzehnten bestand eine Überpopulation und die Nahrung wurde knapp. Erst als im kalten Winter 1948/49 Wölfe über das Eis ihren Weg auf die Insel fanden, änderte sich das. Ein gesundes Wolf-/Elchverhältnis ist seitdem eine viel beachtete und wissenschaftlich diskutierte Folge. Heute gibt es 900–1.400 Elche und 20–30 Wölfe. Weitere Tiere im Park sind Schneehasen, Schildkröten, (harmlose) Schlangen und zahlreiche Kleintierarten (Mäuse, Schnecken, Frösche). Auch die Vogelwelt beeindruckt besonders im Sommer: Buntspechte, See- und Fischadler, Waldsänger und eine Reihe von Seevögeln sind die auffälligsten. Seit den 2010er-Jahren wurden nach langer Zeit wieder nistende Wanderfalken hier gesichtet.

Auf der Insel überwiegt der boreale, immergrüne Nadelwald, wobei sich natürlich auch einige Laubbäume ihren Lebensraum geschaffen haben. Gut erläutert wird der

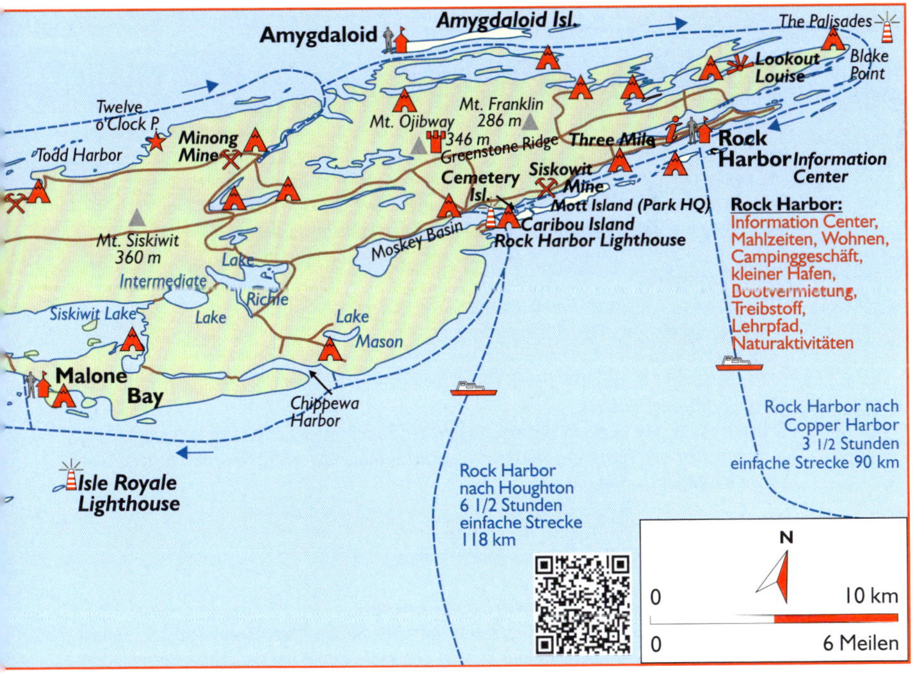

*Ein Lehrpfad erklärt die Pflanzenwelt*

Wald auf dem Lehrpfad auf der Raspberry Island gegenüber von Rock Harbor. Häufigste Baumarten sind verschiedene Kiefernarten, Schwarztannen, Espen (Birkenart), Pappeln, Ahorn und Fichten. Auffällige Pflanzenarten sind der Sonnentau, verschiedene Moose, Flechten und Gräser.

Stellen, wo ein Feuer ausgebrochen ist, Gebiete, wo ehemals nach Erzen gesucht wurde, aber auch natürliche Biotope wie Sümpfe sorgen für botanische Abwechslung. Grundsätzlich gilt auch für die Flora: Nur die Pflanzen, die irgendwann ihren „Weg hergefunden" haben, kommen vor. Das begrenzt die Variationsbreite. Viele auf dem Festland aufgenommene Samen werden von Vögeln herübergebracht – meist „versteckt" in deren Exkrementen. Wenige Pollen finden im Wind ihren Überträger.

## Reisepraktische Informationen Isle Royale National Park, MI

### Information

*Das (Haupt-)Visitor Center befindet sich in* **Rock Harbor**, *ein kleineres VC gibt es in* **Windigo**. *Für Buchungen und grundsätzliche Infos wendet man sich aber besser an das VC in Houghton (S. 230), www.nps.gov/isro. Der Park ist von Mitte April bis Ende Oktober geöffnet, wobei voller „Service" (Lodge, Shop, ausführliche Rangerprogramme) nur von Mitte Juni bis Anfang September geboten werden. April, Mai und Oktober sind noch recht kühl, während die Sommermonate Tagestemperaturen von bis zu 28 °C aufweisen können – dabei weht jedoch ein erfrischender Wind. Die Nächte sind relativ kalt. Mit Regen und Wind ist immer zu rechnen.*

### Unterkunft

**Rock Harbor Lodge $$$–$$$$$**: *über Forever Resorts: ☎ (906) 337-4993, www.rockharborlodge.com. Die Lodge verfügt über Cottages (mit Küche) und Zimmer sowie ein Restaurant und ein kleines Geschäft, das aber nur die wichtigsten Lebensmittel führt. Reservierungen sollten unbedingt 3–6 Monate im Voraus gemacht werden. Lodge und Restaurant sind von Juni bis Mitte September geöffnet. Forever Resorts betreibt zudem die einfachen* **Windigo Camper Cabins $–$$** *(45 mi von Rock Harbor). Eine tolle Erfahrung, Verpflegung muss jedoch dahin mitgebracht werden.*

### Camping

*Es gibt 36 einfache Campingplätze. Hier gilt:*

- *Ausreichend Verpflegung mitbringen vom Festland.*
- *Die Nächte sind kalt. Also Schlafsack und warme Kleidung mitbringen.*
- *Ein spontanes „Umsiedeln" in die Lodge bei schlechtem Wetter klappt meist nicht, da diese i .d. R. ausgebucht ist.*

**Trinkwasser** *gibt es nur in Windigo und an der Rock Harbor Lodge. Die Campingplätze im Park haben kein fließendes Wasser. Trinkwasser muss abgekocht bzw. ausreichend Getränke mitgenommen werden.*

### Angeln

*Angellizenzen gibt es bei der Parkverwaltung.*

### Kanus, Kajaks und Motorboote mieten

*Sowohl für die „Binnensee"-Strecken als auch für die Küstenlinien des Lake Superior gibt es speziell für die gewählte Strecke geeignete Boote bei der Parkverwaltung zu*

*mieten. Oder man lässt sich eine Kajaktour von der Keweenaw Adventure Company zusammenstellen (s. S. 230).*
**Hinweis**: *Man sollte sich nicht überschätzen. Was auf der Karte wie ein „Kinderspiel" aussehen mag, kann bereits nach halber Strecke zur Aufgabe zwingen. Die weiten Wege und die Wellen können Paddler auf eine harte Probe stellen. Motorboote mit Begleiter stellt ebenfalls die Parkverwaltung.*

**Lohnend sind Touren:**

• *zur* **Raspberry Island** *(Kajak: 1 Std. Anfahrt): Lehrpfad für den borealen Nadelwald.*
• *zum* **Rock Harbor Lighthouse** *(Kajak 1–1,5 Tage hin und zurück): kleines* **Schifffahrtsmuseum** *und in dessen Nähe die* **Edisen Fishery**, *ein altes Fischerhaus, das zu besichtigen ist. Das Fischerhaus wird im Sommer bewohnt. Ein Parkangestellter führt Besucher herum und erläutert die Fischerei, wie sie um 1900 betrieben wurde.*
• **Weitere schöne Kanustrecken**: *entlang den Uferzonen, in* **Tobin Harbor** *(lang gezogene Bay direkt nördlich von Rock Harbor) und entlang der Seenketten im Binnenland (dabei muss man das Kanu öfters von See zu See tragen).*

**Wandern**

*Der* **Greenstone Ridge Trail** *führt auf dem Höhenkamm über die gesamte Insel bis nach* **Windigo** *(3–4 Tage). Kürzere Wanderungen von Rock Harbor führen zum* **Scoville Point** *oder um die* **Tobin Harbor Bay**. *Am besten aber ist eine Mischung aus Bootfahren und Wandern. So kann man über Wasser den gewünschten Startpunkt erreichen, von wo aus man Wanderungen unternehmen kann. Und man spart sich noch Energie für einen* **Elch-Beobachtungsspaziergang** *am Abend auf!*

**Anreise**

*Infos unter* **Keweenaw Peninsula** *(S. 229) sowie* **Grand Portage, MN** *(S. 278).*

# Der Westen der Upper Peninsula

Man verlässt die Keweenaw Peninsula auf dem MI 26 und fährt bei **Greenland** über den MI 38 an die Küste. In Greenland kann man ebenfalls eine ehemalige Kupfermine, die **Adventure Mine**, besuchen *(https://adventureminetours.com, Memorial Day–Mitte Okt., Tourlängen: 90 Min./$ 32, bis 6 Std./$ 145)*. Vom Hafenstädtchen **Ontonagon** (einfache Motels, Camping und Restaurants) aus führt der MI 64 nach **Silver City** und zum **Porcupine Mountains State Park** (*Porcupine* = Stachelschwein).

**Silver City** eignet sich hervorragend für einen erholsamen Aufenthalt in Abgeschiedenheit. Motels und Selbstversorgerhütten (teils direkt am Ufer) bieten sich dazu an. Einst glaubten Silberschürfer, hier ihr Glück zu finden. Doch überstiegen die Kosten für das Schürfen den mageren Ertrag.

*Gute Wandermöglichkeiten*

Der **Porcupine Mountains State Park** bietet hervorragende Wandermöglichkeiten. Der Ausblick auf den **Lake of the Clouds** und die vielen Wasserfälle sprechen ebenfalls für den kleinen Umweg. Das Visitor Center befindet sich 2 mi westlich von Silver City am MI 107/1/11. Der Bergrücken gehört zu den südlichen Ausläu-

*Wenn mal die Sonne durchkommt, lässt es sich schön wandern am Lake of the Clouds*

fern der Keweenaw Peninsula. Seine Gesteinsformationen zählen zu den ältesten der Welt (s. Geologie des Isle Royale NP, S. 231). Im Park gibt es einfache Hütten, die nur zu Fuß zu erreichen sind (s. u.), ebenso wie der **Mirror Lake**, ein weiteres beliebtes Ziel. Eine schöne Streckenalternative gen Westen führt durch den Park: Zuerst geht es zum Visitor Center und dann folgt man der South Boundary Rd. nach Süden und Westen. Kurz vor Wakefield bietet sich ein Abstecher nach Norden ans Ufer des Lake Superior an. Dort kann man die **Presque Isle** sowie einen zweistufigen Wasserfall erleben (Picknicken, kurzer Spaziergang).

*Zweistufiger Wasserfall*

Alternativ geht es von Silver City über den MI 64 nach Süden, vorbei an **White Pine**, dessen trostloses „Papphaus-Ambiente" charakteristisch für eine amerikanische „incorporated" Minenstadt ist. Die Mine wurde geschlossen, Kupferraffination wird aber noch durchgeführt. **Bergland** ist ein verschlafenes Straßennest – mit immerhin einer Blinkampel (!). Dennoch: BBQ-, Grillrestaurant mit Bar, Diner-Restaurant, ein Motel, zwei einfache Lodge-Unterkünfte und ein im Sommer geöffnetes lokales Museum (*Mi–Fr 12–16 Uhr, www.berglandmuseum1.com*) sind vorhanden. Südlich von Bergland kann man den 18 mi langen **Lake Gogebic** umfahren. Gogebic bedeutet bei den Indianern „die Forelle, die beim Auftauchen kreisrunde Wasserringe erzeugt".

### Tipp

**Kanutouren um Watersmeet**: *Wer eine Kanutour plant, der sollte etwas vom Weg abfahren nach Watersmeet („Wo die Wasser sich treffen"). Der kleine Ort am Nordrand der großen Seenfläche, die sich bis weit nach Wisconsin hineinzieht, ist ein El-*

*dorado für Outdoorfans und die umgebende Seenlandschaft bietet paradiesische Eindrücke, www.watersmeet.org.*

In **Bessemer** (historische, heruntergekommene Stadthäuser) hat man die Möglichkeit, über den **Black River Harbor National Forest Scenic Byway** (MI 513) ans Ufer des Lake Superior zu fahren. Im nördlichen Abschnitt dieser schönen, 15 mi langen (Sackgassen-)Straße kann man einige kleine Stromschnellen bewundern. Unterkünfte finden sich im südlichen Abschnitt sowie in Bessemer und in Ironwood.

Häuptling Hiawatha

**Ironwood** (5.000 Einwohner) wurde benannt nach dem „Iron"-Baron John R. Wood, der hier einer der ersten Prospektoren war. Heute ist die Umgebung ein beliebtes Skigebiet. Während der Sommermonate bietet Ironwood nicht viel mehr als die 15 m hohe **Statue des Indianers Hiawatha**, der seinen Blick gen Norden auf das „glitzernde große Wasser" (= *Gitchee Gumee*), den Lake Superior, richtet. Zur Statue an der Houk St. gelangt man durch die Innenstadt. Einen eigenwilligen Charakter besitzt die bunte Mischung aus heruntergekommenen Stadthäusern, kleinen Villen, Bars, Stripmalls, urigen Geschäften und dem erkennbaren Willen, aus diesem Tief herauszukommen. Das Historische Museum (*303 Iron St.*) ist nicht wirklich der Rede wert.

## Reisepraktische Informationen

### *PORCUPINE MOUNTAINS STATE PARK UND SILVER CITY, MI*

#### Information

**VC für den Porcupine Mountains State Park**: *Westl. von Silver City an der Kreuzung S. Boundary Rd./MI 107 (Nordostteil des Parks).*
**Ontonagon County Chamber**: *725 Greenland Rd., Ontonagon, ☎ (906) 884-4735, https://ontonagonmi.org. Auch zuständig für Silver City. Infos gibt es auch im lokalen Museum (422 River St.).*

#### Unterkunft

**Buchung der Hütten im Porcupine Mountains State Park $**: *☎ (906) 885-5275, www.michigan.gov/dnr bzw. www.midnrreservations.com. Die Hütten (kein fließendes Wasser) können nur zu Fuß erreicht werden (je nach Hütte 1–4 Std. vom nächsten Parkplatz). Ein schöner* **Campingplatz** *steht auch zur Verfügung. Die* **Kaug Wudjoo Lodge** *im Park ist nur für Gruppen zw. 6 und 12 Personen zu buchen.*
**Mountain View Lodges $$$$–$$$$$**: *34042 107th Engineers Memorial Hwy., Silver City, ☎ (906) 885-5256, www.mtnviewlodges.com. Sehr geräumige, modern eingerichtete Selbstversorgerhütten direkt am Lake Superior. Selbst die Geschirrspülmaschine*

*fehlt nicht. Der Tipp für diese Region! Es gibt* **weitere Cottage-/Cabin-Unterkünfte** *in Silver City, z. B. die recht günstigen Lake Shore Cabins $$–$$$ (400 Lincoln Ave., ☎ (906) 885-5318, www.lakeshorecabinsresort.com) direkt am Ufer.*

**AmericInn Lodge & Suites $$$–$$$$**: *120 Lincoln Ave. (M 107), Silver City, ☎ (906) 662-9111, www.wyndhamhotels.com/americinn. Motel direkt am Lake Superior (einige Zimmer mit Seeblick). Restaurant, Bar, Schwimmbad mit Whirlpool, kostenloses Frühstück.*

**Konteka Black Bear Resort $$**: *400 Main St., Mineral Circle Plaza, White Pine (6 mi südl. von Silver City), ☎ (906) 885-5170, www.thekonteka.com. Unspektakuläres Motel mit geräumigen Zimmern. Bar und Bowlingbahn sind der gesellschaftliche Treffpunkt der Region. Restaurant, besonders beliebt ist das Fischbuffet am Freitagabend.*

## LAKE GOGEBIC, WATERSMEET UND IRONWOOD, MI

### Information

**Lake Gogebic Area Chamber**: *Kein Büro, ☎ 1-888-464-3242, www.lakegogebicarea.com*

**Western UP CVB**: *Kein Büro, ☎ (906) 932-4850, www.explorewesternup.com*

*Ironwood: Ironwood Memorial Bldg., 213 S. Marquette St., Ironwood, ☎ (906) 932-5050, https://travelironwood.com*

### Unterkunft

#### LAKE GOGEBIC

**Gogebic Lodge $$–$$$**: *N9600 MI 64, 14 mi südl. des MI 28, Marenisco, ☎ (906) 842-3321, www.gogebiclodge.com. Kleine und große Hütten, Hotelzimmer in rustikalem Stil sowie Camping. Vom Restaurant Überblick über den See. Sauna, Bootsvermietung. Um den See gibt es weitere kleine Resorts und Hotels mit rustikalen Cottages.*

*Bald geht die Sonne unter am Lake Superior*

### *WATERSMEET UND IRONWOOD*

**Unterkunft**

**The Arrows $$$**: *E. 20081 Thousand Island Lake Rd., Watersmeet, ☎ (906) 358-4390, www.thearrowsresort.com. Große, gut ausgestattete Hütten (teilweise mit Whirlpool, Geschirrspüler etc.) am Thousand Island Lake. Nur ab 4 Personen sinnvoll.*
**Black River Lodge $$$**: *N. 12390 Black River Rd., 2 mi östl. von Ironwood auf dem US 2, dann 4 mi nach Norden auf der Straße nach Powderhorn (N. Moore St.), ☎ (906) 932-3857, www.blackriverlodge.net. Suiten, Ferienwohnungen und Backpacker-Unterkunft am Black River. Hot Tub, Indoor-Pool, Bar. Der nahe* **Black River Valley Pub** *(N. 11582 Black River Rd., Mi–Sa) hat vernünftiges Essen.*
**Vacationland Resort $$–$$$**: *E. 19636 Hebert Rd., direkt am Thousand Island Lake, Watersmeet, ☎ (906) 358-4380, https://vacationlandresort.com. Vierzehn 1- bis 3-Bedroom-Cottages, im Sommer oft nur wochenweise. Nur Selbstversorger. Bootsverleih.*
**Quality Inn $$–$$$**: *210 E. Cloverland Dr., Ironwood, ☎ (906) 932-2224, www.choicehotels.com/michigan/ironwood. Sauberes Motel, Frühstück inklusive. Pool mit Whirlpool.*

**Outdoorausrüstung und -vermietung (Watersmeet)**

**Sylvania Outfitters**: *E. 23423 US 2, Watersmeet, ☎ (906) 358-4766, www.sylvaniaoutfitters.com. Kanuvermietung (inkl. kompletter Ausrüstung auch für mehrere Tage) sowie Tourenplanung (Buchung der Campsites: siehe Hinweise auf Website!).*

## Der Norden von Wisconsin

**Ashland** ist, und vor allem war, ein wichtiger Eisenerz- und Kohlehafen. Viele Hafenanlagen sind mittlerweile nicht mehr in Betrieb. Ein kurzer Abstecher zum **2nd Street Historic District** lohnt sich. Man bemüht sich wirklich, den historischen Aspekt der Stadt (19. Jh.) mit einem Hauch 1950er- und 1960er-Jahre zu mischen. *Erz- und Kohlehafen*

Einen Stopp wert ist das **Northern Great Lakes Visitor Center** *(29270 Co Hwy. G/US 2, (715) 685-9983, www.nglvc.org)* westlich von Ashland (hinter Abzweig nach Bayfield). Hier erfährt man Wissenswertes über Geschichte, Flora, Fauna und Geologie der Region um den Lake Superior. Eine Aussichtsplattform bietet einen schönen Rundblick und ein biologischer Lehrpfad umgibt das Gebäude.

### Hinweis zur Route

Der Umweg über Bayfield lohnt sich dann, wenn man zum Apostle Islands National Lakeshore übersetzen möchte. Zu bedenken ist, dass die Landschaft auf den Inseln ohne Zweifel schön ist, aber die Höhepunkte wie etwa die Felsformationen denen im Pictured Rocks National Lakeshore sehr ähnlich sind. Ist der Besuch dieser Inseln nicht von Interesse, fährt man auf dem US 2 direkt nach Duluth.

Kurz hinter Ashland biegt man nach Norden auf den WI 13 ab. Der erste Ort ist **Washburn** (kleine Motels, Restaurants und Giftshops). Interessanter dagegen ist **Bayfield**, eine kleine Stadt mit auffallend vielen historischen Gebäuden. Einige von ihnen sind aus Sandstein erbaut: In der Umgebung wird der Sandstein abgebaut, der auch für die großen Häuser in Chicago und New York verwendet wurde und teilweise auch noch wird. Diesen haben die Einheimischen natürlich auch verbaut. In der Touristeninformation erhält man eine Wegbeschreibung zu den einzelnen Häusern. Ansonsten ist Bayfield ein touristisches Fischerdorf mit Souvenirläden sowie Ausgangspunkt für die Schiffstouren zu den Apostle Islands.

Nördlich, am WI 13, hinter dem Legendary Waters Resort, lädt ein herrlich am Lake Superior gelegener Picknick- und Campingplatz (einfach) zum Verweilen ein.

## Apostle Islands National Lakeshore

Als die ersten Missionare in die Gegend kamen, dachten sie, es gäbe nur zwölf Inseln und gaben der Inselgruppe ihren Namen. Später stellte sich heraus, dass es sich um 21 Inseln handelte. Zahlreiche Wanderwege, idyllische, wenn auch einfache Campingplätze und von der Parkverwaltung angebotene Naturprogramme sind ein Leckerbissen für Naturliebhaber. Bis auf Madeline Island kann man die Inseln nur mit einem Charterboot oder einem Kajak erreichen.

*21 unbewohnte Inseln*

Einzig **Madeline Island**, die nicht zum Park gehört, ist bewohnt und mit einer Autofähre zu erreichen. Bereits 1618 besiedelten französische Forscher die Insel und 1693 wurde hier ein Handelsposten eingerichtet. Die Insel ist spirituelles Zentrum der Ojibwe Indianer. Im **Madeline Island Museum** *(Mem. Day–Labor Day tgl., dann bis Mitte Okt. nur Mi–So, $ 10)* wird die Inselgeschichte erläutert. Im Sommer werden einstündige Bustouren durch den Ort **La Pointe** angeboten. Sowohl im **Big Bay State Park** (60 Plätze) als auch im **Big Bay Town Park** (einfacher ausgestat-

*Weite Landschaften im Norden von Wisconsin*

tet) kann man campen. Hotels gibt es nicht, nur ein paar Condos/Apartments, die man aber für mehrere Tage mieten muss. Übrigens: Im Winter fahren die Bewohner mit den Autos über eine markierte Route auf dem Eis an Land.

13 mi vor Superior beeindruckt der **Amnicon Falls State Park** mit schönen Felsformationen und einem dreistufigen, kleinen Wasserfall. Noch beeindruckender sind die Fälle im **Pattison State Park**, 12 mi südwestlich gelegen.

## Reisepraktische Informationen Ashland, Bayfield und Apostle Islands NL, WI

### Information

**Apostle Islands National Lakeshore VC**: *415 Washington Ave., Bayfield, ☎ (715) 779-3397, www.nps.gov/apis. Juni–Sept. tgl., sonst Mo–Fr. In einer kleinen Ausstellung werden Geschichte und Natur der Inseln erläutert.*
**Bayfield Chamber & Visitor Bureau:** *42 S. Broad St., ☎ (715) 779-3335, https://bayfield.org*

### Unterkünfte

**Hotel Chequamegon (Best Western) $$$**: *101 Lake Shore Dr. W. (US 2), Ashland, ☎ (715) 682-9095, www.bestwestern.com. Historisches Hotel in großem Holzhaus, direkt am See (schöne Veranda). Auch Zimmer mit Kitchenettes. Sauna, Whirlpool (einige im Zimmer!).*
**Old Rittenhouse Inn $$$–$$$$**: *301 Rittenhouse Ave., Bayfield, ☎ (715) 779-5111, www.rittenhouseinn.com. Individuell eingerichtete Zimmer in 3 viktorianischen Häusern. Antiquitäten. Erstklassiges Restaurant im Haus.*
**AmericInn Ashland $$$–$$$$**: *3009 Lakeshore Dr. E. (US 2), East Ashland, ☎ (715) 682-9950, www.wyndhamhotels.com. Mittelklasse-Motel, direkt an der Bay gelegen (einige Zimmer mit Ausblick). Indoor-Pool, Whirlpool. Einige Suiten mit Whirlpool.*

### Bootstouren/Kajaktouren

**Apostle Islands Cruises**: *☎ (715) 779-3925 sowie 1-800-323-7619, www.apostleisland.com, ab $ 50. Verschiedene Themen-Fahrten um die Apostle Islands, und auch mit Stopp an den Leuchttürmen. Tgl. von Mitte Mai–Mitte Okt. vom City Dock an der Rittenhouse Ave. Zudem Shuttle-Touren für Camper (ab $ 60). Falls ausgebucht, bieten sich oft private Bootsbesitzer an.*
**Madeline Island Ferry Line**: *Bayfield Terminal, 20 Washington Ave., Bayfield, tgl. zur eisfreien Zeit, ☎ (715) 747-2051, www.madferry.com. Ab $ 17/P., $ 30/Fahrzeug (jeweils hin und zurück).*
**(Kajak & Cruise) Adventure Vacations:** *254 Middle Rd., La Pointe, ☎ (715) 747-2100, www.adv-vac.com. Organisierte Kajaktouren zu den Inseln. Auch motorisierte Touren bzw. Boot- und Kajaktour. SUP- und Schlauchboot-Verleih.*
**Trek & Trail**: *7 Washington Ave., Bayfield, ☎ 1-800-354-8735, https://trek-trail.com. Bietet mehrtägige, geführte Kajaktouren an (samt kompletter Ausrüstung): Wer mit einem geliehenen Kajak allein los will, muss zunächst an einem mehrstündigen Sicherheitskurs teilnehmen (ab $ 65).*

# 7. DULUTH, DER NORDOSTEN VON MINNESOTA UND ENTLANG DEM LAKE SUPERIOR AUF KANADISCHER SEITE NACH SAULT STE. MARIE

# Überblick und Streckenalternativen

**Entfernungen**

*Duluth – Bemidji: 143 mi/230 km*
*Duluth – Voyageurs NP: 145–170 mi/233–274 km*
*Crane Lake am Voyageurs NP – Grand Portage: 240 mi/386 km*
*Duluth – Thunder Bay: 185 mi/298 km*
*Thunder Bay – Sault Ste. Marie: 441 mi/710 km (ohne Umwege in die Parks)*

Die Seenlandschaft von Nord-Minnesota sucht ihresgleichen. Die über 12.000 Seen sind umgeben von Hunderten von kleinen und großen Motels und Resorts für Angler, die sich gut in die Landschaft einpassen, wenn auch ein wenig die Abgeschiedenheit der Upper Peninsula von Michigan vermissen lassen. Wer jedoch lieber wandert, Kanutouren unternimmt oder viel

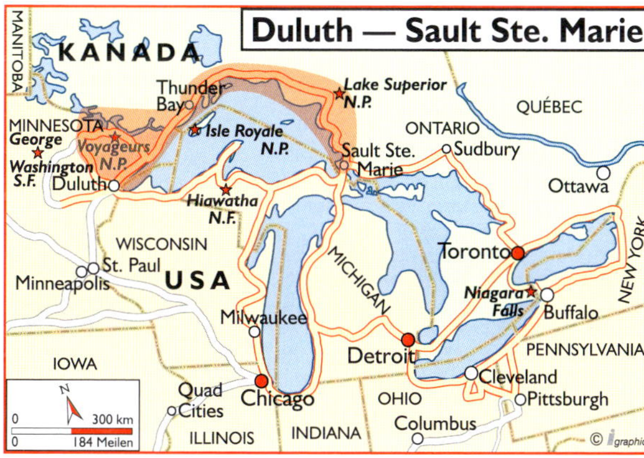


*Kanufahren wird großgeschrieben auf den über 10.000 Seen*

## Redaktionstipps

▶ **Duluth** macht Spaß: Hauptattraktionen sind die Aerial Lift Bridge, das Corps of Engineers Canal Park Museum, das Great Lakes Aquarium und das Waterfront-Gebiet (ab S. 246).
▶ Absolutes Highlight: eine mehrtägige **Kanuwandertour in der BWCA**. Dafür gilt: rechtzeitig anmelden und einige Tage einkalkulieren (S. 273). Alternative dazu: die Kanuwanderstrecken im **Pukaskwa National Park** (S. 288) sowie im **Lake Superior Provincial Park** (S. 290).
▶ **Indian Summer**: am schönsten im Gebiet zwischen Grand Rapids und Voyageurs NP sowie in Ontario zwischen Wawa und Sault Ste. Marie und im Agawa Canyon; jeweils Ende September.
▶ Während der Sommermonate Unterkünfte **rechtzeitig reservieren**! In Duluth empfiehlt sich das **Fitger's Inn**, untergebracht in einem ehemaligen Brauereigebäude (S. 251). Toll ist die „bunte" **Naniboujou Lodge** bei Grand Marais (S. 278).
▶ Auf kanadischer Seite: Das einfache und urige **Rossport Inn** bietet Gelegenheit, einen Tag im kleinen Rossport auszuspannen (S. 288). Die **Rock Island Lodge** bei Wawa liegt spektakulär auf einer Halbinsel (S. 291).

fotografieren möchte, ist mit der direkten Fahrt ins Voyageursland mit dem Voyageur National Park bzw. der Boundary Waters Canoe Area (BWCA) weiter nördlich besser beraten. Wer dennoch die Gebiete um den Leech Lake besucht, wird mit paradiesischen **Seenlandschaften**, der **Quelle des Mississippi** und im Spätseptember mit dem **Indian Summer** belohnt. **Duluth**, die größte Stadt im Norden Minnesotas, wartet mit skandinavischem Flair und Seehafenromantik auf, und das weit entfernt vom nächsten Ozean.

Die direkte Strecke entlang dem **Lake Superior** beeindruckt durch riesige Waldflächen, dramatische Uferpartien und auf kanadischer Seite, nur wenige Meilen entfernt vom Highway, eine willkommene Einsamkeit. In Kanada überwiegt, ganz im Gegensatz zur amerikanischen Seite, eine sehr felsige Szenerie.

Aufgrund der unzähligen Möglichkeiten, das Gebiet Nord-Minnesotas zu bereisen, wird hier auf eine zielgerichtete Ordnung der beschriebenen sehenswerten Punkte weitgehend verzichtet. Grundsätzlich gilt: Das Kapitel beginnt mit Duluth, danach folgen die Iron Range sowie die Orte um den Chippewa National Forest. Weiter geht es mit dem Voyageurs National Park, der im Anschluss beschrieben wird. Sodann führt die Route über Ely zum Lake Superior bei Little Marais. Von hier folgen die Beschreibungen wieder einer geordneten Reiseroute.

## Streckenalternativen und Zeitplanung

Folgende **Streckenalternativen** bieten sich an:

• **von Duluth direkt nach Sault Ste. Marie**:
in nördlicher Richtung dem Hwy. 61 bis ins kanadische Thunder Bay folgen. Für Grenzformalitäten 20 Min. einplanen. Von Thunder Bay bis Sault Ste. Marie weiter auf dem Hwy. 17.

• **von Duluth zu den Seen Minnesotas**:
auf dem US 2 in westlicher Richtung über Grand Rapids nach Bemidji. Die Quelle des Mississippi liegt 30 mi südlich von Bemidji im Itasca State Park. In dieser Seenregion des Öfteren von den Hauptstraßen auf die schöneren County Roads ausweichen.

• **von Bemidji zum Voyageurs National Park**:
US 71 von Bemidji bis International Falls. Dort muss man entscheiden, wie man in den Park reisen möchte. Wer gleich nach Kabetogama oder Crane Lake fahren möchte, kann bereits 20 mi vor International Falls nach Osten über den MN 217 nach Ray zum US 53 fahren. Diesem nach Südwesten folgen bis zu den Abzweigen nach Kabetogama bzw. nach Crane Lake.

• **von Duluth zum Voyageurs National Park**:
US 53 in nördlicher Richtung folgen bis zu den Abzweigen nach Crane Lake bzw. Kabetogama oder bis International Falls fahren, um dort zu übernachten bzw. andere Wege in den Park zu nutzen.
• **vom Voyageurs National Park nach Thunder Bay**:
zurückfahren auf den US 53. Diesem bis zur Shermans Corner folgen. Von dort auf dem MN 1 (Achtung, Abzweig ist leicht zu übersehen!) über Ely bis zum Lake Superior. Hier dann den US 61 nach Norden nehmen.

**Zeitplanung**
**2 Tage:** auf schnellstem Wege um den Lake Superior fahren. Zwischenübernachtung entweder in Thunder Bay, Nipigon oder Marathon.
**4 Tage: 1. Tag:** morgens Duluth, danach zum Itasca State Park, in Bemidji übernachten. **2. Tag:** über Grand Rapids und Ely nach Grand Marais. **3. Tag:** über Thunder Bay nach Marathon oder Wawa. **4. Tag**: nach Sault Ste. Marie.
**7 Tage: 1. Tag:** Duluth und mittags weiter nach Crane Lake am Voyageurs National Park. Dort übernachten. **2.–4. Tag:** den Voyageurs National Park per Boot und Flugzeug erkunden. Hausboote können in der Regel aber nur wochenweise gemietet werden – was sich aber lohnen würde; **alternativ 2.–4. Tag:** Kanutour in der BWCA. **5. Tag:** über Ely, Grand Marais nach Grand Portage oder Thunder Bay. **6. Tag:** nach Wawa. **7. Tag:** nach Sault Ste. Marie.
**Alternative oder bei zwei zusätzlichen Tagen:** Quelle des Mississippi bei Bemidji und/oder Iron Range.

# Duluth und Superior

Die Schwesterstädte Duluth (86.000 Einw.) und Superior (27.000 Einw.) bilden das städtische Zentrum im Norden der Staaten Wisconsin und Minnesota. Trennungslinie zwischen den Städten bildet der St. Louis River. Die Metropolregion zählt 279.000 Einwohner.

*Reger Schiffsverkehr*

Die geografische Lage am äußersten Ende des westlichsten der Großen Seen sorgte früh für regen Schiffsverkehr. 1660 wurden hier bereits 60 große Kanus mit Fellen für die Ostküste beladen. 1679 ließ der französische Entdecker Daniel Greysolon, Sieur Du Luth, an dieser Stelle die erste Siedlung errichten. Mit dem ersten Ausbau des St. Lawrence Seaway 1855 begann die große Zeit des Seeverkehrs, dessen Volumen mit dem endgültigen Ausbau dieser Wasserstraße 1957 nochmals deutlich zunahm. Heute präsentieren sich die als *Twin Ports* bekannten Schwesterstädte vornehmlich als bedeutende Seehäfen. Sie gehören mit über 3.000 Schiffen jährlich zu den größten Binnenhäfen der Welt. Riesige Getreidesilos und Erzverladestationen unterstreichen das eindrucksvoll. Die interessantere Stadt ist ohne Zweifel Duluth, das einen deutlichen skandinavischen Charakter aufweist und durch seine Hanglage schöne Ausblicke auf den Lake Superior gewährt. Bedeutendste Attraktion ist die Waterfront mit dem weithin erkennbaren Wahrzeichen, der Aerial Lift Bridge und einem attraktiven touristischen Angebot in bzw. nahe diesem Stadtgebiet (Hotels, Restaurants, Geschäfte, Museen und andere Sehenswürdigkeiten).

*Bob Dylans Geburtsort*

1941 wurde Bob Dylan als Robert Allen Zimmerman (s. S. 255) in Duluth geboren. Im Visitor Center gibt es Broschüren zum 3 km langen „Bob Dylan Way“, der zu wichtigen hiesigen Stätten Dylans führt.

*Wahrzeichen von Duluth: die Aerial Lift Bridge*

# Superior

Bereits bei der Anfahrt von Osten passiert man zahlreiche **Erzverladestationen**, die z. T. nicht mehr in Betrieb sind. Ansonsten ist Superior ein verschlafenes Städtchen und viele Sehenswürdigkeiten hat es nicht zu bieten. Einen Besuch lohnt das **Old Firehouse & Police Museum (1)** *(402 23rd Ave. E., https://superiorpublicmuseums.org, im Sommer Do–Sa 10–16, So 12–16 Uhr, $ 6)*, in dem verschiedenste Relikte der Feuerwehrgeschichte ausgestellt sind. Allerdings ist die „Polizei-Abteilung" eher dürftig.

*Verschlafenes Städtchen*

Das interessanteste Ziel in Superior ist das **S.S. Meteor Whaleback Ship Museum (2)** auf Barkers Island direkt am US 2 *(https://superiorpublicmuseums.org, Mitte Mai–Anf. Sept., tgl. 8.30–13.30, Labor Day–Mitte Okt. Do–So 10.30–13.30 Uhr,*

*Tour+Ausstellung $ 12).* Die 1896 gebaute S.S. Meteor ist ein für die frühe Seefahrt der Großen Seen typisches Whaleback-Schiff. Der „aufgeblasene" Rumpf gab den Schiffen früher mehr Laderaum und vor allem Stabilität.

*Villa als Waisenhaus*

Gegenüber Barkers Island ist das **Fairlawn Mansion (3)**, eine 1890 im viktorianischen Stil erbaute Villa, die über 40 Jahre lang als Waisenhaus diente, täglich zu besichtigen *(906 East 2nd St., tgl. 9–16, So 11–16, Sept.–Dez. tgl. 12–15, Sa 10–15 Uhr, nur im Rahmen einer Tour, $ 12).* Es beherbergt neben Möbeln der Epoche auch Wanderausstellungen.

## Duluth

Hauptattraktion ist das Gebiet der **Waterfront** an der weithin sichtbaren Aerial Lift Bridge. Im Umkreis von einer Meile sind die wesentlichen Sehenswürdigkeiten zu finden. **Trolleys** und **Pferdekutschen** fahren Besucher durch das Areal und die **Hafenrundfahrten (4)** gehen hier ab. Vor allem gibt es hier Hotels, Restaurants, Bars und viele Geschäfte, in erster Linie Bekleidungsläden (Outdoor, Taschen) und Souvenirshops.

*Berühmte Hubbrücke*

Die **Aerial Lift Bridge (5)** wird immer dann geöffnet, wenn ein Schiff passiert. In weniger als einer Minute hebt sich dabei das Straßensegment um über 40 m! Die Passierzeiten der Schiffe sind in den Touristeninformationen bzw. im Visitor Center des Canal Park zu erfahren. Ein Schiff benötigt übrigens von Duluth bis zum Atlantik sieben bis neun Tage.

*S.S. William A. Irvin*

**Hotels**
1 Merryweather Inn B&B
2 Fitger's Inn
5 South Pier Inn on the Canal
6 Hampton Inn Canal Park
7 Lift Bridge Lodge

**Restaurants**
1 Grandma's Saloon & Grill
2 The Apostle Supper Club
3 Canal Park Brewing Company

Parken
Einbahnstraßen
Skywalks-System
Lakewalk
Trolleyroute

Das **Lake Superior Maritime VC/ Marine Museum (6)** *(www.lsmma.com, Do–Mo 10–16.30 Uhr, Okt.–April nur Fr–So)* an der Aerial Lift Bridge ist eines der besten Schifffahrtsmuseen entlang der Großen Seen. Den Besucher erwarten Erläuterungen zur Schifffahrt, Schiffsmodelle, nachgebaute Schiffskabinen und ein interessantes Relief der Großen Seen, das die geologischen Strukturen hervorragend verdeutlicht. Es lässt erkennen, dass der Lake Superior durch seine Tiefe bedingt sehr kalt ist und mehr Wasser fasst als alle anderen Seen gemeinsam.

*Schifffahrt und Geologie*

Im Rahmen einer geführten Tour kann man die **S.S. William A. Irvin (7)**, einen für die Großen Seen typischen Erzfrachter, besichtigen *(https://decc.org/william-a-irvin, Mi–So 10–17 Uhr, $ 20)*, und im **Omnimax – Marcus Duluth Cinema (8)** werden auf einer überdimensionalen IMAX-Leinwand oft Filme zur Geschichte der Schifffahrt auf den Großen Seen gezeigt.

Das **Great Lakes Aquarium (9)** war das erste Süßwasseraquarium des Landes und ist eines der größten seiner Art weltweit. Natürlich konzentriert es sich auf die Fauna des Lake Superior. Es gibt 200 Arten von Fischen, Reptilien, Amphibien und

Uferrandbewohnern zu bewundern. Oft finden Sonderausstellungen zu Süßwasserfischen aus anderen Teilen der Welt statt. Zudem wird die Geologie der Großen Seen angeschnitten. Fütterungszeiten beachten. Hier kann man mehrere Stunden verbringen.
***Great Lakes Aquarium**, 353 Harbor Dr., https://glaquarium.org, tgl. 10–18 Uhr, Einlass bis 1 Std. vor Schließung, $ 18.*

**The Depot/Duluth Art Institute/Lake Superior Railroad Museum (10)**
In den Gründerzeitbauten des alten Bahnhofs, auf der anderen Seite des Highways, beherbergt heute das **St. Louis County Heritage & Arts Center** Kunstausstellungen (DAI), das History Museum, Eisenbahnrelikte wie alte Dampfloks im **Railroad Museum** (*http://lsrm.org, $ 12*) sowie die Veterans Memorial Hall. Von hier
*Sightseeing per Bahn*
unternimmt die North Shore Scenic Railroad im Sommer tgl. 1,5- bis 6-stündige Sightseeing-Bahnfahrten bis nach Two Harbors.
***The Depot**, 506 W. Michigan St. (es gibt mehrere Eingänge), für alle Ausstellungen www.experiencethedepot.org, tgl. 10–17 Uhr. Zugfahrten: https://duluthtrains.com.*

Die **Lake Superior & Mississippi Railroad**, eine weitere, teilweise historische Bahn, bietet an Sommerwochenenden eine 90-minütige Fahrt in südlicher Richtung entlang dem St. Louis River an (ab 2023, *www.lsmrr.org, Abfahrt: 6930 Fremont St./Grand Ave., gegenüber dem Zoo, ☎ (218) 624-7549, $ 20, Kombiticket mit o. g. Railroad Museum möglich*).

Die **Innenstadt von Duluth** ist mit der Waterfront durch einen **Skywalk** verbunden. In der Stadt führen diese überdachten Gänge zu den wesentlichen Gebäuden. Die Innenstadt ist wenig interessant. Ein Unikum ist aber das **Casino** in der Superior St.: Um das Verbot des Glücksspiels zu umgehen, wurde der entsprechende Häuserblock einfach zu einem Indianerreservat erklärt.

Etwas Besonderes ist das **Karpeles Manuscript Library Museum (11)**. David Karpeles, ein Sohn der Stadt, ließ mehrere Museen in den USA einrichten, in denen
*Rotierende Dokumente*
im Rotationsprinzip Originaldokumente zur Geschichte der USA gezeigt werden. So kann es beispielsweise sein, dass gerade das Originaldokument der *Bill of Rights* hier zu sehen ist (*902 E. 1st St., www.karpeles.com, Di–So 10–16 Uhr*).

Im **Leif Erikson Park & Rose Garden (12)** an der London Rd. (*13th Ave. E.*) werden Botaniker sich an den rund 3.000 Rosenbüschen erfreuen. Das **Wikingerschiff** ist eine verkleinerte Replik des Schiffs, mit dem Leif Erikson einst nach Nordamerika segelte. Das **Glensheen Mansion (13)**, eine eindrucksvolle Villa mit bezaubernder Parkanlage direkt am Lake Superior, fasziniert die Besucher mit einer beeindruckenden Innenausstattung sowie Geschichten aus dem „alten Duluth".
***Glensheen Mansion**, 3300 London Rd., https://glensheen.org, im Sommer tgl. 9–17, Sa bis 19 Uhr, Touren im Sommer (auch Kajak-Touren), sonst meist nur an Wochenenden ab $ 20.*

## Streckenalternative

Eine alternative Route führt direkt entlang dem Lake Superior nach Thunder Bay (s. S. 280).

## Reisepraktische Informationen Superior, WI, und Duluth, MN

### Information

**Superior Chamber**: *305 Harborview Pkwy./E. 2nd St., Superior, ☎ 1-800-942-5313, www.superiorchamber.org*
**Duluth CV**: *345 S. Lake Ave., Duluth, ☎ (218) 722-4011, https://visitduluth.com. Einen* **Infostand** *gibt es zudem am* **Vista Dock** *bei der „S.S. William A. Irvin".*

### Unterkünfte in Duluth (▸ Karte S. 249)

*Es sind nur Unterkünfte in Duluth genannt, da die „große Stadt im Norden" viel mehr zu bieten hat als Superior.*
**Merryweather Inn B&B $$$$ (1)**: *2316 E. First St., ☎ (218) 310-5820 od. 728-1339, www.merryweatherinn.com. Elegantes Haus im Historic District. Großzügige Räume, geschmackvoll eingerichtet. Doppelzimmer, Suiten und wer das ehemalige Carriage House im Garten bucht ($$$$$), ist ganz für sich alleine. Hier hat der Chauffeur wohl zur Prohibitionszeit Schnaps gebraut.*
**Fitger's Inn $$$–$$$$$ (2)**: *600 E. Superior St., Duluth, ☎ (218) 722-8826, https://fitgers.com. Das alte Brauereihaus aus dem Jahr 1884 wurde renoviert und dient heute als Hotel. Viele Zimmer mit Blick auf den Lake Superior. Restaurants (Microbrewery u. mediterran) und Bars im Gebäude. 1,5 mi zur Waterfront.*
**The Inn On Gitche Gumee $$$ (3)**: *8517 Congdon Blvd., ☎ (218) 525-4979, www.innongitchegumee.com. Rustikal, geräumige Suiten und Hütten (teilw. Küchen), wunderschön am See gelegen. Spazierwege. Kinder willkommen. Kein Restaurant. 10 mi nördl. der Innenstadt.*
**The Ellery House $$$–$$$$ (4)**: *28 S. 21st Ave. E., ☎ (218) 724-7639, https://elleryhousebnb.com. Haus von 1890, viktorianischer Stil. Im Historic District, nahe dem See gelegen. Einige der Zimmer mit Balkon und Seeblick. Eine Veranda (porch) zum Ausruhen gibt es auch. Das dreigängige Frühstück befriedigt jeden Appetit.*
**South Pier Inn on the Canal $$$$ (5)**: *701 S. Lake Ave., ☎ (218) 786-9007, https://southpierinn.com. Direkt neben der Aerial Lift Bridge. Zimmer mit Ausblick auf die vorbeifahrenden Schiffe buchen! Viele Zimmer mit Balkon und Jacuzzi. Frühstück.*
*Weitere, gute Hotels* **($$$–$$$$$)** *an der Waterfront, mit geräumigen und sauberen Zimmern, sind das* **Hampton Inn Canal Park (6)** *(310 Canal Park Dr., ☎ (218) 720-3000, www.hilton.com) sowie die* **Lift Bridge Lodge (7)** *(408 Canal Park Dr., ☎ (218) 727-1378, www.choicehotels.com).*
**Econo Lodge $$–$$$ (8)**: *4197 Haines Rd., ☎ (218) 722-5522, www.choicehotels.com/minnesota/duluth. Motel mit gutem Preis-Leistungs-Verhältnis. 4 mi zur Innenstadt.*

### Essen & Trinken (Duluth) (▸ Karte S. 249)

*Im Bereich der* **Waterfront** *gibt es eine Reihe verschiedenster Restaurants und Bars, so z. B.* **Grandma's Saloon & Grill Canal Park (1)** *am Fuß der Aerial Lift*

*Blick auf Duluth und den Lake Superior*

*Bridge, ☎ (218) 727-4192. Im Deli Shop gibt es leckere Sandwiches zum Lunch, im Restaurant Fischgerichte und auf Holzkohle gegrillte Steaks und im Saloon die flüssige Nahrung. Im nahen* **Sports Garden** *kann man frittierte Kost, Pizza oder Tex-Mex-Snacks genießen und dabei z. B. einem Volleyballspiel zusehen bzw. mitmachen. Eine nette Microbrewery, die auch die üblichen amerikanischen Speisen anbietet, ist die* **Canal Park Brewing Company (3)** *an der Waterfront (300 Canal Park Dr.).*
**The Apostle Supper Club (2)**: *im Radisson Hotel Duluth Harborview, 505 W. Superior St., ☎ (218) 722-8439. Gediegen. Ausgezeichnete Fischgerichte, Steaks und gute Vorspeisen. Oft begleitet von Live-Jazz. Die eigentliche Attraktion ist die Aussicht auf Duluth vom 16. Stock (Drehrestaurant).*

## Touren/Sightseeing

**Helikopterflüge**: *Während der Sommermonate starten tgl. Hubschrauberrundflüge vom Bayfront Festival Park (südwestl. des Kongresszentrums).* **Lake Country Air** *(https://flylca.com) bietet dagegen Rundflüge und Charterflüge in Nordwest-Minnesota und auf Wunsch auch um Duluth mit einem Wasserflugzeug. Es ist ein Erlebnis, mal mit so einem Flugzeug abzuheben – kein ganz billiges Vergnügen, aber unvergesslich! Abflugsort und Flugziele müssen arrangiert werden. Eine Abflugmöglichkeit wäre vom Duluth Sky-Harbor Airport am Ende vom Park Point (über Aerial Lift Bridge und dann bis zum Ende fahren). Der Ausblick auf die Hafenanlagen ist beeindruckend.*
**Hafenrundfahrten: Vista Fleet**: *Abfahrt am Dock bei der „S.S. William A. Irvin". Mai–Okt. Fahrtdauer: 1 ¼–1 ¾ Std., ☎ (218) 722-6218, www.vistafleet.com, $ 20–35.*
**Kajak-/Kanufahren im Hafen**: *Infos zu Anbietern von Kanu-, Seakajak- und Kajaktouren im Hafengebiet und in der Umgebung erteilt das Visitors Bureau von Duluth. Zudem bietet die* **University of Minnesota** *in Form des* **Recreational Sports Outdoor Program** *(1216 Ordean Ct., 153 SpHC, Duluth, ☎ (218) 726-7128, https://umdrsop.d.umn.edu) Outdoorkurse und Touren aller Art (Kajaktrips, Klettern, Wandern etc.) für jedermann/-frau an. Bucht man nicht im Voraus, wird das zeitlich wohl selten passen, die Mitarbeiter aber informieren umfänglich.*

## Strand

*Der Strand am Park Point auf der vorgelagerten Landzunge ist über die Aerial Lift Bridge zu erreichen.*

## Veranstaltungen

**Grandma's Marathon**: *Jedes Jahr im Juni findet in Duluth eine der bekanntesten und größten Marathon-Veranstaltungen des Landes statt. 10.000 Teilnehmer sind zugelassen und begeistern sich an der Small-City-Atmosphere. Infos unter https://grandmasmarathon.com. Für eine Teilnahme unbedingt lange im Voraus anmelden. Es gibt auch kürzere Strecken (21,1/5 km).*

## Ausblicke auf und um Duluth

- *Am I-35 in Richtung Minneapolis, Exit 249: Hier zweigt eine Stichstraße zum* **Thompson Hill Information Center** *(8525 W Skyline Pkwy., 7 mi von der Waterfront) ab. Der wohl schönste Aussichtspunkt!*
- *Auf dem* **Berg direkt oberhalb der Stadt**. *Dabei lernt man noch etwas über die Stadtstruktur.*
- *Ein weiterer* **Scenic Drive**, *falls es nicht sowieso der weiteren Fahrtroute entspricht, ist der* **alte Hwy. 61** *in nördlicher Richtung. Bis Two Harbors sind es 26 mi.*

# Der Nordosten von Minnesota – Iron Range, 12.000 Seen, Voyageursland und Boundary Waters Canoe Area

Der Norden von Minnesota kann in fünf charakteristische und touristisch interessante Gebiete eingeteilt werden:

① Herausragende Sehenswürdigkeiten gibt es in den Orten im Norden von Minnesota nur begrenzt. Nur die **Iron Range** nordwestlich von Duluth (bzw. nordöstlich von Grand Rapids) wartet mit einigen Minen und entsprechenden Museen auf.

*Fünf charakteristische Gebiete*

② Das **Gebiet der 12.000 Seen** bietet landschaftliche Höhepunkte, die aber bei einem kurzen Besuch nicht wirklich ausreichend zu genießen sind, da es sich zumeist um Aufenthalte in relativ einfachen Resorts an versteckt liegenden Seen handeln würde. Diese zielen vornehmlich auf Familien und Angler. Als Basis für die Erkundung der Region bieten sich z. B. die Orte Grand Rapids oder das rund 30 mi von der Quelle des Mississippi entfernte Bemidji an, die über eine bessere touristische Infrastruktur verfügen (s. u.).

③ Für Outdooraktivitäten eignet sich der Norden, das sogenannte **Voyageursland**. Höhepunkt ist hier der Voyageurs National Park samt Umland mit seinen rustikalen Resorts, den Hausbooten und Bootstouren durch den Park sowie die östlich davon gelegene BWCA.

④ Für die Entdeckung der **Boundary Waters Canoe Area (BWCA)** sollte man mindestens zwei weitere Tage und die Lust aufs Kanufahren mitbringen. Touren ab vier Tagen eignen sich für die Erkundung jedoch besser.

⑤ Die **Uferzone des Lake Superior** bietet tolle Ausblicke auf den großen See, ansprechende Resorts, Küstenorte und einige historische Relikte.

Der US 2 zwischen Duluth und Bemidji wird der bezaubernden Landschaft der Region nicht gerecht, er ist einzig die Wirtschaftsachse. Die wirklich **schöne Seenlandschaft** lässt sich nur entlang der Nebenstrecken erleben. Neben Grand Rapids und Bemidji zählen zu den **touristischen Zentren** der Seenplatte

*Im Norden von Minnesota gibt es überall Seen*

die hier nicht erläuterten Orte Park Rapids, Detroit Lakes und Brainerd. Für den äußersten Norden nehmen International Falls (als Stadt wenig attraktiv) und Ely (bezaubernd) diese Stellung ein. Orr (Motels, Resorts) am US 53 ist ein guter Ausgangspunkt für die Erkundungen des südlichen Voyageursland.

*Finnische Einwanderer*

Die Region wurde durch skandinavische Einwanderer geprägt, was an vielen, typisch dunkelrot gestrichenen Holzhäusern deutlich wird. Auf ihren Ursprung stolze Finnen schmücken noch heute ihre Fahrzeuge mit dem Kfz-Nationalitätenkennzeichen „FIN“, einige sogar aus nostalgischen Gründen noch mit dem ehemaligen „SF“ (Suomi-Finland).

**Hinweis**

*Bei einem „Resort“ handelt es sich in Minnesota nicht immer um eine große Anlage. Oft versteckt sich nur ein einfaches Motel hinter den Bäumen. Wer sein Glück versuchen will, folgt einem der blauen Hinweisschilder durch den Wald zu einem Resort am See.*

## Die Iron Range

*Reich an Bodenschätzen*

Die Mesabi/Iron Range erstreckt sich von Grand Rapids in nordöstlicher Richtung bis hin nach Ely. Reichhaltige Eisenerzvorkommen (Tagebau) haben hier das Leben über Jahrzehnte bestimmt und es gibt scheinbar kaum ein Fleckchen Erde, das nicht mindestens einmal umgepflügt worden ist. Während des Zweiten Weltkriegs hat allein eine Mine in Hibbing 26 % des gesamten amerikanischen Eisenerzbedarfs gedeckt. Die Förderung erreichte ihren Höhepunkt im und nach dem Zweiten Weltkrieg. Die meisten Minen wurden dann bis Ende der 1970er-Jahre wegen Unrentabilität bzw. Erschöpfung der Mineralien geschlossen.

Heute können einige Museen und Minen besichtigt werden. Das Hauptaugenmerk sollte man dazu auf die Orte Hibbing und Chisholm legen.

In der ehemaligen Mine **Hill Annex Mine State Park** bei Calumet wurden von 1913 bis zur Schließung 1978 64 Mio. Tonnen Eisenerz gefördert. Selbst wer nicht an der 90-minütigen Minentour (*unter Tage, Trolleybus-Touren, Memorial bis Labor Day Fr/Sa, Park Fr/Sa 9–17 Uhr*) teilnehmen möchte, sollte zumindest einen Blick in das tiefe Loch werfen. Dafür lohnt der kurze 500-m-Abstecher vom US 169 (*www.dnr.state.mn.us/state_parks/hill_annex_mine*).

### Hibbing, Chisholm und Virginia

*Eisenerz und Busse*

**Hibbing** wurde 1883 als Holzfällersiedlung gegründet. 1890 entdeckte dann Frank Hibbings aus Kirchboitzen bei Hannover Eisenerzvorkommen und der Boom begann. Als die Tagebaugruben sich weiter ausdehnten, musste die Stadt 2 mi nach Süden verlagert werden. Das Busunternehmen, welches die Arbeiter ab 1914 zu den Gruben fuhr, entwickelte sich später zur landesweit operierenden **Greyhound-Gesellschaft**. Das **Greyhound Bus Museum** erzählt deren Geschichte *(1201 Greyhound Blvd., www.greyhoundbusmuseum.org, Mitte Mai–Sept. Mo–Sa 9–17, So 13–17 Uhr, $ 5)*.

Der Greyhound-Bus kommt aus Hibbing

## Bob Dylan

info

Der Singer-Songwriter und Idol der Blumenkinder, 1941 geboren in Duluth, lebte als Robert Allen Zimmerman von 1946 bis 1959 in Hibbing und absolvierte hier seinen Highschool-Abschluss. Ein Museum gibt es (noch) nicht, dafür aber steht das Haus noch, in dem er die meiste Zeit hier lebte *(2425 7th Ave. E., Ecke 25th St., nicht zu besichtigen)* und eine kleine Ausstellung in der **Public Library** *(2020 5th Ave.)* erinnert an ihn.

Warum der Name Bob Dylan? Als Robert Zimmerman wollte der junge Musiker keine Karriere beginnen und suchte für einen der ersten größeren Auftritte einen Künstlernamen. Als Fan des Marshalls Matt Dillon aus der damals beliebten Fernsehserie „Rauchende Colts" entschied er sich, dessen Namen ein wenig zu ändern und zu übernehmen. Bob ist die Abkürzung von Robert. Gerüchte, der Name sei von dem Dichter Dylan Thomas abgeleitet, hat Bob Dylan mittlerweile dementiert.

In die **Hull Rust Mahoning Mine**, nördlich von Hibbing, kann man von einem Aussichtspunkt aus einblicken. Es ist die größte Tagebau-Eisenerzmine der Welt: 3,5 mi lang, 2 mi breit und 160 m tief. Auf markierten Wegen können Besucher auch in der Mine herumlaufen. Die Mine wurde 1892 eröffnet und sorgte durch ihre Expansion bereits 1918 für den oben beschriebenen „Umzug" der Stadt. Mehr als 800 Mio. Tonnen Eisenerz wurden hier gefördert. Vor der Aussichtsplattform führt die Straße durch die alten Anlagen der Stadt Hibbing. Wer sich näher mit Hibbing beschäftigen möchte, kann das Geschichtsmuseum der **Hibbing Historical Society** besuchen *(Memorial Bldg., 400 E. 23rd St., https://hibbinghistory.org, Di–Fr 10–14 Uhr oder auf Anfrage: ☎ (218) 263-8522)*.

*Minenbesichtigung*

In **Chisholm** wurde eine ehemalige Mine zum **Minnesota Discovery Center** umgewandelt *(www.mndiscoverycenter.com, im Sommer Di–Sa 10–18, Do bis 21 Uhr, $ 12)*. Die 25 m hohe **Ironman Statue** am US 169 markiert den Eingang. Es heißt, sie sei nach dem St. Louis Arch und der Freiheitsstatue in New York die drittgrößte freistehende Statue in den USA. Den Besucher erwarten eine Pionierstadt, ein

*Hull Rust Mahoning Mine*

Museum, eine Fahrt mit einer historischen Straßenbahn um die Grube (*Mai–Okt.*), eine Minigolfbahn ($ 4), und ein Research Center, wo man Infos über Einwanderer einholen kann. Vielleicht taucht hier ja ein Vorfahre der eigenen Familie auf. Nahebei, direkt in Chisholm, beschäftigt sich das **Minnesota Museum of Mining** ebenfalls mit dem Erzabbau *(701 W. Lake St., www.mnmuseumofmining.org, nur Memorial Day–Mitte Sept. Mo–Sa 9–17, So 13–17 Uhr, $ 8).*

*Im Minnesota Discovery Center*

Kurz vor Virginia passiert der US 169 **Mountain Iron**, wo 1890 das erste Eisenerz in der Mesabi Range gefunden wurde. Noch heute fördert hier die **Minntac Mine** 16 Mio. Tonnen Takoniterze im Jahr (2020: 13 Mio. t) und ist damit die größte Takonit-Mine im Lande. Eine Förderung hier ist geplant bis 2031.

In **Virginia** kann man südlich der Innenstadt (US 53) den **Mine View in the Sky** genießen, eine Einsicht in eine ehemalige Tagebaumine, aus der bis zu ihrer Schließung im Jahr 1978 300 Mio. Tonnen Eisenerz gefördert wurden. Das **Virginia Heritage Museum (Historical Society)** beschäftigt sich vornehmlich mit der Geschichte der Holzfällerei in der Umgebung *(800 N. 9th Ave. W., Virginia, ☎ (218) 741-1136, www.virginiamnhistory.com)*.

Ein Besuch des **Lake Vermilion-Soudan Underground Mine State Park** 28 mi nordöstlich von Virginia bildet einen Höhepunkt entlang der Iron Range: Mit einem Fahrstuhl geht es 800 m tief in den Stollen und dort geht es mit einer Lore auf eine 900 m lange Fahrt. Ebenfalls 800 m unter der Erdoberfläche befindet sich hier das **High Energy Physics Lab.**, wo Wissenschaftler im Schutz der Dunkelheit verschiedene Studien durchführen, u. a. wie „das Universum funktioniert". Die Soudan Mine wurde 1882 eröffnet und war damit die erste Untertage-Eisenerzmine in Minnesota. Da der Tagebau in der Mesabi Range kostengünstiger war, wurde die Mine 1962 geschlossen. Unten ist es kalt: Jacke mitnehmen! Der oberirdische Park bietet Picknick-, Wander-, Bade- und Campingmöglichkeiten.

*Mit dem Fahrstuhl in die Mine*

***Lake Vermilion-Soudan Underground Mine,*** *1302 McKinley Park Rd., Soudan, www.dnr.state.mn.us/state_parks, Park tgl. 8/9.30–22/20 Uhr, 1 ½ Std. Minen-Touren Memorial Day–Sept. tgl. 10–16 Uhr (ab 2023), Physics-Lab-Touren tgl. 10 u. 16, nach Labor Day nur um 12 Uhr, $ 15.*

## Reisepraktische Informationen Hibbing, Chisholm, Virginia

### Information

**Iron Range Tourism Bureau**: *111 Station 44 Rd., Eveleth, ☎ 1-800-777-8497.*

### Unterkunft

**Chisholm Inn & Suites $$–$$$**: *501 Iron Dr., nahe I-169, Chisholm, ☎ (218) 254-2000, www.chisholminn.com. Gut ausgestattetes Motel der Mittelklasse. Frühstück inbegriffen und viele Zimmer mit Whirlpool.*

**AmericInn $$–$$$**: *5480 Mountain Iron Dr., Virginia, ☎ (218) 208-0230, www.wyndhamhotels.com/americinn. Gut geführtes Motel. Continental Breakfast, Pool, Hot Tub.*

**Mitchell-Tappan-House Carriage House Rentals $$**: *2125 E. 4th Ave., Hibbing, ☎ (218) 288-4972, www.mitchelltappanhouse.com. Zur Auswahl stehen „The Garden Room" und „The Loft Suite" im Carriage House. Dichte Einrichtung mit Küche. Sympathisch, wenn auch einfach. Gutes Preis-Leistungs-Verhältnis. Mindestaufenthalt: 2 Nächte.*

### Essen & Trinken

**Valentini's Supper Club**: *31 W. Lake St., Chisholm, ☎ (218) 254-2607. Wirklich gute italienische Küche. Hier wird die Pasta noch selbst gemacht!*

# Die 12.000 Seen von Minnesota

*Schwierige Namensfindung*

Nicht 10.000, wie die Nummernschilder behaupten, sondern nahezu 12.000 Seen gibt es in Minnesota – und das sind nur diejenigen, die mehr als 4 ha bedecken. Sie haben insgesamt eine Wasserfläche von mehr als 11.000 km². Da war es schwierig, für so viele Seen Namen zu finden, und es verwundert kaum, dass es allein 156 Long, 122 Rice, 91 Mud, 83 Bass und 72 Twin Lakes gibt.

Eine Legende berichtet, die Seen seien durch die Huftritte des Ochsen „Babe" entstanden, mit dem der Holzfäller Paul Bunyan durch das Land gezogen ist. Geologen wissen, dass die Gletscher der Eiszeit die Moränenlandschaft geschaffen haben – ähnlich wie bei den Seenplatten entlang der deutschen, dänischen und polnischen Ostseeküste.

Die großen Red Lakes nördlich von Bemidji sowie der noch größere Lake of the Woods (4.350 km², ca. 105.000 km Uferlinie!) an der kanadischen Grenze sind Überreste des Lake Agassiz, der einstmals den gesamten Norden Minnesotas und Dakotas sowie weite Regionen in Kanada bedeckte. Wäre dieser See heute noch vorhanden, wäre er mit der geologischen Formung der Ostsee zu vergleichen. Das seen- und flussreiche Gebiet an der Grenze zu Kanada ist vergleichbar mit der Schärenküste in Schweden.

## Grand Rapids

*Judy Garlands Geburtshaus*

Grand Rapids liegt am Mississippi; es sind Kanutouren von hier in Richtung Mississippi-Quelle möglich. Berühmteste Tochter des Städtchens ist die Schauspielerin Judy Garland, die hier als Frances Ethel Gumm aufgewachsen ist. Südlich der Stadt kann ihr Geburtshaus *(S. Pokegama Ave. (südl. am US 169), https://judygarlandmuseum.com, Mitte Mai–Sept. tgl. 10–17, Do/Fr bis 19 Uhr, sonst Mi–Sa, $ 12)* besichtigt werden. Im Heimatmuseum in der **Old Central School** *(10 NW 5th St., Di–Fr 10–17, Sa/Mo bis 15 Uhr)* kann man sich neben einigen historischen Relikten auch einen

*Mit der Holzwirtschaft begann alles rund um die 12.000 Seen*

Film über das Leben von Judy Garland ansehen. Nebenbei erläutert das Museum die Geschichte der Region und kunsthandwerkliche Geschäfte bieten Einblick.

Ausgesprochen eindrucksvoll ist das **Forest History Center** 3 mi südwestlich der Stadt. Im Museum werden die Wälder und Baumarten sowie die Geschichte der Holzfällerei, die heute noch wirtschaftlicher Stützpfeiler der Region ist, erklärt. Auf dem Gelände des kleinen Waldareals ist ein altes Holzfällerdorf aufgebaut worden. Hier werden Techniken des Baumfällens und -abtransports sowie Lebensweisen der Holzfäller um 1900 vorgeführt.

*Geschichte der Holzfällerei*

***Forest History Center**, 2609 County Rd. 76, www.mnhs.org/foresthistory, Juni–Labor Day Mi–Sa 10–16 Uhr, $ 10.*

Wer sich für das Thema Papierherstellung interessiert, kann eine unregelmäßig stattfindende Fabriktour durch die **Blandin Paper Mill** *(Ecke 2nd Ave. NW/3rd St. NW., ☎ (218) 327-6200, www.upmpaper.com, Touren Juni–Aug.)* unternehmen. Hier wird das Papier für viele bekannte Magazine hergestellt.

## Reisepraktische Informationen Grand Rapids, MN

### Information

**Visit Grand Rapids Tourist Bureau**: *10 NW 5th St., ☎ (218) 326-9607, https://visitgrandrapids.com*

### Unterkunft

**Sugar Lake Lodge $$$$**: *37584 Otis Ln., Cohasset, 8 mi nordwestl., ☎ (218) 327-1462, https://sugarlakelodge.com. Toll am See gelegen. Rustikal-modernes Ambiente. Gut ausgestattete Zimmer, Suiten, Hütten und Villen. Golfplatz, Boots- und Fahrradvermietung, Restaurant, Strand. Hier kann man ein paar Tage ausspannen. Mem. Day–Labor Day.*

**Country Inn & Suites $$$**: *2601 S. Pokegama Ave. (südl. am US 169), ☎ (218) 327-4960, www.radissonhotelsamericas.com. Modernes Motel der Mittelklasse mit Indoorpool und simplen Frühstücksbuffet.*

**Timberlake Lodge $$$**: *144 SE 17th St., ☎ (218) 326-2600, www.timberlakelodgehotel.com. Modernes, auf rustikal getrimmtes Hotel der Mittelklasse, 84 Zimmer. Einige Suiten mit Whirlpool. Grillrestaurant im Haus und Frühstück inkl. Angeschlossener, kleiner Wasserpark.*

**AmericInn $$–$$$**: *1812 S. Pokegama Ave. (US 169), Grand Rapids, MN 55744, ☎ (218) 212-1842, www.wyndhamhotels.com/americinn. Modernes, relativ einfaches Motel der unteren Mittelklasse mit Indoorpool und einfachem Frühstücksangebot.*

**Forest Lake Motel $$**: *1215 NW 4th St., ☎ (218) 326-6609, https://forestlakemotel.com. Günstiges Motel mit speziellen Wochenraten. Restaurant nebenan (s. u.).*

*Zudem gibt es zahlreiche* **Lodges** *im Umkreis der Stadt.*

### Essen & Trinken

**Forest Lake Restaurant**: *1201 NW 4th St., ☎ (218) 326-3423. Es ist in zwei Restaurants aufgeteilt. Das eine bietet gute Steaks und andere Fleisch- sowie Fischgerichte, das andere eher günstigere Burger u. Ä. Zudem nette Sportsbar.*

**Rapids Brewing Co.**: *214 N. Pokegama Ave., ☎ (218) 999-9712. Microbrewery mit leckerem Bier, aber auch Whiskeys von der Brubaker Acres Destille, deren Bourbon gut ist für Cocktails. Zudem Pubfood.*

## Itasca State Park

Im Nordabschnitt dieses wunderschönen Parks befindet sich die **Quelle des Mississippi**, die am 13. Juli 1832 von Henry Schoolcraft mithilfe des Ojibwe Chief Ozawindib als solche definiert wurde. Dies führte damals zu einigen wissenschaftlichen Streitereien, denn zuvor hatte im Jahre 1798 David Thompson den Turtle Lake bei Bemidji als Quelle angegeben und ihm folgten drei weitere Entdecker mit anderen Standpunkten. Schautafeln am 100 m langen Fußweg zur Quelle erläutern Entstehung und Geschichte des Mississippi, dessen Name einem alten Indianerwort entstammt und „großer alter Vater" bedeutet. Ein Überqueren der Quelle soll

*Streit um die richtige Quelle*

*Ganz unscheinbar: die Quelle des Mississippi*

Glück bringen – mit Sicherheit aber nasse Füße. Der Park hat auch anderes zu bieten: schöne Campingplätze, Gelegenheiten zu Bootstouren, Fahrradwege (Fahrrad- und Bootsverleih), ein Museum, zahlreiche Wanderwege, bezaubernde Waldareale und leider auch viele Insekten! Die Region ist bekannt für die Vielzahl an großen Vögeln (u. a. See- und Fischadler, Reiher, Pelikane). Den Namen Itasca hat Schoolcraft aus dem lateinischen Wörtern Veritas caput („True head", der wahre Kopf, gemeint ist damit die Quelle) zusammengesetzt.

## Bemidji

Bemidji am gleichnamigen See wurde als Holzfällersiedlung gegründet. Heute ist es touristisches Zentrum der Region, eine gute Ausgangsbasis für Unternehmungen in alle Richtungen und zudem Startpunkt des bis International Falls reichenden **Paul Bunyan Trail**, der für Wanderungen und Fahrradtouren empfohlen wird – man muss ja nicht die gesamte Strecke absolvieren. Bekannteste Sehenswürdigkeit ist die große **Statue des Paul Bunyan und seines blauen Ochsen „Babe"** direkt am Visitor Center an der Waterfront. Der Holzfäller mit seinem legendären Ochsen

*Gute Ausgangsbasis*

*Paul Bunyan mit „Babe"*

gehört zu den meistfotografierten Objekten Minnesotas. Das **Beltrami County History Center** *(130 Minnesota Ave. SW., www.beltramihistory.org, Mi–Sa 12–16 Uhr, $ 5)* beschäftigt sich mit der Stadtgeschichte sowie der der Indianer aus der Gegend.

Nordöstlich von Bemidji erstreckt sich der **Chippewa National Forest** über 2.700 km². 1.321 Seen und eine Vielzahl an Flüssen laden zum Baden, Kanufahren und Angeln ein. Wenn im Spätsommer der Indian Summer einkehrt, entfaltet sich ein buntes Farbenspiel.

*Ideal zum Baden und Angeln*

## Reisepraktische Informationen Itasca State Park und Bemidji, MN

### *ITASCA STATE PARK, MN*

#### Information

**Jacob V. Brower VC**: *im Park, ☎ (218) 699-7251, www.dnr.state.mn.us*
**Itasca Sports**: *15441 Main Park Dr., im Park, ☎ (218) 266-2150, www.itascasports.com. Organisation von Outdooraktivitäten. Fahrrad- und Bootsverleih.*

#### Unterkunft *(nur Mem. Day – Okt.!)*

**Bert's Cabins $$$**: *15782 Wilderness Dr., Bovey. Sehr nette, rustikale Selbstversorgerhütten. Ein Geheimtipp und echtes „Minnesota-Feeling". 1 mi westl. der Mississippi-Quelle. Organisation von Kanutrips. Alle buchbar über ☎ 1-866-857-2757, Infos unter ☎ (218) 699-7251, https://reservemn.usedirect.com/MinnesotaWeb.*
**Douglas Lodge $$**: *historische Lodge (1905) am MN 200, 2 mi westl. des US 71 (Parkstraße). 28 Zimmer, viele mit Gemeinschaftsbad, sowie* **15 Cabins** *(einige mit Küche, $$$). Einfach gehalten, aber sauber. Unbedingt vorher reservieren!* **Restaurant** *im Haus (8–20 Uhr) mit schöner Aussicht. Nicht weit entfernt bieten die* **Itasca Suites ($$$)** *modernere Übernachtungsmöglichkeiten.*

## BEMIDJI, MN

### Information

**Bemidji VC**: *300 Bemidji Ave. N., ☎ (218) 759-0164, www.visitbemidji.com, www.bemidji.org*

### Unterkunft

**Ruttger's Birchmont Lodge $$–$$$$**: *7598 Bemidji Rd. NE. (4 mi nördl. auf der County Rd. 21), ☎ (218) 444-3463, https://ruttgersbemidji.com. Resort direkt am Lake Bemidji.* **Zimmer ($$)** *in der Lodge sowie* **Cottages ($$$–$$$$)**. *Ein ausgedehntes Freizeitangebot (Wasserski, Kinderprogramme, Sandstrand, Bootsverleih etc.) verspricht ein paar schöne Tage hier. Restaurant und Bar. Der Tipp!*
**Kohls Resort $$$**: *15707 Big Turtle Dr. NE, Bemidji, ☎ (218) 243-2131, www.kohlsresort.com. Rustikales, kleines Resort mit schicken Selbstversorger-Holzhütten und -Chalets. Direkt am See. Einfaches Restaurant und Bar, Indoorpool und Outdoor Hot Tub. Ein echtes Minnesota-Erlebnis, 12 mi nördlich von Bemidji. Zur Hochsaison Mindestaufenthalt von einer Woche.*
**Hampton Inn & Suites $$–$$$**: *1019 Paul Bunyan Dr., SE., ☎ (218) 751-3600, www.hilton.com. Mittelklassehotel mit eigenem Strand. Es gibt auch (teurere) Suiten. Sauna, Pool, Hot Tub (Badezuber). Frühstück inkl.*

### Essen & Trinken

**Sparkling Waters Restaurant & Waves Lounge**: *824 Paul Bunyan Dr., SE., ☎ (218) 444-3214. Steaks und Fischgerichte in gepflegter Atmosphäre. Erlesene Weinkarte.*
**Green Mill Restaurant & Bar**: *1025 Paul Bunyan Dr. SE., neben o. g. Hampton Inn, ☎ (218) 444-1875. Bar und Restaurant. Gute (auch dünne) Pizza, Burger, Pastagerichte und Salate. Blick aufs Wasser.*

*An den Seeufern und in den Wäldern verstecken sich zahlreiche Lodges und B&Bs*

# Voyageursland und Voyageurs National Park

## International Falls

Die „Icebox USA" oder auch „coldest city of the lower 48" zählt rund 6.000 Einwohner und ist zugleich Grenzstadt, Ausgangspunkt zum westlichen Abschnitt des Voyageurs National Park sowie Standort einer riesigen Papierfabrik, die ihre lukrativsten Jahre hinter sich gelassen hat. Ein Aufenthalt hier lohnt kaum (außer wegen der günstigen Motels). Besser fährt man auf die östlich der Stadt gelegene Halbinsel am Rainy Lake (MN 11) oder weiter nach Süden nach Crane Lake bzw. zum Kabetogama Lake, um von dort den Nationalpark zu erkunden.

**Grand Mounds** liegt 19 mi westlich von International Falls am MN 11. Die Laurel-Indianer haben zwischen 200 v. Chr. und 800 n. Chr. in dieser Region gelebt. The Mounds, künstlich angelegte Hügel, sind seit 2018 bis auf Weiteres geschlossen auf Wunsch der Indianer, die es als heilige Begräbnisstätte ansehen. Man arbeitet daran, für die Grand Mound Historic Site ein neues Visitor Center zu errichten und die Anlage der Öffentlichkeit zugänglich zu machen. Mehr Infos: *www.mnhs.org/about/grand mound*.

Im Municipal Park steht die Statue von **Smokey the Bear**, Symbol der Kampagne gegen Busch- und Waldfeuer.

### Redaktionstipps

- Eine gezielte Anreise zum Voyageurs National Park und seiner Umgebung lohnt nur bei einem **mind. 3-tägigen Aufenthalt**.
- Wichtig ist, die **Infostellen** entlang den Anfahrtswegen zu beachten. Auch in den Resorts erhält man Tipps und Hilfen. Beste **Ausgangspunkte** für den Parkbesuch sind Crane Lake und das Lake Kabetogama Visitor Center.
- An **Mückenschutzmittel** denken!
- **Hausboot-Tour** durch den Voyageurs National Park (mind. eine Woche). Rechtzeitig von Europa aus buchen.
- Toll gelegen, aber nur mit einem Boot zu erreichen, ist das parkeigene **Kettle Falls Hotel** (S. 269). Wer „am Festland" bleiben möchte, dem sei das **Nelson's Resort** ans Herz gelegt (S. 270).
- Selbstversorgerhütten: Oft müssen **Handtücher** und andere Dinge mitgebracht werden. Vorher erkundigen.
- Das beste Essen gibt es im **Nelson's Resort** (S. 270), zudem lohnt sich die Teilnahme an einem **Lakeshore Lunch** (S. 268).
- **International Wolf Center** und **North American Bear Center** in Ely (S. 272).

Die Papierfabrik, die **Boise Cascade Paper Mill**, kann von Juni bis August montags bis freitags auf geführten Touren besichtigt werden. Die Ausmaße der Fabrik sind eindrucksvoll, denn hier werden bis zu 1.400 t Papier pro Tag hergestellt. *Start der Tour: am Visitor Center, 310 2nd Ave., Anmeldung:* ☎ *(218) 285-5011.*

Das **Koochiching County Historical and Bronko Nagurski Museum** *(214 6th Ave., Mo–Fr 9–17 Uhr, $ 4)* beschäftigt sich mit Besiedlungsgeschichte der Region.

## Voyageurs National Park

*Wenig besuchter Park*

Auch der Voyageurs National Park gehört zu den wenig besuchten Parks in den USA. Das liegt an der geografischen Randlage und der Tatsache, dass die bezaubernden Seiten des Parks nur mit Boot bzw. zu Fuß zu erleben sind. Einzig am südlichen Ufer, das nur teilweise zum Parkgebiet zählt, findet man Lodges und Resorts, die aber alle Bootstouren in den Park organisieren. Im Park gibt es keine Straßen,

## Streckenalternativen und Zeitplanung

Es gibt vier **Anfahrtsmöglichkeiten** (alle abgehend vom US 53):
- von **Orr** über die **County Rte. 23-24** zum Crane Lake,
- über die **County Rte. 129** („Ash River Trail") zum Namakan Lake,
- ein paar Meilen nördlich davon über die **County Rte. 122** nach Kabetogama,
- von **International Falls über den MN 11** zum Black Bay (Rainy Lake).

**Zeitplanung**

**2 Tage:** Einen Tag wandern zum Locator Lake (vorher mit dem Boot von Kabetogama übersetzen), den zweiten Tag mit einer längeren Kanutour bzw. mit Angeln verbringen.
**3–4 Tage:** Erster Tag wie oben, dann drei Nächte im Nelson's Resort. Von dort Wanderungen, Kanutouren und evtl. Rundflug unternehmen. Ein Lakeshore Lunch einplanen.
**7 Tage:** Mit einem Hausboot herumfahren und an verschiedenen Plätzen Wanderungen unternehmen.

sieht man einmal von den Zugangsstraßen zu den Visitor Centers im Süden ab. Der Nationalpark profitiert natürlich von der geringen Besucherzahl. Selbst im Sommer trifft man nur auf **wenige Menschen** – zumeist Outdoorfans.

*Reiche Flora und Fauna*

Mit seinen 30 größeren und unzähligen kleineren Seen bildet der Park einen Teil des einst von den Voyageurs (s. S. 279) benutzten Wasserwegs zwischen Lake of the Woods und Lake Superior. Unterbrochen werden die Wasserflächen von der zentralen, großen Kabetogama Peninsula zwischen Rainy Lake im Norden und Kabetogama Lake im Süden sowie unzählbar vielen Inselchen. Schier endlose boreale Nadelwälder – unterbrochen von wenigen Lichtungen – und eine artenreiche Tierwelt mit Elchen, Bibern, vielen Vogelarten und sogar einigen Wölfen versprechen ein unvergessliches Naturerlebnis. Die Vegetation und Seenlandschaft können mit den Seen in Finnland und die kleine Inselwelt mit der Schärenküste vor Schweden verglichen werden. Sowohl Skandinavien als auch die Grenzregion zu Kanada sind gleichermaßen von den sich zurückziehenden Gletschern geformt worden. Berge gibt es also nicht.

*Outdoor-Paradies*

Dieser Park ist etwas für Outdoorfreunde und ideales Terrain zum Wandern, Kajakfahren, Angeln, Schwimmen und für Tierbeobachtungen. Eine Hausboot-Tour durch die Inselwelt – mit Übernachtungen in garantiert einsamen Buchten – würde dieses Erlebnis noch abrunden. Hausboote können im Sommer aber nur wochenweise gebucht werden. Besondere Vorkenntnisse für das Skippern sind nicht nötig. Die Einweisung ist gut und die Handhabung einfach.

**Beste Jahreszeit** sind die warmen Sommermonate, dann laden die Seen zum Baden und Bootfahren ein, sowie Ende September, wenn der Indian Summer mit seiner Farbenpracht beeindruckt. Die Wintermonate sind bitterkalt, doch Skilanglauf, Schlittschuh- sowie Schneeschuhlaufen und Snowmobiling erfreuen Wintersportfans. Komplett streichen für einen Besuch sollte man die Zeit zwischen Mitte Oktober und Dezember sowie den April (kalt, feucht und ungemütlich). Der Frühling kehrt ab Ende April ein und die saftig-grünen Farben sind ab Mai eindrucksvoll, doch bis in den Juni hinein bleibt es kalt.

Auch an dieser Stelle nochmal der Hinweis: Eine Anfahrt lohnt keinesfalls, um mal kurz vom Visitor Center aus kurze Wanderungen bzw. Bootsausflüge zu unternehmen und dann am folgenden Tag wieder abzureisen. Der Besuch muss geplant und der Park muss regelrecht erkundet werden. Er bietet sich dem Besucher nicht einfach so an. Drei Nächte Aufenthalt sollten das absolut Mindeste sein. Die Organisation vor Ort übernehmen erfahrene Bootsverleiher, Resorts und viele andere. Die Parkverwaltung selbst stellt Kanus, die z. T. an Binnenseen im Park liegen und für Besucher zur Verfügung stehen. Eine frühzeitige Anmeldung dafür ist essenziell! Das gilt auch für Unterkünfte und Hausboote. Hausboote, Motorboote und Kanus können von privaten Anbietern in Crane Lake, Kabetogama und International Falls gemietet werden. Resorts und Hotels an den Seen verleihen Kanus, Kajaks und Ruderboote in der Regel kostenlos an ihre Gäste.

*Kein Ziel für einen Kurzbesuch*

## Geschichte

Das 890 km² große Naturgebiet wurde **1975 zum Nationalpark erklärt**. Bereits vor 10.000 Jahren lebten nomadisierende Indianer in dem Seengebiet. Vorfahren der heutigen Ojibwa-Indianer errichteten hier erste Siedlungen ab 1000 v. Chr. Um 1620 kamen die ersten Europäer – zumeist Trapper –, denen dann die *Voyageurs* (s. S. 279) gefolgt sind, um die Pelze mit ihren Kanus zu den Handelsstationen im Osten zu befördern. 1893 bescherten Goldfunde auf der Little American Island im Nordwesten der Region einen nur ein Jahr anhaltenden Gold Rush, denn in dieser Zeit fanden die Prospektoren gerade einmal Gold im Wert von $ 10.000. Fischer

folgten den Prospektoren, doch hatten diese auch nicht viel Erfolg. Anders dagegen die Holzindustrie, die ab 1907 in großem Stil mit der Rodung der Wälder begann. Noch heute finden sich alte „Log-Trecks" im Park. Der Ausbau der Bahnlinie nach International Falls verstärkte den Einschlag. Ab 1920 entwickelte sich, im kleinen Rahmen, der Tourismus. Heute finden sich zahlreiche Hotels und Resorts entlang der südlichen Seeufer. Doch die Weite und die großen Seenflächen bewahren in jeder Hinsicht den Naturcharakter.

## Geografie und Geologie

*Vulkane und Gletscher*

Ausgangsgestein ist ein mindestens 1,5 Mrd. Jahre altes Tiefengestein, das durch Vulkaneruptionen an die Oberfläche befördert wurde. Die heutige Oberfläche wurde schließlich von Gletschern geformt, die hier vor 2,2 Mio. Jahren das erste Mal den Boden bedeckten und vor 11.000 Jahren zum letzten Mal ihren Rückzug antraten. Durch sie wurden die Granitfelsen abgerundet. Die dünne Humusschicht ist bezeichnend für das nordische Klima und den geringen Blattabwurf eines borealen Nadelwalds. Das Voyageursland ist, geologisch betrachtet, Teil des Kanadischen Schilds, das sich von den polaren Inseln bis weit in die USA erstreckt.

Die meisten Seen haben sich in von Gletschern geformten Mulden gebildet. Über 90 kleine Seen aber, die durch ihre Schwarzfärbung besonders auffallen, sind auf Biber zurückzuführen. Sie haben zum Schutz ihres „Biberhauses" Dämme an Bächen gebaut, die sich so zu Seen aufgestaut haben. Das Biberhaus befindet sich damit inmitten des sogenannten Bibersees, wo die Feinde, u. a. die Wölfe, nicht so einfach hingelangen können.

## Tierwelt

Beeindruckend ist die Vogelwelt im Park, u. a. die verschiedenen Adlerarten wie z. B. der Weißkopfseeadler. Es gibt zudem Haubentaucher, Möwen, Reiher und auch Kormorane. In den Wäldern leben Spechte, Eulen, Falken und Drosseln.

Biber, Schwarzbären, Waschbären und Weißedelhirsche sind naturbedingt im Park erhalten geblieben, während Wölfe und Elche zwischenzeitlich ausgestorben waren. Doch auch ihnen hat man wieder zur Ansiedlung verholfen, besonders auf der Kabetogama Peninsula. Bei **Bären** sollte man vorsichtig sein. Wirklich gefährlich sind sie aber nur, wenn sie sich angegriffen fühlen. In diesem Fall sollte man ruhig stehenbleiben und keine ruckartigen Bewegungen machen. Auf Wölfe trifft man kaum, da sie Menschen so früh wahrnehmen, dass sie bereits verschwunden sind, ehe man sie bemerkt.

## Pflanzenwelt

*Wilder Reis*

Die Flora ist bestimmt durch das nordische Klima und die dünne Bodenschicht. Fichten, Kiefern, Tamaracke, Lärchen, Birken und Espen herrschen als Bäume vor, wobei die niedrigen Pflanzen rar sind. Weit verbreitet sind Moose und Farne sowie fliegenfressende Blütenpflanzen wie der Sonnentau. Typisch für die leicht moorigen Uferzonen ist der Wilde Reis, den man mit Sicherheit einmal zu einem Essen gereicht bekommt. Er ist dunkler und „würziger" als der uns bekannte Reis.

## Aktivitäten

**Angeln:** Lizenzen und Boote gibt es bei den Parkbehörden bzw. über die meisten Hotels/Resorts. Geangelt werden vornehmlich Barsch, Hecht und vereinzelt auch Forelle.

**Kanu-/Kajakfahren:** Gute Kanu-/Kajakstrecken sind z. B. die kleinen Binnenseen sowie die Strecke vom Crane Lake oder der Hoist Bay zur Kettle Falls Lodge. Wichtig: Selbst im Sommer muss man an warme Kleidung sowie eine wasserdicht verpackte zweite Garnitur und Handtücher denken. Ein paar Regeln sollte man kennen: niemals das Boot aufgeben, selbst nach dem Kentern! Offenes Wasser meiden. Hier können Wind und Wellen zu unangenehmen Begleitfaktoren werden. Selbst für Halbtagestouren immer nach dem Wetter erkundigen. Immer Schwimmwesten tragen! Am besten, man paddelt nicht alleine und informiert die Lodge, welche Route man einschlagen möchte.

*Sicherheit auf dem Wasser*

**Wandern:** Ein paar kurze Wanderwege beginnen an den Besucherzentren, längere erstrecken sich zwischen Kabetogama und Ash River. Der schönste Halbtagswanderweg ist der Trail zum **Locator Lake** auf der Kabetogama Peninsula (Anfahrt mit Boot von Kabetogama). Er führt an einem Bibersee vorbei und vermittelt einen Überblick über die Naturgegebenheiten im Park. Am Locator Lake darf man ein

*Mit dem Kajak durch den Nationalpark*

parkeigenes Kanu für eine Tour auf dem See nutzen. Im Visitor Center gibt es eine Broschüre mit Erläuterungen zu diesem Trail. Zudem bietet die Parkverwaltung kürzere und längere, von Rangern begleitete Touren (Kanu, Wandern, Motorboote) an. Sie sind bestens geeignet für einen ersten Überblick.

**Mehrtägige Trips:** Für längere Touren in den Park empfiehlt sich dringend eine vorherige genaue Planung, bei der ein Ranger konsultiert werden sollte. Außerdem wichtig: Container für die wasserdichte Verwahrung aller Dinge, warme Kleidung, Ersatzbekleidung, Zelt, Lebensmittel, Wasserfilter, alles zum Feuer anzünden, gute Karten, Wetterbericht einholen, abmelden beim Start und nicht zuletzt eine gesunde Einschätzung der eigenen Leistungsfähigkeit. Hilfe kann nämlich nicht schnell herbeigeholt werden!

info

## Was ist ein Lakeshore Lunch?

Diese spaßige und kulinarisch empfehlenswerte Unternehmung beginnt mit frühem Aufstehen! Mit einem Guide fährt man, nach nur kleinem Frühstück, auf den See zum Angeln. Alles Notwendige wird gestellt und Anfängern wird natürlich Hilfestellung gegeben. Wer bis 11 Uhr ein paar Fische gefangen hat, hat schon fast gewonnen! Denn dann wird an einem Strand angelegt zum Holzsammeln und Feuer entfachen. Über dem Feuer werden die frisch gefangenen und ausgenommenen Fische gebraten. Ein schmackhaftes Mahl, zu dem frisches Brot, Salate und andere Leckereien gereicht werden. Und sollte man nichts gefangen haben, ist immer eine „Notreserve Fisch" im Korb.

## Reisepraktische Informationen Voyageurs National Park, International Falls, MN

### Information

**Visitors Bureau**: *301 2nd Ave., International Falls, ☎ 1-800-325-5766, www.rainylake.org*

**Tourist Information Center**: *direkt am US 53 in Orr. Gute Infos zum Nationalpark und das Voyageursland.*

***VOYAGEURS NATIONAL PARK***

**Voyageurs National Park HQ**: *360 Hwy. 11 E., International Falls, ☎ (218) 283-6600, www.nps.gov/voya*

*Es gibt* **vier Visitor Center** *für den Nationalpark:*

**Rainy Lake VC**: *über MN 11 von International Falls aus zu erreichen. Hier gehen Bootstouren ab. Ein Museum informiert über die Geschichte der Region und den Park (Film), ☎ (218) 286-5258, Mem. Day–Ende Sept. tgl., sonst verkürzte Zeiten.*

**Kabetogama Lake VC**: *am MN 122 (geht zw. Orr und International Falls vom US 53 ab). Ebenfalls Bootstouren sowie Kanuverleih, ☎ (218) 875-2111, Mem. Day–Ende Sept. tgl.*

*Kleiner sind das* **VC am Ash River Trail**, *MN 129 (vom US 53, 3 mi südl. des Abzweigs nach Kabetogama), ☎ (218) 374-3221, Mem. Day–Ende Sept. Do–So, Ende Aug.–Mitte Sept. tgl., sowie eine* **Ranger Station am Crane Lake** *(von Orr der MN 23 und MN 24 folgen), ☎ (218) 993-2901, geöffnet nach Ankündigung.*

## Unterkunft

**Hinweis**: *Viele Lodges verlangen einen Mindestaufenthalt. Oft heißt das: eine Woche in der Hauptsaison. Daher empfiehlt es sich, rechtzeitig zu buchen und zu planen.*

### IM PARK

**Kettle Falls Hotel $$–$$$$**: *Buchung über das Parkoffice (s. o.), 12977 Chippewa Trail oder ☎ (218) 240-1724 oder 240-1726, Okt.–April: (218) 875-2070, www.kettlefallshotel.com. Das Hotel liegt idyllisch mitten im Park und kann nur per Wassertaxi (kostenlos vom Ash River VC, Zeiten vorher erfragen!) bzw. einem Wasserflugzeug erreicht werden. Es versprüht historischen Charme, die „schiefe" Lounge verdeutlicht dies. Die alten Zimmer in der Lodge ($$) sind einfach (jeweils 3 Zimmer teilen sich ein Bad). Neuer sind die Villen ($$$$), die jeweils 2–8 Personen beherbergen können und mind. für 3 Tage gebucht werden müssen. Restaurant vorhanden. An der Lodge können Boote und Kanus ausgeliehen werden.*

### INTERNATIONAL FALLS/ RAINY LAKE

**Island View Lodge & Cabins $$$**: *1817 MN 11 E., am Rainy Lake, 12 mi östlich von International Falls, ☎ (218) 286-3511, www.gotorainylake.com. Hütten und Motelzimmer, am Rainy Lake gelegen. Sauna, Spa und Bootsverleih.*
**Day's Inn $$$**: *2331 US 53 S., 1 ¾ mi südl. von International Falls, ☎ (218) 283-9441, www.wyndhamhotels.com. Motel mit 60 Zimmern. Günstiges Preis-Leistungs-Verhältnis.*
**Thunderbird Lodge $$–$$$**: *2170 CR 139, am Rainy Lake, ☎ (218) 286-3151, https://thunderbirdrainylake.com. Zimmer und Hütten, direkt am See gelegen. Organisation von Outdoortouren/Fahrten in den Park. Boots- und Kanuverleih. Ansprechendes Restaurant mit Seeblick. Ganzjährig geöffnet.*

### KABETOGAMA LAKE

**Infos zum Kabetogama-Lake-Gebiet:** *☎ (218) 875-2621, https://kabetogama.com*
**Park Point Resort $$$–$$$$**: *10498 Waltz Rd. (am Ende der CR 122), ☎ 1-800-272-4533, www.parkpointresort.com. Wunderschön auf einer kleinen Halbinselspitze gelegene, rustikale Selbstversorgerhütten. Einige mit eigenem Steg, auf dem jeweils eine Bank steht. Hütte Nr. 4 liegt am schönsten! Kostenloser Kanu-/Kajakverleih.*
**Arrowhead Lodge $$–$$$**: *10473 Waltz Rd. (am Ende der CR 122), ☎ (218) 875-2141, https://arrowheadlodgeresort.com. Rustikale Lodge mit einfachen, aber ansprechenden Zimmern ($$) sowie Selbstversorgungshütten für 4–6 Personen ($$$). Die dunkelrot gestrichene Holz-Lodge erinnert an Skandinavien. Besonders Angler erhalten hier beste Infos und Hilfestellungen. Bootsverleih. Ganzjährig geöffnet.*
**Grandview Resort $$–$$$**: *10479 Waltz Rd. (am Ende der CR1 22), ☎ (218) 875-2171, www.grandviewresort.net. Fünf schöne Hütten, teilweise mit Blick auf den See. Kanu-/Kajakverleih.*

### ASH RIVER TRAIL

**Ash-Ka-Nam Resort $$–$$$$**: *in Ash River am Ash River Trail (CR 129), ☎ (218) 374-3181, https://ashkanam.com. Selbstversorgerhütten, Motelzimmer und große Blockhäuser für Familien. Alles etwas moderner als in o. g. Resorts. Organisation von Outdoortouren. Bar und Restaurant. Z. T. kostenloser Kanu-/Kajakverleih.*
**Ash Trail Lodge $$–$$$**: *in Ash River am Ash River Trail (CR 129), ☎ (218) 374-3131, www.ashtraillodge.com. 18 Hütten, 3 Zimmer, Restaurant und Lounge. Organisation von Outdoortouren. Kostenloser Kanu-/Kajakverleih.*

### CRANE LAKE

**Crane-Lake Visitor Bureau:** *7511 Gold Coast Rd., Crane Lake, ☎ (218) 993-2901, www.visitcranelake.com*
**Nelson's Resort $$$$**: *7632 CR 424, ☎ (218) 993-2295, www.nelsonsresort.com. 27 Hütten (einige mit kleiner Küche) – wunderschön am Crane Lake gelegen – bieten einen geruhsamen Aufenthalt mit Entspannungscharakter.* **Tageweise** *Buchung möglich. Viele Specials (z. B. Mahlzeiten, Bootstouren und Shore Lunch inkl.). Rundum-Freizeitprogramm: Wanderungen, Motorboot- und Kanuverleih, Sandstrand, Wasserski, Fahrradverleih, Angeln (Ausrüstung/ Lizenzen werden gestellt), Sauna, Münzwaschautomaten, ein Geschäft, Lakeshore-Lunch-Touren und fachkundige Führungen. Es wird einfach alles geboten und jeder Wunsch abgedeckt. Die Lodge wurde 1931 von der Familie Nelson übernommen und ist immer noch in ihrem Besitz. Besonders die alten – aber komfortablen – Hütten sind lohnend:* **Tipp**: *Die Hütte „Ranger": grandioser Sonnenuntergang! Diese Lodge ist nicht ganz billig, doch bieten sich von hier aus beste Möglichkeiten, Nationalpark und Umland zu erkunden. Sehr gutes Restaurant (Gemüse und Gewürze stammen aus eigenem Garten). Für das Donnerstagsbuffet muss man sich rechtzeitig anmelden. Mit weitem Abstand der Tipp für die Region! Nur von Mai–Ende Sept. geöffnet.*
**Voyagaire Lodge & Houseboats $$$–$$$$**: *7576 Gold Coast Rd., ☎ (218) 993-2266, www.voyagaire.com. Rustikales, modern gestaltetes Hotel. Restaurant und Bar. Der Clou sind die Hausboote (s. u.).*
*Ein günstiger Tipp ist das* **Pine Ridge Motel $–$$**: *7258 Crane Lake Rd., ☎ (218) 993-2265, www.pineridgemotel.com. Nur wenige Zimmer und eine große Cabin. Von außen erscheint das Gebäude noch heute wie vor 60 Jahren, als es nur ein kleiner Laden mit Bar war. Rechtzeitig buchen! Gleich gegenüber befindet sich* **Anderson's Canoe Outfitters** *(s. u.).*

### ORR

**Infos zum Orr-Gebiet:** *☎ 1-800-777-4690, www.orrpelicanlake.com*
**Oveson's Pelican Lake Resort & Inn $$$**: *4675 US 53, ☎ (218) 757-3613, www.ovepelicanlakeresortandinn.com. 50-Zimmer-Hotel im Blockhausstil, direkt am Pelikan Lake. Sauna, Whirlpool und großer Pool mit hoher Wasserrutsche.*
*Günstig und einfach, aber okay ist das* **North Country Inn $$**: *4483 US 53, ☎ (218) 757-3778, www.northcountryinn.com. Mit 12 Zimmern.*
*Um den Pelikan Lake gibt es einige Resorts, die auf Familien mit Kindern ausgerichtet sind. Die Abgeschiedenheit und das Naturerlebnis der Lodges dichter am Park findet man hier nicht. Ein Tipp:* **Grey Wolf Lodge $$$**: *4411 Pelican Rd., ☎ 1-800-840-9653, www.greywolflodge.com. Kleine Hütten direkt am See. Eine alte Runddach-Scheune wurde zur Lodge umgebaut. Anfahrt über Nett Lake Rd. Die Lodge liegt 8 Meilen von Orr entfernt.*

### Camping

*Campingplätze gibt es zur Genüge im gesamten Gebiet* **um den Park** *(auch an den VCs der Parkverwaltung), vor allem aber in Kabetogama, Orr und International Falls/ Rainy Lake. Einige Resorts bieten auch Campinggelegenheiten an.*
**Im Park** *(nur per Boot zu erreichen) liegen über 140 einfache, aber sehr schöne Plätze. Trinkwasser bzw. einen Wasserfilter muss man mitnehmen (kein fließendes Wasser). Die meisten Plätze verfügen über eine einfache Toilette und einen bärensicheren Abfalleimer. Feuerholz darf man sammeln.*

## Essen & Trinken

*Die meisten Resorts/Lodges haben ein eigenes Restaurant. Hervorzuheben ist die gute Küche im* **Nelson's Resort** *(s. o.).*

*In International Falls bewirtet das* **Chocolate Moose** *(2501 US 53, ☎ (218) 283-8888) mit deftigem Frühstück, guten Pfannkuchen, Kuchen sowie leckeren Steaks, Burgern, Pastagerichten und Pizza.*

## Hausbootvermietungen

*Zwei Tage sollte eine Tour schon dauern (oft heißt es sowieso „3-Day-Minimum"), um einmal bei Nacht auf dem See zu sein. Dabei kann man auch an Land gehen und z. B. an von der Parkverwaltung eingerichteten Plätzen ein Feuer machen.*

**Voyagaire Lodge & Houseboats**: *7576 Gold Coast Rd., Crane Lake, ☎ (218) 993-2266, www.voyagaire.com.*

**Ebel's Voyageur Houseboats**: *10326 Ash River Trail (MN 129), Ash River, ☎ (888) 883-2357, www.ebels.com. Gute Angebote (Midweek-Rate, günstige Tagesraten für 2 Personen etc.).*

**Rainy Lake Houseboats**: *2031 CR 102, östl. von International Falls, ☎ (800) 554-9188, www.rainylakehouseboats.com.*

## Bootsvermietungen (Kanus/Kajaks/Angeltouren)

**Northern Lights Resort Outfitting**: *10176 Bay Club Dr., Kabetogama, ☎ (218) 875-2591, https://nlro.com. Familienresort mit reichhaltigem Programm, Kajak- und Mountainbike-Vermietung (kostenlos für Lodge-Gäste), Angelbooten und Kinder- und Jugendprogrammen. Gummi-Badeinsel.*

**Anderson's Canoe Outfitters**: *7255 Crane Lake Rd., Crane Lake, ☎ 1-800-777-7186, www.anderson-outfitters.com. Vermietet Kanus und organisiert Touren in den westlichen Teil der BWCA.*

*Im Grunde vermitteln und* **organisieren fast alle Hotels und Resorts Boote und Touren**. *Für Tagestouren sind die Kanus sogar kostenlos. Für mehrtägige Touren sollte man sich aber an etablierte Outfitter wenden.*

*Interessant ist auch ein Programm der Parkverwaltung,* **Boats on Interior Lakes**: *Hierbei kann man Ruderboote und Kanus auf der Parkhalbinsel ausleihen, die auf den Binnenseen (Locator Lake, Shoepack Lake, Quill Lake und fünf andere) bereitliegen. Boote können max. eine Woche im Voraus reserviert werden. Probleme dabei: Man muss erst einmal in das Gebiet gelangen (Boot zur Insel, dann wandern) und alle Utensilien und Ausrüstungsdinge müssen mitgebracht werden. Die meisten Resorts sind dabei behilflich.*

## Bootstouren in den Park

*Vom Ash River Trail Visitor Center gibt es einen* **Bootshuttle zum Kettle Falls Hotel** *(im Sommer tgl.).*

**Touren mit den Nationalparkbooten (Watertaxis)**: *Abfahrten: Rainy Lake VC (Nordroute, Reservierung ☎ 218-286-5470) sowie vom Lake Kabetogama VC (Südroute, Reservierung ☎ 218-875-2111). Ebenfalls im Angebot: „Overnight-in-Kettle-Falls"-Touren.*

## Wasserflugzeug

*So atemberaubend so ein Flug sein mag, sind die Bedingungen aus Natur- und Lärmschutzgründen streng reglementiert. Inwieweit es in Zukunft Rundflüge mit dem Wasserflugzeug geben wird, kann* **Scott's Seaplane** *aktuell beantworten: ☎ (218) 993-2341, https://scottsresortoncranelake.com.*

# Boundary Waters Canoe Area Wilderness

## Ely

Die ehemalige Minenstadt hat sich heute ganz dem Kanutourismus in der BWCA verschrieben. Bereits in den 1880er-Jahren war hier richtig was los. Neben den Minenarbeitern kamen Holzfäller in den mit Bars, Spielhöllen, Bordellen und teilweise obskuren kirchlichen Häusern gut bestückten Ort. Es gab zu Höchstzeiten fünf Eisenerzminen im Umland. In den 1920er- und 1930er-Jahren folgten die Gangster aus den Großstädten, die sich in den abgelegenen Resorts ungestört fühlten. Nur an Frauen fehlte es in dieser rauen „Männerwelt" zu allen Zeiten, was sich in einer interessanten Statistik verdeutlicht: Ely wies den höchsten Pro-Kopf-Anteil aller Gemeinden der USA an Soldaten aus, die in den Zweiten Weltkrieg geschickt wurden.

*Frauenmangel in der Minenstadt*

Doch das ist alles Geschichte. Heute boomt der Tourismus. Neben der Tatsache, „Canoe Capital of the World" zu sein, gibt es auch noch andere Dinge zu erleben, wie z. B. das **International Wolf Center** *(1369 Hwy. 169, https://wolf.org, Mitte Mai–Mitte Okt. tgl. 9–17, Rest des Jahres Fr/Sa 10–17, So 10–14 Uhr, $ 15)*. Das eindrucksvolle Museum erläutert das Leben des auch in Amerika vom Aussterben bedrohten Wolfs. Filme, Wölfe in einem Freigehege und interessant gestaltete Schautafeln versprechen eine interessante Stunde. Vornehmlich beschäftigt sich das Institut mit der Erforschung der Wolfsrudel im Norden von Minnesota. Eine ständig aktualisierte Karte zeigt, wo diese sich gerade aufhalten. Das Institut führt im Som-

*Alles über Wölfe*

*Im North American Bear Center*

mer verschiedene, auch mehrtägige Programme durch. Eine rechtzeitige Anmeldung dafür ist notwendig *(☎ (218) 365-4695 oder online)*.

Ebenfalls interessant ist der Besuch des **North American Bear Center** (*1926 Hwy. 169, https://bear.org, Ende Mai–Okt. tgl. 10–16/17 (Sommer 9–18), ganzjährig für Gruppen auf Anfrage geöffnet, $ 15*). Hier wird die Lebensweise der Schwarzbären erläutert. Besonders wird dabei darauf hingewiesen, dass der Schwarzbär ein wenig gefährliches Tier ist. Eine Ausstellung erklärt seine Lebensweisen, räumt Vorurteile aus und beschäftigt sich auch mit dem Leben anderer Bären. In einem Gehege leben vier Schwarzbären, die man beobachten kann. In Nordamerika leben schätzungsweise 600.000 Schwarzbären.

Einer interessanten Frau ist das **Dorothy Molter Museum** gewidmet *(2002 E. Sheridan St., www.rootbeerlady.com, Mem. Day–Labor Day tgl. 10–17, Labor Day–Ende Sept. Fr–So 10–17, Okt. Fr/Sa 10–16 Uhr, $ 7)*. Dorothy Molter, eine ehemalige Krankenschwester aus Chicago, hatte 1934 im Alter von 27 Jahren beschlossen, ihr Leben zu ändern, führte von da an eine abgeschiedene Existenz als Lodge-Verwalterin an der kanadischen Grenze und wohnte dabei zumeist in einem Zelt. Später war sie die einzige Person, die außerhalb der Saison ohne Genehmigung in der BWCA verweilen durfte. Im Sommer grüßte sie Paddler. Wer Lust hatte, konnte anhalten und erhielt eines ihrer berühmten *Root Beers* (dt. Wurzelbier; ein süßes alkoholfreies Getränk), weshalb sie den Spitznamen *Root Beer Lady* bekam. Nach ihrem Tod 1986 wurden die Blockhütten, in denen sie überwinterte und die im Sommer für Gäste hergerichtet wurden, nach Ely gebracht und darin das Museum eingerichtet.

*Zu Besuch bei der Root Beer Lady*

Aufschlussreich ist die Sammlung der **Ely-Winton Historical Society** *(1900 E. Camp St., www.facebook.com/ElyWintonHistoricalSociety, Mem. Day–Labor Day Di–Sa 12–16, sonst Di–Fr 12–16 Uhr, $ 5)*, dem Geschichtsmuseum des Ortes.

## Kanutouren in die BWCA

Ely ist der wichtigste Ausgangspunkt in die einzig für Kanutouren designierte Grenzregion **BWCA** (Boundary Waters Canoe Area Wilderness), die größte Kanuregion in den USA und das größte geschützte Wildnisareal östlich der Rocky Mountains. Der andere wichtige Startpunkt ist der Gunflint Trail (zu erreichen über Grand Marais). Dort oder in Ely kann man sich für die mehrtägigen Kanutouren vorbereiten und ausrüsten. Das Kanurevier erstreckt sich auch auf kanadischer Seite. Die meisten Ausrüstungsläden gibt es in Ely oder am nahen Moose Lake. Weitere gibt es am Ende des Gunflint Trail und in Grand Marais. Die Tourenmöglichkeiten reichen vom zweistündigen Paddeln über Tagestouren bis hin zu aufwendig durchorganisierten Mehrtagestouren, inklusive Bootziehen, Einschiffen bzw. -fliegen zu den Start-/Endpunkten, Zelten in der Wildnis etc. Eine Mehrtagestour ist ein unvergessliches, u. U. allerdings auch ein kostspieliges Erlebnis.

*Nachmittagspaddeln oder Mehrtagestour*

Die BWCA wartet auf ihren über 4.000 km² (USA-Seite) mit rund 2.500 km Kanuwanderwegen auf. Die Landschaft bietet alles, was das Herz begehrt: Wälder, Seen, große und kleine Flüsse, zahlreiche Tiere (auch Ornithologen kommen auf ihre Kosten) und vor allem Ruhe und Einsamkeit (dafür muss man ein wenig von den südlichen Gebieten wegpaddeln). Da es nur eine begrenzte Anzahl an Permits gibt, empfiehlt sich eine rechtzeitige Buchung. **Motorboote sind nicht erlaubt!**

## Worauf man vor dem Start achten sollte

- Man benötigt ein **Permit** vom Ranger. Diese Permits sind auch im International Wolf Center, an jeder Rangerstation der Region bzw. über die meisten Ausrüster erhältlich. Bei längeren Touren sollte man sich über Grenzformalitäten erkundigen, denn oft ist ein Grenzübertritt kaum zu vermeiden und bietet zudem die Gelegenheit, abseits gelegene Indianersiedlungen zu besuchen.
- Im Fall eines **Grenzübertritts** muss man diesen vorher beim US Customs Office melden (Ely od. Grand Marais).
- **Ausrüstung** auf Vollständigkeit prüfen: Getränke/Wasserfilter, Lebensmittel, Campinggeschirr/-besteck, Vitamintabletten, Moskitomittel, Erste-Hilfe-Tasche, Regenschutz, Sonnenschutz, Sonnencreme, Karten, Zelte, Schlafsack, Schwimmwesten? Vorher genau beim Ranger oder einem professionellen Ausrüster erkundigen, was alles zur notwendigen Ausrüstung gehört.
- **Vernünftige Karten und das Einholen des Wetterberichts sind ein Muss**!
- In den nahen Besucherzentren und bei Ausrüstern liegt die hilfreiche Broschüre **„BWCAW – Trip Planing Guide"** aus.

Entlang dem MN 1 geht es durch eine atemberaubende Waldlandschaft an die Küste bei **Little Marais**. Hier besteht die Chance, einen Elch zu sehen! Zahlreiche Kurven und eine teilweise schmale Straße verlangen eine vorsichtige Fahrweise.

## Reisepraktische Informationen BWCA und Ely, MN

### Information

**Ely Chamber**: *1600 E. Sheridan St., ☎ (218) 365-6123, www.ely.org*

### Unterkunft

*Neben den u. g. Unterkünften finden sich in und um die zentrale Sheridan St. eine Reihe anderer Mittelklassemotels. In Ely verlangen viele Lodges einen* **Mindestaufenthalt** *(Hauptsaison mind. 3 Tage). Daher: rechtzeitig buchen und planen.*

**Timber Bay Lodge & Houseboats $$$$–$$$$$**: *8347 Timber Bay Rd., Babbitt, ☎ (218) 827-3682, https://timberbay.com. Anfahrt: 15 mi südl. auf der CR 21, dann 3 mi östl. auf der CR 70. Hausboote (Mietdauer mind. 3 Tage) aller Größen und schöne Hütten (in der Hauptsaison mind. drei Tage, ansonsten Wochenend- bzw. 3-Days-Packages) bieten einen attraktiven Aufenthalt. Freizeitprogramm: Angeln, Kanutouren, Segelboote etc.*

**Motel Ely-Budget Host $–$$**: *1047 E. Sheridan St., ☎ (218) 365-3237, https://motelely.com. Kleines, sauberes Motel. Sauna. Gutes Preis-Leistungs-Verhältnis. Weitere günstige Motels sind das* **Northwood Inn & Suites $$–$$$** *(1605 E. Sheridan St., ☎ 218-365-2873, https://northwoodsinnandsuites.com) und das* **Adventure Inn $–$$$** *(1145 E. Sheridan St., ☎ 218-365-3140, https://adventureinn-ely.com).*

*Wer besonders günstig übernachten möchte (Badezimmer teilen, oft kein Strom), der sollte sich im Ely Chamber nach einem freien Platz in einem* **Bunkhouse** *(**$**) erkundigen. Bunkhouses sind die Unterkünfte der Kanutouren-Ausrüster, in denen die Paddler die Nacht vor und nach einer Paddeltour übernachten. Sind diese nicht ausgebucht, werden die Zimmer auch an andere Gäste vermietet.*

*Teuer sind dagegen die* **Lodges an den Seen ($$$–$$$$)**. *Im Allgemeinen wohnen die Gäste hier in rustikalen, aber gut ausgestatteten Blockhütten, meist mit eigener Küche. Die Lage ist überwiegend grandios. In der Regel schaut man auf einen See, hat Grillplatz* *und Bank vor der Tür, Restaurant, Sauna und Pool auf dem Gelände und für Freizeitaktivitäten (Kanutouren etc.) wird gesorgt. Zwei Empfehlungen:* **Burntside Lodge $$$$** *(rustikal, historisch, 6 mi nordwestl. von Ely, 2755 Burntside Lodge Rd., ☎ 218-365-3894, www.burntside.com) und* **Timber Trail Lodge $$–$$$** *(Motelzimmer $$, Hütten $$$, auf Familien ausgerichtet, kein Restaurant, 7 mi östl. von Ely, 629 Kawishiwi Trail, ☎ 218-365-4879, www.timbertrail.com, Kanutouren in die BWCA).*

## Essen & Trinken

*Die* **Burntside Lodge** *(s. o.) gilt als die Fine-Dining-Adresse. Die besten Steaks werden im* **Ely Steak House**, *216 E. Sheridan St., ☎ (218) 365-7412) serviert und auch im Umfeld hier findet man zahlreiche Restaurants und Bars. Die Burger (33 Variationen, Normal bis XXL) und ebenso das Frühstück im* **Stony Ridge Café** *(60 Lakeview Ave., ☎ (218) 235-9441) sind unbeschreiblich gut – ein Geheimtipp. Im* **Boathouse Brewpub** *(47 E. Sheridan St., ☎ (218) 365-4301) gibt es leckeres Bier, Burger, verschiedenste Sandwiches sowie Snacks für zwischendurch und Salate. Ein beliebter Treffpunkt im Ort.*

## Permits für die BWCA

*Zugelassen wird nur eine bestimmte Anzahl von Booten pro Tag und Einsatzstelle. Beliebtere und näher gelegene Einsatzstellen sind logischerweise früher ausgebucht. Bei Grenzübertritt nach Grenzformalitäten erkundigen.*

- *Rechtzeitig buchen. Über das Internet (https://bwca.com) kann man seine Route bereits ab dem 1. Nov. des Vorjahres buchen. Besser aber geht es über die* **Kanuverleihe** *(Canoe-Outfitter) und ausgewählte* **Lodges** *(auch auf https://bwca.com gelistet) in Ely und um den Gunflint Trail. Die kennen die Routen.*
- *Die Behörde des* **Superior National Forest** *stellt ebenfalls Permits aus: mehrere Stationen, ☎ 1-877-444-6777, www.recreation.gov (hier muss man sich umständlich durchklicken).*
- *Weitere Alternativen:* **US Forest Service Kawishiwi Ranger District/Wilderness Station** *(1393 MN 169., Ely, ☎ 218-365-7600, www.fs.usda.gov/detail/superior/about-forest/offices), der* **BWCA-Counter im International Wolf Center** *und die* **Rangerstation** *der Region.* **Tipp**: *Man sollte versuchen, sich erst einmal im Internet ein Bild über die Region zu machen. Dann über einen Outfitter buchen, der bestimmt noch ein paar Tipps und Vorschläge hat.*

*Kanutour in der BWCA*

### Kanutouren/-ausrüster

*Kanutouren-Ausrüster gibt es genügend in und um Ely sowie am Gunflint Trail. Die im Folgenden empfohlenen Ausrüster stellen alles: Boote, Permits, Logistik, komplette Ausrüstung, auf Wunsch auch die Lebensmittel. Pro Person und Tag sollte man für das Komplettpaket mit mind. $ 110, eher 130 rechnen. 3–4 Tage bescheren bereits ein unvergessliches Abenteuer. Mit Guide kosten 4 Tage für zwei Gäste ca. $ 1.000 inkl. allem.*

**Williams & Hall Outfitters**: *14694 Vosburgh Rd., 19 Meilen östl. von Ely, am Moose Lake, ☎ (218) 365-5837, 1-800-322-5837, www.williamsandhall.com. Tipp hierfür: 6 Tage-Komplett-Trip buchen (davon 4 Tage Kanutour) – alles inklusive außer Guide, für ca. $ 800/P.*

**Spirit of the Wilderness Outfitter**: *2030 E. Sheridan St., Ely, ☎ (218) 365-3149, https://elycanoetrips.com. Outdoorgeschäft und Ausrüster (samt Planung). U. a. gibt es eine Tour zum kanadischen Quetico Park (ab $ 500 extra, oneway), eine Bootstour dorthin wird auch angeboten. Dort wählt man zwischen dem Basiscamp, von wo aus man täglich ausschwärmen kann oder paddelt zurück nach Ely (6–8 Tage). Das ist Wildnis pur!*

# Von Duluth um den Lake Superior nach Sault Ste. Marie

## Die Strecke auf amerikanischer Seite

**Zwischen Duluth und Two Harbors** sollte man die ufernahe Strecke entlang dem **alten Hwy. 61** nehmen. **Two Harbors**, der erste Erzhafen Minnesotas, wurde nach seinen beiden Häfen, Agate Bay und Burlington Bay, benannt. Im Chamber of Commerce (*1330 Hwy. 61*) erläutert man gerne die im Ort verstreut angesiedelten Museen (*www.lakecountyhistoricalsociety.org*). Der 14 mi nördlich, am Hwy. 61 gelegene **Gooseberry Falls State Park** wartet mit einem fünfstufigen Wasserfall, Wanderrouten und einem Campingplatz auf.

20 Meilen nordwestlich von Two Harbors steht das 1910 errichtete **Split Rock Lighthouse** auf einer 38 m hohen Klippe. Zu besichtigen gibt es ein Museum und im VC erhält man Infos. Den 22 m hohen Turm darf man besteigen. *Touren: März–April tgl. 10–16, Mai–Okt. 10–18 Uhr, $ 12, sonst ist nur das Gelände tgl. geöffnet, www.mnhs.org/splitrock.*

*Split Rock Lighthouse*

Weiter führt der Hwy. 61 großenteils als küstennahe Straße durch Mischwälder und überquert dabei zahlreiche Flüsse und Creeks. **Silver Bay** wurde 1951 als eine „Corporate Town" von einer Minengesellschaft gegründet. Hier wird vor allem Takonit-Erz aus dem Hinterland verarbeitet und verschifft. Ein ausgeschilderter **Scenic Drive** führt zudem zum **Northshore Mining Lookout** (*City Shop Rd.,* Blick über Hafen und Fabrik), wo die Verarbeitung von Taconit erläutert wird.

In **Tofte** (Mile 81) erteilt die Rangerstation Infos und Permits für Kanutouren in der BWCA. Die Berglandschaft oberhalb von **Lutsen** ist beliebtes Wintersportgebiet, die sogenannte **Lutsen Mountains Ski Area** (Abfahrt, Langlauf). Der Ort selbst hat sich um das älteste Resort in Minnesota, das Lutsen Resort, entwickelt. Im **Cascade River State Park** gibt es Wanderwege und Campingplätze.

**Grand Marais** ist das wirtschaftliche Zentrum des nördlichen Uferabschnitts und für viele Reisende Ausgangspunkt für Kanutouren in der BWCA sowie zahlreicher Outdooraktivitäten (Mountainbiking, Wandern, Ausflug auf altem Segler). Schön am Wasser gelegene Motels, Restaurants sowie kunsthandwerkliche Läden sprechen für einen Übernachtungsstopp. Von Marais kann man übrigens mit einem Wasserflugzeug zum Isle Royale National Park fliegen (s. S. 231).

*Bezaubernder Trail*

Hier beginnt zudem der landschaftlich bezaubernde **Gunflint Trail** (CR 12, Sackgasse), der über 60 mi bis zum Saganaga Lake an der kanadischen Grenze hinaufführt. Die Strecke passiert Skigebiete, idyllische Lodges, tolle Campingplätze und Hunderte von Seen. Mit etwas Glück kann man Spechte und Waldeulen entdecken. Ausrüster für Kanutouren und Wanderungen findet man in Grand Marais und entlang der Strecke. Hinter Grand Marais wird die Landschaft entlang dem Hwy. 61 einsamer.

## Reisepraktische Informationen Lutsen, Tofte, Grand Marais und Gunflint Trail

### Information

**Lutsen-Tofte Tourism Ass., Grand Marais Info Center sowie Gunflint Trail Association**: *116 W. Hwy. 61, ☎ (218) 387-2524, www.visitcookcounty.com. Infos zur BWCA s. o. S. 274.*

### Unterkunft

*Die meisten Unterkünfte in und um Lutsen liegen am Ufer des Lake Superior. So finden sich Resorts und Motels in Little Marais, Tofte und Schroeder.*

**Lutsen Resort $$$–$$$$**: *südl. von Lutsen, 5700 W. Hwy. 61, ☎ 1-800-218-8589, www.lutsenresort.com. Ältestes Resort Minnesotas mit Zimmern, Ferienwohnungen und Selbstversorgerhäusern. Toll sind die Villen (Whirlpool, Kamin und oft Balkon mit Seeblick). Der Klassiker sind aber die 32 Zimmer in der historischen Lodge. Freizeitaktivitäten und Ausflüge im Angebot.*

**Bearskin Lodge $$$–$$$$**: *26 mi von Grand Marais, 124 E. Bearskin Rd., ☎ 1-800-338-4170, www.bearskin.com. Ferienwohnungen und mit Küchen eingerichtete Cottages. Verleih von Kanus, Fahrrädern. Organisation von Kanutouren in die BWCA (Bearskin Outfitters).*

**Best Western Plus Superior Inn & Suites $$$–$$$$**: *104 1st Ave. E., Grand Marais, ☎ (218) 387-2240, https://superiorinngrandmarais.com. Herrlich direkt am*

Naniboujou Lodge

*Strand gelegenes Motel. Alle Zimmer mit Blick auf den Lake Superior. Super die Suiten mit Whirlpool und Kamin ($$$$).*

**Naniboujou Lodge & Restaurant $$–$$$**: *15 mi nordöstl. von Grand Marais, Hwy. 61, 20 Naniboujou Trail, ☎ (218) 387-2688, www.naniboujou.com. Einzigartige Lodge am Lake Superior mit Erholungswert (kein TV, kein WIFI, kaum Handyempfang). 1927 als exklusiver Club gegründet, kann man hier heute wandern oder einfach entspannen. Die Zimmer sind rustikal eingerichtet, aber klein. Der Knüller ist der bunt bemalte, riesige Dining Room mit dem größten Kamin in Minnesota. Mitte Mai–Mitte Okt.*

*Etwas günstiger ist das rustikale* **Solbakken on Superior (**$$–$$$*, 4874 Hwy. 61, 2 mi nordöstl. von Lutsen, ☎ (218) 663-7566, www.solbakkenonsuperior.com). Motelzimmer, Cabins und gut ausgestattete Chalets direkt am Lake Superior.*

### Essen & Trinken

**Birch Terrace**: *601 Hwy. 61, Grand Marais, ☎ (218) 387-2215. Altes Wohnhaus von 1898. Beim Ausblick auf den Lake Superior gibt es leckere Fischgerichte.*

**Gun Flint Tavern**: *111 Wisconsin St., Grand Marais, ☎ (218) 387-1563. Mehr als Barfood: exzellent zubereitetes Seafood, vegetarische Küche, gute Suppen. Microbrews vom Fass, u. a. auch im Haus gebrautes Bier. Gute Weinkarte. Am Wochenende Livemusik. Um dieses Lokal gibt es weitere Restaurants und Cafés.*

## Grand Portage National Monument

*Der große Umtrageplatz*

Grand Portage liegt in einem Indianerreservat. Der kleine Ort ist kaum wahrnehmbar, dafür das besonders bei Kanadiern beliebte Casinohotel. Sehenswert ist das **Grand Portage National Monument**, dessen Name (der große Umtrageplatz) sich auf das 8,5-Meilen-Landstück bezieht, auf dem die „Voyageurs" ihre Kanus vom Pigeon River zum Ufer des Lake Superior tragen mussten. Um 1722 wurde diese Strecke, alternativ zu einer nördlicheren, von den Voyageurs gewählt. Im Jahr 1779 hat die North West Company an der Flussmündung eine Handelsniederlassung gegründet, die erste weiße Siedlung in Minnesota. Alljährlich im Sommer fanden sich die Voyageurs ein und handelten die Felle, die sie aus dem Westen Kanadas mit ihren Kanus herangeschafft hatten. Zu besichtigen sind heute das rekonstruierte Handelshaus, einschließlich Requisiten aus dem 18. Jh., eine Gemeinschaftsküche und der Versammlungsraum. Ranger führen alte Handwerkskünste vor. Im nahen Heritage Center wird die Geschichte erzählt. Die Grand Portage kann auf einem Wanderweg abgelaufen werden.

***Grand Portage National Monument***, *www.nps.gov/grpo, Mem. Day–Mitte Okt. tgl. 8.30–17 Uhr, Museum im Winter auch Mo–Fr 8.30–16.30 Uhr, Eintritt frei.*

## Reisepraktische Informationen Grand Portage, MN

### Unterkunft

**Grand Portage Lodge & Casino $$–$$$**: *70 Casino Rd., ☎ (218) 475-2401, www.grandportage.com. Der Vorteil der Casino-Unterkunft liegt in den günstigen, vernünftig ausgestatteten Zimmern – man muss ja den Preisgewinn nicht in den Einarmigen Banditen stecken! Pool und Sauna. Restaurant mit Blick auf den Lake Superior. Infocenter für die Region. Nebenan befindet sich ein RV-Park.*

### Fähre zum Isle Royale National Park

**Grand Portage/Isle Royale Transportation Lines**: *Von Mitte Mai–Anf. Okt. verkehrt vom Boat Dock (402 Upper Rd.) ein Boot zum Nationalpark. ☎ (218) 600-0765, www.isleroyaleboats.com. Fahrtdauer: zwischen 3 (bis zur Westspitze, Rückfahrt am selben Tag möglich) und 6,5 Std. (Rock Harbor, Rückkehr frühestens am Folgetag!). Es gibt zwei Schiffe: „Sea Hunter III“ sowie „Voyageur II“. Preise: ab $ 81/ Windigo, $ 105/ Rock Harbor, oneway. Infos zum Isle Royale NP s. S. 234.*

## Wer waren die Voyageurs?

info

Zumeist handelte es sich bei den Voyageurs um französische Abenteurer, die im Westen Felle von den Trappern übernahmen, um sie dann in 8 m langen Kanus aus Birkenrinde (für acht Paddler) bis in die großen Städte im Osten zu befördern. Später verkauften sie die Felle bereits, wie hier an der Grand Portage, an den westlichen Ufern des Lake Superior. Größere Schiffe übernahmen von hier den weiteren Transport.

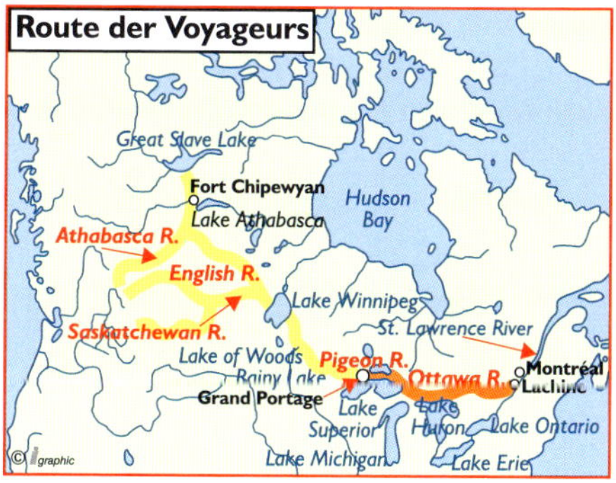


Die große Zeit der Voyageurs war während des 18. Jh., danach erledigten Pferdekutschen und später die Eisenbahn ihre Aufgabe. Doch noch im ausgehenden 19. Jh. transportierten einige Voyageurs Waren auf abgelegenen Strecken. Für die Erschließung und den Handel mit den Außenposten des weitgehend unerschlossenen Westens Kanadas hatten sie eine große Bedeutung und gaben dem Landstrich entlang dem von ihnen genutzten Wasserweg zwischen Lake of the Woods und Lake Superior seinen Namen.

Die Voyageurs galten als friedliche und fröhliche Menschen. Sie liebten die Natur und die Einsamkeit. Nur an wenigen Tagen im Jahr trafen sie zusammen, wie hier an der Grand Portage. Dabei wurde viel gesungen. Nicht selten wurde alles Geld verspielt und in Alkohol umgesetzt, bevor es spätestens im August wieder zurückging in die Wildnis.

# Die Strecke auf kanadischer Seite

**Hinweis**
*Geld wechseln kann man an der Grenze in der Touristeninformation von Ontario (bis 17 Uhr = 16 Uhr amerikanische Zeit!). ATM-Automaten akzeptieren Kreditkarten, aber nur bedingt Bankkarten (ec = electronic cash).*

| Ontario-Telegramm | |
|---|---|
| Abkürzung | ON |
| Provinz seit | 1867 |
| Fläche | 917.740 km² plus ca. 160.000 km² Wasserfläche |
| Einwohner | 14,7 Mio. |
| Einwohnerdichte | 16 Einwohner/km² (sehr unterschiedlich verteilt, denn allein die Hälfte davon wohnt im Großraum Toronto sowie andernorts am Lake Ontario) |
| Bevölkerung | 60 % britischer, 10 % französischer, 5,5 % deutscher sowie 15 % anderer europäischer Abstammung. 3 % Schwarze und 1 % Abstammung von anderen Staaten (Asien, Australien, Ozeanien), 2,5 % Aboriginals (Indianer, Métis) |
| Hauptstadt | Toronto |
| Weitere Städte | Ottawa, Hamilton, Kitchener, London, St. Catherines, Niagara Falls |
| Wichtigste Wirtschaftszweige | Industrie: Holz- und Papierverarbeitung, Fahrzeugbau, Elektro-, Chemie-, Nahrungsmittel-, Flugzeug-, Hightechindustrien. Eisen- und Stahlgewinnung. Landwirtschaft: bes. im Süden (Lake Ontario/Lake Erie): Gemüse, Getreide, Zuckerrüben, Futterpflanzen, Vieh- und Geflügelhaltung. Bodenschätze: Nickel-, Kupfer-, Eisen-, Silber-, Uran-, Goldvorkommen. Tourismus. |
| Touristisches Potenzial | Bizarre Seeuferzonen (Lake Ontario, Lake Erie, Lake Huron, Lake Superior). Outdooraktivitäten. Weltstadt Toronto. Hauptstadt Ottawa. Nationalparks: Point Pelee, Georgian Bay Islands, Pukaskwa, Bruce-Peninsula, Rouge National Urban Park sowie zahlreiche bezaubernde Provincial Parks. Niagarafälle. |
| Information | www.destinationontario.com |

**Hinweise zu Kanada**
**Straßenentfernungen** *werden in Kilometern und* **Benzin** *in Litern angegeben.* **Geschwindigkeitsbegrenzung** *auf den Überlandstraßen: 80–110 km/h, innerorts: 50 km/h.*
**Zeitumstellung**: *Es gilt die Eastern Time: Uhr vorstellen (von 12 auf 13 Uhr).*
*Einheimische nennen* **Entfernungsangaben** *gerne in Meilen, meinen dabei aber Kilometer. Im Zweifel nachfragen.*

Die **Landschaft ändert sich** auf kanadischer Seite: Felsige Uferzonen, z. T. Berge, von den Gletschern vor zwölf Millionen Jahren geformt, prägen jetzt das Bild. Die

Felsen bildeten ehemals die Grundfläche eines 300 m höher gelegenen voreiszeitlichen Sees. Die willkommene landschaftliche Abwechslung lädt immer wieder zu Fotostopps ein. Pausen sollte man ebenso wie eine angepasste Fahrweise auf der kurvenreichen Straße einplanen. Das Tankstellennetz ist dünner gesät. Daher sollte man besonders auf der Teilstrecke nach Sault Ste. Marie immer für mindestens 150 km Benzin im Tank haben. Gerade die wenigen Tankstellen zwischen Thunder Bay und Marathon haben manchmal kein Benzin bzw. schließen früh.

*Rechtzeitig tanken*

## Thunder Bay und Umgebung

Thunder Bay zählt zusammen mit den eingemeindeten Orten Port Arthur und Fort William 123.000 Einwohner. Auffällig ist die ethnische Spannbreite in der Bevölkerung mit 43 verschiedenen Volksgruppen. Am stärksten vertreten sind die Finnen. In und um Thunder Bay lebt die größte finnische Gemeinde außerhalb des Mutterlandes. Ansonsten bietet die Stadt nicht viel. Sie ist geprägt durch den riesigen Erz- und Getreidehafen sowie kleinindustrielle Betriebe, die Thunder Bays geografische Lage am westlichsten Teil des St. Lawrence Seaway nutzen. Zudem ist es die Einkaufsmetropole für die Menschen, die im Umkreis von bis zu 1.000 km (!) leben.

Das Stadtbild ist eintönig, dafür das Umland umso beeindruckender: Naturparks im Westen, bezaubernde Uferlandschaften und eine Reihe von Amethyst-Minen entlang dem Hwy. 17. Reisenden dient die Stadt als Ausgangspunkt zu den Naturschön-

*Ausgangspunkt für Touren*

heiten Kanadas. Infos zu Ausrüstern und Organisatoren sowie Anbietern von Flügen in die Wildnis mit einem Wasserflugzeug gibt es im Info Center.

## Sehenswürdigkeiten

Die **Thunder Bay Art Gallery** *(1080 Keewatin St., https://theag.ca, Di–Do 12–20, Fr–So 12–17 Uhr, $ 5)* zeigt wechselnde Ausstellungen zeitgenössischer indianischer Künstler, u. a. Webarbeiten, Töpfereien, Bilder und Skulpturen.

Die Geschichte der Region seit der prähistorischen Zeit erzählen die Sammlungen des **Thunder Bay Museum** *(425 Donald St. E., www.thunderbaymuseum.com, Mitte Juni–Labour Day tgl. 11–17, sonst Di–So 13–17 Uhr, $ 3)*. Die Bedeutung des Pelzhandels, der Schifffahrt sowie der Eisenbahn bilden historische Schwerpunkte.

Der **International Friendship Garden** *(Nordseite von Victoria Ave./ Höhe Hyde Park Ave.)* wurde von den Angehörigen der verschiedenen in Thunder Bay lebenden ethnischen Gruppen (u. a. Slowaken, Deutsche, Polen, Italiener, Franzosen, Finnen, Dänen, Ukrainer, Ungarn und Chinesen) entworfen und angelegt, während sich der **Centennial Park** *(Centennial Park Rd., nördl. des Boulevard Lake, tgl. 8–16, im Sommer bis 19 Uhr)* im Norden der Stadt über 57 ha am Current River erstreckt. Eine kleine Tierfarm und Rekonstruktionen eines Holzfällercamps (Juni–Okt.) von 1910 mit Blockhütten, Schmiede und „Küche“ erfreuen hier die Besucher.

*Rekonstruiertes Holzfällercamp*

32 km westlich von Thunder Bay am Hwy. 11/17 liegt der **Kakabeka Falls Provincial Park** mit Camping, Visitor Center und Strand. Die Wassermassen des Kaministiquia River donnern hier 40 m in die Tiefe. Der „Legend of Greenmantle" nach kidnappten die Sioux die Ojibwa-Prinzessin. Doch anstatt die Entführer zu ihren Leuten zu führen, lockte sie sie über die Fälle, wobei alle Sioux starben. Schöne Wanderwege (1–6 km lang) führen durch den Park.

*Kakabeka Falls*

Das Gebiet um das **Fort William** war bereits im 18. Jh. ein wichtiger Handelsposten für Indianer und Pelzhändler. 1801 bauten die Engländer ein Fort als Schutz für die Northwest Company, die hier den größten Pelzumschlagplatz der Welt einrichtete. In jedem Sommer trafen sich Indianer und Trapper, um ihre Felle und Pelze gegen die Waren auszutauschen, die die Voyageurs aus Montréal mitbrachten.

*Freilichtmuseum*

„Old Fort William" ist die Rekonstruktion der britischen Festung und besteht aus 40 Gebäuden, die von mächtigen Palisaden umgeben sind. In der Festung wird das Leben jener Zeit wieder lebendig, wenn Indianer, Trapper, Pelzhändler, Soldaten, Angestellte der Northwest Company, Frauen und Kinder in der Kleidung jener Zeit ihren alltäglichen Beschäftigungen nachgehen. Sie fertigen Kanus aus Birkenrinde, beschlagen Pferde, putzen Waffen, wiegen Felle und packen sie in Ballen, säubern die Häuser oder backen Brot. Im Park kann man Kanus und Kajaks mieten und es gibt einen Campingplatz.
***Fort William Historical Park**, ca. 8 km außerhalb der Stadt, 1350 King Rd., https://fwhp.ca, Mitte Juni–Mitte Aug. tgl. 10–17, Rest des Jahres nur VC Mo–Fr 9–17 Uhr, $ 10–14.*

Südwestlich von Thunder Bay steht das **Founders' Museum & Pioneer Village** *(3190 Hwy. 61 S., Slate River, Mitte Mai–Ende Aug. Fr–So 12–16.30 Uhr, Eintritt frei, Spende empfohlen)*, ein rekonstruiertes Dorf aus der Gründerzeit des beginnenden 20. Jh. mit Bahnhof, Kirche, Schule, General Store und vielem mehr. Integriert wurde zudem das **Duke Hunt Museum**, das noch mehr über das Leben der Pioniere erzählt.

Bis **Sault Ste. Marie** folgt man nun, mit Abstechern zu den Sehenswürdigkeiten, im Prinzip dem **Hwy. 17**.

*In Kanada zeigt sich der Lake Superior von der raueren Seite*

## Reisepraktische Informationen Thunder Bay, ON

### Information

**Tourism Thunder Bay**: *ganzjährig geöffnetes VC am Hwy. 11/17. 11 km nordöstlich der Innenstadt (nahe Hodder Ave.), ☎ (807) 625-2195*

**The Pagoda VC:** *198 Red River Rd./Ecke Water St., ☎ (807) 684-3670, www.visitthunderbay.com, Mitte Mai–Labour Day. Weitere gute Internetseite: https://lakesuperiorcircletour.info*

### Unterkunft

**Valhalla Inn-Thunder Bay $$$**: *1 Valhalla Inn Rd. (Kreuzung ON11/17/ON61), ☎ (807) 577-1121, https://valhallahotel.ca. Skandinavischer Touch. 262 geräumige, schöne Zimmer, Pool, Sauna, zwei Restaurants. Nahe Flughafen. Weitere Hotels im nahen Umfeld.*

**Prince Arthur Waterfront Hotel & Suites $$$**: *17 N. Cumberland St., ☎ (807) 345-5411, https://princearthurwaterfront.com. Ehemaliges Eisenbahnhotel in der Innenstadt aus dem Jahr 1911 mit Charakter. 121 Zimmer. Empfehlung: die „Seaside Rooms“.*

**Best Western Plus Nor'Wester Hotel $$–$$$**: *2080 Hwy. 61, ☎ (807) 473-9123, www.bwplusnorwester.com. Hotel in ländlicher und ruhiger Umgebung. 89 Zimmer. Großer Amethyst-Kamin in der Eingangshalle, Pool, Sauna, Fitnessraum, Sonnenterrasse und Restaurant. 8 mi zur Stadt.*

**Super 8 by Wyndham Thunder Bay $$**: *439 Memorial Ave., ☎ (807) 344-2612, www.wyndhamhotels.com. Günstige Motelalternative, nur 2 km südl. der Innenstadt.*

**The Haven Hostel $$:** *226 Ambrose St., ☎ (807) 285-1142, https://thehavenhostel.ca. Günstige Alternative in der Innenstadt. 1- und 2-Bettzimmer sowie Familienzimmer und Dorms. Gemeinschaftsküche, Wäschereiservice und kleiner, netter Innenhof.*

### Essen & Trinken

**The Keg Steakhouse & Bar**: *735 Hewitson St., ☎ (807) 623-1960. In Pubatmosphäre erwarten den Besucher gute Steaks und Fischgerichte. Dazu: Salatbar. Toller, selbst gebackener Käsekuchen. Lecker ist das Essen auch im* **Prospector Steak House** *(27 S. Cumberland St., ☎ (807) 345-5833) sowie im* **Caribou Restaurant** *(727 Hewiston St., ☎ (807) 628-8588, italienisch, gute Weine).*
*In und um* **Cumberland St. S., Red River Rd., St. Paul** *und* **S. Court St.** *gibt es Pubs sowie einige andere Restaurants und auch das Casino (mit Restaurants).*

### Einkaufen

*Die besten Einkaufsmöglichkeiten hat man im* **Intercity Shopping Centre**, *1000 Ft. William Rd., mit über 100 Shops und einem Kaufhaus.*
**Amethyst Gift Centre**: *400 Victoria Ave. E. Amethyste und andere Edelsteine. Interessant ist zudem die Vorführung des Edelsteinschleifens. In der Umgebung gibt es einige Amethyst-Minen.*

### Hafenrundfahrt/Flug mit Wasserflugzeug

**Thunder Bay Harbour – Sailing Tours**: *Marina Park, ☎ (807) 628-3333, https://sailsuperior.com. 90-minütige Hafenrundfahrten mit einem Segelschiff, vorbei an riesigen Silos und Verladebrücken. Im Sommer mehrmals tgl. Zudem andere Tagestouren entlang der Uferlinie des Lake Superior – u. a. weiter im Osten (Wawa, Sault Ste. Marie). Touren auch zum Sleeping Giant.*

## Hinweise zur Route

- Für die **700 km von Thunder Bay nach Sault Ste. Marie** benötigt man mindestens neun Stunden. Stopps eingerechnet, schafft man es kaum an einem Tag. Unterkünfte u. a. in Rossport, Terrace Bay, Marathon oder in Wawa am Lake Superior Provincial Park bieten sich an.
  Die vielen Rastplätze am See laden immer wieder zu einem **Picknick** ein.
- Bei **Dämmerungs- und Nachtfahrten** auf Elche und Bären achten.
- Die Motels und kleinen Resorts entlang der Strecke sind **oft früh ausgebucht** oder auch mal geschlossen. Daher rechtzeitig nach einer Unterkunft suchen. Die nächste (freie) Möglichkeit könnte noch weit entfernt sein.

## Von Thunder Bay bis Dorion

35 km nordöstlich von Thunder Bay zweigt der Ont. 587 nach Süden ab zum **Sleeping Giant Provincial Park**. Der Park verfügt über 80 km Wanderwege sowie einen Campingplatz. In den schluchtenreichen Wäldern leben Bären, Luchse, Füchse, Biber, Hirsche sowie über 200 Vogelarten. Vom 335 m hohen Sleeping Rock hat man eine schöne Aussicht auf den Lake Superior. Die Legende besagt, dass lange bevor die Weißen kamen, hier Ojibwa-Indianer lebten und den Gott Nanibijou, den „Großen Geist", verehrten. Er hauste auf dem Mount McKay, beobachtete und

*Legende um Silbermine*

beschützte die Indianer, auf dass diese immer heil den „Gitchie Gumee" (Lake Superior) überquerten. Als Dank für Opfergaben gab Nanibijou den Indianern eine reiche Silbermine, sagte aber, dass wenn die Weißen diese Mine finden sollten, er zu Stein werden würde. Doch ein geldgieriger Ojibwa erzählte den Weißen von dem Silber. Als diese dann in ihren Kanus heranfuhren, kam ein großer Sturm auf und alle ertranken. Am Morgen danach stieg die Halbinsel aus dem See in Form eines großen, schlafenden Giganten – Nanibijou hatte sich in einen großen Stein gewandelt.

*Steine sammeln*

In der größten **Amethysten-Mine** Nordamerikas kann man selber Steine sammeln. Die Ausrüstung wird gestellt. Obendrein werden Touren angeboten, bei denen über den Abbau der Steine informiert wird. Den Steinen wird viel nachgesagt, u. a. geht in Kanada der Glaube um, wer sich einen Amethysten umhängt, bekäme nach durchzechter Nacht keinen Kater!

***Amethyst Mine Panorama**, E. Loon Rd., die 56 km nordöstl. von Thunder Bay vom Hwy. 11/17 abzweigt (Navi-Eingabe: 500 Bass Lake Rd., Shuniah), www.amethystmine.com, Juni–Ende Sept. tgl. 10–17 Uhr, $ 10, geführte Touren auf Anfrage bzw. hängen von der aktuellen Nachfrage ab.*

*Arktische Pflanzen im Canyon*

Bei Dorion führt eine 11 km lange Straße zum bis zu 107 m tiefen **Quimet Canyon**. Von Aussichtsplattformen kann man in die Tiefe schauen. Da nur wenig Sonne in die maximal 150 m breite Schlucht dringt, wachsen hier arktische Pflanzen. Sogar im Sommer sind noch Eis- und Schneereste zu sehen. Auf der Strecke zum Quimet Canyon geht es an der Valley Rd. zum **Eagle Canyon** ab. Über ihn führt die mit 182 m längste Fußgänger-Hängebrücke Kanadas. Sie schwebt 45 m über dem Canyongrund. Nur etwas für Schwindelfreie!

In **Dorion** bestehen Übernachtungsmöglichkeiten und im folgenden **Hurkett** landen bzw. starten öfters mal Wasserflugzeuge.

## Von Dorion bis Marathon

*Schrägseilbrücke von Nipigon*

**Nipigon** an der Mündung des gleichnamigen Flusses in den Lake Superior ist Ausgangsbasis für Outdoortrips und -abenteuer, wie z. B. Wanderungen, Kanutouren und Wildwasser-Kajaken. Von Nipigon führt ein 21 km langer Wanderweg nach **Red Rock** – und natürlich eine Straße. 1940/41 waren in dem kleinen Fischerort 1.150 deutsche Kriegsgefangene kaserniert. Beeindruckend ist die vierspurige Schrägseilbrücke, über die der Trans-Canada Highway führt. Von einer Aussichtsplattform im Ort (*Railway St.*) hat man einen guten Überblick über die Umgegend und im **Nipigon Historical Museum** (*40 Front St.*) erfährt man mehr über die Geschichte der Region. Im Ort fangen ein paar Wandmalereien (Murals) den Blick des Besuchers.

Der Hwy. 17 folgt weiter dem Uferverlauf des Lake Superior. 27 km östlich von Nipigon hat man vom **Kama Bay Lookout** einen schönen Blick auf den Lake Superior. Das zerklüftete Ufer mit den vielen vorgelagerten Inseln wird durch die **Algoman Hills** gebildet, die sich bis nach Sault Ste. Marie erstrecken. Auffallend sind die ungewöhnlichen Felsformationen, die zu den ältesten der Welt zählen und einst höher waren als die Rockies, sowie die roten Klippen. Die Rastplätze entlang der Straße bieten wunderschöne Ausblicke (Picknick eingepackt?). Die meisten Orte auf der

*Uferzone bei Rossport*

weiteren Strecke verdanken ihre Existenz Eisenerz-, Stein- bzw. Goldminen oder waren Eisenbahnstützpunkte.

Der kleine, idyllische Fischerort **Rossport** ist bekannt für die Seeforellen. Er liegt geschützt durch eine natürliche Felsenbucht. Das ehemalige Bahnhofshotel wurde zu einer ansprechenden Landherberge umgebaut. Übrigens machte erst die Eisenbahnlinie den Fischfang attraktiv. Nur so konnte der frische Fisch schnell in die großen Städte geliefert werden.

*Fischtransport per Bahn*

Zwischen Rossport und Marathon liegen kleine Seen und Tümpel. Felsen links und rechts der Straße bieten immer wieder lohnende **Aussichtspunkte** mit Blick auf See und Hinterland. Der **Rainbow Falls Provincial Park** weiter östlich begeistert mit Wasserfällen, Strand und einem Wanderpfad. Eine schöne und abwechslungsreiche Wanderstrecke ist der 48 km lange Abschnitt des **North Superior Hiking Trail** zwischen Rossport und Terrace Bay.

**Schreiber** und **Terrace Bay** haben ein paar kleine Motels, Restaurants und Tankstellen. Terrace Bay besitzt einen schönen Strand sowie gute Möglichkeiten zum Angeln, Wandern, Tauchen und Jagen.

Der **Little Pic River**, zwischen Terrace Bay und Marathon, ist das größte Flusstal am Nordufer des Lake Superior. Hier gibt es kurze und längere Wanderrouten. Östlich davon empfiehlt sich der **Neys Provincial Park** mit schönem Campingplatz, sandigen Badestränden und reizenden Wanderwegen, u. a. zu schroffen Uferklippen. Kanutouren sind ebenfalls möglich (Vermietung). Ein Schild im Park erinnert an ein deutsches Kriegsgefangenenlager aus dem Zweiten Weltkrieg.

*Großes Flusstal*

**Marathon** zählt heute 3.300 Einwohner und ist Ausgangspunkt für Touren in den nahen Pukaskwa National Park. Das **Marathon District Museum** (*25 Stevens Ave.*) im Ort bietet gute Infos zur Geschichte. 40 km östlich wurden in den 1980er-Jahren große Goldvorkommen entdeckt und eine Papierfabrik schafft weitere Arbeitsplätze.

## Reisepraktische Informationen Nipigon, Red Rock, Rossport, Terrace Bay und Marathon, ON

### Information

**Touristeninformationen** *gibt es in* **Nipigon** *(453 Hwy. 11/17, www.nipigon.net) und* **Terrace Bay** *(1008 Hwy. 17, www.terracebay.ca). Weitere Infos zu Aktivitäten in* **Marathon:** *www.marathon.ca.*

### Unterkunft

*In* **Nipigon** *gibt es mehrere Hotels und Motels, so z. B. das* **Northland Motel $$**: *Kreuzung Hwys. 11 und 17, ☎ (807) 887-2032, www.northland-motel.com.*

*Beschaulicher ist es, in* **Red Rock** *(südl. von Nipigon) oder* **Rossport** *zu nächtigen.*
**Nipigon River Adventures/Quebec Lodge $$–$$$**, *Hwy. 628, kurz vor Red Rock, ☎ (807) 621-6342, https://nipigonriveradventures.com/the-lodge. Rustikale Lodge, erbaut 1937, mit toller Aussicht auf den Lake Superior. Ehemals die Unterkunft für Gäste und Chefs der Papierfabrik.*
**Rossport Inn & Cabins $$**: *6 Bowman St., Rossport, ☎ (807) 355-8253, www.rossportinncabins.com. Ehemaliges, 1884 erbautes Bahnhofshotel. Es werden neun Blockhütten mit eigenem Bad vermietet. Persönliche Atmosphäre. Wer Trubel erwartet, ist hier jedoch falsch. Keine Kreditkarten, nur Barzahlung oder Überweisung. Mitte Mai–Mitte Okt.*

*In* **Schreiber** *und* **Marathon** *gibt es mehrere* **Motels**, *z. B.:*
**Rongie Lake Motel & Hungry Moose Restaurant $$**: *111 Kingsway, Hwy. 17; 2 km westl. von Schreiber, ☎ (807) 824-2424, www.hungrymoose.ca. Einfach, aber urig und mit Restaurant (Dinner nur Mi–Sa). In Schreiber ist die beste Wahl das Motel* **Cosiana Inn $$$** *(315 Ethel St., ☎ (807) 824-2782).*
**Lakeview Manor $$–$$$**: *24 Drake St., Marathon, ☎ (807) 229-2248, www.bbcanada.com/3917.html. Ansprechende B&B-Unterkunft in kleiner Villa. Fünf Zimmer, von denen vier sich Badezimmer teilen.*
**Marathon Harbour Inn $$**: *67 Peninsula Rd., Marathon, ☎ (807) 229-2121. Einfaches, aber sauberes Motel mit 16 Zimmern.*

## Pukaskwa National Park

*Besuch nur im Sommer sinnvoll*

Der Nationalpark, dessen Name „Puck-a-saw" ausgesprochen wird, ist über den Hwy. 627 zu erreichen. Zwar ganzjährig geöffnet, hat ein Besuch des Klimas wegen nur während der Sommermonate Sinn. Nur dann sind auch die touristischen Einrichtungen geöffnet. Der Kontrast zwischen dem rauen Lake Superior und der wilden, 128 km langen Uferlinie mit dem Kanadischen Schild „im Nacken" machen den Reiz des 1.878 km² großen Parks aus. Seine Fauna (u. a. Elche, Wölfe, Karibus) be-

*Kajaktour im Pukaskwa National Park*

schäftigt zahlreiche Wissenschaftler. Die Landschaft ist vornehmlich von borealen Nadelwäldern geprägt, die vereinzelt durch Espen- und Birkenwälder unterbrochen werden.

*Erkundung zu Fuß oder per Kanu*

Straßen gibt es nicht im Park. Eine Erkundung kann nur per Kanu oder zu Fuß erfolgen und ist nur wildnis-erfahrenen Reisenden zu empfehlen. Am schönsten ist der 60 km lange **Coastal Hiking Trail**. Hier verbinden sich raue „Urwaldgebiete" mit felsigen Küstenabschnitten und dichten Wäldern. Beliebt ist zudem die 18 km lange Tageswanderung zur Suspension Bridge, einer Fußgängerhängebrücke 23 m über den Chigamiwinigum Falls. Besonders schön ist eine **Kanu- bzw. Kajaktour** entlang dem White River in den Park hinein. Im Sommer werden geführte Touren zu einem **Camp der Ojibway-Indianer** angeboten. Dabei lernt man einiges über deren Kultur.

## Reisepraktische Informationen Pukaskwa National Park

### Information

**Hattie Cove VC**: *Hwy. 627, ca. 7 km östl. des Abzweigs nach Marathon, ☎ (807) 229-0801, www.pc.gc.ca, nur Juni–Sept. geöffnet. Hier können Aktivitäten gebucht und Karten und Bücher gekauft werden. Nahe dem VC gibt es kürzere* **Wanderwege**, *Picknickplätze und eine* **Bademöglichkeit**.

### Unterkunft/Camping

*Im Park gibt es keine Lodge, dafür einen Campingplatz mit 67 Plätzen (Mitte Mai–Mitte Okt.) und mietbare, fest installierte Zelte sowie einfache Backcountry Campingplätze mitten im Park. Einfache Hotels/Motels gibt es in Marathon* *(s. o.)*.

**Aktivitäten**

**Naturally Superior Adventures**: *RR#1 Lake Superior, 10 Government Dock Rd., Wawa, ☎ (705) 856-2939, www.naturallysuperior.com. Kanuverleih, geführte Kanu- und Wandertouren, Seakayaking im und um den Pukaskwa NP und in der Region des nordöstlichen Lake Superior, Shuttle-Service.*

## Von Marathon nach Sault Ste. Marie

**White River** ist die Geburtsstätte von Alan Alexander Milnes „**Winnie-the-Pooh**" (dt. „Pu der Bär"). Ein Soldat aus Winnipeg hat hier 1914 bei einem Eisenbahnstopp einen kleinen Bären gesehen und sofort mitgenommen. In Europa, kurz vor dem Fronteinsatz, übergab der Soldat den Bären dem Londoner Zoo. Die Zoo-Besucher nannten ihn bald nur noch Winnie, dem Kosenamen der Heimatstadt des Soldaten. Der Bär inspirierte dann Milne zu seinen Geschichten. Im **Heritage Museum** sind viele Memorabilien zum kleinen Bären ausgestellt und eine Statue am Hwy. 17 erinnert an ihn. Es gibt einfache **Motels** und Tankstellen in White River.

*„Pu der Bär"-Museum*

**Wawa** bedeutet in der Ojibwa-Sprache „Wildgans". Eine 9 m hohe Wildgansstatue am Ortseingang unterstreicht dies. Wawa ist Ausgangspunkt für die Erkundung des Lake Superior Provincial Park, für **Kanutouren** in der weiteren Umgebung und für **Fly-in-Fishing-Camps** in die nördlich angrenzenden Gebiete. Dabei werden Besucher mit einem Wasserflugzeug in eine einsam gelegene Lodge geflogen, wo sie fischen bzw. einfach entspannen können. Die Geologie der Umgebung von Wawa bietet gutes Gesteinsmaterial für den Straßenbau. Mittlerweile wehren sich die Anwohner gegen den Raubbau an ihrer Natur, besonders, da die meisten Steine in die USA exportiert werden.

Zwischen Wawa und Michipicoten liegen die **Silver Falls** sowie die **Magpie High Falls**, die einen Stopp und eine kurze Wanderung lohnen. Besonders um die Silver Falls und um Mitchipicoten Harbour gibt es schöne Wanderwege, Strände und herrliche Ausblicke auf den Lake Superior.

Der von Mai bis Oktober geöffnete **Lake Superior Provincial Park** nimmt eine Fläche von rund 1.600 km² ein. Naturpfade, Wanderwege (für zweistündige bis mehrtägige Wanderungen) und Kanurouten erschließen die raue Wildnis, in die kleine Waldseen mit schönen Sandstränden eingebettet sind. Das Wasser des Lake Superior ist jedoch auch im Sommer recht kalt. Vom **Informationszentrum** aus, das 34 km südlich von Wawa am Hwy. 17 liegt, werden geführte Wanderungen und Naturbeobachtungen (u. a. Elche) angeboten. Ein ausgeschilderter Wanderweg führt zu **Felszeichnungen der Ojibwa-Indianer** am Agawa-Felsen. Im Park gibt es drei Camping- und mehrere Picknickplätze, einen Kajakverleih und Angelmöglichkeiten.

*Wanderweg zu Felszeichnungen*

Der **Agawa Canyon**, östlich des Parks, kann – abgesehen von kleinen Pisten – nur mit der Eisenbahn von Sault Ste. Marie aus erreicht werden (s. S. 295).

Der Hwy. 17 führt durch den Lake Superior Provincial Park und weiter auf einer bezaubernd schönen Strecke entlang dem Lake Superior. Fotostopps einplanen!

## Reisepraktische Informationen
## Wawa, Lake Superior Provincial Park

### WAWA, ON

**Information**

**Travel Info Center**: *Kreuzung Hwys. 17/101, ☎ (705) 856-2244, www.wawa.cc/en/things-to-do/experience-wawa.aspx*

**Unterkunft**

**Watson's Kaby Lodge & Pine Portage Lodge $$$$–$$$$$**: *☎ 1-877-484-1672, 1-800-363-4443, www.kabyswildernessvacations.ca, https://pineportage.ca. 130 Auto-km nordöstl. von White River am Big Kaby Lake (Kabinakagami Lake). Es gibt Strände und über 140 Inselchen. Kanu- und Angeltouren sowie andere Naturerlebnisse werden organisiert. Ein schönes, wenn auch nicht ganz billiges Erlebnis! Anreise per Wasserflugzeug. Fluginfos: www.watsonsskyways.com*

**Rock Island Lodge/Naturally Superior Adventures $$–$$$**: *☎ (705) 856-2939, www.rockislandlodge.ca, www.naturallysuperior.com. An der Mündung des Mitchipicoten River (10 km von Wawa). Spektakulär auf einer felsigen Halbinsel gelegen. Vier Zimmer, B&B. Kajakverleih und Wanderwege. Nächstes Restaurant 4 km entfernt im u. g. Best Northern Motel.*

**Wawa Motor Inn $$–$$$**: *118 Mission Rd., Wawa, ☎ (705) 856-2278, www.wawamotorinn.com. Sauberes Motel mit 70 geräumigen Zimmern und 18 rustikalen Holzchalets. Restaurant und Bar angeschlossen.*

**Best Northern Motel & Cottages $$**: *Hwy. 17, 6 km südl. von Wawa, ☎ (705) 856-7302, https://bestnorthern.ca. Empfehlenswertes Motel (auch große Selbstversorgerhütten) mit Blick auf den Mitchipicoten River. Kanuverleih, Grillplätze, Hot Tub, Sauna. Im Haus: das* **beste Restaurant der Region**, *das Schnitzel- und Fischspezialitäten, mediterrane und indische Küche anbietet. Man kann auch draußen sitzen.*

### LAKE SUPERIOR PROVINCIAL PARK, ON

**Information**

**VC am Agawa Bay Campground**: *Hwy. 17, im Süden des Parks, ☎ (705) 882-2026 od. 856-2284, www.ontarioparks.com, Mai–Mitte Okt. Das* **VC** *mit Ausstellungen befindet sich in Agawa im Süden des Parks, eine Ranger Station im Nordabschnitt des Parks. Wander- und Kanutouren sind auf vorgegebenen Strecken möglich, Kanu-/Kajakverleih im Park.*

**Unterkunft/Camping**

*Es gibt keine Unterkünfte im Park, dafür aber* **drei Campingplätze**, *von denen der an der Agawa Bay (Strand!) für Durchreisende mit Sicherheit der schönste ist. Reservierungen: ☎ 1-888-668-7275, https://reservations.ontarioparks.com. Außerdem:* **Backcountry Camping**, *wobei man zu den ausgewiesenen Plätzen nur wandern kann bzw. mit einem Kanu gelangt.*

# Sault Ste. Marie

Die Zwillingsstadt Sault Ste. Marie liegt an beiden Ufern des St. Mary's River, eine auf amerikanischer (13.500 Einw.), die andere (72.000 Einw.) auf kanadischer Seite. Der St. Mary's River bildet die Grenze zwischen Kanada und den USA (Michigan) und ist zugleich die Verbindung zwischen Lake Superior und Lake Huron. Die Einheimischen nennen ihre Stadt kurz „The Sault" oder einfach „Sault" (sprich: „Suuh"). Die Stadt auf amerikanischer Seite ist übrigens die älteste Stadt im Staat Michigan!

*Traditionsreicher Handelsplatz*

Schon die Indianer hatten diese Gegend wegen ihrer günstigen Lage als Handelsplatz genutzt. Erster Europäer, der die Gegend entdeckte, war Etienne Brulé im Jahr 1622. Ihm folgten im Laufe des 17. Jh. französische Voyageurs (s. S. 279), Pelztierjäger und Händler. Sie alle trieben regen Handel mit den Indianern. 1669 gründeten französische Jesuiten unter Père Jacques Marquette die erste Missionsstation. Daher das „Sainte" im Namen, während „Sault" das alte französische Wort für Stromschnelle bzw. Wasserfall ist. 1671 wurde das Gebiet für Frankreich in Besitz genommen.

Durch den Bau eines Kanals 1797/98 konnten die starken Stromschnellen umschifft werden und immer mehr französische und englische Siedler ließen sich am St. Mary's River nieder. Bis 1842 war der Ort ein wichtiger Pelzumschlagplatz und 1887 wurden ihm die Stadtrechte verliehen. Durch den Anschluss an die Eisenbahnstrecke der Canadian Pacific Railway und den Ausbau des Hafens wuchs seine Bedeutung und wichtige Firmen und Industriebetriebe siedelten sich an. Über die großen

*Die Soo Locks*

Schleusen, die 1895 auf kanadischer Seite angelegt wurden, gelangten schließlich Schiffe vom Lake Huron in den Lake Superior. Heute sind neuere Schleusen mit einem Höhenunterschied von 7 m in Betrieb (amerikanische Seite), die während der eisfreien Zeit jährlich von 11.000 Schiffen passiert werden, die eine Fracht von insgesamt über 90 Mio. t transportieren.

## Redaktionstipps

- Die **kanadische** Stadt ist ansprechender und besitzt eine größere Vielfalt an Attraktionen. Die **amerikanische** Stadt hat mehr zu bieten zum Thema Schleusen und Seeverkehr.
- **Übernachten** sollte man auf kanadischer Seite (bessere Restaurants und touristische Infrastruktur). Günstiger, zumeist aber einfacher kann es auf amerikanischer Seite werden.
- Die **Zugfahrt in den Agawa Canyon** ist besonders reizvoll (S. 295).

## Kanadische Seite

Die **Soo Locks (1)** sind die westlichsten der insgesamt 16 Schleusen des St. Lawrence Seaway, der die Großen Seen mit dem Atlantischen Ozean verbindet. Die 1895 erbaute kanadische Schleuse ist 77 m lang, 15,4 m breit und 3 m tief und wird heute nur noch von kleineren Booten genutzt. Über Bau und Funktionsweisen der Schleusen kann man sich im Besucherzentrum der **Sault Canal National Historic Site (2)** informieren *(1 Canal Dr., www.pc.gc.ca, Mitte Mai–Anf. Okt. Mo–Fr 10–16, Juli–Anf. Sept. tgl. 10–17 Uhr, Touren Juli/Aug. auf Anfrage, ab $ 6,25)*.

Das **Ermatinger Old Stone House (4)** *(831 Queen St. E.)* wurde 1814 für den prominenten Pelzhändler Charles Oakes Ermatinger erbaut. Es wurde mit Möbeln und Haushaltsgegenständen aus jener Zeit eingerichtet. Das benachbarte **Clergue Blockhouse** stellt einen rekonstruierten Pulverturm eines alten Forts dar. In beiden Gebäuden werden allerlei Arbeiten ausgeführt, sodass man einen guten Eindruck vom Alltagsleben jener Zeit bekommt. *Alltag im 19. Jh.*
***Ermatinger-Clergue Historic Site**, 800 Bay St., Di–Sa sowie Ende Mai–Mitte Okt. tgl. 9.30–16.30, im Sommer Di–Do bis 18 Uhr, $ 13.*

Einblick in die regionale Geschichte erhält man im **Sault Ste. Marie Museum (5)** *(690 Queen St. E., www.saultmuseum.com, Di–Sa 10–16 Uhr, $ 8)*. Außerdem werden Wechselausstellungen gezeigt, ebenso wie in der nahen **Art Gallery of Algoma (6)** *(10 East St., www.artgalleryofalgoma.com, Di–Sa 10–16 Uhr, ab $ 7)*.

Das **Great Lakes Forestry Centre (7)** ist das größte forstwirtschaftliche Forschungszentrum in Kanada. Man kann an einer Führung (auf Anfrage) teilnehmen und eine Diavorführung anschauen sowie Gewächshäuser und Laboratorien besichtigen. *Gewächshäuser und Laboratorien*
***Great Lakes Forestry Centre**, 1219 Queen St., Zeiten variieren.*

Entlang dem Fluss erstreckt sich ein schöner **Boardwalk**. Im **Roberta Bondar Park (8)** trifft man auf einen Pavillon, wo im Sommer viele Veranstaltungen abgehalten werden. Lange lag hier das 2019 aus Kostengründen verkaufte Museumsschiff **M.S. Norgoma**. Es war das letzte Passagierschiff, das für die Fahrten auf den Großen Seen gebaut wurde und befuhr die Strecke Owen Sound/Sault Ste. Marie in den Jahren 1950–1963.

Das **Canadian Bushplane Heritage Centre (9)** widmet sich den Piloten und Flugzeugen, die seit 1910 in den entlegenen Gebieten Nordkanadas bzw. für Notdienste und Löschunternehmungen im Einsatz waren. Ohne die Fliegerei wäre Ka-

**★ Sehenswürdigkeiten**

1 Soo Locks
2 Sault Canal National Historic Site
3 USA: Lock Tours, moderne Schleusen
4 Ermatinger Old Stone House
5 Sault Ste. Marie Museum
6 Art Gallery of Algoma
7 Great Lakes Forestry Centre
8 R. Bondar Park & Pavillon
9 Canadian Bushplane Heritage Centre
10 Ausflug mit der Eisenbahn zum Agawa Canyon ab 99 Huron St.

**Hotels**

1 The Water Tower Inn, Ambassador Motel, Glenview Cottages & Campground
2 Delta Sault Ste. Marie Waterfront Hotel
3 Quality Inn & Suites Bay Front

**Restaurants**

1 Montana's BBQ
2 North 82 Steakhouse & Seafood, Giovanni's Restaurant

N
0 500 m
0 0,3 Meilen

*Erkundung aus der Luft*

nada heute nicht so erforscht bzw. besiedelt. Flugzeuge aller Art (Wasser-, Lösch-, Schneekufen-, Passagier- und andere Flugzeuge) sind ausgestellt sowie zahlreiche Memorabilien und Fotos der Buschfliegerei. Auf einem Teststand wird vorgeführt, wie ein Flugzeugmotor gestartet und auf Leistung durchgecheckt wird.

***Canadian Bushplane Heritage Centre**, 50 Pim St., https://bushplane.com, Mitte Mai–Mitte Okt. tgl. 9–18 Uhr, sonst 10–16 Uhr, $ 15.*

## Tipp: Ausflug mit der Eisenbahn zum Agawa Canyon

Der Ausflug in die eindrucksvolle, unberührte Gebirgs- und Canyon-Landschaft lohnt sich. Die 183 km lange Bahnfahrt dauert drei Stunden je Richtung und bietet herrliche Ausblicke auf Berge, Wälder, Seen und Wasserfälle. Am Agawa Canyon, einer bis zu 240 m tiefen Schlucht mit tobendem Wildwasser, hat man gut zwei Stunden Aufenthalt und Gelegenheit, kurze Wanderungen zu unternehmen (zu einem Wasserfall sowie zu einer Aussichtsplattform). Der Zug hat einen Speisewagen. Besonders reizvoll ist die Tour übrigens während des Indian Summer (Ende September). Eine frühzeitige Buchung ist anzuraten! Ebenso empfiehlt es sich, einen Picknickkorb mitzunehmen. Der Zug verkehrt auch an Winterwochenenden (aber ohne Aufenthalt). Abfahrt am **Bahnsteig 99 Huron St. (10)**.

*Die mächtigen Dieselloks des Agawa Canyon Train*

**Agawa Canyon Tour Train**: *99 Huron St., Sault Ste. Marie. Tickets: direkt über Agawa Canyon Tour Train, https://agawatrain.com. Abfahrten: i. d. R. Mitte Juni–Mitte Okt. tgl. 8, Rückkehr um 18 Uhr, $ 70–160.*

## Amerikanische Seite

Die amerikanischen **Soo Locks (3)**, die heute von den großen Schiffen genutzt werden, können von den oberen und unteren Parks eingesehen werden. Der obere Park (Upper Park) hat drei Aussichtstürme. Am östlichen Ende des MacArthur Lock gibt es ein Modell der Schleusen und ein Besucherzentrum *(tgl. Mai–Mitte Nov.)*.

Vom 64 m hohen **Tower of History** *(326 E. Portage Ave., tgl. Mitte Mai–Okt., $ 8, s. u.)* hat man einen guten Ausblick auf die Twin-Städte und die Schleusenanlagen.

Sehenswertes Schiffsmuseum

Fünf Blocks östlich der Schleusen liegt das **Museumsschiff S.S. Valley Camp** vor Anker. Das Museum in dem alten Steamer beherbergt Schiffsmodelle, die „Marine Hall of Fame", Ausstellungsstücke zur Geschichte der Seefahrt auf den Großen Seen sowie ein Aquarium, in dem Fische der Region zu bewundern sind. Ein Muss für alle „Seebären"!
***S.S. Valley Camp**, 501 E. Water St., www.saulthistoricsites.com, Mitte Mai–Anf. Okt. Mo–Sa 10–17, So 11–17, Mitte Juni–Anf. Sept. Mo–Sa 9–18, So 10–17 Uhr, $ 16. Es gibt vergünstigte **Kombitickets** für die S.S. Valley Camp, den Tower of History und das River of History Museum, $ 28,50.*

Im **River of History Museum** wird die Geschichte in und um den St. Mary's River erläutert, beginnend mit der Formung durch die Gletscher bis hin in die heutige Zeit.
***River of History Museum**, 531 Ashmun St., www.saulthistoricsites.com, Juni–Ende Sept. Mo–Sa 11–17 Uhr, sonst nach Vereinbarung, $ 7,50, s. o.*

Von Ende Juni bis Anfang September kann man sich zudem historische Häuser in der **Water Street** anschauen (*tgl. 12–17 Uhr, $ 3*) und in der **Chippewa County Historical Society** (*115 Ashmun St./nahe Water St.*) wird Geschichte erläutert und es gibt eine Modellbahn zu bewundern.

Im **Shipwreck Museum** (*400 W. Portage Ave., www.shipwreckmuseum.com, Mai–Sept. tgl. 10–18 Uhr, $ 14*) beschäftigt sich eine Ausstellung mit den Schiffswracks auf den Großen Seen. Die Hauptausstellung befindet sich jedoch in Whitefish Point, ca. 70 mi nordwestlich von hier (s. dazu S. 344).

## Reisepraktische Informationen Sault Ste. Marie, ON/MI

### Information

**Tourism Sault Ste. Marie (ON)**: *99 Foster Dr., ☎ 1-800-461-6020, https://saulttourism.com*
**Sault Ste. Marie CVB (MI)**: *225 E. Portage Ave., in der City Hall, ☎ (906) 632-3366, www.saultstemarie.com*
**Locks VC (MI)**: *312 W. Portage Ave., tgl. 9–21, im Winter bis 18 Uhr. Eine Schiffsliste wird hier bereitgehalten, und ein 30-minütiger Film erzählt die Geschichte der Schleusen.*

### Unterkunft (▸ Karte S. 294)

***KANADISCHE SEITE***

**The Water Tower Inn (BW Premier Collection) $$$ (1)**: *360 Great Northern Rd., ☎ (705) 949-8111 od. 1-888-461-7077, https://watertowerinn.com. Hotel mit 180 sehr ansprechend eingerichteten Zimmern, Pool, Sauna, Whirlpools in Suiten ($$$–$$$$). Restaurant und Pub im Haus.*
**Delta Sault Ste. Marie Waterfront Hotel $$$ (Suiten $$$$) (2)**: *208 St. Mary's River Dr., ☎ (705) 949-0611, www.marriott.com. Relativ modernes Hotel. 195 Zimmer und gutes Restaurant. Viele Zimmer und Restaurant mit Blick auf den Fluss. Pool, Sauna, Fitnessraum. Günstig zu den Innenstadtsehenswürdigkeiten gelegen.*
**Quality Inn & Suites Bay Front $$–$$$ (3)**: *180 Bay St., ☎ (705) 945-9264, www.choicehotels.com. Modernes 110-Zimmer-Hotel. Nahe Bahnhof. Restaurant und Pool im Haus. An der Bay St. gibt es* **weitere Franchise-Hotels**.

**Glenview Cottages & Campground $$$ (1)**: *2611 Great Northern Rd., ☎ (705) 759-3436, www.glenviewcottages.com. 30 Selbstversorger-Cottages (ein bzw. zwei Schlafräume). Ruhige Umgebung. Spielplatz, Wanderpfade, Volleyballfelder, Skimöglichkeit. 9 km zur Innenstadt! Campingplatz.*
**Ambassador Motel $–$$ (1)**: *1275 Great Northern Rd., ☎ (705) 759-6199, www.ambassadormotel.com. Kleines Motel mit großen, aber einfachen Zimmern. Pool, Hot Tub und guter Burgerimbiss.*
*An der* **Great Northern Road** *(Einfallstraße von Norden) gibt es weitere Motels und Restaurants.*

### AMERIKANISCHE SEITE

*Unterkünfte auf der US-Seite sind etwas günstiger als in Kanada.*
**The Hotel Ojibway, $$$**: *240 W. Portage Ave., ☎ (906) 632-4100, www.wyndhamhotels.com. Erbaut 1928, nahe an den Schleusen. Einige der 71 Zimmer mit Blick auf die Schleusen. Kühlschrank und Whirlpool. Fitnessraum, Sauna. Im* **Charley Noble Restaurant** *gibt es Fleisch- und Fischgerichte, im Pub eine große Auswahl an Bieren. Im Umfeld des Hotels befinden sich weitere Restaurants und Bars.*
**Long Ships Motel $$**: *427 W. Portage Ave., ☎ (906) 632-2422, https://longshipsmotel.com. Einfaches Motel in der Nähe der Schleusen und der wichtigsten Attraktionen.*
**Adoba Lockview Motel $$**: *327 W. Portage Ave., ☎ (906) 632-2491, www.adobalockview.com. Direkt an den Schleusen gelegen. Einige Zimmer mit Schleusenblick. Einfach, aber irgendwie charmant. Frühstück inklusive.*

## Essen & Trinken (▸ Karte S. 294)

### KANADISCHE SEITE

**Montana's BBQ (1)**: *89 Foster Dr., ☎ (705) 998-1140. Großes Pub-Restaurant mit amerikanischen Speisen. Man kann auch draußen sitzen und auf den Fluss schauen. Gute Steaks und auch Salate.*
**North 82 Steakhouse & Seafood (2)**: *82 Great Northern Rd., ☎ (705) 759-8282. Die wohl besten Steaks in der Stadt. Lachs, Hummer, Schrimps. Große Auswahl.*
**Giovanni's Restaurant (2)**: *516 Great Northern Rd., ☎ (705) 942-3050. Sehr gute italienische Küche. Auch amerikanische Gerichte. Unbedingt reservieren.*

### AMERIKANISCHE SEITE

**Antlers**: *804 E. Portage Ave., ☎ (906) 253-1728. Leckere Fisch- und Fleischgerichte in uriger Pub-Atmosphäre. Spezialitäten: Whitefish, speziell zubereitete Burger und Poutine (Gravy und Käseraspel auf Pommes) in verschiedensten Formen. Das Haus ist aus dem Jahr 1800.*

## Einkaufen

*Die* **Station Mall** *auf der kanadischen Seite (zw. Bay St. und St. Mary's River Dr.) bietet über hundert Geschäfte. In einigen kann man zollfrei einkaufen (keine Tax! Pass mitbringen!).*

## Besichtigungen/Führungen

**Sightseeing-Bustouren** *durch die Zwillingsstädte: Juni–Okt., Infos im Tourism Center (ON, s. o.).*
**Bootstouren zu den Schleusen (Famous Soo Locks Boat Tours)**: *am besten auf amerik. Seite, mehrmals tgl. Mai–Anf. Okt. Abfahrt 515 E. Portage Ave., ☎ (906) 632-2512, www.famoussoolocks.com, ab $ 33 (online günstiger).*

# 8. VON SAULT STE. MARIE NACH TORONTO, DETROIT BZW. CHICAGO

# Überblick

**Entfernungen** (kürzeste Strecken)
*Sault Ste. Marie – Sudbury: 188 mi/303 km*
*Sudbury – Toronto: 255 mi/410 km*
*Sault Ste. Marie – Manitoulin Island – Toronto: ca. 440 mi/708 km*
*Sault Ste. Marie – Chicago: 470 mi/758 km (entlang der Uferstraße)*
*Parry Sound – Toronto: 233 km*
*Parry Sound – Niagara Falls: 346 km*

## Zeitplanung und Streckenführung

Alle empfohlenen Routen in diesem Kapitel bezaubern mit ihrer Landschaft. Die Wegbeschreibung durch den Südwesten von Ontario wurde aufgenommen, falls man von Toronto aus eine Abkürzung nach Detroit wählen möchte. Auch die Abkürzung nach Chicago besticht durch die historisch geprägte Mackinac Island und die landschaftlich reizvolle Uferstraße entlang dem Lake Michigan (u. a. Sleeping Bear Dunes National Lakeshore).

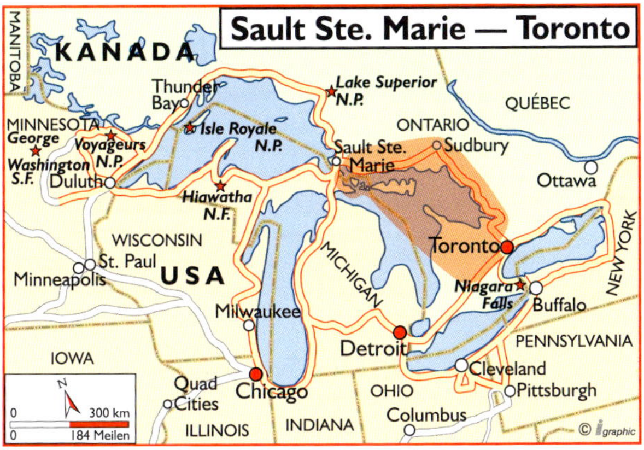


- Von Sault Ste. Marie auf dem Hwy. 17 bis Sudbury und von dort auf dem Hwy. 69 nach Süden, der bei Victoria Harbour in den Hwy. 400 nach Toronto übergeht.
- Über die Manitoulin Island: bei Espanola vom Hwy. 17 nach Süden abbiegen auf die ON 6/68. Nach der Fährfahrt zur Bruce Peninsula ab Tobermory weiter auf dem ON 6, der östlich von Kitchener auf den Hwy. 401 trifft. Dem Hwy. 401 folgen bis nach Toronto. Alternativen ab Owen Sound: z. B. über den ON 26 nach Osten und später auf dem ON 24 und 124 weiter nach Toronto oder entlang dem Lake Huron (ON 21 u. a.) direkt nach Detroit fahren. Weitere Strecken im Südwesten Ontarios finden sich in den einzelnen Kapiteln.
- Strecke nach Chicago: Zuerst auf dem I-75 nach Süden. Kurz hinter Mackinaw City den US 31 bis Benton Harbor (ab Holland: I-196/US 31) nehmen, von dort führt der I-94 nach Chicago. Zahlreiche Abzweige zu einzelnen Sehenswürdigkeiten sowie direkt am Wasser entlang sind möglich.

**2 Tage**
**1. Tag**: Bis Sudbury fahren und dort eine Minentour unternehmen. Alternativ French River Gebiet. **2. Tag:** Anfahrt auf Toronto mit Zwischenstopp am Georgian Bay National Park bzw. in Midland.

**4 Tage**
**1. Tag**: Wie oben. **2. Tag**: Nach Parry Sound fahren. Dort Bootstour um die 30.000 Inseln (vorher Abfahrtszeiten erfragen!). **3. Tag:** Bis Kitchener. Besuch des Mennonitengebiets. **4. Tag**: Fahrt nach Toronto.
**Alternativ 4 Tage: 1. Tag**: Über Sudbury (dort Minentour unternehmen) bis ins French River-Gebiet bzw. zum Killarney Provincial Park fahren. Dort **2 Tage** „die Seele baumeln lassen". Am **4. Tag** mit Zwischenstopp z. B. in Parry Sound (Bootstour 30.000 Inseln) nach Toronto fahren.
**Alternativ 4 Tage:** Über die Manitoulin Island fahren; dort **2 Tage** entspannen. **3. bzw. 4. Tag**: Fahrt über die Bruce Peninsula nach Toronto.

# Von Sault Ste. Marie nach Toronto

## Von Sault Ste. Marie nach Sudbury

*Fort-Besichtigung*

46 km südöstlich von Sault Ste. Marie zweigt eine Straße auf die **St. Joseph Island** (Hwy. 548) ab. Ein Besuch der **Fort St. Joseph National Historic Site** *(185 Old Fort Rd., Hilton Beach, www.pc.gc.ca/en/lhn-nhs/on/stjoseph, Juni–Sept. Mi–So 10–17 Uhr, $ 5)* vermittelt einen Eindruck von einem englischen Fort um 1800. Ein kleines Museum erläutert die besonders von den Voyageurs (s. S. 279) und dem Pelzhandel beeinflusste Geschichte.

Auf dem weiteren Weg sind **Bruce Mines** (Mine und Minenmuseum) und **Blind River** mit dem **Timber Village Museum** *(ganzjährig)* sowie einem schönen Strand und Wanderwegen einen kurzen Stopp wert. Ansonsten ist der Streckenabschnitt bis Sudbury von kleinen Farmparzellen und wiederaufgeforsteten ehemaligen Minengebieten geprägt.

*Am Vermilion River*

Das Gebiet vor Sudbury ist für seine guten Fischgründe und das **Anderson Farm Museum** (*550 Regional Rd. 24, Lively, www.facebook.com/AndersonFarmMuseum*), eine restaurierte finnisch-kanadische Farm, bekannt. Im **Centennial Park**, 2 km östlich von Sudbury am Hwy. 17, befindet sich ein schöner Picknick- und Campingplatz am Vermilion River. Im kleinen See kann man baden und sich an einem Wasserfall unter einer Fachwerkbrücke erfrischen.

### Hinweis zur Route

Wer keinen Wert auf Sudbury bzw. die Strecke östlich entlang der Georgian Bay legt, kann bei Espanola (64 km vor Sudbury) nach Süden abbiegen auf den ON 6 zur Manitoulin Island (s. S. 306).

## Sudbury

Sudbury, offiziell eigentlich Greater Sudbury, ist mit über 166.000 Einwohnern eine moderne, geschäftige Stadt. Als Versorgungszentrum eines der größten kanadischen Bergbaugebiete sowie von Nordost-Ontario zieht sie Touristen und Geschäftsleute gleichermaßen an. Alljährlich werden Bodenschätze im Wert von weit über 1 Mrd. Dollar gefördert. Den Wohlstand der Stadt machten lange Zeit die Gold-, Silber-, Nickel-, Kobalt- und Platinvorkommen in der weiteren Umgebung aus, die im Boden des Kanadischen Schildes aufgefunden wurden. Im Sudbury-Becken findet sich eines der größten Nickelvorkommen der Welt. Wissenschaftler sind sich immer noch nicht einig, ob die Bodenschätze von einer Vulkaneruption oder von einem 60 mal 27 km großen Meteoriten, der hier vor über 2 Mrd. Jahren heruntergekommen sein muss, stammen.

*Rätsel um Herkunft der Bodenschätze*

**Von Sault Ste. Marie nach Toronto bzw. Detroit**

## Redaktionstipps

- Unbedingt eine **Minentour in Sudbury** unternehmen (S. 303).
- **Manitoulin Island** empfiehlt sich wegen der Indianerkulturen (S. 306).
- An den Ufern des **French River** verstecken sich schöne kleine Resorts. Bootstouren werden auch angeboten (S. 318).
- Der **Killarney Provincial Park** (S. 317), der **Georgian Bay National Park** (S. 321) sowie die **Nationalparks an der Spitze der Bruce Peninsula** (S. 310) werden Naturliebhaber begeistern.
- Das **Sainte-Marie among the Hurons-Museum** vermittelt einen Eindruck von der frühen Besiedlungsgeschichte sowie den Indianerkulturen (S. 324).
- Die **Killarney Mountain Lodge** sowie die günstigeren **Resorts am French River** versprechen Natur, Erholung und Möglichkeiten, die Landschaft per Boot oder auf Wanderungen zu erkunden (S. 318).
- Das Restaurant **Revival House** (S. 334) verspricht nicht nur vorzügliche Speisen, sondern auch die passenden Getränke dazu. Und im **Michael's on the Thames** (S. 336) schmecken die Steaks!
- **Fähre von der Manitoulin Island zur Bruce Peninsula**: unbedingt im Voraus buchen (bei Anruf Kreditkarte bereithalten)!

Die Sudbury-Region ist bekannt für neue, umweltbewusste, wirtschaftliche Vorgehensweisen. Nachdem jahrzehntelang zu starker Holzabbau, Emissionen von Hüttenwerken und Erosionen massive Umweltschäden verursachten, verfolgt man nun das Ziel, das Land mittels geeigneter Bodenbehandlung und ausgewählter Anpflanzungen zu regenerieren. Sudbury ist heute weltweit bekannt als Zentrum für Umweltstudien im Zusammenhang mit dem Bergbau und hat mehrere Auszeichnungen für ihr Engagement im Umweltschutz erhalten. Der Bergbau allerdings verliert an Bedeutung, während Forschung, produzierendes Gewerbe, Finanz- und Gesundheitswesen sowie der Handel und Tourismus dagegen einen größeren Stellenwert eingenommen haben.

Die Stadt verfügt mit Museen, Galerien, Theatern und einer Universität über ein breites kulturelles Angebot. Beispiele sind die Freiluftkonzerte im **Bell Park (1)**, die klassischen und modernen Theateraufführungen im **Sudbury Theatre Centre (2)** und die Kunstausstellungen in der **Galérie du Nouvel-Ontario (3)** *(27 Larch St.)* oder in der **Art Gallery of Sudbury (4)** *(Bell Mansion, 251 John St.)*. Beachtenswert sind auch die zahlreichen **Wandmalereien** in der Stadt. Toll! (Infos dazu: *https://uphere.com/murals.*) An der zweisprachig geführten und naturwissenschaftlich-technisch orientierten **Laurentian University (5)** werden im Sommer Führungen angeboten, die den Besuch des **Doran Planetarium (6)** (*https://laurentian.ca/planetarium*) einschließen. Uni-Führungen müssen gebucht werden: *https://laurentian.ca/tour.*

Über die Geschichte der frankophonen Gemeinde in Ontario informiert am Unigelände das Museum des **Centre Franco-Ontarien de Folklore (7)** *(27 Larch St., 935 Ramsey Lake Rd., https://cfof.on.ca, Zeiten variieren).*

*Tolles Wissenschaftsmuseum*

Besonders interessant ist der Besuch des schön am Ramsey Lake gelegenen, modernen **Science North Museum (8)**. Man betritt das Museum durch einen langen Tunnel, der in das uralte Gestein des Kanadischen Schildes getrieben wurde. Im unterirdischen „Höhlentheater" werden eindrucksvolle 3-D-Filme (IMAX-Theater) gezeigt, die eine lebendige Vorstellung von Landschaft und Kultur Nordontarios vermitteln. Außerdem gibt es gut präsentierte Ausstellungen zum arktischen Lebensraum und viele technische Objekte, die zum Anschauen, Anfassen und Experimentieren auffordern.

***Science North Museum**, 100 Ramsey Lake Rd., www.sciencenorth.ca, tgl. 9–17 Uhr, Museum $ 20, Museum + IMAX ab $ 24, weitere Pakete gibt es für Museum + Planetarium+IMAX+Dynamic Earth/Duo ($ 41).*

Im **Dynamic Earth Centre (9)** kann man mit einem Aufzug 20 m in die Tiefe fahren und dort an einer 45-minütigen Führung durch die Mine teilnehmen. Ein Barbier erzählt „Nickel City Stories", Geschichten zur Geschichte der Stadt. In einem Kino werden Filme zum Thema Bergbau gezeigt und hier befindet sich auch der einzige unterirdische Briefkasten Kanadas. Oberhalb des Center weist das Wahrzeichen „**The Big Nickel**", eine 9 m hohe Nachbildung der 1951 herausgegebenen kanadischen 5-Cent-Nickelmünze, auf die herausragende Bedeutung des Nickels für die Entwicklung der Stadt hin. Die Busrundfahrt **The Path of Discovery** führt am Rande eines Meteoritenkraters entlang, vermittelt einen Einblick in die geologischen Formationen und geht weiter durch Minendistrikte in Sudbury sowie zu einer tätigen Mine. Routen und Längen variieren und leider finden sie nur an wenigen Tagen im Sommer statt. *Briefkasten unter Tage*

***Dynamic Earth Centre**, 122 Big Nickel Mine Dr., www.sciencenorth.ca/dynamic-earth, Juni–Anf. Sept. tgl. 9–17, sonst tgl. 10–16 Uhr, $ 20; es gibt verbilligte Kombitickets für das Science North Museum und das Dynamic Earth Centre (s. o.).*

Das **Northern Ontario Railroad Museum & Heritage Centre (10)** *(26 Bloor St., Prescot Park in Capreol, Di–So 10–16 Uhr, im Winter nach Vereinbarung, www.norm*

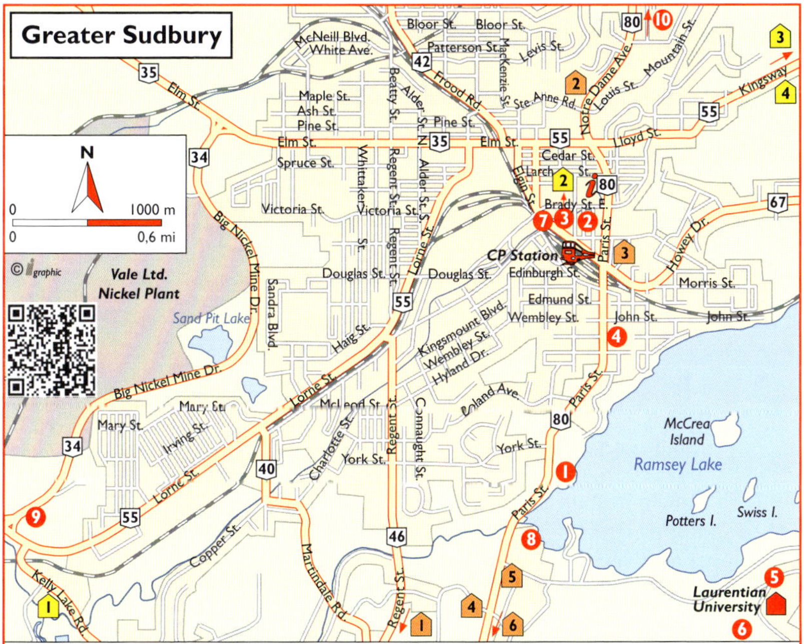


**Sehenswürdigkeiten**
1 Bell Park
2 Theatre Centre
3 La Galérie du Nouvel-Ontario
4 Art Gallery of Sudbury
5 Laurentian University
6 Doran Planetarium
7 Centre Franco-Ontarien de Folklore
8 Science North Museum
9 Dynamic Earth Centre „Big Nickel"
10 Northern Ontario Railroad Museum

**Hotels**
1 Holiday Inn
2 Radisson
3 Quality Inn
4 Travelodge
5 Travelway Inn
6 Auberge-sur-Lac

**Restaurants**
1 Verdicchio
2 Tandoori Tastes
3 Apollo Restaurant & Tavern
4 The Keg Steakhouse & Bar

Eisenbahnmuseum

*hc.ca, $ 17)* 33 km nördlich von Sudburys Innenstadt beschäftigt sich mit Themen rund um die Eisenbahn in Nord-Ontario. Toll auch für Kinder (u. a. Modellbahn, Gartenbahn, alte Dampfloks und ein Zug-Simulator).

Die schöne Umgebung der Stadt eignet sich mit Seen und bewaldetem Hügelland für viele Freizeitaktivitäten.

## Reisepraktische Informationen Sudbury, ON

### Information

**Sudbury Tourism**, *200 Brady St., ☎ 1-866 451-8525, https://discoversudbury.ca*

### Unterkunft/ Camping *(▸ Karte S. 303)*

**Holiday Inn $$$ (1)**: *1696 Regent St. (South), ☎ (705) 522-3000, www.ihg.com. 5 km außerhalb gelegenes Hotel mit Atrium Centre, Pool und Restaurant.*
**Radisson $$–$$$ (2)**: *85 Ste. Anne Rd., ☎ (705) 805-0404, www.radissonhotelsamericas.com. Mittelklassehotel mit 146 Zimmern, Restaurant, Pool, Sauna. Die Sudbury City Centre Mall ist zu Fuß zu erreichen.*
**Quality Inn $$ (3)**: *390 Elgin St., ☎ (705) 675-1273, www.choicehotels.com/ontario. Hotel in zentraler Lage. Geräumige, ordentlich eingerichtete Zimmer, Restaurant, Fitnessraum.*
**Travelodge $$–$$$ (4)**: *1401 Paris St., ☎ (705) 532-1616, www.wyndhamhotels.com. Hotel mit 140 gut ausgestatteten Zimmern, Pool, Restaurant. Nahe Science North Museum.*
**Travelway Inn $$$ (5)**: *1200 Paris St., ☎ (705) 522-1122, https://travelwayinnsudbury.com. 87 geräumige Zimmer. Nahe Science North Museum.*

*Im Umkreis von Sudbury gibt es einige* **B&B-Unterkünfte**, *so z. B. das* **Auberge-sur-Lac $$ (6)**, *wenige Kilometer südöstlich der Stadt: 1672 S. Lane Rd. W., ☎ (705) 522-5010. Hier wohnt man am McFarlane Lake. Ein Zimmer, die „Sunset Suite“, hat ein eigenes Jacuzzi.*
*In der Umgebung Sudburys gibt es zahlreiche gute Ferienlodges und Campingplätze.*

### Essen & Trinken *(▸ Karte S. 303)*

**Verdicchio (1)**: *1351-D Kelly Lake Rd. (West End Business Park), ☎ (705) 523-2794. Italienisches Restaurant mit guter Weinkarte und eigenem Olivenöl zum Verkauf.*
**Tandoori Tastes (2)**: *96 Larch St., ☎ (705) 675-7777. Vorzügliche indische Gerichte. Hier wird Wert gelegt auf die Auswahl guter und authentischer Gewürze.*
**Apollo Restaurant & Tavern (3)**: *844 Kingsway, ☎ (705) 674-0574. Kleines griechisches Lokal mit typischen Gerichten. Dazu ausgesuchter Retsina. Auch Pasta, Steaks und einheimische Fischgerichte.*
**The Keg Steakhouse & Bar (4)**: *1396 Kingsway, ☎ (705) 525-0802. Besonders beliebt wegen der saftigen Steaks. Es gibt aber auch Salate und gute Starter.*

### Verkehrsmittel

**Sudbury Bus Terminal (Ontario Northland)**, *1663 Kingsway, ☎ (705) 222-6682.*
**GOVA**, *☎ (705) 675-3333, www.greatersudbury.ca/gova. Lokaler Busverkehr.*
**Greater Sudbury Airport**, *5000 Air Terminal Dr., Garson, 25 km nordöstl. des Stadtzentrums, ☎ (705) 693-2514, https://flysudbury.ca. Regelmäßige Flüge nach Toron-*

*to, Ottawa und in die Orte Nord- und West-Ontarios. Zudem Flüge zu Lodges in den Wäldern des Rainbow Country.*
**VIA Rail Sudbury Junction Station**: *2750 Lasalle Blvd., ☎ 1-888 842-7245, www.viarail.ca/en. Transkontinentale Züge der VIA.*
**Downtown Station (Sudbury Station)**, *233 Elgin St., ☎ 1-888 842-7245. Züge nur nach White River.*

# Von Sudbury nach Toronto

Von Sudbury führt der Weg nach Süden um die Georgian Bay, wobei man nochmals wählen kann zwischen der westlichen und der östlichen Strecke:
**Westliche Strecke** (s. S. 306): über die vorwiegend von Indianern bewohnte Manitoulin Island, dann mit der Fähre nach Tobermory und den Fathom Five National Marine Park und weiter über die Bruce Peninsula nach Owen Sound und schließlich Toronto. Entfernung: 445 km.
**Östliche Strecke** (s. S. 317): durch das French-River-Gebiet und weiter nach Parry Sound (Welt der 30.000 Inseln), den Georgian Bay National Park, Barrie und dann nach Toronto. Alternativ über die Midland-Halbinsel und entlang der Nottawasaga Bay bis Collingwood und weiter nach Kitchener und Toronto. Entfernung: 420–480 km.

Die **Georgian Bay**, eine tief eingeschnittene Bucht des Lake Huron, ist ein beliebtes Ausflugsziel, denn die südlichen Ausläufer der Bay sind nur etwa 1,5 Fahrstunden von Toronto entfernt. Besonders reizvoll ist die Welt der 30.000 Inseln, die verstreut an der Ostseite der Bay liegen und von denen einige zum Nationalpark erklärt wurden. Es ist ein optimales Feriengebiet für Wassersportler und Naturfreunde. Für Tauchsportler sind die versunkenen, deutlich sichtbaren Schiffswracks besonders interessant, Kanufahrer entdecken einsame, unbewohnte Inseln, Segler und Windsurfer haben günstige Winde und Schwimmer freuen sich am warmen, klaren Wasser.

*Bruce Peninsula National Park*

In den Ferienorten lässt es sich gut ein paar Tage entspannen, wobei die Orte nahe den Hauptstraßen besonders an Wochenenden recht überlaufen sind. Wirklich ruhige Ecken findet man, wenn man weit abfährt von der Hauptstraße bzw. mit einem Boot auf eine der Inseln übersetzt.

Küsten und Inseln der Georgian Bay gehören zum ehemaligen Stammland der Huronen, die

Etienne Brulé im Jahr 1610 als erster Weißer besuchte. Ihm folgten Pelztierjäger, Händler und Missionare, die 1639 die erste Missionsstation gründeten. In den folgenden Jahren kam es immer wieder zu Kämpfen zwischen den Stämmen der Huronen und der von Süden kommenden Irokesen, bei denen auch Missionare und Jesuitenmönche getötet wurden. 1649 gaben die Weißen deshalb ihre Niederlassungen wieder auf.

*Blutige Auseinandersetzungen*

## Westliche Strecke: von Sudbury über Manitoulin Island nach Kitchener und Toronto

### Hinweis zur Route

Von Sudbury zurück über den Hwy. 17 64 km nach Westen, über den Hwy. 6/68 nach Espanola und weiter zur **Manitoulin Island** fahren, die man in Little Current erreicht. Der Hwy. 6 ist der direkte Weg nach South Baymouth, von wo die Fähre über den Main Channel nach Tobermory (Bruce Peninsula) ablegt.

### Manitoulin Island

Die mit 2.800 km² größte Insel der Welt in einem Süßwassersee ist 176 km lang und zwischen drei und 65 km breit. Im Inselinneren liegen mehr als 100 Seen, von denen fast jeder zum Kanu- bzw. Kajakfahren, Tauchen und Angeln einlädt. Am besten lernt man die Insel mit ihrer 1.600 km langen, buchtenreichen Küste, mit den feinen Sandstränden und den kleinen, verträumten Ortschaften bei einem mehrtägigen Aufenthalt kennen.

*Auch auf Manitoulin Island wird dem Kajakfahren gehuldigt*

Zu den lohnenden Zielen am und um den **Hwy. 6** gehört der mit 1.600 Einwohnern größte Inselort **Little Current**. Er entstand aus einem Handelsposten der Hudson's Bay Company und ist heute beliebter Treffpunkt für Segler und Wassersportler. Das **Centennial Museum** in Sheguiandah, 10 km südlich, zeigt 9.500 Jahre alte Artefakte sowie Möbel, Kleidung und Werkzeuge der ersten Siedler *(10862 Hwy. 6, April–Sept. tgl. 9–16.30, Do bis 20 Uhr, Rest des Jahres anfragen, $ 5)*. 16 km südlich von Little Current bietet der Aussichtspunkt **Ten Mile Point** einen herrlichen Panoramablick über die Georgian Bay bis hinüber nach Killarney. In **Manito-**

## Indianer auf Manitoulin Island

info

*Pow Wow auf Manitoulin Island*

Manitoulin ist der indianische Name für „Die Heimat des großen Geistes". Von den etwa 13.000 Einwohnern sind ca. 5.200 Indianer, die in Reservaten auf der Insel leben. Ihre Geschichte reicht mindestens 12.000 Jahre zurück, wie Ausgrabungen bei Sheguiandah beweisen; diese Siedlungen zählen zu den ältesten indianischen Stätten in Nordamerika. Die Indianer sind stolz darauf, dass Manitoulin Island „unceded land" ist und damit zu keiner Zeit in Verhandlungen oder durch Verträge an die Weißen abgetreten wurde. Die Indianer haben besondere Rechte und könnten jederzeit ihre Unabhängigkeit erklären.

Die Mehrzahl der Indianer gehört zum Stamm der Ojibwe, die wie die außerdem hier lebenden Odawa und Potawatomie zur Sprachfamilie der Algonquin-Indianer gehören. Größte Siedlung im Reservat ist Wikwemikong (Verwaltungszentrum und Stammeshaus). In Zusammenarbeit mit der Regierung wird ein langfristiges Projekt zur Verbesserung der Lebensumstände durchgeführt; Ziel ist dabei vor allem der Kampf gegen Arbeitslosigkeit sowie Alkohol- und Drogenabhängigkeit.

Alljährlich findet am ersten August-Wochenende auf der Insel ein großes Pow Wow statt. Zu dem traditionellen Volksfest kommen Indianer aller benachbarten Stämme, um das gemeinsame Erbe wieder lebendig werden zu lassen und kulturelle Bräuche zu bewahren. Immer mehr Besucher kommen dafür nach Manitoulin Island, hören auf den Klang der Trommeln, schauen den Tänzern, die Federschmuck und Kriegsbemalung tragen, bei den Stammestänzen zu und beobachten Kanurennen und Wettbewerbe mit Pfeil und Bogen.

**Tipp**
Für Aufenthalte während des Pow Wow ist eine frühzeitige Fähr- und Zimmerreservierung unbedingt notwendig.

**waning** zeigt das **Assiginack Museum** *(Juni–Sept. Mo–Fr, Aug. Di–Sa 10–17 Uhr, $ 2)* Alltagsgegenstände sowie eine Schmiede aus der Pionierzeit und im **S.S. Norisle Heritage Park** sind eine alte Mühle und ein altes Fährschiff der Großen Seen zu besichtigen *(im Sommer tgl.)*. Wer sich für die Entwicklung und Aufzucht von Forellen interessiert, kann die **Blue Jay Creek Fish Culture Station** in Tehkummah am Hwy. 6 besuchen. Auch der schöne Hafenort **South Baymouth**, Fährhafen nach Tobermory, lädt zu einem Aufenthalt ein.

*„Schleier"-Wasserfall*

Entlang dem Hwy. 540 nach Westen bieten sich ebenfalls einige Stopps an, z. B. zu einer dreistündigen Wanderung über den **Cup and Saucer Trail**, der 19 km südwestlich von Little Current beginnt und zum 351 m hohen Aussichtspunkt mit schönem Blick auf den Inselsüden führt. Ein beliebtes Ausflugsziel sind die **Bridal Veil Falls** in Kagawong, wo in waldreicher Umgebung ein Wasserfall wie ein „Schleier" hinunterfällt. Im Spätsommer springen die Lachse auf dem Flussabschnitt unterhalb der Fälle. Zudem gibt es im Ort ein **Old Heritage Museum**. Der kleine Ferienort **Gore Bay** an der Nordküste lockt mit guten Wassersportmöglichkeiten (u. a. Seakayaking) und in Meldrum Bay widmet sich das kleine **Net Shed Museum** der lokalen Fischereigeschichte. 11 km westlich von Meldrum Bay wurde im **Mississagi Lighthouse** von 1873 ein kleines, kaum unterhaltendes Museum (Mai bis Labour

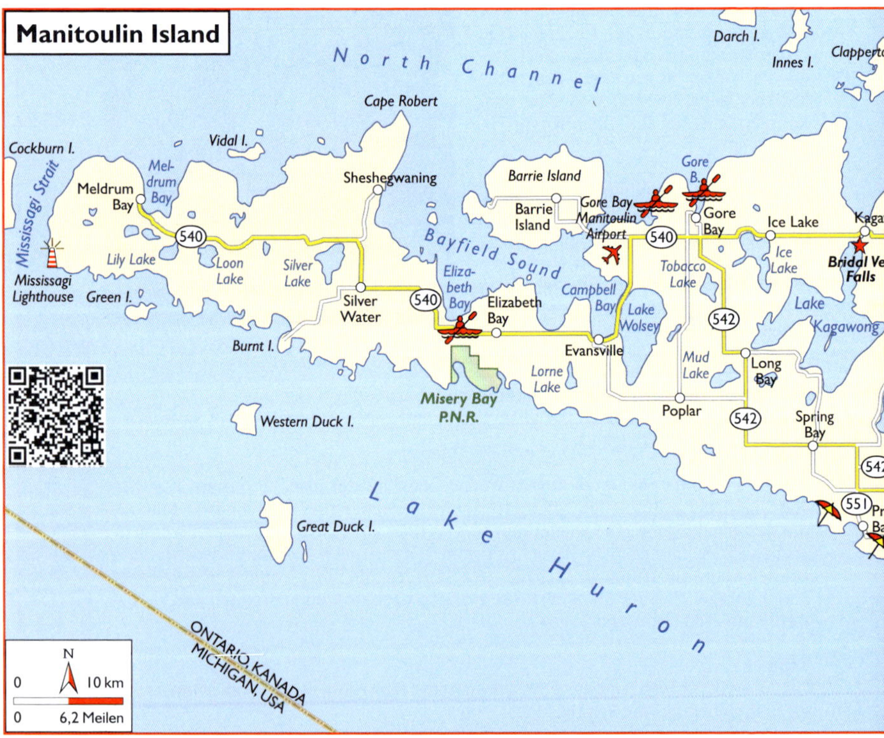

Day tgl.) eingerichtet. Es informiert über Leben und Arbeit der Leuchtturmwärter in der Vergangenheit. Im Süden der Insel locken die langen, feinen Sandstrände von **Providence Bay** und der **Lake Mindemoya**.

## Reisepraktische Informationen Manitoulin Island, ON

### Information

**Manitoulin Tourism/Ass.** *(Infocenter): in Little Current (hinter der Drehbrücke), South Baymouth, Manitowaning, Mindemoya, Providence Bay und Gore Bay.* ☎ *(705) 368-3021 od. 377-5845, www.manitoulin-island.com. Informativ ist auch: www.destinationmanitoulinisland.com.*

**Indigenous Tourism Ontario**, *Aundeck Omni, 1300 Hwy. 540, Kaning (ca. 6 km südwestl. von Little Current),* ☎ *(705) 368-1919, https://indigenoustourismontario.ca. Infos zu kulturellen Veranstaltungen etc. der Native Americans.*

### Unterkunft

**Rock Garden Terrace Resort $$$$–$$$$$**: *1358 Monument Rd., Spring Bay,* ☎ *(705) 377-4652, www.rockgardenresort.on.ca. Anfahrt: südl. von West Bay am Hwy. 551 nach rechts abzweigen, dann sind es noch 13 km (Schildern folgen). Schöne Cottages (einige mit Kamin) und saubere Hotelzimmer, alle mit Blick auf den See Mindemoya. Auf dem Grundstück befindet sich eine („Überraschungs-") Höhle und es gibt einige Wanderwege. Spa, Bootsvermietung, Rundflüge, Angeltouren – alles kann arrangiert werden. Der richtige Platz zum Entspannen und zentral gelegen auf der Insel. Gutes Restaurant. Es wird Deutsch gesprochen.*

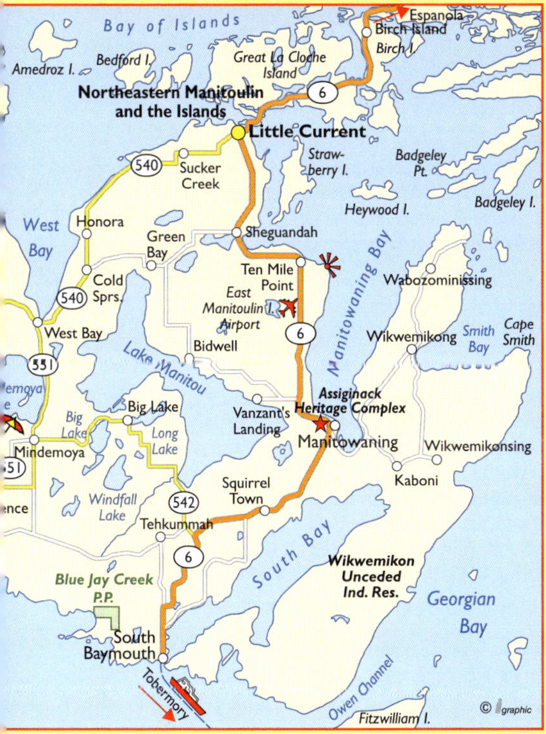


**Green Bay Lodge $$$–$$$$**: *322 Cosby Subdivision Rd.,* ☎ *(705) 368-2848, https://greenbaylodge.com. Einsam gelegene Lodge mit Gästehaus am Lake Manitou. Die Besitzer sprechen Deutsch.*

**Red Lodge Resort $$$**: *363 Red Lodge Rd., RR 1, Sheguiandah,* ☎ *(705) 368-3843, https://redlodgeresort.ca. Cottages und Zimmer oberhalb des Lake Manitou. Anfahrt über Bid-*

*well St. (Cup-Saucer-Trail-Abzweig vom Hwy. 540). Restaurant im Haus (kanadisch-deutsche Küche).*

**Silver Birches Resort $$–$$$**: *südl. von Little Current, bei Honora am Hwy. 540, ☎ (705) 368-2669, www.silverbirchesresort.com. Familienfreundliche Ferienhausanlage im Norden der Insel. Cottages und Camping. Gutes Freizeitprogramm, u. a. ein- und mehrtägige Kanutouren. Restaurant, Pool, Wanderwege. Mitte Mai–Mitte Okt. geöffnet.*

**South Bay Resort $$–$$$**: *21214 Hwy. 6, Tehkummah, ☎ (705) 859-3106, www.southbayresort.ca. Gepflegtes Resort mit Selbstversorger-Cottages, RV- und Campingplatz. Ruhige Bucht. Verleih von Booten aller Art. Gut geeignet für Familien. Nahe der Fähre. Mindestaufenthalt: 3 Nächte.*

### Fähre zwischen South Baymouth und Tobermory

**Owen Sound Transportation Co.**: *☎ (519) 596-2510 (Tobermory), (705) 859 3161 (South Baymouth), Reservierungen: ☎ 1-800-265-3163, www.ontarioferries.com, $18 (einfache Fahrt pro Person) + $ 38–49 für ein Auto (einf. Fahrt).* **Chi-Cheemaun** *(in der Objiwa-Sprache = „Großes Kanu"), Mai–Mitte Okt. 2–3 x tgl.* **Reservierungen** *sind empfehlenswert (bei Anruf Kreditkarte bereithalten). Die Überfahrt dauert knapp 2 Std.*

### Fahrradtouren und Wandern

*Die Insel eignet sich hervorragend für Fahrradtouren und dazu gibt es Tipps auf www.manitoulincycling.com. Einige Resorts vermieten Fahrräder, und es tauchen auch immer wieder Fahrradverleiher auf, doch scheint das Geschäft so unstetig zu sein, dass hier explizit keine Adressen angegeben sind. Ideen und Hinweise zu den tollen Wanderwegen finden sich auf www.manitoulin-island.com/hikingtrails.html.*

### Great Spirit Circle Trail

*Die acht Indianerstämme bieten unter diesem Namen unterschiedliche Touren, Führungen und Programme auf der Insel an. Neben Sommercamps sind das u. a. ein- bis mehrtägige Wanderungen, Ausritte und Kanutouren sowie erläuterte Besuche bei den Indianern und auch den „Stammesältesten". Übernachtungen in Hütten oder Zelten. ☎ 1-877-710-3211.*

## Bruce Peninsula

Südlich von Tobermory trennt die Bruce Peninsula den Lake Huron und die Georgian Bay. Kleine Straßen führen vom Hwy. 6, der die Halbinsel in voller Länge durchzieht, zu schönen Uferzonen. Die Halbinsel ist Teil des Niagara Escarpment. Dessen unzerstörte Naturlandschaft wurde durch die UNESCO zur „**Biosphere Reserve**" erklärt. Die Randstufe aus hartem Dolomitgestein zieht sich vom Genesee River bei Rochester entlang dem Lake Ontario, dann über Hamilton und die Bruce Peninsula zur Manitoulin Island und weiter nach Westen entlang dem Nordufer des Lake Michigan, bildet dort den Rücken der Door Peninsula und endet nordwestlich von Milwaukee.

*UNESCO-zertifizierte Naturlandschaft*

Die bezaubernde Bruce Peninsula ist ein ideales Feriengebiet für Naturliebhaber und Fotografen, die hier mehr als 170 Vogelarten, über 40 Orchideenarten, Wildblumen, Amphibien und Gesteinsformationen beobachten und erforschen können.

Bruce Peninsula
Fathom Five National Marine Park
Bruce Peninsula National Park
Cabot Head Prov. Nature Res.
Georgian Bay
Lake Huron
Tobermory
Cape Hurd
Dyer's Bay
Gillies Lake
Johnston Harbour
Johnston Harbor-Pine Tree Point Prov. Nature Reserve
Miller Lake
Smokey Head-White Buff Prov. Nature Reserve
Ira Lake P.N.R.
Clarke's Corners
Stokes Bay
Lions Head
Lion's Head Prov. Nature Reserve
Black Creek Prov. Park
Ferndale
Old Woman's River
Barrow Bay
Greig' Caves
Eden-hurst
Hope Bay Forest P.P.
Pike Bay
Cape Croker
Cape Croker Indian Reserve
Howdenvale
Red Bay
Purple Valley
Colpoy's Bay
Oxenden
Big Bay
Wiarton
Wolseley
Kemble
Oliphant
Chief's Point Indian Reserve
Sauble Beach North
Sauble Falls P.P.
Clavering
Sauble Beach
East Linton
Sauble Beach South
Shallow Lake
Park Head
Balmy Beach
Saugeen Indian Reserve
Chippawa Hill
Allenford
Springmount
Jackson
Owen Sound
Southampton
nach Port Elgin
Elsinore
Alvanley
nach Barrie
Bothwell's Corner
Leith
Annan
0 10 km
0 6 Meilen
Bruce Trail

*Blick bis zum Grund*

Bereits im 19. Jh. boten **Tobermorys** beide Häfen, Little Tub und Big Tub, den Schiffen Schutz vor den heftigen Herbststürmen, die immer wieder Schiffe stranden ließen. Mittlerweile hat es sich zu einem beliebten Ferienort entwickelt, von dem Ausflugsfahrten zu Schiffswracks abgehen, die in dem klaren Wasser der Georgian Bay gut auf dem Grund zu erkennen sind. Außerdem eignet sich der Ort bestens für Ausflüge zum **Bruce Peninsula National Park** und dem **Fathom Five National Marine Park**. Die Restaurantszene ist auf Familien ausgerichtet und bietet meist Fischgerichte. Eine Ausnahme bildet die **Tobermory Brewing Company** (*28 Bay St., Craftbeer, Burger und andere Pubgerichte*).

## Reisepraktische Informationen Tobermory, ON

### Information

**Tobermory VC (im Community Center)**: *7420 Hwy. 6, ☎ (519) 596-2452, https://tobermory.com*

**Bruce Peninsula Tourist Ass.**: *2928 Hwy. 6, Lions Head, ☎ (519) 793-4734, www.brucepeninsula.org*

### Unterkunft

**Northern Dreams B&B $$$**: *393 Eagle Rd. W. (10 km südöstlich von Tobermory), ☎ (905) 933-5800, www.northerndreamsbb.com. Schön, direkt an der Warner Bay gelegene Unterkunft. Nur 2 Zimmer. Ein Platz zum Entspannen. Von der großen Terrasse kann man den Sonnenuntergang bewundern.*

**Grandview Motel $$$**: *8 Earl St., https://grandview-tobermory.com, ☎ (519) 596-2220. 18 Zimmer, z. T. mit Blick auf Hafen und Bay. Gutes Restaurant (Fisch, Steaks, kanadische Küche).*

**Tobermory Inn, Suites & Cottages $$$**: *122 Bay St. S., www.tobermoryresort.com, ☎ 1-888-444-1336. Nahe zum Wasser. Zimmer, Chalets und Cottages. In- und Outdoor-Pool, Bootsverleih, Restaurant und Sportsbar.*

**Bruce Anchor Motel $$–$$$**: *7468 Hwy. 6, ☎ (519) 596-2555, https://bruceanchor.com. Ansprechende Zimmer sowie komfortabel ausgestattete Cottages (teilw. Wasserblick!). Sonnenterrasse.*

**Blue Bay Motel $$–$$$**: *32 Bay St., ☎ (519) 596-2392, https://bluebay-motel.com. Ruhiges, zentral gelegenes Mittelklassehotel. Geräumige Zimmer und schöner Blick auf den Hafen.*

### Fähren

*Infos zu den Fähren nach* **Manitoulin Island** *s. S. 310.*

### Bootsfahrten

*Während der Sommermonate: 2-stündige Fahrten mit Glasbodenbooten vorbei an in Stürmen gestrandeten Schiffen zur* **Flowerpot Island**. *Dort kurzer Aufenthalt.*

**Bruce Anchor Cruises**, *☎ (519) 596-2555, https://cruises.bruceanchor.com. Abfahrt: 61 Front St., ca. $ 53 (ohne Ausstieg), $ 57 (mit Ausstieg auf Flowerpot Island zzgl. Nat. Park-Pass: $ 7).*

**Blue Heron Cruises**, *☎ (519) 596-2999, www.cruisetobermory.com. Abfahrt: 34 Carlton St., am Little Tub Harbour, ab ca. $ 54 (ohne Ausstieg bzw. mit Aufenthalt im NP/auf Insel, $ 58).*

## Bruce Peninsula National Park

Der Park, Teil des Niagara Escarpment, erstreckt sich über 270 km auf beiden Seiten der Bruce Peninsula. Kalksteinfelsen, Mischwälder und Strände prägen das Landschaftsbild eines der letzten Wildnisgebiete Südwest-Ontarios. An der Ostseite des Parks hat das Wasser der Georgian Bay eine abwechslungsreiche Klippen- und Höhlenlandschaft geschaffen, während sich das Land im Westen mit Marschen, sanften Buchten und Sanddünen zum Lake Huron neigt.

42 Orchideenarten werden im Park gezählt, der von sehr abwechslungsreichen Wanderwegen durchzogen wird, so auch vom **Bruce Trail**, der über 782 km an der Küste entlang und dann durchs Landesinnere bis zu den Niagara Falls führt. In der **Touristeninformation in Tobermory** gibt es Auskünfte über Sehenswürdigkeiten, Veranstaltungen, Campingplätze und Wintersportbedingungen im ganzjährig geöffneten Park.

## Fathom Five National Marine Park

Der erste „Marine Park" Kanadas liegt nördlich von Tobermory und nimmt eine 130 km$^2$ große Wasserfläche am Lake Huron ein. In diesem Bereich liegen über 20 Schiffswracks, die zumeist im 19. Jh. in heftigen Herbststürmen beschädigt und gegen die Felsküste geschleudert wurden. Taucher lieben das Areal dafür. Man muss sich vor dem Tauchgang im **Park Visitor Centre** (*Tobermory, 120 Chi Sin Tib Dek Rd., www.pc.gc.ca*) anmelden. Um den Einstieg zu den Wracks für Taucher zu erleichtern, wurden eine Plattform und ein Plankenweg angelegt. Das klare Wasser wird auch von Schnorchlern und Unterwasserfotografen sehr geschätzt.

*Viele Schiffswracks*

Zu den 22 Inseln des Parks gehört auch **Flowerpot Island** mit zwei hoch aufragenden Kalksteinfelsen, die von Wind und Wasser wie „Blumentöpfe" geformt sind. Sie ist die einzige Insel, die von Booten angelaufen wird (s. S. 312). Auf ihr gibt es einen Picknickplatz mit Feuerstellen, sechs Zeltplätze (s. u.) und Wanderwege, jedoch kein Gasthaus oder Geschäft. Mindestens zwei Stunden Zeit sollte man einplanen, um die „Flowerpots" auf dem Rundwanderweg über die Insel zu besuchen. Man kann sich auch gut einen Tag dort aufhalten und schwimmen, sonnenbaden, tauchen, wandern und fotografieren.

### Hinweis: Camping auf Flowerpot Island

*Die sechs Zeltplätze (je eine Feuerstelle/Bootsanleger) sind jeweils für ein Zelt vorgesehen. Es gibt keine Platzreservierung. Wer zuerst kommt, stellt sein Zelt auf.*

*Auf „Flowerpot Island"*

Von Tobermory folgt man entweder dem Hwy. 6 (ca. 110 km) oder aber fährt ufernah an der schönen Ostseite der Halbinsel nach Owen Sound (130 km + Abstecher), wo die meisten besuchenswerten Ziele liegen, so z. B. die **St. Margaret's Chapel** am Cape Chin, der Ferienort **Lion's Head** mit seinem natürlichen Hafen und feinen Sandstränden, **Greig's Caves**, ein Gewirr aus zehn Höhlen, die durch mehrere Tunnel miteinander verbunden sind und der **Hope Bay Forest Provincial Park** mit ausgezeichneten Wandermöglichkeiten. Das **Cape Croker Indian Reserve**, eine Siedlung der Ojibwa-Indianer, ist für Besucher geöffnet. Es gibt Kunstgewerbeläden, Picknick- und Campingplätze, Wassersportmöglichkeiten und gute Wanderwege entlang dieser Strecke. Auf der Südwestseite lohnt der **Sauble Falls Provincial Park** nördlich des Ferienorts Sauble Beach (Hotels, Campingplätze, 11 km langer, feiner Sandstrand).

## Owen Sound

*Beliebtes Ferienziel*

Die 22.000 Einwohner zählende Stadt liegt im schönen Sydenham River Valley am Südende der Georgian Bay. Owen Sound war um 1900 Ausgangshafen für die Siedler, Prospektoren und Abenteurer, die von hier mit dem Schiff nach Thunder Bay gefahren sind, um den Westen zu entdecken. Noch heute erinnern kleine Villen und weitere historische Gebäude an diese Zeit. Die „Historic Downtown Walking Tour" folgt den alten Spuren. Heute ist die Gegend ein Feriengebiet mit guten Wassersportmöglichkeiten und eignet sich ebenfalls als Ausgangsort zum Besuch der Bruce Peninsula und der südöstlich gelegenen Blue Mountains. Angler (Lachse im September), Fahrradfahrer und Wanderer kommen gerne hierher. Neben dem Tourismus sind es die kleinen Hafenbetriebe, die der Stadt zu einem bescheidenen Wohlstand verhelfen. Beliebt ist der Besuch des **Owen Sound Farmer's Market** *(88 8th St. E., Sa 8–12.30 Uhr)* und von Ende August bis Anfang Oktober bietet sich ein eindrucksvolles Schauspiel, wenn die Lachse an der **Mill Dam Fish Ladder** springen.

*Auf dem Farmer's Market in Owen Sound gibt es Produkte aus ganz Ontario*

In der **Tom Thomson Art Gallery** sind Werke des hier geborenen Malers Tom Thomson ausgestellt, der zur „Group of Seven" gehörte (s. S. 382), die für die bildliche Darstellung der rauen Landschaften des kanadischen Nordens bekannt ist *(840 1st Ave. W., www.owensound.ca/en/tomthomson.aspx, Di–Fr 12–16, Sa 12–17 Uhr (Sommer), Rest des Jahres Di–Sa 12–16 Uhr, Spende ca. $ 5).*

*Landschaftsmalerei*

Das **Owen Sound Marine & Rail Museum** erläutert, u. a. anhand von Schiffs- und Eisenbahnmodellen, die Bedeutung der Hafenstadt für die Erschließung des Westens *(1155 1st Ave. W., Ende Mai–Anf. Okt. Mo–Sa 10–17, So 12–17 Uhr, Spende $ 5).*

Beliebt sind der **Harbour Walkway** und der am Sydenham River gelegene, 46 ha große, gepflegte **Harrison Park** *(2nd Ave.)* mit Bächen, Flüssen (Bootverleih) sowie Picknick- und Campingplätzen.

Schön sind die 5 km südlich gelegenen, 18 m hohen **Inglis Falls**, wo die Wasser des Sydenham River über den Niagara-Abhang stürzen. Weitere Wasserfälle: die 15 m hohen **Indian Falls** (5 km nordwestl. der Stadt) und die 12 m hohen **Jones Falls** (am Bruce Trail).

*Zahlreiche Wasserfälle*

Im **Grey Roots Museum** westlich von Rockford lernt man in fünf restaurierten Häusern und auf einem 8 m langen Pelzhandelskanu die regionale Geschichte kennen *(102599 Grey Rd. 18, RR 4, Georgian Bluffs, https://greyroots.com, Ende Mai–Anf. Okt. tgl. 10–17 Uhr, $ 10,50).*

Bei genügend Zeit kann man zur Midland-Halbinsel fahren, dort das Museumsdorf „Sainte-Marie among the Hurons" besuchen und anschließend die Strände an der Nottawasaga Bay genießen (s. S. 326).

## Reisepraktische Informationen Owen Sound, ON

### Information

**Tourism Office**: *1155 First Ave. W., ☎ (519) 371-9833, www.owensoundtourism.ca/en*

### Unterkunft

**The Highland Manor Inn $$$**: *867 4th Ave. 'A' W., ☎ (519) 372-2699, www.highlandmanor.ca. Nahe der Innenstadt gelegene, gepflegte, viktorianische Villa (1872). Schattige Veranda, Garten, Leseraum mit vielen Büchern, Kamine etc. Jedes Zimmer mit eigenem Bad. Reichhaltiges Frühstück. Mindestaufenthalt: 2 Nächte (April–Okt.).*
**Best Western Inn on the Bay $$–$$$**: *1800 2nd Ave. E., ☎ (519) 371-9200, www.bestwestern.com. Modernes Mittelklassehotel direkt an der Bay, nahe Zentrum. 60 Zimmer, Restaurant, Whirlpool.*
**Quality Inn Owen Sound $$–$$$**: *950 6th St. E., ☎ (519) 376-1551, www.choicehotels.com. Sauberes Motel mit 79 Zimmern, Swimmingpool, Sauna, Spielplatz und Restaurant.*
**B&C Moses' Sunset Country B&B $$**: *398139 10th Con Sydenham RR 6, ☎ (519) 371-4559, http://tiffanyweb.bmts.com/~moses/FrontPage.html. Ruhiges, in einem Park gelegenes Haus mit drei antik eingerichteten Zimmern. Auf Wunsch eigenes Bad.*

### Essen & Trinken

**Mudtown Station Brewery & Restaurant**: *1198 1st Ave E., ☎ (519) 371-3575. Hier, im historischen Bahnhofsgebäude, stehen zwar die Hausbiere im Vordergrund, doch gibt es eine Reihe von leckeren Snacks und auch Hauptgerichte (Burger, Fisch, Gulasch). Nette Atmosphäre.*

**Boot & Blade**: *1135 2nd Ave E., ☎ (519) 372-2222. Eine kleine Legende im Ort, da sich hier bereits früher die Hockeyspieler des Ortes trafen und reichlich verköstigt wurden. Unscheinbar, aber eine gute Adresse, um satt zu werden und heimische Atmosphäre zu schnuppern. Die Speisekarte bietet alles (Burger, Pasta, Steaks, Salate, Craftbeer und vor allem ein deftig-leckeres Frühstück).*

### Festival

**Summer Folk Festival** *mit Musik-, Tanz- und Gesangsaufführungen. Drittes August-Wochenende, https://summerfolk.org.*

### Streckenhinweise

- Direkt über den Hwy. 6 bis Guelph und weiter über den Hwy. 7 nach Kitchener (151 km) bzw. südlich von Guelph über den Hwy. 401 nach Toronto (195 km) fahren.
- Alternativ: dem Hwy. 21 über Port Elgin bis Goderich und dort dem Hwy. 8 nach Waterloo und Kitchener folgen (246 km nach Kitchener bzw. 340 km nach Toronto).
- Für Eilige: über den Hwy. 10 nach Toronto (2,5 Std.). Empfehlung: Umweg über das östlich davon gelegene landschaftlich schöne Beaver Valley (4 Std. bis Toronto).

## Alternative entlang dem Hwy. 21 (ON 21)

Kleine Stichstraßen führen vom Hwy. 21 ans Ostufer des Lake Huron, wo gute Erholungs- und Wassersportmöglichkeiten existieren, z. B. in den Provincial Parks **Inverhuron** oder **Point Farms** (8 km nördlich von Goderich).

*Kernkraft und Windenergie*

Die **Bruce Nuclear Generating Station** nördlich von Tiverton umfasst acht Reaktoren, die sowohl elektrische Energie als auch Kobalt-60 für medizinische Einrichtungen erzeugen. Die nahe **Huron Wind Farm** produziert Strom aus Windenergie. Im Visitor Centre *(Bruce Township, westl. des Hwy. 21, Concession 4/Bruce Rd. 20, www.huronwind.com, Mo–Fr 9–16 Uhr)* informieren Filme und Ausstellungen über das kanadische Kernforschungs- sowie das Energieprogramm. Einstündige Busfahrten führen zu zwei Nuklearstationen bzw. zum Windpark. *Anmeldung für die Touren: ☎ (519) 361-7777.*

Die 1827 gegründete Stadt **Goderich** *(www.goderich.ca)* zählt 7.600 Einwohner und ist der größte Hafen Kanadas am Lake Huron. Sie wartet mit einer schönen Hafenfront, historischen Gebäuden, einladenden Stränden sowie bezaubernden Ausblicken von der Menesetung Bridge auf Hafen, See und Maidland River auf. Sehenswert ist das **Huron County Museum** *(110 North St., Mo–Sa 10–16.30, So 13–16.30 Uhr, $ 6)*, das die Geschichte dieser Region zeigt, z. B. eine rekonstruierte Straßenszene aus der Pionierzeit. Das achteckige **Huron Historic Gaol & Governor's House**

*Uferzone am Lake Huron*

ist ein Steinhaus aus dem Jahr 1842, das bis 1972 als Gefängnis diente *(181 Victoria St., tgl. Mai–Okt., $ 6).*

## Östliche Strecke: von Sudbury an der Ostseite der Georgian Bay entlang nach Kitchener und Toronto

Von Sudbury geht es auf dem Hwy. 69 nach Süden. Nach etwa 170 km erreicht man Parry Sound. An dieser Strecke liegen besonders schöne und **interessante Ausflugsziele**; kleine Stichstraßen führen an die Georgian Bay oder zu zahllosen Seen.

### Killarney und der Killarney Provincial Park

Südlich der Ortschaft Estaire zweigt der Hwy. 637 nach Killarney und zum Killarney Provincial Park ab, den man nach 67 km erreicht. Dies ist die einzige Straßenverbindung, sonst sind Ort und Park nur per Boot oder Wasserflugzeug zu erreichen.

**Killarney**, früher ein wichtiger Pelzhandelsposten, ist heute ein ruhiger Ferienort, wo man sich mit Proviant für den Besuch des Killarney Provincial Park ausrüsten, Kanus mieten oder ganztägige Wanderungen unternehmen kann. Das **Killarney Centennial Museum** *(29 Commissioner St., Juli–Labour Day, Do–Mo 10–12 u. 13–17 Uhr)* zeigt Exponate zur lokalen Geschichte und die Fish & Chips in **Herbert Fisheries** am Ende des Hwy. 637 sind eine Legende.

Ruhiger Ferienort

Der 645 km² große **Killarney Provincial Park** liegt 10 km nordöstlich der Straße. Mit Dutzenden von Seen ist er ein Paradies für Wanderer und Kanufahrer (*nächster Verleih: Killarney Outfitters, s. S. 319*). Die Landschaft beeindruckt mit ihrem Far-

*Eindrucksvolles Farbenspiel* benspiel: dichte, dunkle Nadelwälder, ein heller Felsboden, das Blau des Himmels sowie das tiefblaue bis smaragdgrüne Wasser. Seinen eigenen, sehr ursprünglichen Reiz haben viele Maler, darunter auch Mitglieder der „Group of Seven" (s. S. 382), in Bildern einzufangen versucht. Der Park ist ganzjährig geöffnet und hat einen gut ausgestatteten Campingplatz. Kurze Tageswanderungen im Park sind vom George Lake (Hwy. 637, dort Visitor Centre) aus möglich; mehrtägige Trekkings führen in das unberührte Hinterland mit ganz unterschiedlichen Landschaftsformen. Im Park befindet sich eine große Sternwarte.

## French-River-Gebiet

Das wasserreiche, von vielen Nebenflüssen durchzogene Gebiet erstreckt sich zwischen Lake Nipissing und der Georgian Bay. Bereits im 17. Jh. erforschten Missionare und Voyageurs die Region. Der **Lake Nipissing**, mit 874 km$^2$ größer als der Bodensee, ist wegen seiner reichen Bestände an Hechten, Zandern, Forellen und Barschen ein für Angler bevorzugtes Revier.

Der 90 km (mit Seitenarmen 125 km) lange French River wurde im 17. Jh. von den Voyageurs als Teil der Passage zwischen Ottawa und der Georgian Bay genutzt. Täglich durchquerten Hunderte von Kanus das Gebiet. Heute ist es ein beliebtes Ziel für Erholungssuchende, denn die Region ist touristisch nicht „übernutzt". Einfache und rustikale, aber wunderschön gelegene Lodges verstecken sich in einer Landschaft aus Flüssen, Seen und Inseln. Ein wahres Eldorado für diejenigen, die einfach *Ruhe und Erholung* mal die „Seele baumeln" lassen und dabei tagsüber mit einem Kanu oder Motorboot die Gewässer erkunden möchten. Das **Visitor Centre des French River Provincial Park** an der Brücke über den French River am Hwy. 69 ist allemal einen Besuch wert. Die Gegend ist herrlich für Spaziergänge geeignet. Auch der nahe **Grundy Lake Provincial Park** ist bei Wanderern und Kanufahrern beliebt.

## Reisepraktische Informationen Killarney, French River, ON

### Information

**Killarney Provincial Park VC**, *am Lake George, ☎ (705) 287-2900, www.ontarioparks.com/park/killarney. Infomaterial, geführte Wanderungen, Permits, Lehrveranstaltungen. Auch das VC in Sudbury hält Infos zu den Parks bereit.*

### Unterkunft

*Bei den relativ hohen Preisen für die Unterkunft in einer Lodge sind in der Regel alle Mahlzeiten und oft auch die Nutzung von Booten inklusive! Der Mindestaufenthalt sollte jedoch drei Nächte betragen. Eine Reservierung im Voraus ist unumgänglich, dabei nach dem Mindestaufenthalt fragen.*

**Killarney Mountain Lodge $$$–$$$$**: *3 Commissioner St., Killarney, ☎ (705) 287-2242 od. 1-800-461-1117, https://killarney.com. Anfang Mai–Ende Okt. Wunderschöne Lodge. Ideal zum Ausruhen und Spazierengehen, aber auch Outdooraktivitäten aller Art und Längen werden komplett arrangiert (Fischen, Kanutouren, Seakayaking, Motorboottouren, Wanderungen etc.).*

*Ebenfalls schick, aber auch nicht besonders preiswert, ist* **The Sportsman's Inn $$$–$$$$**: *37 Channel St., ☎ (705) 287-2242, https://sportsmansinn.ca. Es hat ein Restaurant und bietet an Sommerwochenenden fast immer eine Veranstaltung.*

*Übernachtungsmöglichkeiten im* **Killarney Provincial Park***: einfache* **Campingplätze***, zwei* **einfache Hütten** *sowie* **„Yurts"** *(einfaches Indianerzelt); Platzreservierung empfehlenswert. Anmeldungen sind im Sommer unter ☎ (705) 287-2900 und ganzjährig möglich unter ☎ (519) 826-5290.*

**Cranes Lochaven Wilderness Lodge $$$$***: Commanda Island, nur per Boot von Wolseley Bay (Hwy. 528) zu erreichen. Ca. 1 Stunde vorher anrufen, ☎ (705) 898-2222, https://craneslochavenlodge.com. „Aussteigen auf Zeit" – ein Paradies für Angler und Erholungssuchende! Die rustikale, etwas abgeschieden gelegene Lodge war einst ein Erholungscamp für Eisenbahner. Kleine Hütten. Unter drei Nächten Aufenthalt lohnt es nicht.*
**Wolseley Lodge $–$$***: RR #1, 2652 Hwy. 528 (Wolseley Bay Rd.), Noëlville, ☎ (705) 898-3356, www.wolseleylodge.com. Rustikale Lodge am Ende der Wolseley Bay. Hier wohnt man in kleinen Holzhütten. Nahe den Bootseinsetzpunkten der Angler und damit ideal gelegen für Aktivitäten auf dem Wasser. Das deutsche Besitzerehepaar hilft bei Kanutouren, arrangiert alles für Angler oder organisiert Tagestouren mit Boot (inkl. BBQ an einem einsamen Ufer). Der Tipp, da Preis und Angebot für die meisten am besten geeignet sein werden.*
*Schön gelegen ist die* **Green Bay Lodge & Camping/Trailerpark $–$$***, 463 Green Bay Rd., Noëlville, ☎ (705) 898-2747, www.greenbaylodge.ca.*
**Zentrale Buchungsadresse für das French-River-Gebiet***: www.frenchriverresorts.com.*

## Ausrüstung und Infos zu Kanutouren

**Killarney Outfitters***: 5 km nordöstl. von Killarney (Hwy. 637), ☎ (705) 287-2828, www.killarneyoutfitters.com. Infomaterial zu den Routen im Killarney Provincial Park, Kanuverleih, komplette Ausrüstungen für mehrtägige Fahrten und Zubringerdienste zum Park.*
**Infos zu Kanurouten***: www.myccr.com.*

## Bootstour

*Es gibt zwar keinen Bootstouren-Anbieter im Speziellen, aber an der Wolseley Bay (Hwy. 528, Dock an der Totem Point Lodge bzw. Wolseley Lodge) liegen zahlreiche Boote, die man evtl. mieten kann. Am besten fragt man an den Lodges oder spricht einfach einen Fischer/Angler an, der einen für eine kleine Bezahlung mal ein Stück mitnehmen kann.*

*Im French-River-Gebiet*

## Parry Sound und die 30.000 Inseln

Ab dem kleinen Ort **Nobel** vor Parry Sound wird es deutlich touristischer und auch teurer, denn hier beginnt das Einzugsgebiet der Wochenendurlauber aus Toronto. **Parry Sound** wurde nach dem britischen Polarforscher William E. Parry (1790–1855) benannt, der die arktischen kanadischen Gewässer erkundete. 6.800 Menschen leben in dem Ferienort mit dem Beinamen „Tor zu den 30.000 Inseln", der ausgezeichnete Möglichkeiten für Wassersportler, Angler und Golfer bietet. Ausflugsdampfer fahren von hier durch die vorgelagerte, wunderschöne Inselwelt.

*Vorgelagerte Eilande*

Diese „**30.000-Inseln-Kreuzfahrt**" ist ein besonderes Erlebnis. Nirgends sonst auf der Welt liegen so viele Inseln so dicht beisammen. Die „Island Queen", einer der größten Binnenwasser-Ausflugsdampfer Kanadas, fährt durch enge Kanäle und seichte Wasserstraßen, führt an Leuchttürmen und Kaps vorbei, umrundet winzige Inselchen, auf deren felsigem Boden nur ein paar Bäume stehen, Inseln mit kleinen Ferienhäuschen, Eilande mit schönen, baumbestandenen Buchten und feinem Sandstrand, solche mit luxuriösen Villen und großen Motorbooten und menschenleere Inseln mit steilen Felsabbrüchen. Bullerbü und die schwedische Schärenwelt lassen grüßen.

Auf der Fahrt kommt man an der Südspitze des **Killbear Provincial Park** vorbei, einem Paradies für Wassersportler und vor allem Taucher. Vom Gletschereis geglättete Granitbrocken und tiefe Rillen im Felsgestein sind hier deutliche Spuren der Eiszeiten. Auf **Parry Island** liegt ein Indianerreservat der Huronen. Kurz vor der Rückkehr passiert das Schiff eine Insel, deren Besitzer Vorbeifahrende mit einem Spiel auf seinem Dudelsack grüßt. Besonders reizvoll ist die Kreuzfahrt übrigens Ende September/Anfang Oktober, wenn im Indian Summer das Laub der Ahornbäume rot und golden zwischen den dunklen Kiefern hervorleuchtet.

*Kreuzfahrt im Indian Summer*

In Parry Sound lohnen wegen des herrlichen Ausblicks auf die Inselwelt noch der Aufstieg über 131 Stufen auf den **Tower Hill** und dort auch der Besuch des **West Parry Sound District Museum** mit seinen Ausstellungen zur Geschichte der Indianer, der Fallenstellerei sowie dem Fischfang und der Seefahrt (*17 George St., www.museumontowerhill.com, im Sommer Mi–So 10–17, Rest des Jahres Mi–So 11–16 Uhr, $ 5*).

*Sehenswertes Regionalmuseum*

## Reisepraktische Informationen Parry Sound, ON

### Information

**Parry Sound VC**: *im Sommer immer, nur teilweise Rest des Jahres: 2 Bay St. (Charles W. Stockey Centre), ☎ 1-877-746-4466, sonst: 52 Seguin St. (Town of Parry Sound), ☎ (705) 746-2101, beide www.parrysound.ca*

### Unterkunft und Essen

**Sunny Point Resort, Cottages & Inn $$$**: *41 Sunny Point Rd. (18 km südöstl. von Parry Sound), ☎ (705) 938-1970, 1-800-265-0432, www.sunnypointresort.com. Ruhige Anlage am Otter Lake. Ferienhäuser und Suiten verschiedener Größen. Sportmöglichkeiten wie Schwimmen, Fischen, Kanufahren, Surfen, Wasserski, Tennis und Wandern.*

**Log Cabin Inn $$$**: *9 Little Beaver Blvd., Seguin, ☎ (705) 746-7122, www.logcabininn.*

*net. Nur 6 Zimmer, davon 4 in sep. Holzhäusern, 2 im Haupthaus. Gemütlich-rustikal, ruhig und abgeschieden vom Trubel. Exquisites Restaurant, spezialisiert auf Fisch und Geflügel. Erlesene Weine. Unbedingt reservieren, besonders wenn man nur zum Essen herkommt.*

**Bayside Inn $$$**: *10 Gibson St., ☎ (705) 746-7720, https://psbaysideinn.com. Zentral im Ort gelegene, charmante Unterkunft. Fußläufig zum Schiffsanleger und zu Restaurants. Warmes Frühstück (Aufpreis).*

**Glenn Burney Lodge & Motel $$–$$$**: *49 Glenn Burney Rd., ☎ (705) 773-3423, www.glennburneylodge.ca. Kleines Resorthotel mit 13 Zimmern sowie 1- und 2-Zimmer-Cottages (teilw. Blick auf die Georgian Bay). Strand, Bootsverleih, Gelegenheit zum Segeln und Surfen, gutes Restaurant (☎ (437) 349-5340).*

**Bed-&-Breakfast-Unterkünfte**: *www.bbcanada.com/associations/parrysound.*

*Wer unkompliziert speisen möchte, geht in die moderne* **Brunswick Sports Grill & Bar** *(72 James St.), wo es Steaks, Burger, Sandwiches, Wings und Salate gibt. Man kann auch draußen sitzen. Die* **Trestle Brewing Company** *(9 Great North Rd.) serviert gutes Craft Beer sowie Snacks, Burger und auch Veganes und hat eine schöne Außenveranda direkt am Wasser (Abendsonne).*

### Schiffstouren zu den 30.000 Inseln

**Island Queen Cruise/30.000 Islands Cruise**, *9 Bay St., ☎ (705) 746-2311, https://islandqueencruise.com. Juni–Mitte Okt. Zwei- bis dreistündige Kreuzfahrten mit großem Ausflugsschiff, ab $ 51 (2 Std.). Unbedingt lange im Voraus buchen. Es gibt auch spezielle Touren mit einem großen Schlauchboot (ab $ 60/3 Std.).*

**Parry Sound Cruise Lines/M.V. Chippewa III**: *Seguin River Parkette/20 McIsaac Way, ☎ (705) 746-6064, https://mvchippewa.com. Fahrten mit historischem Motorschiff (ehemalige „Maid of the Mist", die an den Niagara Falls eingesetzt wurde), ab $ 40. Empfehlung: die Dinner bzw. Restaurant Cruises.*

## Georgian Bay Islands National Park

Etwa 9 km hinter Crooked Bay zweigt der Hwy. 48 vom Hwy. 400 nach Honey Harbour (und später der Hwy. 5) zum **Georgian Bay Islands National Park** ab. 59 Inseln wurden hier zum National Park zusammengefasst. Diese sind nur mit Booten zu erreichen, die in **Honey Harbour** bereitliegen. Water Taxis nehmen Besucher mit (*Reservierung: ☎ (705) 756-2411*). Das offizielle Boot der Parkbehörde ist der „Day Tripper" (*Reservierung: ☎ 1-877-737-3783 oder online www.pc.gc.ca/en/pn-np/on/georg/visit/daytripper*). In Honey Harbour gibt es auch ein paar Unterkunftsmöglichkeiten.

Die größte der Inseln und ein beliebtes Ziel für Wanderer ist **Beausoleil Island**, wo es ein Infozentrum und einen Campingplatz gibt. Die Inseln weisen von der Eiszeit geprägte Land-

*Campen an der Georgian Bay*

*Abwechslungsreiche Landschaft*

schaftsformen auf. Im nördlichen Gebiet herrschen anspruchslose Kiefern auf felsigem Grund vor, während sich im Süden Wiesen, Moore und kleine Wälder, Überreste der riesigen Waldgebiete, die einst ganz Ostkanada bedeckten, ausdehnen. Die kanadischen Maler der „Group of Seven" (s. S. 382) haben die Inseln der Georgian Bay oft besucht und in ihren Bildern häufig dargestellt.

Ab Waubaushene folgt man dem Hwy. 12 nach Midland.

info

## Big Chute Marine Railway

Die Big Chute Marine Railway, östlich von Port Severn (über CR 34 oder 17), ist das Abstiegsbauwerk Nr. 44 im Trent-Severn Waterway. Hier werden Boote auf eine große Lore geschoben, die dann auf Schienen den Höhenunterschied von 18 m überwindet. Dabei wird eine Strecke von 229 m zurückgelegt. Ursprünglich als normale Schleuse geplant, fiel die Anlage jedoch der Finanzknappheit während des Ersten Weltkriegs zum Opfer und wurde als Schrägaufzug mit Trockenförderung im Jahr 1917 als Provisorium eröffnet. Seither wurde die Big Chute Marine Railway mehrmals erneuert und erweitert, zuletzt 1978. Infotafeln erläutern technische Details.

In **Port Severn** (Unterkünfte) passiert man die Schleusen des Trent-Severn Waterway (s. S. 398). Hier gibt es ein paar Restaurants am Wasser.

## Reisepraktische Informationen
## Georgian Bay Islands NP und Port Severn

### Information

**Infos:** *www.pc.gc.ca. Zwei VC gibt es in Midland: 527 Len Self Blvd. (ganzjährig) sowie Midland Harbour, 165 King St. (Mai–Sept. tgl. 9–18 Uhr), ☎ (705) 526-4275 ext. 2550, www.midland.ca.*

### Unterkunft/Campen (weitere Hotels siehe unter Midland)

**Delawana Resort $$$–$$$$**: *42 Delawana Rd., Honey Harbour, ☎ 1-888-557-0980, https://delawanaresort.ca. Großes, direkt am Wasser gelegenes Resort für Familien. Viele Freizeitangebote, Bootsverleih etc.*

**Christie's Mill Inn & Spa $$$**: *263 Port Severn Rd. N., Port Severn, ☎ (705) 538-2354, www.christiesmill.com. Direkt an den Schleusen des Trent-Severn Waterway. Pool, Wellness, Restaurant. Gute Mittelklasse.*

**Campen** *im Park: Mitte Mai bis Mitte Okt.:* **Cedar Springs Campground** *auf* **Beausoleil Island** *(hier kleiner Visitor-Info-Kiosk). Reservierungen, auch für die Bootsfahrt, ☎ (705) 527-7200, https://reservation.pc.gc.ca. Ein weiterer Campingplatz befindet sich in Port Severn:* **Wildwood by the Severn**, *164 Lone Pine Rd., ☎ (705) 538-2880, www.wildwoodbythesevern.com. Nur RVs (Campingmobile).*

## Midland

Der historisch bedeutsame Ort an der südlichen Georgian Bay ist heute ein lebhafter Hafenort und beliebtes Feriengebiet mit ausgezeichneten Wassersportmöglichkeiten. Bekannt ist es für die vielen **Wandmalereien** *(murals)*, die man an Hauswänden, alten Silos und Industriegebäuden findet. Die Bilder wechseln unregelmäßig. Auch von hier starten Kreuzfahrten zu den 30.000 Inseln.

*Altes Siedlungsgebiet*

Die Region Huronia zählt zu den ältesten Siedlungsgebieten Ontarios. Hier trafen im 17. Jh. weiße Missionare und Siedler auf den Indianerstamm der Huronen. Historische Sehenswürdigkeiten erzählen mehr über diese Zeit, so werden im **Huronia Museum** Gebrauchsgegenstände, Kleidung und Töpferwaren der Huronen *(Ouendat)* sowie eine Ausstellung zur Geschichte der östlichen Georgian Bay gezeigt. Das ans Museum angeschlossene **Huron (Ouendat) Indian Village** ist die mit großer Sorgfalt ausgeführte Rekonstruktion eines Indianerdorfs, das das Leben im 16. Jh. widerspiegelt.
***Huronia Museum****, 549 Little Lake Park, https://huroniamuseum.com, Mai–Okt. tgl. 9–16.30, Randsaison Mo–Fr 9–16 Uhr, $ 7. Es gibt Kombitickets für Museum und Indian Village.*

Die Kirche **The Martyr's Shrine** ist ein Wallfahrtsort für die kanadischen Katholiken. Sie wurde 1926 zu Ehren der acht französischen Jesuitenmönche errichtet, die in den Jahren 1642–1649 von den Indianern getötet worden waren (s. u.) und später seliggesprochen wurden. Im Kircheninneren befindet sich der geweihte Schrein der Märtyrer.
***The Martyrs' Shrine****, 16163 ON-12, https://martyrs-shrine.com, $ 10.*

*Lehrpfade im Feuchtgebiet*

Der Kirche gegenüber beginnt das **Wye Marsh Wildlife Centre** *(www.wyemarsh.com, tgl. 9–17, im Sommer Fr bis 20 Uhr, $ 12)*, eine für Botaniker und Vogelkundler sehr interessante Sumpflandschaft, die sich am Wye River entlangzieht. Naturlehrpfade, Planken- und Wanderwege durchziehen das Gelände, das man am besten von der Höhe des Aussichtsturms überblicken bzw. auf Kanutouren erkunden kann.

## Sainte-Marie among the Hurons

Sainte-Marie wurde 1639 von den französischen Jesuiten Jean de Brébeuf und Gabriel Lallemant gegründet und war für ein Jahrzehnt ein wichtiger Stützpunkt. 1648 lebte hier ein Fünftel der europäischen Bevölkerung von Neufrankreich. Die ersten Begegnungen, bei denen die hier sesshaften Huronen und die Franzosen ihre Kenntnisse und Fertigkeiten austauschten, verliefen friedlich, doch kam es aus Glaubensgründen auch zu Unstimmigkeiten. Zahlreiche Huronen erkrankten und starben zudem an von Weißen eingeschleppten Krankheiten wie Grippe, Masern und Pocken. Die südlich lebenden, mit den Huronen befehdeten Irokesen versuchten, die Schwächung ihrer Feinde auszunutzen, und überfielen mehrfach die Station.

*Gescheiterte Mission*

Aufgrund der Kämpfe gaben die Jesuiten ihre Niederlassung im Juli 1649 auf. Zusammen mit einigen getauften Huronen steckten sie die Station in Brand und gründeten auf Christian Island Sainte-Marie II. 1650 kehrten sie endgültig zusammen mit einigen Hundert christlichen Indianern nach Québec zurück.

Die Missionsstation, die interessanteste Sehenswürdigkeit der Region, wurde zwischen 1964 und 1967 rekonstruiert und vermittelt einen guten Eindruck von dieser frühen europäischen Siedlung. Beim Rundgang begegnen den Besuchern kostümierte Dorfbewohner und Indianer, die den Alltagsbeschäftigungen jener Zeit nachge-

Das Museumsdorf Sainte-Marie among the Hurons

hen und das damalige Leben schildern. Die Anlage war von Palisaden umgeben, hinter denen sich drei abgeteilte Bereiche befanden. Zum nördlichen Gebiet der Geistlichen und Europäer gehörten eine Kapelle, die Residenz der Jesuiten, Wohnhäuser, Getreidespeicher, die Missionsküche und Handwerkerquartiere; im mittleren Bereich lagen weitere Werkstätten und die St. Josephskirche, an deren Südseite der von christianisierten Indianern bewohnte Teil begann. Hier gab es ein Langhaus, ein Wigwam und eine Krankenpflegestation mit Kräutergarten und Apotheke. Vor dem Palisadenzaun, noch im Schutz der Festung, lebten Indianer, die noch nicht den christlichen Glauben angenommen hatten.

Im angeschlossenen Museum wird die Arbeit der Archäologen verdeutlicht und die Geschichte der Missionsstation dargestellt. Im Café kann man Speisen des 17. Jh. probieren und im Juli und August werden Kanufahrten auf dem Isaraqui- (Wye-) River angeboten, die an der Missionsstation vorbeiführen.
***Sainte-Marie among the Hurons**, 16164 ON-12, 5 km östl. von Midland, www.saintemarieamongthehurons.on.ca, Mai–Anf./Mitte Okt. tgl. 10–17 Uhr, $ 10–12 (vergünstigte Kombitickets mit Discovery Harbour – s. u.).*

## Ausflug nach Penetanguishene

Der hübsche Ort, dessen indianischer Name in der Übersetzung „Stelle des weißen Sandes“ bedeutet, liegt 7 km nordwestlich von Midland und ist geprägt durch das französische und englische Erbe. Einwanderer beider Länder ließen sich in der Nähe der ehemaligen britischen Garnison nieder. Zwei am südlichen Ortseingang aufgestellte Engel sollen die Harmonie zwischen den beiden Kulturen symbolisieren. Ansonsten finden Urlauber hier gute Möglichkeiten zum Wandern, Schnorcheln und Tauchen vor und auch von hier gibt es Bootstouren zu den 30.000 Inseln.

*Seltene Eintracht*

Die **Historic Naval & Military Establishments** im **Discovery Harbour** wurden nach dem Krieg mit den Amerikanern im Jahr 1812 gebaut und bis 1856 genutzt. Heute sind in den 15 rekonstruierten Gebäuden Schreibstuben, Lagerhäuser und Soldatenunterkünfte zu besichtigen und kostümierte Guides informieren über die Bedeutung der Garnison. An der King's Wharf liegen zwei nachgebaute Schoner aus dem 19. Jh.: die „HMS Bee“ und die „HMS Tecumseh“.
***Discovery Harbour**, 93 Jury Dr., www.discoveryharbour.on.ca, Mitte/Ende Mai–Anf. Sept., tgl. 10–17 Uhr, $ 7 (vergünstigte Kombitickets mit Sainte-Marie – s. o.).*

*Geschichte erleben*

## Reisepraktische Informationen Midland, Penetanguishene, ON

### Information

**Southern Georgian Bay Chamber**: *208 King St., Midland, ☎ (705) 526-7884, https://southerngeorgianbay.ca*
*Dazu gibt es zwei* **VC in Midland**: *527 Len Self Blvd. (ganzjährig) sowie Midland Harbour, 165 King St. (Mitte April–Mitte Okt.), ☎ (705) 526-4610, www.midland.ca*
**Penetanguishene Info Center**: *Town Dock, 2 Main St., ☎ (705) 549-2232, www.penetanguishene.ca*

### Unterkunft

**1875 Charter's Inn B&B $$$–$$$$**: *290 Second St., Midland, ☎ (705) 527-1572, www.chartersinn.com. Charmantes, persönlich geführtes B&B in einem viktorianischen Haus von 1875. Nur drei Zimmer.*
**Sugar Ridge Retreat Centre $$$**: *5720 Forgets Rd., Weybridge, ☎ (705) 528-1793, www.sugarridge.ca. Hier wohnt man vollkommen ruhig (kein TV, Telefon etc.) in einfach ausgestatteten Hütten (Badezimmer nur im Haupthaus), isst vegetarisch und kann an Yoga-Kursen teilnehmen. Ideal, um einmal komplett abzuschalten. Frühstück inkl.*
**Quality Inn & Conference Centre $$$**: *924 King St., Midland, ☎ (705) 526-9307, www.choicehotels.com. Im Ortszentrum. 120 ansprechende Zimmer, Restaurant, Swimmingpool, Sauna und Whirlpool.*
**Georgian Terrace Guest House $$$**: *14 Water St., Penetanguishene, ☎ (705) 527-1889. Schönes Gebäude mit großer, überdachter Terrasse, von der aus man auf die Bay schauen und dabei die Nachmittags- und Abendsonne genießen kann. Nur drei Zimmer. Gutes Frühstück.*
**Comfort Inn $$**: *980 King St., Midland, ☎ (705) 526-2090, www.choicehotels.ca. Motel mit 60 freundlich eingerichteten Zimmern.*

### Essen & Trinken

*Fine Dining ist nicht angesagt in Midland, dafür aber solide, ehrliche Kost:* **Mom's Restaurant** *(200 Pillsbury Dr., ☎ (705) 527-0700) serviert Gerichte der alten Schule (Schnitzel, dicke Saucen, Pasteten, reichhaltige Omeletts),* **The Boathouse Eatery** *(177 King St., ☎ (705) 527-7480, Burger, Fish & Chips) ist beliebt wegen der Patio mit Blick auf den Hafen. Ebenfalls nett ist* **Maple Canadian Pub** *(282 King St.), wo neben Burgern auch Fisch, Steaks, Salate und sogar Lamb Shanks serviert werden. Hier wird auch oft Livemusik gespielt. Entlang der King St. gibt es weitere Lokale aller Art.*

### Bootsfahrten zu den 30.000 Inseln

**Georgian Spirit Cruises**: *Midland Town Dock (Nordende der King St.), https://georgianspiritcruises.com, ☎ (705) 400-7318, 2,5-stündige Fahrten zur Georgian Bay ($ 42) sowie Lunch und Dinner Cruises ($ 70–80), tgl. Mitte Juni–Anf. Sept.*

## Streckenhinweis: von Midland direkt nach Toronto

Von Midland führt der mehrspurige Hwy. 400 direkt nach Toronto. Die Metropole kündigt sich bereits früh durch Malls, Suburbs und Businessparks an. Wer mag, kann einen Übernachtungsstopp in dem netten Städtchen **Barrie** (Festivals, Farmer's Market, Hotels, Restaurants) bzw. in einem Resort am **Lake Simcoe** einlegen. Die Großstadt ist aber spürbar und am Wochenende kann es voll werden. Vor bzw. in Toronto muss man genau auf die Verkehrsführung achten. Es ist ein wenig verwirrend, besonders dort, wo die Hwys. 400 und 401 aufeinandertreffen.

**Alternative: von Midland in die Kitchener-Region**
Von Midland fährt man zur Nottawasaga Bay, folgt der Küstenstraße über Wasaga Beach nach Collingwood und von dort geht es über die Hwys. 24 und 124 bis in die Kitchener-Region (insg. ca. 225 km).

## Nottawasaga Bay

*Touristische Region*

Die kleinen Ortschaften an der Nottawasaga Bay zählen zu den beliebtesten Ausflugszielen Ontarios. Während im Sommer die kilometerlangen, feinsandigen Strand- und Dünenlandschaften locken, sind es im Winter die ausgezeichneten Skisportmöglichkeiten in den **Blue Mountains**, die besonders Wochenendausflügler anziehen. Da Toronto nur eineinhalb Autostunden entfernt liegt, ist der Andrang zu allen Jahreszeiten entsprechend groß. Die Ortschaften haben sich mit ihrem Angebot an Übernachtungsmöglichkeiten, Restaurants und Geschäften völlig auf Tourismus eingestellt. Wegen der vielen Ferienhäuschen wird die Region auch „Cottage Country“ genannt.

*Rekordverdächtiger Sandstrand*

An der Ostseite der Nottawasaga Bay sind die Ferienorte wie Perlen an einer Kette aufgereiht: Wahnekewaning Beach, Nottawasaga Beach, Cawaja Beach, Balm Beach, Ossossane Beach, Wendake Beach, Bluewater Beach, Deanlea Beach, Woodland Beach und **Wasaga Beach**, das sich eines 14 km langen Sandstrands rühmt, der zu den längsten Süßwasserstränden der Welt gehört. **Collingwood**,

*Nottawasaga Bay: 14 km Sandstrand an einem Süßwassersee*

ehemals ein wichtiger Hafen, ist mit 25.000 Einwohnern der größte Ort an der Bay und ein beliebter Ferienort mit Ontarios größtem Skizentrum. Ansehnlich sind die alten Häuser und viktorianischen Villen aus der Boomzeit des Hafens. Die Geschichte des Ortes wird im Museum im alten Bahnhof (*45 St. Paul St.*) erzählt.

## Reisepraktische Informationen Nottawasaga Bay, ON

### Information

**South Georgian Bay Tourism**: *im Living Stone Golf Resort, 19 Keith Ave., Collingwood,* ☎ *(888) 227-8667. Weitere Infocenter gibt es in* **Wasaga Beach** *(Nancy Island Hist. Site, 119 Mosley St.,* ☎ *(705) 429-2728) und* **Meaford** *(Meaford Hall, 12 Nelson St. E.,* ☎ *(519) 538-1060). Alle https://southgeorgianbay.ca.*

### Hinweis

*Von etwa Mitte Oktober bis Mai sind viele Unterkünfte und vor allem Restaurants geschlossen bzw. nur zu bestimmten Zeiten geöffnet. Oft sind Unterkünfte in den Sommermonaten ausgebucht. Also vorher erkundigen bzw. buchen.*

### Unterkunft

**Am Blue Mountain,** *4 km oberhalb von Craigleith, gibt es eine Reihe von Resorts ($$$$), Hotels ($$$–$$$$) sowie Ferienhäuser mit einem, zwei oder drei Schlafräumen. Viele bieten ein großes Sportangebot, so z. B. Pool, Squash- und Tennisplätze, Fitnessraum, Golf.*

**Saga Resort $$$**: *88 Main St., Wasaga Beach,* ☎ *(705) 429-2543, www.sagaresort.com. Resorthotel nahe dem Nottowasaga River ohne viel Schnickschnack. Motelzimmer, Chalets und Cottages (teilw. mit Küchen und Terrasse) und Pool. Weitere Unterkünfte, Restaurants, Strände, Tennis, Golf und Reitmöglichkeiten in der Nähe.*

**Luau $$$**: *231 Mosley St., Wasaga Beach,* ☎ *(705) 429-2252, www.luauresort.com. Ganzjährig geöffnetes Motel am Nottawasaga River. Komfortable Zimmer, gut ausgestattete Ferienhäuser und Suiten (teilw. mit Kamin und Whirlpool). Pool und Bootsanlegestelle.*

**Wasaga Beach Inn $$–$$$**: *159 Main St., Wasaga Beach,* ☎ *(705) 429-2535, https://wasagabeachinn.ca. Zentral gelegenes Motel. Beheizter Pool, Sonnenterrasse, in Strandnähe.*

*Eine schöne, wenn auch nicht ganz billige Bed&Breakfast-Unterkunft ist das* **Bacchus House $$$–$$$$** *(142 Hume St., Collingwood,* ☎ *(705) 446-4700 bzw. 443 8995), dessen Zimmer Namen von Rebsorten tragen. Auf Vorbestellung (und wenn auch andere Gäste dieses bestellen) werden hier mehrgängige Gourmet-Dinner geboten, die Weine dazu sind vorzüglich.*

### Aktivitäten/Touren

*In den Orten an der Nottawasaga Bay gibt es neben ausgezeichneten Wasser- und Wintersportmöglichkeiten ein vielseitiges Unterhaltungsprogramm. Infos dazu in den VC:*

- **Kanufahren** *auf Beaver und Nottawasaga River. U. a. geführte Touren zur Tierbeobachtung,*
- **Golf, Tennis, Squash** *und* **Badminton** *auf öffentlichen und privaten Plätzen sowie* **Rasenbowling** *in Meaford, Stayner und Collingwood,*
- **Fahrradtouren** *auf ausgeschilderten Wegen zwischen Meaford und Collingwood,*
- **Reiten**, *Reitturniere und die „Collingwood Horse Show" in Collingwood,*
- *einstündige, geführte* **Spaziergänge** *durch die historischen Viertel von Collingwood.*

# Kitchener/Waterloo und der Südwesten Ontarios bis Detroit

## Kitchener/Waterloo

*Einstmals Berlin*

In der Region um die Doppelstadt Kitchener/Waterloo liegt das größte Siedlungszentrum deutscher Einwanderer in Kanada. Viele Namen verraten dies: New Hamburg, Wartburg, Neustadt, Holstein oder Hanover. Das heutige Kitchener trug noch bis zum Ersten Weltkrieg den Namen Berlin. Im Jahr 1799 wurde der Ort von deutschstämmigen Mennoniten gegründet, die während des amerikanischen Unabhängigkeitskriegs von Pennsylvania nach Kanada zogen und sich in dieser fruchtbaren Region niederließen. Der **Pioneer Tower** am Grand River wurde 1926 zur Erinnerung an die ersten Mennoniten gebaut, die auf dem nahe gelegenen Friedhof beigesetzt sind. Im frühen 19. Jh. gab es weitere Einwanderungswellen, die vorwiegend Schotten und Engländer in das Gebiet brachten. Die Orte entwickelten sich zu einem wichtigen Wirtschaftszentrum; heute sind Lebensmittel- und Getränkeindustrien die Haupteinnahmequellen der Doppelstadt, deren Großraum mittlerweile über 570.000 Einwohner zählt. Bekannt ist die Stadt auch für ihre Musikfestivals.

Zu den Sehenswürdigkeiten der Stadt zählen der **Market Square**, Ecke King St./ Frederick St., ein halbwegs moderner Gebäudekomplex aus Glas und Stahl mit zahlreichen Geschäften und Dienstleistungsbetrieben, sowie die **Woodside National Historic Site** *(528 Wellington St. N., Ende Mai–Mitte Dez. tgl. 10–17 Uhr, $ 4,90)*. Letztere ist das Elternhaus des späteren kanadischen Premierministers William Lyon Mackenzie King, der hier 1886–1893 lebte. Das Haus wurde 1853 auf einem 4 ha großen bewaldeten Grundstück gebaut; die 14 Räume wurden nach der Restaurierung der damaligen Zeit entsprechend wohnlich eingerichtet.

Zu den **Attraktionen** der Region gehören drei regelmäßig stattfindende Veranstaltungen: die „Farmer's Markets" und das „Oktoberfest"! Zum **Farmer's Market in Kitchener** („Your Kitchener Market") kommen seit 1839 die Bauern der Umgebung, darunter einige Mennoniten, und bringen Obst, Gemüse, Blumen, Kräuter, Honig, selbst gemachte Marmeladen, Geflügel, Produkte aus Ahornsirup, junge Pflanzen und Handarbeiten mit *(Markthalle, 300 King St. E., www.kitchenermarket.ca, Snackbuden/Streetfood: Di–Fr 8–15, Sa 7–14 Uhr, Markt: Sa 7–14, Juni–Okt. oft auch Mi 8–14 Uhr)*.

*Im Land der Mennoniten*

Auf dem **Farmers' Market St. Jacobs & Fleamarket** im St. Jacobs Village im Norden von **Waterloo** bieten die Bauern hausgemachten Schinken, Wurstwaren, Käse und Brot an, ebenso Obst, Gemüse, Eingemachtes sowie Handarbeiten. Hier sieht man viele Mennonitenfamilien, die in ihrer altmodisch anmutenden Kleidung sofort auffallen. Die Männer tragen schwarze Anzüge und Hüte, die Frauen lange, schmucklose Kleider mit Hauben. Im Sommer bauen die Mennoniten auch an den Landstraßen kleine Stände auf und bieten frisches Obst und Gemüse an. Der St. Jacobs Market ist der größte seiner Art in Kanada und zieht jährlich eine Million Besucher an.

*Traditionsreicher Markt*

***Farmers' Market St. Jacobs:*** *878 Weber St. N./Ecke King St., Woolwich, Do und Sa 7–15.30, Mitte Juni–Ende Aug. auch Di 8–15 Uhr, https://stjacobsmarket.com.*

Das zweitgrößte **Oktoberfest** der Welt, mit über 700.000 Besuchern, verteilt sich über beide Städte, findet in jedem Jahr Anfang Oktober statt und dauert neun Tage. In 20 Festzelten bzw. -hallen werden mehr als 50 Veranstaltungen unter dem Motto „Gemütlichkeit" durchgeführt. Zu bayrischer Blasmusik und Volkstänzen servieren Kellnerinnen und Kellner in bayerischen Volkstrachten Sauerkraut, Weißwürste und deutsches Bier. Infos: *www.oktoberfest.ca.*

*Deutsche Gemütlichkeit*

Im 1816 erbauten **Joseph Schneider Haus** *(466 Queen St. S., Kitchener, https://regionofwaterloomuseums.ca/en, im Sommer Mi–So 11–16 Uhr, $ 6)* lebte um 1850 die Mennonitenfamilie Schneider. „Hausbewohner" in altdeutscher Tracht zeigen das Haus und berichten in deutscher Sprache vom Alltag jener Zeit.

Das Leben in einem Dorf im ausgehenden 19. Jh. veranschaulicht das **Doon Heritage Village** *(10 Huron Rd., Kitchener, https://regionofwaterloomuseums.ca/en, im Sommer Mi–So 11–16 Uhr, sonst variierend, $ 11 Kombipreis mit Waterloo Region Hall of Fame/Museum Exhibitions)*. Zu den 30 Gebäuden, die alle aus der Region stammen, gehören Bahnhof, Krämerladen, Sattlerei, Druckerei, Weberei, Schmiede, Post, Mühle, Kirche und verschiedene Wohnhäuser. Das Eingangsgebäude beherbergt das lokale, täglich geöffnete **Waterloo Region Museum** (*https://regionofwaterloomuseums.ca/en, Mi–So 11–16 Uhr, sonst variierend, $ 11*).

Das **Brubacher House**, 1850 von einer Mennonitenfamilie erbaut, befindet sich auf dem Campus der Universität von Waterloo (*Frank Tompa Dr., Waterloo, Mai–Okt. Mi–Sa 14–17 Uhr*). Ein kurzer Film erläutert, wie die frühen Siedler gelebt und gearbeitet haben.

Die **Canadian Clay & Glass Gallery** (*25 Caroline St. N., Waterloo, www.theclayandglass.ca, Di–Fr 11–18, Sa 10–17, So 13–17 Uhr*) stellt sehenswerte Glas- und Töpferarbeiten aus. Durchaus einen Besuch wert!

Bei einer Fahrt durch das fruchtbare Farmland fallen die vielen schmucken, von gepflegten Gärten umgebenen alten Bauernhäuser auf. Bauern spannen ihre Pferde vor den Pflug, an den Straßen sieht man Hinweisschilder „Achtung Pferdewagen“ und vielleicht begegnet man solchen Pferdefuhrwerken mit Mennoniten auf dem Kutschbock. Bekannte Orte der Mennoniten sind **St. Jacobs**, wo der o. g. Farmer's Market stattfindet und man auf dem Conesto River Kanutouren unternehmen kann, sowie **Elmira** und **Elora** weiter nördlich von Kitchener.

*In der Elora Gorge*

Reizvoll ist ein Ausflug zur **Elora Gorge Conservation Area**, am Hwy. 21, mit romantischen Wasserläufen, dem Grand River, einem Badesee, Wasserfällen, ungewöhnlichen Felsformationen und einer tiefen Schlucht mit vielen Höhlen.

info

## Die Mennoniten

Die Mennoniten gehören einer Religionsgemeinschaft an, die nach strengen Vorschriften lebt, alte Traditionen bewahrt und sich modernen Einflüssen weitgehend verschließt.

Die Geschichte dieser Glaubensgemeinschaft beginnt im Zeitalter der Reformation, als sich der friesische Theologe Menno Simons – gegen die Lehrmeinung der katholischen Kirche – wieder taufen ließ. Er sammelte andere Gläubige um sich, die wie er der Ansicht waren, dass der Mensch nicht einer weltlichen Obrigkeit, sondern nur Gott verantwortlich sei. Sie nannten sich Mennoniten und zogen auf der Suche nach Glaubensfreiheit von Holland über Deutschland und die Schweiz bis nach Ostpreußen. Mitte des 17. Jh. wanderten viele von ihnen nach Nordamerika und Russland aus.

info

Die zu den Friedenskirchen zählende Glaubensgemeinschaft war im Laufe der Jahrhunderte vielen Verfolgungen ausgesetzt. Sie vertritt die Grundsätze der Wehrlosigkeit sowie der Feindesliebe, richtet sich streng nach der Bergpredigt aus und lehnt staatlichen Zwang, Krieg und Eidesleistung ab. Die Erwachsenentaufe wird als Zeichen der Wiedergeburt und als ein verpflichtender Glaubensbund verstanden. Ohne verbindliche Kirchenverfassung ist jede Gemeinde autonom, wobei grundsätzliche Fragen auf Konferenzen diskutiert werden. Innerhalb der Glaubensgemeinschaft gibt es viele Gruppierungen. Etwa 175.000 Mennoniten leben heute in Kanada, davon knapp 60.000, 17 verschiedenen Gruppen angehörend, in Ontario.

Während die traditionsverhafteten Alt-Mennoniten auch heute noch überwiegend in der Landwirtschaft tätig sind, eine einfache Schulbildung für ausreichend halten und Errungenschaften der modernen Zivilisation wie Elektrizität, Telefon, Fernsehen und Autos ablehnen, arbeiten die progressiven Mennoniten in allen Berufszweigen der freien Wirtschaft und des öffentlichen Dienstes und leben mit den technischen Neuerungen unserer Zeit.

## Reisepraktische Informationen Kitchener, Waterloo, Cambridge, Elora

### Information

**Waterloo's Visitor & Heritage Information Centre**, *10 Father David Bauer Dr., Waterloo, ☎ (519) 885-2297, www.waterloo.ca. Die beste Internetseite zur Region ist https://explorewaterloo.ca.*
**Downtown Kitchener** *(kein Visitor Center): www.downtownkitchener.ca, www.kitchener.ca*
**Visitor Centre, „The Mennonite Story"**, *1406 King St. N., St. Jacobs, ☎ (519) 664-3518, www.mennonitestory.com. Infos zu Sehenswürdigkeiten der Region sowie zu den Mennoniten. Info zu St. Jacobs: 1441 King St. N. (hier gibt es auch das kleine* **Maple Syrup Museum**), *www.stjacobsvillage.com.*
**Elora Fergus Tourism**: *10 E. Mill St., Elora, ☎ (519) 846-9691, https://elorafergus.ca*

### Unterkunft

**Langdon Hall $$$$$**: *RR #33,1 Langdon Dr., Cambridge, ☎ (519) 740-2100, www.langdonhall.ca. Exklusives und schön restauriertes Landhaus. Ausgedehnter Garten. 60 stilvoll eingerichtete Zimmer. Exzellenter Service. Spa sowie eines der* **Top-Restaurants des Landes**!
**Walper Hotel $$$–$$$$**: *20 Queen St. S., Kitchener, ☎ (519) 745 4321, www.walper.com. Boutique-Hotel im Stadtzentrum. 79 schöne Zimmer in renoviertem viktorianischen Stadtgebäude (1893). Gutes Restaurant, eine moderne Bar samt Bistro sowie ein klassischer Barber Shop im Haus! Der Tipp für Kitchener.*
**Green Gables Guest House $$$**: *189 Queen St. N., Kitchener, www.greengablesguesthouse.ca, ☎ (519) 579-5539. Charmantes Tudor-Haus mit vier gemütlichen, wenn auch etwas altbacken eingerichteten Gästezimmern. Innenstadtnah, mit Garten. Antiquitäten, Kamin, gemütliche Aufenthaltsräume. Unbedingt reservieren.*
**Baumann Haus B&B $$**: *25 Spring St., St. Jacobs, ☎ (519) 664-1515, www.bbcanada.com/3205.html. Haus aus dem Jahre 1880. Drei mit Antiquitäten eingerichtete Zimmer. Nahe Zentrum, 3 km nördl. des St. Jacobs Farmer's Market. Gutes Frühstück.*
*Weitere B&Bs in St. Jacobs findet man hier: www.bbcanada.com/associations/stjacobs. Günstigere Unterkünfte gibt es übrigens in* **Cambridge**, *ca. 10 mi südöstlich von Kitche-*

*ner, so z. B. die Motels* **Super 8**, *650 Hespeler Rd., ☎ (519) 622-1070, www.wyndhamhotels.com, und* **Comfort Inn**, *220 Holiday Inn Dr., ☎ (519) 658-1100, www.choicehotels.com. Beide $$.*

### Essen & Trinken

**Charcoal Steak House**: *2980 King St. E., Kitchener, ☎ (519) 893-6570. Erstklassige Steaks und Spare Ribs.*
**Wildcraft Grill & Bar**: *425 King St. N., Waterloo, ☎ (519) 885-0117. Pub-Restaurant, etwas feiner. Frische Salate und Suppen als Vorspeisen, zudem leckere Burger, Steaks und Pasta sowie Bowls, japanische und viele vegetarische Gerichte. Eine Reihe von Craft-Bieren und gute Weine.*
**Jacob´s Grill**, *1398 King St. N., St. Jacobs, ☎ (519) 664-2575. Burger, Pizza, Schnitzel, Salate, leckere Wein- und Bier- und Cocktailauswahl. Eine Empfehlung.*
**Blackshop Restaurant & Wine Bar**: *595 Hespeler Rd., Cambridge, ☎ (519) 621-4180. Modern-elegantes Restaurant. Bekannt für seine Steaks und Schnitzel sowie den Seafood Stew (Cioppino), aber es gibt auch immer zwei bis drei leckere vegetarische Gerichte. Frische Zutaten und eine erlesene Weinkarte runden das Bild ab.*

### Einkaufen

*Das größte Einkaufszentrum von Kitchener/Waterloo ist* **Fairview Park** *(2960 Kingsway Dr.) mit dem Kaufhaus Hudson's Bay.*
**St. Jacobs Outlet Mall**: *25 Benjamin Rd. E., St. Jacobs. Kleine Mall, nicht weit vom Farmers' Market, z. B. Levi's und Samsonite.*

### Fest

**Maple Syrup Festival** *in Elmira: 1. Samstag im April. Heuwagenfahrten, Vorführungen alter Handwerkskunst und die Zubereitung traditioneller Gerichte wie Pfannkuchen mit Ahornsirup; https://elmiramaplesyrup.com.*

# Von Kitchener durch den Südwesten Ontarios

### Hinweis zur Route

Von Kitchener geht es auf den Hwys. 7/8 über **Stratford** bis Elginfield und von dort den Hwy. 4 nach **London**. Von London führen der Hwy. 2 und der schnellere Hwy. 401 nach **Windsor (Detroit).** Zu den **Niagara Falls** nimmt man den Hwy. 3 in östlicher Richtung als Leitlinie. An der kanadisch-amerikanischen Grenze stößt dieser auf den QEW, der nach Niagara Falls führt. Alternativen dazu: Abstecher zum Point Pelee National Park, über den Hwy. 3 zurück nach London oder immer mal wieder an die Ufer des Lake Erie fahren. **Entfernungen**: Kitchener – Detroit: 186 mi/300 km; „Rundtour" Kitchener – Windsor – Niagara Falls: 472 mi/760 km.

## Stratford

Stratford wurde im 19. Jh. von Einwanderern aus dem gleichnamigen englischen Städtchen gegründet. Seit 1953, als der damalige Festspieldirektor den bekannten

Schauspieler Alec Guinness engagierte, findet hier alljährlich von April bis November das **Stratford Festival** *(www.stratfordfestival.ca)*, eines der bekanntesten Theaterfestspiele Nordamerikas, statt. In vier Theatern (Festival Theatre, Avon Theatre, Tom Patterson Theatre, Studio Theatre), von denen das Festival Theatre mit 1.833 Plätzen das größte ist, werden klassische und moderne Stücke aufgeführt. Zu den Höhepunkten zählen die weltbekannten Shakespeare-Inszenierungen.

*Berühmte Shakespeare-Inszenierungen*

Stratford (32.000 Einwohner) ist wegen des Festivals auf ein internationales Publikum eingestellt und bietet gute Restaurants, Übernachtungsmöglichkeiten, viele Pubs sowie ausgesuchte Geschäfte und Galerien. Schön ist ein Spaziergang durch die bezaubernden **Shakespearean Gardens** am Fluss (*an der Huron-Street-Brücke*) mit den vielen Blumenrabatten und Kräuterbeeten oder ein Bootstrip ab der York St.

## Reisepraktische Informationen Stratford, ON

### Information

**Destination Stratford**: *47 Downie St., ☎ (519) 271-5140, https://visitstratford.ca*

### Unterkunft

**Magnolia House B&B $$$–$$$$**: *103 John St. N., ☎ (519) 272-0841. Liebevoll restauriertes Haus von 1913. Garten, Pool und Veranda auf zwei Etagen. Reichhaltiges Frühstück. Zentrumsnah.*

**Foster's Inn $$$–$$$$**: *111 Downie St., ☎ (519) 271-1119, www.fostersinn.com. Charmantes Neun-Zimmer-Boutiquehotel. Nettes Restaurant und gemütliche Bar.*

**The Queen's Inn $$–$$$**: *161 Ontario St., ☎ (519) 271-1400, www.queensinnstratford.ca. Restauriertes und geschmackvoll eingerichtetes Stadthotel (seit 1853). 32 Zimmer. Freundliche Atmosphäre. Restaurant und beliebter Boar's Head Pub.*

*Günstig für Stratford-Verhältnisse sind das schön restaurierte und zentral gelegene* **The Windsor Hotel $$–$$$** *(23 Albert St., ☎ (519) 272-2581, www.thewindsorstratford.com) sowie das* **Festival Inn $$–$$$** *(1144 Ontario St., ☎ (519) 305-6666, www.festivalinnstratford.com), ein großes Motel mit Zimmern in verschiedenen Größen, Sauna und einem Pool. Einfache Restaurants/Fastfood-Ketten in Laufdistanz.*

**Stratford Bed & Breakfast Ass. (SABBA)**: *www.bbstratford.com.*

### Pubs

**Bentley's Bar & Inn**: *99 Ontario St. Beliebter Pub im britischen Stil. Schöne Terrasse. Gutes Pubfood, und oben kann man in den* **Lofts@99 $$$** *in geräumigen Zimmern wohnen (www.bentleysbarinn.com/lofts99).*

**The Parlour**: *101 Wellington St., ☎ (519) 271-2772. Innen vornehmer Gastropub, draußen kann man aber ungezwungen sitzen. Bekannt für die guten Steaks und schmackhaftes Mittagessen.*

**The Boar's Head**: *161 Ontario St. Unkomplizierter Pub, viele Microbrews, Pubfood.*

### Essen & Trinken

*Aufgrund der vielen Besucher hat Stratford für eine Stadt dieser Größe eine große Auswahl an Restaurants/Pubs aller Preiskategorien, wobei viele davon von November bis April geschlossen sind.*

**Revival House**: *70 Brunswick St., ☎ (519) 273-3424. Exquisites, aber recht teures Gourmet-Restaurant in einer ehemaligen Kirche. Franco-kanadische Küche. Ausgesuchte Weinkarte und eine exzellente Auswahl an Käse, der ja bekanntlich den Magen schließt.*
**The Alley**: *34 Brunswick St., ☎ (519) 271-5645. Schickes, angesagtes, asiatisches Restaurant. Tendenz zur Gourmetküche. Zudem gute Cocktails. Man kann auch draußen sitzen.*
**Pazzo Taverna & Pizzeria**: *70 Ontario St., ☎ (519) 273-6666. Unten gibt es gut belegte Holzofenpizzen und in der Taverna oben authentisch zubereitete italienische Speisen.*

### Einkaufen

*Stratford hat viele kleine, originelle Geschäfte, Buchläden und Boutiquen, von denen die meisten an der York St. und der Ontario St. liegen.*
**Bradshaws**: *129 Ontario St. Sehr gute Kristallwaren, feines Chinaporzellan und Geschenkartikel.*
**Tea Leaves Tasting Bar**: *433 Erie St., ☎ (519) 273-1201. Hier steht erst einmal das Probieren verschiedenster Teesorten an. Die Besitzerin ist nämlich eine Tee-Sommelière! Hinterher kann man den Tee auch kaufen. Anmeldung erforderlich.*

## London

*Beinahe-Hauptstadt an der Themse*

Auch die kanadische Stadt London liegt am Fluss Thames. Die Industriestadt, 1792 durch John Graves Simcoe gegründet, zählt 543.000 Einwohner im Großraum und ist das wirtschaftliche Zentrum Südwest-Ontarios. Simcoe hatte eigentlich vor, hier, in der schön am Fluss gelegenen Gegend, die Hauptstadt Kanadas zu etablieren. Im Stadtbild fallen die vielen schönen alten Bäume, die gepflegten Parkanlagen sowie zahlreiche Straßenschilder, die an die englische Hauptstadt erinnern (z. B.

*St. Paul's Cathedral*

Hyde Park, Trafalgar Square), auf. Wichtigste Wirtschaftszweige sind Bio- und Informationstechnologien, Medizintechnik, Softwareentwicklung sowie im Umkreis Fahrzeugbau. Das rege kulturelle Leben wird vor allem durch die University of Western Ontario sowie ihre 33.000 Studenten bestimmt.

*Londons Highlights*

Die 1832 gebaute **St. Paul's Cathedral**, 472 Richmond St., beherbergt sehenswerte Glasmalereien. Drei Blocks westlich davon steht das 1834 von einem englischen Marinekapitän gebaute, elegante **Eldon House**. Das älteste Wohnhaus der Stadt wurde stilvoll mit Möbeln des 19. Jh. eingerichtet *(481 Ridout St. N., https://eldonhouse.ca, Jan.–April Do–So, Mai, Sept.–Dez. Mi–So, sonst Di–So jeweils 12–17 Uhr, diverse Touren ab $ 8)*. Einen weiteren Block südlich davon kommt man zum **Museum London** am Ufer des Thames River. Es ist für seine moderne Architektur und die Ausstellung mit Werken kanadischer und internationaler Künstler bekannt *(421 Ridout St. N., www.museumlondon.ca, Mi–So 11–17, Do bis 20 Uhr, Restaurant und Café im Haus)*. Neben einer prähistorischen indianischen Ausgrabungsstätte liegt das **Museum of Ontario Archaeology**, das in einer großen Ausstellung über die indianische Siedlungsgeschichte in Ontario informiert *(1600 Attawandaron Rd., südlich Hwy. 22, https://archaeologymuseum.ca, Sept.–April Di–So, sonst tgl. 10–16 Uhr, $ 6)*.

*Kanadische Traditionsbrauerei*

Wer sich für kanadisches Bier interessiert, sollte die **Labatt Brewery** auf einer zweistündigen Tour (samt Kostprobe) besichtigen. Sie wurde hier 1847 von John Kinder Labatt gegründet. Mittlerweile produziert allein diese Brauerei jährlich mehr als 750 Mio. Flaschen Bier *(150 Simcoe St., www.thebeerstore.ca/beers/labatt-50-ale. Hinweis: Wegen Corona kann es zu Einschränkungen des Tour-Angebots kommen. Infos und Anmeldung: ☎ (519) 850-8687)*.

Das 8 km außerhalb gelegene **Fanshawe Pioneer Village** vermittelt einen Eindruck vom Leben in einer Siedlung des 19. Jh. In den 30 nachgebildeten bzw. restaurierten Häusern führen kostümierte Angestellte die Handwerkskünste jener Zeit vor *(1424 Clarke Rd., Fanshawe Conservation Area, www.fanshawepioneervillage.ca, Ende Mai–Mitte Okt. Mi–So 10–16.30, Rest des Jahres Programm nach Ankündigung, $ 10)*.

Das 32 km südwestlich von London gelegene **Ska-Nah-Doht Village** ist die Rekonstruktion eines Irokesendorfs aus dem 10. und 11. Jh. Es besteht aus drei Langhäusern, Vorrichtungen zum Trocknen von Fisch und Fleisch und zahlreichen Gegenständen des täglichen Lebens. Im Besucherzentrum gibt es weitere Infos *(8348 Longwoods Road, Longwoods Road Conservation Area, www.lowerthames-conservation.on.ca, Thanksgiving–Mai Mo–Fr, sonst tgl. 9–16 Uhr)*.

## Reisepraktische Informationen London, ON

### Information

**Information Centre**: *696 Wellington Rd. S., ☎ (519) 661-5000, www.londontourism.ca*

### Unterkunft

**Idlewyld Inn & Spa $$$$**: *36 Grand Ave., ☎ (519) 432-5554, www.idlewyldinn.com. Mit Antiquitäten eingerichtetes viktorianisches Haus aus dem Jahr 1878. 21 Zimmer und Suiten. Schöner Garten, gutes Restaurant. Spa (Massagen, Therapie).*

**Delta London Armouries $$$$**: *325 Dundas St., ☎ (519) 679-6111, www.marriott.com. Elegantes Hotel. 250 schöne Zimmer, Restaurant, großes Sportangebot. Tolle Atriumhalle (Palmen, Glas, Marmor). Das gläserne Hochhaus steht inmitten der 1905 erbauten Armory.*
**Double Tree by Hilton London Ontario $$$–$$$$**: *300 King St., ☎ (519) 439-1661, www.hilton.com. Modern und zentral gelegen mit den typischen Annehmlichkeiten eines Konferenzhotels. Geräumige Zimmer, Pool, Sauna, Fitnessraum, Restaurant.*
**Best Western Lamplighter Inn $$$**: *591 Wellington Rd. S., ☎ (519) 681-7151, www.bestwestern.com. Konferenzhotel, 4 km südl. der Innenstadt gelegen. Knüller ist die Schwimmbadlandschaft mit Rutschen und Hot Tub. Grillrestaurant nebenan.*
**Guest House on the Mount $$**: *1486 Richmond St., ☎ (519) 641-8100, https://guesthouseonthemount.ca. Günstige, saubere Alternative, 5 km nördl. der Innenstadt. Nicht alle Zimmer mit Bad. Eher eine Herberge (Küche zum Selbstkochen, Waschmaschinen, Lounge).*
**Günstige B&B-Unterkünfte**: *www.bbcanada.com/associations/londonbb.*

### Essen & Trinken

**Marienbad & Chaucer's Pub**: *122 Carling St., ☎ (519) 679-9940. Tschechisch-deutsche Küche (Schnitzel, Gulasch, Rouladen). Im Hof kann man draußen speisen.*
**Michael's on the Thames**: *1 York St., am Thames River, ☎ (519) 672-0111. Beste Steak- und Fischgerichte. Leckere, z. T. am Tisch flambierte Desserts. Tisch mit Blick auf den Fluss reservieren.*
**Fellini Koolini's**: *155 Albert St., ☎ (519) 642-2300. Sehr gute italienisch-mediterrane Küche. Besonders lecker sind die dünnen, knusprigen Pizzen. Auch die Auswahl an Pasta-Gerichten kann sich sehen lassen. Eine Reihe vegetarischer Gerichte.*

### Einkaufen

*Am günstigsten zur Innenstadt liegt das* **Westmount Shopping Centre**, *785 Wonderland Rd. S. Viele kleine Geschäfte mit Kunsthandwerk und Boutiquen finden sich an der* **Richmond Row** *und* **Richmond St.**
**Covent Garden Market**, *130 King St. Großenteils überdachter Marktplatz. Obst, Gemüse, Fleisch, regionale und internationale Spezialitäten. Gut, um für ein Picknick einzukaufen.*

## Windsor

*Gegenüber von Detroit*

Windsor zählt 230.000 (Großraum: 420.000) Einwohner und liegt auf der Südseite des Detroit River, gegenüber der amerikanischen Stadt Detroit. Beide Städte sind durch den Detroit-Windsor-Tunnel und durch die Ambassador Bridge miteinander verbunden. Windsor wurde um 1830 von Franzosen gegründet, nachdem Antoine de La Mothe de Cadillac bereits 1704 einen Handelsposten am Nordufer des Detroit River, das heutige Detroit, eingerichtet hatte. Diese Handelsstation war bedeutend für den französischen Pelzhandel. 1760 eroberten die Briten beide Siedlungen, mussten aber Detroit nach dem amerikanischen Unabhängigkeitskrieg den Amerikanern überlassen. Seither bildet der Fluss die Grenze zwischen Kanada und den USA. Windsor und Detroit pflegen gute nachbarliche Beziehungen; Zeichen dafür sind der „Peace Fountain" im Coventry Gardens Park und das „International Freedom Festival", das anlässlich der beiden Nationalfeiertage vom 1. Juli (Canada Day) bis zum 4. Juli (Independence Day) gemeinsam mit Konzerten, Paraden und

*Am Ufer des Detroit River ticken die Uhren langsamer*

Feuerwerken gefeiert wird. Windsor ist heute ein wichtiges Wirtschafts- und Industriezentrum und zieht Einwanderer aus Asien, dem Mittleren Osten und auch Europa an. Wichtig ist u. a. der Automobilbau samt Zulieferfirmen.

Die **Art Gallery of Windsor** beherbergt eine große Gemäldesammlung kanadischer Künstler vom 18. Jh. bis zur Gegenwart und eine Ausstellung der Inuit-Kunst (*401 Riverside Dr. W., www.agw.ca, Di–Sa 10–17, So 11–17 Uhr, $ 10*). An gleicher Adresse erzählt das **Chimczuc Museum** die Geschichte der Region. Die Stadt besitzt zudem schöne **Parkanlagen** wie den Dieppe Park nahe der Innenstadt, den sich westlich davon anschließenden Odette Sculpture Park oder die prächtigen Coventry Gardens weiter im Osten, die sich alle am Detroit River entlangziehen. Der Jackson Park – Queen Elizabeth II Sunken Gardens an der 125 Tecumseh Rd. E., Ecke Quellette Ave., knapp 5 km südlich der Innenstadt ist u. a. ein Rosengarten mit 12.000 Rosen in 450 verschiedenen Arten.

*Skulpturenpark*

Das **Windsor Community Museum** erläutert an drei Lokalitäten, großenteils in Sonderausstellungen, die Geschichte der Stadt. Die Hauptausstellung ist im historischen Francois Baby House (*254 Pitt St. W. Di–Sa 10–17, im Sommer auch So 14–17 Uhr*) untergebracht, ein Ableger befindet sich im Gebäude der o. g. Art Gallery. Im 1798 erbauten Duff-Baby House (*221 Mill St. W.*) kann man, nur nach Anmeldung, erleben, wie die Oberklasse um und nach 1800 gelebt hat (*www.citywindsor.ca/residents/culture/windsors-community-museum*).

Gut 30 km östlich von Windsor passiert man den Abzweig zum **John Freeman Walls Historic Site & Underground Railroad Museum**. Siehe dazu S. 338.

## Amherstburg

Die kleine Stadt, 1796 von Loyalisten gegründet, ist eine der ältesten Siedlungen im Südwesten Ontarios.

*Umkämpftes britisches Fort*

**Fort Malden**, 1796–1799 von den Briten zur Grenzsicherung gebaut, war im Krieg von 1812 von großer militärischer Bedeutung. Im Info-Center wird die Geschichte erläutert. An den Wochenenden finden im Historic Park Paraden und Exerzierübungen statt (*100 Laird Ave. S., www.pc.gc.ca/en/lhn-nhs/on/malden, Mitte Mai–Juni + Sept./Okt. Mi–So 10–17 Uhr, Juli/Aug. tgl. 10–17 Uhr, $ 4,25*).

*Flucht vor der Sklaverei*

Im **Amherstburg Freedom Museum** wird die Geschichte der „Underground Railroad", des Fluchtweges der schwarzen Sklaven aus den USA, sowie allgemein über das Leben der Schwarzen im heutigen Kanada erzählt (*277 King St., www.amherstburgfreedom.org, Di–Fr 12–17, Sa/So 13–17 Uhr, $ 7,50*).

An dieser Stelle sei auch auf das leider nur unregelmäßig geöffnete **John Freeman Walls Historic Site & Underground Railroad Museum** 35 km östlich von Windsor hingewiesen. Hier hatte die Familie Walls Mitte des 19. Jh. schwarze Flüchtlinge aufgenommen, nachdem sie selbst aus North Carolina geflohen waren (*859 Puce Rd., Emeryville/Lakeshore (Hwy. 401, Exit 28), www.undergroundrailroadmuseum.org, Mai–Okt., Zeiten variieren, Infos: ☎ (519) 727-6555*).

### Reisepraktische Informationen Windsor und Amherstburg, ON

#### Information

**Travel Information Centre**: *333 Riverside Dr. W., ☎ 1-800-256-3633, https://visitwindsoressex.com. Das Informationsbüro ist auch für Pelee Island zuständig.*

#### Unterkunft

**Best Western Plus Waterfront Hotel $$$–$$$$**: *277 Riverside Dr. W., Windsor, ☎ (519) 973-5555, www.bestwestern.com. Zentral gelegen. 305 Zimmer, Pool, Fitnessraum. Einige Zimmer mit Panoramablick über den Fluss.*

**Bondy House B&B $$$:** *199 Dalhousie St., Amherstburg, ☎ (519) 736-9433, www.bondyhouse.com. Vier gemütliche, teilweise mit Antiquitäten eingerichtete Zimmer sowie eine große Suite. Reichhaltiges Frühstück. Schöner Garten mit Teich.*

**Towne Place Suites Windsor $$–$$$**: *250 Dougall Ave., Windsor, ☎ (519) 977-9707, über www.marriott.com. In der Innenstadt gelegenes Motel mit 127 Suiten.*

#### Essen & Trinken

**Fourteen Restaurant & Sky Lounge**: *100 Ouellette Ave. #1400, Windsor, ☎ (226) 526-7214. Der Name verrät eigentlich schon alles. Verschiedenste Gerichte vornehmlich aus heimischen Produkten, aber auch etwas exquisiter: Steaks, Pasta oder Fisch bis hin zu ein paar asiatischen Gerichten. Vegetarier werden auch fündig. Die angeschlossene Cocktailbar ist ebenfalls zu empfehlen. Von beiden bietet sich ein toller Blick auf Detroit und den Fluss.*

**Rock Bottom Bar & Grill**: *3236 Sandwich St., Windsor, ☎ (519) 258-7553. Down-to-earth-Restaurant-Bar mit dem üblichen Pubgerichten. Gut sind die Turkey-Chili und die Nachos, deren Beilagen man selbst zusammenstellen kann.*

*Am Fort Malden wurde einst scharf geschossen*

**The Cook's Shop Restaurant**: *683 Ouelette Ave., Windsor, ☎ (519) 254-3377. Kleines, feines Kellerrestaurant mit vorwiegend Pasta-, Fisch- und Fleischgerichten. Sehr zu empfehlen.*
**Craft Heads Brewing Comp.**: *89 University Ave. W., Windsor, Taproom tgl. 15–23, Fr/Sa ab 12 Uhr. Sehr experimentierfreudige Craft Brewery. Bis zu 30 verschiedene Biere am Zapfhahn. Auch nett ist die Craft-Brauerei* **Brew** *(635 University Ave. E.).*

## Pelee Island

Von **Kingsville**, einem beliebten Ausflugsziel für Vogelkundler, bzw. **Leamington** verkehrt die Fähre zu der 25 km südlich gelegenen Insel. Sie markiert das südlichste bewohnte Gebiet Kanadas (42 km², ca. 240 Einw.). Ein paar kleine Hotels und Inns sowie Campingmöglichkeiten laden zum Übernachten ein. Hauptattraktionen auf der Insel sind der **Pelee Island Winery Pavilion** *(Weinkellerei, tgl. geöffnet)*, die Ruinen der ersten Weinfarm **Vin Villa** (ca. 1850), der 1833 erbaute **Leuchtturm**, die Strände sowie die Naturreservate an der Nord- und Südspitze. Im **Heritage Center** nahe dem westlichen Fähranleger erfährt man mehr zu Insel und Kulturgeschichte. Pelee Island ist gut mit einem Mietfahrrad zu erkunden.

*Naturschutzgebiete*

### Point Pelee National Park

Der 15 km² große Point Pelee National Park liegt 10 km südlich von **Leamington** auf der südlichsten Landspitze Kanadas, einer sandigen Landzunge, die 20 km in den Lake Erie hineinragt. Charakteristisch für den Park ist das Marschland, das mehr als

*Point Pelee National Park*

die Hälfte der Parkfläche einnimmt. Daneben gibt es weite Dünenlandschaften, an die sich dichte Mischwälder mit Bergahorn, Walnuss- und Maulbeerbäumen, Eichen, Zuckerahorn und Zedern anschließen.

*Ideal zur Vogelbeobachtung*

Vogelbeobachter schätzen den Park, denn die Marschgebiete dienen Wasservögeln als Brutstätte. Im Frühjahr und Herbst ist die Landzunge Rastplatz für Tausende von Zugvögeln. Mehr als 100 Zugvogelarten können in dieser Zeit beobachtet werden. Im Laufe eines ganzen Jahres wurden mehr als 370 Vogelarten gesichtet. Im September kann man Tausende von meist orangefarbenen Schmetterlingen sehen, die nach Mexiko ziehen. Viele Wanderwege und ein 1,5 km langer Plankenweg am Rand der Marschgebiete laden zu Spaziergängen ein. Am Anfang des Plankenwegs steht ein Aussichtsturm, der gute Beobachtungsmöglichkeiten bietet.

Weiter am Nordufer des Lake Erie entlang führen kleine Stichstraßen immer wieder zu reizvollen Provinzparks direkt am See. Dies sind der Wheatly-, der Rondeau-, der John E. Pearce-, der Port Bruce-, der Port Burwell-, der Long Point-, der Turkey Point-, der Selkirk- und der Rock Point-Provincial Park. Weinkellereien entlang der Strecke laden zur Weinprobe ein.

**Port Colborne** ist ein Binnenhafen am Lake Erie mit Zugang zum Welland-Kanal. Einen schönen Blick auf den Schiffsverkehr hat man vom „Fountain View Park" aus. Das **Port Colborne Historical & Marine Museum** *(280 King St., www.portcolborne.ca, Mai–Dez. tgl. 12–17 Uhr)* informiert über den Bau des Welland Canal, die Schifffahrt und das Heritage Village über die Geschichte der Region.

## Der Welland Canal

info

Der Welland Canal verbindet den Lake Ontario mit dem 100 m höher liegenden Lake Erie. Er durchquert die Niagara-Halbinsel und verläuft 13 km westlich der Niagara Falls. Der erste Kanal mit 40 kleinen Schleusen wurde 1829 eröffnet und danach immer weiter ausgebaut. Als dieser für das wachsende Verkehrsaufkommen nicht mehr ausreichte, wurde 1932 ein neuer Kanal gebaut. 1973 wurde für ein 13 km langes Teilstück bei Welland eine neue Trasse angelegt. Der neue Kanal ist 43 km lang und 8,2 m tief und zählt acht große Schleusenanlagen. Dabei dauert jeder Hebe- bzw. Absenkungsvorgang etwa zehn Minuten. Frachtschiffe benötigen elf Stunden für die Fahrt vom Lake Ontario zum Lake Erie und dürfen nicht länger als 225 m und nicht breiter als 23 m sein. Besonders interessant sind die Doppelschleusen 4, 5 und 6, die südlich von St. Catherines unmittelbar hintereinander liegen.

Von einem nahe gelegenen Aussichtsturm kann man die Durchfahrt der Schiffe durch die große Schleuse 8 bei Port Colborne beobachten. Durch den Welland Canal werden jährlich mehr als 3.000 Hochsee- und Binnenschiffe geschleust, die über 40 Mio. t an Gütern, vornehmlich Getreide, Eisenerz und Kohle, transportieren. Die alte Kanalstrecke bei Welland, der Welland Recreational Waterway, wird nicht mehr für die Schifffahrt benötigt und ist nun ein beliebtes Gebiet für Wassersportler.

## Reisepraktische Informationen Pelee Island, Point Pelee National Park

### *PELEE ISLAND, ON*

**Information**
**Pelee Island Tourist Board**: ☎ *(519) 724-2931, www.pelee.org*

**Unterkunft**
*Es gibt zahlreiche kleine Hotels und vor allem B&B-Unterkünfte sowie Selbstversorger-Cottages auf der Insel, so z. B.:*
*Unterkünfte auf der Westseite der Insel locken natürlich mit Sonnenuntergängen, so z. B.*
**The Gathering Place B&B $$$–$$$$** *(933 W. Shore Rd.,* ☎ *(226) 868-0759, www.bbgatheringplace.com. Drei Zimmer, großer Garten, leckeres Frühstück.*
**The Wandering Dog $$$**: *1060 East West Rd.,* ☎ *(519) 724-2270, https://thewanderingdoginn.com. Schönes historisches Haus von 1905/1920. Neun Zimmer. Einige teilen das Bad. Überdachte Veranda. Tolle Sonnenaufgänge. Einfach, urig, aber toll.*
**Main Station RV Park, Guesthouse and Campground $$**: *11 W. Shore Rd.,* ☎ *(519) 724-2456, www.facebook.com/TheMainStation. B&B-Unterkunft mit 14 zumeist einfachen und kleinen, aber liebevoll dekorierten Zimmern. Uriges* **Fischrestaurant** *(auch Steaks und Pasta-Gerichte) im und ein* **Campingplatz** *am Haus.*

**Autofähren zur Pelee Island**
**Ontario Ferries**: *April–Ende Juli von Leamington, Ende Juli–Anf./Mitte Dez. von Kingsville, www.ontarioferries.com,* ☎ *1-800-661-2220 bzw. (519) 733-4474 (Kingsville), 326-2154 (Leamington), ab $ 48 (Passagier u. Pkw/return) bzw. $ 63 (Pkw/2 Passagiere/return). Im Sommer frühzeitig buchen! Auch von* **Sandusky** *(Ohio) gibt es einen Fährdienst.*

### POINT PELEE NATIONAL PARK, ON

**Information**
**Visitor Centre**, *7 km vom Parkeingang entfernt, ☎ (519) 322-2371 und 322-2365, www.pc.gc.ca, ganzjährig geöffnet. Foto- und Filmvorführungen sowie gutes Infomaterial. Vermietung von Fahrrädern und Kanus. Ein Shuttle fährt von April bis Oktober durch den Südteil des Parks.*

**Unterkunft/Camping**
*Es gibt im Park rustikale Unterkünfte in den* **oTENTik-A-Frame-Zelten** *(***Camp Henry, $$–$$$***, Selbstversorger, alles für die Küche da). Ein tolles Erlebnis (Reservierung: ☎ 1-877-737-3783).*
*Weitere Unterkünfte gibt es in* **Leamington** *(https://leamingtonchamber.com), das sich aufgrund seiner Ketchupfabriken selbst zur „Welthauptstadt der Tomaten" gekrönt hat. Nett ist hier das maritim eingerichtete* **Seacliffe Inn $$$***, 388 Erie St. S., ☎ (519) 324-9266, www.seacliffeinn.com. Es verfügt zudem über ein Restaurant. Motels finden sich in der Talbot St. Weitere Unterkünfte in* **Kingsville** *(www.kingsville.ca), das im Gegensatz zu Leamington auf Weinanbau gesetzt hat.*

# Von Sault Ste. Marie nach Chicago

**Entfernungen** (kürzeste Strecken)
*Sault Ste. Marie – Mackinaw City: 58 mi/93 km*
*Mackinaw City – Traverse City: 101 mi/162 km*
*Traverse City – Ludington: 91 mi/146 km*
*Ludington – Saugatuck: 97 mi/156 km*
*Saugatuck – Chicago: 125 mi/201 km*

Ohne Abstecher zu den Tahquamenon Falls führt die Strecke zunächst durch flaches Farmland bis nach St. Ignace. Von dort kann man mit dem Schiff übersetzen zur Mackinac Island, einer Insel mit vielen historischen Gebäuden sowie einer sehenswerten Fortanlage, die mindestens einen Halbtagsausflug wert ist. Anschließend geht es weiter über die 8 km lange Mackinac Bridge, die sich eindrucksvoll über die Straits of Mackinac spannt. Von Mackinaw City, dem Ort südlich der Brücke, verkehren ebenfalls Boote zur Mackinac Island.

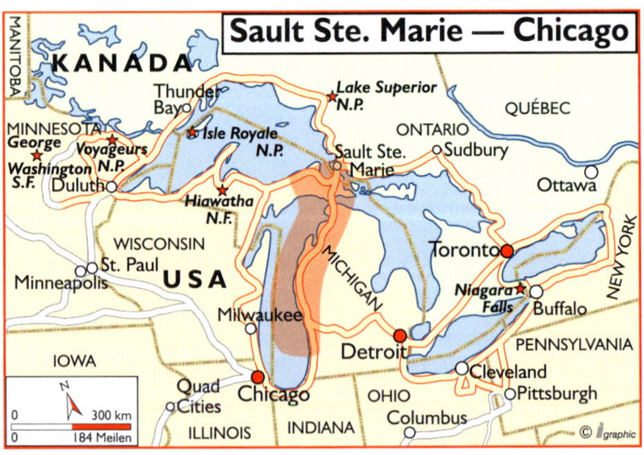

Eindrucksvoll: die Mackinac Bridge

Eine bezaubernde Uferstraße führt nun am Lake Michigan entlang nach Traverse City, einem beliebten Urlaubsort, der sich hervorragend dazu eignet, Ausflüge in die landschaftlich schöne Umgebung zu unternehmen. Von hier erreicht man auch den Sleeping Bear Dunes National Lakeshore, eine faszinierende Dünenlandschaft.

Auch die weitere Strecke am östlichen Ufer des Lake Michigan entlang verspricht großenteils eine reizvolle Szenerie: Sandstrände am Ufer und Waldlandschaften landeinwärts. Diese Alternativroute zur „großen" Umrundung der Great Lakes ist also in keiner Weise zu unterschätzen und verbirgt noch so einige von europäischen Reisenden unentdeckte Gebiete.

## Hinweis zur Route und Zeitplanung

Zum Tahquamenon Falls State Park fährt man auf dem I-75 bis zum Exit 386. Von dort geht es erst in westlicher Richtung 30 mi auf dem MI 28, dann auf dem MI 123 28 mi nach Norden weiter. Von den Fällen geht es über den MI 123 nach Süden bis zum Exit 352 des I-75.

Geradewegs nach St. Ignace (Fähre zur Mackinac Island) nimmt man den I-75. Weiter auf dem I 75, vorbei an Mackinaw City, verlässt man diesen am Exit 336. Bis Benton Harbor im Süden Michigans bleibt nun der US 31 die Leitlinie, wobei zahlreiche Abstecher direkt ans und entlang dem Ufer sowie zu einzelnen Sehenswürdigkeiten einzuplanen sind. Von Benton Harbor bis Chicago geht es auf dem I-94.

**Zeitplanung**
**2 Tage**: **1. Tag**: Früh starten. Für drei Stunden auf die Mackinac Island übersetzen und nachmittags bis Traverse City fahren. **2. Tag**: Sleeping Bear Dunes National Lakeshore und dann auf geradem Weg nach Chicago fahren (langer Tag!).
**4 Tage**: **1.Tag**: Auf Mackinac Island übernachten. **2. Tag**: Bis Traverse City fahren und am Nachmittag noch die Mission Peninsula anschauen. Übernachten in Traverse City. **3. Tag**: Von Traverse City nach Leland und zum Sleeping Bear Dunes National Lakeshore fahren. Am Nachmittag bis Ludington oder Saugatuck. **4. Tag:** Baden gehen, wo es gefällt. Evtl. Holland, aber mit Sicherheit Saugatuck anschauen und anschließend nach Chicago fahren.
**Zusatztage**: Nutzen für Mackinac Island, Saugatuck bzw. den Sleeping Bear Dunes National Lakeshore.

# Von Sault Ste. Marie nach Mackinaw City und Mackinac Island

## Tahquamenon Falls State Park

Es gibt zwei Hauptwasserfälle („Little Niagara") im 140 km² großen, waldreichen Park: Der Upper Fall fällt 15 m in die Tiefe, während der Lower Fall über mehrere Stufen geht. Nicht nur die Wasserfälle sind den Umweg wert, sondern auch die Naturlandschaft, die Möglichkeiten zum Wandern, Rudern und Baden. Das Visitor Center liegt westlich von Paradise. Etwas Besonderes ist die Kombination aus einer 6,5-Std.-Fahrt zu den Fällen mit einer Schmalspurbahn und einem Ausflugsschiff. Abfahrt ist in Soo Junction.

*Mit der Bahn zu den Fällen*

## Whitefish Point

Nördlich von Paradise (der „Blueberry Capital of Michigan), in Whitefish Point, gibt es das ausgesprochen lohnende **Great Lakes Shipwreck Museum** *(www.shipwreckmuseum.com, Mai–Okt. tgl. 10–18 Uhr, $ 14)*. Hier gibt es einiges über die Seefahrtsgeschichte (und deren Tragödien) auf den Großen Seen zu erfahren. Lange konnte man im Sommerhalbjahr in den ehemaligen Mannschaftsquartieren der Küstenwache nächtigen, bei Drucklegung war dies jedoch auf unbestimmte Zeit ausgesetzt (aktuelle Infos dazu: ☎ *1-800-635-1742 bzw. (906) 635-1742, www.shipwreckmuseum.com/crews-quarters-overnight-program)*.
In Whitefish Point wurde übrigens der erste Leuchtturm am Lake Superior errichtet. Vor dem hiesigen Ufer hat sich ebenfalls eine Schiffstragödie abgespielt, die im Museum besonders erläutert wird.

### Redaktionstipps

- **Mackinac Island** mit dem Fort, sympathischen B&Bs und zahlreichen kleinen Sehenswürdigkeiten (S. 347).
- Die **Landschaft um Traverse City** mit ihren Obstkulturen und schönen Uferzonen ist einen Extratag wert (S. 352).
- **Sleeping Bear Dunes National Lakeshore**: **Dünenlandschaften** erstrecken sich am Ufer des Lake Michigan und laden zu kurzen Wanderungen ein (S. 356).
- Einige Stunden (oder eine Nacht) im kleinen Ort **Ludington**, der mit schönen Stränden lockt, verbringen. Von hier fährt ein alter **Steamer** quer über den See nach Manitowoc (S. 360).
- Das **Terrace Inn** in Petoskey (S. 351) verführt mit viktorianischem Charme und einem guten Restaurant, während das historisch-elegante **Portage Point Resort** in Onekama direkt am Strand liegt und Zimmer in verschiedenen Preisklassen bietet (S. 362). Auch toll übernachtet man im **The Homestead** in Glen Arbor nahe den Sleeping Bear Dunes (S. 359).
- „Fishermen's Shacks" in **Leland**: Hier kann man frischen und geräucherten Fisch sowie Käse aus ganz Amerika erstehen (S. 354).

## St. Ignace/ Mackinaw City

Von **St. Ignace** pendeln zu Spitzenzeiten „Hydro-Power-Equipped-Ferries" im 20–30-Minuten-Takt nach Mackinac Island. Sehenswert in St. Ignace ist der **Marquette Mission Park & Museum of Ojibwa Culture** *(500 N. State St., www.museumofojibwaculture.net, Ende Mai–Okt. tgl. 10–17 Uhr)*, das die Geschichte der Ojibwa-Indianer erläutert sowie an Père Marquette, den französischen Ortsgründer, erinnert. Ein Stück südlich davon, an der 334 N. State St., wird im kleinen **Fort de Buade Museum** ebenfalls etwas zur Historie der Region erzählt. Das **Father Marquette National Memorial**, vorwiegend ein Trail samt Visitor Center, liegt direkt südwestlich der Brückenauffahrt.

Die Fahrt über die 8 km lange, 60 m hohe (Durchfahrtshöhe: 49 m) und 1957 erbaute **Mackinac Bridge** ist atemberaubend. Die Brücke, auch „Mighty Mac" genannt, verbindet die Upper Peninsula mit der Lower Peninsula von Michigan und verleitet die Bewohner des Staats dazu, die jeweils auf der anderen Seite von ihr lebenden Bewohner als „living below the bridge" bzw. „living above the bridge" zu bezeichnen.

**Mackinaw City** ist ein Touristenort, dem es an nichts fehlt: Shops, Motels, Restaurants und Anbieter aller Wassersportarten. Bereits von der Brücke aus sieht man rechter Hand das nach Originalplänen rekonstruierte, ehemals von den Franzosen gegründete **Fort Colonial Michilimackinac** *(www.mackinacparks.com, Juni–Aug. tgl. 10–19, Sept. 9–17 Uhr, variierende Zeiten im Okt., $ 14,50)*. Es stellt den ersten Handelsposten dar, der 1715–1781 hier existierte. Vorführungen untermalen die alten „Voyageurs-Traditionen". Im Visitor Center werden interessante Filme und Repliken gezeigt. Das **Icebreaker Mackinaw Maritime Museum** *(131 S. Huron Ave., Mitte Mai–Anf. Okt. tgl. 10–18 Uhr, www.themackinaw.org, $ 12)* bietet Einblick in die Aufgaben der Eisbrecher auf den Großen Seen. Die „Mackinaw" war über 60 Jahre im Dienst und ist stattliche 88 m lang.

## Von Sault Ste. Marie nach Chicago

Im **Historic Mill Creek Discovery Park**, 3 mi südöstlich am US-23, gibt es eine Sägemühle aus dem 18. Jh., eine alte Wassermühle, historische Gebäude und ein Museum zur industriellen Geschichte der Region zu besichtigen *(www.mackinacparks.com, Mai tgl. 9–17, Juni–Aug. 9–18, Sept.–Anf. Okt. Mo–Fr 11–17, Sa/So 9–17 Uhr, $ 10,50).*

**Hinweis**
*Kombiticket „***Mackinac Triple Choice***": Ermäßigung für drei von vier Sehenswürdigkeiten nach Wahl (Fort Mackinac auf Mackinac Island, Colonial Michilimackinac, Historic Mill Creek, Old Mackinac Point Lighthouse), www.mackinacparks.com.*

## Reisepraktische Informationen

### *TAHQUAMENON STATE PARK UND PARADISE, MI*

**Information**
**Paradise Chamber**, ☎ *(906) 492-3219, www.paradisemichigan.org*
**Parkverwaltung**, ☎ *(906) 492-3415, www.michigan.gov/dnr*

**Fahrt mit Schmalspurbahn („Toonerville Trolley") und Dampfer**
*Abfahrt in Soo Junction (ab Hwy. 28, 15 mi östl. von Newberry),* ☎ *1-888-778-7246, www.trainandboattours.com, Mitte Juni–Sept. Mo, Mi, Sa, im Juli/Aug. auch Di, Abfahrt meist vormittags, Trolley, Bahn und Dampfer ab $ 52.*

*Flyfishing an den Tahquamenon Falls*

### Unterkunft

**Hotels** *und* **Hüttenunterkünfte** *finden sich zahlreich in Paradise, z. B. das* **Paradise Inn $$,** *Ecke 8359 Whitefish Point Rd./ MI 123, ☎ (906) 492-3940, mit sauberen Zimmern und Jacuzzi-Suiten ($$$). Von den rustikalen, komplett ausgestatteten* **Saunders Sunrise Cabins $$,** *10126 N. Whitefish Point Rd., ☎ (906) 492-3378, www.exploringthenorth.com/weaver/weave.html, genießt man einen fantastischen Blick auf Whitefish Bay. Dazu: Strand und Kanuverleih. Zwei Tage Mindestaufenthalt!*
*Im Tahquamenon State Park gibt es* **Campinggelegenheiten.**

### *ST. IGNACE UND MACKINAW CITY, MI*

### Information

**St. Ignace VB:** *6 Spring St., ☎ (906) 643-6950, https://stignace.com*
**Mackinaw Area VB:** *10800 W. US 23, ☎ (231) 436-5664, www.mackinawcity.com*

### Unterkunft

**Colonial House Inn $$–$$$:** *90 N. State St., St. Ignace, ☎ (906) 643-6900, https://colonial-house-inn.com. Im Herzen der Stadt, gegenüber Fähranleger. Sieben gemütliche Zimmer, mit Antiquitäten eingerichtet, sowie sieben günstigere Motelzimmer.*
**Bayview Lakefront Motel $$–$$$:** *1133 N. State St., St. Ignace, ☎ (906) 643-9444, www.bayviewlakefront.com. Kleines Motel-Resort am Lake Huron, 23 Zimmer, kleiner Privatstrand.*
*In Mackinaw City gibt es Hotels nahezu aller Franchiseketten. Das* **Hamilton Inn Select Beachfront $$–$$$,** *701 S. Huron St., ☎ (231) 436-5493, www.mackinaw-city.com/hotels/hamiltoninnselect, liegt direkt am Wasser (eigener Strand) und fast alle Zimmer haben Wasserblick. Romantischer und mit einem Touch Historie ausgestattet ist das* **Deer Head B&B $$$,** *109 Henry St., ☎ (231) 436-3337, www.deerhead.com.*

## Mackinac Island

### Hinweis

*In der Regel sind die Sehenswürdigkeiten Mai–Okt. 10–16/, Juni–Labor Day tgl. 9–18 Uhr geöffnet.*

Die ersten Einwohner, Ojibwa-Indianer, nannten die Insel „Michilimackinac" (Schildkröte). Im 18. Jh. stritten sich die Kolonialmächte England und Frankreich ständig um Mackinac Island, denn beide wollten sie als Handelsstation nutzen. Bis 1760 blieb sie aber französisch. Nach dem Sieg von Québec wurde sie britisches und später automatisch amerikanisches Hoheitsgebiet. Mit dem Niedergang des Pelzhandels wurde die Insel zu einem beliebten Ferienziel für reiche Plantagenbesitzer aus dem Süden und nach dem Bürgerkrieg für die Industriebosse aus Chicago.

*Einst Ferienziel der Reichen*

Heute präsentiert sich die autofreie Insel mit dem Charme des 19. Jh. Alte Villen oberhalb des Hauptorts und ein Fort bilden den Rahmen dazu. Auch die Natur, vor allem die schöne Felsenküste, ist sehenswert. 80 % der Insel sind im **Mackinac Island State Park** zusammengefasst. Den Reiz dieser Insel haben viele Reisende entdeckt und jährlich strömen in nur sieben Monaten über 1 Mio. Touristen ein. Kein Wunder also, dass die Main St. den Besucher gleich nach dem Anlegen mit Souvenirshops, Fahrradverleihen, Nougatbäckereien, Restaurants und vielem mehr erwartet. Das **Butterfly House & Insect World Museum** *(www.originalbutterfly house.com, $ 13)*, die **historischen Gebäude und Fortanlagen** sowie die Beschaulichkeit außerhalb des Hauptorts sind jedoch allemal den Besuch der Insel wert. Zwei Nächte können es gerne sein, allein der Umstände des Übersetzens wegen.

Im **Tourism Bureau** (*www.mackinacisland.org*) gegenüber dem Anleger der Arnold Line in der 7274 Main St. erhält man Infos über die Insel und ihre vielen kleinen Museen. Ein Stück weiter, unterhalb des Forts, gibt es ein weiteres, und zwar das **State Park Visitor Center**, das sich mit der Geschichte der Insel beschäftigt. **Kombitickets** für eine Reihe der historischen Gebäude sind hier verfügbar. Nach der Besichtigung kann man sich ein Fahrrad mieten und die 8 mi um die Insel fahren. Wer es lieber bequemer mag, wählt ein E-Bike, nimmt den Taxi-Service oder eine der überall angebotenen Kutschfahrten (mit Erläuterungen) in Anspruch.

*Die längste Veranda der Welt*

Im ehemaligen Sitz der Astor-Pelzgesellschaft ist **The Stuart House Museum** (*7342 Market St., Innenstadt*) eingerichtet. Das **Grand Hotel** ist ein eindrucksvolles Holzgebäude mit der längsten Veranda der Welt. Von ihr genießt man einen Ausblick auf die Mackinac Bridge. Das Hotel wurde ursprünglich für Zugreisende gebaut, die in Mackinaw City keine Unterkunft gefunden haben. Für die „Besichtigung" des Hotels werden $ 10 Eintritt erhoben – einzige Ausnahme: entsprechend kleiden und im Restaurant gut, aber teuer dinieren bzw. einen Afternoon Tea (High Tea) einnehmen.

Das **Old Fort Mackinac** thront am Hang hoch über der Stadt. Es stammt aus der Zeit zwischen 1780 und 1885. 14 Gebäude sind erhalten. Im o. g. Kombiticket sind noch andere historische Gebäude der Stadt eingeschlossen, ebenso wie die genannten Attraktionen in Mackinaw City.

*Tour per Fahrrad oder zu Pferd*

Die **Acht-Meilen-Rundtour** um die Insel lohnt der schönen Landschaft (Klippen, Felsen) und des Ausblicks auf das Festland mit Brücke (am **British Landing**) wegen. Auch der hoch über dem Wasser gelegene **Arch Rock** im Osten der Insel verdient Beachtung. Man kann – neben der Fahrradalternative – auch herumwandern (ein Tag) bzw. sich auf den Rücken eines Pferdes begeben (*Pferdeverleih: www.cindysridingstable.com bzw. www.jacksliverystable.com*).

## Reisepraktische Informationen Mackinac Island, MI

### Unterkunft

**Grand Hotel $$$$$**: *286 Grand Ave., ☎ (906) 847-3331, 1-800-33-GRAND, www.grandhotel.com. 319 Zimmer. Gilt als das größte Sommerresort der Welt. Historisches Ambiente. Atemberaubende Veranda (220 m lang, Blick aufs Wasser). Das ausladende weiße Holzgebäude beherrscht die gesamte Szenerie. Im Restaurant gibt es ein üppiges Lunchbuffet und abends „Fine Dining" (Abendgarderobe!).*

**Island House Hotel $$$$$**: *Main St., ☎ (906) 847-3347, https://theislandhouse.com. Wunderschönes, geschichtsträchtiges Hotel. Holzveranda, exquisites Restaurant. Der Tipp für die Insel.*

**Metivier Inn $$$$–$$$$$**: *Market St., ☎ 1-866-847-6234, (906) 847-6234, www.metivierinn.com. 1877 erbautes viktorianisches Haus mit französischem Garten. Heimelige Atmosphäre.*

*Wahrzeichen der Insel: das Grand Hotel*

**Cloghaun B&B $$$$**: *Market St., ☎ (906) 847-3885, https://cloghaun.com. Historisches Gebäude und seit Generationen in Familienbesitz. Die Zimmer, bei denen sich das Bad geteilt wird, sind günstiger ($$).*
**Windermere Hotel $$–$$$$**: *Main St., ☎ (906) 847-3301, www.windermerehotel.com. Historischer Charme, schöne Vorderterrasse mit Blick aufs Wasser.*

### Tipp

*Die Preise auf der Insel sind hoch. In der Woche lässt sich aber schon mal ein günstigerer Preis aushandeln, besonders bei Zimmern, die nicht zum Wasser hin zeigen. Die wenigen relativ preiswerten Unterkünfte lohnen nicht – entweder oder! Mit einer Reisetasche und dem Nötigsten im Gepäck kann man sich die Option offenhalten, erst auf der Insel zu entscheiden, ob oder wie lange man bleiben möchte – das gilt natürlich nicht für die meist ausgebuchten Wochenenden. Das Auto steht am Festlandhafen sicher, es wird jedoch eine Parkgebühr erhoben für die bewachten Parkplätze!*

### Essen & Trinken

*Fürs „Fine Dining" empfehlen sich das Restaurant im* **Grand Hotel** *sowie das im* **Island House Hotel**. *Ansonsten bieten sich genügend Restaurants und Snackbars an.*

### Fähren nach Mackinac Island

*Zwei Unternehmen bedienen die Fährverbindung von St. Ignace und Mackinaw City:* **Star Line Ferry** *(☎ 1-800-638-9892, www.mackinacferry.com, ab $ 31, Internet ab $ 28),* **Shepler's** *(☎ 1-231-436-5023 bzw. 1-800-828-6157, www.sheplersferry.com, ab $ 30). Mitte April–Okt. (teilweise bis Dez.). Fahrtdauer: 20 Min.; Abfahrten: HS halbstündlich, NS stündlich. Alle Preise für Hin- und Rückfahrt.*

### Rundflüge & Flug zur Insel

*Rundflüge sowie ein Lufttaxiservice zur Insel werden vom Flugplatz in St. Ignace und vom Inselflugplatz aus angeboten, u. a. von* **Great Lakes Air**, *☎ (906) 643-7165, www.greatlakesair.net. Die Vogelperspektive auf die Insel und die Streets of Mackinac ist ein Genuss!*

# Von Mackinaw City nach Traverse City und Leelanau Peninsula

Südlich von Mackinaw City geht es weiter auf dem schönen, teilweise ufernahen US 31. Ein Abstecher über Cross Village (C 66/MI 119) verspricht eine bezaubernde Uferlandschaft. **Cross Village**, **Harbor Springs**, **Bay View** (viktorianische Häuser) und **Petoskey** weisen einige Hotels am Ufer auf.

*Berühmte Sonnenuntergänge*

Das einst als bedeutender Holzhafen bekannte Petoskey wurde bereits früh von Urlaubern entdeckt, die mit der Eisenbahn anreisten. Das 6.000-Einwohner-Städtchen ist beliebt für die „Million Dollar Sunsets" über der Little Traverse Bay, die etwa 500 viktorianischen Häuser und Villen (zumeist aus Holz) und die historische Innenstadt mit ihren Geschäften und Lokalen. Das **Little Traverse History Museum** (*100 Depot Court, www.petoskeymuseum.org, Ende Mai–Mitte Okt. Mo–Sa 10–16 Uhr, $ 3*) beschäftigt sich u. a. mit der Geschichte der Region und dem Schriftsteller Ernest Hemingway, der die ersten 18 Sommer seines Lebens in der Region verbrachte. Seine Familie besaß ein Cottage am Walloon Lake nahe Petoskey. Memorabilien dazu findet man auch im historischen General Store in Horton Bay/Boyne City *(5115 Boyne City Rd., www.hortonbaygeneralstore.com)*. Wenn Hemingway in Petoskey verweilte, ging er gerne zum Billardspielen und Trinken in den **City Park Grill** *(432 E. Lake St.)*, das auch heute noch ein nettes Restaurant mit alter Bar ist (Fisch, Pasta, Steaks). Wer gerne Kanu oder Kajak fährt, sollte sich über Verleih und Möglichkeiten auf der Bay und auf dem Crooked River informieren. Mit ein bisschen Glück findet man einen der berühmten **Petoskey Stones**, den Schmucksteinen aus Korallenfossilien wird eine mythische Geschichte nachgesagt.

Vom beschaulichen **Charlevoix** aus fahren im Sommer Boote zur **Beaver Island**, einer 20 mi entfernten, naturbelassenen Insel. Die 32-Meilen-Überfahrt nach **St. James**, dem großen Ort im Norden der Insel, dauert zwei Stunden. Hier gibt es

*Die Gegend um Charlevoix bietet sich zum Fahrradfahren an*

Unterkünfte, einen schattigen Campingplatz nahe am Wasser, Mietfahrräder sowie Angebote, mit Kutschen bzw. Oldtimern die Insel zu erkunden. In der Saison (Mem. Day–Labor Day) erlaubt der Fährfahrplan auch Tagestouren hierher.

Eine skurrile Geschichtsanekdote zur Insel: James Jesse Strang (1813–1856), ein Mormone und Gründer einer von der eigentlichen Mormonenkirche abtrünnigen Gemeinde, siedelte sich Mitte des 19. Jh. mit ein paar Kirchenmitgliedern auf Beaver Island an. Straßen wurden gebaut und Felder bewirtschaftet. Sein Wunsch, Besitzanspruch für sich und seine Kirche geltend zu machen, bewegte Strang dazu, sich 1850 zum König krönen zu lassen. Sechs Jahre lang war Beaver Island das bis heute einzige Königreich auf amerikanischem Boden. Doch seine rigiden Regierungsmethoden führten 1856 dazu, dass zwei seiner Kirchenmitglieder Strang erschossen. Damit endete die Zeit des Königreichs.

*König von Beaver Island*

Auf der Weiterfahrt nach Traverse City bietet sich ein kurzer Abstecher zum **Torch Lake** – eine kleine Straße führt um ihn herum – an. Er gilt als einer der schönsten Seen von Michigan. An der Ost- und Südostseite des Sees, in **Clam River** und dem herausgeputzten Flecken **Alden**, gibt es kleine Restaurants direkt am Ufer und einige Souvenirläden.

Ansonsten kommt man am US 31 an etlichen Obstplantagen, Baumschulen und Gärtnereien vorbei.

**Hinweis**

*Michigan hat, mit Ausnahme von Alaska, die längste Uferlinie aller US-Bundesstaaten. Kein Wunder also, dass es hier die meisten privaten Sportboote im Land gibt.*

## Reisepraktische Informationen Petoskey, Charlevoix und Beaver Island, MI

### Information

**Petoskey VB**: *401 E. Mitchell St., Petoskey, ☎ (231) 347-4150, www.petoskeychamber.com, https://petoskeyarea.com*

**Charlevoix CVB**: *109 Mason St., Charlevoix, ☎ (231) 547-2101, www.visitcharlevoix.com*

**Beaver Island Chamber**: *nördl. des Fähranlegers (St. James), ☎ (231) 448-2505, www.beaverisland.org*

### Unterkunft

*Entlang und nahe den Uferzonen der Küstenorte und auf Beaver Island bieten sich Hotels/Resorts aller Preisklassen an.*

**Inn at Bay Harbor $$$–$$$$$**: *3600 Village Harbor Dr., Bay Harbor, ☎ (855) 351-4295, www.marriott.com. Großes Resorthotel mit Marina, Spa und Golfplatz. Gutes Restaurant.*

**Stafford's Perry Hotel $$$–$$$$**: *100 Lewis St. (Gaslight District), Petoskey, ☎ (231) 347-4000, 1-800-737-1899, www.theperryhotel.com. Historisches Resorthotel der ersten Stunde. 1899 auf einer Klippe über der Bay erbaut. 80 Zimmer, gemütlicher Pub, Restaurant.*

**Terrace Inn $$$**: *1637–1549 Glendale Ave., Petoskey, ☎ (231) 347-2410, www.theterraceinn.com. Historisches Guesthouse mit 38 Zimmern im bekannten Viertel mit den vik-*

*torianischen „Cottages" und Villen. Reichhaltiges Frühstück inklusive, das Restaurant ist exquisit. Der Tipp für die Region. Ansonsten bietet das* **Stafford's Bay View Inn $$$–$$$$** *(2011 Woodland Ave., Petoskey, ☎ (231) 347-2771, www.thebayviewinn.com, 31 Zimmer), eine schmucke viktorianische Holzvilla von 1886, ebenfalls ein Dinnererlebnis und einen leckeren Sonntagsbrunch!*
**Weathervane Terrace Inn & Suites $$$–$$$$**: *111 Pine River Lane, Charlevoix, ☎ (231) 547-9955, https://weathervane-chx.com. Motel, teilweise im Burgstil erbaut. Teurere Zimmer mit Jacuzzi, einige Zimmer mit Blick auf den See bzw. den Kanal. Whirlpool-Spa. Restaurant nebenan.*
**Beaver Island Lodge $$–$$$$**: *38210 Beaver Lodge Dr., Beaver Island, ☎ (231) 448-2396, https://beaverislandlodge.com. Schön am Lake Michigan gelegen. Die meisten Zimmer haben Blick aufs Wasser und verfügen über eine eigene kleine Kitchenette. Restaurant mit Terrasse.*
**The Brothers Place $$–$$$**: *26640 Brothers Rd., Beaver Island, ☎ (231) 448-2204, www.beaverisland.org. Einfache, außerhalb von St. James gelegene Lodge von 1928, in der ehemals Geistliche verweilten. Rustikal und ruhig.*
**Harbor View Motel $$–$$$**: *26246 King's Hwy., Beaver Island, ☎ (231) 448-2201, www.harborviewbeaverisland.com. Einfaches Motel oberhalb von St. James. Schöne Aussicht über die Bay. Pool. Es gibt auch 2-Bedroom-Apartments mit eigener Küche ($$$$).*

**Fähre von Charlevoix nach St. James (Beaver Island)**
**Beaver Island Ferry**: *103 Bridge Park Dr., Charlevoix, ☎ (231) 547-2311, www.bibco.com. Mai–Anfang Sept. tgl., Anf. Sept.–Nov. 5 x, April u. Dez. 3 x pro Woche, $ 28–35 pro Strecke/P. + $ 5 Parkgebühr für Fahrzeug/Tag.*

## Traverse City und die Leelanau Peninsula

*Landwirtschaft und Tourismus*

**Traverse City** wurde 1847 als Handelsposten für die Pelzhändler gegründet. Es lag verkehrsgünstig an der „Traverse" zwischen Lake Michigan, der Halbinsel Leelanau und dem Binnenland. Dem Pelzhandel folgte der Holzeinschlag, dann die Landwirtschaft samt Obstanbau – 45.000 t Kirschen werden jährlich im Umland geerntet – sowie der Tourismus, der mittlerweile wichtigste Wirtschaftszweig (Wassersport und andere Outdooraktivitäten, tolle Weingüter). Entsprechend groß ist die Zahl an Hotels und Resorts in der Region. Souvenirgeschäfte sowie Boutiquen in der historischen Altstadt (*Front St.*) laden zum Shopping ein und die zahlreichen Microbreweries sind u. a. bekannt für ihre Cider-Biere. Die quirlige Stadt selbst hat wenig Sehenswürdigkeiten, sieht man einmal von dem 29 m langen, nachgebauten **Schoner „The Madeline"** ab, der im Sommer, wenn er im Hafen liegt, zu besichtigen ist (*www.maritimeheritagealliance.org/madeline*), und dem **Dennos Museum Center** im Northwestern Michigan College *(1701 East Front Rd., www.dennosmuseum.org, Di–So 11–16, im Sommer bis 17 Uhr, $ 6)* mit einer interessanten Sammlung von Inuit-Kunst.

*Schöne Tagestouren*

Dafür ist das Umland umso schöner. Tagestouren in die Wälder, zu einsamen Binnenseen, entlang den Uferzonen des Lake Michigan, zu Kirschplantagen („We are the Cherry Capital of the World") sowie Weingütern und vor allem zum Sleeping Bear Dunes National Lakeshore machen Traverse City zu einer empfehlenswerten Ausgangsbasis. Im Folgenden seien einige Ziele vorgestellt, die im Rahmen eines Tagesausflugs von Traverse City aus besucht werden können.

Weinanbau bei Traverse City

Eine eindrucksvolle Sammlung an Musikinstrumenten (teilweise selbstspielend), Musikboxen und Orgeln ist im **The Music House** in Williamsburg zusammengestellt. Man hört z. B. einen deutschen „Umtah-Marsch" oder Gershwins „Rhapsody in Blue" *(7377 US 31 N., https://musichouse.org, Mai–Okt. Di–Sa 10–16, April/Nov./Dez. Sa/So 10–16 Uhr, $ 16,50, Familie $ 32).*

Die **Mission Peninsula** nördlich von Traverse City ist über den MI 37 zu erreichen. Sie bietet eine bezaubernde Landschaft mit Ausblicken auf die East und West Traverse Bay. Am Nordende, das geografisch gesehen vom Nordpol genauso weit entfernt ist wie vom Äquator, steht ein alter Leuchtturm. 2 mi südlich davon führt ein Sträßchen zur **Old Mission**, einer kleinen Holzkirche, die 1839 als erste Missionsstation eingerichtet worden ist. Am eindrucksvollsten auf der Halbinsel sind die großen Kirschbaumplantagen und die **Weingüter**, von denen u. a. folgende zu besichtigen sind:

*Bezaubernde Landschaft*

***Chateau Chantal**: 15900 Rue de Vin (über MI 37), 14 mi nördl. von Traverse City, www.chateauchantal.com. Probierstube ganzjährig tgl., Touren im Sommer i. d. R. tgl. 13, und 15 Uhr, Info und Reservierung: ☎ (231) 223-4110. Auf dem Weingut gibt es ein Bed & Breakfast, und in der Sommersaison wird mehrmals pro Woche wird ein 5–7-gängiges Dinner inkl. Weingutbesichtigung angeboten. Anmeldung einen Tag im Voraus erforderlich.*
***Chateau Grand Traverse**: 12239 Center Rd. (über MI 37), https://cgtwines.com, ☎ 1-800-283-0247. Im Sommer tgl. Touren durch das Weingut, mit Verköstigung. Zum Weingut gehört ein 6-Zimmer-Inn ($$$$), Frühstück inkl., jedoch kein Dinner-Restaurant.*

Eine lokale Delikatesse ist die **Cherry Pecan Sausage**, eine cholesterin- und fettarme Schweinewurst, angereichert mit Sauerkirsch- und Nussaroma. Beliebt ist, vor allem im Monat Mai, das Sammeln von **Morcheln** (Pilze). Ein vom Touristenbüro herausgegebenes Infoblatt gibt Tipps zum Sammeln.

*Lokale Spezialitäten*

## Leelanau Peninsula

Ganz im Norden, im Leelanau State Park, steht einer der ältesten Leuchttürme der Großen Seen (1858). Er beherbergt heute das **Grand Traverse Lighthouse Museum** *(Mai–Okt tgl., www.grandtraverselighthouse.com, $ 5).*

Der kleine Fischerort **Leland** lockt mit Boutiquen und anderen Läden. Vornehmlich werden kleinhandwerkliche Souvenirs, Keramiken und Lederwaren angeboten. Reizend sind die alten „Fishermen's Shacks" in der **Fishtown** von Leland. Auch hier befinden sich heute Geschäfte, einige werden aber noch als Räucherkaten und Eishäuser genutzt und eines verkauft Käse aus ganz Amerika.

*Süd- oder Nordinselbesuch*

Von Leland fahren Boote zu den beiden **Manitou Islands**. Nur South Manitou Island ist für einen Tagesbesuch vorgesehen. Der Sommerfahrplan der Fähre ermöglicht kurze Wanderungen, für Tagesbesucher beträgt der Aufenthalt 4 bis 5 Stunden. Die Südinsel wurde bereits um 1830 besiedelt und ein Leuchtturm zeugt von ihrer Bedeutung für die Seefahrt. Schöne Wanderwege, Strände und große Zedern werden Naturliebhaber begeistern. Infos dazu im Insel-Visitor Center am Anleger. Die Nordinsel blieb dagegen unbewohnt. Auf beiden Inseln darf man zelten, benötigt dazu aber ein Permit von der Parkverwaltung des National Lakeshore.
***Fähre:*** *Mitte Juni–Labor Day nahezu tgl., 1–3 x pro Woche Ende Mai, Sept. und Okt., $ 45 hin und zurück, https://manitoutransit.com.*

*Museum der Küstenwache*

**Glen Arbor** lockt mit einem schönen Strand sowie einer überschaubaren touristischen Infrastruktur mit Souvenir- und Kunsthandwerkergeschäften, Lokalen und ein paar Unterkünften. Ein Stück weiter westlich, in Glen Haven Village, wird im **Sleeping Bear Point Coast Guard Maritime Museum**, untergebracht in der ehemaligen Rettungsstation der Küstenwache, die Geschichte der Rettung Schiffbrüchiger in dieser Region erläutert (*8799 Sleeping Bear Dunes Rd., Glen Arbor, Mem.*

*Fishtown in Leland*

*Day–Labor Day tgl. 11–17 Uhr, $ 15).* Glen Haven diente einst als Hafen, von dem aus die größeren Schiffe aus Reede versorgt wurden. Ein paar der alten Gebäude stehen heute noch.

## Reisepraktische Informationen Traverse City und Leelanau Peninsula, MI

### Information

**Traverse City CVB**: *101 W. Grandview Pkwy., ☎ (231) 947-1120, www.traversecity.com*

### Unterkunft

**Park Place Hotel $$$–$$$$$**: *300 E. State St., Traverse City, ☎ (231) 946-5000, www.park-place-hotel.com. Zehnstöckiges Hotel von 1930. Viele Zimmer mit Hafenblick. Erstklassiges Restaurant. Das Lichthaus auf dem Hoteldach diente nicht der Seefahrt, sondern den Schaulustigen im Hotel. Man strahlte von hier Schiffe im Hafen an.*
**Great Wolf Lodge $$$$**: *3575 N. US 31 S., Traverse City, ☎ 1-866-478-9653, www.greatwolf.com/traverse-city. Auf rustikal getrimmtes 280-Zimmer-Hotel, das sich besonders um Familien mit Kindern bemüht. Großer Indoor-Wasserpark mit mehreren Pools, Rutschen, Whirlpools etc.*
**Bayshore Resort $$$–$$$$**: *833 E. Front St., Traverse City, ☎ (231) 935-4400, www.bayshore-resort.com. Komfortables Resorthotel direkt am Lake Michigan. Eigener Strand. Fast alle Zimmer bieten Seeblick.*
**Riverside Inn $$$–$$$$**: *302 River St., Leland, ☎ (231) 256-9971, https://theriversideinn.com. Inn seit 1902, schlicht, aber elegant. Vier Zimmer. Sehr gutes Restaurant (erlesene Weinkarte), jedoch nicht preiswert. Direkt in Leland.*
**The Anchor Inn by the Bay $$$**: *12068 S. West-Bay Shore Dr., Traverse City, ☎ (231) 714-4484, www.anchorinn.net. 4 mi nordwestlich der Innenstadt von Traverse City. Rustikales und richtig schön altbackenes Familienresort. Der Strand ist gleich gegenüber. Keinerlei Restauration, aber voll ausgestattete Zimmer mit Küchen und gute Grillmöglichkeiten. Eine knappe Meile südlich serviert die* **West End Tavern** *rustikale Gerichte (Steaks, Burger, Fisch, Salate, ein paar vegetarische Speisen).*

### Essen & Trinken

**Jolly Pumpkin**: *13512 Peninsula Dr. (über MI 37 fahren), Traverse City, hinter Bower's Harbor Inn, ☎ (231) 223-4333. BBQ, Pizzen, Burger und eine reichhaltige Bierauswahl. Rustikale Atmosphäre. Eleganter ist der* **Mission Table**: *Adresse wie Jolly Pumpkin, s. o., ☎ (231) 223-4222 mit exquisiten Gerichten aus vorwiegend lokalen Produkten. Das Gebäude stammt von 1880. Blick auf die Bay.*
**Boone's Long Lake Inn**: *7208 Secor Rd., Traverse City, ☎ (231) 946-3991. Hier gibt es die besten Steaks in Traverse City. Auch die Desserts sind zu empfehlen.*
**Mackinaw Brewing Co.**: *161 E. Front St., Traverse City, ☎ (231) 933-1100. Selbst gebrautes Bier, gute BBQ- und Fischgerichte. Man kann auf der Veranda sitzen.*

### Aktivitäten

*In und um Traverse City bieten sich unzählige Möglichkeiten für* **Outdooraktivitäten**, *z. B.* **Schwimmen**: *Die schönsten und beliebtesten Strände finden sich in Elk Rapids, in Acme, im Clinch Park in Traverse City, am Lighthouse auf der Mission Peninsula und vor allem im Sleeping Bear Dunes National Lakeshore.*

**Angeln** *ist ein Nationalsport in Michigan, und diese Region gilt als sehr forellenreich. Entsprechend groß ist das Angebot (Plätze, Boote etc.). Lizenzen sind in fast allen Ausstatterläden erhältlich.*

**Golf**: *Es gibt einige gute Golfplätze in der Region. Besonders beliebt ist das* **A-Ga-Ming-Resort** *in Kewadin (72 Löcher), nordöstlich des Torch Lake (20 mi von Traverse City),* ☎ *(231) 264-5081, www.a-ga-ming.com. Hier kann man auch wohnen.*

*Die schönsten* **Wanderrouten** *findet man im Sleeping Bear National Lakeshore und fürs* **Mountainbiking** *sind in der gesamten Region Wege angelegt. Auch für bequemes Fahrradtouring bieten sich Gelegenheiten. Organisation von Touren und Radverleih:* **Brick Wheels**, *736 E. 8th St., Traverse City,* ☎ *(231) 947-4274, www.brickwheels.com.*

*Sieben Flüsse in der Region bieten sich für* **Kanutouren** *verschiedenster Längen und Schwierigkeitsgrade an. An jedem der Flüsse steht ein Verleihunternehmen zur Verfügung. Direkt an einem Fluss einquartieren kann man sich auf der* **Ranch Rudolf**, *einem rustikal-einfachen Motel am Boardman River mit Campingmöglichkeit. Hier können Boote gemietet werden. Reiten und Angeln wird auch angeboten.* **Ranch Rudolf $–$$$**: *6841 Brown Bridge Rd.,* ☎ *(231) 947-9529, https://ranchrudolf.com. Anfahrt über Garfield Rd. nach Süden und ab Airport Rd. nach 7 mi links abbiegen, von hier den Schildern folgen.*

*Weitere Angebote:* **Tauchkurse, Ballonfahrten, Rollerblading, Paragliding, Snowmobiling**.

### Touren

*Traverse City und Umgebung kann man natürlich gut auf eigene Faust erkunden. Die große Auswahl an Microbreweries und Weingütern macht es für den einen oder anderen Besucher erforderlich, sich einer Tour anzuschließen, um mittrinken zu können. Die z. T. auf Keller- und Brauereien zugeschnittenen Touranbieter sind zahlreich. Einer davon ist* **Traverse City Wine & Beer Tours** *(☎ (231) 499-2656, https://wineandbeertours.com). Weitere Infos dazu im o. g. Visitor Bureau.*

# Von Traverse City nach Muskegon

Diese 160 mi lange, zumeist ufernah verlaufende Reiseroute fasziniert durch atemberaubende Dünenlandschaften, schöne Waldabschnitte, reizende Binnenseen und kleine Orte, die ehemals als Holzhäfen gedient haben, heute aber eher – in begrenztem Umfang – vom Tourismus leben. Wunderschöne Sandstrände laden zum Baden ein, doch muss man dazu meist vom US 31 ans Ufer abfahren bzw. kleinere, parallel zum Ufer verlaufende Straßen benutzen. Trotz der schönen Landschaft ist diese Region nicht überlaufen und man stößt immer wieder auf idyllische Nischen. Hier und dort sollte man einfach seinem Spürsinn folgen, denn herauszuhebende Sehenswürdigkeiten sind es nicht, die hier geboten werden, es ist allein der landschaftliche Eindruck als Ganzes, der dieses Reisegebiet zu einem Highlight macht.

## Sleeping Bear Dunes National Lakeshore

*Wunderschöne Dünenlandschaft*

Die Dünenlandschaft gilt mit Recht als eine der schönsten der Welt. 33 mi zieht sich der Park entlang der Uferlinie des Lake Michigan. Auch die Manitou-Inseln gehören dazu. Die bis zu 150 m hohen Dünen zählen damit zu den höchsten außerhalb der Sahara. Anders als Dünen in anderen Regionen „verstecken" sich die meisten hier unter einer Vegetationsdecke. Doch einige liegen frei, und an den Uferzonen bestechen die Sandstrände.

Parallel zum Ufer und durch den Park führt die MI 22 (teilw. MI 109). Der nördliche Abschnitt mit der kleinen Rundstrecke des **Pierce Stocking Scenic Drive**, dem **Coast Guard Maritime Museum** (s. S. 354) sowie der Gelegenheit, eine **Düne zu erklimmen**, sollte unbedingt auf dem Plan stehen. Südlich des Ortes Empire beginnt der südliche Abschnitt, der weniger touristische Einrichtungen aufweist, dafür aber Zufahrten zu idyllischen Stränden bietet.

*Rundstrecke mit Höhepunkten*

## Die Legende der Bärenfamilie

Eine Legende der Chippewa-Indianer erzählt von einer Bärenfamilie, die vor einem großen Waldbrand auf der gegenüberliegenden Seite des Lake Michigan fliehen musste. Vater Bär ging verloren, während sich die Mutter und zwei ihrer Jungen in den See retten konnten. Sie schwammen und schwammen, bis die Jungen erschöpft zurückblieben. Mutter Bär aber erreichte die Dünen und bestieg alsdann die höchste. Von hier aus schaute sie tagein, tagaus auf das Wasser in Erwartung ihrer Jungen. Die jedoch ertranken. Die Düne, auf der die Mutter wartete, ist heute die „Sleeping Bear Dune" im Nordabschnitt, die beiden Jungen aber sind als Manitou Islands in die Geografie des Sees eingegangen.

## Geologische Entstehung der Dünen und Küstenformationen

Die letzte Eiszeit, die vor 11.800 Jahren zu Ende ging, sorgte für die heutige Uferlinie, die davor noch durch viele Buchten in Ost-West-Richtung bestimmt gewesen war. Der letzte Gletscher aber hinterließ Sandbarrieren vor den Buchten, so z. B.

*In den Sleeping Bear Dunes*

*Eiszeitliche Gletscher*

auch am Glen Lake, und bildete so zahlreiche Binnenseen. Die Sande stammen von Abschürfungen, die der Gletscher bei seinem „Vormarsch" aufgenommen hat und beim Tauen schließlich zurückließ. Bedingt durch die meist von Westen her wehenden Winde, blieb dieser Sand am Ufer liegen und wurde nicht ins Wasser geblasen. Die beiden Nord-Süd gerichteten Buchten nördlich von Traverse City waren vor der letzten Eiszeit Flusstäler, die die Eismassen weiter ausgeschabt haben.

Es gibt heute zwei Dünenformationen im National Lakeshore: die **Stranddünen** direkt auf Uferniveau, von denen die Aral-Dünen im Südteil (Platte Bay) die markantesten sind, und weiter im Inland die aus eingewehten Sanden entstandenen **Hochdünen**. Ihr Sand ist feiner, denn der Wind konnte nur diesen auf die Plateaus wehen. Auch heute noch verändern sich die Dünen stetig und begraben ganze Baumgruppen unter sich. Selbst die Küstenwachstation am Sleeping Bear Point musste deshalb – beinahe eingeweht – 1931 nach Glen Haven umgelagert werden.

Die **Vegetation** ist übrigens auch interessant. Die Beobachtung erster Pionierpflanzen auf neu geformten Dünen ist beachtenswert: Strandgras und Sandkirsche gedeihen als erste und sorgen damit, als kleine Windbarrieren, für die Stabilisierung der Düne. Hinter ihnen bleibt der angewehte Sand hängen. Erst wenn starke Winde aufkommen, reichen diese Barrieren nicht mehr aus und eine erneute Dünenbildung setzt sich in Gang.

**Tipp**

*Bei Betsie's Lighthouse am Strand* **Steine sammeln**. *Geologisch Interessierte werden begeistert sein, denn hier wurden die meisten Gesteinsarten der Großen Seen angeschwemmt. Der Leuchtturm befindet sich südlich des Parks, etwa 3 Meilen, bevor man auf dem MI 22 Frankfort erreicht.*

## Wanderwege im Park

*Genügend Wasser mitnehmen*

Es gibt mehrere Wanderwege im Park. Zu beachten gilt, dass Dünenwandern ausgesprochen anstrengend ist und man immer etwas zu trinken dabeihaben und den Rückweg einplanen sollte. Die **Trails zwischen Glen Lake und Lake Michigan** sind am beliebtesten. Hier kann man eine Düne besteigen und von der MI 22 bis hin zum Ufer des Lake Michigan laufen (mind. 3 Std. hin und zurück). Eine Verkürzung dieser Trails bietet der Beginn des Wegs am Sleeping Bear Point.

Einfacher zu erlaufen, da auf den gesamten 4,25 mi asphaltiert, ist der **Heritage Trail**, der zwischen dem Campingplatz Glen Haven und dem Dune Climb weiter südlich verläuft. Hier erlebt man aber weniger offene Dünen.

*Zahlreiche Wanderwege*

Weitere Wanderwege durch Dünen befinden sich vor allem im Südteil, allgemein als **Platte Trails** bezeichnet. Zusammengenommen sind diese 15 mi lang, doch können auch kürzere Abschnitte gewählt werden.

Einen guten Überblick über die Dünenlandschaften und die Kultivierung durch Menschenhand bietet schließlich der 0,8 mi lange **Empire Bluff Trail** direkt südlich von Empire.

Ganz im Süden markiert der **Old Indian Trail** den Weg der Indianer ans Seeufer.

## Reisepraktische Informationen
## Sleeping Bear Dunes National Lakeshore, MI

### Information
**Philip A. Hart Visitor Center**: *9922 Front St., Empire, ☎ (231) 326-4700, www.nps.gov/slbe (Parkinfo), www.sleepingbeardunes.com (allg. Touristeninfos zur Region). Im Interpretationszentrum werden die verschiedenen Eiszeiten und ihre Wirkungen auf die Formung des gesamten Gebiets der Großen Seen erläutert. Eindrucksvoll ist das Relief des Küstenabschnitts um den Park.*

### Unterkunft
**The Homestead $$–$$$$**: *1 Wood Ridge Rd., Glen Arbor, ☎ (231) 334-5000, www.thehomesteadresort.com. Bezaubernd am Lake Michigan gelegenes Resort, bestehend aus mehreren Hotels. Alle Annehmlichkeiten (Pool mit Rutsche, Spa, Golfanlage, Fahrradverleih, Fine Dining und italienisches Restaurant, Sportsbar etc.). Die Unterkünfte reichen von Gästezimmern (***Fiddler's Pond, The Inn $$–$$$***) über geräumige Suiten (***Little Belle, Stoney Brooke Lodge, The Inn $$$–$$$$***) bis hin zu Selbstversorger-Apartments ($$$$). Weitere Hotels in Glen Arbor, Leland und Traverse City (s. dort).*

### Camping
*Im (Festland-)Park gibt es zwei* **Campingplätze** *(Glen Haven und Platte River).*

### Kanufahren
*Im Nordteil des Parks auf dem Crystal River in Glen Arbor. Schöner aber ist es im Südteil auf dem Platte River. Kanus, Kajaks und auch Tubes für ein- bis mehrstündige Touren können dort direkt an der Flussüberquerung des MI 22 in Honor (10 mi südl. von Empire) ausgeliehen werden:* **Riverside Canoes**, *☎ (231) 325-5622, www.canoemichigan.com.*

## Arcadia und Manistee

Nachdem man südlich des National Lakeshore den schönen Crystal Lake passiert hat, kommt man über Nebenstrecken, vorbei am 1858 erbauten **Point Betsie Lighthouse** (s. S. 358), nach **Frankfort** und **Elberta**, zwei kleinen Hafenstädtchen, die einst Bedeutung als Holzverladestation und Fährhafen hatten. Heute ticken die Uhren hier langsamer, dafür macht es Spaß, einmal die Relikte aus der früheren Zeit aufzuspüren und durch die historische Altstadt von Frankfort mit ihren Antik- und Souvenirgeschäften sowie den Lokalen zu laufen. In Frankfort beginnt auch der 22 mi lange **Betsie Valley Trailway** (*https://betsievalleytrail.org*), ein schön ausgebauter Wander- und -fahrradweg, der im Südosten bis Thompsonville führt.

*Zwei Hafenstädtchen*

Kurz vor dem kleinen Ort **Arcadia** an der MI 22 gibt es einen schönen, hoch gelegenen Aussichtspunkt auf den Lake Michigan. Südlich von Arcadia durchquert man zahlreiche Obstplantagen (Äpfel und Pfirsiche), deren Produkte an Straßenständen angeboten werden. In der kleinen Ortschaft **Onekama** gibt es einige Motels und am Lake Michigan das schöne Portage Point Resort (s. S. 362).

**Manistee** erlebte seinen wirtschaftlichen Aufschwung Mitte des 19. Jh., als es hier über 100 Holzfabriken und -kontore gab. Das Holz kam vorwiegend aus Wisconsin und der Upper Peninsula und wurde mit Schiffen in den Häfen hier am Ostufer des Lake Michigan angelandet. Später war es dann der Salzabbau, der Manistee ungeahnten Reichtum bescherte und dies immer noch tut. Die historische Innenstadt zeugt davon. Mit Recht verweist die Stadt auf ihren Beinamen *Victorian Port City*, der unterstreicht, dass der viktorianische Baustil hier lange Zeit bestimmend war. Um Manistee herum gibt es zahlreiche schöne Strände. Lohnend ist die Besichtigung der beiden **Museumsschiffe**, einem Fährschiff (*$ 12)* sowie einem Bojenleger (*$ 5)* aus vergangenen Zeiten (*99 Arthur St., US 31, www.carferry.com, ☎ (231) 723-3587, es gibt auch Kombitickets*). Auf dem ehemaligen Fährschiff kann man im Sommer in den Schiffskabinen übernachten (*$–$$, B&B*)!

*Reichtum durch Holz und Salz*

## Ludington

Dank der Fährverbindung nach Manitowoc in Wisconsin ist Ludington heute der bedeutendste Ort zwischen Traverse City und Muskegon. Seit 1953 fährt die Autofähre „S.S. Badger“, ein alter, kohlebetriebener Steamer, im Sommer täglich in vier Stunden über den Lake Michigan (s. S. 205).

Der alte Hafen von Ludington wird heute kaum noch genutzt, und die nördliche Mole dient besonders Anglern als Betätigungsfeld. Dafür aber wurde eine ansprechende Marina angelegt, auf deren Parkflächen einige Skulpturen zu bewundern sind. Dadurch und bedingt durch die schönen Strände des Ortes sowie den nördlich sich zwischen Hamlin Lake und Uferzone erstreckenden **Ludington State Park** (Wanderwege, Dünen, Strände, Camping, Kanuverleih) hat sich Ludington zu einem attraktiven Ausflugsort entwickelt. Im State Park steht übrigens das viel fotografier-

*Attraktiver Ausflugsort*

*Strandidylle im Ludington State Park*

te **Big Sable Point Lighthouse** *(Mai–Okt. tgl. 10–17 Uhr, https://splka.org, $ 8)*. Von einem Parkplatz sind es knapp 30 Minuten zu Fuß dorthin. Hier und im 32 mi südlich von Ludington gelegenen **Little Sable Point Lighthouse** werden an Sommerwochenenden oft Konzerte geboten.

Die Innenstadt gefällt mit ihren Antiquitätengeschäften, Kunstgalerien, historischen Bed-&-Breakfast-Unterkünften, Restaurants, Microbreweries, Wandmalereien und dem **Ludington Maritime Museum** (*217 S. Lakeshore Dr., Mai–Mitte Okt., Di–Sa 10–17 Uhr, https://ludingtonmaritimemuseum.org*). Bei alledem ist der Ort bodenständig geblieben.

*Schön zum Schlendern*

Im **Historic White Pine Village** mit seinen 27 historischen Gebäuden südlich von Ludington kann man in das Leben einer Kleinstadt in Michigan vor 100–200 Jahren eintauchen (*1687 S. Lakeshore Dr., Ludington, https://historicwhitepinevillage.org, Mai–Mitte Okt., Di–Sa 10–17 Uhr, $ 15)*.

Auf dem Old US-31 und der B 15 fährt man ufernah weiter. Der nächste Ort ist das beschauliche und sehenswerte **Pentwater**. Anschließend folgt der **Silver Lake State Park**, der diejenigen anlockt, die gerne mal 40 Minuten auf einem Geländewagen durch die Dünen kutschiert werden möchten oder dafür das Steuer selbst in die Hand nehmen wollen. Eine touristische Infrastruktur mit Hotels, Resorts und Lokalen hat sich um diese ökologisch etwas fragwürdige Attraktion angesiedelt.

In **Whitehall** zeigt am nördlichen Ende der Hafenbrücke die größte Wetterfahne der Welt die Windrichtung an. Sie wiegt 1,9 t und ist 15 m hoch. Das **White River Light Station Museum** in einem 1875 erbauten Leuchtturm zeigt Relikte aus der früheren Geschichte der Leuchttürme. Vom Turm hat man einen schönen Ausblick auf die Uferzone (*6199 Murray Rd., https://splka.org/whiteriver.html, Mem. Day–Sept. Di–So 10–17, Okt. 11–16 Uhr, $ 8)*. Whitehall fällt durch i. d. R. günstigere Unterkünfte auf.

*Leuchtturm-Museum*

## Muskegon und Grand Haven

Muskegon mit seinen 40.000 Einwohnern gilt als „Lumber Queen of the World" bzw. auch als „Sawdust Capital". Sägewerke bestimmen hier also das wirtschaftliche Leben, was sich auch in der Stadt widerspiegelt. Zudem verkehrt von hier die Schnellfähre nach Milwaukee. Das Zentrum ist ansonsten uninteressant. Es gibt zwei historische Villen im Queen Anne Style zu besichtigen und westlich am Channel das **USS Silversides Submarine Museum/Great Lakes Naval Memorial & Museum** *(1346 Bluff St./ 3548 Fulton Ave., Juni–Aug. tgl. 10–17.30, Sept.–Mai So–Do 10–16, Fr/Sa 10–17.30 Uhr, https://silversidesmuseum.org, Kombiticket: $ 17,50)*, in dem man ein U-Boot sowie ein Küstenwachboot aus dem Zweiten Weltkrieg erleben kann. Bei genügend Teilnehmern ist es möglich, auf dem U-Boot zu nächtigen. Weitere Museen im Innenstadtbereich weisen einen sehr lokalen Charakter auf.

Das Umland empfiehlt sich mit seinen Stränden und Dünenlandschaften. Im „Doppelpack" erlebt man beides im **P.J. Hoffmaster State Park** südlich der Stadt. Im Visitor Center des Parks gibt es eine kleine Ausstellung über die Bildung von Dünen sowie über die in ihnen lebenden Tiere. Im Park sind 11 mi Wanderwege angelegt und der Campingplatz ist sauber und zumeist schattig.

*Lebensraum Düne*

**Grand Haven**, mit guten Unterkünften, Restaurants und Bars versehen, ist der Tipp dieser Region. Die historische Washington St. im Stadtzentrum lockt mit zahlreichen Boutiquen und ausgesuchten Souvenirläden und auch für Outdoorfans gibt es ein reichhaltiges Angebot (Fahrrad- und Kanuverleih, Kite- und Surfkurse u. v. m.).

**Hinweis**
*Zur weiteren Streckenführung bis Chicago s. S. 539 bzw. S. 543.*

## Reisepraktische Informationen

### FRANKFORT UND MANISTEE, MI

**Information**
**Frankfort-Elberta Chamber**: *517 Main St., Frankfort, ☎ (231) 352-7251, https://frankfort-elberta.com*
**Manistee County CVB**: *310 1st St., Manistee, ☎ 1-877-626-4783, www.visitmanisteecounty.com*

**Unterkunft**
**Harbor Lights Resort $$$–$$$$**: *15 2nd St., Frankfort, ☎ (800)-346-9614, https://harborlightsresort.net. Nettes Resort direkt am Lake Michigan und der Hafenausfahrt. Es gibt günstige Motelzimmer, aber auch Suiten und voll ausgestattete Apartments. Nur 200 m zu den Restaurants in der Main Street.*
**Portage Point Resort $$–$$$$**: *8513 Portage Point Dr., Onekama, ☎ (231) 889-7500, www.portagepointresort.com. Historisches Strandhotel mit Zimmern, Ferienwohnungen, Apartments. Juli–Anf. Aug. oft Mindestaufenthalt von einer Woche. Tolle Lage am Wasser (eigener Strand), ein gutes Pizza-/Sandwich-Restaurants sowie ein Pub.*
**Manistee Inn & Marina $$–$$$**: *378 River St., Manistee, ☎ (231) 723-4000, www.manisteeinn.com. Ferienhotel am Big Manistee River (nahe Innenstadt). 25 geräumige Zimmer.*
**Chimney Corners Resort $$**: *1602 Crystal Dr. (am MI 22), nördl. von Frankfort, ☎ (231) 352-7522, www.chimneycornersresort.com. Sympathische Familylodge „vom alten Schlag" (Hütten im Sommer nur wochenweise, Zimmer auch für eine Nacht). Eigener kleiner Strand, Bootsverleih, Picknickplätze.*

### LUDINGTON, MI

**Information**
**Ludington CVB**: *119 S. Rath Ave., ☎ 1-800-542-4600, https://pureludington.com*

**Unterkunft**
**Cartier Mansion B&B $$$–$$$$**: *409 E. Ludington Ave., ☎ (231) 843-0101, www.cartiermansion.com. Ein Knüller! Erbaut 1905. Der erste Besitzer, ein Holzbaron, hat nicht an Holzdekorationen gespart. Jedes Zimmer wurde mit einem anderen Holz hergerichtet und jeder Kamin sieht anders aus. Die „King Suite" ist mit einem Bad ausgestattet, in dem es mehrere Badeeinrichtungen gibt, darunter: eine alte Ganzkörperdusche (Wasserstrahlen kommen an allen Seiten der Dusche heraus).*
*Entlang der E. Ludington Ave. in der Innenstadt gibt es weitere, sehr schöne B&Bs. Eines davon ist das* **Ludington House $$–$$$$**: *501 E. Ludington Ave., ☎ (231) 845-7769, www.ludingtonhouse.com. Auch dieses Haus kann einige Geschichten erzählen.*

**Holiday Inn Express & Suites Ludington $$–$$$**: *4079 US 10, ☎ (231) 845-7311, www.ihg.com. Motel mit 116 Zimmern, Indoorpool Hot Tub, Sauna. Frühstück inkl.*
**Weitere Motels** *gibt es entlang dem US 10, kleinere* **Hotels/B&B-Unterkünfte** *in der Stadt/am Hafen.*

### Essen & Trinken

**Old Hamlin Restaurant**: *122 W. Ludington Ave., ☎ (231) 843-4251. Ältestes Haus am Platze. Entsprechend „old-fashioned". Eine Mischung aus Diner und Restaurant. Beliebt sind das deftige Frühstück sowie das Buffet bzw. die Soup & Salad Bar.*
**Jamesport Brewing Company**: *410 S. James St., ☎ (231) 845-2522. Bekannt für die selbst gebrauten Biere. Gutes Pubfood. An der S. James St. gibt es weitere* **Restaurants und Bars aller Art**.
**House of Flavours**: *402 W. Ludington Ave., ☎ (231) 845-5785. Den ganzen Tag gibt es Kleinigkeiten (Wraps, Suppen, Burger, Sandwiches etc.) zu essen, vor allem Landkost. Spezialität ist aber die Eiscreme!*

### Fähre über den Lake Michigan

**„S.S. Badger"**: *Zw. Mai und Okt. ein- bis zweimal tgl. zwischen Ludington und Manitowoc (WI). Rechtzeitig buchen! ☎ 1-800-841-4243, www.ssbadger.com.*

## MUSKEGON UND GRAND HAVEN, MI

### Information

**Muskegon CVB**: *610 W. Western Ave., Muskegon, ☎ 1-800-250-9283, https://visitmuskegon.org*

### Unterkunft

**Delta Hotels Muskegon Downtown $$$–$$$$**: *939 3rd St., Muskegon, ☎ (231) 722-0100, www.marriott.com. Modernes Innenstadthotel. 200 Zimmer. Pool, Whirlpool. Nahe einiger Restaurants und Bars.*
**Harbor House Inn B&B $$$–$$$$**: *114 S. Harbor Dr., Grand Haven, ☎ (616) 846-0610, https://harborhousegh.com. Zentral am Hafen und direkt neben der netten Innenstadt (Geschäfte, Restaurants) gelegen. Historisches Gebäude mit großer Veranda, gemütlichen Aufenthaltsräumen samt Bibliothek zur Geschichte der Region. 19 individuell eingerichtete Zimmer (viele mit Jacuzzi). Ein wirklicher Tipp!*
**Emery House B&B $$–$$$**: *446 W. Webster Ave., Muskegon, ☎ (231) 722-6978, www.bbonline.com. B&B in einem Georgina-Colonial-Stil-Haus von 1903. Ruhig und angenehm. Nur 2 Zimmer. Das B&B war bei Redaktionsschluss vorübergehend geschl.*

### Essen & Trinken

**The Lake House Waterfront Grille**: *730 Terrace Point Dr., Muskegon, ☎ (231) 722-4461. Fisch, Steaks, Burger, vegetarische Gerichte. Von der Terrasse schöner Ausblick auf den See (Sonnenuntergang!).*

### Fähre über den Lake Michigan (Muskegon–Milwaukee)

*Die Schnellfähre „***Lake Express***" setzt in 2,5 Std. über nach Milwaukee. ☎ 1-866-914-1010, www.lake-express.com. Abfahrt: 1918 Lake Shore Dr., Muskegon. Im Sommer 3 x, Mai, Juni, Sept., Okt. 2 x tgl., $ 106 (einfach/p. P.) sowie $ 115 (einfach/nur Auto).*

# 9. TORONTO UND UMGEBUNG

# Überblick

## Entfernungen

*Toronto – Niagara Falls: 130 km/ 81 mi*
*Toronto – Kingston: 256 km/ 159 mi*

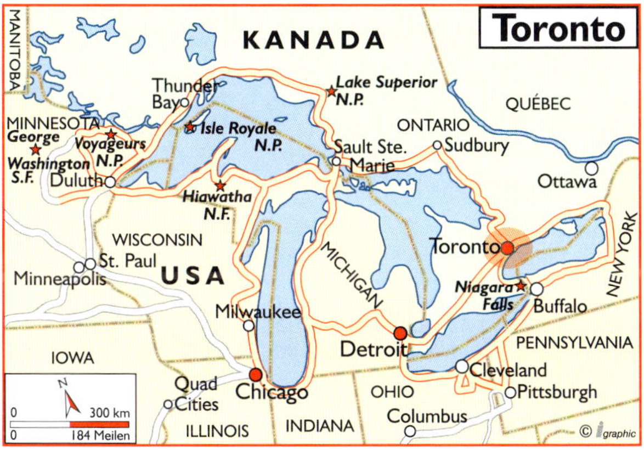


Toronto liegt am Nordufer des Lake Ontario und ist heute Hauptstadt der Provinz Ontario. Als erster Europäer erreichte der französische Forscher Etienne Brulé 1615 das Land der Huronen, doch erst 1749 gründeten französische Pelzhändler das Fort Rouillé und bereits 1763 wurde Französisch-Kanada durch den Vertrag von Paris zu englischem Territorium erklärt. Nach der Unabhängigkeitserklärung der USA kamen viele „Loyalisten", Anhänger der britischen Krone, an das Nordufer des Lake Ontario. Der englische Gouverneur Simcoe ließ daraufhin 1793 an der Stelle eines Indianersammelplatzes eine Siedlung anlegen, der er zu Ehren des Herzogs von York den Namen York gab und die 1813 in die Auseinandersetzungen zwischen England und den USA einbezogen wurde.

## Zeitplanung

**Vorschlag für einen zweitägigen Aufenthalt**
**Tag 1**: Hinauf auf den CN-Tower, dann Stadtrundgang oder Stadtrundfahrt zu den wichtigsten Sehenswürdigkeiten oder Besuch des Royal Ontario Museum. Nachmittags Bummel durch das Einkaufsparadies Eaton Centre, die unterirdische Geschäftswelt und Abendspaziergang zur Harbourfront (zahlreiche Restaurants).
**Tag 2**: Besuch der Art Gallery of Ontario oder des Ontario Science Centre mit interessanten naturwissenschaftlichen und technischen Ausstellungen. Besichtigung von Fort York, in dem im Sommer Paraden abgehalten werden.

**Vorschlag für einen mehrtägigen Aufenthalt**
**Tag 1**: Besuch des CN-Tower, der Parlamentsgebäude, des Universitätsgeländes. Am Abend ein Bummel durch Chinatown.
**Tag 2**: Besuch des Royal Ontario Museum, Einkaufsbummel durch Eaton Centre, The Bay oder Yorkville.
**Tag 3**: Besuch der Art Gallery of Ontario oder alternativ des Ontario Science Centre. Spaziergang zur Harbourfront.
**Tag 4**: Überfahrt zum Toronto Island Park (schöne Badestrände, Spielplätze, Fahrrad- und Wanderwege).

## Redaktionstipps

▸ **Ethnische Viertel** erkunden, z. B. Chinatown, Little Italy und Kensington Market (S. 378). Noch interessanter ist das zusammen mit einem **TAP in TO! GREETERS** (S. 392).
▸ In der **Innenstadt** wohnen in der Nähe zu den wesentlichen Sehenswürdigkeiten; auch wenn es teurer wird. Empfehlungen: **Hotel Victoria** (günstig; zentral gelegen, 1909 eröffnet, charmant, mit sauberen, wenn auch kleinen Zimmern); hipp und teilweise schrill designt ist das **Gladstone House** (S. 385).
▸ **Allen's**: Restaurant & Bar im New Yorker Stil, schöner Garten, herzhafte Küche, tolle Whiskey-Auswahl (S. 387); **Canoe**: gleichermaßen bekannt für seine regionalen kanadischen Spezialitäten und für den schönen Blick vom 54. Stockwerk (S. 388).
▸ Unbedingt einen selbst zusammengestellten **Hot Dog an einem Straßenstand** probieren (S. 378).

1834 erhielt York die Stadtrechte, und die 9.000 Einwohner wählten William Mackenzie zum ersten Bürgermeister der Stadt, die den indianischen Namen Toronto übernahm. Die verkehrsgünstige Lage, der Bau der Eisenbahn sowie der Ausbau des Hafens begünstigten Handel und Wirtschaft; immer mehr Handwerksbetriebe siedelten sich an. Um 1900 lebten etwa 200.000 Menschen in der Stadt, 20 Jahre später bereits 500.000. Die beiden Weltkriege regten das Wirtschaftswachstum weiter an; **nach dem Zweiten Weltkrieg** suchten mehr als 400.000 Menschen aus Europa in Toronto eine neue Heimat.

In zwei Etappen, 1953 und 1998, schloss sich die Stadt Toronto mit mehreren Stadtgemeinden zusammen und breitet sich nun auf einer Fläche von 634 km² aus. Zum 7.125 km² umfassenden Großraum der sogenannten **Greater Toronto Area (GTA)** gehören neben Toronto, North York, Scarborough, Etobicoke, York und East York, die alle durch ein gut ausgebautes Verkehrsnetz mit der Innenstadt verbunden sind. Insgesamt 6,7 Mio. Menschen leben hier – die Stadt Toronto selbst zählt 2,8 Mio. Einwohner. Damit ist Greater Toronto nicht nur die größte Stadt Kanadas, sondern auch eine der lebendigsten Städte Nordamerikas mit einem reichen Kulturleben und vielen Attraktionen. Sie wird der Bedeutung ihres indianischen Namens „Treff- und Sammelpunkt" durchaus gerecht.

*Wichtige Wasserstraße*

Als Industrie-, Handels- und Wirtschaftszentrum mit Börse und hochmodernem Banken- und Versicherungsviertel generiert die GTA über 20 % des BIP von Kanada, 40 % der Firmensitze in Kanada befinden sich hier. 25 % des regionalen BIP entfallen auf den Finanzsektor, 10 % auf die Automobilindustrie. Zum wirtschaftlichen Aufschwung der Stadt trug wesentlich die Fertigstellung des St. Lawrence Seaway im Jahr 1959 bei. Mehr als ein Fünftel aller in Kanada hergestellten Waren stammt aus Toronto. Die wichtigsten Industriezweige sind Maschinen- und Fahrzeugbau, Elektronik, Druck und Papier und die Lebensmittelproduktion.

## Tipps zur Orientierung

Das Zentrum der Stadt, eingerahmt von Bloor Street im Norden, Spadina Avenue im Westen, Parliament Street im Osten und Harbourfront im Süden, ist schachbrettartig angelegt. Die wichtigsten Nord-Süd-Achsen sind Yonge Street und University Avenue. Sie gliedern die Stadt in einen **Ost- und einen Westteil**. Zum „Times Square" von Toronto entwickelt sich der Kreuzungsbereich Dundas-, Yonge- und Victoria Streets. Die Parkgebühren im Stadtgebiet sind immens hoch, doch kann man in der Innenstadt vieles **zu Fuß** bzw. mit den **öffentlichen Verkehrsmitteln** erreichen. Letztere zählen zu den besten auf dem nordamerikanischen Kontinent.

Mehrfach wurde Toronto von der UNO zur **multikulturellsten Stadt der Welt** erklärt, in der jede Kultur ihre eigene Identität bewahren kann. Torontos internationale Gastronomie und die ganz unterschiedlichen Wohnbezirke, die noch die Herkunftsländer der Menschen erkennen lassen, sind ein Beweis dafür. Nicht verpassen sollte man deshalb einen Bummel durch die kleinen, ethnischen Stadtviertel.

Kunstwerk vor der New City Hall

Einen Besuch wert sind die engen Gassen von **Chinatown** und **Little Italy**, wo sich an Sonntagen entlang der St. Clair Avenue West die Menschen drängen oder in einem der zahllosen Eiscafés ausruhen, oder **Greektown**, wo man an der Danforth Avenue eine griechische Promenade des Sehens- und Gesehenwerdens kennenlernen und in einem griechischen Restaurant essen kann. Die **Harbourfront** südlich des Zentrums erfreut sich großer Beliebtheit dank ihrer Parks, Geschäfte, Restaurants, kulturellen Angebote und den Wassersportmöglichkeiten (u. a. Kanu- und Kajakverleih). Von hier legt auch die Fähre zu den Toronto Islands ab.

Die überraschend vielen Parkanlagen und Grünflächen werden von den Bewohnern zu allen Tageszeiten gerne für kleine Pausen und Familienpicknicks aufgesucht. Viel besucht ist der **High Park** im Westen der Stadt (*Bloor St. W./Parkside Dr., U-Bahn-Haltestellen Keele oder High Park*), in dessen Hillside Gardens, dem Grenadier Pond und der Colbourne Lodge man schön angelegte Beete und Naturpfade, Ententeiche, einen Bootsverleih und schöne Picknickplätze findet. Im Sommer werden im Park Konzerte geboten.

# Sehenswertes

Die **Skyline** von Toronto gehört zu den schönsten Nordamerikas. Vor allem von den vorgelagerten Toronto Islands hat man einen tollen Blick auf den Harbourfront Park mit luxuriösen Hotels, Büros, Geschäften, Theatern und Restaurants, hinter dem supermoderne Wolkenkratzer und der CN-Tower emporwachsen.

*Moderne Wolkenkratzer*

## Rund um den CN-Tower

Nahe der Harbourfront liegt der nicht zu übersehende **CN-Tower (2)**. Der zwischen 1972 und 1976 gebaute CN-Tower war mit 553,33 m bis 2007, als ihn der **Burj**

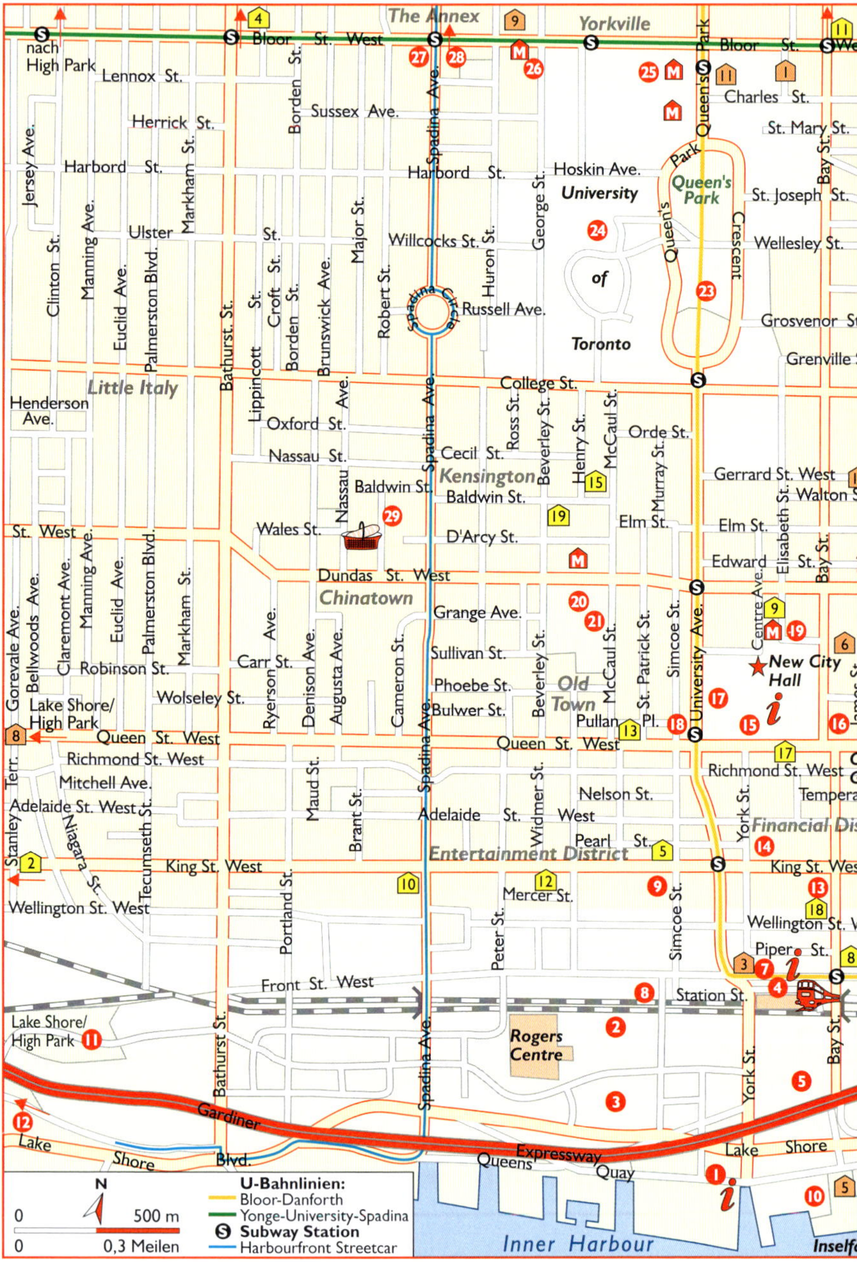
The Annex
Yorkville
Bloor St. West
Bloor St.
nach High Park
Lennox St.
Herrick St.
Sussex Ave.
Harbord St.
Hoskin Ave.
University of Toronto
Queen's Park
Queen's Park Crescent
Charles St.
St. Mary St.
St. Joseph St.
Wellesley St.
Grosvenor St.
Grenville St.
Jersey Ave.
Clinton St.
Manning Ave.
Euclid Ave.
Palmerston Blvd.
Markham St.
Ulster St.
Bathurst St.
Lippincott St.
Croft St.
Borden St.
Brunswick Ave.
Major St.
Robert St.
Spadina Ave.
Spadina Circle
Willcocks St.
Huron St.
Russell Ave.
George St.
Bay St.
Little Italy
Henderson Ave.
College St.
Oxford St.
Nassau St.
Nassau Ave.
Cecil St.
Ross St.
Beverley St.
Henry St.
McCaul St.
Orde St.
Murray St.
Kensington
Baldwin St.
Gerrard St. West
Walton St.
Elisabeth St.
Elm St.
Wales St.
D'Arcy St.
Edward St.
Dundas St. West
Chinatown
Grange Ave.
Centre Ave.
Gorevale Ave.
Bellwoods Ave.
Claremont Ave.
Robinson St.
Ryerson Ave.
Carr St.
Denison Ave.
Augusta Ave.
Cameron St.
Sullivan St.
Phoebe St.
Bulwer St.
Old Town
St. Patrick St.
Simcoe St.
Pullan Pl.
University Ave.
New City Hall
Lake Shore/ High Park
Wolseley St.
Queen St. West
Richmond St. West
Mitchell Ave.
Adelaide St. West
Stanley Terr.
Niagara St.
Tecumseth St.
Maud St.
Brant St.
Widmer St.
Nelson St.
Temperance St.
York St.
Financial District
Pearl St.
Entertainment District
King St. West
Portland St.
Mercer St.
Peter St.
Wellington St. West
Piper St.
Front St. West
Station St.
Rogers Centre
Gardiner Expressway
Lake Shore Blvd.
Queens Quay
Inner Harbour
N
0 500 m
0 0,3 Meilen
U-Bahnlinien:
Bloor-Danforth
Yonge-University-Spadina
Subway Station
Harbourfront Streetcar

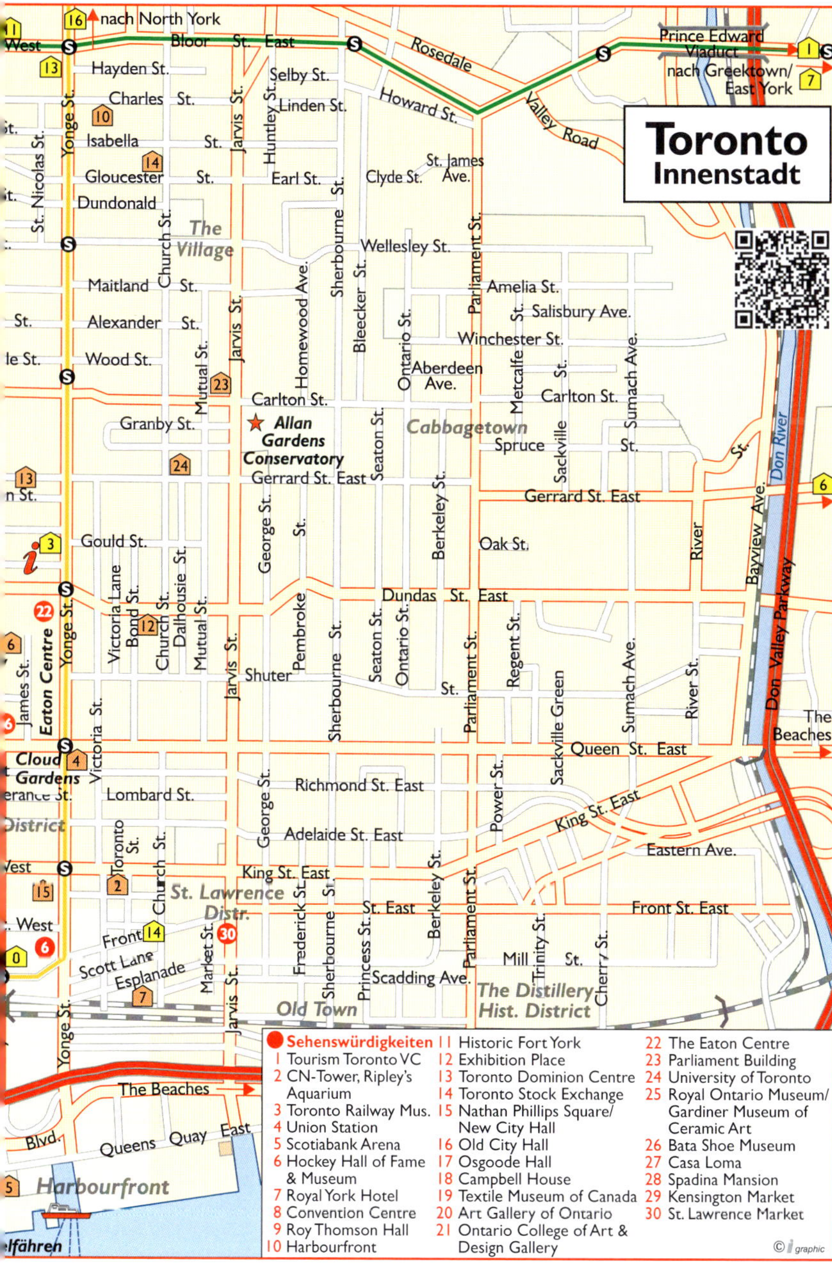


**Sehenswürdigkeiten**

1 Tourism Toronto VC
2 CN-Tower, Ripley's Aquarium
3 Toronto Railway Mus.
4 Union Station
5 Scotiabank Arena
6 Hockey Hall of Fame & Museum
7 Royal York Hotel
8 Convention Centre
9 Roy Thomson Hall
10 Harbourfront
11 Historic Fort York
12 Exhibition Place
13 Toronto Dominion Centre
14 Toronto Stock Exchange
15 Nathan Phillips Square/ New City Hall
16 Old City Hall
17 Osgoode Hall
18 Campbell House
19 Textile Museum of Canada
20 Art Gallery of Ontario
21 Ontario College of Art & Design Gallery
22 The Eaton Centre
23 Parliament Building
24 University of Toronto
25 Royal Ontario Museum/ Gardiner Museum of Ceramic Art
26 Bata Shoe Museum
27 Casa Loma
28 Spadina Mansion
29 Kensington Market
30 St. Lawrence Market

**Hotels**
1 Windsor Arms Hotel
2 King Edward Hotel
3 The Fairmont Royal York
4 Cambridge Suites Hotel
5 The Westin Harbour Castle
6 Marriott Downtown at Eaton Centre
7 Novotel Toronto Centre
8 Gladstone House
9 Kimpton Saint George Hotel
10 The Anndore House
11 Victoria University
12 Bond Place Hotel
13 Chelsea Hotel
14 Victoria's Mansion Guest House
15 Hotel Victoria
23 Jarvis House
24 Neill Wycik Hotel

**Restaurants**
1 Allen's
2 Thai Room
3 Barberian's Steak House
4 Country Style Hungarian
5 Tres Compadres
6 The Real Jerk
7 Little Bavaria
8 The Bottom Line
9 Lai Wah Heen
10 Rodney's Oyster House
11 Café Boulud
12 Casa Mezcal
13 Korean Grill House (2 Lokale)
14 Le Papillon on Front
15 Cactus Rosado Taco Bar
16 Byblos Uptown
17 Shopsy's Deli and Restaurant
18 Canoe
19 Wah Sing

**Khalifa** (Dubai) überholte, das höchste freistehende Gebäude der Erde. 1.537 Menschen arbeiteten an dem Bauwerk, das am 26. Juni 1976 eingeweiht wurde.

Während der Treppengang über 1.776 Stufen nach oben führt, bringt ein gläserner Aufzug den Besucher in nur 58 Sekunden hinauf zum 342 m hohen **Glass Floor Level**. Hier kann man auf (festem) Glas spazieren und die Stadt direkt unter sich sehen.

Einen Stock darüber befindet sich das **Look Out Deck** mit einer Außen- und einer Innenaussichtsplattform, Fernseh- und Radiosendeanlagen, einer Ausstellung zur Baugeschichte des Turms und dem sich drehenden „**360° Restaurant**" (noch ein Stockwerk höher), in dem man in 90 Minuten das ganze Stadtpanorama an sich vorbeiziehen lassen kann. Auf 356 m wartet ein ganz besonderer Thrill: der **Edge Walk**. Hier läuft man in Sechsergruppen auf der Außenplattform in 30 Minuten um die Plattform. Dabei kann man sich nicht festhalten. Die Füße stehen an der Außenkante, der Körper hängt über der Stadt und wird einzig gesichert durch ein Geschirr an einem Seil von oben. Eine Buchung für dieses nicht ganz billige Abenteuer ist erforderlich (*https://tickets.cntower.ca, ab ca. $ 200*).

Von der Innenplattform kann man noch einmal einen Aufzug besteigen, der zum 447 m hohen **Sky Pod** hochfährt. Von hier aus kann man sich mithilfe der Hinweistafeln einen guten Überblick über Greater Toronto verschaffen und bei klarem Wetter sogar nach Süden bis hin zu den Niagarafällen und nach Norden bis zum Lake Simcoe schauen. Im unteren Teil des CN-Tower warten Geschäfte, Kinos und eine Reihe von modernsten Computerspielen in der **Themed Arcade** auf Besucher.

***CN-Tower**, 301 Front St. W., tgl. 9–22 Uhr, www.cntower.ca, Restaurantbesucher mit Reservierung (www.sevenrooms.com/reservations/360Restaurant) haben kostenlosen Zutritt; Wartezeiten an der Kasse vermeidet man, indem man Karten unter www.cntower.ca vorbestellt oder schon früh morgens bzw. nach 17 Uhr dorthin geht. Ab $ 43 (Tower) + $ 7,50 (Sky Pod) + Tax.*

*Sportarena der Superlative*

Am Fuße des CN-Tower liegen das **Ripley's Aquarium (2)** (*tgl. 9–23, im Winterhalbjahr bis 20 Uhr, www.ripleyaquariums.com, $ 44*) sowie das **Rogers Centre**. Die riesige Mehrzweckarena fasst bis zu 69.000 Zuschauer. Sie bietet auf fünf Ebenen 161 Logen, Restaurants, Cafés, Fitnessräume, Medientrakte und ein Luxushotel. Besondere Attraktion ist das bewegliche, 32.000 $m^2$ große Kuppeldach, das bei gutem Wetter innerhalb von 20 Minuten geöffnet werden kann. Das Rogers Centre ist Heimatstadion der sehr populären Baseballmannschaft der „Blue Jays". Deren Heimspiele mit bis zu 50.000 Plätzen sind lange im Voraus ausverkauft. Gegenüber im Park lässt das **Toronto Railway Museum (3)** sicherlich so manches Eisenbahnerherz höherschlagen

***Rogers Centre/** Blue Jays **Stadium Tour**, www.mlb.com/bluejays/ballpark/tours, Informationen zu Führungen unter ☎ (416) 341-2770.*

***Toronto Railway Museum**, Roundhouse, 255 Bremner Blvd., https://torontorailwaymuseum.com, Mi–So 12–17 Uhr, $ 10.*

CN-Tower

Die **Union Station (4)**, Torontos Hauptbahnhof, liegt zwischen Bay und York St. Mit der Planung des historischen Gebäudes wurde bereits 1907 begonnen, zu einer Zeit also, als Bahnfahrten noch ein kleines Abenteuer waren. 1927 weihte der Prince of Wales (der spätere Kurzzeit-König Edward VIII.) das Gebäude mit der riesigen, lichtdurchfluteten Halle auf 22 Pfeilern feierlich ein. Neben der Union Station entstanden auf einem riesigen Gelände einige der interessantesten modernen Bauwerke Torontos wie der CN-Tower und das moderne **Convention Centre (8)**. Südlich der Union Station steht die 1999 erbaute, 20.000 Sportfans fassende **Scotiabank Arena (5)**. Das Allzweck-Stadion ist Heimat des erfolgreichen Eishockeyteams „Toronto Maple Leaf" sowie der Basketballmannschaft „Toronto Raptors" (u. a.).

Zwei Blocks entfernt bietet sich ein Besuch der **Hockey Hall of Fame & Museum (6)** an. Memorabilien zu allen Themen rund um das Thema Eishockey sind hier zu bewundern. Bekanntlich ist Eishockey eine der beliebtesten Sportarten Kanadas.

***Hockey Hall of Fame & Museum**, Ecke Front St. W./Yonge St., www.hhof.com, tgl. 10–17 Uhr, $ 25.*

Auf dem Weg weiter nach Westen sollte man einen Blick in die Lobby des historischen **Royal York Hotel (7)** (gegenüber der Union Station) werfen. Die Hotelrestaurants bieten sich zudem zum Lunch an. Drei Straßenblöcke nordwestlich davon imponiert die **Roy Thomson Hall (9)** *(60 Simcoe St., https://roythomsonhall.mhrth.com)*. Die kreisrunde Konzerthalle wurde 1982 nach Plänen des bekannten Architekten Arthur Erickson errichtet. Wegen ihrer außergewöhnlich guten Akustik sind Künstler und Orchester von internationalem Ruf häufig zu Gast.

*Schmuckes Hafenareal mit Park*

Der CN-Tower und das Rogers Centre waren einst die herausragenden Projekte bei der Neugestaltung der **Harbourfront (10)**. Über Jahrzehnte wurden alte Schuppen und Lagerhäuser abgerissen und an ihrer Stelle Sport- und Parkanlagen sowie moderne Hochhäuser gebaut. So präsentiert sich jetzt Torontos Harbour Square Park auf einer 38 ha großen Fläche mit modernen Hotels, teuren Apartmenthäusern, Kunstgalerien, Theatern, eleganten Boutiquen, Restaurants und Cafés sowie einem Yachthafen. Hier lässt es sich gut nahe bzw. am Wasser spazieren gehen. Im und um das Harbourfront Centre (*235 Queens Quay W., https://harbourfrontcentre.com*) finden oft Konzerte, Festivals statt und in der **Power Plant** gibt es (Kunst-)Ausstellungen. Östlich des Harbour Square Park legen die Boote zu den **Toronto Islands** ab.

*Militärgeschichte*

Zwei km westlich des CN-Tower liegt **Historic Fort York (11)**, die älteste noch bestehende Verteidigungsanlage Kanadas. Das von Gouverneur Simcoe 1793 errichtete Fort wurde 1813 von amerikanischen Truppen zerstört, aber schon bald wieder aufgebaut. Ein Museum informiert über die Militärgeschichte. Im Sommer paradieren Soldaten in historischen Uniformen des 8. Königl. Regiments (*100 Garrison Rd., www.fortyork.ca, Mi–So 11–17, Do bis 19 Uhr*).

An die Harbourfront schließt sich nach Westen das riesige Messegelände **Exhibition Place (12)** an (*https://theex.com*). Hier findet bereits seit 1879 jedes Jahr eine der größten Industriemessen der Welt statt. Dem doch eher schnöden Messegelände vorgelagert sind drei künstliche Inseln im Lake Ontario, der sog. **Ontario Place**. Dieser wurde gelungen umgestaltet zu einem öffentlichen Park mit Marina, Konzert-Amphitheater, IMAX-Kino, Lifestyle-Beach u. Ä.

## Im Zentrum der Stadt

Das Herz der Stadt liegt zwischen Yonge St. im Osten, Spadina Ave. im Westen, College St. im Norden und Front St. im Süden und wird von modernen Wolkenkratzern dominiert, die bis zu 300 m hoch aufragen, wie dem **First Canadian Place** (*Ecke King/Bay Sts.*). Das **Toronto Dominion Centre (13)** (*Ecke King/Wellington Sts.*) wiederum ist ein Komplex mit mehreren Wolkenkratzern und entstand u. a. nach Plänen von Mies

*Downtown Toronto*

van der Rohe. Die **Toronto Stock Exchange (14)** befindet sich im kantigen Exchange Tower *(130 King St. W./Ecke York St.)*.

Hier, wo in den Hochhäusern des **Financial District** (auch Central Business District = CBD) überwiegend Versicherungen, Banken, Börsen, Verwaltungen, Behörden und Hotels konzentriert sind, spielt sich das Leben auf drei Ebenen ab. Während die oberen Stockwerke von Handels-, Finanz- und Dienstleistungsunternehmen genutzt werden, finden sich in den unteren Geschossen Geschäfte aller Art, Banken, Arztpraxen, Cafés und Restaurants. Unter der Erde liegen nicht nur die U-Bahn-Stationen und zahlreiche Parkhäuser, sondern auch ein großes Geschäftsviertel mit Läden, Boutiquen und den großen Kaufhäusern. Das **30 km lange Tunnelsystem**, **PATH** genannt, durchzieht die gesamte Innenstadt und verbindet die Bürokomplexe miteinander, sodass die Menschen bei jedem Wetter in den mehr als 1.200 Geschäften bequem ihre Einkäufe machen oder sich in einem der Kinos und Theater unterhalten lassen können (*www.torontopath.com*). Das Tunnelsystem soll noch auf 60 km erweitert werden. In der Touristeninformation ist eine Karte erhältlich, die bei der Orientierung hilft. Die zur Standortbestimmung überall angebrachten Buchstaben deuten auf die jeweilige Himmelsrichtung hin: **P** (rot) = Süden, **A** (orange) = Westen, **T** (blau) = Norden, **H** (gelb) = Osten.

*Unterirdischer Einkaufskomplex*

Zu ebener Erde haben die Straßen ein ganz unterschiedliches Gesicht. Wichtigste Nord-Süd-Achse ist seit Bestehen der Stadt die **Yonge Street**, die mit 86 km Länge als „die längste Straße der Welt" bezeichnet wird. Auf dem 3 km langen Abschnitt zwischen der Bloor St. im Norden und der Hafenfront im Süden herrscht bei Tag und Nacht reges Treiben. Zu einem Zentrum entwickelt sich der Kreuzungsbereich Yonge-/Dundas Streets. Die Straße ist voller Gegensätze und nimmt sich in ihrem unteren Bereich mit den überwiegend zwei- und dreistöckigen Häusern recht merkwürdig zwischen den hohen Wolkenkratzern aus. An der Yonge Street treffen sich die wichtigsten Linien der öffentlichen Verkehrsmittel; hier bieten große Einkaufszentren ebenso wie kleine Geschäfte und Straßenhändler ihre Waren an; hier finden sich Kinos, Restaurants und Bars, aber auch kleine Parkanlagen, Hotels, Kirchen, Rundfunksender und Verlage. Eine kleine Oase im Trubel der Großstadt ist **Cloud Gardens** *(zw. W. Richmond, Temperance, Bay und Yonge Sts.)*. Der Park samt seinem tollen dem tropischen Regenwald nachempfundenen Gewächshaus wurde von 2018 bis 2022 generalüberholt.

*Straße voller Gegensätze*

Ein ganz anderes Gesicht hat die **Queen Street** in ihrem westlichen Abschnitt zwischen Universität und Spadina Ave. mit Antiquitätenläden, Antiquariaten, Buchhandlungen, Boutiquen und Galerien. Ecke Queen/Bay St. erhebt sich am **Nathan Phillips Square (15)** vor der Stadtverwaltung die Bronzeskulptur „Der Bogenschütze" von Henry Moore. Neben der **Old City Hall (16)**, dem aus dem Jahr 1891 stammenden Rathaus mit Giebeln und Türmchen, wurde 1965 die **New City Hall (15)** nach den Plänen des berühmten finnischen Architekten Viljo Revell gebaut. Zwischen zwei halbrunden Hochhäusern mit 20 und 27 Stockwerken liegt ein flacher Kuppelbau, in dem das Stadt-Parlament tagt. Westlich der City Hall liegt in einem alten Park der ehemalige Sitz des Obersten Gerichtshofs, die **Osgoode Hall (17)**.

In der 160 Queen St. W. steht das **Campbell House (18)**, in dem 1825–1829 Sir William Campbell lebte, der in jener Zeit Oberster Richter von Upper Canada war.

Old City Hall und Eaton Centre Tower

Das Haus ist mit schönem Mobiliar des 19. Jh. ausgestattet (*Di–Fr 10–16.30, Sa 12–16.30 Uhr, www.campbellhousemuseum.ca, $ 10*).

Im etwas versteckt liegenden **Textile Museum of Canada (19)** kann man eine Sammlung einzigartiger Textilien und Wandbehänge aus aller Welt bestaunen. Besonders schön sind die Ausstellungsstücke aus Tibet und Indonesien (*55 Centre Ave., https://textilemuseum.ca, Di–Sa 10–17, Mi 11.30–18.30 Uhr, $ 15*).

In der **Art Gallery of Ontario (AGO) (20)**, eine der wichtigsten Kunstsammlungen Kanadas, gibt es neben wechselnden, teilweise hochrangigen Ausstellungen hervorragende Sammlungen europäischer Meister vom 15. Jh. bis zur Gegenwart, eine Ausstellung früher und zeitgenössischer kanadischer Malerei sowie eine Kollektion von Wandteppichen, Grafiken und Skulpturen der Inuit. Ein weiterer Trakt ist den Skulpturen, Lithografien und Skizzen Henry Moores vorbehalten. Die Erweiterung nach Plänen des in Toronto geborenen Architekten Frank O. Gehry gibt dem Museum ein modernes, lichtdurchflutetes Antlitz. Gleich neben der AGO liegt das 1817 eingeweihte, ehemalige Galeriegebäude **The Grange**. Dieses Herrenhaus ist das älteste Ziegelsteingebäude Torontos und kann besichtigt werden. Gegenüber der AGO beeindrucken in der **Ontario College of Art & Design Gallery (OCAD) (21)** Designerkunstwerke von Studenten, die in unregelmäßig stattfindenden Ausstellungen gezeigt werden (7 Galerien, u. a. *49 McCaul St., www.ocadu.ca*).

***AGO**, 317 Dundas St. W., https://ago.ca, Di/Do 10.30–17, Mi/Fr bis 21, Sa/So bis 17.30 Uhr, $ 25 plus ggf. Sonderausstellungen (Mi ab 18 Uhr frei).*

*Ober- und unterirdisch*

Bevor man zur Yonge St. zurückkehrt, sollte man unbedingt einen Bummel durch das riesige, supermoderne Einkaufszentrum **The Eaton Centre (22)** machen! Es dehnt sich im Straßenviereck zwischen Yonge St., Queen St., Bay St. und Dundas St. über und unter der Erde aus. Über 250 Geschäfte, Restaurants und ein Food Court, Cafés sowie Serviceanbieter, dazu ein Multiplex-Kino und ein Luxushotel gibt es hier. Der ganze Komplex liegt unter einer großen Glaskuppel; die hellen Ladenstraßen sind mit Blumenbeeten, Baumgruppen, Wasserspielen, Sitzgruppen und Kinderspielplätzen freundlich ausgestaltet.

# Universitätsviertel

Am nördlichen Ende der University Ave. liegt der gepflegte **Queen's Park** mit den Regierungsgebäuden der Provinz Ontario. Das im neugotischen Stil erbaute **Parliament Building (23)** wurde 1892 eingeweiht und kann wochentags (im Sommer auch samstags und sonntags) auf Führungen besichtigt werden.

*Gepflegter Park*

Westlich des Queen's Park befindet sich seit 1827 die traditionsreiche, international anerkannte **University of Toronto (24)**, an der mehr als 64.000 Studenten eingeschrieben sind. Die Colleges sind inzwischen in mehr als 170 Gebäuden untergebracht, von denen die ältesten im viktorianischen Stil erbaut wurden. Aus Platzgründen wurden in Vororten weitere Einrichtungen der „U of T" geschaffen. An den Forschungsstätten der Universität entdeckten 1921 Frederick Banting und Charles Best den Wirkstoff Insulin und hier wurde der erste Herzschrittmacher entwickelt. ***U of T-Führungen**: Nona Macdonald Visitors Centre, 25 King's College Circle, Mo–Fr 11 und 14, Sa ab 10.30 Uhr, https://future.utoronto.ca/visit/campus-tours.*

Das **Royal Ontario Museum (ROM) (25)** ist eines der interessantesten Museen Kanadas und mit über 6 Mio. Exponaten eines der größten Museen der Welt. Neben den archäologischen, geologischen, mineralogischen und paläontologischen Ausstellungen verdienen die größte Sammlung außerhalb Asiens mit chinesischen und koreanischen Kunstwerken aus vier Jahrtausenden, die Sammlungen altägyptischer und nubischer Kunst, Musikinstrumenten- und Edelsteinsammlungen sowie die Ausstellungen zur Vor- und Frühgeschichte Ontarios und zum Thema „Darwin

*Eines der größten Museen der Welt*

*Geschmackssache: der Anbau am Royal Ontario Museum*

*Saurierskelette und mehr*

und die Evolution" besondere Beachtung. Großes Interesse findet auch die Ausstellung über die Geschichte des Lebens auf der Erde. Dafür sind verschiedene Lebensräume nachgebildet und Saurierskelette zusammengesetzt worden. Kinder ab sieben Jahren können in der „Discovery Gallery" Museumsobjekte selbst untersuchen und erforschen. Aufsehen erregt der von dem Architekten Daniel Libeskind entworfene Eingangsbereich, eine kristallähnliche Konstruktion, die nur durch Fußgängerbrücken mit dem alten Museumsbau verbunden ist.
***Royal Ontario Museum****, 100 Queen's Park, www.rom.on.ca, Di–So, im Sommer tgl. 10–17.30 Uhr, $ 23, plus ggf. Sonderausstellungen.*

Gleich gegenüber liegt das **Gardiner Museum of Ceramic Art** mit einer beeindruckenden Sammlung aus vier Jahrtausenden, darunter einer mit präkolumbianischer sowie einer mit europäischer Keramikkunst des 15.–18. Jh.
***Gardiner Museum of Ceramic Art****, 111 Queen's Park, www.gardinermuseum.on.ca, Mo–Fr 10–18, Mi bis 21, Sa/So bis 17 Uhr, $ 15.*

*Napoleons Socken*

Nur fünf Gehminuten entfernt ist das **Bata Shoe Museum (26)**, gegründet von Sonja Bata, Frau des Gründers der Bata Shoe Company. Über 10.000 Exponate erzählen die Geschichte der Fußbekleidungen in den letzten 4.000 Jahren. Unter den Ausstellungsstücken sind u. a. Schuhe von Elvis Presley, Elton John, von Astronauten sowie die Socken von Napoleon zu bewundern. Die Herstellung von Schuhen zu den verschiedenen Zeiten wird ebenfalls erläutert.
***Bata Shoe Museum****, 327 Bloor St. W., https://batashoemuseum.ca, Mo–Sa 10–17, So 12–17 Uhr, $ 14.*

## Yorkville und The Annex

Vor etwa 40 Jahren wurde mit der mustergültigen Sanierung des Stadtteils **Yorkville**, gleich gegenüber dem Royal Ontario Museum, begonnen. Heute präsentiert er sich mit seinen viktorianischen Häusern, blumengeschmückten Innenhöfen, gepflegten Gärten und den zahlreichen Straßencafés als eleganter und attraktiver Bezirk und ist eines der teuersten Einkaufsviertel Kanadas. Hier finden sich exklusive Boutiquen, teure Pelzgeschäfte, Juweliere, Antiquitätenläden und Galerien und das Motto lautet „Sehen und gesehen werden": erst durch die Geschäfte bummeln und sich anschließend in den Cafés oder in den Restaurants verwöhnen lassen. Im Osten wird Yorkville durch die Yonge St., im Westen durch die Avenue Rd. begrenzt. Im September findet hier seit 1976 das Toronto International Film Festival statt.

*Uriges Viertel*

Anstatt auf vornehme Modegeschäfte trifft man im westlich anschließenden Stadtteil **The Annex** auf urige Geschäfte und Boutiquen, Antiquariate, Ramsch- und Secondhandläden, kleine Pinten und Restaurants sowie vieles mehr. Der kleine Stadtteil liegt ebenfalls nördlich der Bloor St. W. und erstreckt sich zwischen Bathurst St. und Avenue Rd. Das Viertel, in dem viele Intellektuelle wohnen, rühmt sich, die größte Ansammlung historischer Häuser aus der Zeit des ausgehenden 19. Jh. erhalten zu haben.

Eine Kuriosität hier ist die **Casa Loma (27)**, 900 m nördlich der Bloor St., die sich der kanadische Multimillionär Sir Henry Pellatt zwischen 1911 und 1914 für $ 3 Mio.

Gewaltig: Casa Loma

nach dem Vorbild einer mittelalterlichen Burg bauen ließ. Nach der Fertigstellung hatte das Schloss nicht nur Türme, Zinnen und unterirdische Gänge, sondern auch 98 mit kostbaren Möbeln und Kunstgegenständen eingerichtete Zimmer, prachtvolle Ballsäle, 30 Badezimmer mit vergoldeten Wasserhähnen, 25 offene Kamine, eine Orgel und den angeblich größten Weinkeller Nordamerikas. Sir Henry lebte nur wenige Jahre hier, denn aufgrund der Weltwirtschaftskrise 1920 verlor er Teile seines Vermögens, konnte die hohen Grundsteuern nicht mehr bezahlen und musste den Besitz an die Stadt Toronto abtreten. Die Burg ist heute nicht nur eine Touristenattraktion, sondern wird von den Einheimischen gerne als Ort für private Festlichkeiten angemietet.

*Mittelalter mit goldenen Wasserhähnen*

***Casa Loma**, 1 Austin Terrace, https://casaloma.ca, tgl. 9.30–17 Uhr, $ 40.*

Gegenüber liegt ein herrschaftliches Anwesen aus dem Jahr 1866, die **Spadina Mansion (28)**. Das vollständig restaurierte, mit historischem Mobiliar eingerichtete Haus kann mit seinen schönen Gartenanlagen besichtigt werden. Toll ist die im edwardianischen Stil eingerichtete Küche, wo manchmal Kostproben nach Rezepten jener Zeit hergestellt werden.

***Spadina Mansion**, 285 Spadina Rd., www.toronto.ca/explore-enjoy/history-art-culture/museums/spadina-museum, Di–So 11–17, Do bis 19, Jan.–März Sa/So 12–17 Uhr.*

# Kensington Market, Chinatown und Little Italy

Westlich der Spadina Ave., zwischen Queen St. W. und College St., liegen Kensington Market, Chinatown sowie Little Italy.

*Quirliger Markt*

In **Kensington Market (29)** *(Spadina Ave./zw. St. Andrew und Oxford Sts., Markt: Mo–Sa 7–19 Uhr, Lokale abends geöffnet, https://kensingtonmarket.to)* kann man das multikulturelle Toronto am besten kennenlernen. Hier trifft man Menschen aller Nationalitäten, die in allen Sprachen der Welt alle nur denkbaren Waren, vom lebenden Kaninchen bis zum Computer, kaufen und verkaufen. Zuerst ließen sich europäische Juden und Einwanderer aus Süd- und Südosteuropa hier nieder, denen später Menschen aus anderen Ländern der Welt folgten. Sie alle brachten ihre eigenen, ganz unterschiedlichen Lebens- und Glaubensformen mit. Heute sind es vor allem jüdische, italienische, portugiesische und aus der Karibik stammende Händler, die dem täglich stattfindenden Markt, zu dem Einheimische und Schaulustige gleichermaßen strömen, vor den alten Häusern und in den schmalen Gassen sein buntes und geschäftiges Gepräge geben. Zwischen den gestapelten Waren, den Fischhändlern und Metzgern, den Blumen- und Gemüseständen gibt es kleine Cafés und Snackbars, und am Abend laden alteingesessene Kneipen zu Bier, Pubfood und oft auch Livemusik ein.

### „Hot Dogs on the Road“

*Ein Wahrzeichen Torontos sind die vielen Hot-Dog-Karren. Sie werden morgens an ihren Platz gebracht und dort abends wieder abgeholt. Sie sind wie Taxis nummeriert und werden in Form von Franchise-Unternehmen geführt. Man kann unter verschiedenen Wurstsorten und Zutaten (Saucen, Zwiebeln, Sauerkraut etc.) auswählen. Die Hot Dogs sind preiswert. Zur Lunchzeit stehen Kunden aller Bevölkerungs- und Berufsschichten dafür Schlange.*

Südöstlich vom Kensington Market, um die Spadina Ave. zwischen Oxford St. im Norden und Queen St. W. im Süden, befindet sich Torontos **Chinatown**. Während in der ersten Hälfte des 20. Jh. nur etwa 4.000 Chinesen in Toronto lebten, wuchs die Zahl nach dem Zweiten Weltkrieg rasch an. Heute leben hier über 150.000 Chinesen, viele und besonders die Jüngeren aber mittlerweile in „neueren“ China-

*Chinatown*

towns in den Vorstädten. Hier im „alten“ Chinatown sind es heute Einwanderer auch aus anderen Ländern Südostasiens, darunter viele aus Vietnam immigrierte Chinesen, die auf engem Raum zusammenleben. Einen Hauch von Fernost vermitteln die vielen Menschen, die bunten Reklameschilder mit den chinesischen Schriftzeichen, die zweisprachig abgefassten Straßenschilder, die aus den Häusern nach außen dringende fremdartige Musik und die exotischen Gerüche, die aus den Garküchen stammen. Mittelpunkt ist das **Chinatown Centre**, ein riesiges Einkaufszentrum in der 222 Spadina Ave. (*www.toronto-chinatown.ca*). Daneben gibt es zahllose kleine Geschäfte mit asiatischen Obst- und Gemüsesorten, Kräutern, Fisch und Meeresfrüchten und bereits zubereiteten Delikatessen. Andere verkaufen Koch- und Essgeschirr, Essstäbchen, aber auch kostbares Porzellan, reizvollen Jadeschmuck und reich bestickte Seidenkleidung.

**Little Italy** erstreckt sich um die College St., gleich westlich der Bathurst St. Ehemals gab es hier unzählige Pizzerias und italienische Bekleidungsgeschäfte. Heute erinnern nur noch wenige echte italienische Restaurants an die vergangene Zeit, und Little Italy ist nun ein beliebtes Ausgehviertel für junge Leute mit hippen Kneipen und Restaurants. Die meisten Italiener sind längst abgewandert, ins Viertel **Corso Italia** (um *St. Clair Av.* und *Dufferin St.*) und in die Vorstädte.

*Hippes Ausgehviertel*

## Old Town, St. Lawrence, Cabbagetown und Greektown

**Old Town** erstreckt sich östlich der Church St., zwischen Queen St. E. im Norden, Parliament St. im Osten und King St. E. im Süden. Hier stehen noch zahlreiche Ge-

*St. Lawrence Market*

*Distillery Historic District*

bäude aus dem 19. Jh. und Philatelisten sollten **Toronto's First Post Office** (*260 Adelaide St. E.*), 1833 eröffnet, besuchen. Interessanter ist jedoch **St. Lawrence**, das sich gleich südlich anschließt, oft zu Old Town zugerechnet wird, aber erst um 1800 entstand, als hier dem Lake Ontario Land abgerungen wurde, um ein Industrie- und Lagerhaus-Viertel zu etablieren. Damals bildete die Front Street die Uferlinie.

Kernstück hier ist der **St. Lawrence Market (30)** (*Ecke Front/Church/Jarvis Sts., www.stlawrencemarket.com*), der beliebteste Wochenmarkt Torontos. Der älteste Markt der Stadt, der erstmals im Jahr 1803 stattfand, besteht aus mehreren Gebäuden: Auf dem **Farmer's Market** bieten Bauern aus der Umgebung ihre Produkte feil (*Sa 5–15 Uhr*) und sonntags findet hier der **Antiques Market** statt (*5–17 Uhr*). **South Market** *(Di–Fr 9–17, Sa 5–16 Uhr),* einstmals das erste Rathaus Torontos, bietet Delikatessen (Fleisch, Fisch, Käse, Brot, Tee), Blumen, Verkaufsstände von Kunsthandwerkern, Künstlern und Galeristen sowie im Obergeschoss die Market Gallery mit einer interessanten Ausstellung zur Geschichte der Stadt. Die elegante St. Lawrence Hall wird für Tagungen, Konferenzen und festliche Anlässe genutzt (*www.thedistillerydistrict.com*).

Östlich von St. Lawrence, zwischen Parliament, Mill und Cherry Sts. sowie dem Lakeshore Blvd., wurde ein altes Brauereiviertel umgestaltet und restauriert: **The Distillery Historic District** (*www.thedistillerydistrict.com*). Biergärten, Lokale, kleine Galerien, Geschäfte und Boutiquen aller Art und ein gutes Kulturprogramm (Theaterstücke, Tanz etc.) locken allabendlich die Gäste an. Oft wird der Bezirk aus roten Backsteingebäuden auch als Filmkulisse genutzt.

*Beliebte Filmkulisse*

Der Stadtteil **Cabbagetown** liegt im nordöstlichen Bereich der Innenstadt und breitet sich um die Parliament St. zwischen Gerrard St. E. und Wellesley St. E. aus. Der Name bezieht sich auf die Gemüsemärkte, die sich vor Jahrzehnten an jeder Straßenecke befanden. Heute lebt hier eine multikulturelle Bevölkerung; indische Gemüsehändler, chinesische Friseure, italienische Deli-Shops, afrikanische Schmuckgeschäfte etc. haben sich an der Parliament St. entlang der 400er- und 500er-Blocks niedergelassen. Auf erlesene Restaurants trifft man hier kaum, dafür aber auf Lokale, die internationale Snacks anbieten.

*Multikulturelles …*

Weiter nordwestlich, grob eingerahmt von Bloor St. E., Jarvis St., Gerrard St. E. sowie Yonge St., liegt **The Village** (*www.churchwellesleyvillage.ca*), das LGBTQ-Viertel. Regenbogenfarben auf den Straßenschildern symbolisieren die Szene. **Greektown** erreicht man, indem man der Bloor St. E. nach Osten über den Don River folgt. Nach Überqueren der Talbrücke heißt die Straße Danforth Ave., und hier befindet man sich bereits am westlichen Ausläufer der Greektown. Griechische Lokale und zweisprachige (griechisch/englisch) Straßenschilder unterstreichen die ethnische Struktur. Straßencafés verlocken zu einem griechischen Kaffee, Restaurants zu Moussaka mit Retsina, und kleine Geschäfte laden zum Schaufensterbummel ein.

*… und LGBTQ-Viertel*

## Toronto Islands

Nur 3 km vom Hafen entfernt liegen die **Toronto Islands (31)**, das beliebteste Ausflugsziel der Einheimischen. Vom Queens Quay Terminal/Jack Layton Ferry Terminal an der Harbourfront fahren die Fähren in 10 Minuten hinüber zu den Inseln, die den Großstädtern mit Schwimmbädern, Wasserrädern, Stränden, Dünen, Lagunen, Spiel-, Sport- und Picknickplätzen, Wander- und Fahrradwegen Erholung versprechen (*www.toronto.ca/explore-enjoy/parks-gardens-beaches/toronto-island-park/all-ferry-schedules*). Im Sommer locken Reggae-, Folk- und Jazzfestivals, oft im Schein der untergehenden Sonne mit prächtigem Blick auf die Skyline von Toronto. Höhepunkt des Jahres ist das Ende Juli/Anfang August stattfindende „Caribana-Festival" (*www.caribanatoronto.com*) mit Musik, Tänzen und Paraden aus der Karibik.

*Ausflugsziel der Einheimischen*

# Sehenswertes im Großraum Toronto

Im Nordosten der Stadt liegt das **Ontario Science Centre (32)**. Das Museum zeigt auf anschauliche Weise, oft an Versuchsstationen und Computern, Interessantes aus allen Bereichen der Naturwissenschaften. Eine Attraktion ist das OMNIMAX Theater mit seiner 24 m hohen Leinwand.
***Ontario Science Centre****, 770 Don Mills Rd., www.ontariosciencecenter.ca, tgl. 10–17, Sa 9–17 Uhr, $ 22, inkl. IMAX $ 28.*

Der 287 ha große **Toronto Zoo (33)** befindet sich in Scarborough, 40 km nordöstlich vom Stadtzentrum. Er ist nach Erdteilen und Klimazonen gegliedert, sodass die über 4.000 Tiere (360 Tierarten) in einer natürlich wirkenden Umgebung leben. Interessant sind der nordamerikanische Lebensraum mit Grizzlybären und Bisons, die tropischen Pavillons und die Fahrt durch den Zoo mit dem Zoomobile.

info

## Die Maler der „Group of Seven“

Zur „Group of Seven“ zählen jene kanadischen Maler, die erstmals eine eigenständige kanadische Kunstrichtung schufen. Der Maler Tom Thomson war durch lange Aufenthalte im Norden Ontarios so von der Natur beeindruckt, dass er diese Landschaft in Bildern darzustellen versuchte. Die Maler Lawren Harris, A.Y. Jackson, J.E.H. MacDonald, Franklin Carmichael und gelegentlich auch Frederick Varley nahmen oft an seinen Ausflügen in die unberührte Natur teil und suchten wie Thomson nach eigenen Ausdrucksformen zur Darstellung der rauen kanadischen Landschaft. Nach dem Tod Thomsons schlossen sich die Künstler mit Arthur Lismer und Frank Johnston zur „Group of Seven“ zusammen und stellten erstmals 1920 gemeinsam in Toronto aus.

Diese Ausstellung löste Kritik aus, da kanadische Künstler bis dahin einzig europäische Szenen und Motive aufgriffen; die Maler der „Group of Seven“ stellten nun die raue, von Menschen unberührte Wildnis Kanadas dar, geleitet von einer Idee, die Jackson so formulierte: „Nur durch die Pflege einer eigenständigen kanadischen Kunst können wir uns zu einem Volk entwickeln“. Die Arbeiten der „Group of Seven“ wurden in Toronto, Montréal und in Städten der USA mit wechselnden Erfolgen ausgestellt; seit 1932 wurden sie dann als Vertreter einer der „größten Schulen der Landschaftsmalerei“ anerkannt.

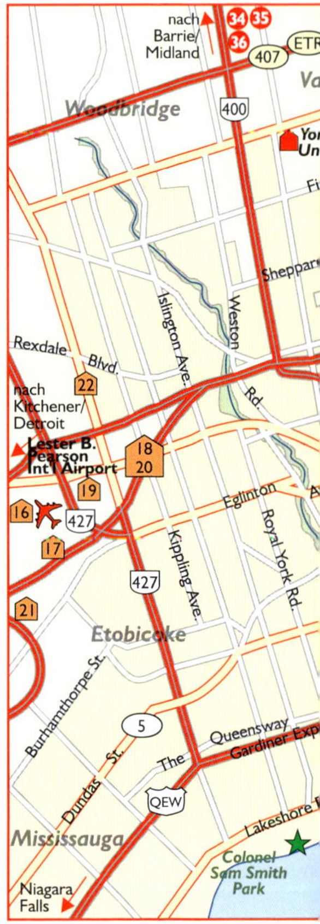


***Toronto Zoo**, 2000 Meadowvale Rd., Hwy. 401 Exit 389, www.torontozoo.com, ganzjährig tgl. geöffnet, Zeiten variieren (Kernzeit 9–19, Mai–Juni Do–Sa bis 20 Uhr), $ 23, Hochsaison $ 28, Parkgebühr $ 14.*

*Rekonstruiertes Dorf*

Das **Black Creek Pioneer Village (34)**, 30 km nordwestlich der Innenstadt, ist die authentische Rekonstruktion eines Dorfs aus der Zeit von 1790 bis 1860. In Wohnhäusern, Handwerksbetrieben, einer Mühle und einer Schmiede zeigen originalgetreu gekleidete „Pioniere“ Szenen aus dem täglichen Leben.
***Black Creek Pioneer Village**, 1000 Murray Ross Pkwy., https://blackcreek.ca, Mi–So 11–16 Uhr, ab $ 16.*

Familien mit Kindern lieben den Vergnügungspark **Canada's Wonderland (35)** mit seinen vielen Fahrgeschäften, 16 teilweise richtig atemberaubenden Achterbahnen, Shows, Spaßbad, Dinosaurier-Park, Fahrerlebnisse für die Kleinen u. v. m.
***Canada's Wonderland**, 1 Canada's Wonderland Dr., Vaughan, nahe Hwy. 400 (30 km nordwestl. vom Stadtzentrum), www.canadaswonderland.com. Zeiten variieren, Mitte Mai–Anf. Sept. tgl. 10–22, sonst Sa/So 10–17 Uhr, Wasserpark nur Juni–Aug., ab $ 75, deutlich günstigere Tickets im Online-Vorverkauf.*

40 km nordwestlich vom Stadtzentrum liegt der Ort **Kleinburg** mit der sehenswerten **McMichael Canadian Art Collection (36)**, eine Stiftung von Robert und Signe McMichael. Sie bauten 1952 unter alten Bäumen ein Haus aus Holz und Stein und sammelten Landschaftsbilder kanadischer Künstler. Die Sammlung wurde so bekannt, dass sie sich 1965 entschlossen, alles der Provinz Ontario zu schenken. Die einzigartige Sammlung ist auf über 6.500 Werke angewachsen, umfasst Arbeiten der kanadischen Maler Tom Thomson, David Milne, Emily Carr, der Group of Seven und zeitgenössischer Künstler sowie Skulpturen, Schnitzarbeiten und Lithografien von Indianern und Inuit und wird durch Sonderausstellungen bereichert.

*Einzigartige Kunstsammlung*

***McMichael Canadian Art Collection**, 10365 Islington Ave., westlich Hwy. 400, Kleinburg, https://mcmichael.com, Do–So 10–17 Uhr, $ 18.*

## Reisepraktische Informationen Toronto, ON

### Information

**Tourism Toronto VC „Destination Toronto" (1)**, *207 Queens Quay W., ☎ (416) 203-2600 oder 1-800-499-2514, www.destinationtoronto.com. Zudem gibt es ein Infocenter am* **Pearson Airport** *(Terminal 1).*
**Ontario Travel Info Center**: *65 Front St. W. (Union Station), ☎ (416) 314-5899, www.destinationontario.com*

### Tipp

*Mit dem* **Toronto CityPass** *kann man fünf der bekanntesten Sehenswürdigkeiten der Stadt zum ermäßigten Preis kennenlernen. Der Pass ist 9 Tage gültig für* **CN-Tower, Ripley's Aquarium, Casa Loma, Royal Ontario Museum** *oder* **Toronto Zoo**. *Man sollte aber vorher ausrechnen, ob sich der Pass für rund $ 100 – online – lohnt. Infos unter https://de.citypass.com/toronto.*

### Wichtige Telefonnummern

**Hinweis**: *Es gibt* **drei** *Vorwahlnummern:* **Central Toronto** *hat die Vorwahl* **416**, *die Vororte die* **905** *und neue Anschlüsse die* **647**. *Auch bei Ortsgesprächen muss die Vorwahlnummer gewählt werden.*

**Polizei, Feuer, Medizinischer Notdienst**: *☎ 911*
**Traveller's Aid**: *Union Station (Departure Level-Great Hall), 65 Front St. W., ☎ (416) 366-7788*
**Canadian Automobile Association (South Central Ontario)**: *60 Commerce Valley Dr. E., Thornhill, ☎ (905) 771-3000 bzw. 1-800-268-3750, www.caa.ca bzw. www.caasco.com. Infos zu kleineren CAA-Läden (2 davon in Toronto): www.caasco.com/store-locator.*

### Konsulate

**Deutsches Generalkonsulat**, *2 Bloor St. E., 25th Floor, ☎ (416) 925-2813, https://canada.diplo.de.*
**Österreichisches Honorargeneralkonsulat**, *30 St. Clair Ave. W. Suite 1402, ☎ (416) 967-3348 bzw. (416) 967 4867, consulate.toronto@advantageaustria.org.*
**Schweizer Konsulat**, *zur Zeit der Drucklegung nicht besetzt. Info: ☎ (514) 932-7181, toronto@honrep.ch, www.eda.admin.ch.*

### Unterkunft *(→ Karte auf S. 368/369/370)*

*Für die Hauptreisezeiten (Sommer, Herbst, Messen) empfiehlt sich eine rechtzeitige Zimmerreservierung.*
*Gleich am Flughafen kann man sich an einer Schautafel über Hotels in der Stadt informieren und eine telefonische Reservierung vornehmen. Das gilt auch für das Tourism Toronto VC (s. o.). Viele der Innenstadthotels bieten bei vorheriger Reservierung günstige Wochenendpreise.*

**ZENTRUM**
**Windsor Arms Hotel $$$$$ (1)**: *18 Thomas St., ☎ (416) 971-9666, https://windsorarmshotel.com. Boutique-Hotel der Luxusklasse, in Yorkville. Nur 28 Suiten, die kleinste ist bereits 51 qm groß. Butler-Service, viermal täglich heißt es „it's teatime" im Tearoom, Morgenzeitung, Whirlpool in jedem Zimmer sowie Spa im Haus.*

**King Edward Hotel $$$$–$$$$$ (2)**: *37 King St. E., ☎ (416) 863-9700, www.omnihotels.com/hotels/toronto-king-edward. Traditionsreiches, 1903 gebautes Hotel. Stilvoll mit Marmorsäulen und Glaskuppel renoviert. Luxuriös ausgestattete Räume. Hier haben bereits die Beatles übernachtet.*

**The Fairmont Royal York $$$$$ (3)**: *100 Front St. W., ☎ (416) 368-2511, www.fairmont.com/royal-york-toronto. Großes, elegantes und traditionsreiches Hotel. 1929 gegenüber dem Hauptbahnhof eröffnet. Ein plüschiger Hotelklassiker. Spa (Massage!) im Haus. Angesagte Cocktailbar (tolle Martinis).*

**Cambridge Suites Hotel $$$$ (4)**: *15 Richmond St. E., ☎ (416) 368-1990, www.cambridgesuitestoronto.com. Schöne 2-Raum-Suiten. Aller Komfort. Günstig zum Zentrum; Sauna und Whirlpool im Haus.*

**The Westin Harbour Castle $$$$ (5)**: *1 Harbour Sq., ☎ (416) 869-1600, www.marriott.com. Luxushotel. Knapp 1.000 Zimmer in Zwillingstürmen. Herrlicher Blick über Hafen und Lake Ontario. Alle Annehmlichkeiten, Sportanlagen, ausgezeichnete Restaurants.*

**Marriott Downtown at Eaton Centre $$$$–$$$$$ (6)**: *525 Bay St., ☎ (416) 597-9200, www.marriotteatoncentre.com. Komfortables Hotel, mit dem Eaton Centre verbunden. Indoor-Pool, Fitnessclub. Gutes Steakhouse.*

*Windsor Arms Hotel*

**Novotel Toronto Centre $$$ (7)**: *45 The Esplanade, ☎ (416) 367-8900. Modernes, für die Lage relativ preiswertes Hotel nahe dem St. Lawrence Market und Harbourfront. Indoor-Pool, Sauna, Hot Tub. Restaurant im Haus.*

**Gladstone House $$$$–$$$$$ (8)**: *1214 Queen St. W., ☎ (416) 531-4635, www.gladstonehotel.com. Von außen wirkt das viktorianische Gebäude unauffällig. Drinnen aber entfaltet sich das Boutiquehotel mit 37 Zimmern, alle unterschiedlich gestaltet von Künstlern. Teilweise in schrillen Farben, teilweise gediegen oder nihilistisch gehalten. Hippes Publikum. Restaurant (Burger, Antipasti) im Haus. Fahrradverleih (inkl. Ausstattung, Korb, Routentipps).*

**Kimpton Saint George Hotel $$$$–$$$$$ (9)**: *280 Bloor St. W., ☎ (416) 968-0010, www.kimptonsaintgeorge.com. 188 ordentliche Zimmer. Gute Lage zum Zentrum, dem Royal Ontario Museum und der Einkaufsstraßen von Yorkville.*

**The Anndore House $$$–$$$$ (10)**: *15 Charles St. E., ☎ (416) 924-1222, https://theanndorehouse.com. 113 Zimmer, stylish designt. Günstige Lage zu den Geschäften der Bloor St., nahe Yorkville. Fitnessraum, Restaurant.*

**Bond Place Hotel $$$–$$$$ (12)**: *65 Dundas St. E., ☎ (416) 362-6061, www.bondplace.ca. Ansprechend eingerichtete Zimmer. Restaurant. In der Nähe des Eaton Centre.*

**Chelsea Hotel $$$$ (13):** *33 Gerrard St. W., ☎ (416) 595-1975, www.chelseatoronto.com. Komfortable, zweckmäßige Zimmer. Zentral gelegen. Paketbuchung möglich („Bed, Breakfeast and more"). Parkplätze vorhanden.*
**Victoria's Mansion Guest House $$ (14)**: *68 Gloucester St., ☎ (416) 921-4625, www.victoriasmansion.com. Nettes, kleines Guesthouse. Die Zimmer sind einfach, aber vernünftig eingerichtet. Sehr sauber. Auch Einzelzimmer. Nicht weit vom ÖPNV an der Yonge St. Super Preis-Leistungs-Verhältnis.*
**Hotel Victoria $$$–$$$$ (15)**: *56 Yonge St., ☎ (416) 363-1666, www.hotelvictoria-toronto.com. Kleines Innenstadt-Hotel. Bereits 1909 eröffnet, ist es Torontos zweitältestes Hotel. Charmant, mit 56 sauberen, wenn auch recht kleinen Zimmern.*

*Zudem gibt es viele Hotels aller Preisklassen* **im Nordosten der Stadt** *(am Hwy. 401 ausgeschildert).*

***HOTELS IN FLUGHAFENNÄHE*** *(→ Karte auf S. 382/383)*
*Fast alle Airport-Hotels bieten einen kostenlosen Zubringerdienst zum Flughafen.*
**Toronto Airport Hilton $$$$ (16)**: *5875 Airport Rd., Mississauga, 1 km entfernt, ☎ (905) 677-9900, www.hilton.com*
**Best Western Plus Toronto Airport Hotel $$$ (17)**: *5825 Dixie Rd., Mississauga, ☎ (905) 670-8180, www.bestwesterntorontoairportwest.com*
**The Westin Toronto Airport $$$–$$$$ (18)**: *950 Dixon Rd., Toronto, 1,6 km entfernt, ☎ (416) 675-9444, www.marriott.com*
**Holiday Inn Toronto International Airport $$$ (19)**: *970 Dixon Rd., Toronto, 1 km entfernt, ☎ (416) 675-7611, www.ihg.com*
**Double Tree by Hilton Toronto Airport $$$ (20)**: *925 Dixon Rd., Toronto, 2,5 km entfernt, ☎ (416) 674-2222, www.hilton.com*
**Comfort-Inn Airport West $$$ (21)**: *1500 Matheson Blvd., Mississauga, ☎ (855) 854-2582, www.choicehotels.com*
**Comfort Hotel Airport North $$ (22)**: *445 Rexdale Blvd., Toronto, ☎ (905) 740-9500, www.choicehotels.ca*

***BED & BREAKFAST*** *(→ Karte auf S. 368/369/370)*
*Infolge der Corona-Pandemie haben einige B&B-Unterkünfte geschlossen. Eine gute Anlaufstelle ist die* **Downtown Toronto Association of B&B**, *☎ (647) 654-2959, www.bnbinfo.com. B&B- sowie Apartmentvermittlung. Gute Auswahl. Die Preise für B&B-Unterkünfte variieren stark nach Saison.*
**Jarvis House B&B $$–$$$ (23)**: *344 Jarvis St., ☎ (416) 975-3838. Gästehaus in der Innenstadt. Antikmöbel. 11 nette Zimmer verschiedener Preiskategorie, alle mit eigenem Bad.*

***JUGENDHERBERGEN*** *(→ Karte auf S. 368/369/370)*
**Neill Wycik Hotel $–$$ (24)**: *96 Gerrard St. E., ☎ (416) 977-2320, www.neillwycikhotel.com. Preiswerte, einfache Unterkünfte von Mitte Mai bis Ende Aug. in einem Studentenwohnheim.*
**Victoria University $ (11)**: *89 Charles St. W., ☎ (416) 585 4524, www.vicu.utoronto.ca/hospitality-services. Die Victoria University bietet während der Semesterferien einfache Unterkünfte in den Studentenwohnheimen an. Frühstück und Benutzung der Sporteinrichtungen sind im Preis enthalten.*

## Essen & Trinken (→ Karte auf S. 368/369/370 bzw. S. 382/383)

*Eine unüberschaubare Anzahl von Restaurants spiegelt die große ethnische Vielfalt Torontos wider. Bei einem Bummel durch die Innenstadt oder durch die verschiedenen Wohnviertel fällt es nicht schwer, das Passende zu finden; das Angebot reicht von der kleinen Hamburger-Bude bis zur internationalen Spitzengastronomie. Ein paar* **Stadtteile im Überblick***:*

**The Distillery Historic District** *(Cafés, Bars, teurere Restaurants),* **Cabbagetown** *(einfache Restaurants, Pubs),* **Portugal Village** *(brasilianischer Einfluss),* **Chinatown** *(vornehmlich chinesische und vietnamesische Restaurants),* **Carlton St. E. und nördlich davon zwischen Younge und Jarvis Sts.** *(LGBTQ-Szene),* **Queen St. W.** *(Nightlife/Entertainment),* **Bloor-Yorkville,** *entlang* **Bloor St. W.** *(Kneipen, Restaurants),* **Entertainment District/King St. W.** *(moderne Bars, Restaurants, Yuppie-Szene),* **Greektown** *(griechische, aber auch andere mediterrane Restaurants; einige irische und englische Pubrestaurants),* **Little Italy** *(wenig italienisch, dafür hippe Bars und Restaurants).*

**Allen's (1)***: 143 Danforth Ave., ☎ (416) 463-3086, www.allens.to. Bar im New Yorker Stil mit schönem Garten unter alten Weiden. Herzhafte Küche und gute Salate, Weine (u. a. aus Kanada), tolle Bierauswahl und über 330 Whiskey-Sorten. Oft irisch-keltische Livemusik.*

**Thai Room (2)***: 934 King St. W., ☎ (416) 531-1888, www.thairoom.ca. Beliebtes Restaurant mit authentischer thailändischer Küche. Es gibt noch weitere Niederlassungen der kleinen Kette in Toronto.*

**Barberian's (3)***: 7 Elm St., ☎ (416) 597-0335, www.barberians.com. Eines der besten Steakrestaurants Torontos wurde in einem viktorianischen Haus eingerichtet.*

**Country Style Hungarian (4)***: 450 Bloor St. W., ☎ (416) 536-5966. Das ungarische Restaurant ist bekannt für seine hausgemachten Suppen, Strudel und vielerlei Schnitzel.*

**Tres Compadres (5)***: 212 King St. W., ☎ (416) 893-7923, www.trescompadresto.com. Köstliches mexikanisches Essen, alles frisch: Tacos, selbstgemachte Nachos, auch etwas Vegetarisches gibt es.*

**The Real Jerk (6)***: 842 Gerrard St. E., ☎ (416) 463-6055, www.therealjerk.com. Preiswertes Restaurant mit Gerichten aus Jamaica und Reggae-Musik in einer farbenfrohen Umgebung.*

**Little Bavaria (7)***: 3222 Eglington Ave. E., Scarborough, ☎ (416) 261-7016. Viel besuchtes, bayerisches Restaurant, außerhalb gelegen. Bekannt für Schweinebraten, zahlreiche Schnitzelgerichte und Würste.*

**The Bottom Line (8)***: 22 Front St. W., ☎ (416) 362-7585, www.bottomlineto.com. Beliebte Sportsbar in Besitz eines ehemaligen, bekannten Hockeyspielers. Typische Bargerichte, aber auch ein paar ausgefallenere Dinge, wie z. B. Tuna Tartar, vegane Burger, Edamame und verschiedene Salate.*

**Lai Wah Heen (9)***: 108 Chestnut St., Double Tree by Hilton Hotel Toronto Downtown, ☎ (416) 977-9899, www.laiwahheen.com. Sehr gutes chinesisches Restaurant. Bekannt für seine Pekingente und die Wokgerichte. Reservieren empfehlenswert.*

**Rodney's Oyster House (10)***: 469 King St. W., ☎ (416) 363-8105, https://rodneysoysterhouse.com. Exzellente Austerngerichte, aber auch gute Muschel- und Fischspeisen. Erstklassig ist die „Lobster Chowder".*

**Café Boulud (11)***: 60 Yorkville Ave. (im Hotel Four Seasons), ☎ (416) 963-6000. Hippes Bistro-Restaurant mit französischer Küche. Hier schaut man nicht auf Geld und Zeit, sondern dem Koch zu und erfreut sich an einem Dinner aus mehreren Gängen samt Aperitif und Digestif. Ausgezeichnete Weinkarte.*

**Casa Mezcal (12)**: *291 King St. W., ☎ (416) 551-7414, www.casamezcal.ca. Mexikanisches Restaurant mit leckeren – auch vegetarisch gefüllten – selbstgebackenen Tacos und Tortillas. Auch die Tamale und Ceviche sind super. Geschmackssache ist das mexikanische Sushi, aber warum nicht?*

**Korean Grill House (13)**: *koreanische Gerichte. Vieles kocht und grillt man am Tisch selbst. Es gibt zwei Lokale im Stadtgebiet: 214 Queen St. W. (☎ (416) 263-9850) und 754 Yonge St. (☎ (416) 922-3328, https://koreangrillhouse.com).*

**Le Papillon on Front (14)**: *69 Front St. E., ☎ (416) 367-0303, www.papillononfront.com. Gute französische Küche und Spezialitäten aus Québec, köstliche Crêpes.*

**Cactus Rosado Taco Bar (15)**: *26 Baldwin St., ☎ (416) 901-8892, https://cactusrosado.com. Unkomplizierte Bar mit tollen, einfallsreich zubereiteten Tacos. Dazu einen mexikanischen Drink, z. B. eine Margarita oder einen Mexican Mule.*

**Byblos Uptown (16)**: *2537 Yonge St., ☎ (416) 487-4897, https://experiencebyblos.com. Erstklassige Küche des Mittleren Ostens. Teuer! Eine weitere Location:* **Byblos Downtown** *(11 Duncan St., ☎ (416) 660-0909).*

**Shopsy's Deli and Restaurant (17)**: *96 Richmond St. West (Sheraton Centre Toronto Hotel), ☎ (416) 365-3354. Restaurant mit Spezialitäten wie Rauchfleisch-Sandwich und Käsekuchen nach New Yorker Art.*

**Canoe (18)**: *66 Wellington St. W., Toronto Dominion Tower, ☎ (416) 364-0054, www.canoerestaurant.com. Gleichermaßen bekannt für die regionalen kanadischen Spezialitäten und die schöne Aussicht, die sich vom 54. Stockwerk auf den Lake Ontario bietet. Einen guten Überblick über die kanadische Küche verspricht das siebengängige „Taste Corn Menue“. Teuer!*

**Wah Sing (19)**: *47 Baldwin St., ☎ (416) 599-8822, www.wahsing.ca. Alteingesessenes chinesisches Restaurant nicht weit vom Kensington Market mit guten Hummer- und Krabbengerichten.*

### KLEINE KÖSTLICHKEITEN FÜR ZWISCHENDURCH/FÜRS PICKNICK

*Auf dem* **Yonge Street Strip**, *dem Abschnitt der Yonge St. zwischen Dundas St. und College St., gibt es Fast-Food-Restaurants aller Art. In der Untergrundstadt* **PATH** *findet man viele Lebensmittelmärkte; ein guter asiatischer Lebensmittelmarkt sowie kleine asiatische Essenslokale findet man in der* **Dragon City Mall** *(Chinatown, 280 Spadina Ave.). Eine reiche Auswahl frischer Lebensmittel für ein Picknick bieten* **St. Lawrence Market** *(Front/Jarvis Sts) und* **Kensington Market** *(Spadina Ave./Dundas St.). Unter den verschiedenen Imbissständen im* **Eaton Centre** *findet sicher jeder etwas. Und hier noch ein paar spezielle Adressen:*

**Fran's Restaurant & Bar**: *20 College St./Ecke Yonge St. und 200 Victoria St., www.fransrestaurant.com. Sehr beliebte Diner. Beide tgl. 24 Stunden geöffnet.*

**Bonjour Brioche**, *812 Queen St. E., www.bonjourbrioche.com. Beliebtes Café. Köstliche Croissants, Brioches und Pasteten.*

## Nightlife/Pubs und Bars

*Falsch liegt man nicht mit dem Besuch einer Bar im ehemaligen Lagerhausdistrikt und jetzigen Szeneviertel an der Queen Street West oder dem eines Lokals in Chinatown (Spadina/Dundas Sts). Zudem gibt es jede Menge Kneipen, Pubs und kleine Restaurants in* **Cabbagetown** *und besonders im* **Bereich Bathurst und College St.** *(junges Publikum).*

**Madison Avenue Pub**: *14-18 Madison Ave., www.madisonavenuepub.com. Der Pub ist in 3 alten viktorianischen Häusern im britischen Stil eingerichtet. Pianobar, Billardtische, Tanzflächen und eine schöne Dachterrasse.*

**Park Hyatt Toronto**: *4 Avenue Rd. Von der eleganten Cocktail-Bar im 17. Stock bietet sich ein sehr schöner Blick auf die Skyline von Toronto.*
**C'est What**: *67 Front St. E., https://cestwhat.com. Pub in historischem Warenhaus. 40 lokale und importierte Biere vom Fass, offene Weine, viele aus Ontario. Oft Livemusik (Pop & Rock).*
**Duke of York**: *39 Prince Arthur Ave., https://dukepubs.ca/duke-of-york. Bequemer britischer Pub, Auswahl von 25 Fassbieren.*
**Pravda Vodka Bar**: *44 Wellington St. E., https:// pravdavodkabar.com. Plüschiger Russland-Stil. 70 Wodka-Sorten, viele Martini-Cocktails.*
**Steam Whistle Biergärten**: *The Roundhouse, 255 Bremner Blvd., https://steam whistle.ca. Microbrewery in einem ehemaligen Lokschuppen. Die Biere haben bereits etliche Preise gewonnen. Während 30-minütiger Touren kann man mehr erfahren, ab $ 15.*
**Library Bar**: *100 Front St. W., Fairmont Royal York Hotel. Lounge mit ruhiger, entspannter Atmosphäre. Man sitzt in bequemen Armsesseln in einer Bibliothek.*
**Jazz Bistro**: *251 Victoria St., ☎ (416) 363-5299, https://jazzbistro.ca. Torontos bekanntester Jazzclub.*
**The One Eighty**: *55 Bloor St. W., Manulife Centre, 51. Stockwerk, ☎ (416) 967-0000, www.the51stfloor.com. Bei Cocktail, Kaffee oder einem ausgezeichneten Essen kann man den Blick auf die Skyline von Toronto und einen herrlichen Weitblick genießen. Fürs Dinner ist eine Reservierung zu empfehlen.*
**The Rex Hotel**: *194 Queen St. W., ☎ (416) 598-2475, www.therex.ca. Tgl. Jazz, oft auch Blues live.*
**Wheatsheaf Tavern**: *667 King St. W. Eines der ältesten Pubs in Toronto. Fassbiere. Lebendig (Jukebox, Sport-TV, Flipper, Pubfood).*

## Theater und Konzerthallen

**Ticketkauf**
**Ticketmaster**: *www.ticketmaster.ca. Kanadas größter Anbieter für* **Eintrittskarten** *für Theater-, Musik-, Musical- und Tanz- sowie Sportveranstaltungen.* **Tickets für denselben Tag zum halben Preis** *gibt es bei* **T.O.TIX**, *Yonge-Dundas Sq., 1 Dundas St. E., www.todaytix.com, Di–Sa 12–18.30 Uhr. Verkauf nur mit persönlicher Abholung oder online.*

**Meridian Hall**: *1 Front St. E., ☎ (416) 368 6161, https://tolive.com. Mit 3.200 Plätzen Torontos größtes Theater und Kulturzentrum. Moderne Shows und Broadway-Musicals.*
**Four Seasons Centre**: *145 Queen St. W., ☎ (416) 363-8231, www.coc.ca. Torontos Opernhaus. Vorstellungen des „National Ballet of Canada" und der „Canadian Opera Company".*
**Royal Alexandra Theatre**: *260 King St. W., ☎ 1-800-461-3333, www.mirvish.com. Das 1907 eröffnete Theater wurde sorgfältig restauriert und erinnert mit seinen Plüschsitzen, dem barocken Dekor, zwei großen Logen und hohen Rängen an die großen europäischen Theater. Musicals und moderne Shows.*
**Elgin & Winter Garden Theatres**: *189 Yonge St., ☎ (416) 314-2901, www.heri tagetrust.on.ca/ewg. Zwei historische Theater übereinander; mit sehr viel Atmosphäre. Führung Mo 17, auf Anfrage wochentags zw. 10 und 16 Uhr, $ 12.*
**Ed Mirvish Theatre**: *244 Victoria St., ☎ 1-800-461-3333, www.mirvish.com. Das Theater wurde in den 1920er-Jahren gebaut, dann als Kino benutzt und 1989 mit der erfolgreichen Aufführung des „Phantom of the Opera" wiedereröffnet.*

**Princess of Wales Theatre**: *300 King St. W., ☎ 1-800-461-3333, www.mirvish.com. Vorwiegend Musical-Aufführungen.*
**Massey Hall**: *178 Victoria St., ☎ (416) 872-4255, https://masseyhall.mhrth.com. 1894 erbaute Konzerthalle mit 2.757 Plätzen. Außergewöhnlich gute Akustik. Hier treten viele große, international bekannte Künstler auf.*
**Roy Thomson Hall**: *60 Simcoe St., ☎ (416) 872-4255, https://roythomsonhall.mhrth.com,* *s. a. S. 371.* *Heimat des bekannten „Toronto Symphony Orchestra". Ansonsten überwiegend klassische Konzerte mit erstklassigen Solisten sowie Ballett-Aufführungen. Im Juni finden auch Konzerte des „Du Maurier Downtown Jazz/Toronto Jazz Festivals" (https://torontojazz.com) statt.*

## Einkaufen

*Toronto zählt zu den besten Einkaufsstädten der Welt. Ob die mondäne Shoppingmall Eaton Centre, das quirlige Chinatown Centre mit fernöstlichen Kuriositäten, die zahlreichen, originellen und exquisiten Geschäfte, Galerien und Boutiquen oder Kaufhäuser wie The Bay, für jeden ist etwas dabei. In den Warenhäusern gibt es manchmal* **Surprise Sales**. *Dabei werden an den Kassen Gutscheine verteilt, die eine Ersparnis von 10–50 % ausmachen können.*

**Interessante Einkaufsgegenden/Märkte**

**Bloor St.**, *westlich der Yonge St., exklusive, teure Einkaufsstraße. Viele Designerläden und Juweliere.*
*Torontos* **Chinatown** *zieht sich um den Kreuzungsbereich Dundas St. und Spadina Ave. entlang. Hier kann man Fernöstliches aller Art erstehen, auch am Sonntag.*
**Front St.**, *in der Nähe des St. Lawrence Market, lebendige, aufstrebende Gegend mit interessanten und ausgefallenen Geschäften.*
**Harbourfront**, *am Queens Quay, renovierte Handelshäuser mit interessanten Verkaufsständen, Geschäften und Boutiquen.*
**Hazelton Lanes**, *Avenue Rd./Yorkville Ave. Torontos exklusivste und teuerste Einkaufsgegend.*
**Mirvish Village / Markham Street**, *in der Nähe von Bloor St. und Bathurst St., in den eleganten viktorianischen Häusern findet man kleine Kunstgalerien, Buchhandlungen und Boutiquen.*
**Queen Street W.**, *zw. University Ave. und Bathurst St., sowie Umgegend. Künstlerisch, avantgardistisch; ähnlich New Yorks Greenwich Village. Gebrauchte Bücher, topmodische Kleidung und Galerien.*
**The Eaton Centre**, *Yonge St./Dundas St., wöchentlich besuchen über 1 Mio. Menschen die riesige, aufwendig mit Glas, Pflanzen und Wasserspielen gestaltete Mall, zu der die Modekaufhäuser* **Nordstrom** *und* **Saks Fifth Avenue** *sowie über 300 Geschäfte gehören und die durch eine verglaste Fußgängerpassage mit dem Kaufhaus* **The Bay** *verbunden ist.*
**Yonge Street Strip**, *zw. Dundas und Bloor Sts.; zahlreiche Straßenhändler und winzige Geschäfte, in denen alles nur Denkbare gehandelt und verkauft wird.*
**Yorkville**, *nahe Bloor St. und Ave. Rd., ultraschicke Einkaufsgegend mit Designerboutiquen, Juwelieren und Kunstgalerien; in den kleinen Seitenstraßen lässt sich manche Rarität entdecken.*
**Kensington Market**: *zwischen Dundas und Nassau Sts. sowie Augusta und Spadina Aves., tgl. geöffnet. Frische Marktprodukte (Gemüse, Käse, Kaffee, Bio-Produkte etc.).*
**St. Lawrence Market**: *Front St. E., Jarvis St., www.stlawrencemarket.com, Öffnungszeiten der einzelnen Märkte* *s. S. 380.* *Lebensmittelmarkt in alter Halle.*

***EIN PAAR TIPPS***

**MEC**: *300 Queen St. W., www.mec.ca. Ausrüstung für Wanderer und Camper.*

**Sonic Boom**: *215 Spadina Ave., www.sonicboommusic.com. Neue und Secondhand-CDs, -DVDs und Schallplatten, Bücher und T-Shirts.*

**Winners**: *10 Dundas St. E. sowie 35–45 Front Street E. u. a. (www.winners.ca). Designer-Outlet. Ausgesuchte Kleidung für einen günstigen Preis. Vornehmlich Damenbekleidung.*

**Ben McNally Books**: *400 King St. E., https://benmcnallybooks.com. Erstklassige Buchhandlung. Tolle Beratung und schön gestaltet, so wie man sich einen Buchladen vorstellt.*

**The Beguiling**: *319 College St., www.beguilingbooksandart.com. Hier kann man nach Comics und Mangas stöbern. Auch Kunstbücher und Grafiken.*

**Tilley Endurables**: *Modische Reise- und Abenteuerausstattungen von guter Qualität. Verkauf in ausgesuchten Geschäften in Toronto. Store Locator: https://uk.tilley.com/a/store-locator/list.*

*Auch in* **Torontos Vorstädten** *gibt es einige sehr gute Einkaufsgegenden/-malls; so z. B.:* **Square One** *mit 350 Geschäften (100 City Centre Dr., Mississauga, westlich Hurontario St./Burnhamthorpe Rd.), und* **Woodbine Centre** *(500 Rexdale Blvd., Etobicoke); große Mall am Hwy. 27, nahe dem Flughafen mit riesigem Vergnügungspark im Inneren.*

**The Beaches**, *Queen St. E., östl. Woodbine Ave.; viele ungewöhnliche Geschäfte, Cafés und Pubs.*

## Rundfahrten/Sightseeingtouren/Führungen

**Gray Line**: *Stadtrundfahrten, Hop-On-Hop-Off-City Tours (ca. $ 45), Tagesfahrten in die Umgebung und zu den Niagarafällen. Metro Toronto Coach Terminal, 610 Bay St./Ecke Edward St., ☎ 1-800-594-3310, www.grayline.com. Stopps an vielen großen Stadthotels.*

*An Torontos Harbourfront legen die Ausflugsboote ab*

**Toronto Harbour Tours**: ☎ *(416) 203-6994, www.harbourtourstoronto.ca. Hafenrundfahrten sowie Fahrten zu den Toronto Islands, Abfahrt: Pier 6, 145 Queens Quay W./ Ecke York St., April–Okt. tgl. zur vollen Stunde 11–16 Uhr, Juni–Sept. 10/11–17 Uhr, Juli/ Aug. bis 21 Uhr, im Juni Sa/So Abfahrt alle 30 Min., ab $ 30 (online ab $ 24).*
**City Cruises by Hornblower**: ☎ *(416) 203-0178, www.cityexperiences.com/toronto/ city-cruises. Hafenrundfahrten und Törns zu den Toronto Islands, u. a. mit einem Flussdampfer, Mitte Mai–Ende Sept., und zumeist mit einem Thema (Lunch-, Cocktail-, Dinner-Cruise u. a.), ab $ 20, meist jedoch viel teurer, dafür fast alles inklusive: 207 Queens Quay W.*
**Tall Ship Kajama**: ☎ *(416) 203-2322, www.tallshipcruisestoronto.com. Fahrten entlang der Hafenfront auf einem Schooner, Abfahrt: 235 Queens Quay West, im Sommer 5–6 mal tgl., ab $ 35.*
**Heritage Toronto**: *157 King St. E., St. Lawrence Hall,* ☎ *(416) 338-0684, www.heritagetoronto.org. Verschiedene geführte Spaziergänge durch Toronto.*
**TAP in TO! Greeters**: ☎ *(416) 338-2786, www.toronto.ca/explore-enjoy/visitor-services. Spaziergänge mit Einheimischen durch die verschiedenen ethnisch geprägten Stadtviertel von Toronto. Es kann zu pandemiebedingten Auszeiten kommen.*

## Flughafen

*Torontos wichtigster Flughafen ist der* **Lester B. Pearson International Airport**, *27 km nordwestlich des Stadtzentrums (6301 Silver Dart Dr., Mississauga). Zwischen seinen drei Terminals besteht ein regelmäßiger Bahnverkehr (Terminal Link). In allen Terminals gibt es Infostellen, Banken, Restaurants und Läden. Alle großen Autovermietungen haben Stationen am Flughafen.*
**Flughafeninformationen**: *www.torontopearson.com,* ☎ *(416) 247-7678.*
**Air Canada**: ☎ *1-888-247-2262,* **Air France/KLM**: ☎ *1-800-667-2747,* **Lufthansa**: ☎ *1-800-563-5954,* **British Airways**: ☎ *1-800-247-9297,* **Delta:** ☎ *1-800-221-1212,* **Emirates:** ☎ *1-800-777-3999.*

**Taxis**, *Fahrzeit ca. 30–45 Min., Fahrpreis in die Innenstadt: ab ca. $ 70 pro Strecke.*
**Schnellbusse der TTC** *fahren vom Flughafen direkt zu den U-Bahn-Stationen Kipling, Lawrence West, York Mills oder Yorkdale, wo man in die U-Bahn zum Zentrum umsteigen kann, www.ttc.ca.*
**Union Pearson Express (UP Express)**: *Schnellbahn: direkte Verbindung zwischen Flughafen (Terminal 1) und Union Station bietet (25 Minuten), www.upexpress.com,* ☎ *(416) 869-3300, ca. $ 13.*
*Zudem gibt es am Flughafen* **direkte Busverbindungen zu anderen Städten**, *z. B. Kingston, Niagara Falls.*

## Öffentliche Verkehrsmittel

*Das öffentliche Verkehrssystem in Toronto ist vorbildlich organisiert. Dazu gehören U-Bahnlinien in Nord-Süd- bzw. West-Ost-Richtung. Umsteigebahnhöfe sind Bloor/Yonge St., St. George und Spadina. Zur Ergänzung des U-Bahnsystems gibt es ein weites Netz von Bussen, Trolleybussen und Straßenbahnen.* **Toronto Transit Commission (TTC)**, ☎ *(416) 393-4636, www.ttc.ca.*

*Für eine Fahrt mit der U-Bahn, dem Bus oder der Straßenbahn muss man zuerst am Automaten eine PRESTO CARD erwerben und diese aufladen (1 Trip, 2 Trips, ganztags). Die Card gilt erst einmal nur für erwachsene Normalzahler. Senioren bzw. Jugendliche müssen diese Karte umstellen lassen am Schalter des TTC Customer Service Centre oberhalb der*

*Davisville Station oder an einer der vielen Verkaufsstellen (vor allem Drogerien, aber auch einige Geschäfte). Die PRESTO CARD muss man in der Bahn/dem Bus an einen Automaten halten, wo sie elektronisch gelesen wird. Fahrscheinmünzen („Token") bzw. TTC-Tickets, die in naher Zukunft abgeschafft werden sollen, kann man nur mit exakt abgezähltem Bargeld an einem Automaten im Bus, einer Straßenbahn oder auch an einigen Stationen kaufen. Ein Entwerten der PRESTO Card bzw. die Nutzung des TTC-Tickets bzw. des Token gilt für eine einfache, beliebig lange Fahrt und schließt alle Umstiege ein. Die U-Bahnen verkehren Mo–Sa 6–1.30, So 9–1.30 Uhr.*

*Toronto verfügt über ein gut ausgebautes Straßenbahnnetz*

### Bahn

*Torontos Hauptbahnhof ist die berühmte* **Union Station** *(Front St. zw. Bay und York Sts., ☎ (416) 366-8411). Von hier aus unterhalten die kanadische Eisenbahngesellschaft* **VIA RAIL** *(☎ 1-888-842-7245, www.viarail.ca) Zugverbindungen zu allen Großstädten Kanadas und die amerikanische Eisenbahngesellschaft* **Amtrak** *(☎ 1-800-872-7245, www.amtrak.com) zu den Städten an der amerikanischen Ostküste. Die regionalen Strecken bis z. B. Kitchener und Niagara Falls werden vom* **GO Train** *(☎ (416) 869-3200, www.gotransit.com) bedient.*
*Ungefähre Fahrzeiten mit dem Zug von Toronto: nach Ottawa 4 Std., nach Niagara Falls 2 Std., nach Montréal 4,5 Std., nach New York City 12,5 Std.*

### Überlandbusse

*Der* **Union Station Bus Terminal**, *der Busbahnhof regionaler und überregionaler Fahrten, befindet sich an der 81 Bay St. (☎ 1-888-438-6646). Vertretende Busunternehmen sind u. a.* **GO Transit** *(☎ (416) 869-3200, www.gotransit.com),* **Mega Bus** *(http://ca.megabus.com) oder* **Greyhound** *(☎ 1-800-661-8747, www.greyhound.ca).*
*Es gibt mehrmals tgl. Verbindungen mit allen größeren kanadischen Städten und einigen Großstädten der USA. Ungefähre Fahrzeiten mit dem Bus von Toronto: nach Ottawa 5 Std., nach Niagara Falls 1 ¾ Std., nach Montréal 6 ¾ Std., nach New York 11 Std.*

# 10. ALTERNATIVROUTE: VON TORONTO UM DEN LAKE ONTARIO NACH BUFFALO

# Überblick

### Entfernungen

*Toronto – Kingston: 159 mi/256 km*
*Kingston – Rochester (Fähre - NY 12E - NY 3 - NY 104): 170–220 mi/274–354 km*
*Rochester – Buffalo: 73 mi/118 km (direkt über I-490/I-90). Die Strecke am Seeufer entlang ist ca. 60 mi länger.*

„Getaway Country" wird die Region genannt, die von den Ausläufern der Metropole Toronto in fruchtbares Farmland führt und einige idyllische Provinzparks und zahlreiche Sehenswürdigkeiten bietet. Auf amerikanischer Seite locken die kleinen, aber reizvollen Attraktionen des sogenannten „Seaway Trail".

Am Lake Ontario sollte man keine dramatischen Naturerlebnisse erwarten. Die Landschaft ist zwar schön, doch auf dieser Strecke beeindrucken eher die Stadt Kingston, der Loyalist Parkway, die Thousand Islands sowie die angenehme Beschaulichkeit kleiner Orte und Buchten auf amerikanischer Seite – letztere aber sind fürwahr einen Extratag zum Entspannen wert. Rochester, wo einst der Kodak-Konzern Vorreiter in Sachen Film gewesen ist, ist eine Industriestadt, die jedoch nette Ecken aufweist und deren Umland landschaftlich hervorsticht. Südlich der Stadt verläuft der historische Erie-Kanal, auf dem man Bootstouren unternehmen kann. Südlich der gesamten Uferlinie des Lake Ontario erstreckt sich das bekannte Weinanbaugebiet des Staates New York. Viele der Weingüter sind zu besichtigen. Verschiedene „Trails" markieren die Wege dorthin.

*Route für Eilige*

Wer wenig Zeit hat und zu den Niagara Falls und zurück nach Chicago fahren will, für den ist die Empfehlung, zügig nach Kingston und noch am gleichen Tag weiter auf die amerikanische Seite zu fahren, um in Clayton, Alexandria Bay oder Sackets Harbor zu übernachten. Am zweiten Tag sollte man dann bis zu den Niagara Falls durchfahren.

Reisende mit mehr Zeit sollten unbedingt Abstecher von der Hauptstraße unternehmen und die Thousand Islands, die Buchten am Südufer des Lake Ontario bzw. das Umland um den Erie-Kanal und das Weinanbaugebiet erkunden.

## Hinweis zur Route und Zeitplanung

Bis Kingston folgt man dem Hwy. 401 (MacDonald Cartier Freeway), wobei man einen Umweg auf die Prince Edward Peninsula einplanen sollte. Hierzu fährt man bei Trenton vom Highway ab. Dann nimmt man von Kingston entweder
– die Fähre zur Wolfe Island, dann die hinüber auf amerikanische Seite nach Cape Vincent. Auf dem NY 12E geht es dann nach Watertown. Oder
– man fährt über die Interstate-Brücke des I-81 bis Watertown (Abstecher nach Clayton/Alexandria Bay).

Auf amerikanischer Seite folgt man der Uferstraße, dem sogenannten „Seaway Trail", der gut ausgeschildert ist (von Watertown auf NY 3 und NY 104 bis Rochester). Den NY 104 kann man hier und dort verlassen und des Öfteren direkt an den Lake Ontario fahren. Von Rochester folgt man weiter dem Lake Ontario State Pkwy./Seaway Trail (teilweise auch NY 18) bis Niagara Falls. Von dort ist es auf dem I-190 ein „Katzensprung" bis Buffalo.

### Zeitplanung

**2 Tage**: **1. Tag**: Früh nach Kingston fahren und das Marine Museum und Fort Henry anschauen. Nachmittags weiter auf die amerikanische Seite. Übernachten in Clayton, Alexandria Bay oder Sackets Harbor. **2. Tag:** Zügig dem „Seaway Trail" folgen, George Eastman House und International Museum of Photography and Film in Rochester besichtigen, dann Weiterfahrt nach Buffalo oder Niagara Falls.
**4–5 Tage**: **1. Tag**: Loyalist Parkway sowie Sehenswürdigkeiten in Kingston. Dort übernachten. **2. Tag**: Alexandria Bay oder Clayton. Bootstour zu den Thousand Islands. Übernachten in Sackets Harbor. **3. Tag**: Fahrt am Lake Ontario entlang bis Fair Haven oder Sodus Bay. Evtl. zwei Nächte in einem B&B übernachten und entspannen, dabei tagsüber kleine Sehenswürdigkeiten der Gegend anschauen. **4./5. Tag**: Sehenswertes in Rochester anschauen (inkl. Abstecher ins Weinanbaugebiet und zum Erie-Kanal), danach über den Seaway Trail nach Niagara Falls.
Wer mehr Zeit hat, kann Abstecher ins Hinterland von Ontario bzw. in die Finger Lakes Region unternehmen.

*Ein absolutes Muss ist der Besuch der Thousand Islands*

# Sehenswertes

## Von Toronto nach Kingston

In **Pickering** sind 18 historische Häuser aus der Zeit von 1830–1930 im **Pickering Museum Village** *(2365 Concession Rd. 6, Greenwood, www.pickering.ca, Juni–Aug. Mi–So, $ 10)* zu besichtigen. Interessant ist auch die **Pickering Nuclear Generating Station**, wo im Information Centre das Thema Energie und Atomstrom behandelt wird *(1675 Montgomery Park Rd., ganzjährig Mo–Fr, www.opg.com)*.

**Oshawa** war früher ein kleiner Hafenort, wovon die alten Gebäude noch zeugen. Heute ist es ein Zentrum der kanadischen Automobilindustrie. Sehenswert sind das **Canadian Automotive Museum** *(99 Simcoe St. S., www.canadianautomotivemuseum.com, Mo–Sa, Mai–Okt. auch So 10–16 Uhr, $ 15)* mit Ausstellungen zur Geschichte der Automobilherstellung, das **Oshawa Community Museum** *(Lakewood Park, am Ende der Simcoe St., http://oshawamuseum.org, Di–Fr 8–16, So 12–16, Juli/Aug. auch Sa 12–16 Uhr, $ 5)* mit drei historischen Häusern aus den Jahren 1835–1849 und das Herrenhaus **Parkwood Estate** *(270 Simcoe St. N., www.parkwood*

## Redaktionstipps

- Das ländliche Kanada am **Loyalist Parkway** erleben (S. 399).
- **Kanufahrt** in einem der kanadischen Provinzparks (S. 404).
- Das **Antique Boat Museum** in Clayton zeigt schöne, alte Holzboote und Yachten (S. 413).
- **Alexandria Bay** (S. 412): **Thousand-Islands-Kreuzfahrt** inkl. Besuch des Boldt Castle (S. 414).
- **Sackets Harbor** beeindruckt mit historischen Gebäuden und einer alten Militäranlage (S. 415).
- Tolle Strände und Parks entlang dem „**Seaway Trail**“ (S. 410).
- **Weingüter** (S. 423 u. S. 429) und Obstplantagen um Rochester und an der Strecke bis Niagara Falls.
- Die **kleinen B&Bs** in **Fair Haven bzw. Sodus Bay** bieten Ruhe (S. 415). Toll ist hier auch das historische **Pleasant Beach Hotel** (S. 417).
- Das preisgünstige und dabei gemütliche **Reen's B&B** ist eine bezaubernde Alternative zu den Hotels in Rochester. Das leckere Frühstück spricht für sich (S. 422).
- Etwas umständlich zu erreichen, aber Klasse: ein Dinner im **Hotel Wolfe Island** (S. 406) bei Kingston.
- Der Ausblick aufs Wasser ist vom **Coyote Moon on the River** in Clayton am schönsten (S. 414).

*estate.com, Di–So 13.30–16, Juni–Aug. tgl. 10.30–17 Uhr, $ 15)* in dem R.S. McLaughlin, der „Mr. General Motors" von Kanada, lebte.

Östlich von Oshawa bietet sich die Gelegenheit zu einem Abstecher nach **Peterborough**, wo es ein **Schiffshebewerk** und das tolle **Canadian Canoe Museum** mit über 600 Kanus aus allen Epochen *(910 Monaghan Rd., https://canoemuseum.ca, im Sommer Mi–So 10–16 Uhr, $ 12)* zu besuchen gibt. Der kleine Ort **Brighton** liegt eingebettet zwischen Obstplantagen und die Obstmärkte locken Besucher an. Der nahe, 800 ha große **Presqu'ile Provincial Park** ist im Frühjahr und Herbst ein ideales Revier für die Vogelbeobachtung, hat schöne Badebuchten, weitläufige Campingplätze und ein Museum. Am westlichen Ende des Loyalist Parkway liegt das Städtchen **Trenton**. Es bietet gute Wassersportmöglichkeiten und das nahe **National Air Force Museum** *(220 RCAF Rd., Astra, Mai–Sept. tgl., sonst Mi–So 10–17 Uhr, $ 10)*, das die Geschichte der kanadischen Luftwaffe erläutert.

*Obstanbau und -märkte*

info

## Trent-Severn Waterway

Als der französische Forscher **Samuel de Champlain** 1615 das Land zwischen Lake Ontario und Georgian Bay bereiste, folgte er einer alten Wasserstraße. Dabei mussten die Strecken zwischen den Seen und Flüssen zu Fuß zurückgelegt werden. Da die rasch wachsende Wirtschaft Ontarios im 19. Jh. gute und schnelle Verkehrs- und Transportwege benötigte, wurde der Bau eines 386 km langen Kanalsystems zwischen Lake Ontario (Trenton) und der Georgian Bay (Port Severn) geplant. Als der Kanal dann aber nach 87 Jahren fertiggestellt war, waren längst schnellere Transportwege gefunden worden.

Das Trent-Severn-Waterway-System ist heute ein touristischer Anziehungspunkt. Zahllose Seen sind durch das Kanalsystem miteinander verbunden, wie z. B. Rice Lake, Stony Lake, Pigeon Lake, Balsam Lake und Lake Simcoe.

Mit einem Ausflugsschiff, dem eigenen Motorboot oder geruhsamer noch mit dem Kanu oder mit einem gemieteten Hausboot kann man durch das Land der „Kawarthas" fahren, vorbei an stillen Wäldern, über klare Flüsse und Seen. Dabei sind auf der Gesamtstrecke 44 Schleusen zu passieren, darunter auch das Hebewerk bei Peterborough, bei dem eine Geländestufe von 20 m bewältigt werden muss. Technisch interessant, für den Anfänger in der Praxis auch aufregend, ist die „Wassertreppe" bei Campbellford, wo durch sieben nahe beieinanderliegende Schleusen ein Höhenunterschied von 24 m überwunden wird.

*Geruhsam: mit dem Hausboot unterwegs*

**Bootstouren auf dem Trent-Severn Waterway**

**Ontario Waterway Cruises**: 3820 Hampshire Mills Line, RR 3, Orillia, ☎ (705) 327-5767, https://ontariowaterwaycruises.com. Mehrtägige Dampfertouren u. a. mit der „Kawartha Voyageur" für

24–45 Passagiere (zwischen Peterborough und Big Chute bzw. Kingston und auch andere Strecken), z. B. sechs Tage ab $ 2.500.
**Egan Houseboat Rentals**: 23 Lila Ct, Omemee, ☎ (705) 799-5745, www.houseboat.on.ca. Hausboote, bei denen man selbst der Kapitän ist! Eine Einweisung genügt – und auf geht's. An Bord ist Platz für mindestens sechs Personen. Rechtzeitiges Buchen ist wichtig, eine Woche von $ 860 (Randsaison) bis $ 2.300 (Hochsaison).

**Übernachtungsempfehlung** in Peterborough
**Liftlock B&B $$-$$$**: 810 Canal Rd., ☎ (705) 742-0110, www.liftlock-bed-and-breakfast.ca. Das kleine B&B liegt direkt am Trent-Severn Waterway und ist genau das Richtige für Outdoorfans. Hier kann man Kanus mieten, wandern, baden oder einfach am Wasser faulenzen. 4 km vom Stadtzentrum. Schick ist auch **Burley's Gardens & Suite $$$:** 2604 Television Rd., ☎: (705) 745-8322, www.burleys.ca. Die Suite überblickt den schönen Garten eines großen Blumengeschäfts. Frühstück inklusive.

**Lesetipp**: In den Touristeninformationen gibt es ein Faltblatt mit ausführlichen Infos für das richtige Verhalten beim Passieren der Schleusen mit dem eigenen Boot: „Locking Through Safely – Trent-Severn Waterway, Rideau Canal".

### Hinweis zur Route nach Kingston

Von Trenton kann man weiter den Hwys. 401 oder 2 folgen; reizvoller ist jedoch die Fahrt über den „Loyalist Parkway" (Hwy. 33), der über Wellington, Picton und Bath führt.

## Der „Loyalist Parkway"

*Historische Route*

Hier folgt man den Spuren der britischen Loyalisten, die vor zwei Jahrhunderten die USA verließen und das Land hier besiedelten. An der 94 km langen Strecke zwischen Trenton und Kingston liegen inmitten fruchtbaren Farmlandes Weingüter sowie kleine, gepflegte Orte mit historischen Gebäuden, alten Kirchen und kleinen Museen, mit Antiquitätenläden, Galerien und Handwerksbetrieben. Stilvolle B&B-Häuser versprechen Ruhe, verschiedenste Festivals Unterhaltung. Etwa auf der Hälfte der Strecke verlässt man in Glenora die Prince Edward Peninsula und fährt mit der Fähre hinüber nach Adolphustown. Von dort geht es auf der CR 33 nach Kingston.

### Prince Edward Peninsula

*Museumsdorf*

Das **Ameliasburgh Heritage Village** ist ein kleines Museumsdorf, u. a. mit einer Kirche aus dem Jahr 1868, einer Schmiedewerkstatt, Webstuben und alten landwirtschaftlichen Geräten *(517 CR 19, Victoria Day bis Labor Day Mi–So 10–16 Uhr, Sept. Sa/So 10–16 Uhr, $ 5)*. Südlich von Milford in South Bay erinnert eine Ausstellung im **Mariners Park Museum** daran, wie wichtig die Seefahrt für viele Familien der Region gewesen ist *(2065 County Rd. 13, Victoria Day bis Sept. Fr–So 10–16 Uhr)*.

Das Zentrum der Halbinsel ist das reizvolle Städtchen **Picton** mit seinem schönen Hafen. Südlich davon bietet **Birdhouse City** eine ungewöhnliche Freilichtausstellung mit über 100 verschiedenen Vogelhäusern; ein Besuch ist jederzeit möglich.

*Farm auf der Prince Edward Peninsula*

Beliebte Ausflugsziele auf der Halbinsel sind die drei **Provinzparks**:

• **Lake on the Mountain Provincial Park**: R.R. 1, östl. von Picton, Mitte Mai–Mitte Okt. Der kleine, sehr klare See liegt 61 m über dem Lake Ontario. Oberhalb des Sees gibt es schöne Picknickplätze.

*Baden, Surfen und Entspannen*

• **North Beach Provincial Park**: R.R. 3, Consecon, Mitte Juni–Sept. Der kleine Park verfügt über Picknickplätze, Badestrand und einen nahegelegenen Bootsverleih.

• **Sandbanks Provincial Park**: R.R. 1, südl. von Bloomfield, Mai–Okt. Zu diesem beliebten Park mit guten Bade- und Surfmöglichkeiten gehören lange Sandstrände und eine einzigartige Dünenlandschaft; es gibt einen Campingplatz, ein Infozentrum und sehr schöne Wanderwege.

## Reisepraktische Informationen Prince Edward Peninsula, ON

### Information

**Prince Edward County VC**: *208 Main St. W. (Library), Picton, www.peccham ber.com. Kleinere VCs in Bloomfield und Wellington.*

### Unterkunft

**Merrill House $$$$$**: *343 Main St. E., Picton, ☎ 1-866-567-5969, www.mer rill-house.com. Das restaurierte „gotisch-viktorianische" Haus von 1878 verfügt über 13 stilvoll eingerichtete Zimmer und das Restaurant ist exquisit!*

**Isaiah Tubbs Resort & Conference Center $$$–$$$$$**: *1642 CR 12, Picton, ☎ (613) 393-2090, https://isaiahtubbs.com. Ferienanlage mit 74 Zimmern und Suiten und 12 Hütten, Wassersportangebot, Strand, Tennis, Golf, Restaurant.*

**Sandbanks Beach Resort $$$–$$$$**: *1818 CR 12, Picton, ☎ (613) 393-3022, http://sandbanksbeachresort.com. Ferienanlage mit Cottages und Trailern am West Lake. Bootsvermietung, Camping. Hütten im Sommer nur wochenweise.*

**The Picton Harbour Inn $$–$$$**: *33 Bridge St., Picton, ☎ (613) 476-2186, www. pictonharbourinn.com. Einfacheres Hotel an der Picton Bay. Viele Zimmer mit Blick auf die Bay. Restaurant nebenan.*

# Kingston

Es macht Spaß, durch die liebenswerte, alte Universitätsstadt mit ihren viktorianischen Häusern, den kleinen Geschäften und den z. T. urigen Studentenrestaurants zu schlendern und die zahlreichen Sehenswürdigkeiten, u. a. das Old Fort Henry, zu besuchen bzw. eine Bootsfahrt durch das Gebiet der Thousand Islands zu unternehmen. Kingston eignet sich auch für Touren ins schöne Hinterland, das mit seinen zahllosen Seen und interessanten Provinzparks zum Wandern, Schwimmen und Kanufahren einlädt. 130.000 Menschen verschiedenster Herkunft, Kultur und Sprache leben in der Stadt.

*Alte Universitätsstadt*

**Tipp: Bootsfahrt zu den Thousand Islands (von Kingston)**
*Die dreistündigen Fahrten durch die Inselwelt des St. Lawrence River sind ein Highlight. Zumeist ist ein Halt auf Heart Island vorgesehen, wo man das sich auf amerikanischem Territorium befindliche* **Boldt Castle** *besichtigen kann. Für den Besuch dort benötigt man die Reisedokumente (Pass, Rückflugticket). Infos zu Boldt Castle und den Thousand Islands* *s. S. 410ff.*
*Die Abfahrtsstelle für die Thousand-Islands-Bootsfahrten* **(2)** *befindet sich in der Nähe des Visitor Centre. Bootstouren starten auch von der amerikanischen Seite aus (Alexandria Bay u. a.).* *Siehe Reisepraktische Informationen S. 407 und 414.*

## Geschichtlicher Überblick

1673 errichteten die Franzosen in dem Gebiet, das von den Indianern *Cataraqui* genannt wird, das gleichnamige Fort (später Fort Frontenac) samt Pelzhandelsstation. 1758 wurde dieses von den Briten erobert, 1784 kamen die ersten Loyalisten. Um ihre Treue zu George III. zu zeigen, nannten sie den Ort King's Town, aus dem 1788 offiziell Kingston wurde. In der Zeit der kriegerischen Auseinandersetzungen zwischen England und Amerika wurde 1812 das Fort Henry gebaut. Es diente dem Schutz der Handelsschifffahrt auf dem St. Lawrence River und dem Rideau Canal, der 1832 zwischen Ottawa und Kingston fertiggestellt wurde. Damit begann die Blütezeit, und Kingston war in den Jahren 1841–1844 sogar die Hauptstadt der „Vereinigten Provinzen Kanadas". In dieser Zeit entstanden viele der heute noch charmanten, viktorianischen Häuser. Durch ein königliches Dekret wurde 1841 das „Queen's College at Kingston" (seit 1912 „Queen's University"), eine der besten kanadischen Universitäten, gegründet.

*Wohlstand durch Handel*

## Sehenswertes

Gegenüber dem Stadtzentrum liegt das 1812 erbaute **(Old) Fort Henry (3)**, einst Kanadas mächtigste Befestigungsanlage. Es dient heute als Museum mit Ausstellungen zur britischen und kanadischen Militärgeschichte. Kadetten der hiesigen berühmten Militärschule wirken bei den täglichen Vorführungen in historischen Uniformen mit. Dabei sind die Exerzierübungen, Wachablösungen und Salutschüsse aus den alten Kanonen beim Publikum besonders beliebt. Bezaubernd ist auch die Aussicht auf Kingston von hier oben.
***Old Fort Henry,*** *1 Ft. Henry Dr., Anfahrt über Lasalle Cwy., dann Schildern folgen, www.forthenry.com, Mitte Mai–Anf. Sept. tgl. 10–17, Anf. Sept.–Mitte Okt. tgl. 10–16 Uhr (Paraden und mehrere Führungen im Sommer tgl. – nach Ankündigung), $ 20.*

Beim **Stadtrundgang** fallen die viktorianischen Häuser mit Veranden und schmiedeeisernen Geländern, gepflegte Gärten und Parkanlagen, die lebhaften Geschäftsstraßen sowie die Hafenfront auf. Einen Besuch wert sind auch die 17 Museen und historischen Stätten, die man auf einem Rundgang kennenlernen kann, der an der **Touristeninformation (1)** am Hafen beginnt.

*Kingstons City Hall*

1842–1844, während Kingston die Hauptstadt der „Vereinigten Provinzen Kanadas" war, wurde die beeindruckend große **City Hall (4)** nach Plänen des Architekten George Brown gebaut. Die Kosten für den Bau waren sehr hoch, entsprechend groß die Erschütterung, als die Regierung 1844 nach Montréal übersiedelte.

***City Hall**, 216 Ontario St., www.cityofkingston.ca/city-hall, Mo–Fr 8–17 Uhr, im Sommer Führungen.*

Die Geschichte der Schifffahrt auf den Großen Seen seit 1678 wird im **Marine Museum of the Great Lakes (5)** dargestellt. Sehenswert ist der 3.000-t-Eisbrecher „Alexander Henry". Im nahen **Pump House Steam Museum (6)** sind riesige Pumpen, dampfbetriebene Maschinen und eine Modelleisenbahn mit 20 Zügen aus aller Welt ausgestellt. Die Pumpstation aus dem Jahr 1849 wurde vollständig restauriert.

***Marine Museum of the Great Lakes**, 55 Ontario St., Kingston, www.marmuseum.ca, Mitte Mai–Anf. Sept. tgl. 10–17, sonst Mo–Fr 10–16 Uhr, $ 10.*

***Pump House Steam Museum**, 23 Ontario St., www.kingstonpumphouse.ca, April–Nov. Di–Sa 10–17 Uhr, $ 7.*

*Militär- und Kulturgeschichte*

Ein Stück weiter westlich befindet sich in einem der für Kingston typischen, runden Verteidigungstürme das **Murney Tower Museum (7)**. Es erzählt die Militär- und Kulturgeschichte der Region. Der Turm samt der Anlage gehört zum UNESCO-Weltkulturerbe.

***Murney Tower Museum**, King/Barrie Sts., www.murneytower.com, Mi–So 10–17 Uhr, Eintritt frei, Spende erwünscht.*

*Einblick ins 19. Jh.*

Im 1840 im toskanischen Stil erbauten **Bellevue House (8)** lebte 1848/49 Sir John A. Macdonald, Kanadas erster Premierminister (1867–73, 1878–91), mit seiner Familie. Es ist im Stil der Mitte des 19. Jh. eingerichtet. Kostümierte Angestellte geben Auskünfte über Leben und Arbeit jener Zeit. Im angeschlossenen Besucherzentrum werden die Geschichte des Hauses und das Leben Macdonalds erläutert.

***Bellevue House NHS**, 35 Centre St., www.pc.gc.ca, Juni–Mitte Okt. tgl. 10–16 Uhr, $ 8,50. Wegen Renovierung des Hauses sind in 2022 (evtl. darüber hinaus) nur das Gelände, die Gärten und das Besucherzentrum zugänglich.*

**Sehenswürdigkeiten**

1 Touristeninformation
2 Ableger/Abfahrt: Thousand Islands Cruises
3 Old Fort Henry, Frontenac County Schools Museum, MacLachlan Woodworking Museum
4 City Hall, Public Market
5 Marine Museum of the Great Lakes, Navy Memorial Park
6 Pump House Steam Museum
7 Murney Tower Museum
8 Bellevue House National Historic Site
9 Portsmouth Olympic Harbour
10 Penitentiary/Correctional Service of Canada Museum
11 Agnes Etherington Art Centre
12 Miller Museum of Geology
13 Ableger/Abfahrt: Wolfe Island/Wolfe Island Ferry

**Hotels**

1 Holiday Inn Waterfront
2 Delta Waterfront Hotel
3 Best Western Fireside Inn, Ambassador Resort Hotel, Strata Hotel
4 Hochelaga Inn
5 Days Inn by Wyndham
6 The Secret Garden Inn
7 Rosamount Inn & Spa

**Restaurants**

1 Amadeus Café Restaurant
2 Curry Original
3 Lone Star Texas Grill
4 The River Mill
5 Morrison's Restaurant
6 Union Kitchen
7 Hotel Wolfe Island

Beim **Portsmouth Olympic Harbour (9)** wurden 1976 die olympischen Segelwettbewerbe ausgetragen. An den Hafen schließt sich der Lake Ontario Park mit hübschen Plätzen zum Picknicken und Zelten an. Im **Penitentiary/Correctional Service of Canada Museum (10)**, untergebracht in der ehemaligen Residenz des Gefängnisdirektors, wird die Geschichte der kanadischen Gefängnisse anschaulich dargestellt.
***Penitentiary Museum****, 555 King St. W., www.penitentiarymuseum.ca, Mitte Mai–Okt. Mi–So 9–16 Uhr.*

Das **Agnes Etherington Art Centre (11)** mit dem aus dem 19. Jh. stammenden Haus der Kunstmäzenin Agnes Etherington und sieben angeschlossenen Galerien gilt als eines der besten Kunstmuseen von Kanada. Es zeigt kanadische, europäische,

afrikanische und Inuit-Kunst. Ebenfalls auf dem Universitätsgelände befindet sich das **Miller Museum of Geology (& Mineralogy) (12)**. Es zeigt neben Mineralien und Fossilien ein Labor des 19. Jh. und eine seismografische Station.
***Agnes Etherington Art Centre**, 36 University Ave., https://agnes.queensu.ca, Di–Fr 10–16.30, Do bis 21, Sa/So 13–17 Uhr, Eintritt frei, Spende erwünscht.*
***Miller Museum of Geology**, 36 Union St., www.queensu.ca/millermuseumofgeology, Mo–Fr 9–16 Uhr.*

Das **Frontenac County Schools Museum (3)** veranschaulicht mit vielen Ausstellungsstücken den Schulalltag im 19. Jh. (*414 Regent St., Barriefield, www.fcsmuseum.com, März–Juni + Sept.–Dez. Mo/Mi/Do 9–12, Juli/Aug. Di–Sa 10–15 Uhr, Eintritt frei, Spende erwünscht*).

## Umgebung von Kingston

*Ausflug auf die größte Insel*

**Wolfe Island (13)**, 20 Fährminuten vor Kingston gelegen und mit 124 km² die größte Insel unter den Thousand Islands, lädt zu einem beschaulichen Ausflug ein. Auf der Insel leben 1.400 Menschen, von denen viele schottischen, irischen oder holländischen Ursprungs sind. Sie leben von der Landwirtschaft und dem Fremdenverkehr, vermieten Ferienhäuschen, Fahrräder, Motorboote und fühlen sich heute alle als „Wolfe Islanders". Hauptort ist Marysville, wo im Sommer das **Old House Museum**, das Heimatmuseum, geöffnet ist. Auf der Südseite der Insel verkehrt eine kleine Fähre nach Cape Vincent (USA).

16 km östlich von Kingston liegt das **MacLachlan Woodworking Museum (3)**. Es wurde unter dem Motto „Holz im Dienste des Menschen" in einem Blockhaus eingerichtet. Die Ausstellung zeigt, wie vielfältig Holz in der Pionierzeit genutzt wurde; in einem weiteren Haus wird über Wachstum, Bedeutung und Nutzung des Waldes informiert.
***MacLachlan Woodworking Museum**, 2993 Hwy. 2 E., Pittsburgh Township, www.woodworkingmuseum.ca, April–Dez. Di–Fr 12–16, Sa 10–17, Mitte Mai–Aug. Di–So 10–17, Do bis 20 Uhr, $ 7. Phasenweise ist der Zutritt zum Museum wegen Lehrgängen und Workshops nur bedingt möglich.*

### Frontenac Provincial Park

*Mit dem Kanu durch die Wildnis*

Der 5.355 ha große Park bietet ein Stück Wildnis, das es zu Fuß, mit dem Kanu oder auf idyllischen Campingplätzen zu erleben gilt. Es gibt 22 Seen und ein Wanderwegenetz von über 100 km Länge.
**Anfahrt:** *Von der Princess St. auf die Sydenham Rd. (Hwy. 9) in Richtung Elginburg abbiegen. Dann der Ausschilderung nach Sydenham und zum Frontenac Provincial Park über die Landstraßen 10 oder 19 folgen. Fahrzeit von Kingston: etwa 45 Min.*
*Das **Trail Centre** liegt am Otter Lake. Hier gibt es die Permits für die Durchfahrt mit dem Auto ($ 21), Infomaterial und Campinggenehmigungen. ☎ (613) 376-3489, www.ontarioparks.com/park/frontenac, April–Okt. tgl. 8–16.30 Uhr, sonst Sa/So.*
*Parken: Am Eingang des Parks gibt es ausreichend Parkplätze. Von April bis Okt. ist die einzige Straße des Parks geöffnet; sie führt vom Otter Lake zum Big Salmon Lake.*
**Frontenac Outfitters:** *6674 Bedford Rd. South (CR 19), Sydenham, südl. des Parkeingangs, ☎ (613) 376-6220, www.frontenacoutfitters.com, Bootsverleih, Kanu- und Campingausstattung.*

## Reisepraktische Informationen Kingston und Wolfe Island, ON

### Information

**Kingston VC**, *209 Ontario St., ☎ (613) 548-4415, www.visitkingston.ca. Hier kann man Tickets zu den Attraktionen sowie für die Thousand-Islands-Bootsfahrten erwerben.*

### Unterkunft *(▸ Karte S. 403)*

**Holiday Inn Waterfront $$$$ (1)**: *2 Princess St., ☎ (613) 549-8400, www.ihg.com. Direkt am Hafen gelegen, 197 geräumige Zimmer und schöner Blick, Restaurant, Swimmingpools.*
**Best Western Fireside Inn $$$$ (3)**: *1217 Princess St., ☎ (613) 549-2211, www.bestwestern.com. Geräumige Zimmer, alle mit Kamin. Beheizter Outdoor-Pool. Warmes Frühstück inkl. Restaurant und Cocktaillounge im Haus.*
**Delta Waterfront Hotel $$$–$$$$ (2)**: *1 Johnson St., ☎ (613) 549-8100, www.marriott.com. Gepflegtes Hotel mit 127 ansprechend eingerichteten Zimmern. Restaurant mit schönem Blick auf den Hafen und das Fort, Swimmingpool.*
**Ambassador Resort Hotel $$$ (3)**: *1550 Princess St., ☎ (613) 548-3605, www.ambassadorhotel.com. Gut ausgestattetes Hotel mit Restaurant, Lounge, Sportangebot sowie Pool samt Wasserrutsche. Wiedereröffnung nach umfassender Renovierung in 2023.*
**Hochelaga Inn $$$ (4)**: *24 Sydenham St., ☎ (613) 549-5534, https://hochelagainn.com. 23 elegant eingerichtete Zimmer in einem großen viktorianischen Haus mit Garten. Reichhaltiges Frühstück inbegriffen. Der Tipp in Kingston.*
**Strata Hotel $$–$$$ (3)**: *1187 Princess St., ☎ (613) 546-4411, www.stratahotel.com. Hotel mit geräumigen, freundlichen Zimmern und Suiten und neu gestalteter Lobby.*
**Days Inn by Wyndham $$–$$$ (5)**: *1 First Canada Ave., südl. Hwy. 401, ☎ (613) 541-1111, www.wyndhamhotels.com. Preiswertes Haus mit 75 einfachen, aber sauberen Zimmern.*

***BED & BREAKFAST***

**The Secret Garden Inn $$$$ (6)**: *73 Sydenham St., ☎ (613) 548-1081, https://thesecretgardeninn.com. 1888 erbautes Haus. Sieben elegante, mit Antikmöbeln ausgestattete Gästezimmer, wohnliche Aufenthaltsräume und schöner Innenhof. Nur wenige Gehminuten zur Innenstadt.*
**Rosemount Inn & Spa $$$$ (7)**: *46 Sydenham St., ☎ (613) 480-6624, www.rosemountinn.com. Viktorianisches Gebäude von 1850 mit 11 sehr geschmackvoll eingerichteten Zimmern. Eine gelungene Stilmischung aus Antiquitäten und modernem Schick, ohne dabei kitschig zu wirken. Garten sowie leckeres Frühstück. Kleines Spa im Haus.*

### Essen & Trinken *(▸ Karte S. 403)*

*Kleine, preiswerte Lokale und die bekannten Kettenrestaurants konzentrieren sich auf die Division St. (südl. Hwy. 401) und auf die Bath Rd. im Westen. Im Stadtzentrum sowie um die Princess Street findet man eine gute Auswahl an Restaurants.*
**Amadeus Café Restaurant (1)**: *170 Princess St., ☎ (613) 546-7468. Restaurant mit Biergarten und österreichischen und deutschen Gerichten, z. B. verschiedene Schnitzel, Rouladen. Dazu spielt im Hintergrund leise klassische Musik.*
**Curry Original (2)**: *175 Bagot St., ☎ (613) 531-9376. Sehr gelobtes indisches Spezialitätenrestaurant.*
**Lone Star Texas Grill (3)**: *251 Ontario St., ☎ (613) 548-8888. Beliebtes Tex-Mex-Familienrestaurant mit origineller Einrichtung und Außenterrasse.*

**The River Mill (4)**: *2 Cataraqui St., ☎ (613) 549-5759. Restaurant in historischer Mühle. Man hat einen herrlichen Blick auf den Hafen, während man die frischen Fisch- oder Lammgerichte genießt.*
**Morrison's Restaurant (5)**: *318 King St. E., ☎ (613) 542-9483. Altmodisches Restaurant gegenüber dem Marktplatz, in dem herzhafte Kost serviert wird.*
**Union Kitchen (6)**: *184 Princess St., ☎ (613) 547-5152. Typisch nordamerikanische Gerichte (Burger, Wraps, Ribs etc.) besonders gut zubereitet. Zudem gibt es Salate, Kuchen und eine exzellente Auswahl an Cocktails.*
**Hotel Wolfe Island (7)**: *1237 Main St., Marysville (Wolfe Island), ☎ (613) 305-2626. Die Überfahrt nach Wolfe Island lohnt sich ehedem. Das Hotelrestaurant serviert ansprechende, frische Speisen mit lokalen Zutaten, z. B. gefüllte Calamari, Rindfleischburger, Salate etc. In der Bar gibt es eine Bier-, Wein und Cocktailauswahl. Oft mit Livemusik auf der Veranda direkt am Wasser. Nahezu nebenan (1213 Main St.) kann man sich in einer Bäckerei mit Kuchen und Brot für ein Picknick eindecken.*

## Unterkunft/Essen & Trinken Wolfe Island, ON

**Hotel Wolfe Island $$–$$$**: *1237 Main St., Wolfe Island, ☎ (613) 305-2626, https://hotelwolfeisland.com. Schöne Zimmer, viele mit Blick auf den St. Lawrence River. Angenehmes Ambiente. Das Hotel verfügt über die o. g. Gastronomie.*

## Pubs und Bars

**Chez Piggy**: *68 Princess St. Das Bar-Restaurant wurde im Stall eines restaurierten, aus dem Jahr 1810 stammenden Backsteinhauses eingerichtet, Sommergarten. Bäckerei und Restaurant.*
**The Kingston Brewing Company Pub**: *34 Clarence St. Hier wird das „Dragon's Breath Ale" an Ort und Stelle gebraut; großer Innenhof hinter dem Gebäude aus dem 19. Jh., Pubfood.*
**The Pilot House**: *265 King St. E. Freundlicher Pub mit importierten Bieren vom Fass, beliebt wegen seiner „Fish and chips" nach britischer Art.*
**The Merchant Tap House**: *6 Princess St. Freundlicher, rustikaler Pub mit Jazz- und Folkmusik. Pubfood.*
**Tir Nan Og**: *200 Ontario St. Authentischer irischer Pub. Oft Folk-Livemusik. Gutes Pubfood.*

## Feste und Veranstaltungen

**Buskers Rendezvous**, *viertägiges Festival mit Straßenkünstlern – Zauberern, Musikanten, Jongleuren, Tänzern und Schauspielern; Mitte Juli.*
**Kingston Summer Festival**, *den ganzen Sommer über gibt es Schauspiele, Konzerte, Kunstausstellungen, Märkte.*
**Music in the Park**, *von Mitte Juni–Anf. Sept. gibt es an verschiedenen Tagen und verschiedenen Plätzen/Parks etc. Livemusik aller Art.*
**Canadian Olympic Training Regatta**, *wie die Kieler Woche zieht im Aug. auch die Segelregatta von Kingston Segler und Sportbegeisterte aus aller Welt an, www.cork.org.*
*Weitere Termine unter: https://downtownkingston.ca/blogs/upcoming-events.*

## Einkaufen

*Es gibt drei große Einkaufszentren:* **Cataraqui Town Centre** *mit 141 Geschäften, 945 Gardiners Rd./Princess St.;* **Frontenac Mall** *mit Fachgeschäften und Restaurants, 1300 Bath Rd.;* **Kingston Centre** *mit 80 Geschäften, Macdonald Boulevard/Bath Rd./Princess St.*

*Im Stadtzentrum (Ontario St., die Princess St. und deren Nebenstraßen) findet man viele kleine, originelle Läden und Boutiquen, so z. B. das* **Cornerstone** *(255 Ontario St.; lokales Kunsthandwerk) oder* **Trailhead** *(262 Princess St.), ein ausgezeichnetes Geschäft für Wanderer und Camper; komplette Ausrüstungen vom Schlafsack bis zum Zelt werden vermietet.*

### Märkte

**Public Market (4)**: *Hinter der City Hall. Di, Do und Sa 8–18 Uhr (April–Nov.) werden hier seit 1801 landwirtschaftliche Produkte der jeweiligen Saison sowie handwerkliche Erzeugnisse angeboten. Sonntags findet auf dem Platz ein Antiquitäten-Flohmarkt statt (Ende April–Anfang Okt.)*

### Ausflugsfahrten/Touren mit Schiff oder Bus

**Thousand Islands Cruises**: *☎ (613) 549-5544, www.1000islandscruises.ca. Dreistündige Fahrten durch die Inselwelt des St. Lawrence River. Abfahrten: April–Juni u. Sept./Okt. tgl., Juli–Anf. Sept. zweimal tgl., ab $ 52. Zudem Dinner- und Sunset-Fahrten, auch eine 90-minütige Sunset-Discovery Cruise ($ 46) bis zum Beginn der Inselwelt ist möglich. Tickets sind am Cruise Ticket Booth, 1 Brock St., gegenüber dem Rathaus, erhältlich. Pass mitnehmen.*

**Kingston Trolley Tours**: *☎ (613) 549-5544, www.kingstontrolley.ca. Der rote Trolley fährt von April bis Oktober vom Visitor Centre aus zu allen Sehenswürdigkeiten der Stadt. Man kann überall aus- und später wieder zusteigen. Unterwegs wird man über alles Sehenswerte informiert. Buchungen über Thousand Island Cruises (s. o.) bzw. im Visitor Centre, online ab $ 30, Kombiticket mit 90-minütiger Cruise immer Sommer teilweise erhältlich.*

### Paddeln auf dem Rideau Canal

*Es gibt die Möglichkeit, auf dem ca. 200 km langen Kanal mit Kanus bzw. Kajaks zu paddeln. Dabei kann man unterwegs zelten, aber auch bequem in netten B&Bs bzw. Hotels übernachten. Infos unter www.rideauheritageroute.ca. Ausrüster und Bootsausleiher sind u. a.:* **Ahoy Rentals**, *21 Ontario St. (https://ahoyrentals.com), und* **Trailhead**, *262 Princess St. (https://trailheadkingston.ca).*

*Die Fähre von Wolfe Island nach Cape Vincent ist ziemlich klein*

### Busse und Eisenbahn

**Busbahnhof**: *1175 John Counter Blvd., zw. Division und McDonald Aves., Infos: ☎ (613) 547-4916. Es bestehen regelmäßige Busverbindungen von Kingston nach Ottawa, Toronto, Brockville, Cornwall und Montréal mit den Unternehmen* **Mega Bus** *(www.ca.megabus.com) und* **Coach Canada** *(www.coachcanada.com).*

**Bahnhof**: *1800 John Counter Blvd., Infos ☎ 1-888-842-7245. Kingston liegt an der VIA-Rail-Bahnstrecke zwischen Montréal und Toronto. Somit können alle Bahndestinationen in Kanada von hier erreicht werden (www.viarail.ca).*

### Fähren

**Wolfe Island Ferry**: *☎ (613) 548-7227, www.wolfeisland.com/ferry.php. Die kostenlose Fähre zwischen Kingston (295 Ontario/Barrack Sts.) und Wolfe Island (ca. 20 Min.) verkehrt etwa stündlich zwischen 6 und 2 Uhr, in den Sommermonaten werden zusätzliche Fahrten eingefügt.*

**Cape Vincent (Horne's) Ferry**: *☎ (315) 783-0638, www.facebook.com/hornes ferry. Zwischen Wolfe Island (Südende der CR 95) und Cape Vincent/USA. Mai–Mitte Okt. Etwa stündlich zwischen 8 und 19 Uhr, CAN $ 20/US $ 17, Passkontrolle.*

info

## St. Lawrence River und St. Lawrence Seaway

Der fast 3.000 km lange St. Lawrence Seaway besteht aus den Großen Seen sowie dem St. Lawrence River, deren Abfluss. Er erschließt die rohstoffreichen Gebiete des Landes und ist die Hauptverkehrsachse Kanadas. An seinen Ufern liegt das älteste kanadische Siedlungsgebiet, in dem heute ca. 60 % aller Kanadier leben. Vom Lake Ontario bis nach Montréal bildet der St. Lawrence River die Grenze zwischen Kanada und den USA. Im Südwesten erweitert sich der Strom zu dem von vielen kleinen Inseln durchsetzten „Lake of the Thousand Islands". Bei Québec beginnt der lange Mündungstrichter.

Obwohl der St. Lawrence River im Winter von Eisschichten bedeckt ist und nur von April bis Dezember befahren werden kann, ist der **St. Lawrence Seaway** eine der verkehrsreichsten Binnenwasserstraßen der Welt, auf der jährlich etwa 40 Mio. t Fracht verschifft werden. 1951 initiierte Kanada den „St. Lawrence Seaway Authority Act". Die Vereinigten Staaten folgten erst, nach anfänglicher Opposition, 1954 mit einem entsprechenden Erlass. Wenig später wurde mit dem Bau begonnen.

Probleme beim Bau machten besonders die großen Höhenunterschiede, z. B. an den Niagara Falls und bei Sault Ste. Marie. Es bedurfte der Anlage von Seitenkanälen, leistungsfähiger Schleusen sowie dem Bau von Straßen und Brücken. Zu den begleitenden Maßnahmen zählte der Aus- bzw. Neubau von Häfen, Industrieanlagen und Wasserkraftwerken. Schwierigkeiten ergaben sich im Zuge der Arbeiten an vielen Orten durch die Überschwemmungen, die das Kulturland zerstörten. Mehrere Dörfer mussten aufgegeben, rund 6.500 Menschen umgesiedelt werden. Der St. Lawrence Seaway wurde 1959 fertiggestellt und offiziell von Königin Elizabeth II. von England und dem amerikanischen Präsidenten Dwight D. Eisenhower eingeweiht.

Heute ist der St. Lawrence Seaway ein ausgebautes Kanalsystem mit einer Fahrwassertiefe von mindestens 8,23 m und einer Fahrwasserbreite von 61 m. Auf dem 300 km langen Streckenabschnitt zwischen Lake Ontario und Montréal wurden sieben große Schleusen anstelle der vorherigen 22 kleineren Durchgänge eingebaut (Gefälle von 70 m auf 70 km); auf dem 43 km langen Welland Canal zwischen Lake Ontario und Lake Erie wird durch acht Schleusen eine Höhendifferenz von 100 m überwunden. Der Seeweg ermöglicht auch großen Schiffen die Einfahrt in die Großen

info

Seen; dadurch erübrigt sich das bis dahin notwendige Umladen der Fracht auf kleinere Schiffe, sodass ein durchgehender Verkehr vom Atlantik bis zum Westende des Lake Superior möglich ist. Viele Häfen und Industriegebiete entlang dem Seeweg verzeichneten nach der Fertigstellung einen großen wirtschaftlichen Aufschwung. Seine allgemeine wirtschaftliche Bedeutung liegt in der direkten Verschiffbarkeit der Güter, zu denen vor allem Weizen, Eisenerze, Öl, Eisen und Stahl gehören.

Wer auf besondere Schiffe warten bzw. wissen möchte, welches Schiff er gesehen hat, der findet Infos dazu auf https://greatlakes-seaway.com/en (Commercial Shipping/ Vessels In Transit Information).

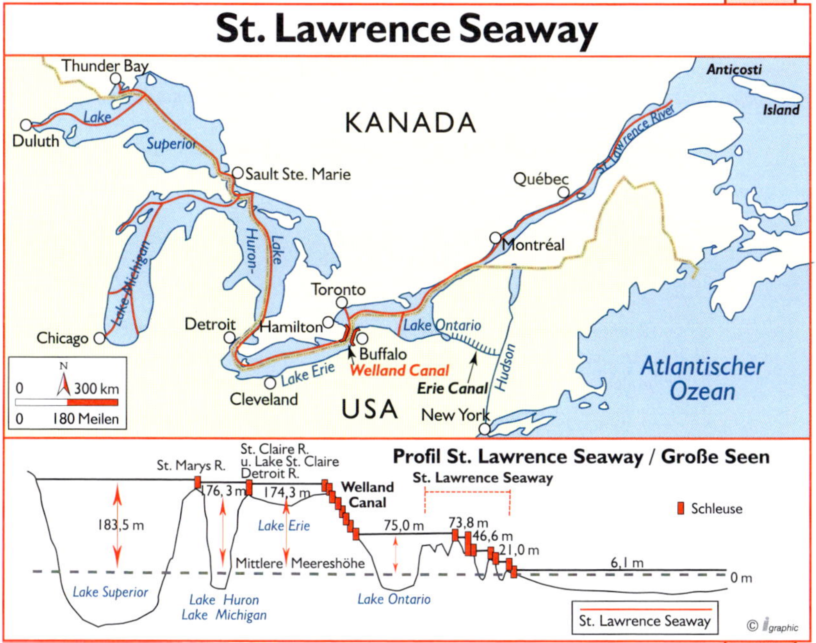


# Von Kingston nach Rochester

Es bieten sich zwei Möglichkeiten, nach Rochester weiterzufahren:

• Zuerst zu den unten beschriebenen **Thousand Islands** und danach über den I-81 nach Watertown. Diese Strecke ist schneller – bis auf die Staus an der Grenze – und bietet die Gelegenheit, von den Brücken über den St. Lawrence River auf die Thousand Islands zu schauen. *Zwei Fahroptionen*

• Die Strecke über **Wolfe Island** (Fähren). Auch die Insel ist sehenswert (s. o.) und es gibt einen Vorteil: kürzere Wartezeiten an der Grenze.

Wer die erste Variante wählt, sollte auf kanadischer Seite auf den Parkway abbiegen, um dort von den Ausblicken auf die Thousand Islands zu profitieren. Ebenfalls lohnt sich der Blick von der Brücke, wobei man auf der Brücke nicht stoppen darf. Dahinter aber gibt es einen Aussichtsturm (*1000 Islands Skytower, 716 Hwy. 137 Hill Island, Lansdowne, ON*), von dem man die Landschaft überblicken kann. **Wellesly Island** auf amerikanischer Seite lockt mit einem schönen State Park (Spaziergänge) und im Ort **Thousand Island Park** im Südwesten der Insel haben sich wohlhabende Leute eine Reihe von schnörkeligen „Holzchalets" errichten lassen und eine eigene, geschlossene Community gebildet. Von Alexandria Bay und Clayton gibt es Bootstouren in die Inselwelt.

*Wälder, Obst- und Weinanbau*

Der darauffolgende Uferabschnitt bis Oswego war Schauplatz mehrerer kleiner Schlachten während des Britisch-Amerikanischen Kriegs (1812–1814). Einige State Parks und Inschriften erinnern daran. Die Landschaft ist schön – geprägt von Wäldern, kleinen Dörfern, Obstplantagen, Farmen, Farmers Markets und einigen Weinrouten. Sie wird gerne besucht von Anglern, Kanuten und Ruhesuchenden, die in kleinen Hotels bzw. Bed-&-Breakfast-Unterkünften in abgeschiedenen Ortschaften ausspannen möchten. Wenn möglich, sollte man sich mindestens zwei Tage Zeit für die kleinen Schönheiten bis Rochester nehmen. Die State Parks entlang der Strecke bieten gemütliche Picknickplätze am Lake Ontario.

## Thousand Islands

### Tipp

*Es empfiehlt sich auf der Strecke bis Erie dem sogenannten Seaway Trail zu folgen, einer ausgeschilderten und entsprechend gut organisierten Touristenroute. In Sackets Harbor informiert das VC über Leuchttürme, Fahrradrouten, Naturerlebnisse etc. (301 W. Main St., https://visitsacketsharbor.com).*

*Geologie …*

Die „Tausend Inseln" liegen im Ausfluss des Lake Ontario und im Oberlauf des St. Lawrence River. Zu ihrer Entstehungsgeschichte gibt es zwei Erklärungen. Die naturwissenschaftliche Version geht davon aus, dass sich vor mehr als 900 Mio. Jahren große Gebirge an der Stelle des heutigen St. Lawrence River befanden, deren Spitzen von Gletschern und Wassermassen geglättet wurden, bis nur Inseln und Sand-

*Idyllische Thousand Islands*

*Brücke über den Interstate 81 zwischen den USA und Kanada*

bänke zurückblieben. Die Geschichte der Indianer lautet anders: Das ganze Gebiet war einst eine große Wasserfläche, an deren Ufer der Große Geist einen wunderschönen Garten geschaffen hatte, in dem alle verfeindeten Stämme in Frieden miteinander leben sollten. Als die Menschen aber weiter kämpften, bündelte der Große Geist den Garten in eine große Decke und flog zurück in den Himmel. Doch die Decke riss, das Paradies brach in tausend Stücke und stürzte in das große Wasser.

*... und Legende*

Der heutige Name Thousand Islands stammt von den ersten französischen Einwanderern – die Zahl der Inseln wird mittlerweile mit 1.753 (andere Quellen besagen sogar 1.864) angegeben. Gezählt werden die Inseln, die aus dem Wasser herausragen und mindestens so viel Boden besitzen, dass ein Baum darauf wachsen kann. Unter der Wasseroberfläche liegen nochmals Hunderte von Inseln als Sandbänke oder Riffe verborgen. Die Inseln sind mit Pinien, Fichten, Birken oder Zedern bewachsen, viele von ihnen sind bewohnt.

Auf einer Kreuzfahrt durch die Inselwelt (von Kingston und Rockport auf kanadischer Seite sowie Clayton und vor allem Alexandria Bay auf US-Seite) werden Inseln mit unterschiedlichster Bebauung passiert: mit kleinen, rustikalen Holzhäuschen, niedrigen Wohnhäusern sowie überaus eleganten Villen („Millionaire's Cottages"), die z. T. Schlössern nachempfunden zu sein scheinen, so etwa **Boldt Castle** und **Singer Castle** (beide zu besichtigen). Die Thousand Islands zählen zu den beliebtesten Feriengebieten der Region mit einem vielfältigen Angebot zum Bootfahren, Wandern, Fischen, Wassersport und zu Naturbeobachtungen.

*Beliebtes Feriengebiet*

Übrigens stammt der Name des **Thousand Islands Dressing** tatsächlich von hier. Es wurde um 1900 im Herald Inn – später bekannt als Thousand Islands Inn – in Clayton zuerst serviert. Erfunden hat es die Wirtin, die das Dressing ihrem Mann, einem Fishing-Guide, für seine Shore-Lunches mitgegeben hat. Eine findige Schauspielerin hatte es dann ihrem Bekannten, George C. Boldt, Inhaber des Waldorf-Astoria in New York, ans Herz gelegt, der es dort dann auf die Speisekarte setzte. Damit gelangte das Dressing in vieler Munde und wurde weltbekannt.

Boldt Castle

## Boldt Castle

Boldt Castle auf Heart Island ist mit Booten von Kingston und Alexandria Bay aus zu erreichen. Das Schloss erinnert mit seinen spitzen Giebeln, den wehrhaften Rundtürmen und der Burgmauer an die Burgen am Rhein. George C. Boldt, der als Junge in Deutschland aufwuchs, mittellos nach Amerika auswanderte und dort erfolgreicher Besitzer berühmter Hotels (z. B. Waldorf-Astoria in New York) wurde, ließ es als Zeichen seiner Liebe für seine Frau bauen. Diese starb jedoch überraschend im Jahr 1904, bevor das Haus bezugsfertig war. Boldt brach nach diesem Schicksalsschlag sofort alle Bauarbeiten ab, verließ die Insel für immer und ließ das Schloss unbewohnt zurück. Somit wurde nicht einmal die Hälfte von dem gebaut, was eigentlich geplant war. Bis in die 1970er-Jahre drohte das Gebäude zu verfallen. Seit 1977 aber ist die Brücken-Gesellschaft erfolgreich bemüht, das Gebäude samt Parkgelände wiederherzurichten und sogar die nicht vollendeten Räume fertigzustellen.

***Boldt Castle**, www.boldtcastle.com, Mitte Mai–Anf. Okt. tgl. 10.30–18.30 Uhr, $ 11 (Castle), $ 14 (Castle+Yacht House). Wer von Kanada kommend auf Heart Island an Land gehen möchte, muss zusammen mit dem Ticket für die Bootsfahrt auch alle Dokumente (Pass etc.) für die Einreise in die USA dabeihaben und die notwendigen Formulare ausfüllen.*

## Singer Castle

*Auf Dark Island*

Das „Schloss" (Baubeginn im Jahr 1905) des ehemaligen Nähmaschinen-Königs Frederick Bourne liegt weiter entfernt von Alexandria Bay auf Dark Island (ca. 35 Min. Bootsfahrt) und ist nicht immer zugänglich. Es steht in seiner Pracht dem Boldt Castle aber in nichts nach. Übrigens, wenn auch nicht ganz billig ($$$$), kann man hier einen ganzen Hausflügel (bis 6 Pers.) mieten für eine Übernachtung. Dinner inklusive, ☎ *(315) 324-3275.*

***Singer Castle**, www.singercastle.com, Mai–Mitte Juni Mo/Mi/Fr–So, Mitte Juni–Labor Day tgl. 10–17, NS Sa/So 10–16 Uhr – abhängig von Uncle Sam Boat Tours (s. S. 414), stdl. Touren, $ 17.*

## Alexandria Bay

Der Ort ist der beste Ausgangspunkt für Bootstouren zu den Thousand Islands. Von hier kann man Bootstouren zum Boldt Castle, zum Singer Castle und auch zu den Villen der Millionäre unternehmen, wobei Letztere nicht von innen zu besichtigen sind. In dem etwas wuseligen Ort gibt es Hotels, Motels, B&Bs, Geschäfte und Restaurants.

## Clayton

Früher einmal war Clayton das mondäne Ferienziel mit großen Hotels im Ort und auf den vorgelagerten Inseln. Diese sind jedoch alle zerstört, zumeist abgebrannt. Heute findet man im beschaulichen und hübsch aufgemachten Clayton Hotels, B&Bs und Restaurants aller Preisklassen, und es lässt sich entlang der Uferlinie schön spazieren gehen.

Sehr zu empfehlen ist der Besuch des **Antique Boat Museum** *(750 Mary St., www.abm.org, Ende Mai–Mitte Okt. tgl. 10–17 Uhr, bis Ende Okt. nur Sa/So, $ 14)*. Hier können 320, zumeist hölzerne Sportboote – poliert und herausgeputzt – aus der Zeit von etwa 1870–1960 bewundert werden. Neben Sportbooten gehören kleine und große Motoryachten, Kanus, Segelboote und kleine Ausflugsboote zur Sammlung. Wie man solche Holzboote hegt und pflegt, kann man in einem Kurs erlernen, ebenso wie man sich so ein Boot baut; diese Kurse gehen allerdings über Monate. Eine 45-minütige Spritztour mit einem rasanten Motorboot aus dem Jahr 1931 kann gegen einen Aufpreis unternommen werden. Des Weiteren gibt es das kleine **Thousand Islands Museum** *(312 James St., https://timuseum.org)*, das sich mit der Fischwelt und der Natur der Region beschäftigt, sowie ein **Handweaving Museum** *(314 John St., im Arts Center, https://tiartscenter.org, Mo–Fr 9–17, ab Ende Juni auch Sa 10–15 Uhr)*, in dem die Kunst der Handweberei erläutert wird. *Historische Sportboote*

Und für Cheddar-Käse Fans noch ein Tipp: Die internationale Auswahl dieser Käsesorte ist im **1000 Islands River Rat Cheese Shop** (*242 James St.*) immens.

## Reisepraktische Informationen Thousand Islands, NY

### *CLAYTON UND ALEXANDRIA BAY, NY*

#### Information

**Chamber of Commerce**: *517 Riverside Dr., ☎ (315) 686-3771, www.1000Islands-Clayton.com*
**Alexandria Bay Chamber of Commerce**: *7 Market St., ☎ (315) 482-9531, www.visitalexbay.org*

#### Unterkunft

**Wellesley Hotel & Restaurant $$$–$$$$**: *42809 St. Lawrence Ave., Thousand Island Park (über die Interstate-Brücke nach Norden), ☎ (315) 3698, www.tiparkcorp.com/wellesley-island-hotel. Schönes, romantisches Hotel in ruhigem Ort. Hier entgeht man dem Touristentrubel in Alexandria Bay und kann nahebei den Sonnenuntergang über dem St.-Lawrence-Strom bewundern.*
**Captain Visger House B&B $$$–$$$$**: *2 Church St., Alexandria Bay, ☎ (315) 681-3422, www.captainvisgerhouse.com. Gemütliches, elegantes B&B in viktorianischem Haus. Vier Zimmer und ein kleines Restaurant, dessen Küche vornehmlich mit regionalen Produkten kocht.*
**1000 Islands Harbor Hotel $$–$$$$**, *200 Riverside Dr., Clayton, ☎: (315) 686-1100, www.1000islandsharborhotel.com. Modernes, großes Hotel direkt am Ufer des St. Lawrence Seaway. Fast alle Zimmer mit Blick, einige sogar mit Balkon zum Wasser hin. Restaurant und Pub.*

**Capt. Thomson's Resort $$–$$$$**: *45 James St., Alexandria Bay, ☎ (315) 482-9961, www.captthomsons.com/resort. Großes Resorthotel direkt am Wasser und in Nachbarschaft zum Bootsableger zu den Thousand Islands. Einige Zimmer mit Jacuzzi, viele mit Wasserblick. Restaurant.*
**Bonnie Castle Resort $$–$$$$**: *31 Holland St., Alexandria Bay, ☎ (315) 482-4511, https://bonniecastle.com. Top-Resort direkt am St. Lawrence River, neben dem Hafen. Klassisch. Blick auf Boldt Castle, doch nicht alle Zimmer liegen zum Wasser hin. Bar und Restaurants. In- und Outdoor-Pool.*
**West Winds Motel & Cottages $$**: *38267 NYS Rte. 12 E., Clayton, ☎ (315) 686-3352, http://westwindsmotel.com/cottages. Einfaches, am St. Lawrence River gelegenes Motel (auch Hütten).*

### Essen & Trinken

*In und um die James sowie die Church Street in Alexandria Bay gibt es zahlreiche Restaurants. Gemütlicher sind die Restaurants in Clayton, z. B.:*
**Clipper Inn**: *126 State St., Clayton, ☎ (315) 686-3842. Sehr beliebtes Restaurant; Fischgerichte und Steaks. Von außen unscheinbar und die Lage an der Einfallsstraße wenig attraktiv, bestechen jedoch das gute Essen und die relativ günstigen Preise, auch die des angeschlossenen Motels. Vorher reservieren.*
**Hops Spot**, *507 Riverside Dr., Clayton, ☎ (1315) 686-2337. Gute Burger und feinere Gerichte in einem Haus von 1880. Gartenplätze. Bodenständiger geht es zu unweit von hier im* **O`Briens** *(226 Webbs St.), einem Pubrestaurant, in dem am Wochenende auch mal Livemusik geboten wird. Weithin bekannt für seine exquisiten, aber auch teuren Speisen „mit Pfiff" und Weine ist das* **Saint Lawrence Château** *östlich von Clayton (38289 NY-12E., ☎ (315) 285-5224, zu dem auch eine Destille (Whiskey, Gin, Liköre) gehört.*

*Ein zu empfehlendes und mehrfach prämiertes Weingut in der Nähe ist das* **Coyote Moon Vineyards** *(17371 County Rd. 3, Clayton, https://coyotemoonvineyards.com), das zudem eine Weinbar am Riverside Dr. in Clayton betreibt (***Coyote Moon on the River***).*

### Bootstouren

**Uncle Sam Boat Tours**: *45 James St., Alexandria Bay, ☎ (315) 482-2611, www.usboattours.com/1000islands. Bootstouren zu allen Sehenswürdigkeiten auf den Thousand Islands (Boldt Castle, Singer Castle, Millionaire's Cottages). Tipp: Die „Two Nation Tour" dauert 2 ¼ Std. und ermöglicht einen Ausstieg am Boldt Castle, $ 27).*

## Am Lake Ontario entlang

Von Clayton aus sollte man auf dem Weg nach Watertown noch den Schlenker über das verschlafene Örtchen **Cape Vincent** unternehmen (kleine Souvenirgeschäfte, Restaurants, Cape Vincent Brewing Co. und die Fähre nach Kanada).

### Watertown

*Das Woolworth-Konzept*

Das Städtchen inspirierte Frank W. Woolworth 1878 – während einer Country Fair – dazu, ein Geschäft zu eröffnen, in dem Waren auf einem Wühltisch zu einem niedrigen Einheitspreis angeboten wurden. Später entwickelte sich daraus die auf der ganzen Welt vertretene Warenhauskette. Heute ist Watertown Ausgangspunkt für Schlauchbootfahrten.

## Sackets Harbor

Der Ortskern um die Main St. ist wunderschön herausgeputzt. Zudem reizt die Lage am Wasser mit den vorgelagerten Inseln. Restaurants, Eisbuden, eine Microbrewery, kunsthandwerkliche Geschäfte und nette Bed&Breakfast-Unterkünfte bieten sich im Ort und in der näheren Umgebung an. Zu Beginn des 19. Jh. war Sackets Harbor ein bedeutender Werftenstandort, was zu zwei Schlachten im Britisch-Amerikanischen Krieg von 1812–1814 führte. Die historischen Ereignisse werden auf der **Sackets Harbor Battlefield State Historic Site** *(504 W. Main St.)* näher erläutert. Während der Sommermonate wird die Schlacht „nachgespielt". *Schöner Ortskern*

Bis Rochester fährt man nun immer auf der Straße, die der Küste am nächsten liegt. Dabei muss man jedoch immer wieder landeinwärts fahren, besonders dort, wo es gilt, Buchten zu umfahren. Tipp vorweg: Der schönste Abschnitt an der Strecke liegt zwischen Oswego und Rochester. **Pulaski** bietet einige Motels sowie alles, was mit Fisch zu tun hat. Ob man nun geräucherten Lachs kaufen möchte, eine gute Angelausrüstung benötigt (günstiger als in Europa) oder die Rute selbst auswerfen möchte, hier ist man dafür richtig. *Zentrum für Angler*

## Oswego

Die Kleinstadt mit 18.000 Einwohnern ist die bedeutendste, wenn auch architektonisch und aufgrund der Größe nicht besonders attraktive Hafenstadt der USA am Lake Ontario. Sehenswert ist das 1755 von den Engländern erbaute **Fort Ontario**, in dem man Relikte aus der Zeit um 1860 besichtigen kann, sowie nahebei das **Safe Haven Museum**, in dem die Geschichte von 982 Holocaust-Flüchtlingen erzählt wird, die hier als Gäste von Präsident Roosevelt 1944 untergebracht wurden. Im **H. Lee White Maritime Museum** kann man kleine Dampfer besichtigen, erfährt etwas über den Leuchtturm und eine Ausstellung erläutert die maritime Geschichte der Region.

***Fort Ontario**, 1 E. 4th St., www.fortontario.com bzw. https://parks.ny.gov/historic-sites, Mai–Mitte Okt. Mi–Sa 10–16.30, So 12–16.30 Uhr, Juli–Labor Day tgl. zu diesen Zeiten, $ 4.*

***Safe Haven Museum**, 2 E.7th St., www.safehavenmuseum.com, Mem. Day–Labor Day tgl., Rest des Jahres Do–So 11–16 Uhr, $ 5.*

***H. Lee White Maritime Museum**, 1 W. 1st St, https://hleewhitemarinemuseum.com, tgl. 13–17, Juli/Aug. 10–17 Uhr, die Schiffe sind aber nur Mitte Mai–Mitte Okt. zu besichtigen, $ 12.*

Etwa 5 mi südwestlich von Oswego liegt linker Hand das große Geschäft **Ontario Orchards** (*7735 NY-104, Oswego, nahe Abzweig NY-104A*). Hier gibt es nicht nur leckerste Früchte aus der Gegend, sondern auch Kuchen, Gewürze, süße Leckereien etc. 30 mi südlich der Linie Oswego – Rochester liegen die reizvollen **Finger Lakes**, ein beliebtes Ausflugsziel und größtes Weinanbaugebiet des Staates New York (*www.fingerlakes.org*).

## Fair Haven/Little Sodus Bay

Der Ort, den man oft nicht einmal auf Landkarten findet, ist ein kleines Juwel, zumindest für diejenigen, die es ganz beschaulich mögen. Hier gibt es einfache „Resorts" für Angler, ein historisches Hotel und Sehenswürdigkeiten wie die **Fly By** *Verstecktes Juwel*

**Night Cookie Company** *(14541 Fancher Ave., Mitte März–24. Dez.)*, wo die vor Jahrzehnten aus Deutschland ausgewanderte Bonnie Bridson ausgesprochen leckere, selbstgebackene Küchlein und Kekse anbietet. Beeindruckend ist ihre Sammlung an Miniatur-Kuchenhäuschen.

*Bademöglichkeiten*

Nordöstlich des Ortes bietet der **Fair Haven Beach State Park** Bademöglichkeiten an einem Sandstrand und nette Picknickplätze. Wer rustikal übernachten mag, kann sich hier eine Hütte mieten bzw. den Campingplatz nutzen. Wanderwege durch Sümpfe, Wälder, entlang der Küste und zu Klippen gibt es ebenfalls. Noch weiter östlich, im vornehmlich von freiwilligen Helfern unterhaltenen **Sterling Nature Center/Reserve** *(15730 Jensvold Rd., Sterling)*, kann man einiges über die Pflanzen- und Vogelwelt der Region erfahren. Nicht weit davon lockt während der Sommerwochenenden das **Sterling Renaissance Festival**, ein auf das England des 16. Jh. getrimmter Freizeitpark, in dem Handwerke auf künstlerische Weise vorgeführt sowie Attraktionen und Shows auf mehreren Bühnen geboten werden *(15385 Farden Rd., Sterling, www.sterlingfestival.com, Anf. Juli–Mitte Aug. 10–19 Uhr)*.

Auf der Westseite der Bay verspricht die **Colloca Estate Winery** nicht nur eine leckere Weinprobe, sondern zudem einen tollen Blick auf die Little Sodus Bay und Fair Haven.

## Sodus Bay

Die kleine Gemeinde umschließt die gleichnamige Bay. Früher ein bedeutender Erzhafen, gab es hier große Verladestationen und Kontore. Im Ortskern zeugen einige Häuser noch heute von diesen Boomjahren, doch mittlerweile ist es die Beschaulichkeit, die die Städter hierher lockt, und Hobbyangler kommen, um Angeltouren zu unternehmen. Nette Bed-&-Breakfast-Unterkünfte sowie kleine Restaurants in

*Blick aus dem Leuchtturm von Sodus Bay*

den Marinas und vor allem im Ort selbst an der Nordwestseite der Bay machen den Ort, wie Fair Haven, zu einem lohnenden Ziel für einen erholsamen Aufenthalt.

Im Nordosten liegt der wunderschöne, kaum erschlossene **Chimney Bluffs State Park**. Hier kann man auf vorgelagerten Lehmklippen wandern (allerdings mühsam, Vorsicht ist geboten) und den Blick über den Lake Ontario schweifen lassen. Die teilweise spitzen Klippen sind Reste aus von Gletschern hinterlassenen runden Formationen, die im Laufe der Jahrtausende von der Erosion zu ihrem heutigen Erscheinungsbild geformt worden sind. Nordöstlich vom Park und gut ausgeschildert („Vinery") ist das kleine, mehrfach prämierte Weingut **Thorpe Vineyard** *(8150 Chimney Heights Blvd., Wolcott, www.thorpevineyard.com)*, das von April bis Dezember an Wochenenden Weinproben anbietet (Juli–Labor Day auch montags).

*Kaum besuchter State Park*

Auf der Westspitze der Bay steht das **Sodus Bay Lighthouse**, das ein sehr gelungenes Museum zum Thema Schifffahrt auf dem Lake Ontario sowie zur Geschichte des Ortes beherbergt (*www.sodusbaylighthouse.org, Ende Mai–Okt. Di–Sa 10–17, So 12–17 Uhr, $ 6*).

Weiter in Richtung Rochester fährt man auf der CR 101, die zuerst durch ein von Obstanbau geprägtes Gebiet führt. Wenige Meilen westlich von Sodus Bay passiert man dabei **Burnap's Farm Market** *(7277 Maple Ave. Exd, Sodus)*, wo es neben frischen Farmprodukten (im Juni leckere Erdbeeren, später andere frische Früchte) auch ein kleines Restaurant gibt. Ein Stück weiter liegt **Pultneyville**, dessen östlicher Ortsteil durch seine schönen alten Häuser beeindruckt. Herausgeputzte Wohnhäuser, gediegene Farmshops, Antikläden und Imbisse mit „gesunden" Gerichten auf der Speisekarte kündigen bereits die Nähe zur Großstadt Rochester an.

*Frische Erdbeeren*

## Reisepraktische Informationen Seaway Trail zwischen Watertown und Rochester, NY

### Information

**Sackets Harbor VC**: *301 W. Main St., ☎ (315) 646-2321, https://visitsacketsharbor.com*
**Oswego Tourism**: *46 East Bridge St., ☎ (315) 349-8322, www.oswegocounty.com*
**Fair Haven Area Chamber of Commerce**, *☎ (315) 947-6037*

### Unterkunft

**Carriage House Inn $$$**: *8375 Wickham Blvd., Sodus Bay, ☎ (315) 483-2100, www.carriage-house-inn.com. Mehrfach ausgezeichnetes B&B in historischem Gebäude. Gleich neben dem Leuchtturm; einige Zimmer haben Blick aufs Wasser.*
**Salmon River Lighthouse $$$**: *5 Lake Rd. Ext., Pulaski (Port Ontario), ☎ (757) 287-0426, www.salmonriverlighthousemarina.com. Hier wohnt man in einem Leuchtturmwärterhaus (bis zu 8 Pers.), direkt unter dem Leuchtturm. Zudem mehrere nette Cottages (4–6 Pers.). Alles Selbstversorger.*
**Pleasant Beach Hotel $$$–$$$$**: *14477 Fancher Ave., Fair Haven, ☎ (315) 947-5399 bzw. 591-4557, www.pleasantbeach.com. Historisches Hotel direkt an der Bay. Jedes der neun Zimmer und die tolle Suite unter dem Dach sind liebevoll und mit vielen alten Utensilien ausgestattet. Einige mit Balkon. Große Veranda, gutes Restaurant, Bar, Vermietung von Kajaks, SUPs und Fahrrädern. Ebenfalls gut geeignet für einen zweitägigen Aufenthalt. Der Tipp, wenn auch teurer: OK Room #9 mit eigenem Zugang zum Wasser.*

**Bonnie Castle Farm B&B $$$–$$$$**: *6603 Bonnie Castle Rd., Wolcott, östl. an der Sodus Bay, ☎ (315) 587-2273, https://bonniecastlefarmbb.com. Nahe der Bay mit eigenem Steg. Großzügige Aufenthaltsräume (viel regionale Literatur). Gutes Frühstück. Hier kann man gut zwei Tage abschalten.*
**Harbor House Inn $$$$**: *103 General Smith Dr., Sackets Harbor, ☎ (315) 646-8000, http://sacketsharborhouseinn.com. Kleines, zentral gelegenes Hotel in ehemaliger Candyfabrik. Sieben renovierte und geschmackvoll eingerichtete Zimmer.*
**Anchor Resort & Marina $$$$**: *14424 W. Bay Rd., Sterling (Fair Haven), Südwestende der Little Sodus Bay, ☎ (315) 947-5331, www.anchorresortmarina.com. Man übernachtet in rustikalen Holzhäusern oder Trailern (direkt am Wasser). Das schöne Haupthaus kann nur wochenweise gemietet werden. Auf Angler ausgerichtet, sehr maritim und „down-to-earth". Vermietung von Kajaks und Motorbooten. Kein Restaurant, die es aber im Ort gibt.*
**Jacob Brewster House B&B**: *107 S. Broad St., Sackets Harbor, ☎ (315) 646-4663, www.jacobbrewsterbandb.com. Countryhouse von 1814. Sehr persönliches Bed & Breakfast. Preise variieren saisonbedingt (**$$–$$$$**).*

**Camping**
*Campinggelegenheiten und Cabins findet man u. a. im* **Fair Haven Beach State Park**, *15 mi nordöstl. von Fair Haven (14985 State Park Rd.), ☎ (315) 947-5205, und im* **Selkirk Shores State Park**, *18 mi nordöstl. von Oswego, ☎ (315) 298-5737, beide im Internet: https://parks.ny.gov/parks.*

# Rochester

Rochester ist mit 211.000 Einwohnern (Metropolitan Area 1,08 Mio.) die viertgrößte Stadt im Staat New York, knapp hinter Yonkers, und hat bekannte Industrielle hervorgebracht, so etwa George Eastman, den Pionier der Filmentwicklung und Gründer der Kodak-Werke. Die Kopierfabrik Xerox oder auch die im Nordosten der USA beliebte, für eine gute Frischeabteilung und das angenehme Betriebsklima bekannte Supermarktkette Wegmans *(www.wegmans.com/stores)* wurden ebenfalls in Rochester gegründet. Politische Geschichte schrieb hier die Bürgerrechtlerin Susan B. Anthony, die 30 Jahre lang für das Wahlrecht der Frauen in Amerika kämpfte, welches 1920, lange nach ihrem Tod, dann auch eingeführt wurde. Immer noch ist Rochester eine **Industriestadt**, u. a. mit bedeutender Optik- und Hightech-Industrie. Die Industrie bestimmt das wirtschaftliche Leben, doch von den einst großen Werken ist nicht mehr viel zu sehen. Besonders die Krise bei Kodak, das den Wechsel auf Digitaltechnik zu unklug und langsam angegangen ist, sowie die allgemeine Rationalisierung haben ihre Spuren hinterlassen. Zu besten Zeiten haben in den Kodak-Werken von Rochester allein an die 70.000 Menschen gearbeitet, heute sind es weltweit nur noch etwa 4.500. Mittlerweile konzentriert sich das Unternehmen vornehmlich auf Druck sowie Druckmaschinen und -technik und hat den Hauptsitz wie Wegmans in der Stadt.

*Industriestadt im Wandel*

Dennoch ist es der Stadt gelungen, aus einem „Hässlichen-Entlein-Dasein" heraus zu einer ansprechenden Stadt mittlerer Größe erwachsen zu sein. Die City besitzt einen gewissen Charme, und Alt und Neu verknüpfen sich gut. Auch die Kulturszene hat mit Theater- und Ballettaufführungen, einem guten Symphonieorchester und

*Skyline von Rochester*

ein paar ansprechenden Museen einiges zu bieten. Hervorzuheben sei noch das erstklassige **Rochester International Jazz Festival**, das jedes Jahr Ende Juni stattfindet (*www.rochesterjazz.com*). Alte Lagerhallen und Fabrikanlagen im Bereich des High Falls District wurden wieder aufpoliert und mit Restaurants sowie Aufführungsorten bestückt. Besuchenswert ist dort die **Genesee Brewery** (*25 Cataract St.*), die Brauereitouren anbietet und von deren Bar-Restaurant man einen tollen Blick über die Fälle und die Innenstadt hat. Beliebt ist der **Farmers (Public) Market** *(280 N. Union St., Di, Do, Sa, vorm.)*, nordöstlich der Innenstadt, wo es frisches Obst und Gemüse, Käse, Wurst u. v. m. gibt.

Rochester kann somit durchaus als Vorbild für andere, ehemalige Industriestandorte entlang der als „Rust Belt" bezeichneten Uferzone der Großen Seen angesehen werden. Ein touristisches Highlight ist die Stadt aber trotzdem nicht. Wer wenig Zeit hat, kann sich auf das George Eastman House und das Susan B. Anthony House beschränken.

Das Umland wartet mit einem großen Weinanbaugebiet, der landschaftlich schönen Region der Finger Lakes im Südosten der Stadt und dem Erie-Kanal (s. S. 457) auf. Auf dem Kanal kann man Bootstouren mit der „Sam Patch", einem alten Kanalkahn, unternehmen (Abfahrten außerhalb der Stadt an verschiedenen Punkten, meist von Pittsford aus: im Visitor Center erfragen bzw. *www.sampatch.org*).

*Museum in historischer Villa*

Das hochherrschaftliche **George Eastman House & Museum** im schönen Villendistrikt östlich der Innenstadt diente George Eastman von 1905 an bis zu seinem Tod als Residenz. Eastman liebte Gartenanlagen und Musik, sodass das Musikzimmer wie auch der Garten von besonderer Großzügigkeit zeugen. Für den Bau des 50-Zimmer-Domizils (3.500 m$^2$) benötigte man vier Jahre. Angeschlossen ist ein

Museum, dessen Dauerausstellungen vieles über die geschichtliche Entwicklung des Fotografierens und Filmens erzählen sowie historische Fotografien zeigen. Wechselausstellungen bekannter Fotografen runden das Bild ab.
***George Eastman House & Museum****, 900 East Ave., www.eastman.org, Di–Sa 10–17, So 11–17 Uhr, $ 20.*

*George Eastman House*

info

## Kurzbiografie von George Eastman

George Eastman wurde 1854 in Waterville, NY, geboren. Mit 14 Jahren, nach dem Tod des Vaters, musste er die Schule verlassen und für den Unterhalt seiner Familie sorgen.

Mit Anfang zwanzig arbeitete Eastman als Buchhalter in einer Bank in Rochester, widmete sich aber in seiner Freizeit ganz der Fotografie. Die umständliche Handhabung der Apparate und die hohen Preise veranlassten ihn dazu, selbst auf dem Fotosektor kreativ zu werden. Er setzte sich das Ziel, Fotoapparate zu entwickeln, die für jedermann zu bedienen sind. 1881 gründete er die Eastman Dry Plate Company, Vorgänger der Kodak-Werke, welche ab 1888 Kameras produzierte, die nach dem Motto „Sie drücken den Knopf, wir erledigen den Rest" funktionierten. Der „bewegliche" Film – im Gegensatz zu den alten Filmplatten – wurde ebenfalls zu dieser Zeit von Eastman entwickelt. Mit diesen revolutionären Erfindungen wurde Eastman enorm reich. Ihm zur Seite stand Henry Alvah Strong (1838–1919), der lange Zeit als Vorsitzender der Firma die geschäftlichen Dinge regelte.

George Eastman, niemals verheiratet, liebte Musik, Blumen, lud gerne Menschen zu sich ein und war sozial engagiert. Seinen Angestellten bot er ein „Profit Share Program" an. Auf diesem Wege hat er seinen Angestellten Werte von ca. $ 100 Mio. zukommen lassen, zu dieser Zeit eine noch viel immensere Summe als heute. Schwer erkrankt, starb Eastman 1932 durch eigene Hand. Seine Abschiedsworte lauteten: „To my friends, my work is done – Why wait?"

Im **Susan B. Anthony House** lebte Susan B. Anthony (1820–1906), die während der zweiten Hälfte des 19. Jh. für die Rechte der Frauen, besonders das Wahlrecht, kämpfte. 1872 wurde sie verhaftet, als sie zur Stimmabgabe ging. Zusammen mit anderen Bürgerrechtlern der Region hat sie letztendlich dafür gesorgt, dass Frauen ab 1920, 14 Jahre nach ihrem Tod, in Amerika wählen durften. Mehr zur Frauenrechtsbewegung erfährt man in Seneca Falls, 70 mi südöstlich von Rochester, in der **National Women's Hall of Fame** *(1 Canal St., www.womenofthehall.org).*

*Vorkämpferin der Frauenbewegung*

***Susan B. Anthony House**, 17 Madison St., https://susanb.org, Di–So 11–17 Uhr (letzte Tour 1 Std. vor Schließung), $ 15.*

Rochester bietet sich noch für einen Spaziergang durch die Stadt an, deren Architektur Stilelemente aus allen Zeitepochen Amerikas aufweist, wobei man den Besuch des **High Falls District** an den Ufern des Genesee River nicht auslassen sollte. Der alte Lagerhaus- und Fabrikdistrikt wurde in ein historisches Kulturviertel umgewandelt. Von Aussichtspunkten, Restaurantterrassen (u. a. o. g. Genesee Brewhouse) und vor allem der Fußgängerbrücke hat man Ausblick auf die Wasserfälle, die größten in einer amerikanischen Stadt.

**Tipp:** *Als Snack zwischendurch sollte man einmal einen „White Hot Dog" („White Hots") von einem Straßenstand probieren. Diese lokale Spezialität erinnert an die bayrische Weißwurst.*

**Weitere Sehenswürdigkeiten in Rochester**

Historische, naturgeschichtliche und technische Ausstellungen sowie Mitmach-Abteilungen für Kinder findet man im **Rochester Museum & Science Center**. Ihm angeschlossen ist das Strasenburgh Planetarium, wo das erste Zeiss-Sternenfernrohr zu bewundern ist.

Das **Strong National Museum of Play** bietet interessantes „Allerlei": von der größten Puppensammlung Amerikas (5.000 Puppen sowie die Erläuterung der 500-jährigen Geschichte der Puppenhäuser!) über eine Zusammenstellung von Modellen verschiedenster Transportmittel, eine mit ausgesprochen viel Liebe zusammengestellte Kinderabteilung mit „Hands-on-Versuchen", der Abteilung, die sich mit der Geschichte der elektronischen Spiele beschäftigt und dem **Dancing Wings Butterfly Garden**, in dem über 800 Schmetterlinge frei herumfliegen. Das Museum ist fürwahr eines der besten seiner Art und begeistert alle Altersgruppen.

*Ausstellungen auch für Kinder*

Die **Memorial Art Gallery** hat zwar nicht Weltklasse, aber stellt nach dem Motto „Connecting People with Art" aus. Gezeigt werden u. a. regionale Künstler, zwei außergewöhnliche Särge aus dem alten Ägypten, oft sehr hochkarätige Sonderausstellungen. Beachtenswert ist zudem der das Gebäude umgebende **Centennial Sculpture Park.**

***Rochester Museum & Science Center**, 657 East Ave., https://rmsc.org, Mo–Sa 9–17, So 11–17 Uhr, $ 18; Kombiticket mit Planetarium $ 24.*

***Strong National Museum of Play**, 1 Manhattan Square, www.museumofplay.org, Sa–Do 10–17, Fr 10–20 Uhr, $ 19, inkl. Butterfly Garden $ 24.*

***Memorial Art Gallery**, 500 University Ave., www.mag.rochester.edu, Mi–So 11–17, Do bis 21 Uhr, $ 20.*

Im 15 ha großen **Ontario Beach Park** 8 mi nordwestlich der Innenstadt (*4800 Lake Ave.*) lässt es sich gut spazierengehen, picknicken und im Sommer am Strand liegen. Toll ist hier auch das Dentzel-Menagerie-Karussell von 1905.

## Reisepraktische Informationen Rochester, NY

### Information

**Rochester VC**: *45 East Ave., Rochester, ☎ (800) 677-7282, www.visitrochester.com*

### Unterkunft

**Hyatt Regency Rochester $$$–$$$$**: *125 E. Main St., ☎ (585) 546-1234, www.hyatt.com. Modernes Luxushotel. 337 Zimmer, auf 25 Stockwerke verteilt. Restaurant und Bar.*

**The Strathallan – Double Tree $$$–$$$$**: *550 East Ave., ☎ (585) 461-5010, www.hilton.com. Modern-elegantes Hotel im Villenviertel. Nahe Eastman House und den Bistros, Restaurants und Bars in der Park Ave. (s. u.). Restaurant und Rooftop Bar im Haus.*

**7 on Strath $$$–$$$$**: *7 Strathallan Park, ☎ (585) 626-7174, www.7onstrath.com. Schöne Villa im Queen-Anne-Stil. Alle Zimmer mit kleiner Küche. Günstig gelegen zu den Museen und den Bistros, Restaurants und Bars in der Park Ave. (s. u.). Gutes Preis-Leistungs-Verhältnis.*

**Reen's B&B $$**: *44 Magee Ave., ☎ (585) 458-9306, www.stayatreens.com. Gemütlich, bunt und z. T. plüschig eingerichtetes Haus von 1910. In ruhiger Neighborhood, ca. 4 mi nördlich der Innenstadt. Das Frühstück ist super, die Gastfreundlichkeit lässt nichts zu wünschen übrig. Drei Zimmer.*

### Essen & Trinken

**Richardson's Canal House**: *1474 Marsh Rd., Pittsford (8 mi südöstl.), ☎ (585) 248-5000. Kanal-Taverne von 1818. Kerzenlicht-Dinner, Gartenterrasse, rustikale Einrichtung, ehrliche amerikanische Küche mit teilweise französischem Einschlag. Die Anfahrt lohnt.*

**Rohrbach Brewing Company**: *3859 Buffalo Rd. (9 mi westl. der Innenstadt), ☎ (585) 594-9800, www.rohrbachs.com. Microbrewery mit herzhaften amerikanischen und deutschen Speisen. Auch die Filiale nahe der Innenstadt, Rohrbach Railroad St. Beer Hall (97 Railroad St., ☎ (585) 594-9800), lohnt einen Besuch.*

**Redd**: *24 Winthrop St., ☎ (585) 483-7333. Gehobene Klasse. Exquisite Mischung aus südeuropäischer sowie kalifornischer Küche. Vorwiegend werden Bio-Produkte verwendet.*

**Dinosaur Bar-B-Que**: *99 Court St., ☎ (585) 325-7090. Großes, beliebtes Bar-Restaurant in der Innenstadt. Rustikal, gute Südstaaten-Küche, Spareribs, Pulled Pork und deftige Burger. Oft voll.*

**Nick Tahou Hots, Inc.**: *320 W. Main St., ☎ (585) 436-0184. Eine Institution und oft kopiert in Rochester! Altmodisch, mehr Imbiss als Restaurant, eher Plastik als Porzellan. Hier kommt man hin, um satt zu werden, hier wurden schon Generationen gefüttert. Die Idee: günstiges, aber reichhaltiges Essen. Und das ist noch heute so. Burger, Suppen, viele Kartoffelgerichte. Alles in XXL. Berühmt für die „Garbage Plate".*

### Nightlife

*Wer nur einen Absacker trinken möchte, schaut sich einfach entlang der Park Ave. (zw. Vassar und Buckingham Sts.) um, wo man* **irische und Neighborhood-Pubs** *sowie kleine* **Bistros** *und Weinrestaurants findet (zumeist an Straßenkreuzungen). Ein gutes Bier erhält man in den beiden Microbreweries:* **Rohrbach Brewing Company** *(s. o.) sowie* **Genesee Brewhouse** *(25 Cataract St.), www.geneseebeer.com.*

**Weintouren/Besichtigungen**
*Um Rochester gibt es einige* **Weingüter**, *z. B.:* **Casa Larga Vineyards**: *2287 Turk Hill Rd., Fairport (9 mi südöstl.). Touren im Sommer tgl.; Anmeldung erforderlich: ☎ (585) 223-4210, www.casalarga.com. Infos zu weiteren Wein (und Bier-) Trails in der Region: www.rocflxcraftbevtrail.com, www.lakeontariowinetrail.com, https://niagarawine trail.org.*

**Lesertipp**

Ein Leser empfiehlt den Besuch des 40 Meilen südlich von Rochester gelegenen **Letchworth State Park**, dem sog. „Grand Canyon of the East". Er beeindruckt mit 200 m hohen Steilufern, über 100 km Wanderwegen, Kayakstrecken und einem natürlichen Pool, in dem man baden kann: *1 Letchworth State Park, Castile, NY, https://parks.ny.gov/parks.*

# Von Rochester nach Niagara Falls

Der landschaftlich schöne Seaway Trail führt weiter am Ufer des Lake Ontario entlang. Hier gilt ebenfalls: State Parks locken mit Camping- und Badegelegenheiten; Fotostopps und Abstecher zu einem der Leuchttürme bieten sich an, und auch hier werden Obst und Gemüse von den Farmen an kleinen Straßenständen angeboten.

Wer etwas mehr Zeit hat, sollte das historische **Medina** sowie **Lockport**, wo die großen Schleusen am Erie Canal den Höhenunterschied des Niagara Escarpment ausgleichen, in die Reiseplanung einbauen. In beiden Städtchen werden Bootstouren auf dem Kanal angeboten. Zu Lockport und dem Erie Canal s. S. 456.

## Old Fort Niagara

Das 1726 erbaute Fort wurde in seinem ursprünglichen Stil wiederaufgebaut. An der Mündung des Niagara River in den Lake Ontario hatte es zu allen Zeiten eine herausragende Bedeutung. Indianerkriege, Auseinandersetzungen während des Unabhängigkeitskriegs und Schlachten während des Britisch-Amerikanischen Konflikts von 1812 fanden hier statt. Drei Flaggen wehten über dem Fort: die französische, die englische und die amerikanische. Von außen betrachtet ist am Haupthaus der französische Charakter noch deutlich zu erkennen. Relikte aus der alten Zeit können besichtigt werden; in den Sommermonaten zeigen Studenten in historischen Uniformen Szenen wie Wachablösungen, Märsche und Kanonenschießen. Gleich neben dem Fort steht ein (neuerer) Leuchtturm der Coast Guard. ***Old Fort Niagara**, 14 mi nördl. von Niagara Falls, www.old fortniagara.org, Mem. Day–Labor Day tgl. 10–16, April/Mai/ Sept.–Dez. Mi–Sa, Jan.–März Fr–So 10–16 Uhr, $ 17.*

*Schleusen bei Lockport*

# 11. VON TORONTO AM SÜDUFER DES LAKE ERIE ENTLANG NACH DETROIT

# Überblick

## Entfernungen

*Toronto – Niagara Falls: 88 mi/142 km*
*Niagara Falls – Buffalo: 20–27 mi/32–43 km*
*Buffalo – Erie: 90 mi/145 km*
*Erie – Cleveland: 99 mi/159 km*
*Cleveland – Detroit: 171 mi/275 km*
*Erie – Pittsburgh – Cleveland: 220 mi/ 354 km*

Das erste Teilstück führt an der am meisten industrialisierten Zone Kanadas entlang. Kurz vor den Niagara Falls, dem eigentlichen Highlight, locken der Welland Canal, besonders aber die Weingüter und das Städtchen Niagara-on-the-Lake.

Um die Wasserfälle ist es extrem touristisch und weit entfernt von dem romantischen Klischeebild des verträumten „Honeymoon-Ziels". Trotzdem muss man hier ein paar Stunden verweilen, um die Naturgewalten so richtig zu erleben. Die Fälle auf kanadischer Seite wirken beeindruckender – wobei man auf amerikanischer Seite mehr erfahren und erkunden kann.

Trotz Großstadtstatus bietet sich Buffalo zum Übernachten nach (oder vor) dem Besuch der Niagarafälle an, hier hat man mehr Ruhe. Herausragende Sehenswürdigkeiten gibt es in Buffalo zwar nur wenige, aber es bietet sich die Gelegenheit, schön essen zu gehen und vielleicht auch ein paar aufgeschobene Einkäufe zu erledigen.

## Hinweis zur Route

Von Toronto folgt man dem Highway QEW, der bis in die Vororte von Niagara Falls führt (alternativ ab St. Catharines entlang der Uferstraße über Niagara-on-the-Lake). Bis Buffalo geht es weiter auf dem I-190 (alternativ am Fluss entlang). Von hier bildet der I-90 bis Toledo die Leitlinie, wobei man des Öfteren ruhig auf die ufernahen Straßen ausweichen sollte. Dies gilt vor allem für die Strecke ab Cleveland (US 6 bis Sandusky, dann OH 2). Von Toledo bis Detroit nimmt man den I-75.

Abstecher nach Pittsburgh: Von Erie auf dem I-79 nach Pittsburgh und von dort über I-76, I-80 und I-77 nach Cleveland.

## Redaktionstipps

- Die **Niagara Falls** (S. 432) sind natürlich das Top-Highlight dieser Strecke.
- Reise in die Geschichte des frühen Industriezeitalters: **Bootstour auf dem Erie Canal** bei Lockport (S. 457).
- **Pittsburgh** (S. 460) beeindruckt mit seiner schönen Lage am Golden Triangle, seiner ethnischen Vielfalt und den guten Museen.
- **Cleveland** (S. 477) bietet tolle Museen und ansprechendes Kulturprogramm.
- In **Niagara Falls** (kanadische Seite) genießt man von fast allen Zimmern der größeren Hotels den Blick auf die Fälle (S. 439). Günstiger wird es in einem B&B oder in einem Motel auf amerikanischer Seite (S. 445).
- Von **Buffalo** aus lassen sich sowohl die berühmten Wasserfälle als auch die Forts Erie und Niagara und der Erie Canal bequem besuchen (S. 446).
- Einfach, dafür aber günstig und mit einem historischen Flair versehen ist das **Park Hotel** in **Put-in-Bay** auf **South Bass Island** (S. 498).
- Für feine Geschäfte, Boutiquen und ausgesuchte Souvenirläden ist **Niagara-on-the-Lake** das Ziel (S. 429).

## Zeitplanung

**2 Tage: 1. Tag**: direkt zu den Niagara Falls fahren, dort bis zum frühen Nachmittag bleiben und auf schnellstem Wege durchfahren bis Pittsburgh (Niagara Falls–Pittsburgh 4–5 Std.); oder man entscheidet sich alternativ für Cleveland. **2. Tag:** vormittags Sightseeing in Pittsburgh bzw. Cleveland, dann auf den Interstates bis Detroit.
**4 Tage: 1.+2. Tag**: bis Niagara Falls fahren. Dort Besichtigungsprogramme. Am frühen Abend bzw. nächsten Morgen nach Buffalo fahren (zumindest für ein Museum Zeit nehmen). Am Nachmittag dann weiter nach Pittsburgh, dabei evtl. zu einem Weingut bzw. ans Ufer abzweigen. Übernachten in Pittsburgh. **3.+4. Tag**: Vornehmlich Pittsburgh und dann Cleveland widmen. Von dort relativ zügig nach Detroit fahren.
**Alternative 4–5 Tage**: wie oben, dabei Buffalo auslassen und den Museen und Attraktionen in Pittsburgh und Cleveland mehr Zeit widmen.

Am nächsten Morgen kann man eine Rundfahrt durch die Stadt machen, die eine interessante Architektur aufzuweisen hat.

Von Buffalo bis Erie führt die Strecke durch Weinanbaugebiete bzw. es bieten sich ein paar Strände für den Sprung ins Wasser an. Grundsätzlich gilt auch hier, dass man die Strecke eher zügig zurücklegen kann, evtl. mit einem

**Von Toronto südlich des Lake**

Abstecher nach Erie, wo man die Rekonstruktion einer alten amerikanischen Brigg anschauen kann, die im Krieg von 1812/14 eine bedeutende Rolle gespielt hat. Pittsburgh oder Cleveland sind die mit Abstand interessantesten Städte auf dieser Route. In beiden Städten gibt es zahlreiche gute Museen aller Art. Südlich von Cleveland liegt übrigens das größte Amish Country in den USA.

Auf dem letzten Abschnitt nach Detroit gibt es nicht mehr viel zu erleben. Einzig die Sandusky und Port Clinton vorgelagerten, landschaftlich reizvollen Inseln sowie das Museum of Art in Toledo bieten sich für einen Besuch an.

# Die Strecke bis Niagara Falls

## Hamilton

Die Stadt **Burlington** in reizvoller Lage am Westufer des Lake Ontario ist nett anzuschauen. Bei **Dundas** liegen in einem Naturschutzgebiet die **Webster's Falls**.

**Hamilton**, 1812 gegründet, gewann nach der Fertigstellung des Welland Canal im Jahr 1829 rasch an Bedeutung und ist heute ein wichtiger Standort der kanadischen Stahlindustrie sowie eine bedeutende Hafenstadt mit 570.000 Einwohnern (Metropolitan Area 785.000 Einw.).

Zu den geschäftigen Hafenanlagen und den großen Stahlwerken bilden die 1.080 ha großen **Royal Botanical Gardens** an der nördlichen Stadtgrenze (QEW-Exit 97) mit ihrem Felsengarten, den Wasserfällen, Rosengärten und zahlreichen Baumarten

*Teepause*

einen reizvollen Kontrast. Auf dem Gelände laden zwei „Tea Houses" zu einer Erfrischung ein.
***Royal Botanical Gardens**, 680 Plains Rd. W., Burlington, www.rbg.ca, tgl. 10–17 Uhr, im Sommer bis 20 Uhr, $ 19,50.*

Sehenswert ist das Altstadtviertel **Hess Village** (*Hess/George Sts.*) mit restaurierten Häusern aus dem 19. Jh., in die heute Restaurants, Boutiquen, Galerien und Antiquitätengeschäfte eingezogen sind. In der Nähe befindet sich die **Art Gallery of Hamilton**, die amerikanische, kanadische und europäische Kunst zeigt.
***Art Gallery of Hamilton**, 123 King St. W., www.artgalleryofhamilton.com, Do–So 11–16, Do bis 20, Fr bis 18 Uhr, $ 15.*

**Dundurn Castle**, 1835 fertiggestellt, ist ein renoviertes viktorianisches Herrenhaus mit 35 im Stil der damaligen Zeit eingerichteten Zimmern, das dem kanadischen Premierminister Sir Allan Napier McNab gehörte. Ein gutes Beispiel der georgianischen Architektur im 19. Jh. ist **Whitehern Historical House & Gardens**.
***Dundurn Castle**, 610 York Blvd., www.hamilton.ca/attractions, Di–So 12–16, $ 14,25.*
***Whitehern Historical House**, 41 Jackson St. W., www.hamilton.ca/attractions, www.whitehern.ca, Di–So 12–16 Uhr, $ 8,75.*

## St. Catharines

St. Catharines ist das Zentrum des Obst- und Weinanbaus. Alljährlich im Septem-

*Weinfest*

ber findet das „Niagara Grape & Wine Festival" mit Paraden, Konzerten und vielen Weinproben statt. Am Südrand der Stadt kann man von einer Plattform an der Canal Rd. aus die Schleuse 3 des Welland Canal und den Schiffsverkehr beobachten. Im **St. Catharines Museum at Lock 3** gewinnt man einen Überblick über Geschichte und Kultur der Region. Ein Film informiert über den Bau des Kanals und ein 5 m hohes Modell verdeutlicht die Funktion der Schleuse. Siehe auch S. 341.
***St. Catharines Museum at Lock 3**, 1932 Welland Canals Pkwy., www.stcatharines.ca/en, tgl. 9–17, Mitte Mai–Anf. Okt. Di bis 20 Uhr.*

# Niagara-Weinroute

Bereits hinter Hamilton besteht die Möglichkeit, vom QEW auf die gut ausgeschilderte Weinroute abzuzweigen. Das Weinanbaugebiet erstreckt sich in dem Dreieck zwischen Hamilton, Niagara Falls und Niagara-on-the-Lake.

*Ideales Klima für Weinanbau*

In der ruhigen, grünen Landschaft sind über 20 Weingüter eingebettet. Im milden Klima dieser Region, das wesentlich vom Niagara Escarpment und vom Lake Ontario bestimmt wird und ganzjährig gemäßigte Temperaturen aufweist, wurden große Weingärten angelegt, in denen die Traubensorte *Vitis vinifera* besonders gut gedeiht und deren Eisweine zu den besten der Welt zählen. Die hiesigen Winzerfamilien, oft seit Generationen dabei, verstehen es, ausgezeichnete Weine zu produzieren. Unter den Weinbauern sind auch einige deutschstämmige Winzer und Kellermeister.

## Weintour

Auf einer kleinen „Wein-Rundfahrt" kann man einige der **Weingüter** besuchen, beispielsweise:
**Vineland Estates Winery**: 3620 Moyer Rd., Vineland, QEW-Exit 57 (auf der Victoria Ave. 7 km nach Süden fahren, dann rechts in die Moyer Rd. abbiegen), https://vineland.com, Mai–Okt. tgl., sonst Sa/So 12 Uhr, Tour & Tasting ab $ 16. 1845 von Mennoniten gegründet. Das Weingut gilt als eines der schönsten des Landes. Restaurant (teuer).
**Château des Charmes**: 1025 York Rd., QEW-Exit 38b (3 km in Richtung St. David's/Queenston, das Weingut liegt dann rechter Hand), www.chateaudescharmes.com, tgl. 10–17 Uhr, Touren (engl.) 11 und 15 Uhr, $ 15–25. Winzer der sechsten Generation bauen hier den Wein an. Bekannt für den Riesling und den Eiswein. Restaurant.
**Trius Winery at Hillebrand**: 1249 Niagara Stone Rd./Hwy. 55, QEW-Exit 38b (2 km nach Osten auf der York Rd., dann abbiegen nach Norden auf den Concession 6 Dr., diesem folgen bis zur Niagara Stone Rd., dort liegt das Weingut auf der rechten Seite), www.triuswines.com, tgl. 10–20 Uhr, im Sommer oft länger, mehrfach prämiertes Weingut, Tour & Tasting ab $ 25. Vornehmlich Chardonnay, Eiswein und Pinot Noir. Restaurant (teuer).
**Inniskillin Wines**: 1499 Line #3/66 Service Rd., QEW-Exit 38b (über die York St. nach Osten bis zum Niagara Pkwy., dort dann nach links und bis zur Line #3, dort dann nach links abbiegen), www.inniskillin.com, tgl. 10–17 Uhr, im Sommer bis 18 Uhr, Touren Juni–Sept. tgl. 11–16.30, Okt.–Mai So–Fr 10.30, 12.30, 14.30, Sa stdl. 10.30–15.30 Uhr, $ 15. In einer restaurierten Scheune aus dem 19. Jh. zeigt eine Ausstellung die verschiedenen Stadien der Weinerzeugung. Bekannt für seinen Eiswein, Chardonnay, Cabernet Blanc und den Pinot Noir.

# Niagara-on-the-Lake

*Malerisches Städtchen*

Das beschauliche, sehr gepflegte Städtchen mit schönen Häusern aus dem 19. Jh., ausgesuchten Geschäften und Restaurants liegt an der Mündung des Niagara River in den Lake Ontario. 1791–1796 war Niagara-on-the-Lake die erste Hauptstadt von Upper Canada, der heutigen Provinz Ontario, und entwickelte sich aufgrund seiner verkehrsgünstigen Lage bald zu einer geschäftigen Hafenstadt und zu einem Zentrum des Schiffsbaus. Lohnend ist ein Spaziergang über die **Queen Street** mit ihren historischen Gebäuden (ca. 1820–1870). Hinter der Nr. 5 verbirgt sich die 1866 eingerichtete und 1971 restaurierte **Niagara Apothecary**, die mittlerweile zu einem Museum umfunktioniert wurde.

*Alte britische Festung*

Zu den Sehenswürdigkeiten zählt das 1797–1799 von den Engländern zum Schutz gegen die aufständischen Amerikaner errichtete **Fort George**, das heftig umkämpft war und bis 1820 mehrfach zerstört wurde. Restauriert wurden die Offiziersquartiere, einige Soldatenunterkünfte, die Küche und ein Handwerksladen. In den Sommermonaten führen Soldaten in historischen Uniformen Übungen vor und informieren über die Geschichte des Forts.
***Fort George National Historic Site****, 51 Queens Parade, www.pc.gc.ca, Ende Mai–Okt. Mi–So 10–17 Uhr, sonst nur an Wochenenden, $ 12,50.*

Ausstellungen zur Geschichte der Stadt von der Zeit der Indianer bis zum Ende des 19. Jh. beherbergt das **Niagara Historical Society/Niagara-on-the-Lake Museum** (*43 Castlereagh St., www.notlmuseum.ca, Mai–Okt. tgl. 10–17, sonst ab 13 Uhr, $ 5*).

Bekannt ist die Stadt außerdem durch das **Shaw Festival**, das alljährlich zwischen Ende April und Mitte November mehr als 270.000 Besucher anlockt und zu den großen Theaterereignissen Kanadas zählt. Dabei stehen Stücke von George Bernard Shaw und anderen Autoren seiner Zeit auf dem Programm. Informationen: ☎ *1-800-511-7429, www.shawfest.com.*

Zu den Sehenswürdigkeiten zwischen Niagara-on-the-Lake und Niagara Falls (Whirlpool Rapids etc.) s. S. 432.

*Das beschauliche Niagara-on-the-Lake lädt zu einem Bummel ein*

## Reisepraktische Informationen Hamilton, St. Catharines, Niagara-on-the-Lake, ON

### HAMILTON, ON

**Information**
**Tourism Hamilton**: *28 James St. N., ☎ (905) 546-2666*

**Unterkunft**
**Osler House $$$–$$$$**: *30 South St. W., Dundas, ☎ (289) 238-9278, www.oslerhouse.com. Nettes, unspektakuläres B&B 7 mi westl. der Innenstadt. Backsteinhaus aus dem 19. Jh. Schöne Veranda und Garten. Ruhig. Der Tipp für die Region. Restaurants nahebei.*
**Visitors Inn $$$–$$$$**: *649 Main St. W., Hamilton, ☎ (905) 529-6979, https://visitorsinn.com. Ansprechendes Hotel mit 60 modern eingerichteten Zimmern. Pool. Etwas außerhalb des Zentrums.*

**Essen & Trinken**
**Ancaster Old Mill**: *548 Old Dundas Rd., Ancaster, Ont. (westl. der Stadt), ☎ (905) 648-1828, https://ancastermill.ca. Untergebracht in einer alten Mühle aus dem Jahr 1863. Das Essen verspricht eine gelungene Mischung aus frischer ländlicher Küche und „Fine Dining". Unbedingt reservieren!*
**La Cantina**: *60 Walnut St. S., ☎ (905) 521-8989, www.lacantinahamilton.ca. Hier gibt es zwei Restaurants: zum einen „Fine Dining" mit authentischen italienischen Gerichten und zudem eine viel besuchte Pizzeria. Im Sommer kann man im Patio sitzen.*

**Markt**
**Hamilton Farmers Market**: *35 York Blvd., Di, Do–Sa 9–16 Uhr. Bereits seit 1837 wird hier einer von Kanadas größten Lebensmittelmärkten abgehalten. An über 50 Ständen gibt es in dem modernen Gebäude frische Bauernprodukte der Region sowie Köstlichkeiten aus aller Welt.*

### ST. CATHARINES, ON

**Information**
*Weitere Informationen unter https://lovestc.ca*

**Unterkunft**
**Inn on the Twenty $$$$–$$$$$**: *3845 Main St., Jordan Station (südwestl. der Stadt), ☎ (905) 562-5336, www.vintage-hotels.com/inn-on-the-twenty. Gediegenes, ruhiges Boutique-Hotel im Wine-Country. 28 Zimmer, zudem ein gutes Restaurant und eine Taverne. Kleines Spa im Haus. Hoher Entspannungsfaktor.*
**Ramada Jordan/Beacon Harbourside Resort $$–$$$**: *2793 Beacon Blvd., Jordan, (nördl. der Stadt), ☎ (905) 562-4155, www.wyndhamhotels.com. Resorthotel direkt am Lake Ontario. Alle Zimmer sowie das Restaurant mit Blick aufs Wasser. Sauna, Pool.*

### NIAGARA-ON-THE-LAKE, ON

**Information**
**Chamber of Commerce VC**: *26 Queen St., ☎ (905) 468-1950, www.niagaraonthelake.com. Hier erhält man zudem gute Infos über die Vielzahl an B&B-Unterkünften im Ort.*

### Unterkunft

**The Charles Hotel $$$–$$$$$**: *209 Queen St., ☎ (905) 468-4588, www.niagarasfinest.com/charles. Liebevoll restauriertes Haus von 1832. Antiquitäten, zwölf Zimmer. Das* **HobNob Restaurant** *im Haus ist exquisit. Outdoor-Patio.*
**Canterbury Inn $$$–$$$$**: *170 Mary St., ☎ (905) 468-7945, https://canterburyinn.on.ca. 1 km zum Ortskern. Landgasthaus mit komfortabel ausgestatteten Zimmern, Fahrradverleih, schöner Garten. Frühstück inbegriffen.*
**Best Western Colonel Butler Inn $$$**: *278 Mary St., ☎ (905) 468-3251, www.bestwestern.com. Sauberes Mittelklassehotel. Ein ausreichendes Frühstück ist im Preis inbegriffen. 1 km vom Zentrum entfernt.*
**Matisse B&B $$$**: *487 Mississagua St., ☎ (905) 468-1361, https://matissebb.ca. Klein, aber nett und unkompliziert. 3 Zimmer, eine Veranda, Leseraum und ein schöner Garten. Gutes Frühstück. 1 km vom Zentrum entfernt.*

# Niagara Falls

Die Niagara Falls zählen mit 20 Mio. Besuchern jährlich zu den meistbesuchten Natursehenswürdigkeiten Amerikas. Der Niagara River wird direkt oberhalb der Fälle durch die **Goat Island** in zwei Flussarme mit jeweils eigenem Wasserfall geteilt:
• Die kanadischen **Horseshoe Falls**, „Hufeisen-Fälle", die den Namen ihrer Form verdanken, sind 820 m breit und stürzen 51 m tief; an ihnen fallen 80–90 % des Wassers herunter.
• Die **American Falls** sind 290 m breit und stürzen in zwei Stufen 34 m tief; ihr südlicher Teil wird **Bridal Veil Falls**, „Brautschleier-Fälle", genannt.

*Auf amerikanischer und kanadischer Seite*

Niagara Falls ist nicht nur der Name der Wasserfälle, sondern auch der beiden Städte, die an den Ufern des Niagara River, jeweils auf kanadischer und amerikanischer Seite, liegen. Die **kanadische Stadt** (ca. 88.000 Einw.) am Westufer des Niagara River ist wegen ihrer spektakulären Ausblicke auf die Wasserfälle ein bedeutendes Touristenzentrum mit gepflegten Parkanlagen, guten touristischen Einrichtungen und interessanten Sehenswürdigkeiten. Leider haben immer mehr Hotels ihre riesigen Hotelburgen oberhalb der Fälle errichtet, was den Anblick von Osten ziemlich beeinträchtigt, die Aussicht aus den Zimmern aber natürlich einmalig macht.

Niagara Falls ist durch die „Rainbow Bridge" (tolle Ausblicke auf die Wasserfälle) und die „Whirlpool Rapids Bridge" mit der gleichnamigen **amerikanischen Stadt** (ca. 49.000 Einw.) am Ostufer verbunden. Sie gehört zur Metropolitan Area von Buffalo, hat Wasserkraftwerke und eine ausgeprägte elektrizitätsproduzierende und auch -abhängige Industrie.

*Jede Seite hat ihre Vorzüge*

Während die Ausblicke und der Überblick über beide Fälle eindeutig von der kanadischen Seite beeindruckender sind, bietet sich die amerikanische Seite mehr dazu an, die Fälle hautnah zu erleben. Denn hier kommt man direkt an die Wasserfälle heran, und das weitaus bessere Visitor Center des State Park sowie das Discovery Center versprechen einen besseren Einblick in die Geologie und die Naturgegebenheiten im Allgemeinen.

*Faszinierend ist ein Flug über die Niagara Falls*

# Geschichte

Indianer, französische Entdecker, Forscher und Missionare erkundeten zuerst die Region. **1797–99** wurde bei Niagara-on the-Lake das Fort George angelegt, um sich vor Angriffen amerikanischer Truppen zu schützen, die sich zuvor von der englischen Vorherrschaft befreit hatten. **1812** kam es zur entscheidenden Schlacht, **1814** wurde im Vertrag von Gent die Grenzlinie festgelegt, womit die Geschichte der Schwesterstädte begann.

*Beginn des Tourismusbooms*

Der Bau der Eisenbahn brachte um **1840** die ersten Touristen, deren Zahl schnell anstieg. **1846** gab es die ersten Bootsausflüge mit der ersten „Maid of the Mist". **1885** wurde die *Niagara Parks Commission* zum Schutz der Natur und der Wasserfälle gegründet, **1888** wurden die Niagara Parklands für die Öffentlichkeit freigegeben. Zu Beginn des 20. Jh. wagten „Daredevils", tollkühne und sensationslüsterne Männer und Frauen, immer wieder, sich die Fälle hinunterzustürzen oder den „Whirlpool" zu durchschwimmen. Nicht alle überlebten! 15 Personen haben sich bisher die Horseshoe Falls in einer Tonne heruntergestürzt. Bis auf einen haben alle überlebt. Heute sind solche Versuche strengstens verboten! Wer es heute wagt, muss mit einer Gefängnisstrafe und einem hohen Bußgeld rechnen.

**1941** wurde der Bau der Rainbow Bridge beendet; **1950** besiegelte der Vertrag *Niagara Diversion Treaty* zwischen Kanada und den USA die gemeinsame Nutzung der Wasserfälle zur Stromerzeugung.

info

## Die Niagara Falls und ihre Entstehungsgeschichte

Die Niagara Falls gehören zu den größten und eindrucksvollsten Wasserfällen der Welt. Als der französische Franziskanermönch Louis Hennepin im Jahr 1678 das Gebiet um den Lake Ontario erforschte, staunte er über „lautes Donnern", folgte dem Getöse und entdeckte die Wasserfälle. Seine Beschreibungen zu dem Erlebten wurden jedoch von einigen seiner Zeitgenossen bezweifelt.

Die Namensherleitung ist umstritten. Zum einen soll der Name von einem Volk der Irokesen, den *Niagagarega* entstammen, eine andere Quelle besagt, er ist abgeleitet von dem Namen einer Irokesensiedlung, *Ongniaahra* („Land, das in zwei Teile geschnitten wurde"). Wieder eine andere behauptet, bei den Mohikanern bedeutet *O-ne-au-ga-rah* „der Nacken".

Die Wasserfälle sind Überreste der Eiszeit, deren Gletscher vor 50.000 Jahren den amerikanischen Kontinent bedeckten. Als durch die fortschreitende Erwärmung die Eismassen vor 12.000 Jahren schmolzen, blieben Binnenmeere zurück, deren Überreste u. a. die Großen Seen sind. Der Lake Erie läuft seither über und entwässert sich durch den Niagara River in den Lake Ontario. Dieser muss dabei einen Höhenunterschied von 109 m überwinden. Auf halbem Weg liegt eine Felskante, über die der Fluss in die Tiefe stürzt – die Niagara Falls.

**Wie entstanden die Wasserfälle?**

Im Verlauf des Niagara River treffen eine härtere und eine weichere Gesteinsschicht aufeinander. Das Wasser gräbt sich ein tiefes Tal in das weichere Gestein, sodass sich eine Stufe zwischen den beiden Gesteinsschichten bildet. Über diese Stufe stürzt das Wasser in die Tiefe. Der Niagara River strömt bei seinem Ablauf aus dem Lake Erie zunächst über hartes Sedimentgestein (Kalkstein, Dolomit), bis er bei der Mündung in den Lake Ontario auf Schiefer, weichen Sandstein und Mergel trifft. An dieser Stelle entstanden einst die Wasserfälle, doch im Laufe der Zeit schritten sie durch die Auswaschung der weichen Gesteinsschichten von ihrer ursprünglichen Lage zurück. Bis zum Bau der Wasserkraftwerke 1,8 m, danach ca. 1 m pro Jahr. In etwa 25.000 Jahren würden die Fälle die Stadt Buffalo erreichen, wobei Geologen davon ausgehen, dass sich gen Westen hin mehrere Stufen herausbilden werden, sodass es sich somit eher um eine riesige Stromschnelle handeln wird.

Unterhalb der Wasserfälle hat sich der Fluss bei diesem Zurückschreiten eine über 11 km lange und bis zu 50 m tiefe Schlucht eingegraben; dabei hat er bei den **Whirlpool Rapids** ein sehr starkes Gefälle. In der Mitte des Flusses und der Horseshoe Falls verläuft die Staatsgrenze zwischen Kanada und den USA, die 1950 einen Vertrag abschlossen zur gemeinsamen Nutzung der Wasserkraft. Die **Robert Moses Niagara Power Plant** gehört mit einer produzierten Leistung von 2,6 GW (Drei-Schluchten-Damm, China: 22,5 GW) zu den größeren Wasserkraftwerken der westlichen Welt. Die mögliche Leistung beträgt übrigens 4,5 GW, doch wird der Durchlauf durch die Kraftwerke reglementiert, damit an den eigentlichen Fällen genügend Wasser für die Touristen sichtbar bleibt.

Ein einzigartiges, manche mögen sagen kitschiges Schauspiel bietet sich allabendlich, wenn die **Wasserfälle in buntesten Farben** („Falls Illumination") angestrahlt werden. Je nach Jahreszeit wechseln diese Zeiten (Infos: www.niagaraparks.com).

# Auf der kanadischen Seite der Niagarafälle

Der **Niagara Parkway** verläuft parallel zum Niagara River, während die anderen Hauptstraßen, wie Clifton Hill, Victoria Ave. und Landy's Lane, senkrecht auf den Fluss zulaufen. Die meisten Sehenswürdigkeiten liegen am Niagara Parkway im Streckenabschnitt zwischen dem Table Rock und der Rainbow Bridge sowie im Clifton Hill-Viertel. Man stellt das Auto am besten auf den Parkplatz am Südende des Niagara Parkway hinter dem Table Rock oder an den großen Aussichtstürmen (teuer, aber sinnvoll). Von hier aus kann man das Zentrum und die südlich von der Rainbow Bridge liegenden Sehenswürdigkeiten bequem zu Fuß bzw. mit den WEGO-Bussen erreichen. Wer sparen möchte, parkt in der Innenstadt, sollte aber die Parkuhren „nachfüttern", da sehr häufig kontrolliert wird. Zu den nördlich gelegenen Attraktionen Whirlpool Rapids und Whirlpool Aero Car kann man mit dem Wagen fahren; auch dort gibt es ausreichend Parkplätze.

*Ankunft und Orientierung*

**Hinweis**
*Für den Besuch der interessantesten Sehenswürdigkeiten auf kanadischer Seite kann man auch den für eine Saison (bis Anf. Nov.) gültigen* **Adventure Pass** *erwerben. Ab $ 49 im Internet, www.niagaraparks.com.*

## Zwischen Horseshoe Falls und Rainbow Bridge

Start einer Tour ist am **Table Rock (1)**, einem Felsvorsprung direkt an den „Horseshoe Falls". Hier befinden sich ein Informationszentrum sowie Restaurants und Souvenirläden. In Plastikcapes gehüllt, kann man hier mit einem Aufzug 38 m in die Tiefe der Horseshoe Falls hinunterfahren (**Journey Behind the Falls**, *ab $ 23,50*). Dort führen drei Tunnel zu drei verschiedenen Aussichtspunkten: Das Observation Deck liegt nur knapp 8 m über dem Niagara River, fast „greifbar" nahe. Die beiden anderen Tunnel führen **hinter** die Wasserfälle, und auch hier kann man die Fälle aus nächster Nähe fotografieren. Wer vom Table Rock hinauf in die Stadt möchte, kann auf der anderen Seite des Niagara Parkway in die Zahnradbahn, die **Niagara Falls Funiculars** (*Falls Incline Railway, $ 6 Roundtrip*), steigen. Der zentrale Busbahnhof der WEGO-Busse, die alle touristischen Highlights sowie die Lundy Lane abfahren, befindet sich direkt hinter dem Table Rock House.

*Nahe an den Fällen*

**Hinweis**
*Das Unternehmen* **Niagara Citycruises by Hornblower (3a)** *führt Bootstouren zum Wasserfall von kanadischer Seite aus durch. Die 30-minütigen Touren starten in der Hauptsaison alle 15 Min. und kosten ca. $ 33. Zudem gibt es Sunset-/Feuerwerks-Touren, Start im Sommer ca. 21/21.15 Uhr, ab $ 45. Infos und Tickets (online buchbar): 5920 Niagara Pkwy., am nördlichen Ende des Queen Victoria Park (Abfahrt des Bootes, das Büro befindet sich in der 5775 River Road), ☎ 1-855-264-2427, www.cityexperiences.com.*

Wer für eine Weile der Hektik an den Fällen entgehen möchte, kann 500 m südlich vom Table Rock die **Niagara Parks Greenhouses (Floral Showhouse) (2)** besuchen. Die tropische Vegetation und vor allem die Blütenpracht in den Gewächshäusern sind beeindruckend.
***Niagara Parks Floral Showhouse**, 7145 Niagara Pkwy., Do–Mo 10–17 Uhr, $ 7.*

*Exotische Blütenpracht*

Niagara Falls
Niagara Parkway
River Rd.
Whirlpool
CANADA
USA
Whirlpool State Park
De Veaux Woods State Park
Robert Moses Parkway
Lewiston Rd.
Maple Ave.
Vanderbilt Ave.
College Ave.
31
Highland Ave.
Stanley Ave.
102
Th. Stone Rd.
Leader Ln.
Ferguson St.
Buttrey St.
Victoria Ave.
Whirlpool Rapids
104
Macklem Ave.
McKoon Ave.
Whirlpool St.
Main St.
Beech Ave.
D. Amelio Park
Centre Ave.
11th St.
North Ave.
Ontario Ave.
Niagara Ave.
Cleveland Ave.
Lockport St.
Fairview Cemetery
Bridge St.
Homewood Ave.
4th Ave.
2nd Ave.
1st Ave.
6th Ave.
Maple St.
Huron St.
Park St.
Queen St.
Morrison St.
St. Lawrence Ave.
St. Clair Ave.
Oakes Park
Willmott St.
Valley Way
Portage Rd.
Palmer Ave.
Ontario Ave.
River Rd.
Niagara River Recreation Trail
81th St.
Pierce Ave.
10th St.
15th St.
13th St.
18th St.
Linwood Ave.
NIAGARA FALLS (New York)
NIAGARA FALLS (Ontario)
Stamford St.
Falls Ave.
Kitchener St.
420
Niagara Veterans Mem. Hwy.
Niagara River
Elmwood Ave.
Cedar Ave.
Oakwood Cemetery
17th St.
Pine Ave.
62
Walnut Ave.
Ferry Ave.
North St.
Buchanan Ave.
Victoria Ave.
Ferry St.
Rainbow Bridge
River Rd.
3rd St.
4th St.
8th St.
12th St.
Niagara St.
Peer St.
Allendale Ave.
Fallsview Blvd.
Robinson St.
Main St.
Niagara Parkway
Niagara Falls S.P.
American Falls
John Daly Blvd.
Falls St.
Rainbow Blvd.
Buffalo Ave.
Riverway
Murray St.
Dixon St.
Dunn St.
Goat Island
Niagara Scenic Parkway
Buffalo
Zahnradbahn
Three Sisters Island
Horseshoe Falls
USA
CANADA
Allanthus Ave.
McLeod Rd.
Marineland Pkwy.
49
Dufferin Islands
Upper Rapids Blvd.
Marineland and Game Farm
N
0 500 m
0 0,3 mi
© igraphic

**Hotels: Kanadische Seite**
1 Sheraton Fallsview Hotel
2 Niagara Falls Marriott on the Falls
3 Ramada Plaza
4 Crown Plaza Niagara Falls
5 The Old Stone Inn
6 Americana Resort Spa & Waterpark
7 Travelodge-Niagara Falls Fallsview
8 Rodeway Inn Fallsview
9 Bedham Hall B&B
10 Niagara Inn B&B
11 A Night to Remember B&B
12 Trillium B&B
13 HI-Niagara Falls Youth Hostel

**Hotels: Amerikanische Seite**
14 Niagara Crossing Hotel & Spa
15 Red Coach Inn
16 Seneca Niagara Resort & Casino
17 Hanover House B&B
18 Comfort Inn The Pointe
19 Quality Inn Hotel & Suites

**Restaurants**
1 Betty's Restaurant
2 Skylon Tower's Revolving Dining Room
3 Watermark Rooftop Fallsview
4 Sandstone Grillhouse
5 Casa Mia
6 Queen Victoria Place Restaurant
7 AG Inspired Cuisine

**Sehenswürdigkeiten**
1 Table Rock, Visitor Centre, Journey Behind the Falls
2 Niagara Parks Floral Showhouse
3a Niagara CityCruises by Hornblower
3b Maid of the Mist
4 Skylon Tower
5 Niagara Adventure Theatre
6 Niagara Tower Hotel
7 Clifton Hill Street
8 Casino
9 Whirlpool Rapids/White Water Walk
10 Whirlpool Aero Car
11 Helikopterflüge
12 Niagara Parks Botanical Gardens / nach Niagara-on-the-Lake
13 Fashion Outlets of Niagara Falls
14 Niagara Falls Visitor Center
15 Niagara Falls Observation Tower
16 Goat Island
17 Terrapin Point/Top of the Falls Restaurant
18 „Cave of the Winds"/Bridal Veil Falls
19 Aquarium of Niagara
20 Discovery Center
21 Niagara Power Vista Visitors Center
22 Canada One Factory Outlet Mall
23 Niagara Falls Underground Railroad Heritage Center

Vom Table Rock kann man etwa 1,5 km durch den schön angelegten **Queen Victoria Park** spazieren bzw. entlang der (gesicherten) Abbruchkante in Richtung Rainbow Bridge laufen. Hier geht es an Bord eines der Boote der **Niagara Citycruises by Hornblower (3a)**, gegenüber, auf der amerikanischen Seite, starten die Boote der **Maid of the Mist (3b)**. Auf der 20- bis 30-minütigen Bootsfahrt erlebt man die Niagarafälle hautnah.

## Niagara Falls von oben und in 3D

Der Besuch der Niagara Falls kann mit einem Blick von der Rainbow Bridge oder von der Höhe des **Skylon Tower (4)** abgerundet werden. Letzterer liegt am Rande der sehr schönen Queen Victoria-Parkanlagen, den Wasserfällen direkt gegenüber. Es ist bereits ein Erlebnis, zu den Aussichtsterrassen (**Observation Deck**) bzw. dem sich drehenden Restaurant mit dem Aufzug hochzufahren, der in 52 Sekunden außen am 236-Meter-Turm in die Höhe steigt. Oben angekommen, hat man schließlich einen großartigen Blick auf die Wasserfälle, den Niagara River und die Stadt; bei gutem Wetter und klarer Sicht kann man bis zu 130 km weit schauen. *Weiter Blick*
***Skylon Tower**, 5200 Robinson St., www.skylon.com, im Sommer tgl. 9–24, sonst 9–22 Uhr, ab $ 18.*

Filmspaß bietet das Kino **Niagara Adventure Theatre (5)** mit dem in mehreren Sprachen angebotenen *Niagara Legends of Adventure Movie*, der einen spannenden Einblick in die Geschichte der Niagara Falls gibt (*5781 Ellen Ave., Vorführungen mehrmals tgl., https://niagaramovie.com*). Das **Niagara Tower Hotel (6)** (ehem. Minolta-/Seagram-Tower) liegt nahe an den Horseshoe Falls. Der 99 m hohe Turm verfügt über ein Boutiquehotel sowie ein IHOP-Filialrestaurant (Int. House of Pancakes). Die Aussichtsterrassen sind nicht mehr zugänglich. Nur wer hier diniert oder wohnt, kann den Blick von oben erleben (*6732 Fallsview Blvd., www.niagaratower.com*).

## Clifton Hill

Auf dem Rückweg zur Rainbow Bridge kann man das Getümmel in der **Clifton Hill Street (7)** und den angrenzenden Straßen kennenlernen. Auf engem Raum drängen sich hier Geschäfte, Restau-

info

## Fahrt bis zu den Wasserfällen

Im Jahr 1846 wagte der Kapitän des hölzernen Dampfschiffs „Maid of the Mist" zum ersten Mal die Fahrt in das Becken der Horseshoe Falls. Inzwischen haben Millionen Besucher, zu denen auch Könige, Präsidenten, Filmstars und bekannte Sportler zählen, die Wasserfälle mit dem Boot besucht.

Die Kartenkasse liegt am Fuß von Clifton Hill am Niagara Parkway (auf amerikanischer Seite im VC des State Park); von dort führt eine Schienenbahn hinunter zur Bootsanlegestelle der Niagara Citycruises by Hornblower (auf amerikanischer Seite „Maid of the Mist"). Auf der Anlegebrücke ziehen die Fahrgäste zum Schutz eines der bereitgelegten Plastikcapes an. Der Kapitän steuert das Schiff, auf dem 150–200 Passagiere Platz finden, zu den „American Falls", wo das Wasser auf die Felsen donnert, und weiter zu den „Bridal Veil Falls". Dann nähert sich das Schiff dem Becken der „Horseshoe Falls" und fährt immer weiter zu dem Halbrund mit seinen tosenden Fluten und der hoch aufschäumenden Gischt. Nur durch Wasserschleier hindurch kann man sehen, wie der Kapitän das Schiff sicher durch das brodelnde Wasser wieder hinaussteuert.

**Hinweis**
*In der Hauptreisezeit ist mit langen Warteschlangen an allen Abfahrtsstellen der Schiffe zu rechnen. Es empfiehlt sich eine vorherige Buchung online (s. o.).*

rants, Bars und Hotels, aber auch Vergnügungsstätten und ein Riesenrad. Zwei Blocks nördlich von hier lockt das große **Casino (8)** Spielsüchtige an.

## Nördlich der Rainbow Bridge

Die Fahrt über den **Niagara Parkway** weiter nach Norden führt am Niagara River entlang, der unterhalb der Fälle zunächst recht gemächlich durch die tiefe Schlucht fließt. Wo diese sich verengt, nach etwa 3 km, stürzen die Wassermassen nun in heftigen Stromschnellen, den **Whirlpool Rapids (9)**, weiter dem Lake On-

*Blick auf die American Falls*

tario entgegen. Hier, nahe der Whirlpool Rapids Bridge, ist zu empfehlen, die vielen Stufen zum unteren Ufer des Niagara River hinunterzugehen und auf einem Boardwalk (**White Water Walk**, *4330 River Rd., $ 17*) mit einigen Aussichtsplattformen entlang der Stromschnellen zu laufen, auf dem auch die Geologie sowie die Flora und Fauna der Schlucht erklärt sind.

*Holzstege an den Stromschnellen*

Nach weiteren 2 km über den Niagara Parkway erreicht man den **Whirlpool**. Hier geraten die Whirlpool Rapids in einen tosenden, kreisrunden Strudel. Etwa 400 m Durchmesser hat der gewaltige „Whirlpool", der von 90 m hohen Felswänden umschlossen ist. Der **Whirlpool Aero Car (10)**, eine Art Schwebebahn, überquert mit offener Gondel den „Whirlpool" auf 550 m Länge in luftiger Höhe *($ 17)*. Auf der Fahrt kann man noch einmal die Whirlpool Rapids sehen und gut fotografieren. Nahe der südlichen Station des Aero Car starten **Helikopterflüge (11)**. Ein solcher Flug ist ein einmaliges Erlebnis!

Weitere 2 km nördlich erstrecken sich am Niagara Parkway die **Niagara Parks Botanical Gardens (12)** *(www.niagaraparks.com, tgl. bis zur Dämmerung, Parken $ 8)*. Die Anlagen werden von Studenten der namhaften „Niagara Park School of Horticulture" gepflegt. Auf dem Gelände befindet sich auch das **Butterfly Conservatory** mit über 2.000 Schmetterlingen. Dem Parkway ein Stück weiter folgend, kommt man zur **Floral Clock**, einer im Durchmesser 12 m großen Blumenuhr, die mit fast 20.000 Pflanzen gestaltet wurde.

*Farbenprächtige Falter*

## Niagara River Recreation Trail

Der **Niagara River Recreation Trail**, ein schöner, gut markierter, 56 km langer Wander- und Fahrradweg, führt vom Fort George in Niagara-on-the-Lake am Niagara River entlang zum Fort Erie gegenüber von Buffalo (*www.niagaraparks.com/visit/attractions/nature-activities*).

### Hinweis

*Wer nicht nach Niagara Falls auf der amerikanischen Seite überwechseln möchte (was sich jedoch anbietet), kann alternativ dem Niagara Parkway in Richtung Süden folgen. Die kleine Straße führt auf kanadischer Seite direkt am Fluss entlang und durch einen historischen Ort bis nach Fort Erie, wo man das historische Fort besichtigen kann, bevor man über die Peace Bridge nach Buffalo hinüberfährt.*

## Reisepraktische Informationen Niagara Falls, ON

### Information

*Das* **Visitor Centre des Niagara-Parks** *(☎ (905) 358-3268, www.niagaraparks.com) befindet sich am* **Table Rock House**, *gleich neben den Horseshoe Falls am Niagara Parkway.*

**Niagara Falls Convention Centre**: *6815 Stanley Ave., ☎ (905) 356-6061, www.fallsconventions.com, www.niagarafallstourism.com. In beiden erhält man das vergünstigte Kombi-Ticket Adventure Pass (im Winter heißt es Wonder Pass), das mehrere Sehenswürdigkeiten sowie ein Busticket auf kanadischer Seite einschließt.*

*Das* **Ontario Travel Centre** *befindet sich Ecke 5355 Stanley Ave./ Niagara Veterans Mem. Hwy. (☎ 1-800-668-2746).*

## Unterkunft *(**→ Karte auf S. 436**)*

*Niagara Falls bietet Hunderte von Übernachtungsmöglichkeiten, von einfachen Hotels über Landgasthäuser und Bed-&-Breakfast-Häuser bis zu Luxushotels. Je nach Jahreszeit, Lage und Aussicht gibt es große* **Preisunterschiede**. *In vielen Hotels werden Sonderkonditionen eingeräumt, sodass sich die Nachfrage lohnt. Wer bereit ist, etwas tiefer in die Tasche zu greifen, sollte ein Hotelzimmer mit direktem Blick auf die Fälle wählen.*

**Sheraton Fallsview Hotel $$$ (1)**: *5875 Falls Ave., ☎ (905) 374-4445, www.marriott.com. 20-stöckiges Hotel mit 770 Zimmern (Blick auf die Fälle: $$$–$$$$); auf die Stadt: $$–$$$), davon fast die Hälfte Suiten ($$$$). Gegenüber American Falls.* **Massimo's Italian Restaurant** *sowie das* **Fallsview Restaurant** *versprechen leckere Speisen mit einem grandiosen Blick auf die Fälle, den man übrigens auch während des Frühstücks im 13. Stock genießt.*

**Niagara Falls Marriott on the Falls $$$–$$$$ (2)**: *6755 Fallsview Blvd., ☎ (905) 374-1077, www.marriott.com. Geschmackvoll eingerichtete Zimmer, viele mit großartigem Blick auf die Fälle, Pool, Fitnessraum, Restaurant, ebenfalls mit Ausblick auf die Fälle.*

**Ramada Plaza Hotel $$–$$$ (3)**: *7389 Lundy's Lane, ☎ (905) 356-6116, www.wyndhamhotels.com. 130 ansprechende Zimmer und Suiten, Innen- und Außenschwimmbäder, Minigolfplatz und Wasserpark in der Nähe. 2 mi westl. der Fälle, nahe Factory Outlet Mall.*

**Crowne Plaza Niagara Falls $$$–$$$$ (4)**: *5685 Falls Ave., ☎ (905) 374-4447, www.ihg.com. Traditionsreiches Hotel aus dem Jahr 1929, also die „Grande Dame" der Hotelszene. Viele der elegant ausgestatteten Räume bieten Ausblicke auf die Fälle. Zahlreiche Persönlichkeiten haben hier schon übernachtet. Das* **Prime Steakhouse Restaurant** *bietet Fine Dining mit Blick auf die Fälle (man muss den richtigen Tisch reservieren!). Es gibt einen Wasserpark im Hotel.*

**The Old Stone Inn $$$ (5)**: *6080 Fallsview Blvd., ☎ (905) 357-1234, https://oldstoneinnhotel.com. Die ehemalige Getreidemühle wurde restauriert und zu einem Landgasthaus mit großen, nett eingerichteten Räumen, offenen Kaminen, exquisitem Restaurant sowie In- und Outdoorpool umgestaltet. Geräumigere Suiten: $$$$. Zehn Minuten zu Fuß zu den Fällen.*

**Americana Conference Resort Spa & Waterpark $$–$$$$ (6)**: *8444 Lundy's Ln., ☎ (905) 356-8444, www.americananiagara.com. Freundliches Familienhotel mit In- und Outdoorpool, Fitnesszentrum, Spa (Massagen und andere Anwendungen), Tennis- und Squashplatz, 3 mi westlich der Fälle.*

**Travelodge – Niagara Falls Fallsview $$–$$$ (7)**: *5599 River Rd., ☎ (905) 354-2727, www.wyndhamhotels.com. Angenehmes Hotel mit 130 Zimmern, einige mit Blick auf die American Falls. Frühstücksbuffet (saisonal), Indoorpool, Sauna und Wasserrutsche. Direkt nördlich der Rainbow Bridge.*

**Rodeway Inn Fallsview $–$$$ (8)**: *6663 Stanley Ave., ☎ (905) 354-2322, https://rodewayinn-fallsview.com. 58 einfache Zimmer sowie Jacuzzi-Suiten, nur wenige Gehminuten von den Fällen entfernt.*

### *BED & BREAKFAST*

**Bedham Hall B&B $$$–$$$$ (9)**: *4835 River Rd., ☎ (905) 374-8515, www.bedhamhall.com. Reizendes viktorianisches Haus mit vier großen, sehr komfortablen Gästezimmern. Ca. 1,5 km nördlich der Fälle.*

**Niagara Inn B&B $$–$$$ (10)**: *4300 Simcoe St., ☎ (905) 353-8522. Das viktorianische Haus bietet drei mit Antiquitäten eingerichtete Zimmer. Das reichhaltige Frühstück* *wird im eleganten Speisesaal serviert. Etwa 1,5 km nördlich der Fälle. Der Besitzer spricht Deutsch.*

**A Night to Remember B&B $$–$$$ (11)**: *6161 Main St., ☎ (905) 353-8522. Verschnörkeltes Gebäude im Queen-Anne-Revival-Stil von 1901 mit drei schönen Zimmern, eines davon im runden Turm. Alle Zimmer mit Doppel-Jacuzzi-Wannen. Königliches Frühstück. 1,5 km zu den Fällen.*

**Trillium B&B $$–$$$ (12)**: *5151 River Rd., ☎ (905) 354-3863, www.trilliumbb.ca. Das Haus, das über drei freundlich eingerichtete Zimmer mit Bad verfügt, liegt 400 m nördlich der Rainbow Bridge und gewährt einen Blick auf die Schlucht des Niagara River.*

### JUGENDHERBERGE

**HI-Niagara Falls Youth Hostel (13)**: *4549 Cataract Ave., ☎ 1-888-749-0058. Über 70 Betten (Schlafsäle, 1- und 2-Bett-Zimmer), Gemeinschaftsküche und Wäscherei. Fahrräder können gemietet werden. Nahe der Whirlpool River Bridge.*

## Essen & Trinken (→ Karte auf S. 436)

**Betty's Restaurant (1)**: *8921 Sodom Rd., Chippawa (südl. der Innenstadt), ☎ (905) 295-4436, www.bettysrestaurant.com. Gutes, preiswertes Familienrestaurant. Große Portionen und sehr gute Desserts.*

**Skylon Tower's Revolving Dining Room (2)**: *5200 Robinson St., ☎ (905) 356-2651. Blick auf die 230 m tiefer tosenden Wasserfälle. Das Restaurant dreht sich in einer Stunde vollständig. Unbedingt reservieren! Das Essen ist gut, doch für den Blick zahlt man extra. Oft nur 3- bis 4-Gänge-Menü im Angebot.*

**Watermark Rooftop Fallsview (3)**: *6361 Fallsview Blvd. (im Hilton Hotel), ☎ (905) 353-7138. Restaurant der gehobenen Klasse. Fisch- und Fleisch-, aber auch ein paar vegetarische Gerichte. Hier isst das Auge mit! Romantisches, wenn auch etwas kitschiges Ambiente mit tollem Ausblick. Tischreservierung empfehlenswert.*

**Sandstone Grillhouse (4)**: *5467 Victoria Ave., Victoria Centre, ☎ (905) 354-7225, www.sandstonegrillhouse.ca. Hier gibt es für jeden etwas zu annehmbaren Preisen: Steaks, Pasta, Pizza, gute Vorspeisen, Salate.*

**Casa Mia (5)**: *3518 Portage Rd., ☎ (905) 356-5410, www.casamiaristorante.com. Leckere italienische Küche (Pizza nur mittags) abseits des Touristenrummels. Tolle italienische Weine, gute Antipasti-Auswahl.*

**Queen Victoria Place Restaurant (6)**: *6345 Niagara Pkwy., ☎ (905) 356-2217. Ansprechendes Restaurant gegenüber den American Falls im Victoria Park; schöner Blick auf die Fälle. Historisches Ambiente. Vornehmlich Fleisch- und Fischgerichte, aber auch Salate. Es wird Wert gelegt auf frische, lokale Zutaten. Sehr gut ist die Auswahl verschiedener Sorten Craft-Beer.*

**AG Inspired Cuisine (7)**: *5195 Magdalen St., ☎ (905) 292-0005, www.agcuisine.com. Der Name verrät bereits: ein besonderes Fine-Dining-Erlebnis. Eklektisch eingerichtet, wird hier vornehmlich mit Zutaten aus der Region gekocht – mit Pfiff und auch fürs Auge. Nicht ganz billig, daher sollte man Zeit mitbringen, vorher einen Cocktail an der Bar nehmen und auch nicht beim Wein sparen. Entweder – oder! Wer sich nicht entscheiden kann, sollte das 5-Gänge-Überraschungsmenü wählen.*

**Prime Steakhouse Restaurant** *im Crown Plaza Hotel sowie das* **Flour Mill Restaurant** *im Old Stone Inn (s. o.).*

## Einkaufen

*Als Touristenort hat sich die Stadt mit zahllosen Souvenirgeschäften auf die Käuferwünsche eingestellt; das Angebot ist groß, jedoch sind originelle Dinge eher selten.*

**Canada One Factory Outlet Mall (22)**, *7500 Lundy's Lane, 2 mi westlich der Fälle. 30 Geschäfte z. T. bekannter Markenhersteller.*

*Niagara Falls, NY, hat ebenfalls eine große* **Outlet Mall** *(s. dort).*

## Rundfahrten/Touren/Besichtigungen

*Da Niagara Falls vollständig auf Tourismus eingestellt ist, gibt es ein sehr großes Angebot an Besichtigungstouren, die die Wasserfälle aus allen Blickwinkeln zeigen.*

**Niagara CityCruises by Hornblower (3)**, *Ticket Plaza: 5920 Niagara Pkwy., am nördlichen Ende des Queen Victoria Park, ☎ 1-855-264-2427, www.cityexperiences.com/niagara-ca/city-cruises/niagara. Das Gegenstück zur Maid of the Mist auf amerikanischer Seite, s. S. 438.*

**Whirlpool Jet Boat Tours**: *☎ 1-888-438-4444, https://whirlpooljet.com. Rasante Fahrt mit offenen und geschlossenen Schnellbooten durch die Stromschnellen. Abfahrten Mai–Nov. am 14004 Niagara Pkwy. bzw. 55 River Frontage Rd. in Queenstown sowie in Niagara-on-the-Lake, ab $ 74.*

**Double Deck Tours**: *Tickets: Welcome Centre an der Ecke Clifton Hill/Falls Ave., ☎ (905) 374-7423, www.doubledecktours.com. Die Doppeldeckerbusse fahren im 20–30-Min.-Takt. Ein- und Ausstieg nach Belieben bei allen Sehenswürdigkeiten. Die Fahrt dauert ohne Halt ca. 120 Min., $ 50. Es gibt Kombitickets: Bus, Hornblower-Bootstour, „Journey behind the Falls" und Whirlpool Aero Car, ab $ 150.*

**Niagara Helicopters (11)**: *3731 Victoria Ave. (nahe dem „Whirlpool"), ☎ (905) 357-5672, www.niagarahelicopters.com. Zehnminütige Flüge über die Wasserfälle und den Niagara River. Mehrsprachige Erläuterungen über Kopfhörer. Starts tgl. 9 Uhr bis Sonnenuntergang, ab $ 160.*

## Flughäfen

*Niagara Falls ist über die internationalen Flughäfen von Toronto und Buffalo schnell zu erreichen. Regionale Flughäfen gibt es in St. Catharines und Hamilton.*

## Busse

*Am* **Busbahnhof**, *4555 Erie Ave./Ecke Bridge St., werden Überlandbusse aller großen Gesellschaften (u. a.* **Greyhound**, *☎ (905) 357-2133 und* **Flixbus**, *www.flixbus.com) abgefertigt. Niagara Falls ist durch regelmäßigen Busverkehr mit allen Teilen Kanadas und vielen Großstädten der USA verbunden.* **Niagara Region Transit** *(☎ (905) 980-6000, www.niagararegion.ca/transit) bedient von hier den regionalen Busverkehr. Abgezähltes Fahrgeld ist erwünscht.*

**WEGO Visitor Transportation System**: *☎ 1-877-642-7275, https://wegoniagarafalls.com. Bedient die wichtigsten Routen in der Stadt. Zzt. gibt es vier nach Farben aufgeteilte Routen, die den gesamten Niagara Pkwy., die Innenstadt, Lundy Lane (Outlet Malls, Motels, KOA Camping etc.), den Bahnhof sowie auf einer fünften Route mit einem Shuttle die gesamte Strecke bis Niagara-on-the-Lake abdecken. Es gibt nur Ganztagestickets. Alle Linien, bis auf den Shuttle, starten am Table Rock.*

## Zugverbindungen

**Bahnhof**: *4267 Bridge St., nahe Whirlpool Bridge. Es bestehen Zugverbindungen der kanadischen Bahngesellschaft* **VIA Rail** *(☎ 1-888-842-7245, www.viarail.ca) über Toronto mit allen kanadischen Provinzen und der amerikanischen Gesellschaft* **Amtrak** *auf der Linie des „Maple Leaf" mit den Städten Toronto, Buffalo, Rochester und New York.*

# Auf der amerikanischen Seite der Niagarafälle

Die Rainbow Bridge verbindet Kanada mit den USA. An einem sonnigen Tag kann man über den Wasserfällen schillernde Regenbögen erkennen, die durch die aufschäumende Gischt entstehen und der Brücke ihren Namen gaben. Die Stadt Niagara Falls, NY, selbst ist unspektakulär. Ein paar Souvenirshops, ein Casino und ein paar Malls sind alles, was neben den Wasserfällen von touristischem Interesse ist. *Regenbogen-Phänomen*

**Tipp**
*Für den Besuch des* **Niagara Falls State Park** *kann man Tickets für verschiedene Attraktionen buchen, z. B. die Cave of the Winds ($ 19), Fahrt mit der „Maid of the Mist" ($ 26), das Adventure Theater ($ 12) oder das Aquarium ($ 20) sowie die Nutzung des Trolleybusses ($ 3) (USA). Infos, auch zu den Hiking Trails, und Online-Buchung: www.niagarafallsstatepark.com, https://niagaramovie.com.*

## Niagara Falls State Park und die American Falls

1885 gegründet, ist er der älteste State Park der USA. Er umfasst das gesamte Gelände der amerikanischen Wasserfälle mit allen Sehenswürdigkeiten, den besten Aussichtspunkten, mit Parkanlagen, Spazier- und Wanderwegen, Restaurant und Informationscenter.
***Niagara Falls State Park**, Parkeingang: 24 Buffalo Ave., ☎ (716) 278-1794, www.niagarafallsstatepark.com, s. o. Tipp.*

Man parkt nahe beim oder am Eingang zum State Park und beginnt die Erkundung am **Niagara Falls Visitor Center (14)** *(10 Rainbow Blvd.)*. Hier gibt es Informationsmaterial und Tickets sowie ein Café-Restaurant und einen Souvenirladen. Wem der Spaziergang zur Goat Island zu mühsam ist, der kann von hier auch den **Trolley-Bus** nehmen und an allen Punkten aus- und wieder einsteigen.

Gleich hinter dem Visitor Center erhebt sich der 86 m hohe **Niagara Falls Observation Tower (15)**, ein Aussichtsturm aus Aluminium und Glas, am nördlichen

*Prospect Point Observation Tower und Rainbow Bridge*

Aussichtspunkt

Fuß der American Falls und überragt diese um 30 m. Von hier gewinnt man einen guten Gesamteindruck von den amerikanischen und kanadischen Wasserfällen. Am Fuße des Turmes führen ein Weg und eine Treppe zum **Crows Nest**, einem Aussichtspunkt dicht an den American Falls.

**Bootstour**

*Am Fuß des Observation Tower ist die Bootsanlegestelle der „Maid of the Mist" (s. S. 446). Ein Aufzug führt dorthin. In der Hauptreisezeit bilden sich lange Warteschlangen an allen Abfahrtsstellen der Schiffe. Im Allgemeinen ist die Wartezeit am Observation Tower am kürzesten.*

Die Insel **Goat Island (16)** trennt die amerikanischen und kanadischen Wasserfälle. Der Inselpark wurde von Frederick Law Olmsted (1822–1903) angelegt, der u. a. auch den Central Park in New York entwarf. Zu erreichen ist die Insel über eine Fußgängerbrücke bzw. mit dem Trolley. Am besten geht man im Uhrzeigersinn durch die gepflegten Parkanlagen zuerst bis zur Nordostspitze der Insel, wo man ganz nahe an die oberen Stromschnellen herankommt. Dann geht es hinüber zu den **Three Sister Islands** an der Südseite der Insel. Die drei kleinen Inseln locken mit schönen Picknickplätzen.

Als Nächstes erreicht man den **Terrapin Point (17)** an der Südwestspitze von Goat Island. Von hier hat man einen großartigen Blick auf die Horseshoe Falls und die kanadische Seite. Oberhalb davon befindet sich das **Top Of The Falls Restaurant**, in dem, bei grandioser Aussicht, Snacks und Speisen angeboten werden. Von Ende Juni bis Ende August hat es bis 21/22 Uhr geöffnet.

Ganz nahe dran

Ein Stück weiter gen Norden gelangt man zu einigen Shops, einem Imbiss und den Fahrstühlen zur **Cave of the Winds (18)**. Am Eingang erhält man wasserfeste Plastikumhänge und -schuhe, denn in der Tiefe ist es nass und rutschig. Mit dem Fahrstuhl unten angekommen, geht es durch einen Tunnel und weiter über Holztreppen und -planken bis zum **Hurricane Deck** unterhalb der donnernd herabstürzenden **Bridal Veil Falls**. Hier ist man ganz dicht dran an diesem grandiosen Naturereignis: Es herrscht ein ohrenbetäubender Lärm, das Wasser spritzt hoch – man spürt ganz eindringlich die Allgewalt der Natur! **Luna Island**, das man über eine Fußgängerbrücke erreicht, liegt sehr eindrucksvoll zwischen den American Falls und den Bridal Veil Falls, und der Ausblick direkt hinunter auf die Fälle ist ebenfalls atemberaubend.

## Weitere Sehenswürdigkeiten in Niagara Falls, NY

Einen Besuch wert sind auch das **Aquarium of Niagara (19)** und das dazugehörige **Discovery Center (20)**. Im Aquarium leben mehr als 2.000 Meerestiere, u. a. Seelöwen, Delfine und Haie, aber auch Pinguine. Das Discovery Center widmet sich dem Ökosystem der Great Lakes. Hier beginnen zudem eine Reihe von Wanderwegen in die Schlucht, so z. B. ein 2 km langer Naturlehrpfad zu den „Whirlpool Rapids".
***Aquarium of Niagara**, 701 Whirlpool St., www.aquariumofniagara.org, Mo–Do u. So 9–18, Fr/Sa bis 20 Uhr, $ 20.*

Im **Whirlpool State Park**, 3 mi weiter nördlich Richtung Lake Ontario, kann man die vielen Stufen zum Ufer des Niagara River hinuntergehen und auf einem Trampelpfad in Richtung Norden zum „Devil's Hole" im gleichnamigen State Park laufen (robustes Schuhwerk erforderlich). Die geologischen Schichten sind gut zu erkennen und man kommt sehr nahe an die Strudel heran. Nach ca. 1,5 Stunden erreicht man über unendlich viele Stufen am „Devil's Hole" den oberen Weg und ist nach weiteren 45 Min. wieder am Ausgangspunkt. *Devil's Hole State Park*

Im **Niagara Power Vista Visitors Center (21)** erfährt man durch interessante Filme und Demonstrationen, wie aus den Wassermassen elektrische Energie gewonnen wird. Vom Power Vista hat man einen großartigen Ausblick auf den Niagara River und die „Lower Rapids".
***Power Vista VC**, 5777 Lewiston Rd., Hwy. 104, Lewiston, tgl. 9–17 Uhr, www.nypa.gov/communities/visitors-centers/niagara-power-vista.*

Im **Niagara Falls Underground Railroad Heritage Center (23)** wird erläutert, unter welchen Umständen die ehemaligen Sklaven aus den Südstaaten, zumeist „undercover", in den Norden und vor allem nach Kanada gelangten.
***Niagara Falls Underground Railroad Heritage Center**: 825 Depot Ave. W., HS Di–So 10–17, sonst Do–So 11–17 Uhr, www.niagarafallsundergroundrailroad.org, $ 10.*

## Reisepraktische Informationen Niagara Falls, NY

### Information

**Niagara Falls VC**: *10 Rainbow Blvd., ☎ 1-877-325-5787, www.niagarafallsusa.com. Dieses ist nicht das Infocenter des State Park. Hier gibt es auch Infos zu Helikopterflügen. Das* **Visitor Center des State Park** *befindet sich an der 332 Prospect St.*

### Unterkunft *(→ Karte auf S. 436)*

*Preiswertere Motels und einfachere Hotels befinden sich an der Kreuzung I-190 und US-62 (ca. 8 km zu den Fällen).*

**Niagara Crossing Hotel & Spa $$$–$$$$ (14)**: *100 Center St., Lewiston, NY, ☎ (716) 754-9070, www.niagaracrossinghotelandspa.com. Boutique-Hotel in elegantem Gebäude. 68 Zimmer und Suiten. Einige Zimmer mit Kamin bzw. Whirlpool. Wellnessangebote. Hier kann man sich zurückziehen und von der Hektik an den Fällen entspannen. Lewiston liegt wenige Meilen nördlich von Niagara Falls. Restaurants in Laufentfernung.*

**Red Coach Inn $$$$–$$$$$ (15)**: *2 Buffalo Ave., ☎ (716) 282-1459, www.redcoach.com. Nahe Niagara Falls State Park. Traditionelles, fast schon historisches Inn, das in seinem Tudorstil in der Stadt herausragt. Stilvoll, wenn auch sehr plüschig eingerichtete Zimmer und Suiten. Zudem gutes Restaurant.*

**Seneca Niagara Resort & Casino $$$–$$$$ (16)**: *310 4th St., ☎ 1-877-873-6322, https://senecaniagaracasino.com. Großes Hotel, von weither erkennbar an der Glasfläche, die mit bunten Indianermotiven beleuchtet ist. Das Casino im Erdgeschoss stört nicht in den großzügigen, geschmackvoll eingerichteten und modernen Zimmern.*

**Hanover House B&B $$$$ (17)**: *610 Buffalo Ave., ☎ (716) 278-1170, https://hanoverhousebb.net. 1 km östl. der American Rapids Bridge (Goat Island Rd.). B&B in 100 Jahre altem Steinhaus im italienischen Stil. Die Zimmer sind etwas plüschig eingerichtet, aber schick. Gutes, warmes Frühstück. So–Do günstiger.*

**Comfort Inn The Pointe $$$–$$$$ (18)**: *1 Prospect Pointe, ☎ (716) 284-6835, www.comfortinnthepointe.com. Modernes Hotel mit 120 Zimmern nahe den American Falls. Frühstück inklusive.*

**Quality Inn Hotel & Suites $$–$$$ (19)**: *240 First St., ☎ (716) 406-4132, https://qualityniagarafalls.com. Nahe den Fällen. Pool, Restaurant. Ideales Preis-Leistungs-Verhältnis.*

### Essen & Trinken

**Red Coach Inn**: *s. o. Gute Fisch- und Fleischgerichte und noch bessere Salate. Ein echtes Highlight in Niagara Falls.*

*Ansonsten bieten die* **Restaurants im Casinohotel Seneca** *(s. o.) verschiedene Küchen im guten mittleren Niveau (italienisch, asiatisch, Steakhouse, Buffet).*

### Bootstour

**Maid of the Mist (3b)**: *☎ (716) 284-8897, www.maidofthemist.com. Abfahrt: unterhalb des Observation Tower auf amerikanischer Seite – nahe der Rainbow Bridge. Ende April–Anf. Nov. 9–16.45, im Sommer teilw. bis 19.45 Uhr, $ 25,25. Vor der Abfahrt bekommt man Plastikcapes, die vor der Gischt schützen.*

### Einkaufen

**Fashion Outlets of Niagara Falls (13)**: *1900 Military Rd., www.fashionoutletsniagara.com. Discount-Geschäfte von 200 bekannten Markenherstellern und Designern.*

### Flughafen

*Der Flughafen liegt im Osten der Stadt; hat aber nur regionale Bedeutung. Bessere Anbindung hat der Flughafen in Buffalo.*

# Buffalo

*Entwicklungsschub durch Erie Canal*

Bereits im 17. Jh. gab es ein Dorf an der Stelle, an der sich heute die Peace Bridge über den Niagara River spannt. Von hier segelte der französische Entdecker Robert La Salle 1679 als erster Weißer über die Großen Seen. Zuerst nahmen nur wenige Trapper und Händler von der kleinen Hafenstadt Notiz. Das änderte sich 1803 schlagartig, als der Bau des Erie Canal als Verbindungsweg zwischen den Großen Seen und New York beschlossen wurde. Joseph Ellicott, Bruder von Major Andrew Ellicott, der für die Stadtanlage von Washington verantwortlich zeichnete, wurde mit der Aufgabe betraut, Buffalo ähnlich zu strukturieren wie die Hauptstadt. Seither bildet der Niagara Square das Zentrum der Stadt.

Nach Eröffnung des Erie Canal im Jahr 1825 florierte der Handel. Buffalo war nun Durchgangsstation für Waren von der Ostküste, aber auch für deutsche, italienische, irische und polnische Immigranten, die von New York kommend auf den Großen Seen weiter nach Westen fuhren. Angeblich soll der Name der Stadt nicht von dem gleichnamigen Tier abstammen, sondern eine anglisierte Version von „Beau fleuve“ (schöner Fluss) sein, womit frühe französische Siedler den Niagara River bezeichneten.

Frederick Law Olmsted (u. a. Architekt des Central Park in New York) entwickelte in den 1870er-Jahren das Parksystem im Norden der Stadt sowie den Delaware Park, die heute noch das Stadtbild prägen. 1881 wurde Grover Cleveland Bürgermeister von Buffalo, später Gouverneur des Staates New York und 1885 dann Präsident der USA. Er setzte sich vehement gegen Subventionszahlungen ein, wurde aber 1889 nicht wiedergewählt, obwohl er mehr Stimmen erhielt als sein Herausforderer. Allerdings gelang ihm als bislang einzigem Präsidenten die Wiederwahl nach einer Unterbrechung (1893–1897), weshalb er als 22. wie auch als 24. Präsident gezählt wird. 1901 fiel ein Schatten auf die ansonsten friedliche Stadt: Während eines offiziellen Besuchs fiel US-Präsident William McKinley einem Attentat zum Opfer. Sein Vize Theodore Roosevelt übernahm daraufhin das Amt – mit 42 Jahren als nach wie vor jüngster Präsident überhaupt.

*Vom Bürgermeister zum Präsidenten*

Noch vor dem Ersten Weltkrieg begann der Boom der Schwerindustrie, und Buffalo entwickelte sich zu einer der bedeutendsten Stahlstädte der USA. Der Historiker Marc Goldman schrieb mit einem gewissen Zynismus: „Der Zweite Weltkrieg war das Beste, was Buffalo widerfahren konnte." Die Delaware Ave., in der sich viele der Magnaten ihre Anwesen bauten, wurde zur *Millionaires' Mile*. Die Eröffnung des St. Lawrence Seaway 1958 versetzte der ökonomischen Entwicklung der Stadt einen ersten Dämpfer. Seegehende Schiffe konnten nun zwischen Atlantik und dem Westen durchfahren, und Buffalo wurde als Verladehafen überflüssig.

*Schwerindustrie boomte*

Die wirtschaftliche Talfahrt beschleunigte sich in den 1970er-Jahren mit dem Niedergang der Stahlindustrie, und die Stadt vegetierte zwei Jahrzehnte dahin als Hafenstadt mit großen Verschiebebahnhöfen, verrosteten Stahlfabriken und leeren Getreidesilos. Seit der Jahrtausendwende zeichnet sich wieder eine positive Veränderung ab. Besonders die Kulturszene mit ausgezeichneten Theatern, Off-Broadway-Shows und einigen interessanten Museen trägt seither wieder zum guten Ruf der Stadt bei. Hafen und die Getreidemühlen haben sich gesund geschrumpft und die enormen Speicher („form follows function") prägen nun das industrielle Bild, wenn auch nur noch wenige Speicher genutzt werden. Mittlerweile tragen Informationstechnologie, Gesundheitswesen, Medizintechnik, Logistikunternehmen sowie Werke von General Motors (Motoren) und Tesla (Solarbatterien) vorwiegend zum wirtschaftlichen Leben der Stadt bei. Die „Townhouses" am Ufer zeugen von einem finanzkräftigen Mittelstand.

Buffalo präsentiert heute sein kulturelles und historisches Erbe. Besonders eindrucksvoll ist die Architektur, die die wirtschaftlich über 150 Jahre prosperierende Stadtgeschichte hervorragend widerspiegelt. Gebäude und Hochhäuser der berühmten Architekten H.H. Richardson, Louis Sullivan und Frank Lloyd Wright (Präriehausstil) sowie das Parksystem des Landschaftsarchitekten Frederick Law Olmsted stellen Buffalo architektonisch in die vordere Reihe amerikanischer Großstädte.

*Eindrucksvolle Architektur*

Für den Reisenden hat die Stadt, die mit ca. 278.000 Einwohnern (Metropolitan Area 1,12 Mio.) die zweitgrößte Stadt im Bundesstaat New York ist, somit besonders architektonische Highlights (u. a. das Sullivans und Dankmar Adlers Guaranty Building von 1895, 28 Church St., Frank Lloyd Wrights Martin House), die Kunstausstellung im Buffalo AKG Art Museum (s. S. 451) oder einfach das Stadterlebnis mit dem Theaterdistrikt an der Main St. zu bieten. Die Stadt ist mit ihrem *Old Money*, etwas *New Money* sowie der Restaurant-, Theater- und Studentenszene lebhafter als auf den ersten Blick anzunehmen. Das Nightlife samt Restaurantszene spielt sich vor allem in den Vierteln Allentown und Elmwood Village sowie an der Chippewa St. ab. An der Uferpromenade gibt es eine Bronzeplakette mit der englischen Übersetzung des Theodor-Fontane-Gedichts „John Maynard“, das an einen realen Schiffsbrand erinnert, allerdings nur den deutschen Besuchern bekannt sein wird.

*„Silo City“* Beeindruckend sind auch heute noch die o. g. großen Speicher und Silos im Hafengebiet südlich der Innenstadt. Treffend versucht sich der „Stadtteil“ als Silo City zu vermarkten. Restaurants, Bars und Cafés sind bereits präsent und Outdooraktivitäten wie Silo-Fassadenklettern und Kajaken (**Buffalo River Works**, *359 Ganson St.*) werden angeboten. Brachflächen wurden teilweise zu Parks mit Wander- und Fahrradstrecken ausgebaut. Hier kann es noch spannend werden!

Buffalo war übrigens auch eine der letzten Etappen der „Underground Railroad“. Auf dieser Strecke flohen ehemalige Sklaven aus den Südstaaten gen Norden, vornehmlich nach Kanada. Mehr dazu erfährt man im **Nash House Museum (14)** östlich von Buffalos Innenstadt (*36 Nash St.*), im Underground Railroad Heritage Center in Niagara Falls (s. S. 445) sowie auf der Internetseite *www.niagarafalls undergroundrailroad.org*.

## Innenstadt

Nach einem Besuch im **Visitor Center (1)** *(403 Main St.)*, wo historische Stadtführungen beginnen bzw. es Informationen zur „Walk Buffalo – Self Guided Tour“ gibt, verschafft ein Rundgang durch die Innenstadt, die mit alten und neuen Hochhausbauten und den vielen Kirchen dazwischen aufwartet, einen ersten Eindruck der Stadt.

Am **Niagara Square** erhebt sich die eindrucksvolle 30-stöckige **City Hall (2)**, die 1931 im Art-déco-Stil errichtet wurde. Die Aussichtsplattform im 28. Stock ist Mo–Fr 8.30–16 Uhr geöffnet. Von oben gewinnt man einen guten Überblick über die Stadt und kann in der Ferne sogar die Gischt der Niagara Falls erkennen. Direkt vor der City Hall beeindruckt das **McKinley Monument**, eine Säule, die an das Attentat auf Präsident William McKinley erinnern soll.

Von der der Stadt vorgelagerten Halbinsel aus hat man einen Ausblick auf die vielseitige Skyline, die moderne **Erie Basin Marina (3)** im Vordergrund sowie **Canalside**, einem Abschnitt am Ufer am Ende der Perry Street, wo Kajaks und Waterbikes gemietet werden können, sich ein Restaurant mit Außenterrasse anbietet sowie Veranstaltungen und Märkte abgehalten werden. Auf dem

*Buffalos City Hall*

Im Buffalo & Erie County Naval & Military Park

Rückweg kann man den **Buffalo & Erie County Naval & Military Park (4)** besuchen, in dem drei Schiffe aus dem Zweiten Weltkrieg – das U-Boot „USS Croaker", der Zerstörer „USS Sullivan" und der Kreuzer „USS Little Rock" – zu besichtigen sind. Wer nicht viel Zeit hat, sollte zumindest das U-Boot nicht auslassen.
***Buffalo & Erie County Naval & Military Park**, 1 Naval Park Cove, www.buffalonavalpark.org, April–Sept. tgl. 10–17, Okt. tgl. 10–16, Nov. Sa/So 10–16 Uhr, $ 15.*
*Gleich nebenan, etwa 100 m in Richtung Hafenausfahrt (79 Marine Dr./329 Erie St.), beginnen im Sommer die Hafenrundfahrten.*

In der **Lower Lakes Marine Historical Society (Buffalo Harbor Museum) (5)** gibt es Exponate, Bilder sowie Informationen zum Erie Canal, der Schifffahrtsgeschichte auf dem Lake Erie und den Schiffsbauaktivitäten in Buffalo.
***Marine Historical Society**, 66 Erie St., www.llmhs.org, Di und von Juni–Sept. auch Do/Sa 10–15 Uhr.*

Im **Buffalo Transportation Pierce-Arrow Museum (6)** sind über 80 historische Autos, aber auch Fahrzeugzubehör, Fahrräder und – als Höhepunkt – eine von Frank Lloyd Wright entworfene Tankstelle zu sehen. Oldtimer
***Buffalo Transportation Pierce-Arrow Museum**, 263 Michigan Ave., https://pierce-arrow.com, Zeiten variieren sehr nach Jahreszeit, im Sommer Do–Sa 11–16 Uhr, $ 15.*

## Außerhalb des Zentrums

Nördlich des Zentrums lohnt ein Abstecher in das Szeneviertel **Allentown** (zw. Main, North, Richmond, Cottage und Edward Sts.) sowie weiter nördlich ins vornehmere **Elmwood Village** (um Elmwood Ave. zw. Ferry St. und W. Delavan Ave.), dessen Boutiquen zum Schaufensterbummel einladen. Es gibt auch gute Restaurants und Cafés. Elegante Villen entlang der Delaware Avenue, vornehmlich aus

**Hotels**

1 The Mansion on Delaware Ave.
2 Hotel at the Lafayette
3 Asa Ransom House
4 Hampton Inn & Suites
5 InnBuffalo off Elmwood
6 Parkside House B&B
7 Hostel Buffalo/Niagara

**Restaurants**

1 Billy Club
2 Templeton Landing
3 Anchor Bar & Grill
4 Fat Bob's Smokehouse
5 Siena Restaurant
6 Buffalo Chophause



N
0 3,2 km
0 2 Meilen

dem 19. und beginnenden 20. Jh. zeugen von dem einstigen Reichtum der Stadt. In der 1837 im Greek-Revival-Stil erbauten **Wilcox Mansion**, heute die **Theodore Roosevelt Inaugural National Historic Site (7)**, legte der bisherige Vizepräsident Theodore Roosevelt 1901 seinen Amtseid ab, nachdem Präsident McKinley in Buffalo einem Attentat durch einen Anarchisten zum Opfer gefallen war. Die Villa, eingerichtet mit viktorianischen Antiquitäten, kann man besichtigen. Ein Film informiert über das Attentat und seine politischen Folgen.

*Tragischer Beginn einer Präsidentschaft*

***Th. Roosevelt Inaugural National Historic Site**, 641 Delaware Ave., www.trsite.org, Touren Mo–Fr 9.30–15.30, Di bis 20, Sa/So 12.30–15.30 Uhr, $ 12.*

Etwas westlich von Allentown gibt es ein weiteres **Karpeles Manuscript Library Museum (8)**, wo im Rotationsprinzip mit zehn anderen Museen originale Manuskripte und Dokumente der Zeitgeschichte ausgestellt werden (s. S. 250, Duluth).

***Karpeles Manuscript Library Museum**, 453 Porter Ave., https://karpeles.com, Di–So 11–16 Uhr.*

Weiter geht es entlang der Elmwood Ave. Nach knapp 3 mi passiert man das **Buffalo Albright Knox Gundlach Art Museum (9)**. Dieses lohnende Kunstmuseum, 2020–2022 restauriert und um das Gundlach Building erweitert für über $ 150 Mio. (Wiedereröffnung: Mitte 2023), zeigt in erster Linie Kunstwerke der letzten 140 Jahre. Neben bekannten Impressionisten wie Renoir, Matisse, Monet und Cézanne sind auch Werke von Dalí und Chagall zu bewundern. Die moderne Kunst ist u. a. durch Pop Art von Andy Warhol vertreten, während die wenigen ganz alten Werke bis in die Zeit der Mesopotamier (1000 v. Chr.) zurückführen. Skulpturen von Rodin, Arp und Moore sind auch zu sehen. Gegenüber im **Burchfield Penney Art Center** werden ausschließlich Wanderausstellungen gezeigt.

*Impressionisten und moderne Kunst*

***Buffalo AKG Art Museum**, 1285 Elmwood Ave., https://buffaloakg.org, Di–So 10–17 Uhr, $ 15 (Donation).*

***Burchfield Penney Art Center**, 1300, Elmwood Ave., https://burchfieldpenney.org, Do/Sa 10–17, Fr bis 19, So 13–17 Uhr, $ 10.*

*Buffalo Albright Knox Gundlach Art Museum*

Wer sich näher mit der Stadtgeschichte und der Architektur beschäftigen möchte, sollte das **Buffalo History Museum (Historical Society) (10)** aufsuchen. Hier gewähren ein Museum und eine Bibliothek näheren Einblick; am Museum beginnen auch Architekturführungen. Nicht minder interessant wäre daher ein Besuch des 2 mi östlich gelegenen **Darwin D. Martin House**, entworfen von Frank Lloyd Wright im Prärie-Stil.
***Buffalo & Erie County Historical Society**, 1 Museum Ct., ☎ (716) 873-9644, https://buffalohistory.org, Mi 10–20, Do–Sa 10–17, So 12–17 Uhr, $ 10.*
***Darwin D. Martin House**, 125 Jewett Pkwy., https://martinhouse.org, Touren Kernzeiten Mi–Mo 11–13, im Sommer meist 10–15 Uhr, Nov.–Feb. teilw. geschl. bzw. auf Anfrage, $ 22 (75 Min.). Vorbuchung empfohlen.*

*Museum zum Anfassen*

Östlich der Innenstadt werden sich Technikfreaks und vor allem Kinder im **Buffalo Museum of Science (11)** an der interessanten naturwissenschaftlichen Ausstellung erfreuen, die zurückführt bis in die Zeit der Dinosaurier; die technische Abteilung bietet zahlreiche „Hands-on"-Versuche.
***Buffalo Museum of Science**, 1020 Humboldt Pkwy., www.sciencebuff.org, tgl. 10–16 Uhr, $ 16.*

Die Geschichte der amerikanischen Stahlindustrie wird im **Steel Plant Museum (12)** südöstlich der Innenstadt erläutert. Übrigens: *Bethlehem Steel* bei Buffalo war einmal das größte Stahlwerk der Welt! Im Haus gibt es zudem ein kleines Eisenbahnmuseum.
***Steel Plant Museum**, 100 Lee St., www.steelpltmuseum.org, Di/Do 10–14, Sa bis 16 Uhr.*

**Our Lady of Victory Basilica & National Shrine (13)** ist eine Basilika, in der die Stilrichtungen der italienischen Renaissance und des französischen Barock miteinander verknüpft sind. Der Pfarrer Nelson Baker hat sich mit dem Bau dieser Kirche 1926 einen Traum erfüllt. Hätte er ahnen können, dass der abgeflaute Stahlboom bereits 50 Jahre später die meisten Gläubigen wegziehen lassen würde, hätte er das Geld mit Sicherheit anders verwendet.
***Our Lady of Victory Basilica**, 767 Ridge Rd., Lackawanna, www.olvbasilica.org, tgl. 6.30–19, Touren zw. 13 u. 17 Uhr, Freitage ausgenommen.*

## Reisepraktische Informationen Buffalo, NY

### Information

**Buffalo Niagara VC (1)**: *403 Main St., ☎ (800) 283-3256, www.visitbuffaloniagara.com. Infos zu historischen, architektonischen, industriellen Stadtführungen sowie Thementouren.*

### Unterkunft (▸ Karte S. 450)

**InnBuffalo off Elmwood $$$$–$$$$$ (5)**: *619 Lafayette Ave., ☎ (716) 867-7777, https://innbuffalo.com. Toll restaurierte, mit vielen Antiquitäten ausgestattete Villa eines früheren Industriemagnaten. Im sog. „Ratskeller" serviert der Hausherr einen Sundowner, das Frühstück ist erfrischend und die Räumlichkeiten bezaubernd. Gleich um die Ecke findet man die Geschäfte und Restaurants des Elmwood Village.*
**The Mansion on Delaware Avenue $$$$ (1)**: *414 Delaware Ave., ☎ (716) 886-3300, www.mansionondelaware.com. 28 Zimmer. Mit Antiquitäten eingerichtet, bietet diese bezaubernd restaurierte Villa wirklichen Luxus, inkl. Butlerservice.*

**Hotel at the Lafayette $$$–$$$$ (2)**: *391 Washington St., ☎ (716) 853-1505, www.wyndhamhotels.com. Zentral gelegenes Boutiquehotel, 57 Zimmer und Selbstversorger-Suiten. Toll restauriertes historisches Gebäude mit Art-déco-Lobby. Gute Restaurants im Haus. Der Tipp für Buffalo.*
**Asa Ransom House $$$–$$$$ (3)**: *10529 Main St. (Rte. 5), Clarence, 12 mi nordöstl. des Zentrums, ☎ (716) 759-2315, https://asaransom.com. Die Anfahrt lohnt! Landgasthaus, untergebracht in einem Farmgebäude von 1853 und mit ausgesuchten Antiquitäten eingerichtet. Mehrere Kamine, Bibliothek und Kräutergarten. Jedes Zimmer ist anders gestaltet. Ebenfalls empfehlenswert ist das Restaurant.*
**Hampton Inn & Suites Buffalo $$$–$$$$ (4)**: *220 Delaware Ave., ☎ (716) 855-2223, www.hilton.com. Innenstadthotel mit 137 sehr geräumigen Zimmern. Frühstücksbuffet inkl.*
**The Parkside House B&B $$ (–$$$) (6)**: *462 Woodward Ave., ☎ (716) 480-9507, www.theparksidehouse.com. Individuelles B&B in wunderschön renoviertem, viktorianischem Haus. Es gibt nur 3 Zimmer, dafür aber ein großzügiges Wohnzimmer sowie ein Musikzimmer. 2 Minuten zur Busstation, 20 zur Metrostation. Gutes Preis-Leistungs-Verhältnis.*
*Weitere,* **preisgünstigere Motels** *liegen z. B. im Stadtteil Amherst, direkt am I-290.*

### JUGENDHERBERGE

**Hostel Buffalo $ (7)**: *667 Main St., ☎ (716) 852-5222, www.hostelbuffalo.com. Hier können auch Erwachsene nächtigen. Es gibt zudem zwei Doppelzimmer.*

### Essen & Trinken (▸ Karte S. 450)

**Billy Club (1)**: *228 Allen St., ☎ (716) 331-3047. Neue amerikanische Küche und eine ausgesuchte Bar mit leckeren Cocktails auf der Liste. Die Gerichte sind fein und einfallsreich. Ein Blick auf die Karte vorab sollte offenbaren, ob etwas Passendes für einen dabei ist. Ist das so, isst und trinkt man hier mit Genuss!*
**Templeton Landing (2)**: *2 Templeton Terrace (Erie Basin Marina), ☎ (716) 852-7337, www.templetonlanding.com. Direkt an der Marina. Im Sommer kann man auch draußen sitzen. Fleisch- und Fischgerichte. Bar.*

## Buffalo Style Chicken Wings

**Zutaten Hähnchenflügel**: 24 Hähnchenflügel, Salz, grob gemahlener Pfeffer, 1 Tassen Sonnenblumenkernöl, 1/4 Tasse Butter, 3–4 TL scharfe Sauce (z. B. Tabasco) und 1 TL Essig.
**Zubereitung**: Hähnchenflügel säubern und Spitzen abschneiden, dann mit Salz und Pfeffer bestreuen. Speiseöl in einer Fritteuse bzw. einem großen Topf erhitzen. Die Hälfte der Flügel in das heiße Öl geben und darin für ca. 10 Min. goldbraun backen lassen (zwischendurch umrühren), anschließend herausnehmen und gut abtropfen lassen. Während man nun die zweite Hälfte im Topf frittiert, erhitzt man in einem anderen Topf Butter, die scharfe Soße und den Essig. Die fertige Sauce über die Flügel gießen, sodass diese gut bedeckt sind. Dann den Vorgang für die zweite Hälfte wiederholen.
**Zutaten für den Schimmelkäse-Dip**: 1 Tasse Mayonnaise, 2 kleine gewürfelte Zwiebeln, 1 TL Knoblauchgewürz, ¼ Tasse klein gehackte Petersilie, ½ Tasse saure Sahne (Rahm), 2 cl Zitronensaft, 2 cl Essig, ¼ Tasse Schimmelkäse (klein gebröselt), mit Salz und Pfeffer abschmecken.
**Zubereitung des Dips**: Mind. eine Stunde vor dem Essen zubereiten, damit der Dip durchziehen kann. Zutaten in eine Schüssel geben, umrühren und zerstampfen, bis eine feste, sämige Soße entsteht. Dazu Selleriestangen und/oder Salat reichen.

## Wings in Buffalo

**Anchor Bar & Grill (3)**: 1047 Main St., https://anchorbar.com. Seit 1964 eine Institution. Berühmt für die mittlerweile in ganz Amerika beliebten „Buffalo Style Chicken Wings". Grund für deren „Erfindung": Freitags dürfen die zum großen Teil katholischen Bewohner Buffalos kein Fleisch essen. Daher kam man auf die Idee, diese (scharfen) Hühnchenflügel auch nach Mitternacht anzubieten. Heute werden hier tgl. über 500 kg Buffalo Wings zubereitet. Es gibt aber auch andere Hühnchen- und Pastagerichte sowie Salate und Suppen. Am Wochenende oft Jazz-Livemusik.

Was gute Wings dieser Tage bedeutet, wissen die Locals am besten und empfehlen folgende Lokale: in Elmwood **Cole's** (1104 Elmwood Ave.), in Allentown **Gabriel's Gate** (145 Allen St.) sowie **Lenox Grill** (140 North St.), und in der ehemaligen Arbeitersiedlung First Ward **Gene McCarthy's** (73 Hamburg St.). Die Topfavoriten sind **Fat Bob's Smokehouse (4)** (41 Virginia Pl., nördl. der Innenstadt, ☎ (716) 887-2971, auch BBQ-Gerichte) sowie in Elmwood **Forty Thieves** (727 Elmwood Ave., auch super Salate).

Weitere Infos und Lokale zu den Wings: www.visitbuffaloniagara.com/crawl/buffalo-wing-trail.

**Siena Restaurant (5)**: *4516 Main St., Snyder (4,5 mi nordöstl. der Innenstadt), ☎ (716) 839-3108, https://siena-restaurant.com. „Fine Dining"-Italiener, der auch leckere Pizza im Angebot hat.*

**Buffalo Chophouse (6)**: *282 Franklin St., ☎ (716) 842-6900, www.buffalochophouse.com. Elegantes Steakhouse in altem Fabrikgebäude von 1880. Ausgesuchte Weinkarte. Teuer, Reservierung erbeten.*

*Zahlreiche Restaurants und Cafés finden sich in der* **Allen St**. *(nördl. der Innenstadt, im Bereich 50–300 Allen St.) sowie entlang der* **Elmwood Ave**. *(zwischen 400- und 1000er-Block). Beliebte lokale Ketten sind* **Ted's** *(gute Hot Dogs, www.tedshotdogs.com) und* **Anderson's** *(Frozen Custard, https://andersonscustard.com).*

### Theater/Musical

*Tipp: eine Aufführung im* **Shea's Performing Arts Center**, *439 Pearl St./646 Main St., ☎ (716) 847-1410, www.sheas.org. Das schön restaurierte Haus aus dem Jahr 1926 ist ein National Historic Site mit Arbeiten von Louis Comfort Tiffany. Touren werden angeboten, dafür muss man sich vorher anmelden, $ 8.*

### Pubs/Livemusik/Nightlife

*Pubs und ähnliche Lokale gibt es an der* **Allen St**. *und* **Elmwood Ave**. *(s. o.).*

**Buffalo Brewpub**: *6861 Main St., Williamsville, ca. 6 mi nordöstl. der Innenstadt, ☎ (716) 632-0552. Die älteste Microbrewery von New York State. Burger, Pasta, Fritten und anderes Pubfood.*

**Thin Man Brewery**: *492 Elmwood Ave., ☎ (716) 923-4100. Brewpub mit einigen (zu gewollt) „neumodischen" Gerichten. Die Biere sind aber gut.*

**Resurgence:** *55 Chicago St., ☎ (716) 768-6018. Microbrewery in ehemaliger Maschinenfabrik. Mit Außenbereich. Einfache Speisen (Burger und Tacos).*

**Old Pink**: *223 Allen St., ☎ (716) 884-4338. The Old Pink ist das, was man hier eine Dive Bar (Spelunke) nennt: fast nur Locals, bis 4 Uhr morgens geöffnet, einfache Gerichte, Pool, Spielautomaten.*

Colored Musicians Club

**Lucky Day Whiskey Bar**: *320 Pearl St., ☎ (716) 322-0547. Gehobener Stil, an die 500 Whiskeysorten und gute, wenn auch nicht ganz günstige amerikanische Speisen.*
**The Banshee Irish Pub**: *257 Franklin St., ☎ (716) 783-9003. Irish Pub mit Celtic-Rock-Livemusik. Die Einrichtung wurde in Irland hergestellt, zerlegt und nach Buffalo verschifft. Irische Spezialitäten (Shepherd's Pie, Stew) und einige BBQ-Gerichte.*
**Ballyhoo**: *211 South Park Ave., ☎ (716) 240-9901. Innenstadtbar, bekannt für die hausgemachten Würstchen. Unterschiedliche Sorten, serviert in einem Brötchen sowie mit Gemüse.*
**Babeville Buffalo**: *341 Delaware Ave., ☎ (716) 852-3835. In der 9th Ward Bar im Untergeschoss sowie der größeren Ashbury Hall finden mehrmals wöchentlich Musikveranstaltungen (Rock, Blues, Folk und auch Klassik) statt.*
**Colored Musicians Club**: *145 Broadway, ☎ (716) 855-9383 (Club), 842-0969 (Museum), www.thecoloredmusiciansclub.com. Obergeschoss: „down-to-earth"-Jazzclub. Livemusik mehrmals pro Woche. Erdgeschoss: Museum zum Thema Jazz in Buffalo (Do–Sa 11–16 Uhr, $ 10).*

## Touren/Führungen

**Buffalo History Museum**: *1 Museum Ct., ☎ (716) 873-9644, https://buffalohistory.org/education-tours. Professionell geführte Touren zu historisch und architektonisch interessanten Plätzen in Buffalo, muss drei Wochen im Voraus gebucht werden, $ 13.*
**Buffalo Tours**: *617 Main St., ☎ (716) 852-3300, https://preservationbuffaloniagara.org. Bietet Touren unter den ver-schiedensten Mottos an (historisch, Architektur, mit Fahrrad, Boot und Bus), ab $ 10.*
**Buffalo River History Tours**: *44 Prime St., Central Wharf, Canalside, ☎ (716) 796-4556, www.buffaloriverhistorytours.com. Hafenrundfahrten, bes. zur Silo City.*
**Touren auf dem Erie Canal**: *s. S. 457*

## Flughafen

**Buffalo-Niagara International Airport**, *4200 Genesee St. (im Osten der Stadt), ☎ (716) 630-6000, www.buffaloairport.com. Flüge in die größeren Städte des Ostens und Kanadas.*

## Öffentliche Verkehrsmittel

**Überlandbusse**: **Greyhound/ Flixbus/ NY Trailways**, *Ecke Ellicot/N. Division Sts., ☎ 1-800-231-2222, www.greyhound.com, https://trailways.com.*
**Stadtbusse/Metro**: **NFTA-Metro**, *☎ (716) 855-7300 bzw. 855-4211, www.nfta.com. Von besonderem Interesse ist die „Metro Line", eine Straßenbahn, die entlang der Main St. fährt und dabei die meisten Sehenswürdigkeiten zumindest peripher passiert.*
**Eisenbahn**: **Amtrak**, *Ecke Exchange/Washington Sts., ☎ 1-800-872-7245, www.amtrak.com.*

info

## Der Erie Canal

1783 zeigte General George Washington Interesse an einem Kanalbau zwischen Hudson River und den Großen Seen. Bereits zu Beginn des 19. Jh. beauftragte der New Yorker Gouverneur DeWitt Clinton Techniker damit, diese Wasserstraße zu planen und zu entwickeln. Zu umständlich und zu teuer war der Landweg geworden, denn für den Transport von einer Tonne Waren zwischen New York City und Buffalo mussten $ 100 aufgebracht werden, was sich besonders für die landwirtschaftlichen Produkte als zu hoch erwies. 1815 stand der Plan; ein Kanal zwischen Albany am Hudson River und Buffalo am Lake Erie sollte das Problem lösen. Zwar verhinderte der Krieg zu dieser Zeit den sofortigen Baubeginn, doch begann man schließlich 1817 mit den Arbeiten für den 363 mi (inklusive Seitenkanälen 524 mi) langen Kanal, der 1825 eröffnet werden konnte. Der Höhenunterschied von ca. 170 m zwischen Hudson River und Lake Erie wurde mit 83 Schleusen überwunden.

Die Gesamtkosten für den Bau beliefen sich damals auf $ 7,7 Mio., aber die Kosten für den Transport einer Tonne sanken auf $ 5! Allein der Bau dieser Wasserstraße zog Tausende von Einwanderern aus Europa an. Sie fanden anschließend ausreichend Arbeit in der, bedingt durch den Kanalbau, aufstrebenden Stadt Buffalo. Buffalo wurde zur Getreidemetropole des Ostens und versorgte wiederum New York mit den dort erforderlichen Lebensmitteln, die über die Seen bis aus Minnesota und Wisconsin kamen. New York als Hafenstadt erlangte durch den Kanal eine noch größere Bedeutung, und sein Hafen wurde zum bedeutendsten Umschlagplatz der USA. Zwischen 1903 und 1918 wurde das Kanalsystem erweitert, und der Erie Canal wurde Teil des New York State Barge Canal. Als 1957 die Verbindung zwischen Lake Erie und Lake Ontario ausgebaut wurde (s. Welland Canal, S. 341), verlor der mittlerweile zu klein gewordene Erie Canal an Bedeutung. Heute wird er ausschließlich für touristische Zwecke genutzt.

Das **New York State Erie Canal Discovery Center at Locks 34 & 35** in Lockport, 20 mi nordwestlich von Buffalo, zeigt vor allem historische Fotos vom Kanal. Wer nähere Infos über den gesamten Kanalverlauf benötigt bzw. ein Boot mieten möchte, mit dem man den Kanal entlangfahren kann, wendet sich an das **Niagara Visitor Center** (in Niagara Falls): ☎ *1-877-325-5787, www.niagarafallsusa.com.*
**Erie Canal Discovery Center**, *24 Church St., Lockport, https://niagarahistory.org/erie-canal-discovery-center, Mai–Okt tgl. 9–17, sonst 10–15 Uhr.*

*Ausflugsdampfer auf dem Erie Canal*

**Touren auf dem Erie-Kanal**
**Lockport Locks & Erie Canal Cruises**, *210 Market St., Lockport, ☎ (716) 433-6155, www.lockportlocks.com, tgl. Mai–Mitte Okt. Zweistündige Kanaltouren mit Erklärungen, $ 21,50.*
**Lockport Cave & Underground Boat Ride**: *5 Gooding St., Lockport, ☎ (716) 438-0174, https://lockportcave.com, tgl. Mai–Mitte Okt., ab $ 28. Zu Fuß und per Boot geht es auf eine unterirdische Entdeckungstour in einen alten Tunnel. Zudem Besichtigung einer Schleuse.*

### Tipp für einen Abstecher

**Vidler's 5 & 10** ist ein familienbetriebener Department Store der alten Schule – in dieser Reiseregion weithin bekannt und beliebt. In einzelnen Abteilungen findet man beim Stöbern alte und neue Dinge. Der originale, sich auf über 2.000 m² und zwei große Gebäude erstreckende Hauptladen befindet sich etwa 20 mi südöstlich von Buffalos Innenstadt (*E. Aurora, 676-694 Main St., East Aurora).* Weitere Filialen gibt es u. a. in Pittsburgh, Toronto, Rochester, Erie, Niagara Falls und Cleveland (*www.vidlers5and10.com).*

# Am Südufer des Lake Erie entlang nach Cleveland

Südlich von Buffalo passiert man das Städtchen **Hamburg**. Hier soll 1885 auf einer Kirmes aus einer Notlage heraus der „Hamburger" erfunden worden sein. Denn an einem Imbissstand ging der Schweinebraten aus und man packte stattdessen gebratenes Rinderhack zwischen die Brötchenhälften. Es gibt aber auch zahlreiche andere Theorien zu dem Thema.

Die Weiterfahrt nach Erie ist wenig ereignisreich. Die Küstenstraße (US 5) ist denjenigen zu empfehlen, die etwas mehr Zeit haben und mal einen Badestopp einlegen möchten. Die Strände im **Evangola State Park** (*https://parks.ny.gov/parks, Camping und Jurte-Zelte, bei Algenplage wird der Strand allerdings geschl.*) sowie in der kleinen Stadt **Dunkirk** laden am ehesten dazu ein. Hier kann man zudem das Dunkirk Lighthouse besichtigen, in dem ein kleines Museum zur Geschichte der Seefahrt auf den Großen Seen eingerichtet ist (*1 Point Dr. N., Mai–Okt. tgl., $ 10*). Wer den Interstate (New York Thruway) nimmt, passiert Obst- und Gemüsefelder sowie zahlreiche **Weingüter**. Marktstände in den umliegenden Orten bieten an beiden Streckenalternativen frisches Obst an.

*Badestopp*

Auch die kleine Stadt **North East**, 5 mi hinter der Bundesstaatengrenze, sticht durch ihre vielen **Weingüter** hervor. Eine Empfehlung für eine Weinprobe gilt den **Presque Isle Wine Cellars** gut 2 mi westlich von North East. Eisenbahnfans zieht es hier eher ins **Lake Shore Railway Museum**, in dem mehrere dieselelektrische Loks, eine alte Dampflokomotive, Pullmanwagen, ein Speisewagen samt edelstem Besteck und Geschirr und andere Waggons zu besichtigen sind.
***Presque Isle Wine Cellars**: 9440 W. Main Rd., North East, ☎ (814) 725-1314, www.piwine.com.*

*Am Lake Erie wird auch Rotwein angebaut*

**Lake Shore Railway Museum**: *31 Wall St., North East, https://lakeshorerailway.com, Juni–Labor Day Fr–So, Mitte Sept.–Okt. Sa/So 12–16 Uhr, Spende erbeten. Das Gelände ist ganzjährig tgl. von Sonnenauf- bis -untergang geöffnet.*

## Erie

Erie ist trotz seiner 94.000 Einwohner (Metro Area 266.000 Einw.) eine ziemlich verträumte Großstadt, die ihre Position als einst wichtiger Industriestandort lange verloren hat. Mittlerweile sind nur die Plastikindustrie (10 % der amerikanischen Plastikproduktion befindet sich hier), die Biofuel-Anlagen und das Gesundheitswesen sowie ferner das Elektrizitätswerk und der Tourismus noch von Bedeutung. Ansonsten dreht sich das Leben um den Hafen. Freizeitkapitäne nutzen die zahlreichen Marinas (nette Restaurants am Hafen) und Shopper stürmen die riesige **Millcreek Mall** (*5800 Peach St., www.millcreekmall.net*), denn in Pennsylvania werden keine Steuern auf Kleidungskäufe erhoben.

*Shopping-Paradies*

Wirklich interessant ist einzig die Besichtigung der „**U.S. Brig Niagara**", die während des Britisch-Amerikanischen Kriegs von 1812/14 als Flaggschiff der amerikanischen Lake-Erie-Flotte diente. In der historischen Schlacht am Lake Erie, bei der neun kleine amerikanische Briggs am 10. September 1813 bei Sandusky (Ohio) sechs überlegene englische Kriegsschiffe besiegten, kommandierte der amerikanische Commander Oliver Hazard Perry von der „Niagara" aus seine Flotte. Der Sieg ver-

*Historische Seeschlacht*

lieh dem amerikanischen Selbstbewusstsein einen ordentlichen Schub und der Stadt den Beinamen „Flagship City". Das Schiff wurde in mustergültiger handwerklicher Feinarbeit wiederhergestellt. Angeschlossen ist das **Erie Maritime Museum**, das sich u. a. mit der Geschichte der Seeschlacht beschäftigt. Vom 57 m hohen **Bicentennial Tower** gleich nebenan am Ende der State Street hat man einen tollen Ausblick auf Stadt und Lake Erie und kann in einem Restaurant an der Pier, Dobbins Landing, einen Snack einnehmen.

***U.S. Brig Niagara/ Erie Maritime Museum****, 150 E. Front St. (Dobbins Landing), https://sailfnl.org, www.eriemaritimemuseum.org, April–Sept. Mo–Sa 9–17, So 12–17, sonst Do–Sa 9.30–17 Uhr, $ 10.*

***Bicentennial Tower****, Mem. Day–Labor Day tgl. 10–21, Sept. 10–18, Okt.–April Sa/So 11–18, Mai tgl. 10–18 Uhr, http://dobbinslandingerie.com, $ 6.*

Weitere Aufschlüsse zur Geschichte von Erie im Allgemeinen erhält man von der **Erie County History Society** im **Watson-Curtze Mansion (& Planetarium)** *(356 West 6th St., www.eriehistory.com, Juni–Nov. Di–Sa 10–17, So 10–17, sonst Do–Sa 10–17 Uhr, $ 10).* Angeschlossen sind dem Center zwei weitere Gebäude im County mit kleinen Museen.

Ein kleines Highlight und Zeuge von besseren Tagen ist das **Warner Theatre**. 1931 mit hohem finanziellen Aufwand als Warner-Studio-Kino erbaut, finden mittlerweile in dem wunderschön renovierten Gebäude oft erstklassige Musikveranstaltungen und auch Musicalaufführungen statt.

***Warner Theatre****, 811 State St., ☎ (814) 452-4857, Touren auf Anfrage, Veranstaltungsplan: www.eriewarnertheatre.com/events.*

*Baden und Spazieren*

Zum Baden und Spazierengehen bietet sich die vorgelagerte Halbinsel **Presque Isle** an, ein ausgewiesener und sehr beliebter State Park mit über 4 Mio. Besuchern jedes Jahr. An der Zufahrt befindet sich das täglich geöffnete **Tom Ridge Environmental Center**, ein naturkundliches Infocenter *(www.dcnr.pa.gov/StateParks)*. Der Ausblick vom 23 m hohen Turm am Center ist recht eindrucksvoll. Einen Besuch ist auch das **Presque Isle Lighthouse** auf der Halbinsel wert und nahe dem **Perry Monument** legen während der Sommermonate kleine Boote für ein- bis mehrstündige **Ausflugstouren** ab.

*Fahrt via Pittsburgh*

Die direkte Weiterfahrt am Lake Erie entlang ist nicht so reizvoll. Außerdem ist die Gesamtstrecke von Erie über Pittsburgh nach Cleveland nur etwa 200 km länger. Bereits die Impression auf dem sich durchs Hügelland ziehenden Interstate 79 ist schon und bei Grove City (erste Abfahrt südlich der Kreuzung mit dem I-80, Rte. 208) bietet sich sogar noch die Gelegenheit, im **Premium Outlets in Grove City** *(1911 Leesburg Grove City Rd., Grove City, www.premiumoutlets.com)* mit seinen mehr als 140 Geschäften günstig einzukaufen.

## Reisepraktische Informationen North East und Erie, PA

### Information

**North East Chamber**: *44 W. Main St., North East, ☎ (814) 725-4262, https://nechamber.org*

**Visit Erie**: *208 E. Bayfront Pkwy., Erie, ☎ (814) 814-454-1000, www.visiterie.com*

### Unterkunft

**Sheraton Bayfront $$$**: *55 W. Bay Rd. Dr., Erie, ☎ (814) 454-2005, www.marriott.com. Modernes Hotel mitten im Geschehen an der Bayfront.*
**Hampton Inn & Suites Bayfront $$$**: *130 E. Front St., Erie, ☎ (814) 920-9640, www.hilton.com. Modern ausgestattetes Hotel direkt neben dem Maritime Museum und der Bayfront. Frühstück inklusive.*
**Victoria Inn B&B $$$**: *401 Peach St., Erie, ☎ (814) 235-5968, https://victoriainnerie.com. Unterkunft mit historischem Charakter in Haus von 1872. Zentral in der Innenstadt und nahe an den wesentlichen Attraktionen. Sieben Zimmer, alle mit eigenem Bad.*

### Essen & Trinken

*An der* **Bayfront**, *dem Hafenareal am Nordende der State Street, finden sich einige nette und unkomplizierte Restaurants mit Seafood, Bar, Außenterrasse u. Ä. Down-to-earth ist hier z. B.* **Smuggler's Wharf**, *gediegener dagegen* **Bayfront Grille** *im Sheraton Hotel.*
**Molly Brannigan's Irish Pub & Grill**: *506 State St./Ecke 5th St., ☎ (814) 453-7800. Großer irischer Pub. Irisch-amerikanische Küche. Viele Biere vom Zapfhahn. Livemusik an Wochenenden.*
*An der State Street gibt es weitere Restaurants, Bars und Fastfood-Restaurants.*

# Abstecher nach Pittsburgh

*Stadt mit vielen Besonderheiten*

Pittsburgh ist in vieler Hinsicht eine besondere Stadt. Sie spiegelt den Übergang von prosperierender Stahlmetropole (bis in die 1970er-Jahre) zur „Capital of the Rust Belt" (1980/90er-Jahre) und ab der Jahrtausendwende zu einer modernen, von den Einwohnern geschätzten Hightech-Metropole wider – ohne mit ihren 90 Neighborhoods dabei den multikulturellen Charakter verloren zu haben. Gekonnt nutzt die Stadt zudem die attraktive Lage auf zahlreichen Hügeln und zwischen zwei großen, von tollen Brücken überspannten Flüssen aus.

## Überblick

Vielen wird Pittsburgh („The Burgh") nur als Stadt des Stahls bekannt sein. Dank riesiger Kohlefelder im weiteren Umkreis wurde allein in dieser Region während des Zweiten Weltkriegs mehr Stahl erzeugt als in Deutschland und Japan zusammen. Auch auf dem Sektor der Glasindustrie war Pittsburgh führend.

*Charme statt Schornsteine*

Die Zeiten der rauchenden Schornsteine und grauen Häuser, als man selbst am Tage nur mit Scheinwerferlicht fahren konnte, sowie die ungebändigte Hektik jener Ära sind lange vorbei. Heute wird man vom Charme dieser Stadt überrascht – und von der Tatsache, dass die hiesigen Flüsse nun zu den fischreichsten der USA zählen. Die großen Stahlwerke im Stadtgebiet sind längst abgerissen. Kleinere Betriebe weiter unterhalb des Ohio und in anderen Regionen der USA haben ihre Rolle übernommen. Geblieben aber ist ein Großteil der ehemaligen Stadtstruktur. Genau das macht den Reiz von Pittsburgh aus.

info

## Der Ohio River

Der längste linke Nebenfluss des Mississippi entsteht durch den Zusammenfluss von Monongahela und Allegheny River in Pittsburgh und mündet bei Cairo in den Mississippi. Der Ohio ist ein wichtiger Transportweg von den Industriegebieten um Pittsburgh und Cincinnati in den Mississippi und weiter nach New Orleans. Ohne den Ausbau dieses Flusswegs wäre der Industriestandort Pittsburgh als wesentlichster Stahlproduzent der USA in der ersten Hälfte des 20. Jh. nicht in so einem Umfang gewachsen. Länge: 1.579 km (mit dem Allegheny River hat er eine Länge von 2.102 km). Einzugsgebiet des Ohio River: 490.000 km².

Im Zentrum vereinigen sich Allegheny und Monongahela River zum Ohio River. Zusammen mit den vielen, z. T. kunstvoll verzierten Stahlbrücken bietet sich von den die Flüsse umrahmenden Berghängen ein unvergessliches Panorama auf die Skyline der modernen Innenstadt. Reizvoll ist auch, von Süden her durch den Fort Pitt Tunnel, den einzigen „Stadteingang in den USA", auf die Stadt zuzufahren.

*Steigende Beliebtheit*

Die Stadt hatte mit dem Niedergang der Schwerindustrie seit den 1960er-Jahren über die Hälfte ihrer Einwohner verloren (1957: 740.000; 1989 370.000 Einw.). Heute sind zwar nur noch 303.000 Menschen im direkten Stadtgebiet ansässig, doch die Einwohnerzahl in der Metropolitan Area (zzt. 2,37 Mio.) steigt seit Jahren und was noch wichtiger ist: Die Menschen leben gerne hier, das beweisen wiederholt Statistiken und Umfragen. Der Abwärtstrend wurde vornehmlich durch die Neuansiedlung von Dienstleistungsbetrieben, Pharma- und Software-Unternehmen in der Region gestoppt. WESCO, GlaxoSmithKline, Consol Energy, PPG Industries, Alcoa, sind vertreten, Bayer (inkl. Lanxess) hat seinen US-Hauptsitz hier, Boeing lässt einiges für den Dreamliner fertigen und viele „alte" Unternehmen wie US Steel und die legendäre Ketchupfabrik H. J. Heinz haben ihren Sitz in Pittsburgh belassen. Dass mittlerweile allein sechs Konzerne der „Fortune 500 Companies" ihr Stammhaus in der Stadt haben, zog wiederum Finanzdienstleister, z. B. PNC Financial Services, an. Auch das Gesundheitswesen trägt wesentlich zum Wohlstand bei.

Für Reisende interessant sind neben dem außergewöhnlichen Stadtbild an den Flüssen und entlang der Berghänge

- eine Reihe sehenswerter Museen – u. a. das größte Andy Warhol Museum.
- eine multikulturelle Gesellschaft, denn in 90 z. T. sehr unterschiedlichen Neighborhood Areas (Stadtvierteln) leben Menschen, deren Vorfahren aus über 50 Nationen stammten. Viele von ihnen kamen aus Osteuropa, aber auch die deutschen, italienischen und jüdischen „Communities" sind sehr groß.
- ein buntes Kulturprogramm mit mehreren Theatern und Orchestern und vor allem eine sehr vielseitige

*Maschinen der Stahlindustrie dienen heute nur noch als Monumente*

Abend-/Nachtszene (inkl. Livemusik) in umgebauten Lagerhäusern und alten Arbeitervierteln. Besonders die Jazzmusik ist in der Stadt präsent.

Pittsburgh verdeutlicht zweifelslos alle Sonnen- und Schattenseiten der amerikanischen Geschichte und Gesellschaft. Übrigens: Hier wurde die erste Fernsehstation in Betrieb genommen, eröffnete 1913 das erste Drive-in-Restaurant der USA und 1920 strahlte der Sender KDKA die erste (angekündigte) Radiosendung aus. Zudem gab es hier den ersten Presseclub sowie 1905 das erste Kino des Landes. Fastfood-Fans seien noch darauf hingewiesen, dass der „Big Mac" von McDonalds in Pittsburgh erfunden wurde, und zwar schon 1967.

*Geburtsort des „Big Mac"*

## Geschichte

George Washington, Abgesandter des Gouverneurs von Virginia, beschloss **1753**, hier ein Fort gegen die Franzosen errichten zu lassen. Doch die kamen ihm zuvor und erbauten 1754 Fort Duquesne, das **1758** zerstört wurde. Im selben Jahr wurde Pittsburgh von den Engländern gegründet und nach ihrem Premierminister benannt. Um 1800 eröffneten englische Einwanderer die ersten Eisen- und Glasfabriken. Das erste Flussschiff verließ Pittsburgh 1811. Der Krieg von 1812 puschte die Schwerindustrie. Ein Drittel der Innenstadt wurde bei einem großen Brand 1845 zerstört. Die Eisenbahnlinie von Philadelphia erreichte Pittsburgh 1852. Der Amerikanische Bürgerkrieg verschaffte der Schwerindustrie **1861–1865** riesige Aufträge.

1869 erfand Henry J. Heinz den berühmten **Tomatenketchup**, dessen besonderes Merkmal in der Einbringung von Meerrettich liegt. Der Carnegie-Clan erbaute 1873 die erste große Stahlfabrik. Zwischen 1870 und 1900 gab es zahlreiche weitere Gründungen von **Stahlwerken, Glasfabriken und Elektrokonzernen**, was den Zuzug vieler Einwanderer aus den verschiedensten Ländern bedingte. Aber auch zahlreiche Streiks und Arbeiteraufstände überschatteten diese Zeit. Die *Carnegie Company* schloss sich **1901** mit acht weiteren Stahlkonzernen zur *United Steel Company* zusammen.

*Brücken sind die Lebensader von Pittsburghs Downtown*

Pittsburgh und das eingemeindete Allegheny (heute North Side) zählten im Jahr 1907 521.000 Einwohner. Damit war die Stadt zu dieser Zeit die sechstgrößte in den USA. Während des **Zweiten Weltkriegs** wurden in Pittsburgh Stahl sowie Waffen und Munition im Wert von $ 19 Mrd. produziert. Erste Industriebetriebe am Point wurden 1945 abgerissen. Der Slogan „Smoke Must Go" bestimmte die Folgejahrzehnte. Pittsburgh erhielt langsam, aber sicher ein neues Antlitz. Die letzten Stahlwerke schlossen **1982/83**.

### Zeitplanung und Orientierung

**1. Tag**: Mit der Duquesne-Incline-Bahn auf den Berg hinauffahren und das Stadtpanorama genießen. Danach zum Andy Warhol Museum, Lunch am Strip, anschließend zum Senator J. Heinz History Center. Nachmittags durch ein paar ethnische Neighborhoods fahren – ganz ohne Routenplanung und das Fahrradmuseum Bicycle Heaven besuchen. Abends Station Square und/oder E. Carson St.
**2. Tag**: The Frick Pittsburgh und ausgewählte Abteilung im Carnegie Museum of Art besuchen. Wer dann noch Lust und Muße hat: Cathedral of Learning sowie der Point State Park. Alternative: Bootstour auf den Flüssen. Abends The Strip und/oder Lawrenceville.

Pittsburgh lässt sich in fünf interessante Gebiete einteilen:
- **Innenstadt**: „Golden Triangle" (Zusammenfluss von Allegheny und Monongahela River),
- Gebiet **östlich der Innenstadt** mit Universität und verschiedenen Neighborhood Areas, u. a. Oakland,
- die **North Side**, ehemals die selbstständige Stadt Allegheny (Museen, Sportstätten, ethnische Viertel),
- **The Strip** und **Lawrenceville** mit Restaurants, Bars, witzigen Geschäften und besonders in Lawrenceville einer jungen Szene
- die **South Side**, wo noch bis Ende der 1970er-Jahre die Hochöfen und Schwerindustrien angesiedelt waren.

# Sehenswertes

## In der Innenstadt

Die Innenstadt als solche bietet zwar keine ausgefallenen Highlights, dennoch lohnt es sich, einmal für eine Stunde umher zu spazieren. Verschiedenste Epochen amerikanischer Stadtarchitektur mischen sich hier, und die unterschiedlichen Brücken, die sich schwungvoll über die beiden Flüsse spannen, geben dem Ganzen einen gelungenen Rahmen. Ein Blick von einer dieser Brücken auf die Skyline bietet ein gutes Fotomotiv. Beeindruckend sind auch die historischen Gebäude, in denen einst die mondänen Warenhäuser untergebracht waren.

### Point State Park (1)

*Stadtgründung*

An der Spitze, wo sich Allegheny und Monongahela zum Ohio River vereinigen, wurde 1864 das Fort Pitt errichtet. Heute sind nur noch Reste erhalten, und ein **Block House** aus dieser Zeit wurde nachgebaut. Ein großer Springbrunnen auf der Landspitze bietet ein gutes Fotomotiv, und beim Café kann man eine Pause einlegen.

*Pittsburgh beeindruckt auch mit seinen vielen kleinen ethnischen Neighborhoods*

Das **Fort Pitt Museum** erläutert die frühe Geschichte von Pittsburgh, als sich Franzosen und Engländer um die Vorherrschaft in Amerika stritten.
***Fort Pitt Museum***, *www.heinzhistorycenter.org/fort-pitt, www.dcnr.pa.gov/StateParks, Feb.–Dez. tgl. 10–17 Uhr, $ 8 für das Museum.*

Der quadratisch angelegte **Market Square (2)** am östlichen Ausläufer der Forbes Ave. ist während der Lunchpause und nach Büroschluss Treffpunkt der Büroangestellten und Banker. Zahlreiche Restaurants laden zu einem Imbiss ein. Gediegener speist man ein paar Blocks weiter östlich im historischen **William Penn Hotel (3)**. Wem das zu teuer ist, der sollte einen Rundgang durch die reich verzierte Lobby nicht auslassen *(530 William Penn Pl., www.omnihotels.com).*

*Reges Treiben*

### August Wilson Center for African American Culture (4)

Das Kulturzentrum wurde in Anerkennung der Verdienste der afroamerikanischen Bevölkerung in Pittsburgh eingerichtet. In der Galerie werden in Sonderausstellungen Themen wie die Jazzkultur, Baseball oder die Lebensbedingungen der schwarzen Bewohner vorgestellt. Außerdem verdienen die Veranstaltungen (Musik, Lesungen etc.) Beachtung.
***African American Cultural Center***, *980 Liberty Ave., https://awaacc.org, Do 11–18, Fr/Sa 11–20, So 11–17 Uhr.*

**Hotels**
1 Wyndham Grand
2 Omni William Penn
3 TRYP by Wyndham
4 The Inn on Negley
5 The Priory Hotel
6 EVEN Hotel
7 Days Inn Pittsburgh, Hampton Inn Greentree
8 The Parador Inn

**Restaurants**
1 Market Square (div. Restaurants)
2 Station Square (div. Restaurants)
3 Max's Allegheny Tavern
4 Penn Brewery Restaurant
5 Piper's Pub
6 Wholey's (Fischimbiss)
7 Primanti Brothers
8 Poulet Bleu Bistro, Church Brew Works
9 Spirits & Tales

### David L. Lawrence Convention Center (5)

Für nahezu $ 400 Mio. erbaut, wurde dieses architektonisch imposante Kongressgebäude 2003 eröffnet. Über 3.000 m² Fläche mit 51 Versammlungsräumen, ein riesiger Ballsaal (300 m²) sowie zwei Vorlesungshallen befinden sich unter dem geschwungenen Dach. Einzigartig für so einen Bau sind die ökologischen Finessen: Ein großer Teil des Lichts kommt bei Tage von außen, die Belüftung erfolgt vornehmlich durch

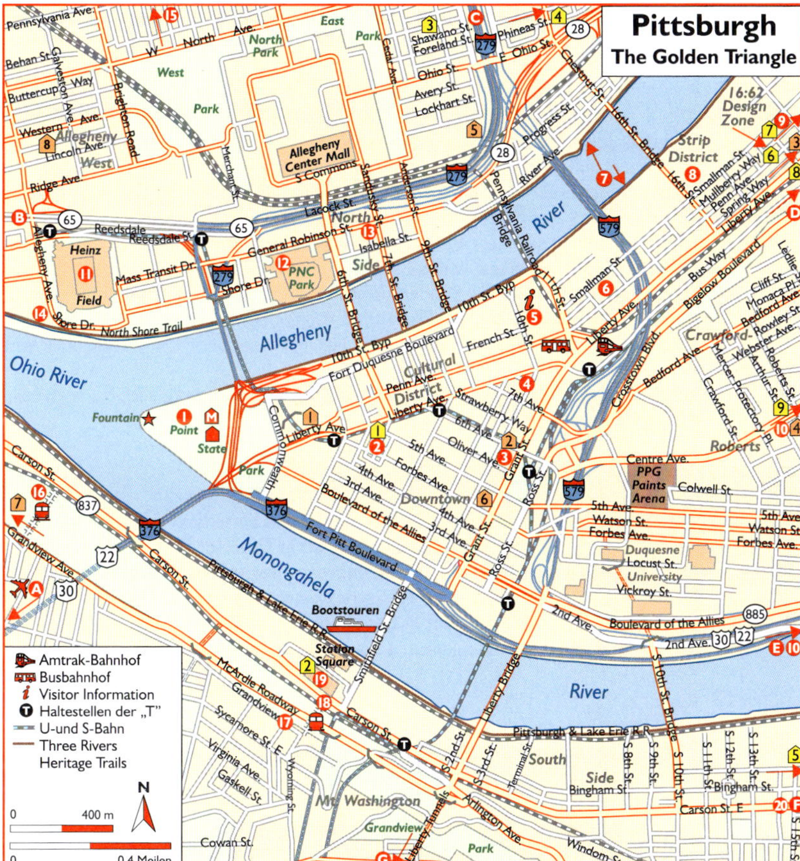


**Sehenswürdigkeiten**

**Downtown:**

1 Point State Park: Fort Pitt Museum & Block House
2 Market Square
3 William Penn Hotel
4 August Wilson Center for African American Culture
5 David L. Lawrence Convention Center
6 Senator J. Heinz History Center / Western Pennsylvania Sports Museum
7 Boardwalk (Three Rivers Heritage Trail)
8 Strip District
9 16:62 Design Zone, Bloomfield, Lawrenceville

**Oakland, östlich der Innenstadt:**

10 University of Pittsburgh, Cathedral of Learning, Nationality Classrooms, Carnegie Museum of Art & Museum of Natural History, Phipps Conservatory & Botanical Gardens, The Frick Pittsburgh

**North Side:**

11 Heinz Field (Football)
12 PNC Park (Baseball)
13 Andy Warhol Museum
14 The Carnegie Science Center
15 The Mattress Factory

**South Side:**

16 Duquesne Incline (Zahnradbahn)
17 Mt. Washington
18 Monongahela Incline (Zahnradbahn)
19 Station Square: Landing Tower, Bootstouren
20 East Carson Street

**Hier geht es nach:**

A Airport
B Avalon / Ingram / Bicycle Heaven
C I-279, I-79 North, Erie
D East Liberty
E Waterfront Mall, I-376, I-76 (Penn Turnpike)
F Homestead, Waterfront Mall
G US 19, Mt. Olivier, Dormont

natürliche Ventilation und als Baustoffe dienten recycelbare Materialien. Damit erhielt das Convention Center eine Auszeichnung als „Green Building".
***David L. Lawrence Convention Center**, 199 10th St./1000 Fort Duquesne Blvd., www.pittsburghcc.com.*

### Senator John Heinz History Center (6)

*Zurück zu den Anfängen*

Das interessanteste Museum zum Thema Pittsburgh wurde in einer ehemaligen Eisfabrik eingerichtet. Im Obergeschoss wird die Geschichte der Stadt anschaulich dargestellt, von den Native Americans und den ersten Kolonisten über die Zeit der Industrialisierung und des Wohlstands bis hin zum Umbruch während der letzten Jahrzehnte. Eine Abteilung widmet sich zudem der Geschichte der hiesigen Glasindustrie. Außerdem gibt es Sonderausstellungen und eine auf die Stadtgeschichte spezialisierte Bücherei (*Mi–Sa 10–17 Uhr*). Angeschlossen ist das **Western Pennsylvania Sports Museum**, das sich den Legenden des Sports in diesem Staat widmet.
***Senator John Heinz History Center**, 1212 Smallman St., Ecke 13th St., www.heinzhistorycenter.org, tgl. 10–17 Uhr, $ 18.*

### Boardwalk (7) und Strip District (8)

Der **Boardwalk**, auch **Three Rivers Heritage Trail** genannt, ist ein Wanderweg, der sich entlang aller Flussufer der Stadt zieht. Unterhalb der Veterans Bridge (I-579) kann man diesen verlassen und zum **Strip District** spazieren, wo einst die Züge mit den Waren an- und abfuhren. Nördlich der 16th St. Bridge sind hier in alten Lagerhäusern verschiedenste ethnische Restaurants und Cafés angesiedelt. Alte Geschäfte finden sich vor allem in der Penn Ave. und der Samllman St. zwischen 16th und 25th Street. Das kulinarische Angebot ist groß: Der Käsegroßhändler

*Treiben am Strip*

(**Pennsylvania Macaroni Co.**, *2012 Penn Ave.*), orientalische Gewürzhändler, ein riesiges Fischgeschäft (**Wholey**, *Ecke Penn Ave./17th St., mit Fischimbiss!*), **S&D Polish Deli** (*2204 Penn Ave.*), **Kelly O's Diner** (*Ecke Smallman/24th Sts.*, deftiges Frühstück/Lunch), der Brewpub **Cinderlands Warehouse** (*2601 Smallman St.*) oder die große Shoppingmall im **Terminal** (*2101 Smallman St., ehem. Früchteauktionshalle*) – sie alle ziehen täglich Käufer, Hungrige und Durstige aus allen Stadtteilen an. Darüber hinaus laden Ramschläden zwar nicht zum Kaufen, dafür aber zum Schauen ein – nichts, was es hier nicht gibt. Abends ist der Strip eher Ziel der jüngeren Leute, die die Clubs und In-Lokale bevölkern. Weiter gen Nordosten stößt man auf ruhigere Restaurants und Pubs.

*Bunte Restaurants und Geschäfte*

Noch weiter gen Nordosten geht es, zunächst noch auf der Penn Ave., später auf der Butler St., in den hippen Szenestadtteil **Lawrenceville**, dessen Einkaufsidylle auch **16:62 Design Zone (9)** (*http://lvpgh.com*) genannt wird – dank der vielen kleinen Galerien, Antiquitäten- und Designerläden, die sich in den alten Stadthäusern niedergelassen haben. Bäckereien, Cafés, Frühstückslokale, Restaurants und Neighborhood-Bars gibt es auch zur Genüge.

### Pittsburgh und der Jazz

info

Schon vor dem Zweiten Weltkrieg trafen sich hier viele Jazzgrößen, die auf ihrer „Auftrittspendelstrecke" zwischen New York und Chicago in Pittsburgh Halt machten und eine lebendige Jazzszene ins Leben riefen. Sie spielten oft zusammen, bevor sich ihre Wege am nächsten Tag in jeweils entgegengesetzter Richtung trennten, und hinterließen bei den lokalen Nachwuchsmusikern natürlich Spuren. Art Blakey stammt übrigens aus Pittsburgh.

Auch heute noch wird der Jazz in vielen Lokalen großgeschrieben und die Duquesne University bietet sogar einen Jazz-Studiengang an.

Beliebt sind die verschiedenen Jazz-Konzertreihen wie **BNY Mellon JazzLive** (*www.trustarts.org*) und **MCG Jazz Series** (*www.mcgjazz.org*), bei der Jazzmusiker aus aller Welt auftreten.

## Sehenswertes östlich der Innenstadt (Oakland) (10)

### University of Pittsburgh

Die Universität von Pittsburgh wurde 1787 gegründet und infolge des Reichtums der Stadt um 1935 deutlich erweitert. Doch der damalige Rektor hatte selbst für Pittsburgh zu hochtrabende Pläne: Die Finanzierung des Rohbaus der 42-geschossigen **Cathedral of Learning** – ein imposantes Gebäude mit neugotischen Stilelementen – konnte er zwar noch mithilfe großzügiger Spenden bewerkstelligen, doch bei der Inneneinrichtung ging ihm das Geld aus.

So entstand die Idee, jeder ethnischen Gruppe in Pittsburgh einen Raum zu widmen, den diese dann nach eigenem Ermessen einrichten sollte. Natürlich wollte keine Gruppe der anderen nachstehen. Das Resultat waren zuerst vier unterschiedliche **Nationality Classrooms**, doch über die Jahrzehnte kamen immer mehr dazu und mittlerweile sind es ca. 30 Räume, die jeweils die Kulturen der entsprechenden Bevölkerungsgruppen widerspiegeln. Alle Räume können besichtigt werden. Man stel-

*Thematische Horsäle*

Cathedral of Learning

le sich mal eine Mathematikvorlesung in einem afrikanischen „Ashanti-Kral" vor, um anschließend die Sozialkundestunden im Ambiente des französischen „Grand Empire" fortzusetzen. Auch der zentrale „Gothic Commons Room" im Gebäude ist sehenswert. Ohne natürliches Licht – im Stil einer alten Ritterburg – sitzen hier die Studenten und lernen. Mit dem Fahrstuhl kann man in eines der oberen Stockwerke fahren. Von dort bietet sich eine schöne Aussicht auf Pittsburgh.
***University of Pittsburgh**, 4200 Fifth Ave., www.nationalityrooms.pitt.edu, zu besichtigen während der Vorlesungszeit, geführte Touren mit Voranmeldung: $ 10.*

### Alternativen:

**The Carnegie Museum of Art & Museum of Natural History**
1895 eröffnet, war das Museum of Art das erste Museum der Welt, das auch moderne Kunst zeigte. Es bietet heute ein aufregendes Potpourri verschiedenster Stilelemente, die von antiken Tempelresten über französische Impressionisten bis hin zu zeitgenössischer Kunst reichen. Zudem gibt es eine Architekturabteilung sowie eine permanente Fotoausstellung.

Das Naturkundemuseum bietet eher etwas für Kinder und Jugendliche, da es sich sehr auf didaktische Grundelemente konzentriert. Für Erwachsene mögen vor allem die Abteilung über die Arktisgebiete des amerikanischen Kontinents und die Ausstellung der amerikanischen Tierwelt von Interesse sein.
***The Carnegie Museum of Art & Museum of Natural History**, 4400 Forbes Ave., https://cmoa.org, https://carnegiemnh.org, tgl. Mo–Sa 10–17, Do bis 20 Uhr, $ 20 (zusammen für beide Museen).*

**Phipps Conservatory & Botanical Gardens**
Der Botanische Garten mit mehreren Gewächshäusern und dem eindrucksvollen Haupthaus, u. a. mit Tropenwald, wird so manchen Pflanzenfreund begeistern.
***Phipps Conservatory & Botanical Gardens**, Schenley Dr., www.phipps.conservatory.org, tgl. 9.30–17, Fr bis 22 Uhr, $ 20.*

**The Frick Pittsburgh**
*Stahlbaron* Henry Clay Frick war einer der einflussreichsten Industriebarone in Pittsburgh. Sein Reichtum basierte auf der einfachen Tatsache, dass er bereits 1870 erkannt hatte, dass die Produktion von Stahl jene der Eisenerzeugung bald überflügeln würde. Als Konzessionär verschiedener Kohlefelder konnten Frick und einige Partner das

Überangebot an Kohle, das zu dieser Zeit herrschte, mit der Errichtung mehrerer Bessemer-Koks-Öfen und der eigenen Stahlproduktion umgehen. Binnen weniger Jahre hatte Frick ein riesiges Stahlimperium errichtet. 1879 besaß er allein 1.000 Hochöfen.

Fricks Einfluss bei den Kohleproduzenten zwang den Carnegie-Clan dazu, gemeinsam mit ihm die Geschäfte fortzuführen. Zwischen beiden Familien entwickelte sich sogar eine Freundschaft. Frick stieg ins Management der *Carnegie Company* auf und verhalf ihr zu hohen Gewinnen. Als Gegenleistung erhielt er Anteile am Carnegie-Konzern. Doch als Frick um 1900 aussteigen und seinen Anteil ausgezahlt haben wollte, weigerte sich Carnegie strikt. Schließlich zahlte er ihm $ 4,9 Mio., wobei der Wert von Fricks Anteilen das Sechsfache betrug. Die Freundschaft zerbrach daran.

*Mehrere Museen*

Zu besichtigen sind ist das **Clayton House**, einst Wohnhaus der Fricks, ausgestattet mit viktorianischer Einrichtung, vielen technischen „Raffinessen" seiner Zeit und einem großen „Orchestreum". Im **Car & Carriage Museum** werden Kutschen und wunderschön restaurierte Autos der Fricks (u. a. ein Rolls Royce, 1914, und ein Lincoln, 1931) ausgestellt. Das **Frick Art Museum** überzeugt mit hochkarätigen, ständig wechselnden Kunstausstellungen. Im angeschlossenen **Café at the Frick** gibt es guten Kuchen.
***The Frick Pittsburgh**, 7227 Reynolds St., www.thefrickpittsburgh.org, Di–So 10–17 Uhr, Eintritt frei, geführte Tour im Clayton House ab $ 15.*

Über die Liberty Ave. gelangt man durch **Bloomfield**, Pittsburghs „Little Italy", zurück in die Stadt. In dem eigenwilligen und bunten Stadtteil leben heute alteingesessene italienische Familien, Studenten, Mittelamerikaner, Afro-Amerikaner und andere. Studentenlokale, putzige Geschäfte und auch bessere Restaurants laden zu einem Stopp ein. Die „down-to-earth"-Burger im **Tessaro's** (*4601 Liberty Ave.*) sind übrigens legendär und fanden bereits in so manchem Food-Magazin lobende Anerkennung.

## North Side

Die ehemals eigenständige Stadt Allegheny, eingemeindet 1907, hat sich als „North Side" bis heute ihren eigenen Charakter bewahrt und ist stolz darauf, am Ufer des Allegheny River die großen Sportstadien zu beherbergen. Für die Bewohner ist Pittsburgh immer noch die „andere Stadt". Abgesehen von den u. g. Sehenswürdigkeiten lohnt ein Schlenker durch die East Ohio St., wo sich urige kleine Geschäfte und ein paar Pinten, aber auch eine Patisserie und ein Bistro finden. In den umliegenden Blocks zwischen Cedar Ave. und I-279 sowie weiter östlich im Stadtteil Troy Hill, wohnten um 1900 die deutschen Immigranten. In der heute sogenannten **Historic Deutschtown** (*http://deutschtown.org*) gibt es eine deutsche Kneipe, Max's Allegheny Tavern (s. S. 473), die neue Microbrewery *Spring Hill Brewing (1958 Varley St., www.springhillbrewing.com)* in einem ehemaligen deutschen Versammlungshaus sowie das ehemalige bayrische Benediktinerhaus (derzeit ein Inn, s. S. 473). Einige Kirchen und deren Inschriften erinnern ebenfalls an diese Zeit. Das Gebäude der heutigen **Penn Brewery** war schon früher als Brauerei genutzt worden – natürlich damals in süddeutscher Hand. Und nicht zuletzt siedelte John Henry Heinz, Sohn deutscher Einwanderer, hier 1890 seine berühmte Ketchup-Fabrik an.

*Spuren deutscher Einwanderer*

*Baseball ist angesagt in Pittsburgh*

Bereits von der Innenstadt aus sind die zwei großen Stadien zu erkennen: das **Heinz Field (11)** (Football, „Pittsburgh Steelers", über 70.000 Plätze) sowie der **PNC Park (12)** (Baseball, „Pittsburgh Pirates", 38.000 Plätze). Beide Stadien wurden 2001 eröffnet. Die Fans reisen teilweise Hunderte von Meilen an und nehmen ein Spiel auch zum Anlass, anschließend Pittsburghs Nachtleben zu genießen.

### Andy Warhol Museum (13)

*Berühmter Sohn der Stadt*

Andy Warhol (1928–1987) wurde als Andrej Warhola in Pittsburgh geboren und war einer der berühmtesten Pop-Art- und Werbekünstler. Die Kunst „erlernte" Warhol in jungen Jahren am Carnegie Institute. Zu Weltruhm gelangte er jedoch erst nach seinem Umzug nach New York. Über 1.500 Bilder und Gemälde, 500 Drucke, 400 Fotos und andere seiner Werke sind hier untergebracht. Für den Museumsbesuch sollte man mindestens 1,5 Stunden einplanen.

***Andy Warhol Museum**, 117 Sandusky St., www.warhol.org, Mo u. Mi–So 10–17 Uhr, Fr bis 22 Uhr, $ 20.*

### The Carnegie Science Center (14)

Das Technikmuseum ist vorwiegend für Kinder konzipiert, die an unzähligen Geräten physikalische Gesetze, im Planetarium die Sternenwelt und im *Rangos Giant Cinema* auf riesiger Leinwand ein dreidimensionales Raumbild erleben und erlernen können. Erwachsene können ein U-Boot aus dem Zweiten Weltkrieg besichtigen (Tourdauer 40 Min.) bzw. sich an einer großen Modelleisenbahn erfreuen. Außerdem rühmt sich das Museum damit, die größte Roboterausstellung der Welt zu besitzen.

***The Carnegie Science Center**, 1 Allegheny Ave., https://carnegiesciencecenter.org, tgl. 10–17 Uhr, ab $ 20.*

**The Mattress Factory – A Museum of Contemporary Art (15)**
In der ehemaligen Matratzenfabrik leben und arbeiten heute Künstler aus aller Welt und stellen jeweils ihre Arbeiten vor. Wichtiger Aspekt dieser Kunstwerke ist es, den Wohn- und Lebensbereich menschenfreundlicher zu gestalten. *Ungewöhnliches Museum*
***The Mattress Factory**, 500 Sampsonia Way, https://mattress.org, Do–So 11–18, Mi bis 20 Uhr, $ 20.*

Einfach überwältigend ist das weltgrößte Fahrradmuseum **Bicycle Heaven (B)** in Chateau. Knapp 6.000 (!) Fahrräder aus allen Epochen – mit Bananensattel, mit ersten Elektromotoren, Rennräder, aus Fiberglas oder bekannt aus Filmen etc. – sind zu sehen. Die meisten der Räder stehen zum Verkauf. Aber Achtung! Auf einigen Preisschildern stehen höhere fünfstellige Summen. Ersatzteile und kitschiges Zubehör sind auch erhältlich. Gleich nebenan wird Fans der Musik aus den 1950–80ern das **Johnny Angel's Ginchy Stuff & Music Museum** begeistern. CDs, Spielzeuge, Magazine u. A. aus dieser Zeit sind hier zu bewundern (*www.jaginchystuff.com, Zeiten variieren*). *Fünfstellige Summen*
***Bicycle Heaven**, 1800 Preble Ave., ☎ (412) 734-4034, www.bicycleheaven.org, tgl. 10–19 Uhr.*

## South Side

Die South Side unterhalb des Mt. Washington war bis in die 1960er-Jahre hinein eines der bedeutendsten Industrieareale der Stadt. Kein Wunder, dass auf dem Berg trotz der einmaligen Lage keine historischen Villen stehen. Sie hätten ihren Besitzern inmitten der aufsteigenden Rußwolken wenig Freude bereitet. Das ist mittlerweile Geschichte. Heute hat sich hier ein sehr eigenwilliger Stadtteil entwickelt, in dem alle sozialen Klassen vertreten und urige Geschäfte und Restaurants zu finden sind, besonders weiter östlich entlang der East Carson St., zwischen S. 10th St., Birmingham Bridge und S. 27th St.

**Mt. Washington (17), Duquesne und Monongahela Incline**
Die **Duquesne Incline (16)** *(1197 W. Carson St.)* ist die letzte historische Zahnradbahn in Pittsburgh. Einst gab es zwölf davon im Stadtgebiet. Sie dienten als Transportmittel für die Arbeiter zwischen Wohngebiet (auf dem Berg) und Fabrik (am Fluss). In der Bergstation hängen **alte Fotos**, die einen Einblick in das „Pittsburgh der Hochöfen" vermitteln. Gleich neben der Bergstation befinden sich eine Aussichtsplattform und ein Restaurant. Der Ausblick auf Stadt und Flüsse ist einzigartig und besonders schön auch am Abend, wenn die Stadt erleuchtet ist. Von hier aus kann man

*Die letzte historische Zahnradbahn: Duquesne Incline*

entlang der Grandview Ave. bis zur anderen Zahnradbahn, der **Monongahela Incline (18)**, laufen (ca. 20 Min.). Die *Mon-Incline* hat zwar nicht so alte Wagen, doch die Abfahrt lohnt sich auch. An der Talstation gelangt man direkt zum Station Square. Alternativ kann man auch mit dem Auto auf den **Mt. Washington** fahren.
***Inclines,*** *www.portauthority.org/services/inclines, www.duquesneincline.org, Mo–Sa 5.30–12.45, So 7/8.45–12/12.30 Uhr, $ 2,50 pro Strecke.*

### Station Square (19)

In und um das alte Gebäude des ehemaligen Hauptbahnhofs der Stadt sind heute zahlreiche Boutiquen, Geschäfte, Restaurants und Kneipen angesiedelt. Relikte aus der Zeit der Stahlfabriken runden das Bild ab. Die beeindruckende Haupthalle des Bahnhofs wird vom Fischrestaurant Grand Concourse (s. S. 473) eingenommen. Ein Stück flussabwärts legen die **Flussdampfer** zu 1- bis 3-stündigen Rundfahrten ab (s. S. 475).
***Station Square***, *450 Landmarks Bldg., 1 Station Square, www.stationsquare.com.*

### East Carson Street (20)

Der Distrikt erstreckt sich zwischen S. 10th und S. 27th St. Hier kann man gut ein bis zwei Stunden herumschlendern und alte Häuser, verstaubte Ramschläden, In-Coiffeure, Kunsthandlungen, heruntergekommene Pinten, schicke Kaffeehäuser, Live-Musik und mehr erleben. Auch die Restaurantszene kann begeistern – egal, ob es spanische Feinschmeckerküche oder nur ein Burger an der Ecke sein soll.

## Außerhalb der Stadt

Besucher können in der alten Kohlemine **Tour Ed Mine & Museum** einfahren und alles über den Kohleabbau und die damit verbundene frühe Geschichte von Pittsburgh erfahren.
***Tour Ed Mine & Museum***, *748 Bull Creek Rd., Tarentum, Anfahrt: Rte. 28 N., Exit 14, https://tour-edmine.com, Memorial Day–Labor Day Mo, Mi–So 10–16, Sept./Okt. nur Sa/So (letzte Tour 14.30) Uhr, ab $ 9,50.*

## Reisepraktische Informationen Pittsburgh, PA

### Information

**Welcome Pittsburgh**: *David L. Lawrence Convention Center, 1000 Ft. Duquesne Blvd., ☎ (877) 568-3744, www.visitpittsburgh.com. Weitere* **Visitor Center**: *am Flughafen und an der Duquesne Incline (1197 W. Carson St.).*
**Tageszeitungen**: *„Pittsburgh Post-Gazette“ (www.post-gazette.com) – zwei Printausgaben wöchentlich; „Pittsburgh Tribune-Review” (https://triblive.com) – nur digital.*

### Unterkunft (▸ *Karte S. 465*)

**Wyndham Grand Pittsburgh Downtown $$$–$$$$ (1)**: *600 Commonwealth Pl. (Point State Park), ☎ (412) 391-4600, www.wyndham.com. Zentral gelegenes, modernes Oberklassehotel. Große, helle Zimmer und Suiten, viele mit Blick auf Point State Park und Ohio River.*
**Omni William Penn $$$$–$$$$$ (2)**: *530 William Penn Pl., ☎ (412) 281-7100, www.omniwilliampenn.com. Historisches Luxushotel, zentral gelegen, mit dem Charme der 1920er Jahre, was sich u. a. in der* **Speakeasy Bar** *im Stil der Prohibitionszeit widerspie-*

*gelt. Wunderschöne Lobby mit Palmen und Kerzenleuchtern. Alle Annehmlichkeiten. Interessante Angebote (z. B. B&B).*

**TRYP by Wyndham Pittsburgh/Lawrenceville $$$–$$$$ (3)**: *177 40th St., ☎ (412) 567-0555, www.tryppittsburgh.com. Boutiquehotel in ehemaligem Schulgebäude. Die Zimmer sind etwas klein, aber schick. Parkplatz (nur Valet) am Haus. Bar und Frühstückscafé sowie auf dem Dach Barrestaurant (großenteils überdacht).*

**The Inn on Negley $$$$–$$$$$ (4)**: *703 S. Negley Ave. (Shadyside), ☎ (412) 661-0631, www.innonnegley.com. Unauffälliges, sehr persönlich geführtes B&B. Historisches Ambiente. Zehn Autominuten östlich der Innenstadt (östlich der Universität). Tolles Frühstück.*

**The Priory Hotel $$$–$$$$ (5)**: *614 Pressley St. (North Side), ☎ (412) 231-3338, www.thepriory.com. Das Haus von 1888 (ehemals Haus der bayrischen Benediktinermönche) und die Kirche von 1852 wurden zu einem Boutiquehotel umgebaut. Zimmer mit viktorianischen Antiquitäten. Tipp: die etwas teureren Suiten. Den Innengarten schmücken ein Springbrunnen und Blumen.*

**EVEN Hotel $$$ (6)**: *425 Forbes Ave., ☎ (412) 301-2277, www.ihg.com. Modern gestaltetes Hotel in der Innenstadt. Die Zimmer sind nicht allzu groß, dafür stimmt das Preis-Leistungs-Verhältnis. Ansprechender Fitnessbereich.*

**Days Inn Pittsburgh $$ (7)**: *1150 Banksville Rd., Dormont (South), ☎ (412) 531-8900, www.wyndhamhotels.com. Langweilig, dafür günstig und nahe zur Innenstadt. Auf dem I-279/376 durch den Tunnel nach Süden fahren und am Exit 5a auf die Banksville Rd. abzweigen.*

**Hampton Inn Greentree $$$ (7)**: *555 Trumbull Dr. (Green Tree), ☎ (412) 922-0100, www.hilton.com, hamptoninnpittsburghgreentree.com. Ansprechendes Motel mit gutem Preis-Leistungs-Verhältnis. Zehn Autominuten südlich der Innenstadt. Frühstück inkl.*

*Ein weiteres schönes B&B ist das* **The Parador Inn $$$ (8)** *(939 Western Ave., ☎ (412) 231-4800, https://theparadorinn.com) in der North Side. Schöne alte Möbel, ein toller Garten (Courtyard) und ein reichhaltiges Frühstück sprechen für diese Herberge.*

### Essen & Trinken (*▸ Karte S. 465*)

*Am* **Market Square** *(Downtown)* **(1)**: *Um und nahe dem Platz gibt es kleine „Eateries" und Cafés (oft kein Dinner!).*

*Am* **Station Square (2)**: *Rund um das Entertainmentgebiet gibt es eine Reihe von Restaurants und Snackbuden.* **The Melting Pot** *(242 W. Station Sq. Dr., ☎ (412) 261-3477, www.meltingpot.com) bietet, wie der Name bereits suggeriert, Fondues. Käsefondue in allen Variationen, auch als Appetizer, sowie Schokoladenfondues mit Früchten für die Süßmäuler. Der Tipp am Station Square ist das Fischrestaurant* **Grand Concourse** *in der historischen Railroad Station (100 W. Station Sq. Dr., ☎ (412) 261-1717, www.grandconcourserestaurant.com), auch berühmt für den ausladenden Sonntagsbrunch sowie die Raw-Bar (Austern u. a.).*

**Max's Allegheny Tavern (3)**: *537 Suismon St./Ecke Middle St., North Side (500 m nördl. Allegheny River), ☎ (412) 231-1899. Deutsche Spezialitäten (Kassler, Wurst, Schnitzel, Sauerbraten etc.) auf der North Side. Historische Bar mit schönem Tresen.*

*Wer es eher deftig „bayrisch" mag, z. B. bayrische Schlachtplatte und selbst gebrautes Bier, dem sei das* **Penn Brewery Restaurant (4)** *empfohlen: 432 First Ave., Ecke Troy Hill Rd./Vinial St. (North Side), ☎ (412) 391-5140, www.pennbrew.com.*

*Ein Tipp für die Stadt ist ansonsten die* **East Carson St.** *(South Side, Blocks zwischen 10th und 26th St.). Hier gibt es Restaurants aller Preisklassen und vor allem aller ethnischen Richtungen. Ein weiterer Vorteil: Nach dem Essen ist es nicht weit zum nächsten Lo-*

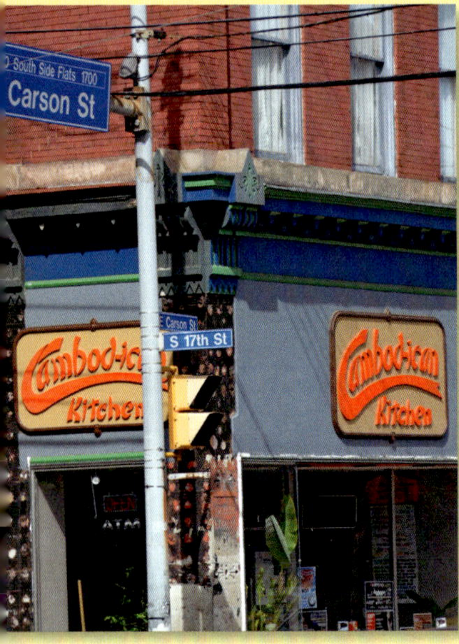


East Carson Street: lebendig und bunt

*kal zum Biertrinken, Musikhören etc. Riesige Burger und britische Delikatessen wie „Ploughman's Lunch" und „Bangers 'n' Mash" bekommt man im* **Piper's Pub (5)** *(1828 E. Carson St., ☎ (412) 381-3977, www.piperspub.com). Die Bierauswahl stimmt auch.*

**Strip District und Lawrenceville**: *Hier beeindrucken bereits die kleinen Snackecken in den Geschäften (z. B. der Fischimbiss in* **Wholey (6)**, *Ecke Penn Ave./17th St. und andere in diesem Sektor) sowie* **Primanti Brothers (7)** *(46 18th St.; andere Locations in der Stadt, siehe: https://primantibros.com), eine Pittsburgh-Institution in Sachen Sandwiches (gerne mit Pommes oben drauf!). Zwei Blocks um die Ecke lockt* **Pamela's Diner** *(60 21st St., www.pamelasdiner.com) im Retrolook mit reichhaltigem Frühstücks-/Brunchangebot. Das* **Poulet Bleu Bistro (8)** *(3517 Butler St., ☎ (412) 325-3435) in Lawrenceville überzeugt mit französischen Snacks und Speisen. Experimentierfreudige sollten auch weiter oben an der Butler St. in Lawrenceville schauen (Blocks bis zur 56th St.). Da sich das Viertel in ständigem Umbruch befindet und Restaurants hier kommen und gehen, soll auf konkrete Tipps verzichtet werden. Einfach Zeit nehmen und schauen. Des Weiteren ist der Brew Pub* **Church Brew Works (8)** *(3525 Liberty Ave., ☎ (412) 688-8200), untergebracht in einem großen Kirchengebäude, erwähnenswert. Dessen Küche versucht sich an mittel- und südeuropäischen Speisen: Salate, Pierogies, Burger, Pulled Pork, Pasta, Wildschwein, Wurstplatte, Vegetarisches etc.*

**Spirits & Tales (9)**: *5130 Bigelow Blvd., ☎ (412) 297-4080. Brasserie-Restaurant oben auf dem Oaklander Hotel und nahe der großen Museen. Blick auf Oakland. Auch gut geeignet für ein gediegenes Frühstückserlebnis. Nur Frühstück und Dinner.*

## Was sind …

… **Pierogies**? Kleine Teigtaschen, gefüllt mit zerstampftem Gemüse und Fleisch. Sehen aus wie Ravioli, schmecken aber anders. Dieses Gericht haben die polnischen Einwanderer eingebracht. Drei bis fünf Pierogies mit Salat eignen sich gut für einen Snack.

… **Hoagies**? Lange Brötchen, belegt mit zwei bis vier Fleischklopsen, die mit einer Tomaten-Fleisch-Soße übergossen und häufig noch mit Käse überbacken werden. Ein typischer, aber mächtiger Snack in Pittsburgh.

## Pubs/Livemusik/Destillen *(▸ Karte S. 465)*

*Aktuelle Veranstaltungen findet man in der kostenlosen Wochenzeitung „City Paper" (www.pghcitypaper.com), erhältlich an (immer weniger vorhandenen) Straßenboxen oder in Lokalen, auf der Website der „Pittsburgh Post-Gazette" (www.post-gazette.com) bzw. über www.wqed.org, der Homepage eines Radiosenders.*

*Beliebt, wenn auch nicht ganz so urig, ist die* **Warren Bar & Burrow** *(245 7th St., Innenstadt).*

**South Side** *(E. Carson St.): Hier sind die unterschiedlichsten Kneipen angesiedelt: ob Lokale mit Livejazz oder Rockmusik, ob Studentenkneipen oder Yuppietreffs. Die Neighborhood-Kneipe* **Birmingham Bridge Tavern***: (2901 Sarah St.) ist weithin bekannt für Chicken Wings (auch Burger, Sandwiches, Pierogies und Fish & Chips) sowie tolle Bierauswahl.*

**Strip District***: um Smallman St., Penn Ave. und Liberty Ave., nordöstl. der 16th St. Bridge. In die alten Lagerhäuser sind Lokale eingezogen, in denen Livemusik gespielt wird oder einfach Stimmung angesagt ist (Altersgruppe: eher unter 35). Tipp:* **Mullaney's Harp & Fiddle Pub***: 2329 Penn Ave., ☎ (412) 642-6622. Pub mit vornehmlich irischer Livemusik und keltischen Tanzabenden. Hier gibt es auch deftige irische Gerichte. Im Tasting Room der* **Maggie's Farm Rum Distillery** *(3212a Smallman St.) wird erstklassiger Rum geboten. Wer dagegen lieber Whiskey mag, probiert die nahe* **Wigle Whiskey Distillery** *(2401 Smallman St.) aus. In* **Cinderlands Warehouse** *(2601 Smallman St.) befindet sich eine ansprechende Microbrewery.*

**Lawrenceville***: Gute Cocktails und interessante Leckereien gibt es in der* **Bar Botanico** *(4325 Butler St.). Ebenfalls in Lawrenceville bietet das* **Thunderbird Café & Music Hall** *(4053 Butler St.) mehrmals in der Woche Livemusik (oft Indie Rock u. Ä.). Im* **Cinderlands Foederhouse** *(3705 Butler St.) kann man eine Vielzahl an Bieren aus eigener Produktion probieren.*

*Es gibt eine Reihe von weiteren Microbrewries in Pittsburgh. Neben den bereits Genannten sei noch die kleine* **Allegheny City Brewing Co.** *(507 Foreland St., North Side) hervorgehoben. Hier wird im Tap Room jedes Bier ganz persönlich vorgestellt. Ein Muss für Craftbeer-Fans.*

## Einkaufen

*Das Shoppingcenter* **Station Square** *bietet für jeden etwas. Auch die Atmosphäre in der alten Bahnhofshalle ist reizvoll, wobei die Shops sehr „mainstream" sind.*

*In der* **South Side** *(E. Carson St., östl. 10th St.), im* **Strip District** *(um Penn Ave. nordöstl. 14th St.) sowie im Viertel* **16:62 Design Zone** *(Lawrenceville, Nordende Penn Ave. bis Butler St. Höhe 57th St.) gibt es zahlreiche Pawnshops, Ramsch-, Designer- und Antiquitätenläden, die zum Stöbern einladen.*

**The Waterfront Mall***: 149 W. Bridge St., Homestead. Hier wurde eine Outdoor-Shopping Mall in die Anlagen eines ehemaligen Stahlwerks geschickt integriert. Im Umfeld gibt es viele andere, auch Bekleidungsgeschäfte bekannter Ketten.*

**SouthSide Works** *(424 S. 27th St., South Side) ist ein Lifestyle Center mit vielen Geschäften, Restaurants und Hotels. Wer sich für Juweliergeschäfte interessiert, sollte einmal zum* **Diamond District** *(Clark Building, 717 Liberty Ave.) gehen.*

**Pittsburgh Mills***: Rt. 28 N., Exit 12A, Pittsburgh Mills Boulevard, 16 mi nordöstl. der Innenstadt. Mit 200 Geschäften aller Art (auch Factory Outlets) die größte Mall nahe der Stadt.*

## Stadtführungen/Bootsfahrten

**Pittsburgh History & Landmarks Foundation***: 100 W. Station Square Dr., Ste 450, ☎ (412) 471-5808, www.phlf.org. Unternimmt Führungen in die verschiedenen ethnischen Stadtteile von Pittsburgh.*

**Gateway Clipper Fleet***: ☎ (412) 355-7980, www.gatewayclipper.com. Dampferfahrten auf den drei Flüssen Pittsburghs (1–3 Std., ab $ 29). Abfahrt direkt westl. des Station Square.* **Rivers of Steel** *(https://riversofsteel.com) bietet ebenfalls gut erläuterte, 90-minütige Bootstouren an (ab $ 25). Zudem organisiert das Unternehmen Touren durch das*

*Mit dem Dampfer auf dem Monongahela River*

*ehemalige* **Carrie-Stahlwerk** *(801 Carrie Furnace Blvd., Rankin; 8 mi östl. von Pittsburgh Downtown).*

### Flughafen

**Pittsburgh International Airport**: *1000 Airport Blvd., 30 Autominuten südwestl. der Innenstadt. Durch den Fort Pitt Tunnel fahren und dann den Ausschilderungen folgen.* **Flughafeninformation**: ☎ *(412) 472-3525, https://flypittsburgh.com.*
**Flughafentransfer**: *Der* **28x Airport Flyer**, *eine Buslinie, pendelt im 30-Min.-Takt zwischen Airport (Baggage Claim Door #6) und Innenstadt, www.portauthority.org/pdfs/28X.pdf.*
*Alle großen* **Mietwagenfirmen** *haben eine Niederlassung am Flughafen.*

### Öffentliche Verkehrsmittel

**U-Bahn und Busse**: *Die U-Bahn wird „T" genannt und ist in der Innenstadt kostenlos, die Fahrt über die Brücke zur South Side ist allerdings kostenpflichtig. Das Bussystem untersteht der „PRT". Der Fahrer hat kein Wechselgeld, daher Fahrgeld immer passend haben. Alternativ kauft man eine ConnectCard (online oder in Geschäften: www.portauthority.org/fares-and-passes/connectcard) bzw. besorgt sich gleich ein günstiges Tagesticket.* ☎ *(412) 442-2000, www.portauthority.org.*
**Überlandbusse**: *Der Greyhound-/Trailways-Busbahnhof befindet sich gegenüber dem Bahnhof (55 11th St./Liberty Ave.),* ☎ *(412) 392-6514 (allg.) od. 392-6526 (Tickets).*
**Amtrak-Bahnhof**: *1100 Liberty Ave.,* ☎ *(412) 471-6171 (Bahnhof). Verbindungen nach New York, Washington, Chicago.*

### Taxis/Fahrdienste

*Taxis dürfen in Pittsburgh nicht auf der Straße angehalten werden. Man bestellt entweder telefonisch und geht zu einem Taxistand (z. B. an großen Hotels).* **Yellow Cab**: ☎ *(412) 321-8100.* **Uber**, **Lyft** *und* **zTrip** *(www.ztrip.com) sind über Apps/Internet zu buchende Fahrdienste.*

### Schaufelraddampferfahrt auf Ohio und Mississippi

Krönender Abschluss einer Rundreise um die Großen Seen ist eine Schaufelraddampferfahrt von Pittsburgh etwa nach Cincinnati, Memphis oder sogar New Orleans, von wo aus man anschließend nach Europa fliegen kann.

Die Schaufelraddampfer! Wer kennt sie nicht, die schwimmenden Holzkisten mit der riesigen Walze am Heck und den markanten Schornsteinen, deren „zerfranste" Kronen den Dampf gleichmäßig in die Luft verteilen? Wer hat nicht, ob Kind, ob Greis, Mark Twains „Tom Sawyer" gelesen oder zumindest im Fernsehen gesehen? Und immer wieder waren es diese majestätisch wirkenden Schiffe, die Leben in die kleinen Orte entlang der großen Flüsse brachten. Während des 19. Jh. versorgten die Schaufelraddampfer fast alle Städte zwischen New Orleans, Chicago und Pittsburgh. Ob Baumwolle, Getreide, Vieh oder Jazzmusiker, Glücksritter oder Industriearbeiter – alles und jeder war auf sie angewiesen. Ohne diese Dampfer wäre das amerikanische „Heartland" nicht in diesem Stil besiedelt worden. Viele Geschichten wurden über und um sie herum geschrieben, unzählige Wettfahrten fanden statt – nicht selten mit überhitzten und explodierten Kesseln als Folge. Ihre kurze, aber heftige Zeit endete mit dem ausgehenden 19. Jh. Eisenbahnen verkehrten schneller und zuverlässiger.

Heute kann man die Zeit nacherleben. Die „American Queen" und ihre Schwesterschiffe, nachgebaute Schaufelraddampfer, nehmen Passagiere auf eine unvergessliche Flusskreuzfahrt mit und lassen die Zeit des Mark Twain noch einmal aufleben. Von Pittsburgh verkehren die Dampfer nur selten, aber es könnte ja passen ... Ansonsten versucht man es ab Cincinnati, St. Louis oder Memphis.
**American Queen Voyages**, ☎ *(866) 522-1166, www.aqvoyages.com. Oder über europäische Reisebüros.*

# Cleveland

## Überblick und Geschichte

1796 gründete General Moses Cleaveland eine Hafenstadt am Südufer des Lake Erie, an der Mündung des Cuyahoga River. Doch bereits nach einem Jahr waren alle Bewohner wieder verschwunden, vertrieben durch Krankheiten und Insektenplagen. 1799 ließ sich dann Lorenzo Carter, ein Händler, dauerhaft hier nieder. Mit der ersten Zeitung änderte sich der Name Cleaveland in Cleveland – denn für die Titelspalte der „Cleveland Gazette" war das „a" zu viel. Der Hafen erhielt 1832 bedeutenden Auftrieb mit der Eröffnung des Ohio Canal, der den Lake Erie und den Ohio River miteinander verband. Kleinere Kanalprojekte und Eisenbahnlinien folgten, und während des Bürgerkriegs entwickelte sich die Eisenindustrie.

*Schwieriger Start*

Neben der Bedeutung als Verkehrsknotenpunkt waren es ab Mitte des 19. Jh. die großen Industriemagnaten, die die Geschicke der Stadt lenkten, allen voran John D. Rockefeller, der hier 1870 die Standard Oil Company gründete. Daraus wurde im 20. Jh. die Exxon Company, einer der größten Konzerne der Welt und bei uns bekannt als Esso. Wie kam es zu diesem Namen? Das doppelte „X" erschien für das deutsche Sprachempfinden ungeeignet, und so erinnerte man sich an den alten Namen Standard Oil, dessen Anfangsbuchstaben sich sprachlich „S"-„O" lesen.

*Boomjahre nach dem Bürgerkrieg*

Rockefeller folgten andere Industriebarone wie Thomas L. Johnson und Mark Hanna. 1880 zählte Cleveland 161.000 Einwohner und wuchs rasant. Im Besonderen Zuwanderer aus Süd- und Osteuropa kamen hierher, aber auch viele Deutsche. Heute noch wird dies an den vielen ethnischen Restaurants deutlich.

*Umweltverschmutzung*

Die beiden Weltkriege verschafften Cleveland den Ruf als Waffenschmiede der Nation. Überall entlang dem Cuyahoga River rauchten die Schornsteine und der Fluss war eine einzige Dreckbrühe. Es wurde so viel verbrauchtes Öl in den Fluss geleitet, dass er 1969 sogar einmal in Flammen stand!

1967 wählte Cleveland mit Carl Stokes den ersten Schwarzen zum Bürgermeister einer amerikanischen Großstadt. Er hatte keine leichte Aufgabe, denn die Stahlwirtschaft begann sich aufzulösen. Ende der 1970er-Jahre war Cleveland alles andere als eine lebens- und besuchenswerte Stadt. Zählte sie 1970 noch 900.000 Einwohner, waren es 1982 nur noch 500.000 (heute: 373.000, Metropolregion: 2,08 Mio. Einw.). Wer Geld hatte, zog sich in die Randgemeinden zurück oder ging nach Kalifornien. Übrig blieben ungelernte Arbeiter und alte Menschen. Aus einer blühenden Industriestadt – deren ehemaliger Reichtum sich noch heute in monströsen Prachtbauten zeigt – wurde innerhalb von nur 15 Jahren das Armenhaus der Nation, zudem heimgesucht von zahlreichen Rassenunruhen.

Zu Beginn der 1980er-Jahre begann sich das Blatt wieder zu wenden. Dies war besonders dem damaligen Bürgermeister George V. Voinovich und seinem City-Council-Präsident George L. Forbes zu verdanken, die rigorose Sparmaßnahmen eingeleitet hatten. Entwicklungsprogramme mit vielversprechenden Namen wie „New Cleveland Campaign", „Cleveland Tomorrow" und „Cleveland Advanced Ma-

*Cleveland heute: Industrieromantik und Moderne*

nufacturing Program" wurden ins Leben gerufen und verfolgten in erster Linie das Ziel, den Mittelstand zu fördern. Ein paar Jahre später wurden die Lagerhäuser in den Flats zu Restaurants umgewandelt, der Northcoast Harbor District vollkommen umgekrempelt (heute ein interessantes Museumsviertel), die Krankenhäuser modernisiert und attraktiv gestaltet für auswärtige Patienten und letztendlich die Innenstadt komplett saniert. Die positive Entwicklung Clevelands war für andere ehemalige Industriestädte wie Detroit ein Vorbild, obwohl sich der Wandel nur langsam und über gut drei Jahrzehnte hinzog. Neben den Sehenswürdigkeiten in der Innenstadt – allen voran die „Rock and Roll Hall of Fame" – haben vor allem die Museen um den University Circle, besonders das Kunstmuseum, dazu beigetragen.

*Maßnahmen zur Wiederbelebung der Stadt*

Doch das soziale Problem konnte bis heute nicht gelöst werden, wurde sogar noch dramatischer mit der Wirtschaftskrise 2007–2009 und erneut durch die Corona-Pandemie, wegen der Kongresse und Messen ausfielen und Touristen ausblieben. Tausende Häuser stehen auch heute leer. Zwar hat sich erneut eine Mittelschicht gebildet, doch die wenigen, die an dem bescheidenen neuen Reichtum partizipieren, leben und zahlen ihre Steuern in den Randgemeinden. So zählt Cleveland – wie Chicago – zu den Städten mit den größten Einkommensunterschieden zwischen den einzelnen Stadtteilen.

Dem Reisenden präsentiert sich Cleveland somit recht facettenreich. Auf der einen Seite sind da das schmucke Universitäts- und Museumviertel, die modernen Krankenhäuser entlang der Euclid Avenue, der am Wochenende quirlige Lagerhausdistrikt samt aufgemöbelter Uferzone am Cuyahoga River („Flats"), die modernen Museen am Lake Erie und die netten Nischen mit ethnischen Restaurants, zum anderen gibt es die abends ausgestorbene Innenstadt, das verschlafene Viertel Ohio City, die Industriebrachen südlich der Innenstadt und die teilweise komplett verlassenen Wohnviertel mit den einst schönen Familienhäusern.

*Starke Gegensätze*

Viele Polen, Russen, Ukrainer, Tschechen und Slowaken sind nach Cleveland gekommen. Noch heute werden **Pierogies** (s. S. 474) freitags an orthodoxen und polnisch-katholischen Kirchen verkauft. Besonders verbreitet ist diese Sitte im **Slavic Village**, z. B. an der St. Stanislaus Church. Der Stadtteil liegt südlich der Innenstadt und wird durch I-77 im Westen, Harvard Ave. im Süden und Kowalski Park/Broadway im Nordosten eingegrenzt. Bekannt für polnische Würstchen („Smokies") ist die Schlachterei **R&K Sausage** (*7700 Harvard Ave., https://rksausagecompany.com*). Für beste Pierogies fährt man dagegen zu **Krusinski Finest Meat** (*6300 Heisley Ave.*).

*Osteuropäische Kultur*

# Sehenswertes

## Innenstadt

Die Innenstadt befindet sich seit Jahren im Umbruch. Überall wurde und wird gebaut bzw. renoviert. So verwundert es nicht, dass majestätische Säulengebäude aus den 1920er-Jahren – als die Stadt in voller Blüte stand – neben hochmodernen Glaspalästen zu finden sind. Es sind also nicht die Gebäude im Einzelnen, sondern die wilde Stilmischung der Architektur, die einen Spaziergang durch die Straßen um den

*Stadt im Umbruch*

*Weltklasse: Cleveland Museum of Art*

## Zeitplanung und Orientierung

**1 Tag**. Den Vormittag in der Innenstadt und mit dem Besuch der Rock and Roll Hall of Fame verbringen. Nachmittags zwei Museen im University Circle/East Side. Am frühen Abend empfiehlt sich ein Spaziergang über den Lakeview Cemetery oder durch den Rockefeller Park.
**2 Tage**: **1. Tag**: Zuerst auf den Observation Tower (Terminal Tower) – falls geöffnet. Danach durch die Innenstadt spazieren und zum Northcoast Harbor District laufen: Rock and Roll Hall of Fame und noch einige der anderen Sehenswürdigkeiten hier anschauen. Den Abend im „Warehouse-District" bzw. in The Flats verbringen. **2. Tag**: In den University Circle/East Side District fahren und dort zwei bis drei Museen besuchen, vorzugsweise das Cleveland Museum of Art, das Dittrick Medical History Museum und das Cleveland History Center samt dem Crawford Auto-Aviation Museum. Für die Lunchpause bietet sich ein italienisches Restaurant in der Mayfield Rd. („Little Italy", s. S. 491) an. Am späten Nachmittag einen Spaziergang über den Lakeview Cemetery oder durch den Rockefeller Park unternehmen. Abends auf eigene Faust ein Lokal in Ohio City ausfindig machen.

**Orientierung**
Interessant sind in Cleveland im Wesentlichen der Innenstadtbereich sowie die East Side und der University Circle ca. 5 mi östlich der Innenstadt. Die Innenstadt unterteilt sich in:
- den Kernbereich um den Public Square,
- den sich nördlich daran anschließenden Bereich um das Northcoast Harbor Basin und
- The Flats/Warehouse District, das ehemalige Lagerhaus- und Industrieareal beidseits des Cuyahoga River westlich des Kernbereichs.

zentralen Public Square lohnend macht. Somit kann man einen Rundgang am **Terminal Tower (1)** beginnen und, vorbei am Visitor Center (*334 Euclid Ave./4th St.*), dann im „Zickzack" zum Northcoast Harbor wandeln, von Weitem bereits zu erkennen am **Football-Stadion (2)** der „Cleveland Browns". Anschließend bietet sich der „Warehouse District" für eine Pause an.

*Beginn des Rundgangs*

**Tower City Center und Terminal Tower (1)**: Der ehemalige Bahnhof, 1890 erbaut, wurde komplett umgestaltet und renoviert. Heute befinden sich in den unteren drei Etagen dieses Wahrzeichens von Cleveland die größte **Shopping Mall** der Innenstadt samt eines vielseitigen Food Court sowie die zentrale Haltestation der RTA-Bahn. Schön ist die Aussicht vom **Observation Deck** im 42. Stock des 1930 erbauten, zentralen Terminal Tower.
***Observation Deck**, www.terminaltower.com/amenities, www.clevelandskyscrapers.com, Mitte April bis Weihnachten, nur Sa 12–17 u. So 12–16 Uhr, $ 5.*
***Tower City Center**, Public Square, www.towercitycenter.com.*

Vor dem Tower City Center breitet sich der **Public Square** aus, in dessen Mitte ein imposanter Springbrunnen steht.

Weiter der Euclid Ave. nach Osten folgend, passiert man zuerst das **Visitor Center** und den **4th Street Historic District** mit einigen netten Restaurants und kurz danach, auf der nördlichen Straßenseite, den Eingang der historischen **Arcade Mall (3)** (*www.theclevelandarcade.com*). Weniger die kleinen Geschäfte als vielmehr die Architektur dieser ersten Einkaufsmall von Cleveland imponieren. Gusseiserne Verzierungen und Geländer, über mehrere Stockwerke verteilt, zeugen von dem einstigen Reichtum dieser Stadt.

Im **Playhouse Square Center (4)**, Clevelands „Little Broadway", traten einst berühmte Stars auf. Ende der 1970er-Jahre verwahrloste die Anlage. Seit der kompletten Renovierung finden wieder Musical-, Tanz- und Theatervorführungen in den vier schmucken Theatern statt. Meist am ersten Samstag im Monat werden zwischen 10 und 11.30 Uhr einstündige Touren angeboten. Andere Zeiten nur auf Anfrage.
***Playhouse Square Center**, Euclid Ave., zw. E. 14th und E. 17th St., ☎ (216) 771-4444 (Info), (216) 241-6000 (Tickets), www.playhousesquare.org.*

Es geht dann zurück zur Superior Ave. und zum massiven Gebäude der **Public Library (5)**. Der Platz dahinter würde vielen Königsstädten Europas alle Ehre bereiten. Weit ausladend und flankiert von weiteren Säulengebäuden sowie dem mit 289 m höchsten Bauwerk der Stadt, dem modernen **Key Tower**, wird man abermals an die reichen Stahljahre und den „amerikanischen Sinn für Überdimensionales" erinnert. An der nun vor einem liegenden Lakeside Ave. erstaunen das **Cuyahoga County Court House (6)** (Westen) und die **City Hall (7)** (Osten). Letzterem Gebäude wurde als künst-

*Terminal Tower*

lerische Spielerei ein überdimensionaler Stempel („**Free Stamp**") in den Vorgarten gelegt.

An der Kreuzung E. 9th St. und Lakeside Ave. gelangt man zur modernen **Galleria at Erieview Shopping Mall (8)** *(www.galleriaaterieview.com)*, deren schöne gläserne Atriumanlage beeindruckt, weniger aber die Geschäfte.

## Am Northcoast Harbor und entlang der Hafenlinie

Die Hafenfront von Cleveland wurde in ein Freizeitgebiet umgewandelt. Hier gibt es jetzt Museen, Restaurants, Picknickplätze und Spazierwege.

### Rock and Roll Hall of Fame & Museum (9)

Dieses Museum beschäftigt sich ausschließlich mit der Geschichte der Rockmusik. Über sieben Stockwerke verteilt erfährt man z. B., dass die Rockmusik aus dem Jazz

**Sehenswürdigkeiten**
1 Tower City Center & Terminal Tower
2 Football-Stadion der „Cleveland Browns"
3 Arcade Mall
4 Playhouse Square Center
5 Public Library
6 Cuyahoga County Court House
7 City Hall
8 Galleria at Erieview Shopping Mall
9 Rock and Roll Hall of Fame & Museum
10 Great Lakes Science Center
11 „William G. Mather" Museum
12 „USS Cod"
13 International Women's Air & Space Museum
14 (Historic) Warehouse District
15 The Flats
16 Ohio City und West Side Market

**Hotels**
1 The Ritz-Carlton
2 Renaissance Cleveland Hotel
3 Residence Inn Cleveland Downtown
4 Stone Gables Inn
5 Hampton Inn – Downtown
6 Brownstone Inn
7 Comfort Inn Downtown
8 Aloft Hotel
9 University Hotel & Suites
10 The Cleveland Hostel

**Restaurants**
1 Camino
2 Heck's Café, Happy Dog
3 Great Lakes Brewing Co., Soho Chicken & Whiskey
4 Sittoo's Lebanese Grill
5 Johnny's Downtown

*Symbol gegen zu viel Bürokratie: „Free Stamp"*

und Blues entstanden ist. Alle amerikanischen sowie viele europäische Rockgrößen werden hier vorgestellt. An zahlreichen Computern kann man spezielle Fragen stellen, Multimediashows untermalen das Ganze. Memorabilien fehlen natürlich auch nicht. Kleidungsstücke und Musikinstrumente von Jimi Hendrix, Elvis Presley, John Lennon und anderen Legenden sind zu bewundern. Die Wahl der Aufteilung bzw. die Erläuterungen sind z. T. sehr wild zusammengestellt, ganz im Sinne der nicht minder wilden Geschichte der Rockmusik.

*Alles über (amerikanische) Rockmusik*

Die Darstellung der Rockmusikentwicklung ist immer noch sehr auf Amerika fixiert. Englische Bands, mit Ausnahme der Beatles, der Rolling Stones und Deep Purple, werden ungenügend besprochen und sind im Musikladen unter der Rubrik „English Invaders" zu finden. Bekannte englische Bands wie Queen, Black Sabbath oder Uriah Heep oder deutsche Gruppen wie die Scorpions finden kaum Beachtung. Trotzdem lohnt es sich, für dieses Museum mindestens zwei Stunden einzuplanen. Im Museum gibt es ein Café und am Ausgang wird man unweigerlich durch den riesigen Museumsshop geleitet.

Federführend bei der architektonischen Planung des achtgeschossigen, dreieckigen „Glaszelts" war der Architekt I.M. Pei, der u. a. auch die National Gallery of Arts in Washington entworfen hat.

*Rock and Roll Hall of Fame*

***Rock and Roll Hall of Fame & Museum**, 1100 Rock and Roll Blvd., www.rockhall.com, tgl. 10–17, im Sommer auch Do/Fr/Sa bis 20 Uhr, $ 35. Tickets sollte man wegen des Andrangs online vorbuchen.*

*Raumfahrt-Ausstellung*

Das **Great Lakes Science Center (10)** ist ein technisches Museum, das vor allem die Kinder begeistern wird, denn viele technische Raffinessen können selbst ausprobiert werden („Hands on"). Zum Science Center gehören das **NASA Glenn Visitor Center** mit einer tollen Ausstellung zur Raumfahrt (unter anderem ist eine Apollo 3 zu sehen und das Leben im All wird anschaulich vorgestellt), ein IMAX-Kino sowie das **William G. Mather Museum (11)**, ein 1925 gebautes, nahezu 200 m langes Frachtschiff der Großen Seen, das in ein Museum umgewandelt wurde.
***Great Lakes Science Center**, 601 Erieside Ave., https://greatscience.com, Science Center Mo–Sa 10–17, So 12–17 Uhr (Sept.–April Mo geschl.), $ 17; „W. G. Mather" (Steamship) Juni–Aug. Di–Sa 11–17, So 12–17, Sept.–Okt. Sa/So 11/12–17 Uhr, $ 9.*

Ein Stück weiter sind die **„USS Cod" (12)**, ein 95 m langes U-Boot aus dem Zweiten Weltkrieg sowie drei Landungsboote, wie sie auch bei der Landung der Alliierten in der Normandie 1944 zum Einsatz kamen, zu besichtigen.
***USS Cod**, 1201 N. Marginal Rd., www.usscod.org, Mai–Sept. tgl. 10–17 Uhr, $ 12.*

Das **International Women's Air & Space Museum (13)** am Burke Lakefront Airport ist im Besonderen den Pilotinnen der Streitkräfte sowie Astronautinnen gewidmet. Obwohl es sehr auf die amerikanischen Frauen ausgerichtet ist, werden auch die Leistungen in anderen Ländern gewürdigt, so z. B. die der Russin Valentina Tereshkova, die 1963 als erste Frau im All gewesen ist. Die erste Amerikanerin im All war 1983 Sally Ride.
***International Women's Air & Space Museum**, 1501 N. Marginal Rd., https://iwasm.org/wp-blog, tgl. 8–20 Uhr, Eintritt frei.*

## Warehouse District, The Flats und Ohio City

Das Gebiet westlich der Innenstadt, am Cuyahoga River und südlich des alten Seehafens, war einst das wirtschaftliche Herz von Cleveland. Hier stehen große Lagerhäuser, in denen früher Waren aus allen Himmelsrichtungen umgeschlagen wurden – mittlerweile natürlich hier und dort unterbrochen von modernen Bauten. Diesen Bezirk nennt man auch heute noch den **Warehouse District (14)** *(https://warehousedistrict.org)*, der im Wesentlichen von der W. 3rd St. und der W. 10th St. begrenzt wird. Unterschiedlichste Restaurants und Boutiquen laden hier zum Bummeln und Speisen ein. Der o. g. Internetseite kann man einen Spaziergang zu historischen Gebäuden entnehmen.

*Neue Nutzung der Lagerhäuser*

Gleich westlich davon beginnen **The Flats (15)** *(www.cleveland.com/flats bzw. https://topics.cleveland.com/tag/flats)*, am rechten Flussufer **East Bank** genannt. Vor allem in der Old River Rd. gibt es Restaurants, Bars und eine Microbrewery (Livemusik Fr/Sa), in denen sich die Clevelander gerne nach Büroschluss treffen. Die Stadtbahn führt direkt daran vorbei. Fast schon idyllisch, bedenkt man, wie dreckig es hier im ehemaligen Industrieviertel einmal aussah.

Auf der gegenüberliegenden Flussseite schließlich – der sogenannten **West Bank** – standen früher Stahlwerke und andere Fabriken. Noch bevor die Schwerindustrie sich hier niederließ, wurde auf diesem Gebiet eine eigene Stadt gegründet: **Ohio City**, welche in starker Konkurrenz zu Cleveland stand. Das führte 1836 zum „Bridge War", der erst 1854 beigelegt wurde und zum Zusammenschluss der Städte führte. Eine Fußgängerbrücke, die 1901 erbaute **Center Street Bridge** unterhalb der majestätischen **Detroit-Superior Bridge**, führt dorthin. An der West Bank sind ebenfalls ein paar Restaurants und Kneipen angesiedelt. Das Areal direkt um das **Powerhouse** ist bereits Treffpunkt aller Generationen. Hier am ehemali-

*Das Powerhouse*

gen Elektrizitätswerk, das Mark (Marcus) Hanna eigens für die Stromversorgung der Straßenbahnen erbauen ließ, finden heute auf einer Freilichtbühne Konzerte statt und das **Greater Cleveland Aquarium** (*www.greaterclevelandaquarium.com, tgl. 10–17 Uhr, $ 20*) lockt besonders Familien mit Kindern an. Zudem legen hier Bootstouren auf dem Fluss ab.

*Netter Vorort*

**Ohio City (16)** (*www.ohiocity.org*), einst heruntergekommen, wurde zu einer viktorianisch geprägten „Suburb" herausgeputzt. Der Bezirk westlich der W. 25th St., zwischen Church Ave. und Chatham Ave., lohnt einen Spaziergang. Hier gibt es diverse Restaurants, Microbreweries, Musikclubs, Coffee Shops und ein paar nette Geschäfte. Kernbereich ist die Ecke Lorain Ave./W. 25th St., wo der durch seinen markanten Uhrenturm auffallende **West Side Market** (*Mo, Mi, Fr 8–17, Sa 7–17, So 10–16 Uhr, https://westsidemarket.org*) für ein buntes Marktleben sorgt. In einem ehemaligen Bahnhof, dem **Transformer Station** (*1460 W. 29th St., https://transformer station.org, Mi–So 11–17 Uhr*), wird in wechselnden Ausstellungen zeitgenössische Kunst sowie Fotokunst gezeigt.

## East Side und University Circle

4–5 mi östlich der Innenstadt von Cleveland verteilt sich das Gelände der Universität über einen ganzen Stadtteil, in dessen Umkreis man zahlreiche Museen besuchen kann. Aus der Innenstadt heraus fährt man entlang der Euclid Ave., die Clevelands Geschichte gut verdeutlicht: Alte Lagerhäuser, riesige Kirchen- und Tempelgebäude, heruntergekommene Wohnviertel, aber auch große, hochmoderne Klinikgebäude säumen die Strecke. Dazwischen nimmt sich die **Dunham Tavern (17)** ganz eigenartig aus. Während der ersten Hälfte des 19. Jh. diente das kleine Haus als Treffpunkt für Säufer und Politiker und war Zwischenstation für die Pferdekutschenroute zwischen Detroit und Buffalo. Heute beherbergt es ein kleines Museum, in dem die Geschichte der Taverne erzählt wird.

*Pause für die Pferdekutschen*

***Dunham Tavern Museum**, 6709 Euclid Ave., www.dunhamtavern.org, Mi+So 13–16 Uhr, $ 5.*

### Sehenswertes im und um den University Circle

*Nur durch Spenden finanziert*

Das kleine **African American Museum (18)**, in einem sozial schwachen Stadtteil angesiedelt, bietet besonders in Sonderausstellungen Einsichten in die dornenreiche Geschichte der Schwarzen in Amerika. Das Ambiente in und um das Museum zeigt auch heute, dass noch nicht alle Barrieren überwunden sind.
***African American Museum**, 1765 Crawford Rd., www.aamcle.org, Sa 10–16 Uhr.*

Zeitgenössische Kunst ist im **Cleveland Museum of Contemporary Art (MOCA) (19)** zu sehen, sowohl aus der permanenten Sammlung, aber in größerem Umfang in wechselnden Sonderausstellungen.
***MOCA**, 11400 Euclid Ave., www.mocacleveland.org, Do–So 11–17 Uhr, Eintritt frei.*

Das **Cleveland Museum of Art (20)** gehört zu den besten und größten Kunstmuseen Amerikas. An die 30.000 Objekte (davon jeweils nur 4.000 ausgestellt) schließen Kunstwerke der Indianerkulturen, aus der Antike (Ägypten, Rom, Griechenland), aus dem Nahen Osten und dem europäischen Mittelalter sowie moder-

ne Werke ein. Ein 12 m breites, interaktives Wanddisplay präsentiert die aktuell ausgestellten Kunstwerke und macht Vorschläge für einen Rundgang.
***Cleveland Museum of Art**, 11150 East Blvd., www.clevelandart.org, Di–So 10–17, Mi/Fr bis 21 Uhr, Eintritt frei.*

In den **Cleveland Botanical Gardens (21)** laden verschiedene Gärten und ein Gewächshaus mit Pflanzen aus aller Welt zu einem Spaziergang ein. Im Besuchergebäude finden Ausstellungen statt, außerdem gibt es ein Café-Restaurant und man kann botanische Literatur einsehen bzw. erwerben. Immer wieder Sonderprogramme, z. B. spezielle „Blumenshows".
***Cleveland Botanical Gardens**, 11030 East Blvd., https://holdenfg.org, Di–Sa 10–17, Do und im Sommer bis 20.30, So 12–17 Uhr, $ 16.*

*Kunst, Kleidung, Technik*

Das **Cleveland History Center (22)** zeigt Ausstellungen mit Designer-Kleidungsstücken sowie amerikanischer Kunst und einiges zur bewegten Stadtgeschichte. Besondere Aufmerksamkeit sollte man hier der Ausstellung im **Crawford Auto-Aviation Museum** schenken, in dem die Entwicklung der Luftfahrt und der

★ **Sehenswürdigkeiten**
17 Dunham Tavern Museum
18 African American Museum
19 Cleveland Museum of Contemporary Art (MOCA)
20 Cleveland Museum of Art
21 Cleveland Botanical Gardens
22 Cleveland History Center
23 Dittrick Medical History Center & Museum
24 Cleveland Museum of Natural History
25 Temple Museum of Jewish Art, Religion and Culture
26 Lake View Cemetery
27 Maltz Museum of Jewish Heritage

**Restaurants**
Etna Ristorante & Wine Bar, La Dolce Vita

N
0 500 m
0 0,3 Meilen
© igraphic

Automobilproduktion in diesem Teil Amerikas erläutert wird anhand einiger alter Flugzeuge und Autos.
***Cleveland History Center**, 10825 East Blvd., www.wrhs.org, Do 10–20, Fr–So 10–16 Uhr, $ 15.*

Das **Dittrick Medical History Center & Museum (23)** befasst sich mit Entwicklungen in der Medizin. Alte Arztzimmer, anatomische Skizzen und Modelle, Ausstellungen zur Geschichte des Röntgenapparats und des Mikroskops und besonders die Sammlung großenteils historischer Instrumente lohnen den Besuch.
***Dittrick Medical History Center & Museum**, 11000 Euclid Ave., im 3. Stock der Medical Library, https://artsci.case.edu/dittrick, Fr 10.30–16, Sa 12–16 Uhr.*

Ein weiteres Museum am University Circle ist das **Cleveland Museum of Natural History (24)** *(Wade Oval am University Circle, www.cmnh.org, Mo–So 10–17 Uhr, $ 17)* mit einer sehenswerten Abteilung zum Thema Gesundheit und menschliche Anatomie. An übergroßen Plastikmodellen werden einzelne Körperteile erläutert.

*Friedhof der Industriellen*

Einige Blocks weiter östlich von der Universität befindet sich der **Lake View Cemetery (26)**. Die prachtvolle Friedhofsanlage ist eine „Enzyklopädie der Industriellen". John D. Rockefeller, Marcus A. Hanna, Präsident James A. Garfield und andere Persönlichkeiten sind hier begraben. An vielen Gräbern erläutern Tafeln die Biografien der Verstorbenen, die nicht selten mit bahnbrechenden Erfindungen verknüpft sind. Die baumreiche Anlage bietet sich für einen Spaziergang an und vom **James A. Garfield Monument** (*9–16 Uhr*) hat man einen grandiosen Blick über Stadt und Lake Erie (am besten vor 15 Uhr).
***Lakeview Cemetery**, 12316 Euclid Ave., www.lakeviewcemetery.com.*

*Lake View Cemetery*

Der **Rockefeller Park**, durch den sich nördlich des University Circle der Martin Luther King Jr. Drive schlängelt, beeindruckt mit alten Bäumen und den Cleveland Cultural Gardens, in denen sich 30 Nationen verewigt haben mit Skulpturen, kleinen botanischen Anlagen sowie teilweise Erinnerungen an Dichter, Denker und Wissenschaftler – darüber weht natürlich die entsprechende Landesfahne (*www.universitycircle.org/destinations/cleveland-cultural-gardens*). *Cultural Gardens*

Das südöstlich des University Circle in Beachwood gelegene **Maltz Museum of Jewish Heritage (27)** ist in einem sehr minimalistisch gehaltenen Gebäude untergebracht. Es erläutert die Geschichte der Juden in Ohio und erinnert mit verschiedenen Ausstellungen an den Holocaust. Auch ein Tempel gehört zur Gesamtanlage. Ganz in der Nähe befindet sich auch das **Temple Museum of Jewish Art, Religion and Culture (25)** mit Sonderausstellungen und jüdischen Kunstwerken.
***Maltz Museum of Jewish Heritage**, 2929 Richmond Rd., www.maltzmuseum.org, Di–So 10–16 Uhr, $ 12.*
***Temple Museum of Jewish Art, Religion and Culture**, 26000 Shaker Blvd., https://ttti.org.*

### Cleveland's Little Italy

Wer zur Mittagszeit Hunger verspürt, dem bietet sich das italienische Viertel für eine Mahlzeit an. Ganz nach dem Motto „Pizza, Pasta, Parmesan" gibt es vor allem in der Mayfield Rd. zahlreiche italienische Restaurants (s. S. 491). Hier findet man zudem, wie auch in der Murray Hill Rd., einige Galerien und Kleinkunsthandwerksläden.

## Reisepraktische Informationen Cleveland, OH

### Information

**Cleveland Visitors Center**: *334 Euclid Ave./4th St., ☎ (216) 875-6680, www.thisiscleveland.com. Man erhält hier u. a. eine Broschüre über einen Spaziergang durchs historische Cleveland.* **Info-Hotline** *1-800-321-1001: Hotelbuchungsservice, dazu aktuelle Infos zu Veranstaltungen, Nachtleben etc.; Clevelands Tageszeitung ist der „Plain Dealer".*
**Tickets für Veranstaltungen**: **Ticketmaster** *☎ (216) 241-5555.*

### Unterkunft (*▸ Karte S. 482*)

**The Ritz-Carlton $$$$$ (1)**: *1515 W. 3rd St., ☎ (216) 623-1300, www.ritzcarlton.com. Modernes Luxushotel in der Innenstadt. Alle Zimmer mit Antiquitäten eingerichtet und die Gesellschaftsräume mit ausgesuchtem Porzellan „geschmückt". Das hat seinen Preis!*
**Renaissance Cleveland Hotel $$$–$$$$ (2)**: *24 Public Sq., ☎ (216) 696-5600, www.marriott.com. Das 2021 restaurierte Hotel ist seinen Preis wert, kann mit Ambiente aufwarten, hat Zimmer mit geschmackvollen Möbeln und ist einfach nur schick. Der Brunnen im zehnstöckigen Atrium ist aus Marmor.*
**Residence Inn Cleveland Downtown $$$–$$$$ (3)**: *527 Prospect Ave. E., ☎ (216) 443-9043, www.marriott.com. Gepflegt, zentral gelegen und für die Preiskategorie eine der besten Innenstadt-Optionen.*

**Stone Gables Inn $$$–$$$$ (4)**: *3806 Franklin Blvd., Stadtteil Ohio City (westl. der Innenstadt), ☎ (216) 962-4654, https://stonegablesinn.com. 5 Zimmer, viktorianisches Ambiente. Komfort und Eleganz. Eher untypisch für den Citybereich, aber wirklich zu empfehlen, wenn man es abgeschiedener mag. Restaurants sind zu Fuß zu erreichen.*
**Hampton Inn – Downtown $$–$$$ (5)**: *1460 E. 9th St., ☎ (216) 241-6600, www.hilton.com. Günstig zu den Attraktionen der Innenstadt und des Northcoast Harbor gelegen. Modern, unspektakulär, Frühstück inkl. Preiswerte Wochenendraten.*
**Brownstone Inn $$(–$$$) (6)**: *3649 Prospect Ave., ☎ (216) 426-1753. Fünf Zimmer in Haus von 1874, die besten liegen nach vorne. Wer sparen möchte, muss sich ein Bad teilen ($$). Zwischen Innenstadt (ca. 1,5 km) und University Circle gelegen.*
**Comfort Inn Downtown $$$ (7)**: *1800 Euclid Ave., ☎ (216) 861-0001, www.choicehotels.com. Modernes Motel direkt im Südwesten der Innenstadt.*
**Aloft Hotel $$$ (8)**: *1111 W. 10th St., East Flats/Downtown, ☎ (216) 400-6469, www.marriott.com. Modernes Hotel inmitten des abendlichen Treibens in den East Flats. Günstig gelegen zum Warehouse District, der Innenstadt und direkt an der Stadtbahn. Geräumige Zimmer, zumeist mit Blick auf die Flats und den Fluss. Der Tipp, wenn man abends nicht weit laufen möchte.*
**University Hotel & Suites $$ (9)**: *3614 Euclid Ave. ☎ (216) 361-8969, www.universityhotelcleveland.com. 1970er-Jahre-Charme. Zwar kein Schmuckstück, dafür aber mit die günstigste Hotelalternative in Innenstadtnähe (20 Gehminuten). Zudem Restaurant im Haus, kostenloses, einfaches Frühstück und freies Parken.*
**The Cleveland Hostel $–$$ (10)**: *2090 W. 25th St., ☎ (216) 394-0616, www.theclevelandhostel.com. Günstige Alternative, auch Einzel- und Doppelzimmer. Toller Blick auf Innenstadt von Dachterrasse. Im quirligen Bereich von Ohio City, nahe West Side Market (15 Gehminuten zur Innenstadt).*

### Essen & Trinken *(▸ Karte S. 482)*

*Grundsätzlich wird fast jeder fündig im* **Warehouse District** *sowie in der* **E. 4th Street** *(südl. Euclid Ave.), wo u. a. der Brewpub* **Butcher & the Brewer** *und der* **Flannery's Irish Pub** *locken.*

*Historic East 4th Street*

**Entlang der River Road** *und in* **The Flats** *sind ebenfalls Restaurants und Bars jeder Art zu finden, z. B.* **Smokey's BBQ** *(1502 Old River Rd., Texas-Style BBQ, Livemusik und Rooftop Bar), das* **1330on River** *(1330 Old River Rd., Patio über dem Fluss, Cocktails, amerikanische Küche) sowie die* **Collision Bend Brewing Company** *(1250 Old River Rd., Brewpub, u. a. Burger und Pizzen).*

**Camino (1)**: *1300 W. 9th St., ☎ (216) 621-8226, https://caminocleveland.com. Mexikanisches Restaurant mit einer großen Auswahl an Tequilas und Margaritas. Bekannt für seine Tacos, gute Buritos und Fajitas.*

**Heck's Café (2)**: *2927 Bridge Ave., Ohio City, ☎ (216) 861-5464, www.heckscafe.com. Reichhaltige Auswahl an Hamburger-Variationen. Lecker! Auch andere kleinere Gerichte und viele Salate. Historisches Gebäude.*

**Happy Dog (2)**: *5801 Detroit Ave., (216) 651-9474, https://happydogcleveland.com. Eigentlich eher eine Bar mit nahezu täglicher Livemusik. Doch die tollen Hot-Dog-Variationen haben schon manchen Gast nur des Essens wegen herkommen lassen. Mo–Mi ab 16, Do–So ab 11 Uhr.*

**Great Lakes Brewing Co. (3)**: *2516 Market Ave. (gegenüber West Side Market, Ohio City), ☎ (216) 771-4404, www.greatlakesbrewing.com. Microbrewery in historischem Brauhaus von 1860. Imposanter Mahagoni-Tresen. Selbst gebraute Biere, typische amerikanische Pubgerichte.*

**SOHO Chicken & Whiskey (3)**: *1889 W. 25th St., Ohio City, ☎ (216) 298-9090, www.sohocleveland.com. Verfeinerte Südstaaten-Küche. Der Name verrät bereits: Hier stehen die möglichsten und unmöglichsten Hühnchengerichte auf der Speisekarte.*

**Sittoo's Lebanese Grill (4)**: *1625 Euclid Ave., ☎ (216) 331-3826. Gutes, bezahlbares Restaurant mit allen Klassikern der libanesischen Küche. Gut für die Lunchpause.*

**Johnny's Downtown (5)**: *1406 W. 6th St., ☎ (216) 623-0055, www.johnnyscleveland.com. In altem Lagerhaus von 1874. Pasta und andere, meist italienische Gerichte. Gepflegte Atmosphäre. Bar. An Wochenenden Pianomusik.*

**Sans Souci**: *24 Public Sq. im Renaissance Cleveland Hotel (s. o.), ☎ (216) 902-4095. Gepflegt. Französisch-mediterrane Küche, wobei sich das mehr auf die Beilagen bezieht, denn es gibt Steaks, Lachs, Burger u. a. dazu.*

**Restaurants in Little Italy** *mit authentischer italienischer Küche sind:* **Etna Ristorante & Wine Bar**, *11919 Mayfield Rd., ☎ (216) 791-7670 und auch* **La Dolce Vita**, *12112 Mayfield Rd., ☎ (216) 721-8155. Hier in der Straße gibt es noch weitere italienische Lokalitäten.*

*Auch der Stadtteil* **Tremont** *südwestlich der Innenstadt (um die Professor Avenue herum) macht von sich reden in puncto Restaurants und Kneipen. Ganz in der Nähe, im* **Prosperity Social Club** *(1109 Starkweather Ave., http://prosperitysocialclub.com), trifft man Einheimische bei Musik (u. a. tolle Jukebox) und deftigen lokalen und osteuropäischen Speisen. Abseits im Nordosten versteckt sich ein Geheimtipp,* **Slyman's** *(3106 St. Clair Ave. NE, Mo–Fr 8–14.30 Uhr), ein Breakfast/Lunch Joint, der besonders für seine tollen Corned Beef Sandwiches bekannt ist.*

### Pubs/Livemusik/Nightlife

*Im ehemaligen Industriegebiet von Cleveland, den* **Flats/Flat East Bank (River Rd.)/Warehouse Districts** *(an beiden Ufern des Cuyahoga River, westlich der West 9th), sind Pubs und Restaurants in die alten Lager- und Stadthäuser eingezogen.*

*Jüngere Leute treffen sich in Lokalen im Stadtteil* **University Circle/Little Italy** *(5 mi östlich der Innenstadt).*

**Bier Markt:** *1948 W. 25th St., Ohio City. Riesige Bierauswahl aus aller Welt. Dazu italienische Speisen.*

In den historischen Arkaden findet man das eine oder andere Café

**Beachland Ballroom & Tavern**: *15711 Waterloo Rd., 9 mi nordöstl. der Innenstadt, ☎ (216) 383-1124, www.beachlandballroom.com. Beliebte Location mit zwei Bühnen. Meist Rock und Blues. Groß und oft Top-Gigs, die schon lange im Voraus ausgebucht sind.*
**House of Blues**: *308 Euclid Ave., ☎ (216) 523-2583, www.houseofblues.com. Großer Musikschuppen, in dem aber seltener Blues als vielmehr moderne Rhythmen gespielt werden. Auch Bar und Restaurant.*
**Grog Shop**: *Ecke 2785 Euclid Heights Blvd./Coventry Rd., 7 mi östl. der Innenstadt, ☎ (216) 321-5588, https://grogshop.gs. Livemusikkneipe (Rock und Blues), die von jüngeren Leuten besucht wird. Gute Musik.*
*Erwähnt sei noch eine weitere urige Musikkneipe: das* **Wilbert's** *(Blues, 812 Huron Ave., Innenstadt, nahe Baseball Stadion, ☎ (216) 375-5966, https://wilbertsmusic.com.*

## Theater/Ballett/Oper

*Das weltberühmte Cleveland Philharmonic tritt zumeist in der* **Severance Hall** *(11001 Euclid Ave., www.clevelandorchestra.com), die ebenfalls guten Tanz- und Opernensembles in der Regel auf einer der Bühnen (u. a. Mimi Ohio, Allen und State Theatres) des Playhouse Square (Ecke Euclid Ave./17th St., ☎ (216) 771-4444 [Info], (216) 241-6000 [Tickets]) auf.*

## Einkaufen

*Die* **Shopping Mall** *im Tower City Center bietet die besten Einkaufsmöglichkeiten in der Innenstadt. Die 1890 erbaute* **The Arcade** *(zwischen Superior Ave., Euclid Ave. und 6th St.) ist sehenswert wegen der gusseisernen Verzierungen, ebenso die Arkade* **Colonial Market Place** *(509 Prospect Ave. E.), die sich aus zwei Arkaden zusammensetzt. Modern, aber in Bezug auf die Geschäfte langweilig ist die* **Galleria** *(E. 9th St., zw. Lakeside und St. Clair Ave.).*
**Beachwood Place**: *26300 Cedar Rd., Beachwood, www.beachwoodplace.com. Vornehmere Fashion Mall mit vielen Bekleidungsgeschäften (u. a. Dillard's, Saks Fifth Avenue, Nordstrom, Victoria's Secret, Ann Taylor etc.) und auch einem LEGO Store.*
**Aurora Farms Premium Outlets**: *549 S. Chillicothe Rd., Aurora, 20 mi südöstl. von Cleveland. Gute Waren zu Discountpreisen. Geschäfte wie Polo Ralph Lauren, GAP, Nautica, Ann Taylor, Bose, Adidas.*

## Sport

*Sport wird in Cleveland großgeschrieben. Stadionnamen können wechseln, je nach Sponsor.*

*Besonders die „***Cleveland Indians***" (Baseball) gehören zu den Besten. Stadion: Progressive Field (Ontario/9th Sts.), www.mlb.com/indians.*
**Cleveland Browns** *(Football): First Energy Stadium im Northcoast District, www.clevelandbrowns.com.*
**Cleveland Cavaliers** *(Basketball): Stadion: Rocket Mortgage FieldHouse, 1 Center Court, www.nba.com/teams/cavaliers.*
*Infos zu aktuellen Sportveranstaltungen: www.clevelandsports.org.*

## Sightseeingtouren/Besichtigungen

**Nautica Queen**: *1153 Main Ave., West Flats, am Powerhouse, ☎ (216) 696-8888, www.nauticaqueen.com. Dampfertouren mit Mahlzeit auf dem Cuyahoga River, ab $ 36 (Lunch-Dining Cruise), ab $ 45 (Sunset Dining Cruise).*
**Cuyahoga Valley Line Railroad**: *☎ 1-800-468-4070, www.cvsr.com. Eisenbahnfahrten mit alten Zügen am Fluss entlang – teilweise bis Akron. Abfahrten: Vom Bahnhof der südlich von Cleveland gelegenen Gemeinde Independence (7900 Old Rockside Rd.), aber auch von anderen Orten, ab $ 18.*
**Trolley Tours**: *Die städtische Busgesellschaft RTA bietet kostenlose Busfahrten durch die Innenstadt an. Ob diese aber von Dauer sind bzw. kostenlos bleiben, hängt von den Sponsoren ab. ☎ (216) 621-9500, www.riderta.com/routes/Trolley.*
**Walking Tours of Cleveland**: *Im o.g. Visitors Center erhält man Infos zu geführten Spaziergängen, aber auch Fahrrad- und Segwaytouren. Es gibt zudem Karten und Audio-Equipment zur Selbsterkundung, im Sommer zudem an mehreren Tagen in der Woche geführte Touren vom VC aus zu bestimmten Innenstadt-Regionen.*

## Flughafen

**Cleveland Hopkins International Airport**: *Im Südwesten der Stadt, ☎ (216) 265-6000, www.clevelandairport.com. Kann mit der* **Red Line** *des Rapid Transit System ab Tower City Station erreicht werden (Fahrzeit: 30 Min.). Mit dem Auto fährt man über die I-71 und I-480. Alle größeren* **Mietwagenfirmen** *haben ihre Stationen am Flughafen.*

## Taxis/Fahrdienste

**Americab**: *☎ (216) 881-1111,* **ACE Taxi**: *☎ (216) 361-4700.*
*Die Fahrdienste* **Uber** *und* **Lyft** *sind ebenfalls in Cleveland vertreten.*

## Öffentliche Verkehrsmittel

**Nahverkehr**: *Greater Cleveland Regional Transit Authority (RTA). Es gibt drei Schnellbahnlinien (rot, grün, blau), in der Innenstadt zudem die Waterfront Line (Tower City – Northcoast Harbor – Rock'n Roll Hall of Fame – Burke Airport/South Harbor Station) und ein gut ausgebautes Busnetz. Mit Bussen und Bahnen gelangt man zu allen wesentlichen Sehenswürdigkeiten. 1- und 7-Tage- sowie 5-Fahrten-Pässe u. a. erhältlich, ☎ (216) 621-9500, www.riderta.com.*
**Überlandbusse/Bahn**: **Greyhound**: *1465 Chester Ave., ☎ (216) 781-0520; ein weiterer Busbahnhof befindet sich am* **Amtrak-Bahnhof**: *200 Cleveland Memorial Shoreway NE/S. Marginal Rd. (nahe Browns/First Energy Stadium), ☎ (216) 696-5115, www.amtrak.com.*

## Südlich von Cleveland

**Akron** war einmal die bedeutendste „Reifen-Stadt" der USA, in der die Firma **Goodyear**, der auch Dunlop gehört, 1898 gegründet wurde und auch heute noch ihren Sitz hat. Die meisten Produktionsstätten sind jedoch in kostengünstigere Regionen bzw. Länder verlagert worden.

### Amish Country

Südwestlich von Akron erstreckt sich Amerikas größte Amish- bzw. Mennoniten-Ansiedlung. Als grober Anhaltspunkt dient: Millersburg kann als das wirtschaftliche und geografische Zentrum des Amish Country bezeichnet werden, während man die besten Infos in Berlin (s. u.) erhält. Man kann sich erkundigen, wo es z. B. Amish-Höfe zu besichtigen gibt, und sich auch abseits der Wege umschauen.
**Hinweis:** Über die Mennoniten finden sich weitere Informationen auf S. 330f.

### Reisepraktische Informationen Amish Country, OH

**Information**
**Amish & Mennonite Heritage Center**: *5798 Country Rd. 77, Berlin, ☎ (330) 893-3192, www.visitamishcountry.com, https://behalt.com. Hier beginnen auch geführte, unterschiedlich thematisierte Touren durchs Amish Country bzw. können hier gebucht werden.*

**Unterkunft**
**The Inn at Honey Run $$$$–$$$$$**: *6920 Country Rd. 203, Millersburg, ☎ (330) 674-0011, www.innathoneyrun.com. Boutique-Country Inn in schöner Farmlandschaft. Viele Artefakte und Möbelstücke der Amish People. Gutes Essen. Ansprechendes Wellnessprogramm.*

## Von Cleveland nach Detroit

Gleich vorweg: Die Landschaft auf diesem Streckenabschnitt hat nichts Besonderes aufzuweisen, dafür aber ein paar kleine touristische Attraktionen.

Das Städtchen **Milan**, 60 Meilen westlich von Cleveland, ist der Geburtsort des Erfinders Thomas Alva Edison. In seinem Geburtshaus werden auf Führungen Geschichten erzählt sowie Grammofone und erste Lampen gezeigt. Sehr nett.
***Edison Birthplace**, 9 N. Edison Dr., www.tomedison.org, Juni–Aug. Di–Sa 10–17, So 12–17, April, Mai, Sept.+Okt. Di–So 13-17, Nov., Dez., Feb.+März Fr–So 13–17 Uhr, $ 15.*

Auch **Sandusky** lohnt einen Stopp. Viktorianische Häuser säumen hier die Straßen. Den Achterbahnen im nahen **Vergnügungspark Cedar Point** (*www.cedarpoint.com, $ 50*) hat die Stadt den Beinamen „Roller Coaster Capital of the World" zu verdanken. Am interessantesten aber ist das **Merry-Go-Round-Museum**, in dem man ein Karussell und zahlreiche Karussell-Figuren bewundern kann. Hier werden zudem Figuren anderer Karussells restauriert.

*Merry-Go-Round-Museum*

***Merry-Go-Round-Museum**, 301 Jackson St., www.merrygoroundmuseum.org, Memorial Day–Labor Day Di–Sa 10–16, So 12–16 Uhr, ab $ 6.*

Von Sandusky aus gehen Fähren nach Pelee Island, Kanada und Fähren/Bootstouren zu den direkt vorgelagerten Inseln legen von den Orten Marblehead, Port Clinton bzw. Catabwa Island Township ab.

- **Kelleys Island**, wo man am Glacial Grooves States Memorial einige aufschlussreiche Gletscherformationen sowie am Inscription Rock State Memorial prähistorische Indianerzeichnungen sehen kann. Für Wanderungen eignet sich diese Insel auch. Die Fähren (mit Auto) gehen mehrmals täglich auch von der kleinen Hafenstadt **Marblehead** auf der Sandusky vorgelagerten Halbinsel ab.

*Indianerzeichnungen und Wanderungen*

- **South Bass Island** mit der kleinen, sehr anschaulichen Stadt **Put-in-Bay** ist touristischer. Hier kann man am **Perry's Victory & International Peace Memorial (I.P.M.**, *www.nps.gov/pevi, Mitte Mai–Mitte Okt., $ 10)* die Seeschlacht von 1813 nachverfolgen, in der die amerikanische Lake-Erie-Flotte unter Commodore Oliver Hazard Perry eine stärkere englische Flottille geschlagen hat. Die Schlacht fand in den Gewässern vor der Insel statt. Zudem gibt es ein paar Höhlen auf der Insel zu besichtigen. Auf der Insel verkehren Trolleybusse.

**Port Clinton** ist eine wenig attraktive Touristenhochburg und ebenfalls Ausgangspunkt für Touren zu den Bass Islands. Im winzigen **Ottawa County Historical Museum** *(126 W. 3rd St., https://ottawacountyhistory.org)* gibt es neben lokalhistorischen Dingen auch noch eine Ausstellung zur Seeschlacht von 1813.

# Toledo

Die Industrie- und Hafenstadt mit 270.000 Einwohnern (Metro Area 608.000 Einw.), ehemals auch eine Hochburg der Stahlindustrie, versucht sich seit Jahren neu zu erfinden, doch die Innenstadt wirkt immer noch wie ausgestorben. Auch das Herrichten eines Lagerhausdistrikts südwestlich des Zentrums mit kleinen Restaurants hat nicht geholfen. Profitiert vom „Wiederaufbau" haben eigentlich nur Industrie und Hafen.

Erwähnenswert für Touristen sind
• das große **Toledo Museum of Art**. Neben Kunstwerken von der frühen Antike bis zu den Impressionisten des ausgehenden 19. Jh. sowie Ausstellungen mit afrikanischen und orientalischen Werken ist vor allem die eindrucksvolle Glassammlung von Bedeutung, *2445 Monroe St., www.toledomuseum.org, Mi–So 11–17 Uhr, Eintritt frei.*
• der **Toledo Botanical Garden**, dessen Höhepunkte die Rhododendren, der Azaleengarten sowie der Rosengarten sind, *5403 Elmer Dr., 6 mi westlich, https://metroparkstoledo.com, tgl. geöffnet.*
• das **National Museum of the Great Lakes**, welches die wirtschaftliche und geologische Geschichte der Großen Seen veranschaulicht. Die **„Col. James M. Schoonmaker"**, ein 1911 in Dienst gestellter Great-Lakes-Steamer, ist hier auf 45-minütigen Touren zu besichtigen, *1701 Front St., https://nmgl.org, März–Dez. Mo–Sa 10–17, So 12–17 Uhr, Nov.–April Di geschl., Schiffsbesichtigung nur Mai–Okt., Museum $ 11, inkl. Schiffsbesichtigung $ 17.*
• das mächtige Gerichtsgebäude **Lucas County Courthouse** von 1896 nahe Downtown.

*Die „Col. James M. Schoonmaker" am Museum of the Great Lakes*

## Reisepraktische Informationen zwischen Cleveland und Detroit

### KELLEYS ISLAND, SANDUSKY UND PORT CLINTON, OH

#### Information

**Lake Erie Shores & Islands Welcome Center**: *125 E. Water St., Sandusky, ☎ (419) 625-2984, www.shoresandislands.com, https://kelleysisland.com. Ein weiteres Welcome Center findet man in Port Clinton, 770 SE Catawba Rd. (SR 53), ☎ (419) 734-4386. Beide halten auch Infos zu Kelleys Island bereit.*

#### Unterkunft

**Castaway Bay $$$–$$$$**: *2001 Cleveland Rd. am Cedar Point Causeway, Sandusky, ☎ (419) 627-2106, www.castawaybay.com. Großes Familienresort. Viele Zimmer mit Blick auf die Sandusky Bay. Großer Innenpool und Wasserpark, Whirlpool, Restaurants.*

**Wagner's 1844 Inn $$–$$$**: *230 E. Washington St., Sandusky, ☎ (419) 626-1726, https://wagnersinnsandusky.com. 1844 als Holzhütte errichtet, wurde das zentral in der Stadt gelegene Gebäude mehrmals umgebaut, vergrößert und schön restauriert. Antiquitäten, Billardraum.*

*In Sandusky gibt es zudem unzählige* **Franchise-Motels** *in der Preisklasse $$–$$$.*

**Water's Edge Retreat $$$$$**: *827 E. Lakeshore Dr., Kelleys Island, ☎ (419) 746-2333, https://watersedgeretreat.com. Mit Sicherheit, besonders durch die Lage am Wasser, eines der schönsten B&Bs auf der Insel. „Wrap-around-Porch", Holzdeck am Wasser, gutes Frühstück. Zimmer sind gemütlich, wenn auch etwas kitschig eingerichtet. Mindestaufenthalt: 2 Nächte.*

**Beachfront Resort $$–$$$**: *252 W. Lakeshore Dr., Port Clinton, ☎ (419) 732-6684, www.beachfrontresortpc.com. Einfaches, sauberes Motel direkt am Strand. Familienfreundlich.*

#### Essen & Trinken

**Bay Harbor**: *1 Cedar Point Dr., Sandusky, ☎ (419) 625-6373. Familienrestaurant und Bar an einer Marina. Seafood, Steaks und selbstgemachte Pasta. Auf der Halbinsel Cedar Point gibt es ansonsten eine Vielzahl an Restaurants.*

*Im Ortskern von Sandusky (um Market und Water Sts.) gibt es eine Reihe von Restaurants aller Art, so z. B. die bodenständige* **Shore House Tavern** *(306 W. Water St., u. a. interessante Chicken Wing-Variationen) oder der etwas feinere* **J Bistro Downtown** *(129 W. Market St.).*

**The Kelleys Island House & Martini Bar**: *131 Divison St., Kelleys Island, ☎ (419) 719-6362. Sehr gute Steaks und Fischgerichte (auch Lobster). Mit Außenterrasse.*

*Unkomplizierter geht es zu im* **Kelleys Island Brewery**, *504 W. Lakeshore Dr., Kelleys Island, ☎ (419) 656-4335, https://kelleysislandbrewpub.com. Selbst gebrautes Bier, deftige amerikanische Küche (Burger, Fries, Sweet Potatoes) sowie Salate und Frühstück.*

#### Fähre nach Ontario/Bootstouren zu Kelleys Island und South Bass Island

*Im Sommer verkehren Shuttlebusse auf den Inseln.*

**Pelee Island Ferry**: *Abfahrt: 109 W. Shoreline Dr., Sandusky, ☎ (519) 326-2154, www.ontarioferries.com. Die Autofähre verkehrt März–Mitte Dez. zwischen Sandusky, Pelee Island (Ontario) und Leamington/Kingsville (Ontario). Rechtzeitig reservieren! Ab $ 16 pro Pers., bzw. $ 35 pro Fahrzeug, jeweils einfache Fahrt zw. Pelee Island u. Sandusky.*

*Ohio ist von Landwirtschaft geprägt*

**Goodtime Islands Cruises**: *Abfahrt: Jackson St. Pier am 233 W. Shoreline Dr. in Sandusky, ☎ (419) 625-9692, www.goodtimeboat.com. Dampfertouren (ohne Autos) zu und um die Inseln. Eignet sich gut für eine Tagestour zur Kelleys Island, Islandhopping: ca. $ 30.*
**Jet Express**: *☎ (419)732-2800, www.jet-express.com. Schnellfähre (keine Autos) zur South Bass Island und saisonal auch zur Kelleys Island. Abfahrt von Port Clinton (3 N. Monroe St.) aus, Islandhopping: ab $ 44 hin und zurück. Von Sandusky (101 W. Shoreline Dr.) nach Kellys Island und auch bedingt Pelee Island, $ 37 hin und zurück.*
**Kelleys Island Ferry Boat Lines**: *☎ (419) 798-9763, www.kelleysislandferry.com. Autofähre, Abfahrt von Marblehead, einfache Fahrt: $ 11, Auto $ 18.*
**Miller Boat Line**: *Autofähre. Abfahrt in Catawba, 5174 Water St., ☎ (419) 285-2421, https://millerferry.com. April–Sept. tgl. nach Put-in-Bay, sonst an Wochenenden bzw. auf Anfrage, einfache Fahrt: $ 8,50; Auto $ 20. Auch Fähren nach Middle Bass Island, einfache Fahrt $ 11, Auto $ 26,50. Für Autos Reservierung erforderlich!*

## SOUTH BASS ISLAND, OH

### Information

**Put-in-Bay Vistor Bureau**: *470 Loraine Ave., ☎ (419) 351-5166, www.visitputinbay.com*

### Unterkunft

**Bayshore Resort $$$–$$$$**: *328 Toledo Ave., Put-in-Bay, ☎ (419) 285-3931, www.bayshoreresortpib.com. Familienresort direkt am Wasser. Fast alle Zimmer mit Balkon und Blick auf den Lake Erie. Zwei Pools, ebenso mit Seeblick.*
**Park Hotel $$–$$$**: *234 Delaware Ave., Put-in-Bay, ☎ (419) 285-3581, www.parkhotelpib.com. Schönes Hotel in viktorianischem Gebäude von 1870. 26 Zimmer, recht einfach ausgestattet und nicht besonders groß, daher relativ günstig.*

### Essen & Trinken

**Pasquale's Cafe**: *234 Delaware Ave., ☎ (419) 285-8600. Besucher und Bewohner treffen sich hier zum besten amerikanischen Frühstück der Insel. Toller Blick auf den Hafen und die historischen Gebäude. Weitere Restaurants gibt es an und um die Delaware Ave.*

## TOLEDO, OH

### Information

**Convention & Visitors Bureau**: *Seagate Convention Center, 401 Jefferson Ave., ☎ (419) 321-6404, www.visittoledo.org*

### Unterkunft

**Hinweis:** *Die Hotelszene in Toledo ist mehr als langweilig und auch sonst ist das Abendprogramm in der Stadt mäßig und auf Konferenzteilnehmer ausgerichtet. Abends bietet sich deshalb die Fahrt nach Detroit an.*

**Renaissance Toledo Downtown $$$–$$$$**: *444 N. Summit St., ☎ (419) 244-2444, www.marriott.com. Modernes Innenstadthotel. Am besten fragt man nach einem Zimmer mit Blick auf den Fluss. Vom* **Heights Restaurant & Bar** *hat man einen schönen Blick auf Fluss und Stadt. Zu essen gibt es hier vornehmlich Snacks, Burger und Pizza, dafür werden aber leckerste Cocktails serviert. Am Wochenende Brunch.*

**The Casey-Pomeroy B&B $$–$$$**: *802 N. Huron St., ☎ (419) 243-1440, www.casey-pomeroyhouse.com. Gemütliches, mit viel Aufwand restauriertes B&B in Backsteinhaus von 1870. 5 Zimmer und eine Suite. Eine der nettesten Unterkünfte in der Stadt.*

### Essen & Trinken

**Tony Packo's Cafe**: *1902 Front St. (I-280, Exit 9), ☎ (419) 691-6054, www.tonypacko.com. Ungarische Hot Dogs, Pickles, Chili, aber auch Dumplings und Strudel unter Tiffany-Lampen – einfach mal überraschen lassen! Eine Institution seit 1932.*

**Blarney Irish Pub**: *601 Monroe St., ☎ (419) 418-2339. Irischer Pub im Warehouse District. Irische und amerikanische Gerichte, Livemusik an Wochenenden. Viele Biersorten.*

**Ye Olde Durty Bird:** *2 S. St. Clair St., ☎ (419) 243-2473. Pub mit einer langen Diner-Speisekarte. Sandwiches, Wraps, Suppen, diverseste Burger (sehr saftig) und Salate etc. Ein beliebter Spot in Downtown.*

*Das Lucas County Courthouse in Toledo, Ohio*

# 12. DETROIT UND DIE STRECKE NACH CHICAGO

# Detroit – Motown und Umgebung

## Überblick

„The Wealth of the Mind is the only true Wealth" – diese Worte, an die Außenwand der Public Library gemeißelt, mag man sich bei der Besichtigung Detroits zu Herzen nehmen. Abgesehen von der modernen Fassade am Detroit River wirkt die Innenstadt trist, ihr Umfeld mit geschlossenen Warenhäusern und verlassenen Gebäuden geradezu verwahrlost. Abends herrscht gähnende Leere, nur in den Kneipengebieten Bricktown, Greektown und Foxtown sowie vor und nach Spielen rund um die Stadien rührt sich etwas. Dabei war Detroit jahrzehntelang die Autometropole, Sitz der „Big Three", General Motors, Ford und Chrysler. Doch die Zahl der Arbeitsplätze in der Automobilbranche ist auf unter 100.000 geschrumpft. 1917 waren es im Großraum Detroit über 1 Mio., 1968 im-

*Detroit Market um 1900*

## Redaktionstipps

- Am Sonntag einen **Baptisten-Gottesdienst** (Sunday Worship) besuchen, Gospelgesänge und mitreißende Predigten belohnen für das frühe Aufstehen. Einfach im Hotel nach einer nahegelegenen Kirche fragen.
- Sportfans sollten schauen, ob gerade ein Spiel einer der erfolgreichen **Detroiter Sportmannschaften** stattfindet. Tickets frühzeitig ordern!
- Wohnen in der Innenstadt: Das **Marriott at the Renaissance-Center** besticht durch den einmaligen Blick auf die Stadt (ab 30. Stock). Das etwas schrille Boutiquehotel **Trumbull & Porter** überzeugt durch die Nähe zu vielen Restaurants, den Fahrradverleih und gute Parkmöglichkeiten. Günstig ist das **Stay Inn & Suites** östlich der Innenstadt und als B&B empfiehlt sich das **234 Winder Street Inn** (S. 525).
- **Soulfood**: Der Tipp für geräucherte Gerichte und lebhaftes Ambiente ist **Slows Bar B Q**. **Flood's Bar & Grill** ist etwas einfacher, dafür gibt es hier oft Jazz- oder Bluesmusik. **Z's Villa** ist ein Motown-Geheimtipp. Ein weiterer Klassiker ist der **Coney Island** (Hot Dog). Den gibt es an vielen Straßenständen. Fine Dining in der historischen Tudor-Mansion eines ehemaligen Holzbarons verspricht **The Whitney** (S. 526).
- „Jamsessions" in den Musikclubs finden an weniger besuchten Tagen statt, z. B. am Sonntag, Montag oder Donnerstag. Dann kommt echte Bluesstimmung auf.
- Das **Detroit Jazz Festival** (vor/um Labor Day) ist mit über 100 Jazzkonzerten das größte Open-Air-Jazzfestival der Welt.

merhin noch 900.000. Detroit macht es dem Besucher nicht leicht. Aber gerade das kann auch interessant sein: Keine andere Großstadt an den Großen Seen bietet derart die Gelegenheit, ihren wahren Charme herauszukitzeln.

Das Leben in dieser Stadt, die alle **Höhen und Tiefen** durchgemacht hat, folgt einer ganz eigenen, unverwechselbaren Gangart. Die Einwohnerzahl ist seit 1952 von zwei Millionen auf heute 640.000 gesunken, dies betrifft aber „nur" die Stadt selbst, im Großraum hat sich die Einwohnerzahl kaum verändert. 2013 musste Detroit mit 20 Mrd. Dollar Schulden Bankrott erklären. Diejenigen, die hiergeblieben sind (zu über 80 % African Americans), prägen durch ihre reiche Kultur das Gesicht der Stadt – u. a. „Detroit Blues", „Motown-Sound" und „Techno" wurden hier kreiert.

Detroit war immer ein Schmelztiegel der Kulturen. Während die Innenstadt zu über 85 % von Nicht-Weißen bewohnt wird, leben im Großraum (ca. 5.200 km², insg. 4,3 Mio. Einwohner) zum Beispiel 400.000 Polnischstämmige und 300.000 Araber aus dem gesamten Nahen und Mittleren Osten. Die belgische sowie die bulgarische Gemeinde sind die jeweils größten außerhalb Europas. Auch viele Deutsche, Schweizer und Österreicher leben hier.

Die vornehmlich weiße Mittel- und Oberschicht hat sich in die Vororte zurückgezogen, in denen das durchschnittliche Haushaltseinkommen mehr als doppelt so hoch ist wie in der City. Versuche, Steuerzahler mit günstigen Lofts wieder in die Innenstadt zu locken, waren bislang nur bedingt erfolgreich. Gegen Konflikte zwischen verschiedenen Bevölkerungsgruppen geht man seit Jahren an, etwa durch eine Wohnsiedlung im Vorort Oak River, in der u. a. Juden, Philippiner, Inder, Polen und Japaner Tür an Tür leben. Das USA-weit bedeutendste Museums zur African American History beleuchtet das kulturelle Erbe der größten Bevölkerungsgruppe der Stadt.

*Trend zu kleineren Fahrzeugen*

Die Gründe für den **Niedergang der Autoindustrie** sind vielschichtig. Die Sättigung des Marktes, das Vordringen ausländischer Automarken, besonders aus Deutschland, Japan und später auch Südkorea, sowie ein Trend zu kleineren Fahrzeugen mit niedrigerem Spritverbrauch bereiteten GM, Ford und Chrysler große Probleme. Die amerikanische Automobilindustrie, die einst über 11 Mio. Fahrzeuge produziert hatte, davon über die Hälfte alleine in und um Detroit, baute Mitte der 1980er-Jahre gerade noch 6 Mio. Autos, von denen 10 % noch nicht einmal einen

*Das moderne Wahrzeichen der Stadt, das „Ren-Cen"*

Käufer fanden und als Neuwagen verschrottet wurden. Radikale Lohnkürzungen, staatliche Hilfen, eine Straffung der Angebotspalette, qualitative Verbesserungen und die neu entdeckte Liebe der amerikanischen Autokäufer zu großen Fahrzeugen wie SUV und Pick-Up konnten die Branche letztlich retten. Während der Finanzkrise 2008 zeigte sich noch einmal deutlich, wie schwach die amerikanischen Autobauer aufgestellt waren. Der Staat musste bis auf Ford alle Firmen quasi kaufen, um sie liquide zu halten. Heute wird noch ein knappes Viertel aller US-Fahrzeuge in und um Detroit hergestellt, und die allmählich wieder erstarkten „Big Three" haben hier immer noch ihre Firmensitze.

*Staatshilfen für Autobauer*

Für Reisende hat Detroit einiges zu bieten. Die Automobilbranche hat natürlich die nachdrücklichsten Spuren hinterlassen. So darf man das Henry Ford Museum nicht auslassen, genauso wenig wie eines der ehemaligen Wohnhäuser der Autobarone. Die Automilliarden haben zudem tolle Art-déco-Gebäude in der Innenstadt geschaffen und Museen bereichert, allen voran das weltberühmte Detroit Institute of Arts (DIA). Die Stadt zieht viele junge und couragierte Künstler an. Einen Besuch wert sind auch geschichtliche Museen wie das Charles H. Wright Museum of African American History und das Detroit Historical Museum. Freunde des Jazz und Blues werden in Detroit ebenfalls nicht enttäuscht, täglich finden in unzähligen Restaurants und Bars mitreißende Konzerte statt. Neuere Projekte sind etwa der Stadtgarten Lafayette Greens mit Gemüse- und Obstanbau (*132 W. Lafayette St.*) sowie die lebendige Essensmeile an der Michigan Ave. (*westlich des Highway 10 und der Innenstadt*). In den kleinen, bunten Gassen zwischen Grand River und Gratiot Ave., Broadway und Library St. in der Innenstadt entdeckt man immer wieder Neues.

*Lebendige Kunst- und Musikszene*

*„Kick into the Blues" in Detroit*

Um diese Stadt wirklich zu erleben, ist Engagement gefragt. Wer nur Lust auf Sehenswürdigkeiten hat, dem genügen ein bis zwei Tage, um sich mit der Geschichte der Automobilindustrie zu beschäftigen und die Kunstmuseen zu besichtigen. Wer tiefer eintauchen will, sollte die Jazz- und Bluesclubs besuchen, frei nach dem Motto: „*Kick into the Blues*"; den Morgen auf dem Eastern Market verbringen und in der Innenstadt das „Urban Farming" anschauen. Kurz: einfach etwas unternehmen, was in kaum einem Reiseführer beschrieben ist. Wie hieß es so schön auf einem T-Shirt eines Skaters inmitten der vereinsamten Kaufhausblöcke: „*Shut up and skate Detroit*". Der neue Slogan der Stadt heißt übrigens „*It's Go Time*" – dann mal los!

*Eine Stadt für Entdecker*

## Geschichte

Antoine de la Mothe de Cadillac gründete mit 50 Soldaten und 50 Siedlern **1701** das **Fort Pontchartrain d'Etroit** („Fort an der Straße") samt Pelzhandelsstation. Im Siebenjährigen Krieg fiel Detroit 1760 an die Engländer. Doch bereits 1783 wurde Michigan im Frieden von Paris den USA zugesprochen, wobei die Briten Detroit erst 1796, unter dem Druck von George Washington, übergaben. Ein großes Feuer zerstörte 1805 alle Gebäude – bis auf ein Warenhaus. Detroit zählte zu dieser Zeit 2.000 Einwohner. Im Britisch-Amerikanischen Krieg fiel Detroit 1812 erneut in die Hände der Engländer, die es aber nach der verlorenen Seeschlacht auf dem Lake Erie 1813 wieder zurückgaben. 1815 erhielt Detroit Stadtrechte. Durch den Bau des Erie-Kanals sowie das Aufkommen der Dampfschifffahrt gewann die Stadt schnell an wirtschaftlicher Bedeutung. 1837 zählte man bereits 10.000 Einwohner.

*Kriege und Feuer*

Ab 1850 brachen die ersten wirtschaftlichen **Boomjahre** an. Bierbrauereien, Handelsstationen und Produktionsstätten von Öfen sowie von anderen Küchengeräten zogen jährlich Tausende von Einwanderern, vornehmlich aus Ost- und Mitteleuropa, an. Die Tüftler Thomas und John Clegg entwickelten 1885 das erste dampfgetriebene Automobil in Michigan. Ransom E. Olds entwickelte 1894 das erste amerikanische benzingetriebene Automobil und gründete 1896 die „Olds Motor Vehicle Company" (später Oldsmobile), während Henry Ford sein erstes Auto baute. Auch die Eröffnung des ersten Convention & Visitors Bureau der Welt in Detroit fiel in dieses Jahr. Um 1900 galt Detroit als schönste Stadt Amerikas, ein Jahr später wurde die erste Asphaltstraße der Welt – die Woodward Avenue – angelegt und 1903 wurde die **Ford Motor Company** gegründet. 1913 führte Henry Ford die Fließbandarbeit ein. Wenige Jahre später zählte der Großraum von Detroit bereits 2,2 Mio. Einwohner, von denen über 1 Mio. in der bzw. für die Autoindustrie arbeitete. 1927 verkaufte General Motors erstmals mehr Autos als Ford. Während des Zweiten Weltkriegs produzierten Detroits Autofabriken ausschließlich für die Rüstung, auch Waffen.

*Einwanderer und Erfinder*

*In den 1930er-Jahren wurde prunkvoll gebaut*

1954 wurde die **erste Shopping Mall** Amerikas eröffnet (Northland Mall in Southfield). Damit begann der für die neuere Stadtentwicklung typische und folgenreiche Auszug des Mittelstands aus der Innenstadt. 1959 legte Berry Gordy Jr. den Grundstock für die in den 1960er- und 1970er-Jahren berühmt gewordene **Motown-Musik**, zu deren bekanntesten Vertretern die Jackson Five (Michael Jackson und seine Brüder), Smokey Robinson, Diana Ross (mit den Supremes und solo), Lionel Ritchie und Stevie Wonder zählen.

Rassenunruhen und Arbeiterstreiks waren Mitte der 1960er-Jahre Vorboten für die nahende Wirtschaftsmisere. In den kommenden Jahrzehnten erlebte die Stadt wirtschaftlich harte Zeiten, die Arbeitslosenrate stieg z. T. auf über 20 %, 50 % des Mittelstands zog in die Vorstädte oder ganz weg. Die Automobilbranche produzierte nur noch halb so viele Fahrzeuge wie Ende der 1960er-Jahre. 1977 ließ Henry Ford II. das Renaissance Center als erstes Signal für die „wirtschaftliche Wiedergeburt" bauen. In den 1990er-Jahren wurde mit der Neuanlage von Straßen der Versuch begonnen, der Innenstadt ein akzeptables Image zu geben.

1998 schlossen sich die Autobauer Daimler Benz und Chrysler zusammen, doch der Erfolg blieb aus. Nachdem Daimler Benz 2007 seine Anteile größtenteils abgestoßen hatte, übernahm Fiat ein Jahr später und hält heute über 60 % der Chrysler-Aktien. Die Weltwirtschaftskrise 2008 deckte die Probleme der amerikanischen Automobilbauer erneut auf. In den USA brach der Verkauf an Fahrzeugen um bis zu 45 % ein. Den „Big Three" drohte der Konkurs. In letzter Minute gewährte die US-Regierung ein milliardenschweres Hilfspaket, zwang die Autobauer aber zu drastischen Veränderungen. Ab dem Jahr 2013 ging es den Konzernen wieder besser, doch im selben Jahr war Detroit offiziell bankrott und ging mit $ 20 Mrd. Schulden in die Insolvenz. Ein Insolvenzverwalter wurde eingesetzt und Investoren versprachen große Projekte, u. a. ein Eishockey- und Basketballstadion, das 2017 auch tatsächlich an der 2645 Woodward Ave. eingeweiht wurde. Im Umkreis von nur einem Kilometer werden jetzt die Profispiele der vier großen amerikanischen Sportarten (Baseball, Basketball, Eishockey und Football) ausgetragen.

*Insolvenz und Hoffnungsschimmer*

### Zeitplanung

**1–2 Tage**: Am Ankunftsabend in einem Soulfood-Restaurant speisen oder das Greektown-/Bricktown-Gebiet anschauen. Am Folgetag Renaissance Center, Riverwalk und Innenstadt erkunden, danach dem Detroit Institute of Arts und dem Museum of African American History einen Besuch abstatten. Falls noch Zeit ist: Detroit Historical Museum, Belle Isle oder Edsel & Eleanor Ford House. Abends: Essen in der Innenstadt/Eastern Market und später Jazz hören in einem ausgesuchten Lokal. Am Abfahrtstag 4 Std. für das Henry Ford Museum und das angeschlossene Greenfield Village einplanen.
**3–4 Tage**: Ankunftstag und 1. Tag wie oben. 2. Tag: Entlang der Woodward Ave. zum Fisher Building fahren, anschließend das nahe Motown Museum besuchen. Lunch in einem Coney Island Imbiss an der Woodward Ave. Nachmittags das Kunstmuseum auf der Cranbrook Estate. Am Abend in einem einfachen Pub speisen, z. B. in dem Gebiet hinter dem Fox Theater. 3. Tag: Fahrt nach Dearborn: 3 Std. im Henry Ford Museum, weitere 3 Std. im Greenfield Village (Lunch in der Taverne dort) und 1–2 Std. Henry Ford Estate. 4. Tag: Alternativ: „Off the beaten Path" oder entlang der Jefferson Ave./Lakeshore Dr. nach Osten: Pewabic Pottery, Belle Isle (dort evtl. Lunch-Picknick) und Edsel & Eleanor Ford House. Ein Spaziergang am Lakeshore Dr. bietet sich auch an. Abends ganz oben im Ren-Cen Cocktails trinken bzw. speisen mit Aussicht.

# Sehenswertes im Innenstadtbereich

## Downtown

Die Innenstadt von Detroit ist ein Widerspruch in sich: Moderne Hochhausbauten stehen neben verlassenen Warenhäusern, Werbeplakate hängen über verwahrlosten Geschäften. Dazu gesellen sich östlich der Innenstadt Lagerhäuser, die zum Teil „In-Lokale" beherbergen, zum Teil Ruinen sind. Verzweifelt versucht die Stadt, neue Gebäude zu errichten bzw. ältere schick zu renovieren, doch weit häufiger entstehen Gemüsegärten auf Brachflächen sowie Bauzäune, die einzig dazu dienen, historische Fassaden zu schützen. Gerade deswegen sollte man etwas Zeit für die Erkundung der Downtown einplanen. Das beste Transportmittel hier ist der „People Mover", eine Hochbahn, die die Innenstadt umrundet und die neben den vielen heruntergekommenen Häusern fast futuristisch wirkt. An jeder der 13 Stationen sind klei-

*Uneinheitliches Stadtbild*

ne Kunstwerke angebracht und auf zahlreichen Plätzen stehen Skulpturen und alte Denkmäler, die ein näheres Hinsehen verdienen.

Die Beschreibung der Innenstadt-Attraktionen folgt der Bahnlinie, wobei die Entfernungen im Grunde so kurz sind, dass man in zwei Stunden das meiste auch zu Fuß erlaufen kann – Besichtigungszeiten nicht eingerechnet.

*Wolkenkratzer als Konjunkturmotor*

Das **Renaissance Center (Ren-Cen)/GM World Headquarters (1)** erhebt sich an der Ecke Jefferson Ave. und Beaubien St. Die gläsernen Hochhaustürme ragen am Detroit River in den Himmel und ein verglaster Wintergarten öffnet sich zum Fluss hin. Der höchste Turm zählt 73 Stockwerke und ist 221 m hoch, besonders schön ist der Ausblick vom Restaurant- und Loungedeck im obersten Stockwerk *(meist erst ab 17 Uhr geöffnet)*. In den untersten Etagen gibt es Geschäfte, einen Food Court und die **GM World**, in der die neuesten Produkte der Automarke präsentiert werden. Die Fahrstühle starten in der dritten Etage. Das Ren-Cen wurde 1977 eingeweiht und galt damals als das teuerste, privat finanzierte Projekt in den USA. Henry Ford II. veranlasste den Bau zu einer Zeit, in der die Stadt in größten finanziellen Nöten steckte. 1996 mietete GM große Teile des bis dahin defizitären Komplexes an und verlagerte sein Hauptquartier hierher. Das Marriott Hotel mit 1298 Zimmern ist der zweite große Mieter. Einstündige Touren durch das Ren-Cen inklusive Besichtigung des GM-Headquarters und Fahrt zum 72. Stock werden angeboten *(Anmeldung in Tower 400, Level 1, Mo–Fr 12 und 14 Uhr, http://gmrencen.com/play, Eintritt frei)*.

Gleich nebenan steht die kleine **Mariner's Church (2)**, eine Seefahrerkirche, in deren Glasfenstern maritime Themen dargestellt sind. Unterhalb des Ren-Cen schraubt sich der Verkehr in die Tiefe, um durch den **Detroit Windsor Tunnel (3)** nach Kanada zu gelangen.

Die **Bricktown** – zwischen Beaubien St., E. Fort St., I-375 und E. Jefferson Ave. – wird in vielen Touristenbroschüren präsentiert, ist im Grunde aber nur ein größerer Häuserblock mit renovierten Backsteingebäuden, die ein paar Restaurants und Bars beherbergen.

In dem kleinen Stadtteil **Greektown** *(Monroe St., 500er Block zwischen Randolph Ave. und I-375)* siedelte sich während des Ersten Weltkriegs eine griechische Gemeinde an. Heute ist dieses Viertel mit seinen griechischen Restaurants, Livemusikclubs, dem Casino und ein paar Souvenir-

*Greektown*

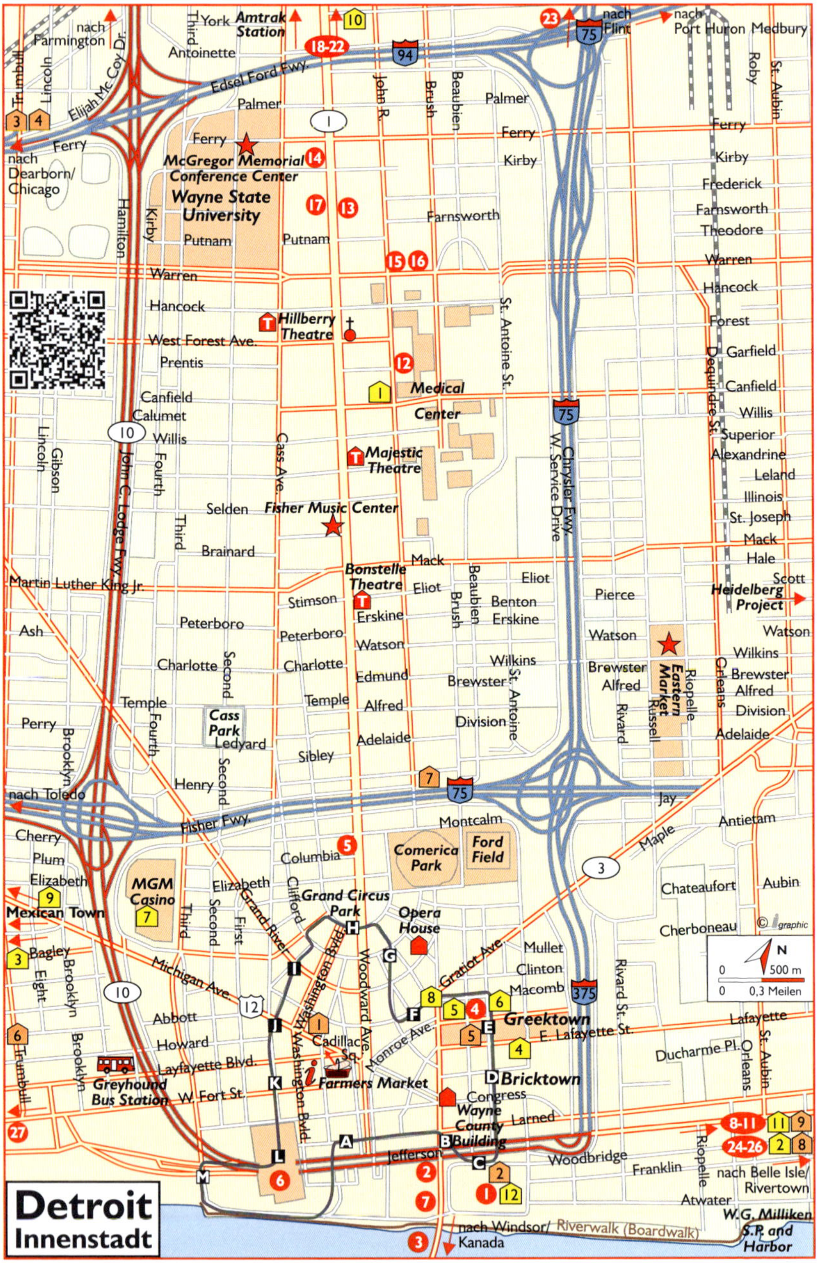
Detroit
Innenstadt
Amtrak Station
nach Farmington
nach Flint
nach Port Huron
Medbury
York
Third
Antoinette
Trumbull
Lincoln
Elijah McCoy Dr.
Edsel Ford Fwy.
Palmer
Ferry
Kirby
nach Dearborn/ Chicago
McGregor Memorial Conference Center
Wayne State University
Hamilton
Putnam
Warren
Hancock
Hillberry Theatre
West Forest Ave.
Prentis
Canfield
Calumet
Willis
Gibson
Fourth
John C. Lodge Fwy.
Cass Ave.
John R.
Brush
Beaubien
Farnsworth
Medical Center
Majestic Theatre
St. Antoine St.
W. Service Drive
Chrysler Fwy.
Selden
Fisher Music Center
Brainard
Mack
Bonstelle Theatre
Eliot
Martin Luther King Jr.
Stimson
Erskine
Benton
Peterboro
Charlotte
Watson
Edmund
Temple
Alfred
Brewster
Wilkins
Division
Adelaide
Sibley
Ledyard
Cass Park
Second
Henry
Ash
Perry
Brooklyn
nach Toledo
Fisher Fwy.
Montcalm
Comerica Park
Ford Field
Columbia
Pierce
Rivard
Russell
Eastern Market
Riopelle
Orleans
Dequindre St.
Heidelberg Project
Roby
St. Aubin
Frederick
Theodore
Forest
Garfield
Superior
Alexandrine
Leland
Illinois
St. Joseph
Hale
Scott
Jay
Antietam
Maple
Chateaufort
Aubin
Cherboneau
Cherry
Plum
Elizabeth
MGM Casino
Mexican Town
Bagley
Eight
Clifford
Grand River
First
Grand Circus Park
Opera House
Michigan Ave.
Washington Blvd.
Woodward Ave.
Gratiot Ave.
Mullet
Clinton
Macomb
Greektown
E. Lafayette St.
Rivard St.
Lafayette
Ducharme Pl.
Abbott
Howard
Cadillac Sq.
Monroe Ave.
Lafayette Blvd.
W. Fort St.
Greyhound Bus Station
Farmers Market
Bricktown
Congress
Wayne County Building
Larned
Jefferson
Woodbridge
Franklin
Atwater
nach Belle Isle/ Rivertown
W.G. Milliken S.P. and Harbor
nach Windsor/ Kanada
Riverwalk (Boardwalk)
N
0 500 m
0 0,3 Meilen
© graphic

shops ein beliebtes Abendziel. In der **Second Baptist Church (4)** *(441 Monroe St., www.secondbaptistdetroit.org)*, der ältesten schwarzen Kirchengemeinde Detroits, die des Öfteren Schauplatz von Protestveranstaltungen war, findet sonntags um 8 sowie um 10.30 Uhr ein Gottesdienst statt. Wie bei den Baptisten üblich, wird dabei viel Gospel gesungen.

Der „People Mover" verlässt jetzt die aufpolierten Stadtgebiete und windet sich um alte Warenhäuser und z. T. verlassene Geschäftsviertel. Am Cadillac Center kann man aussteigen und die 100 m zum **Campus Martius Park** in der Innenstadt laufen. Auf dem Platz lädt ein kleiner Park mit einem modernen Springbrunnen zu einer kleinen Pause ein. Hier gibt es einen Imbiss, ein Restaurant und im Sommer wird auf einer Bühne tagsüber Livemusik geboten. Das futuristische Gebäude auf der Nordostseite des Platzes beherbergt eine Mall sowie den Hauptsitz der Firma Compuware. *Im Sommer Livemusik*

Entlang der Woodward Ave. gelangt man zu Fuß zum **Grand Circus Park**. Dieser Platz war einst als Zentrum der Stadt geplant und sollte in Kreisform gestaltet wer-

**Sehenswürdigkeiten**
1 Renaissance Center („Ren-Cen")/ GM World Headquarters
2 Mariner's Church
3 Detroit Windsor Tunnel
4 Second Baptist Church
5 Fox Theatre
6 Huntington Place (ehem. Cobo Center)
7 Hart Plaza
8 Dossin Great Lakes Museum
9 Belle Isle Aquarium
10 Anna Scripps Whitcomb Conservatory
11 Flynn Pavilion
12 Museum of Contemporary Art
13 Detroit Institute of Arts (DIA)
14 Detroit Historical Museum
15 Michigan Science Center
16 Charles H. Wright Museum of African American History
17 Detroit Public Library
18 Cadillac Place (ehem. GM-Hauptsitz)
19 Fisher Building
20 Motown Museum
21 Detroit Zoological Garden
22 Cranbrook Educational Community
23 Meadow Brook Hall/Dodge-Wilson Estate
24 Pewabic Pottery
25 Fisher Mansion
26 Edsel & Eleanor Ford House
27 Historic Fort Wayne

**Hotels**
1 Westin Book Cadillac Hotel
2 Detroit Marriott at the Renaissance Ctr.
3 The Henry – Autograph Collection
4 The Dearborn Inn – Marriott
5 Atheneum Suite Hotel
6 Trumbull & Porter Hotel
7 234 Winder Street Inn
8 Roberts Riverwalk Hotel
9 Baymont by Wyndham Downtown

**Restaurants**
1 The Whitney
2 Rattlesnake Club
3 Los Galanes
4 Flood's Bar & Grill
5 Fishbone's Rythm Kitchen Café
6 Pegasus Taverna
7 D. Prime Steakhouse
8 Buffalo Wild Wings
9 Slows BBQ
10 Z's Villa
11 Sindbad's Restaurant & Marina
12 Highlands, Hearth 71 u. High Bar (im Ren-Cen)

**People Mover Stationen**
A Financial District
B Millender Center
C Renaissance Center
D Bricktown
E Greektown
F Cadillac
G Broadway
H Grand Circus Park
I Times Square
J Michigan Avenue
K Fort Cass
L Huntington Place
M Riverfront

*Und immer wieder Ruinen dazwischen*

den. Doch nur die Hälfte des Kreises wurde ausgebaut. Monumente, Inschriften und Denkmäler im Umfeld sind ehemaligen Bürgermeistern sowie Christoph Kolumbus und Thomas Edison gewidmet. Im Südosten des Platzes befindet sich das **Detroit Opera House**.

*Interessanter Stilmix*

Östlich vom Grand Circus Park befinden sich die modernen Stadien der „Detroit Tigers" (Baseball) und der „Detroit Lions" (Football). Südlich der Stadien liegt der **Theaterdistrikt**. Interessanter aber sind das **State Theatre** an der 2115 sowie das **Fox Theatre (5)** an der 2211 Woodward Ave. nördlich des Grand Circus. Innenarchitektur und Einrichtung v. a. im Fox Theatre sind grandios: Stilelemente aus Siam, Burma, China, Persien und dem Nahen Osten wurden hier vereint. Mit Leder bezogene Fahrstühle, Marmorsäulen, Goldblattverzierungen sowie ein 4 m hoher Kandelaber sind nur einige Highlights. Führungen leider nur auf Anfrage: ☎ *(313) 471-3099, www.313presents.com, $ 10*. Nördlich des Fox Theatre, jenseits des Highways befindet sich das relativ neue Stadion der „Detroit Red Wings" (Eishockey) sowie der „Detroit Pistons" (Basketball).

Weiter geht es gen Südwesten auf dem **Washington Boulevard**, der zu Beginn des 20. Jahrhunderts als die vornehmste Einkaufsstraße der Welt galt. Alle Wiederbelebungsversuche seit Beginn der 1990er-Jahre sind gescheitert, derzeit gibt es hier mehr geschlossene als geöffnete Geschäfte. Einziges Highlight ist das schön renovierte Westin Book Cadillac Hotel.

*Riesige Veranstaltungshalle*

Der „People Mover" bringt einen nun zurück zum modernen Uferdistrikt. Die Bahn fährt dabei über das Gelände des Veranstaltungszentrums **Huntington Place** (früher Cobo Center) **(6)**. Auf den verschiedenen Bühnen werden Konzerte, Schauspiele und andere Veranstaltungen gezeigt. Östlich vorgelagert ist die **Hart Plaza (7)** mit dem futuristischen, computergesteuerten Brunnen Dodge Fountain. Hier finden in den Sommermonaten oft Festivals statt. Gegenüber, an der Woodward

Ave., hängt die Skulptur eines Armes mit geballter Faust: die gefürchtete Rechte des legendären Boxers **Joe Louis**. Der seinerzeit unangefochtene Schwergewichts-Champion lieferte sich in den 1930er-Jahren u. a. zwei legendäre Kämpfe mit Max Schmeling und wurde zu einem Idol der Bürgerrechtsbewegung.

### Tipp: Art déco in Downtown

*Viele von außen nicht besonders attraktive Gebäude überraschen, sobald man die Eingangshalle betritt. Oft ist diese im Art-déco-Stil und mit viel Marmor gestaltet. Ein Tipp ist das* **Guardian Building**, *Ecke Congress/Woodward Ave., wo Art déco sich mit indianischen Stilelementen vermischt. Innen befindet sich eine kleine Mall, u. a. mit einem Café und einem Buchladen, in dem auch Poster verkauft werden.*

## Östlich von Downtown

*Umgebaute Lagerhäuser*

Eine knappe Meile östlich des Ren-Cen erstreckt sich **Rivertown**, ein ehemaliges Lagerhausviertel, das einst dem Hafen als wirtschaftliches Kernstück diente. Doch der Hafen wurde verlegt und die Lagerhäuser verödeten. Heute liegen ihre Überreste großenteils brach, jedoch gibt es dazwischen auch neue Wohnblocks und ein paar Lokale. Entlang dem Fluss wurden ein schöner Spazierweg (**Detroit Riverwalk**), Parks und mit dem **Aretha Franklin Amphitheatre** (*https://thearetha.com*) ein toller, wassernaher Veranstaltungsort angelegt. Wiederum eine halbe Meile weiter östlich wurde die **Rivercity** ins Leben gerufen: Wohnungen und Büros, ein paar wenige Lokalitäten und Galerien ersetzen hier die alten Lagerhäuser. Empfehlenswert ist der „Rattlesnake Club" (*300 River Pl. Dr./Jos Compau*) mit seiner niveauvollen, wenn auch nicht ganz billigen Küche.

### Hinweis

*Für weitere Erkundungen in Detroit nimmt man am besten das Auto. Die Entfernungen sind groß und die öffentlichen Verkehrsmittel unzureichend.*

### Belle Isle State Park

Die Insel, drei Meilen östlich der Innenstadt und über die MacArthur Bridge zu erreichen, wurde 1879 von der Stadt Detroit für $ 200.000 erworben, um auf ihr einen Freizeitpark anzulegen. Mit dessen Planung wurde der bekannte Landschaftsarchitekt Frederick Law Olmsted beauftragt, der auch den Central Park in New York entworfen hat. Aufgrund der massiven finanziellen Probleme der Stadt ging die Insel

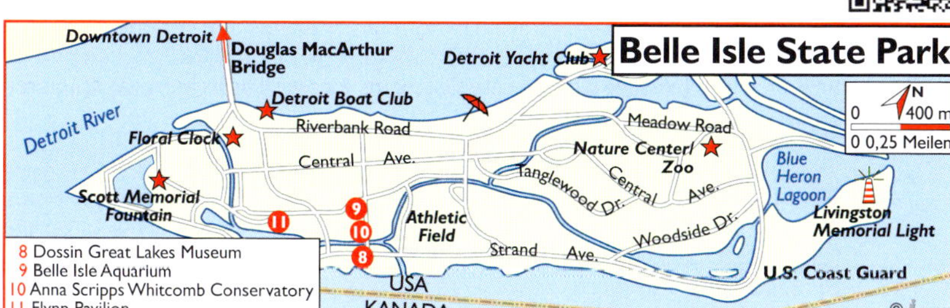

in den Besitz des Staates Michigan über, der sie 2013 zum State Park erklärte und für jedes Fahrzeug hinter der Brücke eine Gebühr erhebt (*zw. $ 10 und 14*). Dafür wird nun in die Anlagen und Attraktionen investiert.

*Beliebtes Ausflugsziel*

Auch heute noch ist Belle Isle ein beliebtes Ausflugsziel. Gleich hinter der Brücke werden Besucher mit der **Floral Clock**, der „Blumenuhr", begrüßt. Zahlreiche Wiesen laden zum Picknicken ein, wobei die Südseite die beliebtere ist, denn hier kann man die Frachter vorbeifahren sehen. Am Nordufer gibt es mehrere kleine Strände. Die Insel hat einige Attraktionen zu bieten, auf einer Rundfahrt (gegen den Uhrzeigersinn) werden sie in dieser Reihenfolge passiert: Die **Scott Memorial Fountain** ist ein großer schnörkeliger Springbrunnen, der von James Scott gestiftet wurde. Seine Statue blickt auf das Wasserspiel. Das Geschenk war umstritten, denn Scott galt als Exzentriker und Nörgler.

Das **Dossin Great Lakes Museum (8)** *(Fr–So 10–16 Uhr, im Sommer auch an anderen Tagen, Eintritt frei)*, ein Schifffahrtsmuseum, ist bekannt für seine vielen Modellschiffe. Eindrucksvoll ist das 1904 erbaute **Belle Isle Aquarium (9)** *(Fr–So 10–16 Uhr, Eintritt frei)*, eines der ältesten Aquarien der USA. Im benachbarten **Anna Scripps Whitcomb (Belle Isle) Conservatory (10)** *(Mi–So 10–17 Uhr, frei)* können über 2.000 tropische Pflanzenarten bewundert werden. Prachtvolle Orchideen säumen die Wege. Im **Belle Isle Nature Center/Zoo** *(Mi–So, April–Okt. tgl. 10–16/17 Uhr)* erläutern wechselnde Ausstellungen die Tier- und Pflanzenwelt, wie sie einst auf der Insel existiert hat. Wer sportlich aktiv werden möchte, kann im Sommer am **Flynn Pavilion (11)** Paddelboote und Kajaks mieten.
***Hinweis:*** Die Öffnungszeiten zu den o. g. Attraktionen wechseln oft. Infos: *www.belleisleconservancy.org.*

## Eastern Market

*Morgendlicher Markttrubel*

Der 1891 eröffnete Markt ist eine Kombination aus typischen Wochenmarktständen, Blumenmarkt sowie Geschäften und einer der größten seiner Art. Täglich kommen landwirtschaftliche Produkte aus der Region, aber auch aus der ganzen Welt hier an. Besonders in den frühen Morgenstunden ist das Treiben sehenswert, auch die ausgesuchten Lebensmittelgeschäfte im Umkreis haben dann alle Hände voll zu tun mit dem Verkauf an Großabnehmer. Schon der Stimmung wegen lohnt das frühe Aufstehen. Neben einem ständig für die Öffentlichkeit zugänglichen Bereich werden dienstags *(Juni–Sept. 9–15 Uhr)* und samstags *(6–16 Uhr)* Märkte in fast allen Hallen abgehalten. Sonntags gibt es dann noch den bunten Sunday Street Market *(Juni–Sept. 10–16 Uhr)*, wo Händler T-Shirts, Kleinhandwerkliches, Streetfood u. a. anbieten. Im Umkreis des Platzes gibt es eine Reihe von Restaurants und Bars.
***Eastern Market****, um Russell St., im Nordostviertel des Autobahnkreuzes I-75/I-375, www.easternmarket.com.*

# Nördlich von Downtown

Alle hier beschriebenen Sehenswürdigkeiten liegen an bzw. nahe der Woodward Ave., die sich über mehr als 20 mi nach Norden zieht. Wer die gesamte Länge abfährt, erlebt Detroit von allen Seiten! Interessant ist u. a. auch das **Heidelberg Project** *(3600 Heidelberg St.)*: ein Straßenzug in einem heruntergekommenen Wohngebiet, der zu einer kleinen Künstlerkolonie avanciert ist.

*In der Heidelberg Street geht es kunterbunt zu*

## University Cultural Center

Das Kulturareal der Wayne University erstreckt sich um die Woodward Ave., zwischen Warren St. im Süden und I-94 im Norden, und entlang deren Nebenstraßen.

Das **Museum of Contemporary Art (MOCAD) (12)** besitzt keine eigene Sammlung, zeigt dafür aber in Wechselausstellungen auf 2.000 m² hochkarätige zeitgenössische und oft provokative Kunst.
***MOCAD**, 4454 Woodward Ave., www.mocadetroit.org, Mi/Sa/So 11–17, Do/Fr 11–20 Uhr, Spende $ 5*

*Renommiertes Kunstmuseum*

Das **Detroit Institute of Arts (DIA) (13)** zählt zu den besten Kunstmuseen der USA, der Wert seiner Kunstschätze wird auf bis zu 900 Mio. Dollar geschätzt. Während der Blütezeit Detroits bemühten sich die Autobarone und andere wohlhabende Bürger um den Kauf erstklassiger Kunstwerke. In über 100 Galerien sind – geografisch und nach Epochen gegliedert – Gemälde von Vincent van Gogh (Selbstporträt) und Diego Riviera sowie solche flämischer Landschaftsmaler, spanischer Meister, französischer Impressionisten, deutscher Expressionisten, schwarzer amerikanischer Künstler, aber auch asiatische Meisterwerke zu sehen.

In der amerikanischen Abteilung wird z. B. vermittelt, wie Maler die amerikanische Geschichte sehen und wie Möbeldesigner Stilelemente aus aller Welt in die wohlhabenden Haushalte Amerikas brachten. Das Gesamtbild wird abgerundet durch Ausstellungen grafischer Werke und Fotografien sowie durch Wanderausstellungen. Nach der Pleite der Stadt, der ein Großteil der Kunstschätze gehört, kam die Idee

*Weltklasse: Detroit Institute of Arts*

auf, Teile der Sammlung zu verkaufen. Dies wurde jedoch durch private Spender verhindert. Es gibt eine Cafeteria und ein Restaurant.

***Detroit Institute of Arts**, 5200 Woodward Ave., www.dia.org, Di Do 9 16, Fr bis 21, Sa/So 10–17 Uhr, $ 14.*

*Spannende Stadtgeschichte*

Zu den Höhepunkten im **Detroit Historical Museum (14)** zählen Fotos aus allen Geschichtsepochen Detroits. Sie machen deutlich, wie sich eine Stadt wandeln kann. Aufschlussreich sind auch die Ausstellungen zur Geschichte der schwarzen Bevölkerung von Detroit (z. B. Erläuterungen zur „Underground Railroad" und über schwarze Kaufleute). Tipp: Erst in Detroit umschauen, dann dieses Museum besuchen und die heutige Stadt mit der historischen vergleichen.

***Detroit Historical Museum**, 5401 Woodward Ave., www.detroithistorical.org, Do–Sa 10–17, So 13–17 Uhr (Zeiten sollen sich bald ändern), $ 10.*

Das auf Kinder ausgerichtete **Michigan Science Center (15)** ist ein technisch-naturwissenschaftliches Museum mit Ausprobierstationen, einem IMAX-Kino sowie einem Planetarium.

***Michigan Science Center**, 5020 John R. St., www.mi-sci.org, Mi–So 10–16 Uhr, $ 18, all inclusive (Museum, Kino, Planetarium): ab $ 29.*

*Kunst und Geschichte schwarzer Amerikaner*

Die Ausstellung im riesigen **Charles H. Wright Museum of African American History (16)** befasst sich mit der Geschichte der schwarzen Bevölkerung von Amerika, insbesondere mit der Sklaverei, und ist weltweit die größte ihrer Art. Das Museum wurde 1965, damals an einem anderen Standort, von dem schwarzen Arzt Dr. Charles Wright gegründet. Gezeigt werden zudem Kunstwerke schwarzer Künstler aus Amerika sowie afrikanischer Künstler. Beschämend ist die Abteilung,

in der über den Transport von Sklaven über den Atlantik informiert wird. Regelmäßig werden Sonderausstellungen gezeigt.
***Museum of African American History**, 315 E. Warren Ave., www.thewright.org, Mi–So 9–17, Do bis 19 Uhr, $ 25.*

Wer sich näher mit der Geschichte Detroits, der Automobilindustrie oder der schwarzen Bevölkerung von Amerika befassen möchte, stöbert am besten mal in den 1,3 Mio. Büchern in der **Detroit Public Library (17)**. Diese ist in einem sehenswerten Bau im Stil der italienischen Renaissance untergebracht, gleich gegenüber dem DIA. Der Zutritt ist frei. *Sehenswerte Bibliothek*
***Detroit Public Library**, 5201 Woodward Ave., https://detroitpubliclibrary.org, Di/Mi 12–20, Mo/Do–Sa 10–18 Uhr.*

## Detroit „Motown“

Dieser „Stadtteil“ befindet sich um die West Grand Ave. (nördlich des I-94), in den Blocks westlich der Woodward Ave. Zwei Gebäude fallen bereits von Weitem auf: Cadillac Place – die ehemalige GM-Zentrale – durch seine schlicht-elegante Bauweise sowie das Fisher Building durch seine Höhe und die Art-déco-Architektur:

### Cadillac Place (ehemaliger GM-Hauptsitz) (18)

1918 beauftragte der damalige GM-Chef William C. Durant den Architekten Albert Kahn mit dem Bau des größten Bürogebäudes der Welt. Dabei sollte jedes der 2.000 Büros ein eigenes Fenster erhalten. Zwei Jahre, 8,79 Mio. Backsteine und 5.100 Fenster später war der Bau vollendet. 19 Bowlingbahnen, 20 Billardtische sowie eine Cafeteria mit 1.000 Plätzen sollten die GM-Offiziellen dazu motivieren, Ford den Rang abzulaufen. Von außen beeindrucken die vier zwölfgeschossigen Bürotürme durch ihre Schlichtheit, doch betritt man die Eingangshalle, wird man von Fresken, Stuckarbeiten und anderen Verzierungen im Stil des Art déco beinahe erschlagen. 1996 zog GM ins Renaissance Center. Im heutigen Cadillac Place befinden sich Büros des Staates Michigan, was die Besichtigung aufgrund der Sicherheitsvorkehrungen erschwert bzw. unmöglich macht.

### Fisher Building (19)

1928 ließ die Fisher Company – bereits zu 60 % zu GM gehörend – das 28-geschossige Art-déco-Gebäude, das „schönste Bürogebäude der Welt“, bauen. Auch hierfür zeichnete der Architekt Albert Kahn verantwortlich und erhielt für seine Leistung mehrere Auszeichnungen. Von innen übertrifft die Eleganz der Ladenzeilen die des gegenüberliegenden ehemaligen GM-Hauptsitzes noch um einiges. Restaurants, Boutiquen, Herrenausstatter und das eindrucksvolle **Fisher Theatre** bieten eine weitere Gelegenheit für einen „Indoor-Spaziergang“. *Preisgekrönte Architektur*

### Motown Museum (20)

1959 erwarb Berry Gordy Jr. das Gebäude und versuchte sich als Sänger. Mehr Erfolg hatte er aber als Manager anderer Musiker, mit denen er schließlich den weltberühmten „Motown-Sound“ populär machte. Heute sind in dem Museum das erste Musikstudio sowie zahlreiche Memorabilien (Fotos, goldene Schallplatten, Kostüme etc.) der Motown-Stars zu sehen.
***Motown Museum**, 2648 W. Grand Blvd., www.motownmuseum.org, Mi–So, Juli/Aug. Di–So, 10–18 Uhr, $ 15, online günstiger.*

info

## Eine amerikanische Geschichte: General Motors

Die Geschichte begann um 1902 mit der **Buick Motor Car Company** von David Buick. 1904 wurden die Produktionsstätten nach Flint verlagert, wo William Carpo Durant die Kontrolle übernahm. Durant war ein Vordenker und prognostizierte bereits für das Jahr 1915 einen Jahresbedarf von mehr als 1 Mio. Automobilen. 1908 gründete er General Motors, damals noch mit Sitz in New Jersey, und ermutigte andere Firmen der Autobranche, ebenfalls nach Michigan zu kommen. In den Folgejahren kaufte GM acht weitere Firmen auf, u. a. Oldsmobile, Pontiac (beide geschlossen), Chevrolet und Cadillac.

1916 wurde die General Motors Corporation gegründet, doch die ersten Jahre waren schwer. Konzernchef Alfred P. Sloan war es zu verdanken, dass GM bis 1927 zum größten Automobilproduzenten Amerikas und 1931 auch der Welt aufstieg. Sein Konzept war einfach: Optimierung der Produktion und eine weitreichende Produktpalette, die jedem Kaufwilligen etwas zu bieten hatte. Der Zukauf von bzw. die Beteiligung an Zulieferbetrieben (z. B. die Karosserie- und Fahrgestellfabrik von Fisher) sicherte GM ab 1928 die Deckung des Bedarfs. Zudem kaufte GM in dieser Zeit Busunternehmen, die Mietwagenfirma Hertz, die Yellow Cab Manufacturing Company, Firmen in Übersee (z. B. 1929 Opel) und andere Unternehmen auf.

*Schlicht, groß und funktional: das Gebäude der ehemaligen GM Headquarters*

Die Depressionsjahre machten GM zu schaffen, doch der finanzielle Schub während der Kriegsjahre, als großenteils Kanonen und andere Waffen die Fließbänder verließen, machte den Verlust der Vorjahre wett. In den Boomzeiten der **1950er- und 1960er-Jahre** konnten sich viel mehr Menschen Autos leisten, und der Ausbau des Straßennetzes machte den Pkw zum wichtigsten Fortbewegungsmittel. Während der Ölkrisen 1974 und 1980/81 gerieten alle amerikanischen Autobauer, die vor allem viel Sprit schluckende, große Wagen im Angebot hatten, in eine wirtschaftliche Schieflage. Die Produktion sank auf fast die Hälfte. Es dauerte bis in die ausgehenden 1980er-Jahre, bevor die „Big Three" eine günstigere und ökologischere Modellpalette anbieten konnten. Zeit genug für die japanischen, später auch koreanischen und deutschen, Kleinwagenhersteller, sich auf dem amerikanischen Markt zu etablieren. Viele Arbeitsplätze gingen in dieser Zeit verloren. GM schloss sein großes Werk in Flint bereits in den 1980er-Jahren und Toyota überholte GM als größten Autobauer.

Noch ärger erwischte es die „Big Three" (vor allem GM), als Ende 2008 die Wirtschaftskrise ihren Tribut forderte. Die Verkäufe brachen um bis zu 45 % ein. Zeitgleich erwarteten immer mehr ehemalige Arbeiter die Auszahlung ihrer in guten Jahren vereinbarten Betriebsrente. Nur ein milliardenschweres Hilfsprogramm der US-Regierung sowie der Verkauf bzw. die Abwicklung der Firmenmarken Oldsmobile, Saab, Hummer und Saturn konnten den Konzern vor einem Kollaps retten. Danach erholte sich GM, verkaufte wieder große SUVs und Pick-Ups, hinkte im Kleinwagensegment jedoch immer noch hinterher. Seit Beginn der Corona-Krise leidet der Konzern ein weiteres Mal, diesmal aber nicht alleine, sondern mit nahezu der gesamten Konkurrenz.

# Sehenswertes im Großraum von Detroit

(→ Karte S. 518)

## Im Norden

Mit über 1.200 Tieren (290 Arten) ist der **Detroit Zoological Garden (21)** einer der größten Amerikas. Bereits früh wurden hier die Tiere nicht in Käfige gesperrt, sondern durften frei herumlaufen. Ein Höhepunkt ist die mit 80 Tieren (4 Spezies) weltgrößte Pinguin-Kolonie in einem Zoo.
***Detroit Zoological Garden**, 8450 W. 10 Mile Rd., Royal Oak, www.detroitzoo.org, April–Aug. tgl. 9–17, sonst tgl. 10–17 Uhr (im Winter bis 16 Uhr), $ 23, online günstiger.*

Die **Cranbrook Educational Community (22)** liegt in einer großen Parkanlage, die 1904 von dem Detroiter Zeitungskönig George Booth und seiner Frau Ellen Scripps Booth angelegt worden ist. 1932 beauftragte Booth den Architekten Eliel Saarinen, hier eine Kunstakademie nach skandinavischem Muster zu bauen. Später kam ein technisches Museum hinzu. In der tollen Parkanlage versammeln sich die Kunststudenten zum Wissensaustausch.

*Kunstakademie im Park*

Zu besichtigen gibt es:
- **Cranbrook House & Gardens:** Das Haus wurde 1908 von Albert Kahn im Stil eines englischen Landhauses mit vielen Bleiglasfenstern entworfen. Neben Antiquitäten und Kunstobjekten sind vor allem der Garten und das Gewächshaus sehenswert (*https://housegardens.cranbrook.edu*).
- **Cranbrook Art Museum:** Bereits am Eingang weisen ausgesprochen freizügige Skulpturen auf den skandinavischen Einfluss hin. Im Museum selbst sind Kunstwerke von Carl Milles, Elie und Eero Saarinen (der den Bogen in St. Louis geplant hat), Charles Eames und anderen Künstlern, darunter auch ehemalige Studenten der Akademie, ausgestellt. Die Kunstakademie zählt zu den besten des Landes, jährlich werden nur 150 Studenten zugelassen (*https://cranbrookartmuseum.org*).
- **Cranbrook Institute of Science:** Das vielseitige naturwissenschaftliche Museum wirbt mit dem Motto „Here you can travel from pow-wows to planets“. Besonders interessant sind das Planetarium, die Erläuterungen zur wissenschaftlichen Arbeit mit vorzeit-

*Der skandinavische Einfluss ist unverkennbar im Cranbrook Art Museum*

**Sehenswürdigkeiten**
21 Detroit Zoological Garden
22 Cranbrook Educational Community
23 Meadow Brook Hall/Dodge-Wilson Estate
24 Pewabic Pottery
25 Fisher Mansion
26 Edsel & Eleanor Ford House
27 Historic Fort Wayne

**Restaurants**
2 Rattlesnake Club
3 Los Galanes
9 Slows BBQ
11 Sindbad's Restaurant & Marina
13 Restaurants in Royal Oak
14 Restaurants in Ferndale
15 Restaurants in Mexican Town

**Hotels**
8 Roberts Riverwalk Hotel
9 Baymont by Wyndham Downtown

T Detroit-Windsor Tunnel

Detailkarte Innenstadt siehe S. 508
Detailkarte Belle Isle siehe S. 511
Detailkarte Dearborn siehe S. 521



lichen Skelettfunden, die geologische Ausstellung und die Abteilung über die Indianer der Woodland-Kultur um die Großen Seen (*https://science.cranbrook.edu*).

***Cranbrook Institute**, 39221 Woodward Ave. (Lone Pine Rd), Bloomfield Hills, www.cranbrook.edu; **House & Gardens**: Haustouren Mitte Juni–Oktober, Do–So, meist mittags, $ 10 inkl. Garten; nur Garten: Mai–Okt. tgl., Eintritt frei; alle Zeiten variieren, also vorher erkundigen; **Art Museum**: Mi–So 11–17, Do bis 20 Uhr, $ 10; **Institute of Science**: Mi/Do/Sa 10–17, Fr 10–22, So 12–16 Uhr, $ 13; **Planetarium**: pro Programm ab $ 5.*

**Meadow Brook Hall/Dodge-Wilson Estate (23)**

Das schlossähnliche Gebäude (Tudorstil) wurde 1926–1929 für $ 4 Mio. für den Autobaron John Dodge, der bereits während der Bauzeit starb, und seine Frau Matilda gebaut. Matilda heiratete erneut und bezog das Haus mit ihrem neuen Ehemann Alfred Wilson 1930. Das Anwesen ist das architektonisch imponierendste und aufwendigste im Raum Detroit. 100 Zimmer mit 24 Kaminen, 39 Schornsteinen und unschätzbaren Antiquitäten lohnen die weite Anfahrt. *Imposantes „Schloss“*

***Meadow Brook Hall/Dodge-Wilson Estate**, 2200 N. Squirrel Rd., Oakland University, www.meadowbrookhall.org, Fr–Mo 11–16 Uhr, Juni–Labor Day tgl., $ 13, Touren ab $ 18.*

## Im Osten und Nordosten

Leitlinie ist die Jefferson Ave., die dann in den Lakeshore Dr. übergeht.

Die 1903 gegründete Keramikmanufaktur **Pewabic Pottery (24)** ist berühmt für ihre kunstvollen Tonglasuren (Fliesen), Tonkessel und andere Keramikarbeiten. Man findet ihre Kacheln und Ornamente überall in Detroit, so auch in einigen Stationen des „People Mover“ und in vielen Gebäuden aus den 1930er-Jahren (z. B. Guardian Bldg.). Die Fabrikationsstätten, das Museum sowie die Verkaufsausstellung können besichtigt werden. Teilnahme an Touren nur nach Anmeldung. *Berühmte Keramikwerkstatt*

***Pewabic Pottery**, 10125 E. Jefferson Ave., ☎ (313) 626-2000, www.pewabic.org, Di–Sa 10–17 Uhr, Eintritt frei.*

Die **Fisher Mansion (25)** ist das 1927 von Lawrence P. Fisher, Mitbegründer der Fisher Body Company, erbaute Wohnhaus. Für den ungewöhnlichen Bau wurden 200 Künstler und Architekten engagiert; Stilelemente aus aller Welt sind hier zu fin-

*Das Edsel & Eleanor Ford House zeigt eindeutig englische Züge*

den. Während das Haus von außen eher spanisch-mexikanische Charakteristika aufweist, ist das Interieur stark an mediterrane und asiatische Kulturen angelehnt. Auf der Rückseite befindet sich ein Bootshaus an einem eigens von Fisher und seinem Nachbarn angelegten Kanal. Heute nutzt die Bhaktivedanta-Sekte das Haus als Tempel. Man freut sich über Besuch, serviert im ehemaligen Speisesaal vegetarische Gerichte und lässt Gäste einen Großteil der Räumlichkeiten erkunden.
***Fisher Mansion****, 383 Lenox St., www.iskcondetroit.com, Touren So 16/18.30 Uhr, Anmeldung online oder ☎ (313) 824-6000.*

**Edsel & Eleanor Ford House (26)**
Edsel Ford, einziger Sohn des Firmengründers Henry Ford, ließ hier am Ufer des Lake St. Clair ein Anwesen im englischen Cotswolds-Stil (Worcestershire) errichten. Die Fenster bestehen großenteils aus Bleiglas, die Außenfassade aus Sandstein und die Steinplatten für das Dach wurden eigens aus England importiert. Im Inneren des 60-Zimmer-Hauses beeindrucken ausgesuchte, bis zu 2.000 Jahre alte (!) Antiquitäten aus allen Teilen der Welt. Häufig finden hier Konzerte und andere Veranstaltungen statt.

*Hochwertige Antiquitäten*

***Edsel & Eleanor Ford House****, 1100 Lakeshore Rd., Grosse Pointe Shores, www.fordhouse.org, April–Mitte Nov. Di–So 12–16 Uhr, im Winter kürzer, Führungen online buchbar, teilw. außerhalb der regulären Öffnungszeiten, $ 10, Führung $ 15.*

## Im Westen

### The Alley Project (TAP)

In einem von Menschen vieler unterschiedlicher Herkunftsländer bewohnten Stadtviertel fünf Meilen südwestlich der Innenstadt stehen Kunst und Kultur im Mittelpunkt eines Selbsthilfeprojekts, das auch eine Brücke zwischen Einheimischen und Besuchern aus aller Welt bilden soll.
**The Alley Project**: *8869 Avis St./Ecke Elsmere St., www.insidesouthwest.com*

Das **Historic Fort Wayne (27)** stammt aus der Mitte des 19. Jh. Alte Kasernen und Befestigungsanlagen verdeutlichen, wo sich damals das wirtschaftliche Leben der Stadt abgespielt hat und wo es etwas zu beschützen gab. Gelegentlich werden historische Ereignisse nachgespielt.
***Historic Fort Wayne****, 6325 W. Jefferson Ave., am Südende der Livernois St., www.historicfortwaynecoalition.com, Sa/So 10–16 Uhr, Parkplatz $ 5, Führungen jeweils 11 u. 14 Uhr, $ 5.*

### Dearborn (→ Karte S. 521)

Der riesige Museumskomplex mit dem Henry Ford Museum („The Henry Ford") und dem benachbarten Freilichtmuseum Greenfield Village verdeutlicht, welchen Stellenwert die Industrialisierung in der Geschichte Amerikas einnimmt. Für beide Museen kann man gut einen ganzen Tag einplanen. Mit dem **Kombiticket** (*ab $ 51 zzgl. $ 12 fürs Parken und Service Fee*) kann man beispielsweise erst das Greenfield Village besuchen und nach der Mittagspause das Henry Ford Museum sowie an einer Factory Tour teilnehmen (*$ 17,50 zusätzlich*).

*Für Autoliebhaber und Technik-Fans*

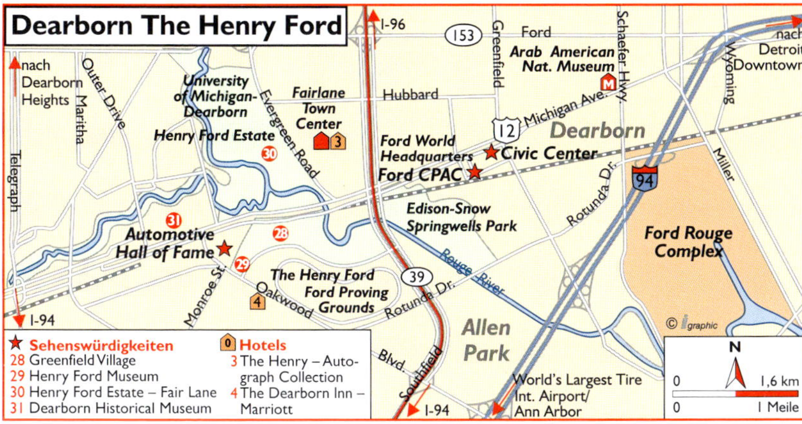


### Greenfield Village (28)

Das große Freilichtmuseum zeigt – im Original oder als Replik – viele Gebäude, die für die amerikanische Geschichte eine besondere Bedeutung haben. Um nicht allzu viel laufen zu müssen, empfiehlt sich eine Kutschfahrt, eine Fahrt mit einem Model T oder die Umrundung des Geländes mit der historischen, von einer Dampflok gezogenen Eisenbahn. Zu den 80 von innen und außen zu besichtigenden Gebäuden gehören u. a. Wohn- und Arbeitsstätten folgender Persönlichkeiten: Lincoln (Präsident), Edison (Elektropionier), Gebrüder Wright (Luftfahrtpioniere), Firestone (Reifen), Heinz (Ketchup) und Henry Ford (u. a. seine erste Autofabrik). Aber auch andere Gebäude aus der Pionierzeit, wie Kirchen, Farmhäuser, historische Stadthäuser, Schulen, Bäckereien, Schmieden und andere Handwerksbetriebe sind zu besichtigen. In Letzteren finden handwerkliche Vorführungen statt bzw. werden die hergestellten Produkte auch verkauft. Zum Mittagessen kann man in der **Eagle Tavern** einkehren, einem historischen Rasthaus mit deftiger Landkost. Die Bedienung ist in zeitgenössischen Trachten gekleidet.

*Riesiges Freilichtmuseum*

***Greenfield Village**, 20900 Oakwood Blvd., Dearborn, www.thehenryford.org, Mitte April–Okt. tgl., Nov. Fr–So 9.30–17 Uhr, $ 35 zzgl. $ 12 fürs Parken und Service Fee.*

### Henry Ford Museum (of American Innovation) (29)

Das Museum ist so riesig, dass es hilfreich sein kann, sich mithilfe des Museumsplans zu überlegen, was einen besonders interessiert. Alles schafft man nicht an einem Nachmittag. Tipp: Trotz der vielen anderen Abteilungen ist der Automobilbereich natürlich das Kernstück des Museums.

*Schwerpunkte setzen*

Sehenswertes in Stichworten:

• **Fully Furnished – „Wohnungen im Wandel der Zeit"**: Alte Staubsauger (ab 1908), einst wahre Ungetüme, sind hier der Knüller. Zudem sind verschnörkelte Badewannen sowie Nähmaschinen, Möbel und Kücheneinrichtungen der letzten 200 Jahre zu bewundern.

• **Agriculture**: Die ersten Mähdrescher von 1866 lassen ihre wahre Bestimmung kaum erkennen. Weiterhin: Eggen und andere Feldgeräte.

*Mit einem alten Ford durchs Greenfield Village*

• **Made in America: Power**: Mit Stolz wird u. a. auf die amerikanische Erfindung der Windräder als Unterstützung für Wasserpumpen hingewiesen. Dem Weg dieser Ausstellung folgend gelangt man vorbei an monströsen Dampfmaschinen zu modernen Industrierobotern. Ein 15-minütiger Film erläutert die Entwicklung der Fließbandarbeit.
• **Im Zentrum des Museums** gibt es einige Ausprobierstationen und die Kinderabteilung mit Spielzeug („Spiele und lerne"). Der Mittelpunkt ist Fords erstes Auto von 1896.

*Lincolns Schaukelstuhl*

• **Memorabilien aus der Geschichte Amerikas** beinhalten den Schaukelstuhl Lincolns, in dem er 1865 im Theater einem Attentat zum Opfer fiel, und ein Feldbett General George Washingtons, in dem er während des Revolutionskriegs geschlafen hat. Grundsätzlich beschäftigt sich diese Abteilung mit dem Freiheitskampf vor 1776, der Gründung der USA und dem Amerikanischen Bürgerkrieg.
• **Heroes of the Sky**: Einige alte Flugzeuge machen deutlich, warum das Fliegen zu Beginn des 20. Jh. noch als Abenteuer galt.
• **Driving America**: Die Entwicklung der amerikanischen Automobilgeschichte wird chronologisch anhand verschiedenster Modelle erläutert. Dabei fehlen auch japanische Autos sowie die in den 1960er- und 1970er-Jahren in Amerika sehr beliebten VW-Käfer und VW-Busse nicht. Neben bizarrsten Konstruktionen stehen hier „Allerweltsfahrzeuge" sowie Karossen verschiedener Präsidenten, z. B. die von Eisenhower und Kennedy. Sechs Unterabteilungen geben dazu Aufschlüsse, u. a. über die Arbeiterbewegung und über ökologische Entwicklungen. Für die Autoabteilung sollte man zwei Stunden einplanen.
• **Transportation**: Es gab auch andere Transportmittel während der letzten zwei Jahrhunderte: Straßenbahnen, Kutschen und Eisenbahnen. Mittelpunkt ist die impo-

sante Allegheny-Dampflokomotive („Big Boy"), ein 600-t-Koloss, der ehemals bis zu 160 voll beladene Kohlewaggons über die Berge von West Virginia gezogen hat.

• Weitere Abteilungen zeigen **historische Uhren, Juwelen, Glaskunst, Silbergeschirr** und **Keramiken** oder beschäftigen sich mit der **Geschichte der Justiz** bzw. mit den **Generationen der letzten 150 Jahre.**

• Das Museum organisiert 2- bis 3-stündige Touren zu den Ford-Werken: **Ford Rouge Factory Tours**.

• Im **IMAX-Kino** kann man verschiedene Filme in 3D schauen. Oft werden historische Themen angeschnitten, z. B. liefen bereits „D-Day" und „Jerusalem".

***Henry Ford Museum**, 20900 Oakwood Blvd., neben dem Greenfield Village, www.thehenryford.org, tgl. 9.30–17 Uhr, $ 32, Ford Rouge Factory Tour Mo–Sa 9.30–17 Uhr, $ 22, in Kombination mit Museumseintritt nur $ 17,50, die letzte Tour startet um 15 Uhr, IMAX ab $ 10; alle Preise zzgl. $ 3 Service Fee und ggf. $ 9 fürs Parken.*

Direkt um die Ecke vom Ford Museum lockt die **Automotive Hall of Fame** Technikfreunde an. Hier wird dem Erfindergeist der Autopioniere gehuldigt, vor allem derjenigen, die nichts mit Ford zu tun haben.

***Automotive Hall of Fame**, 21400 Oakwood Blvd., www.automotivehalloffame.org, Mi–So 9–17, Nebensaison Do–So 10–16 Uhr, $ 10.*

### Henry Ford Estate – Fair Lane (30)

*Henry Fords Wohnhaus*

Henry Ford ließ das Haus zwischen 1913 und 1915 für über $ 2 Mio. erbauen und benannte die gesamte Anlage nach der Straße im irischen Cork, in der sein Vater gelebt hatte. Eigentlich war es Frank Lloyd Wright, der als Architekt das Haus geplant hatte, doch vollendet wurde es von anderen Architekten. Clara Ford waren die Ideen von Wright zu unorthodox. Die Fords wollten es hier „einfach" haben und vor allem dem Trubel der Stadt entfliehen. Henry Ford starb hier 1947.

*Das Auto gehört zum American Way of Life*

Schlichte Natürlichkeit

Im Gegensatz zu den Villen der anderen Industriebarone beeindruckt die schlichte und rustikale Einrichtung. Neben den Wohnräumen ist v. a. das Power Haus sehenswert, die Energiequelle des Gebäudes, die Ford mit seinem Freund, dem Erfinder Thomas Edison, entwickelt hat. Henry und Clara Ford liebten die Natur, was sich in ihrem einladenden Garten widerspiegelt.

***Henry Ford Estate – Fair Lane****, 1 Fair Lane Dr., Dearborn, ca. 1,5 mi vom Ford Museum entfernt, www.henryfordfairlane.org, wegen aufwendiger Restaurierungsarbeiten wechseln die Öffnungszeiten noch, aktuelle Infos über o. g. Internetseite. Der Garten kann tgl. 8–18 Uhr besucht werden und Picknicktische stehen bereit.*

Zu erwähnen sei noch das **Dearborn Historical Museum (31)**, das sich mit der Geschichte der Stadt (auch jenseits von Autos) beschäftigt.

***Dearborn Historical Museum****, 915 Brady St. (Ecke Michigan Ave.), https://thedhm.com, Mo–Fr 8–17 Uhr.*

## Ausflüge von Detroit

Detroit eignet sich gut für einen Ausflug in die kanadische Umgebung: **Windsor** samt **Amherstburg** sowie der **Point Pelee National Park** sind auf einer Rundfahrt an einem Tag zu schaffen (s. ab S. 336).

Alter Leuchtturm

Eine andere Ausflugsmöglichkeit bietet **Port Huron** *(www.porthuron.org)*, Brückenstadt an der Mündung des Detroit River in den Lake Huron. Neben der eindrucksvollen Blue Water Bridge sind vor allem das Huron Lightship (Feuerschiff, *800 Prospect Pl., Pine Grove Park*), das Museum of Art & History/Carnegie Center *(1115 6th St., www.phmuseum.org/carnegie-center, tolle Schiffsmodelle)*, das Fort Gratiot Lighthouse *(2802 Omar St.)* sowie das Thomas Edison Depot *(Eisenbahnmuseum, 510 Thomas Edison Pkwy., www.phmuseum.org/thomas-edison-depot-museum)* sehenswert. Im Knowlton's Ice Museum of North America *(317 Grand River Ave.)* wird die Geschichte der Eisproduktion veranschaulicht.

**Ann Arbor** ist eine ansprechende Universitätsstadt mit dem entsprechenden Ambiente (Kultur, gute Restaurants) (s. S. 531).

## Reisepraktische Informationen Detroit, MI

### Information

**Detroit CVB**: *211 W. Fort St., Ecke Washington Blvd., ☎ (313) 202-1800, 1-800-DETROIT (338-7648), www.visitdetroit.com*

*Über* **Veranstaltungen** *informieren die* **Tages-/Internetzeitungen**, *wie z. B. Detroit Free Press (www.freep.com), Detroit News (www.detroitnews.com) sowie Wochenzeitungen (z. B. Detroit Metro Times, www.metrotimes.com). Einige liegen noch in Druckform aus, andere beschränken sich ausschließlich auf ihre Onlineplattform.*

### Wichtige Telefonnummern

**Vorwahl**: *313, Umgebung: 248, 947, 586, 734*

**Notruf/Polizei/Feuerwehr**: ☎ *911*

**Krankenhaus**: *Harper Hospital, 3990 John R. St./ Alexandrine Rd., ☎ (313) 745-8040*

### Sightseeingtouren/Besichtigungen

**Diamond Jack's River Tours**: *Bootstouren auf dem Detroit River und um die Belle Isle, Juni bis Aug. Do–So, Sept. nur Sa/So. Abfahrten: Rivard Plaza, 1340 E. Atwater St., ☎ (313) 843-9376, www.diamondjack.com, ab $ 21.*

**Feet on the Street Tour**: *Thementouren durch Downtown, kulinarische Stadtführungen, Touren zu Märkten und historischen Orten der „Underground Railroad", ☎ (313) 393-2055, www.enjoythed.com.*

**The City Institute**: *Walkingtouren und virtuelle Touren mit unterschiedlichen Thematiken, Schwerpunkte sind u. a. soziale Probleme, Stadtentwicklung, Kunst und Architektur. 440 Burroughs St., #118, ☎ (313) 883-9141, www.thecityinstitute.com.*

### Unterkunft (*▸ Karten S. 508/509 und 518*)

*Wer Wert auf einen gewissen Komfort legt, sollte in Detroit im Zweifel lieber ein bisschen mehr für ein Hotelzimmer ausgeben. Bei den günstigeren Hotels muss man meist auch entsprechende Abstriche bei der Sauberkeit und/oder der Ausstattung machen.*

**Westin Book Cadillac Hotel $$$$$ (1)**: *1114 Washington Blvd., Downtown, ☎ (313) 442-1600, www.marriott.com. Hier wurde ein Klassiker wieder zum Leben erweckt. Mitten am vereinsamten Washington Blvd. hat man mit viel Aufwand dieses Hotel renoviert und heute strahlt erneut der Glanz der glorreichen Zeit. Tolle Art-déco-Elemente, schnieke und geräumige Zimmer, Doormen, gediegene Bars und Restaurants u. v. m. zu einem zwar hohen Preis, der aber für das Gebotene mehr als angemessen ist.*

**Detroit Marriott at the Renaissance Center $$$$$ (2)**: *400 Renaissance Dr., Downtown, ☎ (313) 568-8000, www.detroitmarriott.com. Luxushotel. Viele Zimmer mit Blick auf den Fluss und Windsor bzw. auf die Stadt. Die hohen Übernachtungspreise lohnen sich nur für Zimmer ab dem 30. Stock und mit entsprechender Aussicht. Günstige Wochenendangebote.*

**The Henry – Autograph Collection $$$$$ (3)**: *300 Town Center Dr., Dearborn, im Fairlane Town Center, ☎ (313) 441-2000, www.behenry.com. Elegantes Luxushotel mit altenglischem Flair (Afternoon Tea, Antiquitäten etc.). Die gediegene, stilvolle Einrichtung ist ein toller Mix aus Moderne, Art déco und Bauhaus.*

**The Dearborn Inn – Marriott $$$$$ (4)**: *20301 Oakwood Blvd., Dearborn, ☎ (313) 271-2700, www.dearborninnmarriott.com. Gemütliches, ruhiges Hotel der oberen Mittelklasse, 1 km vom „The Henry Ford". Das Hotel, 1931 eröffnet, diente ehemals der Ford Company als Gästeunterkunft. Schöner Garten, Restaurant, Bar.*

**Atheneum Suite Hotel $$$$ (5)**: *1000 Brush St. (in Greektown), ☎ (313) 962-2323, www.atheneumsuites.com. 175 geräumige, familiengerechte Suiten. Interessante Angebote (z. B. inkl. Frühstück oder mit Tickets fürs DIA).*

**Trumbull & Porter Hotel $$$–$$$$ (6)**: *1331 Trumbull St., ☎ (313) 496-1400, www.trumbullandporterhotel.com. Angesagtes Mittelklasse-Boutiquehotel westlich der Innenstadt, in der Nähe zahlreiche Restaurants an und um die Michigan Ave. Restaurant und Cocktailbar, netter Garten und Fahrradverleih. Etwas schrill, aber ein Tipp!*

**234 Winder Street Inn $$$ (7)**: *234 Winder St, ☎ (313) 831-4091, www.234winderstinn.com. B&B-Unterkunft nahe Downtown. Für alle, die es gerne etwas persönlicher mögen.*

**Roberts Riverwalk Hotel $$$ (8)**: *1000 Riverplace, ☎ (313) 259-9500, www.detroitriverwalkhotel.com. 30 Gehminuten (1,5 mi) östlich des Ren Center, direkt am Fluss. Historisches Gebäude, Zimmer mit hohen Decken, viele davon mit Blick auf den Fluss. Gutes Preis-Leistungs-Verhältnis.*

**Baymont by Wyndham Downtown $$$ (9)**: *3250 E. Jefferson Ave., ☎ (313) 568-2000, www.wyndhamhotels.com. Vergleichsweise günstiges Motel östlich der Innenstadt.*

**Essen & Trinken** (▸ Karten S. 508/509 und 518)

*In Detroit gibt es einige exquisite Restaurants, aber man kann auch für wenig Geld schmackhafte Überraschungen erleben. Typisch für die Arbeiterstadt sind die kleinen Imbissbuden und Fast-Food-Restaurants. Zwei charakteristische Varianten bieten sich an: Der* **Coney Island**, *ein Hot Dog mit polnischer Wurst und Chilisauce (Tipp: auf kleine Restaurants mit dem Namen „Coney Island" achten) und das* **Soulfood**: *entweder gut Gewürztes aus der Fritteuse, z. B. Shrimps oder Hähnchenstücke, dazu scharfe Sauce und „Greens" (Oberbegriff für Gemüse, das meist aus gekochten Spinatblättern besteht) oder geräuchertes Fleisch (am besten: Pulled Pork). Viele unterschiedliche Restaurants, Bars und Microbreweries befinden sich im Gebiet um die* **Michigan Avenue** *östlich der Innenstadt (zw. Hwy. 10 und Fisher Fwy./US 75/99).*

**The Whitney (1)**: *4421 Woodward Ave., ☎ (313) 832-5700. Elegantes Restaurant in historischer Tudor-Mansion (ehemalige Villa eines Holzbarons). Antiquitäten und Gemälde schmücken die Räumlichkeiten. Eines der Top-Restaurants. Die Ghostbar im 3rd Floor bietet eine gepflegte Cocktail-Atmosphäre.*

**Rattlesnake Club (2)**: *300 River Place (River City), ☎ (313) 567-4400. Frisch zubereitete Gerichte der Saison. Moderne und exquisite amerikanische Küche, beste Weine. Schöner Blick auf den Detroit River. Die elegante Inneneinrichtung wird von Marmor und Rosenholz bestimmt. Man kann auch draußen speisen. Am Wochenende Live-Jazz.*

**Los Galanes (3)**: *3362 Bagley St., ☎ (313) 554-4444. Gute, typische und bodenständige – also scharfe – mexikanische Küche.*

**Flood's Bar & Grill (4)**: *731 St. Antoine, ☎ (313) 963-1090. Gutes Soulfood mit Schwerpunkt auf Fisch und Shrimps. Oft auch Livemusik.*

**Fishbone's Rythm Kitchen Café (5)**: *400 Monroe St. (Greektown), ☎ (313) 965-4600. Louisiana-Küche. Alligatorfleisch, Shrimps, Austern – scharf gewürzt, zudem Gumbo und Jambalaya sowie Fleischgerichte im rustikalen Ambiente eines Südstaatenlokals.*

**Pegasus Taverna (6)**: *558 Monroe Ave. (Greektown), ☎ (313) 964-6800. Allerlei griechische (und amerikanische) Spezialitäten – auch welche, die man aus griechischen Lokalen in Europa nicht kennt.*

**D. Prime Steakhouse (7)**: *MGM Grand Hotel, 1777 Third St., ☎ (313) 465-1645. Hier wird das Steakbraten zur Perfektion gebracht, außerdem Seafood und eine erlesene Weinkarte.*

**Buffalo Wild Wings (8)**: *1218 Randolph St., ☎ (313) 961-9453. Chicken Wings-Imbiss-Restaurant. Der Clou ist die Auswahl aus 20, z. T. sehr scharfen Soßen. Zudem Burger und Wraps.*

**Slows Bar B Q (9)**: *2138 Michigan Ave., ☎ (313) 962-9828. Beste Südstaaten-Küche (Soulfood). Besonders die BBQ-Speisen (Pulled Pork u. ä.) sind der Renner. Am frühen Abend oft voll.*

**Z's Villa (10)**: *42 Piquette St., ☎ (313) 874-2680. Bar-Restaurant mit herzhaften Burgern und leckerer Gumbo. Man muss Lust haben, typische Detroit-Szene zu treffen. Absolut sicher, sauber und adrett, aber keine Touristen!*

*Beliebt für sein Soulfood: Slows Bar B Q*

**Sindbad's Restaurant & Marina (11)**: *100 St. Clair St., 1,5 mi östl. der Brücke zur Belle Isle, ☎ (313) 822-8000. Direkt am Detroit River und oberhalb einer Marina. Es gibt nicht nur gute Fischgerichte, sondern auch leckere Steaks. Schöne Aussicht von der Terrasse.*
**Highlands Steakhouse und Hearth 71 im Ren-Center (12)**: *Ren-Center, 71st/72nd Floor, ☎ (313) 877-9090. Vorzügliche Steaks sowie im Hearth 71 exquisit zubereitete (Farm-) Gerichte am offenen Feuer, dazu Craft Beer. Einmaliger Blick über Stadt und Fluss. Wer hier nicht speisen möchte, kann ab 17 Uhr die* **High Bar** *besuchen (Appetizer).*
*In den Stadtteilen* **Royal Oak (13)** *sowie* **Ferndale (14)** *gibt es zahlreiche Restaurants, Microbreweries und Bars. Ebenfalls lohnend: ein Besuch der* **Mexican Town (15)** *(Bagley/Vernor Sts.), wo das Latino-Feeling noch zu spüren ist.*

### Einkaufen

*Gleich vorweg: Zum Shoppen eignet sich Detroit nicht besonders gut. In der Innenstadt gibt es, abgesehen von unten Genanntem, nicht viel und die guten Malls, wie* **Northland Center** *(Southfield, 13 mi zur Innenstadt),* **Oakland Mall** *(16 mi zur Innenstadt) bzw.* **Great Lakes Crossing Outlets** *(4000 Baldwin Rd., Auburn Hill; mit LEGO Discovery Center und Aquarium, 35 mi zur Innenstadt), liegen weit außerhalb bzw. abseits der beschriebenen Route. Fans von* **Stetson** *und anderen Hüten können sich in Detroit günstig eindecken bei* **Henry the Hatter** *(2472 Riopelle St., www.henrythehatterdetroit.com).*
*Mitten in der Innenstadt, auf den Lafayette Greens (Ecke Michigan Ave./Shelby St., www.greeningofdetroit.com/greenspaces), findet oft ein* **Farmer's Market** *statt, auf dem man frisches Obst, Gemüse und Blumen kaufen kann. Alternativ gibt es noch den* **Corktown Farmer's Market** *(1234 Michigan Ave., Ecke John C. Lodge Service Dr., www.facebook.com/corktownfarmersmarket). Zurzeit befinden sich die Märkte alle im Umbruch, daher sollte man sich noch einmal aktuell informieren, wo und wann sie stattfinden. Weitere Märkte: www.detroitmarkets.org bzw. www.visitdetroit.com. Auf jeden Fall einen Besuch wert ist natürlich der* **Eastern Market** *(s. S. 512).*
**John K. King Used & Rare Books**: *901 W. Lafayette Blvd., www.johnkingbooksdetroit.com. Secondhandbücher, modernes Antiquariat und seltene Bücher.*
*Über 10 Mio.* **Kowalski Sausages** *(Kielbasas) werden jährlich in Hamtramck (2270 Holbrook St., www.kowality.com) hergestellt. Der Fabrikladen wurde zwar geschlossen, man findet die Kowalski-Produkte aber in Supermärkten.*

### Pubs/Livemusik/Nightlife

*Detroit ist ein Mekka für Jazz- und Bluesfreunde. Metro Times (www.metrotimes.com) sowie https://detroit.jazznearyou.com informieren über aktuelle Auftritte und Trends.*
**Baker's Keyboard Lounge**: *20510 Livernois (8 Mile Rd.), ☎ (313) 345-6300. Einer der ältesten Jazzclubs der Welt. Also durchaus etabliert und empfehlenswert. Gelegentlich Kabarett. Livemusik Fr/Sa (sicher), aber auch an anderen Tagen. Toll, authentisch, lohnt einfach die Anfahrt. Snack-Menü.*
**Bert's Marketplace**: *2727 Russell St. (Eastern Market), ☎ (313) 567-2030, www.eatatberts.com. Live-Jazz von Do–So. Fr/Sa bis morgens 6 Uhr geöffnet; amerikanische Küche. Sonnabendmorgen, wenn man als einer der letzten Gäste das Lokal verlassen sollte, kann man das Treiben auf dem beginnenden Gemüse- und Blumenmarkt auf dem Eastern Market miterleben.*
**MGM Casino**: *1777 Third St., www.mgmgranddetroit.com. Die vier Bars im Casino-Hotel bieten für jeden etwas: sehen und gesehen werden, Cocktails, japanische Sake-Kreationen, Piano- und Jazz-Musik, Aussicht usw.*

**Hockeytown**: *2301 Woodward Blvd, Ecke Montcalm St., www.hockeytowncafe.com: Riesige Sportsbar mit Blick auf die Stadien. Überall Motorräder und Hockey-Memorabilien.*

**Flood's**: *731 St. Antoine St., ☎ (313) 963-1090, www.floodsdetroit.com. Moderner Jazz- und Soulclub, ganz nach dem Motto „Dress to impress and enjoy". Am Wochenende voll und gute Stimmung. Soulfood.*

**Cliff Bells**: *2030 Park Ave. (Downtown), ☎ (313) 961-2543, www.cliffbells.com. Gute Jazzmusik in tollem 1920er-Jahre-Ambiente. Dazu gute Küche. Ein Klassiker und der Tipp für die Innenstadt.*

*Zahlreiche Lokale gibt es zudem im Bereich* **Greektown** *(Monroe St.) sowie* **Bricktown** *(Ecke Beaubien/Congress Sts.) in der Innenstadt sowie in den Stadtteilen* **Royal Oak** *und* **Ferndale**, *etwa* **Duggan's Irish Pub** *(31501 Woodward Ave., www.duggans pub.com).*

## Musik- und Theaterveranstaltungen

*Tickets über www.ticketmaster.com. Beliebte Aufführungsorte sind u. a.:*

**Fox Theatre**: *2211 Woodward Ave., ☎ (313) 471-7000, www.313presents.com/venues-events/fox-theatre. Aufführungsort für Musicals, Rockbands und Theatertruppen. Ständig wechselndes Programm. Bereits die Architektur verspricht ein Erlebnis. Siamesische, orientalische, europäische und amerikanische Stilelemente mischen sich zu einem bunten und plüschigen Allerlei.*

**Fisher Theatre**: *Fisher Building, 3011 W. Grand Blvd., ☎ (313) 872-1000, www.broadwayindetroit.com. Broadwaystücke und Komödien. Vornehmes Ambiente.*

**The Gem & Century Theatres**: *333 Madison Ave., ☎ (313) 963-9800, www.forbesdetroit.com/gem-theatre.php. Kleines Theater, 1928 gegründet, oft nur für private Anlässe geöffnet, mit Restaurant.*

**Masonic Temple**: *500 Temple St., ☎ (313) 832-7100, http://themasonic.com. Broadwaystücke und Komödien sowie Konzerte aller Art. Drei Theater unter großem Kupferdach (4.600, 1.567 und 950 Sitze). Es gibt auch geführte Touren.*

## Veranstaltungen

**North American Int. Auto Show**: *Januar, oft auch im Frühsommer, Huntington Place. Größte Autoshow der USA, www.naias.com.*

**Movement Electronic Music Festival**: *Ende Mai, Hart Plaza an der Riverfront. Tanzen nach elektronischer Musik – im großen Stil und weit in die Nacht hinein. Wer grooven möchte, ist hier richtig, www.movement.us.*

**River Days**: *Mitte/Ende Juni. „Freundschaftsfest" der Städte Detroit und Windsor, entlang dem Fluss in der Innenstadt, www.riverdays.com.*

**Detroit Jazz Festival**: *Anfang Sept./um das Labor-Day-Wochenende, auf vier Bühnen auf Hart Plaza und Campus Martius/Cadillac Sq. Größtes Open-Air-Jazzfestival der USA mit mehr als 100 Jazzkonzerten, www.detroitjazzfest.org.*

**Arts, Beats & Eats**: *Anf. Sept. in Royal Oak. Festival mit über 200 Aufführungen auf 9 Bühnen. Fine Arts Show, Musik, lokale Restaurants bieten an Ständen Essen an, http://artsbeatseats.com.*

*Detroit ist groß in Sachen Sport! Das Baseball-Team, die* **Detroit Tigers** *(www.mlb.com/tigers), spielen im Comerica Park, das Football-Team, die* **Detroit Lions** *(www.detroitlions.com), auf dem Ford Field, die Eishockey-Mannschaft, die* **Detroit Red Wings** *(www.nhl.com/redwings) sowie die Basketballer, die* **Detroit Pistons** *(www.nba.com/pistons), in der neuen Little Caesars Arena.*

### Flughafen

**Detroit Metro Airport**: *26 mi südwestl. Innenstadt (11050 Rogell Dr., über I-94),* ☎ *(734) 247-7678, www.metroairport.com*

*Vom Flughafen verkehren* **Shuttle-Busse** *zu den großen Innenstadthotels. Ein Taxi kostet ab $ 50.* **Öffentliche Busse** *(Linie 125) verkehren ebenfalls, doch nicht regelmäßig, und bei Fahrten in die Innenstadt muss man je nach Tageszeit oft umsteigen. In jedem Fall muss man vom Flughafen aus zuerst den SMART-Bus zu den Stadtbussen nehmen. Aktuelle Infos: www.smartbus.org bzw. www.metroairport.com/to-from-dtw/other/public-transportation.*

### Öffentlicher Nahverkehr

Kunst in einer Station des People Mover

**SMART**: ☎ *(866) 962-5515, www.smartbus.org, betreibt den Busverkehr in der Stadt und in die Vororte, zentrale Haltestelle ist am Cadillac Square. Für Sightseeing ist das Bussystem eher nicht geeignet, da die außerhalb der Innenstadt gelegenen Sehenswürdigkeiten zu weit auseinander liegen. Auch Tages- und Mehrtagestickets.*

*Die* **Q-Line** *ist eine Straßenbahn, die entlang der Woodward Ave. zwischen Congress St. und Grand Ave. verkehrt. Dabei passiert sie u. a. das Detroit Institute of Arts und das Detroit Historical Museum, https://qlinedetroit.com.*

*Der* **People Mover**, *eine Hochbahn, die um die Innenstadt fährt, hält an 13 Stationen, ist also bestens geeignet für die Erkundung der zentralen Sehenswürdigkeiten. Abends verkehrt die Bahn bis Mitternacht, Fr/Sa bis 2 Uhr.* ☎ *(313) 224-2160, www.thepeoplemover.com.*

### Überlandbusse

**Greyhound-Busbahnhof**: *1001 Howard St.,* ☎ *(313) 961-8011 od. 961-8005.*

### Eisenbahn

**Amtrak-Station**: *11 West Baltimore Ave., Ecke Woodward Ave.,* ☎ *(313) 873-3442.*

### Taxis/Fahrdienste

**Checker**: ☎ *(313) 963-7000,* **Metro Cab**: ☎ *(734) 997-6500,* **Metro Cars**: ☎ *(800) 456-1701. Die Fahrdienste* **Uber** *und* **Lyft** *befördern ebenfalls Passagiere in Detroit.*

# Zwischen Detroit und Chicago

## Redaktionstipps

- **Grand Rapids:** Das Highlight hier sind ohne Zweifel die **Frederik Meijer Gardens & Sculpture Park** mit Skulpturen von Rodin und Moore (S. 538).
- **Saugatuck** mit seinem erholsamen Kleinstadtcharme. Ausflug zu einem der Strände (S. 541).
- Sand und Strand pur im **Indiana Dunes National Park (Lakeshore)** (S. 544).
- Autofans unternehmen den Abstecher zum **Gilmore Car Museum** (S. 532) sowie dem **Studebaker Museum** (S. 533).
- Südlich von **Lansing**: Im **The English Inn B&B** nächtigt man im ehemaligen Wohnhaus eines Oldsmobile-Präsidenten (S. 537).
- Das **Bayside Inn B&B** in **Saugatuck** liegt direkt am Wasser. Alternativen wären im Ort das historische **Maplewood Inn** (beide S. 542) oder in **St. Joseph** das **The Boulevard Inn** (S. 544) mit Wasserblick.
- Ein Sandwich bei **Zingerman's** in **Ann Arbor** ist ein Klassiker (S. 531).
- Sonnenuntergang über dem Lake Michigan: beim **Picknick am Strand** oder von der Terrasse des **Bistro** in **St. Joseph** (S. 544).

### Entfernungen

*Detroit – Chicago (direkt über den Interstate): 266 mi/428 km*
*Detroit – Flint – Lansing – Grand Rapids – Benton Harbor – Chicago: 252 mi/406 km*

### Hinweis

*Vor Chicago muss die Uhr zurückgestellt werden. Michigan/Indiana: 12 Uhr = Chicago: 11 Uhr.*

Der schnellste Weg geht über den I-94 von Detroit bis nach Chicago (ca. 5 Std.). Wer mehr Zeit mitbringt, sollte sich trotzdem an die Interstates halten und Abstecher zum Lake Michigan unternehmen.

Die beschriebene Strecke verläuft großenteils durch flaches bis leicht hügeliges Farmland und verspricht ein paar interessante Städte, wie z. B. die Universitätsstadt Ann Arbor oder Frankenmuth, das Little Bavaria von Michigan mit riesigem Christmas Shop. Weiter südlich finden sich einige Fahrzeug-Museen, von denen das Gilmore Car Museum bei Kalamazoo, das Cord Duesenberg Museum in Auburn sowie das Studebaker Museum bei South Bend die Highlights sind. Lohnend ist auch der Besuch des Frederik Meijer Garden & Sculpture Park in Grand Rapids. Die Landschaft an den Ufern des Lake Michigan ist reizvoller. Hier geht es vorbei an Sandstränden, Leuchttürmen, Obstplantagen, Weingütern sowie anheimelnden Orten

Zwischen Detroit und Chicago

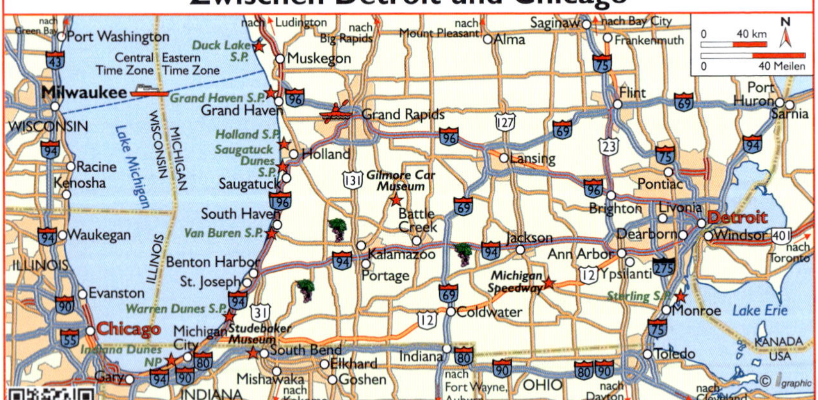

wie Saugatuck, wo einige alte Häuser zu bezaubernden Bed-&-Breakfast-Unterkünften umgewandelt wurden und zu einem letzten Zwischenstopp vor Chicago einladen. Boutiquen, Galerien und verschiedene Bootstouren sorgen hier für den Zeitvertreib. Der Indiana Dunes National Park (Lakeshore) kurz vor Chicago beeindruckt mit hohen Sanddünen, schönen Wanderwegen und einladenden Stränden.

Im 19. Jh. benötigten die Kutschen für die Strecke von Detroit nach Chicago fünf Tage. Man folgte dem Verlauf des heutigen US 12 und musste mehrmals einkehren und übernachten. Einige der ehemaligen Stationen sind zu besichtigen. Informationen und Broschüren gibt es in den einzelnen Orten.

*Mühsame Kutschfahrt*

### Zeitplanung

**2 Tage: 1. Tag:** Bis Lansing fahren und dort kurz umschauen. Dann weiter nach Grand Rapids zum Frederik Meijer Garden & Sculpture Park. Anschließend zum Übernachten nach Grand Haven oder Saugatuck. **2. Tag:** Durch Saugatuck schlendern und eine Weile am Oval Beach verweilen. Bei Interesse Zeit einplanen für den Indiana Dunes National Park (Lakeshore). Alternativ an diesem Tag eines der Automuseen, das Gilmore Car Museum, das Cord Duesenberg Museum oder das Studebaker Museum besuchen – auch wenn dies einen kleinen Umweg bedeutet.

# Sehenswertes am I-94

## Ann Arbor

60 mi westlich von Detroit passiert man die 124.000 Einwohner zählende Stadt Ann Arbor, deren **University of Michigan** (über 45.000 Studenten) bereits während der 1960er-Jahre aufgrund progressiver Einstellungen in die Schlagzeilen gekommen ist. Auch heute noch prägt die Uni das Leben in der eklektisch anmutenden Stadt. Secondhandbuchläden, Naturkostläden, Boutiquen, kleine Kneipen, gute Restaurants, heimelige Kleinstadthäuser und der weithin bekannte Delikatessenladen **Zingerman's** (*422 Detroit St.*, leckere Sandwiches, tolle Käsetheke) finden sich hier. Im Juli findet ein weithin bekanntes **Art Festival** statt.

Die wenigen Museen sind alle an die Universität angeschlossen. Beachtenswert sind die **Stearns Collection of Musical Instruments** (*1100 Baits Dr., Earl V. Moore Building of the School of Music, Theatre & Dance, Uni North Campus, Mo–Fr 9–17 Uhr*), in der 2.500 alte und neue Musikinstrumente ausgestellt sind, sowie das **Kelsey Museum of Archaeology** (*434 S. State St., Di–Fr 9–16, Sa/So 13–16 Uhr, https://lsa.umich.edu/kelsey, Artefakte aus antikem Rom und Griechenland*) und das **University of Michigan Museum of Art** (*525 S. State St., Di/Mi 11–17, Do/Fr 10–20, Sa/So 11–20 Uhr, https://umma.umich.edu*). Doch eher ist es die lockere, kosmopolitische Atmosphäre, die in dieser Stadt begeistert. Auch ein paar interessante Musikclubs finden sich.

*Kosmopolitische Uni-Stadt*

Übrigens war es in Ann Arbor, wo James Cleveland („Jesse") Owens am 25. Mai 1935 in nur 45 Minuten 6 Leichtathletik-Weltrekorde aufstellte (100 und 200 Yards,

220 Yards Hürden, 100 und 200 m sowie im Weitsprung). Ein Jahr später machte der Ausnahmeathlet bei den Olympischen Spielen in Berlin mit 4 Goldmedaillen Schlagzeilen.

Im südöstlich der Stadt gelegenen Ypsilanti finden Technikfreaks zwei weitere interessante Museen: das **Automotive Heritage Museum** (*100 E. Cross St., Di–So 13–16 Uhr, http://ypsiautoheritage.org, $ 5*) mit Fahrzeugen der ehemaligen Hudson Company und das **Yankee Air Museum** (*47884 D. St., Belleville, Di–Sa 10–14, So 11–14 Uhr, https://yankeeairmuseum.org, $ 12*) in der ehemals größten Bomberfabrik des 2. Weltkrieges. Wer rechtzeitig bucht, kann in einem historischen Flugzeug mitfliegen.

## Jackson, Battle Creek und Kalamazoo

*Partei gegen Sklaverei*

**Jackson**, 30 mi westlich von Ann Arbor, erlangte im Juli 1854 Berühmtheit, als hier die **Republikanische Partei** gegründet wurde. Aus Platzgründen fand die Gründungszeremonie unter einem Baum statt, *(Ecke W. Franklin/2nd Sts.)*. Anlass der Gründung: Man wollte die Sklaverei offiziell abschaffen. Zwischen Jackson und dem Lake Michigan erstreckt sich ein **Weinanbaugebiet**, dessen Weinkellereien am Interstate mit Schildern auf sich aufmerksam machen.

*Das Gilmore Car Museum ist eines der besten Automuseen Amerikas*

**Battle Creek**, weitere 30 mi westlich, ist Heimat der berühmten **Kellogg's Cornflakes**. Dr. John Harvey Kellogg und sein Bruder William Keith Kellogg, Betreiber eines Sanatoriums, entwickelten hier 1894 ein gesundes, auf Getreide basierendes und kalorienarmes Frühstück: die Cornflakes.

20 Meilen nordöstlich von Kalamazoo ist der Besuch des **Gilmore Car Museum** für jeden Autofan ein Muss. Hier blinken und blitzen Hunderte von liebevoll erhaltenen bzw. restaurierten Autos aus der Zeit von 1900 bis 2000.
***Gilmore Car Museum**, 6865 Hickory Rd., Hickory Corners, www.gilmorecarmuseum.org, April–Nov. Mo–Fr 9–17, Sa/So 9–18, Dez.–März tgl. 10–17 Uhr, $ 16.*

*Historische Flugzeuge*

In Portage bei **Kalamazoo** zeigt der **Air Zoo** 80 Flugzeuge aus allen Zeiten – großenteils aus dem Zweiten Weltkrieg. Zudem wird die Geschichte der Raumfahrt vorgestellt. Tolle Programme für Kinder ab 6 Jahren.
***Air Zoo**, 6151 Portage Rd., Portage, www.airzoo.org, Mo–Sa 9–17, So 12–17 Uhr, $ 16.*

## Reisepraktische Informationen Ann Arbor und Kalamazoo, MI

**Information**
**Ann Arbor Area CVB**: *315 W. Huron St., ☎ (734) 995-7281, www.annarbor.org*

**Unterkunft**
**Bell Tower Hotel $$$$–$$$$$**: *300 S. Thayer St., Ann Arbor, ☎ (734) 769-3010, www.belltowerhotel.com. Historisches Hotel der gehobenen Klasse. Gutes Restaurant.*
**Kalamazoo House B&B $$$–$$$$**: *447 W. South St., Kalamazoo, ☎ (269) 775-4309, www.thekalamazoohouse.com. Liebevoll restaurierte Stadtvilla eines ehemaligen Zigarrenfabrikanten mit 10 individuell eingerichteten Zimmern. Sehr gutes Frühstück.*

**Essen & Trinken**
**The Earle**: *121 W. Washington St., Ann Arbor, ☎ (734) 994-0211, http://theearle.com. Restaurant mit romantischem Touch. Gute französische oder italienische Menüs. Etwas teurer.*
**Metzger's**: *Baxter Plaza, 305 N. Zeeb Rd., in Baxter, etwa 5 Meilen westlich von Ann Arbor, ☎ (734) 668-8987, www.metzgers.net. Deutsches Traditionsrestaurant in einem Mall-Gebäude.*

## Abstecher Studebaker National Museum und andere Fahrzeugmuseen

**Lesertipp**
*In Auburn finden sich einige interessante Fahrzeugmuseen. Im* **Cord Duesenberg Museum** *(1600 S. Wayne St., tgl. 9–17 Uhr, https://automobilemuseum.org, $ 12,50) gibt es 100 Oldtimer zu bewundern. Gegenüber lohnt der Besuch des* **National Automotive & Truck Museum** *(1000 Gordon M. Buehrig Pl., tgl. 9–17 Uhr, http://natmus.org, $ 10), das mit Trucks und Muscle Cars protzt. Das* **Early Ford V8 Museum** *(2181 Rotunda Dr., Auburn, tgl. 9–17 Uhr, www.fordv8foundation.org, $ 10) zeigt, was der Name bereits verrät.*

Das **Museum** des bekannten, leider gescheiterten Autobauers **Studebaker** befindet sich in South Bend. Über 120 Wagen, Kutschen und vor allem Autos gehören zur Sammlung, u. a. auch vier Gefährte, die einst von Präsidenten genutzt wurden, darunter der Zweispänner, mit dem Lincoln zu seinem verhängnisvollen Theaterbesuch fuhr. Die Studebaker Company galt einst als ausgesprochen innovativ. 1852 als Eisenschmiede gegründet, wurden später Wagen und Kutschen hergestellt, bis Studebaker 1902 mit einem Elektrowagen und zwei Jahre später mit einem Benzinauto auf den Markt kam. Im Zweiten Weltkrieg wurde die Produktion auf Militärfahrzeuge und Flugzeugmotoren umgestellt. Direkt nach dem Krieg noch von Erfolg gekrönt, ging es ab 1953 meist bergab. 1966 musste Studebaker aufgeben. Zu sehr hatten die großen Autokonzerne der Firma mit Dumpingpreisen zugesetzt.

*Innovation und Eleganz*

***Studebaker National Museum**, 201 S. Chapin St., South Bend, www.studebakermuseum.org, Mo–Sa 10–17, So 12–17 Uhr, $ 11.*

### Routenhinweis

Für den weiteren Verlauf der Strecke entlang dem I-94 s. S. 543.

# Sehenswertes in Flint, Frankenmuth und am I-96/I-196

## Flint

*Ehemalige GM-Stadt* Die einst stolze Industriestadt ist heute die „Metropole des Schrotthandels". Ende der 1980er-Jahre schloss General Motors, 1908 hier gegründet, seine Werke in Flint. 30.000 Arbeiter und viele mehr in Zulieferbetrieben verloren ihren Job. Michael Moore, Sohn der Stadt und bekannt durch Filme wie „Bowling for Columbine" und „Fahrenheit 9/11", protestierte damals massiv gegen die Entlassungen und schrieb dazu das Buch „Downsize This!". Auch sein Film „Roger & Me" widmet sich diesem Thema. Heute lohnen zwei Dinge eine Besichtigung:

Das **Sloan Museum of Discovery**, einst der Firma General Motors gewidmet, zeigt heute ein paar GM-Fahrzeuge, besonders der Marke Buick. Fast noch interessanter sind aber andere Erläuterungen und Exponate zum Leben in der Stadt, als sie noch in voller Blüte stand. Ein wirklich gelungenes Kaleidoskop zur Geschichte der Region. Das Kunstmuseum **Flint Institute of Art** befindet sich ein Stück weiter auf demselben Campus.
***Sloan Museum of Discovery***, *1221 E. Kearsley St./1200 Robert T Longway Blvd., www.sloanlongway.org, Di–Sa 10–17, Do bis 20, So 12–17 Uhr, $ 13.*

Im **Crossroads Village** nördlich der Stadt wurden 34 Gebäude von 1860–1880 restauriert, einschließlich alter Eisenbahngebäude. Außerdem werden in historischen Betrieben alte Handwerke vorgeführt und eine Schmalspurbahn mit Dampflok, die **Huckleberry Railroad**, fährt über das Gelände.

*Frankenmuth Cheese Haus*

**Crossroads Village**, *6140 N. Bray Rd., www.geneseecountyparks.org, Memorial Day–Labor Day Do–So 10–17 Uhr, sonst nur an ausgesuchten Feiertagen/Wochenenden, $ 11, Village inkl. Zug- oder Bootstour $ 20.*

## Frankenmuth

Das 30 Meilen nördlich von Flint gelegene Städtchen wurde 1845 von 15 deutschen lutherischen Missionaren gegründet. Die Geschichte lässt sich gut im lokalen **Museum** *(613 S. Main St., tgl., $ 2)* sowie in der lutherischen **St. Lorenz Church** nachvollziehen. Heute zeigt sich die Gemeinde in deutschem Klischeebild: bayerische Architektur, deutsche Gemütlichkeit, „germanische" Küche. Zu letzterer wird, wie so oft in Amerika, auch der (Schweizer) Lochkäse gezählt. Ein Glockenspiel darf natürlich auch nicht fehlen. All das zieht alljährlich über 3 Mio. Besucher an – so viele wie keine andere Destination in Michigan!

*Weihnachten das ganze Jahr*

Der Shopping-Knüller ist **Bronner's Christmas Wonderland** im Süden der Stadt. Hier erhält man das ganze Jahr über Weihnachtsdeko aus aller Welt auf Tausenden von Quadratmetern. Eine der kulinarischen Besonderheiten von Frankenmuth ist der „**Schokoladen-Käse**", hergestellt und verkauft im **Frankenmuth Cheese Haus** *(545 S. Main St.)*.

Deutsch wird an der hiesigen Schule unterrichtet und einmal im Monat findet ein deutschsprachiger Gottesdienst statt. Deutsche Feste, wie z. B. Mitte Juni das **Bavarian Festival** und später das **Oktoberfest** runden den bunten Reigen ab.

### Reisepraktische Informationen Frankenmuth, MI

**Information**
**CVB**: *635 S. Main St., ☎ (989) 652-6106, www.frankenmuth.org*

**Unterkunft/Essen & Trinken**
**Bavarian Inn Lodge $$$–$$$$**: *1 Covered Bridge Lane, ☎ (844) 264-9023 od. (855) 652-7200, www.bavarianinn.com. 200-Zimmer-Motel im Bayernlook. Fünf Pools! Das zugehörige* **Restaurant** *befindet sich auf der anderen Seite der Holzbrücke und bietet in sieben (großen) Gaststuben deutsche und amerikanische Spezialitäten. Der Renner ist das panierte, filetierte und gegrillte Hühnchen, aber auch Schnitzel, Rotkohl und braune Soßen werden serviert. Alles jedoch ziemlich amerikanisiert zubereitet.*
**Zehnder's of Frankenmuth Restaurant**: *730 S. Main St., ☎ (844) 802-8323. Eines der größten „Family Restaurants" Amerikas. Beliebt ist das „All-you-can-eat-Chicken-Dinner". Ansonsten auch hier typisch deutsche und amerikanische Küche.*

## Lansing

*Hauptstadt von Michigan*

Lansing wurde 1847 anstelle von Detroit zur Hauptstadt von Michigan erklärt. Es war eine Kompromisslösung. Die Wahl fiel damals auf diese zentral gelegene „Siedlung" – die Upper Peninsula zählte noch nicht –, die aus nicht mehr als einer Sägemühle und einem Holzhaus bestand. 1896/97 entwickelte Ransom E. Olds hier eines

*Michigan State Capitol*

der ersten benzingetriebenen Autos Amerikas und löste damit eine Phase der Industrialisierung aus.

Heute ist Lansing mit 113.000 Einwohnern (zusammen mit East Lansing 161.000 Einw.) eine Verwaltungs- und Universitätsstadt sowie Sitz verschiedener Krankenhäuser und einiger Versicherungen. GM produziert in einer modernen Fabrik vorwiegend Cadillacs und hat hier eines seiner High-Tech-Entwicklungszentren. Die touristischen Highlights beschränken sich auf ein paar kleinere Museen und das State Capitol sowie eine Reihe von Antiquitätengeschäften und -märkten. Eine gezielte Anreise lohnt also nicht, aber als angenehm ruhiger Übernachtungsstopp ist Lansing durchaus geeignet.

*Vorbild war das Kapitol in Washington*

Das **State Capitol** wurde zwischen 1873 und 1879 erbaut und kann zu den schöneren seiner Gattung gezählt werden. Das 80 m hohe, auffallend schlanke Kuppeldach ist dem des Kapitols in Washington nachempfunden und war eines der ersten seiner Art in den USA. Touren durch das Gebäude werden alle halbe Stunde angeboten. Wer noch kein Kapitol von innen gesehen hat, wird beeindruckt sein von den Gemälden und Fresken, die dem amerikanischen Wunsch nach „heroisierender Americana“ durchaus gerecht werden.
***State Capitol**, Capitol/Michigan Ave., Mo–Fr 8–17, Touren 9–16 Uhr.*

Das **Michigan Historical Center** besteht aus Historical Museum, Library, Michigan Archives und Rotunda. Geboten wird ein buntes Potpourri der Geschichte Michigans von der Zeit der Indianer über Minenbau, Holzfällerei, Farmwirtschaft, Autobau, Depressionsjahre etc. Durchaus sehenswert.
***Michigan Historical Center**, 702 W. Kalamazoo St., www.michigan.gov/mhc, Mi–Sa 10–16, So 13–17 Uhr, $ 8.*

Das **R.E. Olds Transportation Museum** ist dem Autofabrikanten Ransom Eli Olds gewidmet. Er gründete 1897 die Olds Motor Company in Lansing, aus der später die GM-Tochter Oldsmobile hervorging. Zahlreiche Oldsmobile, aber auch von Olds entwickelte Rasenmäher, sind zu bewundern. Besonders die Fahrzeuge aus den 1920er- und 1930er-Jahren sind sehenswert.
***R.E. Olds Transportation Museum**, 240 Museum Dr., www.reoldsmuseum.org, Di–Sa 10–17, April–Okt. auch So 12–17 Uhr, $ 10.*

Der **Uni-Campus der Michigan State University** (über 50.000 Studenten) in East Lansing erstreckt sich auf einer Fläche, die doppelt so groß ist wie die ganze Stadt Marburg. Einen Plan gibt es im Visitor Center.

*Eindrucksvoller Campus*

Zu besichtigen ist hier das in einem futuristischen Bau untergebrachte **MSU Broad Art Museum**, in dem zeitgenössische und moderne Kunstwerke ausgestellt werden.
Im naturkundlichen **MSU Museum** werden u. a. Dinosaurierskelette gezeigt und erklärt. Zudem gibt es noch ein **Gewächshaus** (MSU Greenhouse) mit über 3.000 Spezies und eine **Milchfarm** (MSU-Dairy-Plant), in der u. a. vorgeführt wird, wie Eiscreme und Joghurt hergestellt werden.
***MSU Broad Art Museum**, 547 East Circle Dr., East Lansing, http://broadmuseum.msu.edu, Do–So 10–18 Uhr, Eintritt frei.*
***MSU Museum**, 409 West Circle Dr., www.museum.msu.edu, Di–Sa 10–17 Uhr, Eintritt frei.*

## Reisepraktische Informationen Lansing, MI

### Information
**CVB**: *500 E. Michigan Ave., Ste. 180, ☎ (517) 487-6800, www.lansing.org*

### Unterkunft
**The English Inn $$$$**: *677 S. Michigan Rd. in Eaton Rapids, 15 mi südl. von Lansing, ☎ (517) 663-2500, www.englishinn.com. Komfortable B&B-Unterkunft in ehemaligem Wohnhaus eines Oldsmobile-Präsidenten. Tudor-Stil (1927), schöner Garten. Gute Küche im angeschlossenen* **English Pub** *(„Fine Dining“). Hier kann man auch Touren in die Umgebung von Lansing buchen, z. B. Wanderungen, Kutschfahrten und Kanutouren.*
**Radisson Lansing at the Capitol $$$$**: *111 N. Grand Ave., ☎ (517) 482-0188, www.radissonhotels.com. Großes Konferenzhotel in der Innenstadt mit allen Annehmlichkeiten (u. a. Pool, Whirlpool, Sauna).*
**Wild Goose Inn $$$$**: *512 Albert St., East Lansing, ☎ (517) 333-3334, www.wildgooseinn.com. Angenehmes B&B in der Nähe des Unicampus, 10 Autominuten zur Innenstadt. Jedes Zimmer nach einem bestimmten Thema dekoriert und mit Jacuzzi.*

### Essen & Trinken
**Carrabba's Italian Grill**: *6540 W. Saginaw Hwy., ☎ (517) 323-8055. Gute italienische Küche und Holzofenpizza.*
**Bowdies Chophouse**: *320 E. Michigan Ave., ☎ (517) 580-4792. Tolles Steak-Restaurant. Der Knüller ist das (leider sehr teure) Tomahawk-Ribeye-Steak. Zudem leckere Cocktails. Ein Restaurant für einen besonderen Tag.*

## Grand Rapids

Grand Rapids ist mit 200.000 Einwohnern die zweitgrößte Stadt Michigans, touristisch jedoch wenig interessant. Wesentliche Wirtschaftszweige sind die Holzindustrie, allen voran die Möbelherstellung *(„Furniture City USA“)*, sowie das Gesundheitswesen inklusive großer Krankenhäuser. Zahlreiche alte Villen im **Heritage Hill Historic District** östlich der Innenstadt gehörten einst den Holzbaronen. Zwei davon hat Frank Lloyd Wright entworfen: das **Amber House** *(505 College Ave. SE.)* und das zu besichtigende **Meyer May House** *(450 Madison Ave. SE., Di/Do 10–13, So 12–15 Uhr, nur mit online Tourreservierung, https://meyermayhouse.steelcase.com)*. Weitere Infos zu diesem Stadtteil sowie Tipps für einen Rundgang erhält man im **Heritage Hill Association Office** *(126 College Ave. SE., www.heritagehillweb.org)*.

*Villen der Holzbarone*

Von der Innenstadt aus über die Brücke erreicht man das **Gerald R. Ford Presidential Museum**. Gerald Ford, 38. Präsident der USA (1974–1976), stammte aus Grand Rapids. Das Amt übernahm er als Vizepräsident nach Richard Nixons Rücktritt aufgrund der Watergate-Affäre. Da er auch als Vize nicht gewählt, sondern nur nachgerückt war, ist Ford der einzige Präsident, der sich nicht auf ein Wählervotum stützen konnte. Im Museum sind Andenken aus seiner politischen Zeit, die er vor allem in Michigan verbrachte, und das rekonstruierte Oval Office zu sehen. Ein halbstündiger Film informiert über Fords Leben.
***Gerald R. Ford Museum**, 303 Pearl St. NW., www.fordlibrarymuseum.gov, Mo–Sa 10–17, So 12–17 Uhr, $ 15.*

Schräg gegenüber dem Ford Museum liegt das **Grand Rapids Public Museum**. Es beherbergt neben einem Planetarium naturhistorische Ausstellungen und zeigt u. a. den Nachbau einer Straßenszene aus dem Jahr 1890 sowie Wechselausstellungen. Besonders für Kinder interessant. Es gibt ein Café.

*Skulpturen in den Frederik Meijer Gardens*

***Grand Rapids Public Museum**, 272 Pearl St. NW., www.grpm.org, Mo–Fr 9–17, Sa/So 10–17 Uhr, $ 12.*

Die Hauptattraktion der Stadt ist zweifelsfrei der eindrucksvolle **Frederik Meijer Gardens & Sculpture Park**. In der schönen Parkanlage sind viele, teilweise sehr große Skulpturen u. a. von Henry Moore und Auguste Rodin aufgestellt. Der botanische Garten sowie ein Japanischer Garten mit Teehaus, Zen-Garten, Brücken und Bögen sowie einem extra für Kinder angelegten Areal runden das Bild ab.

*Skulpturen bekannter Künstler*

***Frederik Meijer Gardens & Sculpture Park**, 1000 East Beltline Ave. NE., www.meijergardens.org, Mo–Sa 9–17, Di bis 21, So 11–17 Uhr, $ 18.*

## Holland

Holländische Calvinisten gründeten den Ort 1847. Die Landschaft erinnerte sie an ihre Heimat. Heute sieht sich Holland, USA, als das kulturelle Zentrum aller niederländischen Einwanderer. Das wird natürlich für den Tourismus ausgenutzt und kein Klischeebild dabei ausgelassen: Bereits in der Schule lernen die Kinder, mit Holzschuhen zu tanzen, sodass sie sich später in die Reihen der 1.800 Holzschuhtänzer einreihen können, die alljährlich zum **Tulpenfestival** Anfang Mai auftreten.

*Holzschuhtanz und Tulpen*

**Neli's Dutch Village** ist eine nachgebaute holländische Kleinstadt aus dem 19. Jh. mit Ziehbrücke, Glockenturm, Souvenirgeschäften und Darbietungen wie Holzschuhtanz und Drehorgelmusik – geschickt platziert neben eine große Outletmall *(12350 James St., www.dutchvillage.com, Öffnungszeiten variieren, als grobe Richtlinie kann gelten: Mitte April–Labor Day 10–17 Uhr, in der Hauptsaison 9–19 Uhr, $ 15)*.

Im **Holland Museum**, untergebracht im Old Post Office, werden Artefakte und Kostüme aus dem Holland des 19. Jh. gezeigt. Angeschlossen sind das Haus des ersten holländischen Bürgermeisters sowie ein Siedlerhaus (*31 W. 10th St., www.hollandmuseum.org, Mo/Fr/Sa 10–17 Uhr, im Sommer auch So, $ 7*).

In den **Windmill Island Gardens** steht eine Windmühle aus dem Jahr 1770, die aus Holland importiert wurde. Heute wird hier bei regelmäßigen Vorführungen das Getreidemahlen erläutert. Angeschlossen ist eine holländische Miniaturstadt mit Kinderkarussell. Im Post House wird ein 20-minütiger Film zum Thema Windmühlen in Holland gezeigt *(1 Lincoln Ave., www.cityofholland.com/4/1/Windmill-Island-Gardens, Mitte April–Ende Sept., zur Tulpenzeit tgl. 9–19, sonst 9.30–18 Uhr, $ 12)*.

Die **DeKlomp Wooden Shoe & Delftware Factory** befindet sich auf einer Tulpenfarm, die ebenfalls zu besichtigen ist. In der kleinen Fabrik kann man bei der Produktion der holländischen Holzschuhe sowie bei der Herstellung von Delfter Porzellan zusehen (*Veldheer Tulip Farm, 12755 Quincy Ave., www.veldheer.com, tgl. Mitte April–Sept., Werkstattbesichtigung frei, Garten $ 15*). Tipp für Puppenliebhaber: Der **Wee Dollhouse Shop** *(1008 Bluebell Dr., www.weedollhouseshop.com)* führt eine tolle Auswahl an Puppenhäusern und Zubehör.

*„Klompen" und Delfter Porzellan*

**Tipp**
*Strände, Leuchtturm und Hafeneinfahrt westlich der Stadt laden zu einem Picknick bei Sonnenuntergang ein.*

## Reisepraktische Informationen Grand Rapids, Holland MI

### *GRAND RAPIDS, MI*

#### Information

**Grand Rapids CVB**: *171 Monroe Ave. NW., ☎ (616) 258-7388, www.experiencegr.com*

#### Unterkunft

**Amway Grand Plaza $$$$–$$$$$**: *187 Monroe Ave. NW., ☎ (616) 774-2000, www.hilton.com. Restauriertes Luxushotel von 1913, direkt am Grand River. Antiquitäten, Kandelaber und Ölgemälde gehören zur Einrichtung. Der Anbau ist modern. Mehrere Restaurants und Bars im Haus, u. a. Fine-Dining-Steakhouse, Wolfgang-Puck-Restaurant (Pizza/Pasta/Salate), elegante Cocktailbar, Café und Taco-Imbiss. Gute Frühstücksarrangements.*

**Leonard at Logan House B&B $$$$**: *440 Logan St. SE., ☎ (616) 308-6585, www.leonardatlogan.com. Ehemaliges Wohnhaus (1914) eines Kühlschrankfabrikanten im Heritage Hill Historic District. Man sollte sich mal das einstige Heizsystem (Dampf) sowie die Hausstaubsauger-Anlage zeigen und erklären lassen.*

**Holiday Inn Downtown $$$–$$$$**: *310 Pearl St. NW., ☎ (616) 235-7611, www.ihg.com/holidayinn/hotels. Vergleichsweise günstiges Hotel in der Innenstadt neben dem Public Museum. Restaurant* **Burger Theory** *im Haus mit ein paar Craft-Bieren vom Fass.*

#### Essen & Trinken

**Paddock Place**: *1033 Lake Dr. SE., ☎ (616) 772-0600. Schön restaurierte Mansion mit Außenterrasse und Garten in ehemaligem Franziskanerkloster (1860). Pizza, Tacos und andere internationale Gerichte.*

**Brewery Vivant**: *925 Cherry St. SE., ☎ (616) 719-1604. Microbrewery. Biere gebraut nach belgisch-nordfranz. Braukunst. Neben typischen Pubgerichten gibt es auch Entenpastete, Schnecken, Schokoladenkuchen oder belgische Fritten.*

**76th St. Truckstop Diner**: *460 76th St. SW., Byron Center, ☎ (616) 455-5632. Klassisches Diner mit guten Burgern, Hackbraten (Meatloaf), Hash Browns, mexikanischen Gerichten, Salaten etc. Auch Frühstück mit z. B. Waffeln oder Pfannkuchen. 24 Std. geöffnet.*

### *HOLLAND, MI*

#### Information

**Discover Holland**: *78 E. 8th St., ☎ (616) 394-0000, www.holland.org*

#### Unterkunft

**Dutch Colonial Inn $$$–$$$$**: *560 Central Ave., ☎ (616) 396-3664, www.dutchcolonialinn.com. Romantisch angehauchtes B&B. Das Haus (von 1928) hat holländischen Charakter. Vier der fünf Suiten haben einen Whirlpool.*

**Centennial Inn B&B $$$–$$$$**: *8 E. 12th St., ☎ (616) 594-0574, www.centennialinnholland.com. Haus von 1889 im Elizabethan Style. Acht sehr schöne Gästezimmer.*

#### Essen & Trinken

**Butch's Dry Dock**: *44 E. 8th St., ☎ (616) 3936-8227. Fisch, Steak, Hühnchen, Burger und mindestens ein vegetarisches Gericht, Salate und Vorspeisen – alles etwas feiner zubereitet. Nettes Ambiente. Gute Wein- und Bierauswahl.*

**New Holland Brewing Pub & Restaurant**: *66 E. 8th St., ☎ (616) 355-6422. Pubküche (Burger, Pizza, Salate etc.) und hausgebrautes Bier. Oft Livemusik.*
**Boatwerks Waterfront Restaurant**: *216 Van Raalte Ave., ☎ (616) 396-0600. Unbedingt Platz am Fenster reservieren bzw. draußen auf der Flussterrasse sitzen. Steaks, Pizzen, Salate, Nudelgerichte, Burger. Besonders lecker sind die saisonalen Fischgerichte (z. B. Seafood Chowder oder im Ofen gerösteter Barsch = Walleye).*

## Saugatuck

Saugatuck wurde 1830 als Fährhafen für die Überquerung des Kalamazoo River und als Holzhafen gegründet. Dieser wurde besonders 1871 und in den Jahren danach von Holztransporteuren auf dem Weg in das abgebrannte Chicago genutzt. Der Bedarf in Chicago war jedoch so groß, dass bald darauf alle Wälder in der Umgebung abgeholzt waren. Ab 1900 entwickelte sich das Städtchen zu einem beliebten Wochenendausflugsziel für die Oberschichten aus Chicago und Detroit. Die vielen schmucken viktorianischen Häuser in den baumbestandenen Alleen boten willkommene Ruhe – zumindest für diejenigen, die es sich leisten konnten. Viele richteten sich hier ein Domizil ein. Künstler folgten den wohlhabenden Erholungssuchenden und sorgten für eine niveauvolle und anregende Atmosphäre.

*Vom Holzhafen zum Ferienort der Oberschicht*

Auch heute noch besticht Saugatuck durch den „Charme des Unberührten". Gemütliche, wenn auch nicht immer preiswerte Bed&Breakfast-Häuser, ausgesuchte Boutiquen entlang der Butler und der Culver Street, feine Restaurants sowie weiße Sandstrände bieten Ruhe und Erholung. Saugatuck eignet sich zudem hervorragend als Basis für die Erkundung der Südwestecke von Michigan. Bitte einplanen: Viele Einrichtungen haben nur von Memorial Day bis Labor Day geöffnet.

Die „**Star of Saugatuck**" *(716 Water St.,www.saugatuckboatcruises.com, ab $ 20 für Daily Cruises/90 Min.)* bietet Bootsrundfahrten an, u. a. zu den vom Sand bedeckten

*Bunter Milch- und Eisladen in Saugatuck*

Ruinen der ehemaligen Stadt Singapore oder bezaubernde Sunset-Cruises. Ein Erlebnis ist auch eine Fahrt mit der **historischen, von einer Kette gezogenen Fähre** *(528 Water St.)* über den Fluss.

*Vielversprechende Nachwuchskünstler*

Die traditionsreiche Sommerschule des Art Institute of Chicago im **Ox-Bow School of Art & Art Workshop** *(3435 Rupprecht Way, www.ox-bow.org)* nimmt mehr als 400 Studenten auf. Viele der hier entstandenen Werke landen direkt in den erstklassigen Galerien der Region, die sich als „Art Coast of Michigan" bezeichnet.

Der **Oval Beach** (am Westende der Perryman St.) und der südlich davon gelegene Douglas Beach Park mit ihren kilometerlangen Sandstränden laden zum Baden und Spazierengehen ein. Um im **Saugatuck Park** (zwischen Kalamazoo River und Oval Beach) den Ausblick vom Mount Baldhead auf die Uferlandschaft genießen zu können, gilt es vorher, die 282 Stufen zu erklimmen. Nördlich der Stadt und des Flusses empfiehlt sich auch der **Saugatuck Dunes State Park** mit seinen 60 m hohen Dünen. Vom Parkplatz muss man einen Kilometer zum Strand laufen.

## Reisepraktische Informationen Saugatuck, MI

### Information

**Saugatuck-Douglas CVB**: *95 Blue Star Hwy., Douglas, ☎ (269) 857-1701, www.saugatuck.com*

### Unterkunft

**The Inn of Saugatuck $$$–$$$$$**: *447 Butler St., ☎ (269) 857-3325, www.innsaugatuck.com. B&B mit sieben, teilweise sehr plüschig eingerichteten Zimmern, eines davon eine 2-Zimmer-Suite ($$$$$). Großzügige, mit vielen Antiquitäten eingerichtete Gemeinschaftsräume. Reichhaltiges Frühstück. Das Gebäude stammt von 1904 und liegt zentral im Ort.*

**Bayside Inn B&B $$$–$$$$$**: *618 Water St., ☎ (269) 857-4321, www.baysideinn.net. Komfortable Zimmer direkt am Hafen. Zimmer mit Wasserblick (im Sommer $$$$$) haben einen eigenen Balkon/Terrasse. Zimmer mit Blick auf die Stadt sind günstiger. Einige Zimmer mit Jacuzzi bzw. Kitchenette. Großes Frühstücksbuffet (extra berechnet).*

**Maplewood Hotel $$$–$$$$**: *428 Butler St., ☎ (269) 857-1771 bzw. 1-800-650-9790, www.maplewoodhotel.com. Das historische Hotel mitten im Ort fällt durch seine vier 8 m hohen Säulen am Eingang auf. Innen finden sich Möbel aus dem 19. Jh. und Kristallleuchter. Frühstück im Preis inbegriffen.*

*Eine weitere schöne* **B&B-Unterkunft** *ist das historische* **The Rosemont Inn $$$$–$$$$$**, *83 Lake Shore Dr., Douglas, ☎ (269) 857-2637, www.rosemontinn.com. Das Inn liegt direkt am See am Douglas Beach Park. Pool, kleines Spa und kostenloser Fahrradverleih.*

**Günstigere Hotels/Motels** *gibt es entlang dem Blue Star Hwy. (County A 2) in Douglas (südlich von Saugatuck).*

### Essen & Trinken

**Coral Gables**: *220 Water St., ☎ (269) 857-2162. Bis spät in die Nacht geöffnetes Entertainment-Center direkt am Kalamazoo River. Hier gibt es mehrere einfache Restaurants (Pizzen, Burger, Hot Dogs, Pubfood), das Familienrestaurant Coral Gables (Fisch, Hühnchen, Steaks) sowie eine Piano- und eine Karaoke-Bar. Mit Außenbestuhlung.*

*Eine Reihe weiterer, unterschiedlichster Restaurants findet man entlang der Culver sowie der Water St., so z. B.* **The Butler** *(Ecke Culver/Butler Sts., ☎ (269) 857-3501), wo man auch auf dem Deck sitzen kann. Angeboten werden leckere Fischgerichte (Tipp für den Snack zwischendurch: Peel & Eat Shrimps – nur in der Saison) und eine gute Auswahl an Suppen und Salaten. Ein empfehlenswertes italienisches Restaurant ist* **Marro's** *(147 Water St., ☎ (269) 857-4248), u. a. tolle Shrimp-Gerichte. Ein Stück nördlich davon lädt das* **Mermaid** *(340 Water St., ☎ (269) 455-5949) auf seiner Außenterrasse zu leckeren Fisch- und Meeresfrüchte-Snacks sowie zu vollen Mahlzeiten ein, z. B. Lobster, Muscheln und „Catch of the Day". Angeschlossen ist ein gutes Burger-Lokal.*

*In* **Phil's Bar & Grille** *(215 Butler St., ☎ (269) 857-1555) hing einst Ernest Hemingway ab. Heute gibt es hier nicht nur amerikanische Küche, sondern auch frische Salate und Fischgerichte sowie einige glutenfreie Speisen. Die Bierauswahl ist ebenfalls gut.*

### Aktivitäten

**Saugatuck Dune Rides**, *6495 Blue Star Hwy., ☎ (269) 857-2253, www.saugatuckduneride.com. Eine Geländewagen-Tour durch die Dünen und zum „versunkenen" Ort Singapore (direkt nördlich der Mündung des Kalamazoo River) macht Spaß und ist ökologisch halbwegs vertretbar, denn nach jeder Fahrt werden die Dünen „geglättet".*

**Big Lake Outfitters**, *640 Water St., ☎ (269) 857-4762, www.biglakeoutfitters.com. Ob Kajaktour auf dem Kalamazoo River oder mit dem Fahrrad (bzw. Tandem) zu Obstfarmen: Hier kann man die passende Ausrüstung mieten, auch SUPs oder kleine Boote, und erhält jede Menge Tipps.*

**Obst selber pflücken** *ist immer ein Vergnügen! Blaubeeren, Äpfel und Pfirsiche gehören zu den häufigsten Früchten des Umlands. Infos zu den Farmen hält das Visitor Bureau bereit.*

## Weiter auf dem I-94

Von Saugatuck aus geht es weiter auf der A 2 („Blue Star Highway") nach Süden. Diese führt zuerst durch ein großes Obstanbaugebiet und nähert sich vor **South Haven** – einem kleinen Küstenort mit Strand, Leuchtturm sowie einer unauffälligen Innenstadt wieder der Küste.

**Benton Harbor** und **St. Joseph**, Zwillingsstädte mit zusammen 18.000 Einwohnern, sind bei Chicagoern beliebt als Badeziel fürs Wochenende (Sonnenuntergänge!), erreichen aber nicht Saugatucks Charme. Ein netter Strand befindet sich gleich südlich der Brücke über den St. Joseph River.

*Leuchtturm von Benton Harbor*

Der **Warren Dunes State Park**, 15 mi südlich von Benton Harbor, ist ein 600 ha großer Dünenpark am Lake Michigan mit Sandstrand, Picknickplätzen und Campingmöglichkeiten. Ein kleiner Wald (Warren Woods) ist in seiner Urform erhalten und die massiven Sanddünen laden zum Aufstieg ein.

## Reisepraktische Informationen Benton Harbor/St. Joseph, MI

### Information

**Southwest Michigan Tourist Council**: *2300 Pipestone Rd., Benton Harbor, ☎ (269) 925-6301, www.swmichigan.org*

### Unterkunft

**The Boulevard Inn $$$–$$$$**: *521 Lake Blvd., St. Joseph, ☎ (269) 983-6600, www.theboulevardinn.com. Reizendes, gut ausgestattetes Hotel mit 80 Ein-Zimmer-Suiten, alle mit Ausblick über den Lake Michigan (Sonnenuntergang!), den Hafen oder die Stadt. Im hauseigenen Restaurant* **Bistro on the Boulevard**, *☎ (269) 983-3882, gibt es südeuropäische und amerikanische Küche, gute Weine und Cocktails, dazu einen tollen Blick über den Lake Michigan. Bei gutem Wetter kann man auf der Terrasse essen.*
**Holiday Inn Express and Suites $$$**: *3019 Lakeshore Dr., St. Joseph, ☎ (269) 982-0004, www.ihg.com/holidayinnexpress. Sauberes Hotel nahe dem Wasser mit gutem Preis-Leistungs-Verhältnis. Ansprechendes* **The Lake House Restaurant** *mit Terrasse (Sonnenuntergang, ☎ (269) 982-8020) gleich nebenan.*

### Essen & Trinken

**Schu's Grill & Bar**: *501 Pleasant St., St. Joseph, ☎ (269) 983-7248. Gute Burger- und Sandwichvariationen, viele Appetizer sowie einige vegetarische und vegane Gerichte.*

## Indiana Dunes National Park

Der 6.000 ha große Dünenpark, der sich über gut 24 km am südlichen Ende des Lake Michigan erstreckt, verspricht ein eindrucksvolles Naturerlebnis. Das Areal des National Park umschließt in seiner Mitte den Indiana Dunes State Park. Die Kräfte der Gletscher haben hier bis vor 12.000 Jahren eine Dünen- und Moränenlandschaft geformt, die sowohl zum Wandern und Baden als auch zu naturkundlichen Touren einlädt. Anders als bei den Sleeping Bear Dunes liegen die Stranddünen frei. Nur wenige Bäume, z. T. halb bedeckt durch die wandernden Dünen, können sich unter den schwierigen ökologischen Bedingungen am Ufer behaupten. Hinter den vor dem Wind schützenden Seedünen hat sich jedoch eine Waldlandschaft entwickelt, die den Sand vollends bedeckt. Auf verschiedenen Wanderwegen mit Info-Tafeln kann man die faszinierende Landschaft auf eigene Faust entdecken – was bei Nebel ein eindrucksvolles, beinahe gespenstisches Erlebnis ist.

*Abwechslungsreiche Dünenlandschaft*

① **Kurzbesuch**: am Exit 26 vom I-94 ab- und direkt zum **Indiana Dunes Visitor Center** (an der SR 49, 0,7 mi vom Interstate), anschließend in den Park mit Dünen, Wald und Stränden fahren.
② **Mindestens 4 Stunden Aufenthalt**: am Exit 34 (US 421) abfahren, die Parks von Osten nach Westen durchqueren und z. B. folgende Punkte aufsuchen/unternehmen:

- zum Baden an den **Strand** fahren (Lakefront Drive). Lohnend ist der **Mt. Baldy Beach Trail**, der im Osten entlang der höchsten Düne des Parks führt (das Laufen im Sand ist etwas mühsam).
- mindestens einen Teil des **Cowles Bog Trail** (südwestl. des State Park) erwandern, der alle Ökosysteme des Parks aufweist (Marsch, Sumpf, Dünen, Strand, Wald) – der gesamte Trail ist 4 mi lang.
- Die **Chellberg Farm** bietet Einblick in das Leben der ersten Siedler hier, mit Infocenter.
- Der **westliche Abschnitt** ermöglicht abermals Badefreuden und den Besuch des **Paul H. Douglas Center** mit Infos zum Thema Ökologie bzw. ökologische Forschung.

**Hinweis**
*In Illinois gilt wieder die Central Time: Michigan/Indiana 12 Uhr = Illinois 11 Uhr.*

## Reisepraktische Informationen Indiana Dunes NP, IN

### Information

**Indiana Dunes National Park VC**: *1215 N. State Rd. 49, Porter, ☎ (219) 395-1882, www.nps.gov/indu, tgl. geöffnet, www.indianadunes.com (für die Region).*

### Unterkunft

*Empfehlungen in der Umgebung des Parks:*
*In Michigan City, Chesterton und Portage gibt es ausreichend Unterkünfte aller Preisklassen, die an Sommerwochenenden bzw. während der Ferienzeit aber oft überlaufen sind.*
**GW's Tryon Farm $$$**: *1400 Tryon Rd., Michigan City, ☎ (773) 330-2849, www.airbnb.com. Hier wohnt man mitten auf dem Land in einem bezaubernden Farmhaus von 1896. Die Zimmer sind gut ausgestattet, das Ambiente ist idyllisch und der Komfort gut. Frühstück inbegriffen, Abendessen vorher reservieren.*
**Al & Sally's Motel $$–$$$**: *3221 W. Dunes Hwy., Michigan City, ☎ (219) 872-9131, www.alandsallys.com. Klassisches Motel im alten Stil. Sauber und adrett.*
*An den Interstate-94-Ausfahrten 34 und 26 gibt es zudem eine Reihe der üblichen Franchise-Hotels und -Motels.*

### Camping

*Der* **Dunewood Campground** *befindet sich gleich an der Kreuzung des US 12 mit dem Broadway (645 Broadway Ave., Beverly Shores, über www.nps.gov), ein weiterer, der* **Electric Campground** *(1600 N. 25 E., Chesterton, über https://indianastate parks.reserveamerica.com), im State Park.*

# 13. ANHANG

## Literaturverzeichnis

### Romane, Krimis, Erzählungen

**Sherwood Anderson**: „**Winesburg, Ohio**". Die in den USA 1919 erschienenen Erzählungen über das Leben in einer amerikanischen Kleinstadt in Ohio sind, mit gleichem Titel, in mehreren Übersetzungen erhältlich.

**Ralph Waldo Ellison**: „**The Invisible Man**". Ellisons zweiter Roman, der 1953 u. a. mit dem *National Book Award* ausgezeichnet wurde, verfolgt das Leben eines jungen Schwarzen, der auf der Suche nach seiner Identität als Individuum, seiner Beziehung zu seiner Rasse und zur Gesellschaft ist. Als er erfahren muss, dass er in den Augen der Weißen „unsichtbar" ist, zieht er sich von der Gesellschaft zurück.

**Jeffrey Eugenides**: „**Middlesex**". Der mit dem Pulitzer-Preis ausgezeichnete Weltbestseller von 2002 erzählt die generationenübergreifende Geschichte einer griechischen Einwandererfamilie im Raum Detroit und liefert so auch ein kritisches Gesellschaftsbild der USA im Verlauf des 20. Jh. Das Buch beweist, dass sich literarischer Anspruch, ernste Themen (Rassismus, Geschlechtsidentität, sozialer Wandel) und hoher Unterhaltungswert nicht ausschließen müssen.

**Ernest Hemingway**: „**The Complete Short Stories**". Die Helden des Meisters der Kurzgeschichte sind oft mutig und trinkfest und sehen dem Tod direkt ins Auge. Diese Sammlung von Kurzgeschichten enthält viele Erzählungen über das Leben in Michigan, in denen auch Angeln in der Upper Peninsula nicht zu kurz kommt.

**Chester Himes**: Der afroamerikanische Schriftseller, der erst im Gefängnis anfing zu schreiben, wurde durch die Beschreibung des Lebens seiner schwarzen Mitbürger bekannt. „**Lonely Crusade**" ist die Geschichte eines schwarzen Wanderarbeiters, der überall auf Diskriminierung stößt, „**Third Generation**" beschreibt das Leben einer schwarzen Familie bis in die Mitte des 20. Jh. Im selbst gewählten Pariser Exil schrieb er „**The Heat is on**", „**Rage in Harlem**", „**Real Cool Killers**", Kriminalgeschichten um die beiden schwarzen Polizisten Grave Digger Jones und Coffin Ed Johnson, die im Harlem der 1930er- und 1940er-Jahre sehr anschaulich Gewalt und Rassismus dieser Zeit schildern (auf Deutsch im Unionsverlag erschienen).

**Elmore Leonard**: „**Man nannte ihn Hombre**", „**Road Dogs**", „**Schwarzer Schnaps und blaue Bohnen**", „**Entscheidung in Detroit**". Leonards Kriminalromane, dessen Schauplätze u. a. Detroit und Chicago sind, sind untypisch für das Genre. Beschrieben werden eher Milieus, (Mafioso, Industriearbeiter, Prostituierte, Banker, Kleinkriminelle) in denen Menschen mit nicht vertrauten Bereichen konfrontiert werden und in denen Gewalt oft das Resultat ist (Suhrkamp Verlag).

**Sinclair Lewis**: „**Babbit**" (1922), „**Dr. med. Arrowsmith**" (1925), „**Elmer Gantry**" (1927). In seinen Romanen stellt Sinclair Lewis in genauer und kritischer Weise das amerikanische Kleinbürgertum und den Mittelstand dar. Auch befasst er sich mit der Scharlatanerie in der Medizin oder stellt die amerikanische Geistlichkeit in Frage. Das machte ihn zu einem unpopulären, aber erfolgreichen Schriftsteller (nur antiquarisch erhältlich).

**L.M. Montgomery**: „**Anne of Green Gables**" (1908). Romanreihe über ein Waisenmädchen, die verfilmt wurde und in Kanada sehr beliebt ist. Im Zentrum der Romane Montgomerys stehen starke, unabhängige Mädchen und Frauen.

**Upton Sinclair**: Der sozialkritische Schriftsteller setzte sich in seinem 1906 erschienenen Roman „**The Jungle**" („Der Dschungel") mit den Missständen in der Fleisch- und Konservenindustrie Chicagos auseinander. Sein Enthüllungsroman führte zur Durchsetzung einiger Gesetze, die die Hygiene und das Lohnniveau verbesserten, allerdings nur für eine kurze Zeit (Europa Verlag Zürich). Die deutsche Comiczeichnerin **Kristina Gehrmann** veröffentlichte 2018 eine vorzügliche Graphic-Novel-Adaption von „**Der Dschungel**" (Carlsen Verlag).

### Sach- und Reiseliteratur

**Wolfgang Büscher**: „**Hartland, Zu Fuß durch Amerika**" (2012, rororo). Der Journalist ist bekannt für seine Reiseberichte über monatelangen Wanderungen; in diesem Buch geht es 3.500 km in 3 Monaten, überwiegend zu Fuß von North Dakota bis Texas. Büscher hat auf seiner Reise von der kanadischen

Grenze bis über den Rio Grande nach Mexiko viel dem Zufall überlassen und beschreibt mit Offenheit die Menschen, Landschaft, Ereignisse und Begegnungen. Dabei vermittelt er so einige Charakteristika des Landes.

**Marcus Funck**: „**Kanada. Ein Länderporträt**" (2013, Ch. Links Verlag). Der Historiker, der mit seiner Familie einige Jahre in Kanada lebte, hat auf unterhaltsame Weise viele Hintergründe und Besonderheiten des Landes und seiner Bewohner beschrieben. Einblicke in die besondere Geschichte, die multikulturelle Gesellschaft und die Überzeugungen der Bewohner (z. B. bezüglich Mode) ergeben ein faktenreiches und aufschlussreiches Porträt.

**Mike Royko**: „**Boss: Richard Daley of Chicago**" (1998). Diese nicht-autorisierte Biografie befasst sich mit dem legendären Bürgermeister von Chicago, *Richard J. Daley,* der die Stadt 1955–1976 regierte und ihr seinen (deutlichen) Stempel aufgedrückt hat.

**Udo Sautter**: „**Geschichte Kanadas**" (2007) und „**Geschichte der Vereinigten Staaten von America**" (2020). Udo Sautter hat auch andere interessante Bücher veröffentlicht, z. B. das „Lexikon der amerikanischen Geschichte" und „Die Vereinigten Staaten. Daten, Fakten, Dokumente".

**Paul Watzlawick**: „**Gebrauchsanweisung für Amerika**" (2016, Piper). Der Kommunikationswissenschaftler hat ein „respektloses" Brevier über den amerikanischen Alltag verfasst. Auch das Buch „**Gebrauchsanweisung für die USA**" von **Adriano Sack** ist empfehlenswert. Es beschreibt eindrucksvoll Einzelheiten aus dem Leben der Amerikaner.

Für **Kartenmaterial** siehe in *Allgemeine Reisetipps A–Z*, S. 81

# Sprachhilfe

| **Amerikanisch** | **Britisch** | **Deutsch** |
|---|---|---|
| aisle | gangway | Durchgang |
| apartment | flat | Wohnung |
| billion | milliard | Milliarde |
| to call | to ring up | anrufen |
| can | tin | Dose |
| candy | sweets | Süßigkeiten |
| check | bill | Rechnung |
| closet | cupboard | Schrank |
| comforter | eiderdown | Daunendecke |
| cookies | biscuits | Plätzchen, Kekse |
| cop | policeman | Polizist |
| corn | maize | Mais |
| drugstore | chemistry | Drogerie |
| elevator | lift | Fahrstuhl |
| fall | autumn | Herbst |
| faucet | tap | Wasserhahn |
| first floor | ground floor | Erdgeschoss |
| first name | Christian name | Vorname |
| to fix | to repair | reparieren |
| flashlight | torch | Taschenlampe |
| freeway/highway | motorway | Autobahn |
| french fries | chips | Pommes frites |
| gas (gasoline) | petrol | Benzin |
| guy | chap | Kerl |
| hood | bonnet | Motorhaube |
| refrigerator/fridge | icebox | Kühlschrank |
| last name | surname | Nachname |
| line | queue | Menschenschlange |
| long distance call | trunk call | Ferngespräch |
| mail | post | Post |

| | | |
|---|---|---|
| movie | cinema | Kino |
| observatory | view tower | Aussichtsturm |
| one-way ticket | single ticket | einfache Fahrt |
| pants | trousers | Hose |
| pavement | road surface | Straßenoberfläche |
| purse | handbag | Handtasche |
| round-trip ticket | return ticket | Rückfahrkarte |
| sidewalk | pavement | Bürgersteig |
| stick shift | gear stick | Schaltknüppel |
| store | shop | Geschäft |
| streetcar | tram | Straßenbahn |
| subway | underground | U-Bahn |
| trailer | caravan | Wohnwagen |
| truck | lorry | Lastwagen |
| trunk | boot | Kofferraum |
| underpass | subway | Unterführung |
| vacation | holiday | Ferien, Urlaub |
| vest | waist coat | Weste |
| wholewheat bread | brown bread | Graubrot, Schwarzbrot |
| wrench | spanner | Schraubenschlüssel |
| zip code | postal code | Postleitzahl |

## Kleine kulinarische Sprachhilfe

### Teigwaren (bread and pastry)

| | |
|---|---|
| bagel | festes ringförmiges Brötchen |
| biscuit | weiches Brötchen (süßlich) |
| bread | Brot |
| cookies | Kekse |
| cornbread | Maisbrot |
| Danish Pastry | Blätterteigstückchen |
| muffins | Teekuchen |
| hush puppies | Pfannkuchen aus Maismehl |
| pancakes | Pfannkuchen |
| rolls | Brötchen (weich) |
| rye bread | Roggenbrot |
| sandwich | belegtes Brot (meist sehr dick belegt) |
| shortcake | Mürbeteigkuchen mit Früchten und manchmal Sahne |
| waffles | Waffeln (mit Sirup und/oder salziger Butter) |
| white bread | Weißbrot |
| crispies | knusprige Getreideflocken |
| cornflakes | unterschiedliche Maisflocken |

### Belag/Beilagen

| | |
|---|---|
| Bologna sausage | Mettwurst (in Scheiben) |
| butter | (meist salzige) Butter |
| cottage cheese | Hüttenkäse |
| jam | Marmelade |
| jelly | Gelee |
| maple syrup | Ahornsirup |
| peanut butter | Erdnußbutter |
| hash browns | geschnetzelte und gebratene Kartoffeln |

### Eierzubereitungen

| | |
|---|---|
| bacon and eggs | Eier mit Schinkenspeck |
| boiled eggs | gekochte Eier |

| | |
|---|---|
| ham and eggs | Eier mit Kochschinken |
| scrambled eggs | Rührei |
| fried eggs | Spiegeleier, in folgenden Varianten: |

„sunny side up": das Eigelb und der obere Teil des Eiweißes weich, der Rest hart;
„over": auf beiden Seiten fest gebraten;
„over easy": auf beiden Seiten leicht knusprig gebraten.

## Vorspeisen (starters/appetizers)

| | |
|---|---|
| soup | Suppe |
| shrimp cocktail | Shrimpcocktail, meist mit Tomatensauce |
| crab bisque | Krabbencremesuppe |

## Hauptgerichte (entrees/main course)

### Fleisch

| | |
|---|---|
| beef | Rind |
| lamb | Lamm |
| pork | Schwein |
| veal | Kalb |

### Besondere Arten und Zubereitungen von Fleisch

| | |
|---|---|
| prime rib of steak | Rinderrippenstück |
| spareribs | Schweinerippchen (man nagt sie ab, ein schmieriges Vergnügen für alle) |
| steaks | Steaks |
| sirloin steak | Lendensteak (äußerst zart) |
| tenderloin steak | feines Filet |
| T-bone steak | Steak mit T-förmigem Knochen |
| club steak | aus dem Mittelrücken |
| roundsteak | aus der Keule |
| Filet Mignon | bestes Filetstück, eingerollt in ein Stück gebratenen Schinken (bacon) |
| well done | ganz durchgebraten |
| medium | halb durchgebraten, innen rot-rosa |
| rare | innen ganz roh, nur außen gebraten (häufig verwendet man auch die Bezeichnung medium-rare, die am ehesten der europäischen Variante „medium" gleichkommt) |

## Fisch

| | |
|---|---|
| seafood | Fischgerichte/Meeresfrüchte allgemein |
| fish chowder | Fischcremesuppe (meist mit Gemüseeinlage) |
| clams | Herzmuschel |
| crab | Krabbe/Krebs |
| king crab | großer Alaskakrebs |
| lobster | Hummer |
| crayfish | Languste (große Krabbe) |
| shrimps | Krabben bzw. Garnelen |
| oysters | Austern |
| salmon | Lachs |
| catfish | Wels |
| tuna | Thunfisch |
| scallops | Jakobsmuschel |
| trout | Forelle |

## Geflügel

| | |
|---|---|
| chicken | Hähnchen |
| duck | Ente |
| turkey | Truthahn/Pute |

**Beilagen**

| | |
|---|---|
| vegetable | Gemüse |
| baked potato | Folienkartoffel |
| chips | gebratene Kartoffelscheiben oder einfach Kartoffelchips |
| French Fries | Pommes frites |
| salads | Salate, oft auf Salatbars angerichtet |
| dressing | Salatsoße (die Auswahl ist groß, meist aus der Flasche) |
| cole slaw | roher, geschnitzelter Kohl in saurer Sahnesauce |

**Nachtisch (dessert)**

| | |
|---|---|
| ice cream | Eis |
| hot fudge (sundeas) | Eis mit dicker Schokoladensauce |
| pie/tart | Kuchen, meist mit Fruchtbelag (z. B. apple pie) |

**Mexikanische Spezialitäten**

| | |
|---|---|
| tortilla | aus Maisteig (Maismehl, Wasser, Salz); als Pfannkuchen oder Chips erhältlich; Grundlage eines mexikanischen Essens |
| burritos | in Tortillas eingewickeltes, meist Hackfleisch und Bohnen |
| chilli relleno | mit Käse gefüllte Pfefferschoten |
| enchiladas | in Tortillas gerolltes Fleisch, Bohnen und Reis, serviert mit einer Sauce |
| guacamole | Avocadosoße, die mit Tortillachips gegessen wird |
| nachos | Tortillachips (fest wie Kartoffelchips) |
| blue corn tortillas | Tortillas aus blauem Mais |
| tacos | meist feste, knusprige Maistortillas mit Füllung |
| tamales | Maisblätter mit Füllung |
| fry bread | frittierte Mehlfladen, wahlweise mit Marmelade oder Honig |

# Stichwortverzeichnis

## Symbole

11. September 2001 47
12.000 Seen 253, 258
30.000 Inseln 320

## A

Abkürzungen 82
Afroamerikaner 68
Agawa Canyon 290, 295
Ahmeek 228
Akron 494
Alberta 226
Al Capone 139
Alden 351
Alexandria Bay 412
Algoma 207
Algoman Hills 286
Alkohol 82
American Breakfast 98
Amethysten-Mine 286
Amherstburg 338, 524
Amish Country 494
Amnicon Falls State Park 241
AMTRAK 97
Angeln 110
Ann Arbor 524, 531
Anreise 83
Anti-Trust-Gesetze 39
Apostle Islands National Lakeshore 240
Appalachengebirge 53
Arbeitslosenversicherung 76
Arcadia 359
Ashland 239
Asiaten 72
Auto fahren 84
Autokauf 86
Automobilclub 87
Autoverleih 88

## B

Banken 90
Banken- und Finanzkrise 47
Baraga 226
Bären 59, 273
Barrierefreies Reisen 91
Baseball 112, 470
Basketball 112
Battle Creek 532
Bayfield 239
Bay View 350
Beausoleil Island 321
Beaver Island 350
Becken, intermontane 54
Begrüßung 78
Behinderung *siehe Barrierefreies Reisen*
Bell, Alexander Graham 39
Bemidji 260
Benton Harbor 543
Benzin 124
Bergland 236
Bessemer 237
Bevölkerung 15, 16, 68
Biber 61
Biden, Joe 48
Big Bay 224
Big Bay State Park 240
Big Bay Town Park 240
Big Chute Marine Railway 322
Bildungswesen 77
Bill of Rights 30
Black Muslims 69
Black Panther Party 70
Black River Harbor National Forest Scenic Byway 237
Blaney Park 220
Blind River 300
Blue Mountains 326
Blues 72
BNY Mellon JazzLive 467
Bodenschätze 16, 67
Boldt Castle 412
Boldt, George C. 411
Boston Tea Party 28
Botschaften 91

Boundary Waters Canoe Area Wilderness 253, 272
Bridal Veil Falls 308
Brighton 398
Bruce Mines 300
Bruce Nuclear Generating Station 316
Bruce Peninsula 310
Bruce Peninsula National Park 313
Bruce Trail 313
**Buffalo 446**
- Buffalo Albright Knox Gundlach Art Museum 451
- Buffalo & Erie County Naval & Military Park 449
- Buffalo History Museum 452
- Buffalo Museum of Science 452
- Burchfield Penney Art Center 451
- Canalside 448
- City Hall 448
- Darwin D. Martin House 452
- Erie Basin Marina 448
- Karpeles Manuscript Library Museum 451
- Marine Historical Society 449
- McKinley Monument 448
- Niagara Square 448
- Our Lady of Victory Basilica & National Shrine 452
- Reisepraktische Informationen 452
- Steel Plant Museum 452
- Theodore Roosevelt Inaugural National Historic Site 451
- Visitor Center 448
- Wilcox Mansion 451

Buick, David 516
Bürgerkrieg 33
Bus-Boykott 69
Bush, George W. 47
Busse 92

## C

Caboto, Giovanni 26, 49
Calumet 228
Camper 93, 122
Camping 94
Carson, Kit 32
Cartier, Jacques 27
Casablanca-Konferenz 43
Cedarburg 203
Centennial Park 300
Charlevoix 350
Cherry Train 208
**Chicago 130**
- 515 Building 154
- 875 North Michigan Avenue 145
- Adler Planetarium & Astronomy Museum 166
- American Writers Museum 148
- Art Institute of Chicago 149
- Auditorium Building 150
- Bahai House of Worship 169
- Belmont 166
- Bicentennial Park 149
- Bloomingdale Trail 155
- Buckingham Fountain 149
- Café Brauer-Building 155
- Chicago ArchiCenter 148
- Chicago Board of Trade 152
- Chicago Botanic Gardens 170
- Chicago Cultural Center 148
- Chicago Fed Center & Money Museum 153
- Chicago History Museum 155
- Chicago Stock Exchange 152
- Chinatown 163
- Civic Opera House 154
- Clarke House 162
- Cloud Gate 149
- CNA Plaza Building 149
- Courthouse District 154
- DuSable Museum of African American History 164
- Entfernungen 131
- Field Museum of Natural History 165
- Fine Arts Building 149
- Frank Lloyd Wright Home & Studio 168
- Geschichte 134
- Glessner House 162
- Grant Park 148, 149
- Gurnee Mills Shopping Mall 170
- Harold Washington Public Library 150
- Heller House 163
- Hemingway Birthplace Museum 168
- Hilton & Towers Hotel 150
- Hispanic-Viertel 163
- Hochbahn 152
- Hyde Park District 163
- Illinois Beach State Park 170
- Illinois Railway Museum 160
- International Museum of Surgical Science 159
- Intuit: Center of Intuitive and Outsider Art 159
- Jane Addams Hull-House Museum 160
- Jay Pritzger Pavilion 149
- John G. Shedd Aquarium 166
- John Hancock Center 145
- Kenosha Public Museum 170
- Lake Shore Drive 155
- Lincoln Park 155
- Lincoln Park Conservatory 155
- Little Italy 160
- Marshall Field's 148
- Maxwell Street Market 160
- McCormick Place 165
- Merchandise Mart 154
- Michigan Avenue Bridge 147
- Millennium Park 149
- Morton Arboretum 169
- Museum of Contemporary Art (MCA) 146
- Museum of Contemporary Photography 159
- Museum of Science & Industry 164
- National Veterans Art Museum 159
- Navy Pier 147
- Newberry Library 145
- North Avenue Beach 158
- North Michigan Building 145
- North of The Loop 144
- Oak Park 167
- Oak Park Visitors Center 168
- Oriental Institute Museum 165
- Orientierung 144
- Peggy Notebaert Nature Museum 159
- Polish Museum of America 160, 167
- Polk Station 152
- Prairie Avenue Historical District 162
- Redaktionstipps 135
- Reisepraktische Informationen 170
- River City 152
- River North 154
- Riverwalk 147
- Robie House 163
- Schoenhofen Brewery 162
- Sheridan Road 169
- Sicherheit 144
- Six Flags Great America 170
- Skulpturen 150
- Smart Museum of Art 164
- Smorgas-Buffet 166, 176
- South Lake Shore Drive 165
- South Michigan Avenue 148
- Spertus (Institute) Museum 159
- Stadtarchitektur 142
- State of Illinois Center/James R. Thompson Center 154
- Terra Foundation for American Art 146
- The 606 155
- The Bean 149
- The Loop 150
- The Plant 163
- Tribune Building 142
- Tribune Tower 147
- Union Station 154
- Unity Temple 168
- University of Chicago 163
- Wandgemälde 157
- Washington Park 163
- Water Tower 144
- West Loop 150
- Willis Tower 153
- Wirtschaft 134
- Wrigley Building 147
- Wrigley Field Stadium 157
- Zeitplanung 134

Chimney Bluffs State Park 417
Chippewa National Forest 261
Chisholm 254
Christmas 222
Chruschtschow, Nikita 45
Civil War 33

Clam River 351
Clayton 413
**Cleveland 477**
- 4th Street Historic District 481
- African American Museum 486
- Arcade Mall 481
- Beachwood 489
- City Hall 481
- Cleveland Botanical Gardens 487
- Cleveland History Center 487
- Cleveland Museum of Art 486
- Cleveland Museum of Contemporary Art (MOCA) 486
- Cleveland Museum of Natural History 488
- Cuyahoga County Court House 481
- Dittrick Medical History Center & Museum 488
- Dunham Tavern 486
- East Side 486
- Football-Stadion 481
- Free Stamp 482
- Galleria at Erieview Shopping Mall 482
- Great Lakes Science Center 484
- International Women's Air & Space Museum 484
- James A. Garfield Monument 488
- Key Tower 481
- Lake View Cemetery 488
- Little Italy 489
- Maltz Museum of Jewish Heritage 489
- Northcoast Harbor 482
- Ohio City 485
- Orientierung 480
- Playhouse Square Center 481
- Public Library 481
- Public Square 481
- Reisepraktische Informationen 489
- Rock and Roll Hall of Fame & Museum 482
- Shopping Mall 481
- Terminal Tower 481
- The Flats 485
- Tower City Center 481
- University Circle 486
- USS Cod 484
- Warehouse District 485
- William G. Mather Museum 484

Coastal Hiking Trail 289
Colbert, Jean-Baptiste 27
Copper Culture State Park 216
Copper Harbor 229
Corona 96
Coronado, Francisco Vásquez de 26
Crazy Horse 33
Crook, George 32
Cross Village 350
Cup and Saucer Trail 308
Currency Act 28
Custer, George A. 33

## D

Delaware Mine 229
De Pere 212
**Detroit 500**
- Anna Scripps Whitcomb Conservatory 512
- Aretha Franklin Amphitheatre 511
- Art déco 511
- Belle Isle Aquarium 512
- Belle Isle Nature Center/Zoo 512
- Belle Isle State Park 511
- Bricktown 507
- Cadillac Place 515
- Campus Martius Park 509
- Charles H. Wright Museum of African American History 514
- Cranbrook Educational Community 517
- Dearborn 520
- Dearborn Historical Museum 524
- Detroit Historical Museum 514
- Detroit Institute of Arts (DIA) 513
- Detroit Public Library 515
- Detroit Windsor Tunnel 507
- Detroit Zoological Garden 517
- Dodge-Wilson Estate 519
- Dossin Great Lakes Museum 512
- Eastern Market 512
- Edsel & Eleanor Ford House 519, 520
- Fisher Building 515
- Fisher Mansion 519
- Floral Clock 512
- Flynn Pavilion 512
- Fox Theatre 510
- GM World Headquarters 507
- Grand Circus Park 509
- Greektown 507
- Greenfield Village 521
- Guardian Building 511
- Hart Plaza 510
- Heidelberg Project 512
- Henry Ford Estate – Fair Lane 523
- Henry Ford Museum 521
- Historic Fort Wayne 520
- Huntington Place 510
- Mariner's Church 507
- Meadow Brook Hall 519
- Michigan Science Center 514
- Motown 515
- Motown Museum 515
- Museum of African-American History 514
- Museum of Contemporary Art (MOCAD) 513
- Pewabic Pottery 519
- Reisepraktische Informationen 524
- Renaissance Center (Ren-Cen) 507
- Rivercity 511
- Rivertown 511
- Scott Memorial Fountain 512
- Second Baptist Church 509
- State Theatre 510
- The Alley Project 520
- Theaterdistrikt 510
- University Cultural Center 513
- Washington Boulevard 510
- Zeitplanung 506

Door County 207
Dorion 286
Duluth 246
- Entfernungen 243

Dunkirk 457
Dylan, Bob 255

## E

Eagle Canyon 286
Eagle Harbor 229
Eagle River 229
Eastern-Woodland-Kultur 24
Eastman, George 420
Edison, Thomas Alva 39, 494
Einkaufen 95
Einreise 95
Einwohner 15, 16
Eisenbahn 97
Eishockey 112
Elberta 359
Elch 60
Elk 61
Elmira 330
Elora 330
Ely 272
Engländer 27
Erie 458
Erie Canal 446, 456
Eriksson, Leif 25, 49
Escanaba 217
Essen gehen 98
Evangola State Park 457
Exportgüter 15

## F

Fahrrad fahren 99
Fair Haven 415
Fair Haven Beach State Park 416
Fastfood-Ketten 98
Fathom Five National Marine Park 313
Fayette 219
Fayette, Marquis de La 29
Feiertage 100
Felszeichnungen 290
Fernsehen 108
Finger Lakes 415
Fishboil 209
Fish Creek 208
Fläche 15, 16

Flächenmaße 107
Flagge 15, 16
Flint 534
Floßfahrten 104
Flowerpot Island 313
Floyd, George 70
Flüge 122
Football 112
Ford, Henry 39, 224, 505, 521, 523
Fort Malden 338
Fort William 283
Fotografieren 100
Frankenmuth 535
Frankfort 359
Freitag, Schwarzer 42
French River 318
French River Provincial Park 318
Frick, Henry Clay 468
Frieden von Paris 29
Frontenac Provincial Park 404
frontiers 30

## G

Garfield, James A. 488
Gebirgssystem, Pazifisches 54
Gehry, Frank 143, 149
Geld 101
General Motors 516
Geografie 53
Georgian Bay 305
Georgian Bay Islands National Park 321
Geronimo 32
Geschichte 23
Geschichte Kanadas 49
Gesellschaft 68
Gesundheit 102
Getränke 106
Gettysburg 34
Gewichte 108
Gladstone 217
Glen Arbor 354
Goderich 316
Goldberg, Bertrand 143
Golfküstenebene 54
Gooseberry Falls State Park 276
Gore Bay 308
Grand Haven 361
Grand Marais 277
Grand Mounds 263
Grand Portage National Monument 278
Grand Rapids 258, 538
Great Basins 54
Great Plains 54
Great Spirit Circle Trail 310
Green Bay 211
Greenland 235
Greig's Caves 314
Größentabelle Bekleidung 107
Group of Seven 382
Grundy Lake Provincial Park 318
Gulliver 220
Gunflint Trail 277

## H

Hamburg 457
Hamilton 428
Hancock 227
Handelspartner 15
Harbor Springs 350
Harley-Davidson 193, 194
Hauptstadt 15, 16
Heart Island 412
Heinz, Henry J. 462
Heinz, John Henry 469
Hemingway, Ernest 167, 168, 350
Hiawatha 237
Hiawatha National Forest 219
Hibbing 254
Hill Annex Mine State Park 254
Hoagies 474
Hohlmaße 107
Holland 539
Honey Harbour 321
Hope Bay Forest Provincial Park 314
Hotel-Preiskategorien 117
Hotels 123
Hotel- und Motelketten 118
Houghton 227
Hudson, Henry 36, 50
Hull Rust Mahoning Mine 255
Hurkett 286
Huronen 305, 320, 323

## I

Illinois 17, 34
Indiana 35
Indiana Dunes National Park 544
Indianer 23, 71, 307
Indian Falls 315
Indian Lake State Park 219
Indian Summer 58
Information 103
Inglis Falls 315
Inlandsflüge 122
Insekten 62
International Falls 263
Internet 103
Inverhuron 316
Iron Act 28
Iron Mountain 217
Iron Range 253, 254
Ironwood 237
Ishpeming 226
Isle Royale National Park 231
Itasca State Park 260

## J

Jackson 532
Jalta-Konferenz 44
Jazz 72, 467
Jefferson, Thomas 30
Jones Falls 315

## K

Kagawong 308
Kakabeka Falls Provincial Park 283
Kalamazoo 532
Kalter Krieg 44
Kanadischer Schild 55
Kanutouren 104, 219, 234, 236, 273, 276, 289, 290
Kartenmaterial 104
Käse 207
Kelleys Island 495
Kennedy, John F. 45
Kettle Moraine State Forest 203
Kewaunee 207
Keweenaw National Historical Park 228
Keweenaw Peninsula 226
Killarney 317
Killarney Provincial Park 317
Killbear Provincial Park 320
King, Martin Luther 46, 68, 69, 70
Kingston 401
Kingsville 339
Kitchener/Waterloo 328
Kleidergrößen 107
Kleidung 105
Klima 16, 62
Klimabewusstes Reisen 84
Klimatabelle 63
Kolonisierung 25
Kolumbus, Christoph 25
Konsulate 91
Kontinentalkongress 29
Koreakrieg 45
Kosten 122
Krankenversicherung 76
Kreditkarten 102
Kreditkartenverlust 102
Kriminalität 105
Kubakrise 45
Küche 106
Ku-Klux-Klan 38, 68
Küstenebene, Atlantische 53

## L

Lake Erie 56, 424, 457
  Südufer 424
Lake Gogebic 236
Lake Huron 56, 305, 316
Lake Michigan 56, 128, 203, 343
Lake Mindemoya 309
Lake Nipissing 318
Lake of the Clouds 235
Lake Ontario 56, 394, 414
Lake on the Mountain Provincial Park 400
Lakeshore Lunch 268
Lake Superior 56, 128, 237, 286
Lake Superior Provincial Park 290
Lake Vermilion-Soudan Underground Mine State Park 257
Längenmaße 108
L'Anse 226
Lansing 535
La Pointe 240
Lateinamerikaner 70
Laurium 228
Leamington 339

Leelanau Peninsula 350, 352, 354
Leland 354
León, Ponce de 26
Libeskind, Daniel 376
Lincoln, Abraham 33
Little Big Horn 33
Little Current 307
Little Marais 274
Little Pic River 287
Little Sodus Bay 415
Lockport 456
Lodges 123
London 334
Loon 60
Louis, Joe 511
Loyalist Parkway 399
Ludington 360
Lutsen Mountains Ski Area 277
Lyft 113

## M
Mackinac Bridge 342, 345
Mackinac Island 342, 347
Mackinaw City 344
Madeline Island 240
Magpie High Falls 290
Malcolm X 70
Manistee 359
Manistique 219
Manitou Islands 354
Manitoulin Island 306
Manitowoc 205
Marathon 288
Marinette 216
Marquette 223, 225
Marshallplan 44
Maßeinheiten 107
MCG Jazz Series 467
Medien 108
Medina 423
Mennoniten 329, 330
Menominee 216
Metropolen 128
Michigan 17, 35
Michipicoten 290
Midland 322
Mietwagen 88, 122
**Milwaukee 186**
Allen-Bradley Co. Clock Tower 188
American Geographical Society Library 195
Annunciation Greek Orthodox Church 195
Captain Frederick Pabst Mansion 193
Cathedral of St. John 189
City Hall 189
Discovery World at Pier Wisconsin Museum 191
Entfernungen 187
Geschichte 187
Grain Exchange Room 191
Haggerty Museum of Art 192
Harley-Davidson Factory 194
Harley-Davidson Museum 193
Henry W. Maier Festival Park 193
Historic Third Ward 192
Iron Block Building 191
Kilbourn Avenue Bridge 189
Marcus Center for the Performing Arts 189
Marquette University 192
MillerCoors Brewery 193
Milwaukee Art Museum 189
Milwaukee County Historical Society 189
Milwaukee Public Market 192
Milwaukee Public Museum 192
National Bobblehead Hall of Fame and Museum 192
Old World Wisconsin 195
Pabst Theater 191
Pfister Hotel 191
Redaktionstipps 188
Reisepraktische Informationen 195
Riverwalk 189
Third Ward District 189
Visitors Center 189
Minen 254
Minnesota 18, 35, 242
Mirror Lake 236
Mission Peninsula 353
Mississippi 477
Mississippi, Quelle 260
Monroe-Doktrin 39
Moore, Henry 164
Moose 61
Morse, Samuel 39
Motown-Musik 505
Mountain Iron 257
Munising 221
Muskegon 356, 361

## N
NAFTA 47
Nahma 219
Nationalfeiertag 15, 16, 28
National Parks 109
Negaunee 225
New Deal Program 42
New York 19, 36
Neys Provincial Park 287
Niagara Escarpment 313
**Niagara Falls 432**
American Falls 443
amerikanische Seite 443
Reisepraktische Informationen 445
Aquarium of Niagara 444
Bridal Veil Falls 444
Butterfly Conservatory 439
Casino 438
Cave of the Winds 444
Clifton Hill 437
Clifton Hill Street 437
Entstehungsgeschichte 434
Floral Clock 439
Goat Island 444
Helikopterflüge 439
Horseshoe Falls 435
Hurricane Deck 444
kanadische Seite 435
Reisepraktische Informationen 439
Luna Island 444
Maid of the Mist 437, 438, 444
Niagara Falls Funiculars 435
Niagara Falls Observation Tower 443
Niagara Falls State Park 443
Niagara Falls Underground Railroad Heritage Center 445
Niagara Falls Visitor Center 443
Niagara Parks Botanical Gardens 439
Niagara Parks Greenhouses 435
Niagara Parkway 435, 438
Niagara Power Vista Visitors Center 445
Niagara Tower Hotel 437
Queen Victoria Park 437
Rainbow Bridge 435, 438
Robert Moses Niagara Power Plant 434
Skylon Tower 437
Table Rock 435
Terrapin Point 444
Three Sister Islands 444
Whirlpool Aero Car 439
Whirlpool Rapids 434, 438
Whirlpool State Park 444
Niagara-on-the-Lake 429
Niagara River Recreation Trail 439
Niagara-Weinroute 429
Nine Eleven 47
Nipigon 286
Nobel 320
North Beach Provincial Park 400
North East 457
North Superior Hiking Trail 287
Notfall 111
Notruf 111
Notrufnummer 911 106
Nottawasaga Bay 326

## O
Obama, Barack 48
Oconto 216
Ohio 20, 36, 477
Ohio River 461
Old Fort Niagara 423
Ontario 280, 332
Ontonagon 235
Oshawa 397
Oswego 415
Outdooraktivitäten 111
Owen Sound 314

## P
Pabst, Frederick 193
Pacific Railroad 32
Parry Island 320

Parry Sound 320
Pattison State Park 241
Pearl Harbor 43
Pelee Island 339
Penetanguishene 324
Peninsula State Park 208
Pennsylvania 19, 37
Pentwater 361
Pershing, John Joseph 40
Peshtigo 212
Peterborough 398
Petoskey 350
Pickering 397
Pictured Rocks National Lakeshore 221
Pilgrim Fathers 28
Pierogies 474
**Pittsburgh 460**
- 16:62 Design Zone 467
- Allegheny 469
- Andy Warhol Museum 470
- August Wilson Center for African American Culture 464
- Bicycle Heaven 471
- Boardwalk 466
- Clayton House 469
- David L. Lawrence Convention Center 464
- Duquesne Incline 471
- East Carson Street 472
- Fort Pitt Museum 464
- Frick Art Museum 469
- Heinz Field 470
- Lawrenceville 467
- Market Square 464
- Monongahela Incline 472
- Mt. Washington 471
- North Side 469
- Oakland 467
- Orientierung 463
- Penn Brewery 469
- Phipps Conservatory & Botanical Gardens 468
- PNC Park 470
- Point State Park 463
- Reisepraktische Informationen 472
- Senator John Heinz History Center 466
- South Side 471
- Station Square 472
- Strip District 466
- The Carnegie Museum of Art & Museum of Natural History 468
- The Carnegie Science Center 470
- The Frick Pittsburgh 468
- The Mattress Factory – A Museum of Contemporary Art 471
- Three Rivers Heritage Trail 466
- Tour Ed Mine & Museum 472
- University of Pittsburgh 467
- William Penn Hotel 464

P.J. Hoffmaster State Park 361
Plains-Kultur 23
Point Farms 316
Point Pelee National Park 339, 524
Porcupine Mountains State Park 235
Port Clinton 495
Port Colborne 340
Port Huron 524
Post 111
Potsdamer Konferenz 44
Präriehausstil 447, 452
Prärien 54
Preisnachlässe 123
Presque Isle 236
Presque Isle Park 224
Presquile Provincial Park 398
Prince Edward Peninsula 399
Problematiken 15
Prohibition 42
Providence Bay 309
Pukaskwa National Park 288
Pulaski 415
Pultneyville 417

## Q

Quäker 28
Quartering Act 28
Quimet Canyon 286

## R

Rabattangebote 123
Rainbow Falls Provincial Park 287
Rauchen 112
Reconstruction 38
Red Rock 286
Regierungschef 15
Regierungsform 15, 16
Reisekosten 122
Reisezeit 62
Religion 16
Religionen 15
Rentenversicherung 76
Republic 226
Restaurants 98, 124
Rochester 418
Rochester International Jazz Festival 419
Rock Island 208
Rocky Mountains 54
Rohe, Ludwig Mies van der 143
Roosevelt, Franklin D. 42
Roosevelt, Theodore 40, 451
Rossport 287
Routenskizzen 127
Rundfunk 108
Rundreisevorschläge 127

## S

Sackets Harbor 415
Saganaga Lake 277
Sainte-Marie among the Hurons 323
Sandbanks Provincial Park 400
Sandusky 494
Sauble Falls Provincial Park 314
Saugatuck 541
Sault Ste. Marie 292, 300
- Entfernungen 299

Schaufelraddampferfahrten 477
Schiffswracks 305
Schreiber 287
Scotiabank Arena 371
Seaway Trail 395, 396, 410, 423
Seetaucher 60
Seney National Wildlife Refuge 220
Sheboygan 204
Sheguiandah 307
Siedlertrecks 30
Silver Bay 277
Silver City 235
Silver Falls 290
Silver Lake State Park 361
Singer Castle 412
Sister Bay 208
Sitting Bull 33
Ska-Nah-Doht Village 335
Sklaverei 33
Sleeping Bear Dunes National Lakeshore 343, 356
Sleeping Giant Provincial Park 285
Sodus Bay 416
Soo Junction 344
Soo Locks 292, 293, 295
South Bass Island 495
South Baymouth 308
South Haven 543
Sozialhilfe 76
Sozialstaat 75
Spanier 26
Sport ansehen 112
Sprache 112
Sprachhilfe 547
S.S. Badger 205
S.S. Norisle Heritage Park 308
State Parks 109
St. Catharines 428
Sterling Nature Reserve 416
Sterling Renaissance Festival 416
Steuben, Baron von 29
St. Ignace 344
St. Jacobs 329, 330
St. James 350
St. Joseph 543
St. Lawrence River 408
St. Lawrence Seaway 408
Strände 113
Stratford 332
Strom 113
Studebaker National Museum 533
Sturgeon Bay 209
Sudbury 300
Superior 246
Superior Upland 55

## T

Tahquamenon Falls State Park 344
Taxi 113, 124
Tecumseh 32
Telefonieren 114
Temperaturen 108
Terrace Bay 287
Thousand Islands 401, 410

Thunder Bay 281
Tiefland, Zentrales 54
Tierwelt 59
Tiverton 316
Tobermory 312, 313
Tofte 277
Toledo 496
Torch Lake 351
**Toronto 364**
 Art Gallery of Ontario (AGO) 374
 Bata Shoe Museum 376
 Black Creek Pioneer Village 382
 Cabbagetown 379
 Campbell House 373
 Canada's Wonderland 382
 Casa Loma 376
 Chinatown 378
 Cloud Gardens 373
 CN-Tower 367
 Convention Centre 371
 Distillery Historic District 380
 Eaton Center Tower 374
 Eaton Centre 374
 Entfernungen 365
 Exhibition Place 372
 Financial District 373
 First Canadian Place 372
 Gardiner Museum of Ceramic Art 376
 Greektown 379
 Harbourfront 372
 Historic Fort York 372
 Hockey Hall of Fame & Museum 371
 Hot Dogs on the Road 378
 Kensington Market 378
 Kleinburg 383
 Little Italy 378
 McMichael Canadian Art Collection 383
 Nathan Phillips Square 373
 New City Hall 367, 373
 Old City Hall 373
 Old Town 379
 Ontario College of Art & Design Gallery (OCAD) 374
 Ontario Science Centre 381
 Osgoode Hall 373
 Parliament Building 375
 Queen's Park 375
 Queen Street 373
 Redaktionstipps 366
 Reisepraktische Informationen 384
 Ripley's Aquarium 370
 Rogers Centre 370
 Royal Ontario Museum (ROM) 375
 Royal York Hotel 371
 Roy Thomson Hall 371
 Spadina Mansion 377
 St. Lawrence 379
 St. Lawrence Market 380
 Textile Museum of Canada 374
 The Annex 376
 The Grange 374
 The Village 381
 Toronto CityPass 384
 Toronto Dominion Centre 372
 Toronto Islands 372, 381
 Toronto Railway Museum 371
 Toronto's First Post Office 380
 Toronto Stock Exchange 373
 Toronto Zoo 381
 Tunnelsystem PATH 373
 Union Station 371
 University of Toronto 375
 Yonge Street 373
 Yorkville 376
 Zeitplanung 365
Townshend Act 28
Trail of Tears 33
trapper 31
Traverse City 350, 352, 356
Trenton 398
Trent-Severn Waterway 322, 398
Trinkgeld 115
Truman-Doktrin 44
Trump, Donald 48
Two Harbors 276

## U

Uber 113
Unabhängigkeit 28
Unfall 111
Unterkünfte 116
Upper Peninsula (UP) 214

## V

Van Riper State Park 226
Vegetation 56
Verkehrsregeln 84
Verrazzano, Giovanni da 27
Versicherungen 119
Vespucci, Amerigo 25
Vietnamkrieg 45
Virginia 254
Visum 120
Vögel 62
Voyageurs 279
Voyageursland 253, 263
Voyageurs National Park 263

## W

Wandern 110
Wandgemälde 157, 323
Warhol, Andy 470
Warren Dunes State Park 544
Wasaga Beach 326
Washburn 239
Washington, George 29, 456, 462, 504
Washington Island 208
Washington-Konferenz 43
Watergate-Affäre 47
Watersmeet 236
Watertown 414
Waubaushene 322
Wawa 290
Weinanbau 415, 428
Weingüter 353, 414, 416, 417, 423, 429, 457
Weinroute 429
Welland Canal 341
Wellesly Island 410
Weltkrieg, Erster 40
Weltkrieg, Zweiter 43
Whitefish Dunes State Park 208
Whitefish Point 344
Whitehall 361
White Pine 236
White River 290
Windsor 336, 524
Wintersport 111
Wirtschaft 15, 16, 38, 65
Wisconsin 21, 37, 203
Wolfe Island 404
Woolworth, Frank W. 414
Wounded Knee Creek 33
Wright, Frank Lloyd 142, 163, 164, 167, 168, 447, 452
Wye Marsh Wildlife Centre 323

## Z

Zahlungsmittel 101
Zeit 120
Zeitpläne 127
Zeitungen 108
Zeitzonen 120
Zoll 121


## Bildnachweis

Alle Bilder Marita Bromberg, außer:
Alabama Tourism: S. 69
Destination Ontario: 283, 287, 305, 307, 313, 319, 321, 324, 326, 329, 330, 337, 340, 371, 398
Fotolia: S. 129 (Chee-Onn Leong)
Michigan Tourism: 214, 220, 343, 346, 350
Minnesota Tourism: 267, 275
Pixabay (CC0 1.0): S. 60 (Hilary Carter), S. 64, 298 (Kosta), S. 186 (Wokandapixc), S. 199, 499 (David Mark), S. 242 (Thomas Salzano), S. 251 (JamesDeMers), S. 394, 412 (JoeBreuer)

# IWANOWSKI'S REISEBUCHVERLAG

# REISEFÜHRER AUF EINEN BLICK

## REISEHANDBÜCHER

**Afrika**
Äthiopien * ▤ 🗁
Botswana * ▤ 🗁
Kapstadt & Garden Route * ▤ 🗁
Kenia/Nordtansania *
Madagaskar * ▤ 🗁
Mauritius mit Rodrigues * ▤ 🗁
Namibia * ▤ 🗁
Réunion * ▤ 🗁
Ruanda * ▤ 🗁
Seychellen ▤ 🗁
Südafrika * ▤ 🗁
Uganda * ▤ 🗁

**Amerika**
Bahamas ▤ 🗁
Barbados, St. Lucia & Grenada ▤ 🗁
Costa Rica * ▤ 🗁
Chile mit Osterinsel * ▤ 🗁
Florida * ▤ 🗁
Guadeloupe ▤ 🗁
Hawaii * ▤ 🗁
Kalifornien * ▤ 🗁
Kanada/Osten * ▤ 🗁
Kanada/Westen * ▤ 🗁
Karibik/Kleine Antillen * ▤ 🗁
New York * ▤ 🗁
USA/Große Seen|Chicago * ▤ 🗁
USA/Nordosten * ▤ 🗁
USA/Nordwesten * ▤ 🗁
USA/Ostküste * ▤ 🗁
USA/Süden * ▤ 🗁
USA/Südwesten * ▤ 🗁
USA/Texas & Mittl. Westen * ▤ 🗁
USA/Westen * ▤ 🗁

**Asien**
Oman * ▤ 🗁
Rajasthan mit Delhi & Agra *
Shanghai * ▤ 🗁
Singapur * ▤ 🗁
Sri Lanka * ▤ 🗁
Thailand * ▤ 🗁
Tokio mit Kyoto * ▤ 🗁

**Australien / Neuseeland**
Australien * ▤ 🗁
Neuseeland * ▤ 🗁

**Europa**
Berlin * ▤
Dänemark * ▤ 🗁
Finnland * ▤ 🗁
Irland * ▤ 🗁
Island * ▤ 🗁
Lissabon *
Madeira mit Porto Santo * ▤ 🗁
Malta, Gozo & Comino * ▤ 🗁
Norwegen * ▤ 🗁
Paris und Umgebung *
Piemont & Aostatal * ▤
Polen * ▤ 🗁
Rom * ▤
Schottland * ▤ 🗁
Schweden * ▤ 🗁
Tal der Loire mit Chartres *

**101...-Serie: Geheimtipps und Top-Ziele**
101 Berlin * ▤
101 Bodensee ▤
101 China
101 Deutsche Ostseeküste ▤
101 Florida ▤
101 Hamburg * ▤
101 Indien
101 Inseln
101 Kanada/Westen
101 Kopenhagen * ▤
101 Lissabon * ▤
101 London * ▤
101 Mallorca ▤
101 Namibia ▤
101 Nepal ▤
101 Reisen für die Seele – Relaxen & Genießen in aller Welt
101 Reisen mit der Eisenbahn – Die schönsten Strecken weltweit ▤
101 Safaris ▤
101 Skandinavien ▤
101 Stockholm * ▤
101 Südafrika ▤
101 Südengland ▤
101 Tansania ▤
101 Wien * ▤

## REISEGAST

**in ...**
Ägypten
China
England
Indien
Japan
Korea
Polen
Russland
Südafrika
Thailand

**Legende:**
* mit Extra-Reisekarte
▤ auch als ebook (epub)
🗁 Karten gratis downloaden

**Unser aktuelles Verlagsprogramm finden Sie unter www.iwanowski.de**

**Iwanowski's Reisebuchverlag GmbH**
Salm-Reifferscheidt-Allee 37 | D-41540 Dormagen
+49 (0) 21 33 / 26 03-0 www.iwanowski.de info@iwanowski.de

# IWANOWSKI'S

## USA-GROSSE SEEN | CHICAGO – TOP-ZIELE

### 1. STADTERLEBNIS

**Chicago** ist eine der ganz großen Städte Amerikas und beeindruckt schon auf den ersten Blick mit seiner Architektur. Diese kann man besonders gut auf einer der speziellen **Architectural River Cruises** auf dem Chicago River erleben, **S. 130**

### 2. NATIONALPARKS

Ein paar Tage mit dem Hausboot auf den Gewässern im **Voyageurs National Park** herumzufahren gehört zu den besonderen Highlights. Dazu benötigt man keinen Bootsführerschein, **S. 263**

### 3. OUTDOORAKTIVITÄT

Wer sich fit genug fühlt, sollte im Norden von Minnesota ein paar Tage durch die **Boundary Waters Canoe Area Wilderness (BWCA)** paddeln: das weltweit größte Naturareal, in dem solche Touren möglich sind, **S. 272**

### 4. SEHENSWÜRDIGKEITEN

Das Reisegebiet ist sehr vielseitig, aber ein Besuch der weltbekannten **Niagara Falls** bleibt ein Muss – auch wenn es hier vor Touristen nur so wimmelt. Die schönere Seite liegt in Kanada, die amerikanische Seite zeichnet sich durch ihr großes Angebot an Aktivitäten aus, **S. 432**

### 5. GESCHICHTE

Die erste Hälfte des 20. Jahrhunderts war die goldene Ära von Stahlerzeugung und Automobilbau. Heute ist „der Lack zwar ab", aber in Museen wie **„The Henry Ford" in Detroit** wird die Vergangenheit wieder lebendig, **S. 520**

### 6. HOTELS

Wo einst (und auch heute noch) viel Geld verdient wurde, haben es sich die Superreichen schon immer gut gehen lassen, z.B. in Luxus-Resorts wie dem **Grand Hotel auf Mackinac Island, S. 348**

### 7. NATUR

Wer den **Isle Royale National Park** besucht, wird mit schönen Wanderstrecken, der Gelegenheit zu Bootstouren und einer autofreien Zone für die mühsame Anreise mehr als belohnt, **S. 231**